Instruções Maçônicas para o Aprendiz

Simbologia – Alegorias – Emblemas – História – Tradições – Doutrinas

Raymundo D'Elia Junior

Instruções Maçônicas para o Aprendiz

Simbologia – Alegorias – Emblemas – História – Tradições – Doutrinas

MADRAS®

© 2024, Madras Editora Ltda.

Editor:
Wagner Veneziani Costa (*in memoriam*)

Produção e Capa:
Equipe Técnica Madras

Revisão:
Raymundo D'Elia Junior

Dados Internacionais de Catalogação na Publicação (CIP)
(Câmara Brasileira do Livro, SP, Brasil)

D'Elia Junior, Raymundo
Instruções maçônicas para o aprendiz : simbologia : alegorias : emblemas : história : tradições : doutrinas / Raymundo D'Elia Junior. -- São Paulo : Madras Editora, 2024.
Bibliografia.
ISBN 978-65-5620-072-9

1. Maçonaria 2. Maçonaria - Rituais 3. Maçonaria - Simbolismo I. Título.

24-201265   CDD-366.12

Índices para catálogo sistemático:
1. Maçonaria : Simbolismo e tradição : Sociedades secretas 366.12
Cibele Maria Dias - Bibliotecária - CRB-8/9427

Proibida a reprodução total ou parcial desta obra, de qualquer forma ou por qualquer meio eletrônico, mecânico, inclusive por meio de processos xerográficos, incluindo ainda o uso da internet, sem a permissão expressa da Madras Editora, na pessoa de seu editor (Lei nº 9.610, de 19/2/1998).

Todos os direitos desta edição reservados pela

MADRAS EDITORA LTDA.
Rua Paulo Gonçalves, 88 – Santana
CEP: 02403-020 – São Paulo/SP
Tel.: (11) 2281-5555 – (11) 98128-7754
www.madras.com.br

"Viver na saudade da separação física é muito dificultosa, mas a alma é imortal e fará nosso reencontro para a eternidade."

Não há palavras suficientes que eu possa dizer para descrever uma homenagem.

Agradeço a Deus pela oportunidade de ter sido sua filha. Tenho muito orgulho da sua trajetória, você é o mestre da minha vida!

Te amo pra sempre, sua filha,

Fabiana Fiorese D'Elia

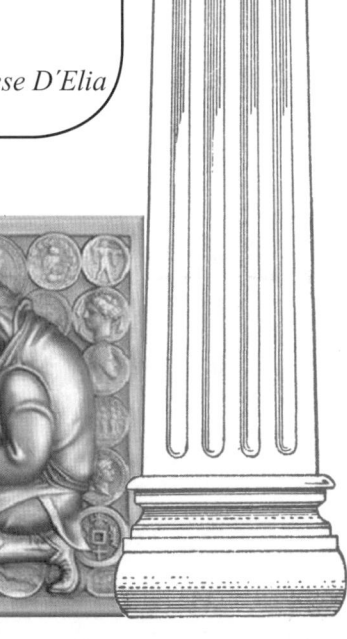

Amados Irmãos

É certo que dentre todas as criaturas, apenas o Homem detém a capacidade de poder mudar sua própria vida.

E a maior descoberta das últimas gerações é que esse mesmo ser, caso decida modificar suas atitudes internas e sua mente, pode alcançar mudanças para melhor em todos os aspectos de sua vida!

William James (adaptado)

Amor e gratidão sincera a todos que privamos pelos encargos e afazeres maçônicos, mas que são as verdadeiras Colunas de sustentação de nossa vida, de quem somente se recebeu compreensão e paciência, pelo tempo devotado a elaboração deste trabalho.

Amada esposa Adelina Teresa, queridos filhos Fabiana e Fernando, amados netos Frederico, Marcela, Lorenzo e Pietra, e caríssimos pais Deolinda (*in memoriam*) e Am∴ Ir∴ Raymundo (*in memoriam*).

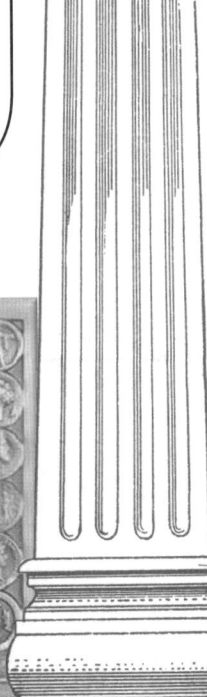

Índice

PREFÁCIO 12
PRÓLOGO – INSTRUÇÃO – e MENSAGEM 14

I – INSTRUÇÕES COM TEOR SIMBÓLICO
1. O 'Simbolismo' – Um Pouco Mais 20
2. A 'Acácia' – Citações Adicionais 23
3. O 'Cinzel' – Eternamente Afiado 27
4. 'Alfabeto Maçônico' – Visão Complementar 31
5. 'Cidade Secreta' da Maçonaria 36
6. 'Astrologia e os Cargos' em Loja 40
7. Corda/ Borda/ Pavimento
   – Conceitos Adicionais (Parte 1) 43
8. Corda/ Borda/ Pavimento
   – Conceitos Específicos (Parte 2) 48
9. Corda/ Borda/ Pavimento
   – Conceitos Específicos (Parte 3) 52
10. Corda/ Borda/ Pavimento
    – Conceitos Específicos (Parte 4) 57
11. Corda/ Borda/ Pavimento
    – Conceitos Específicos (Parte 5) 62
12. A 'Pedra' em Seu Estado Bruto 67
13. A 'Pedra Bruta' – Visão Complementar 71
14. 'Colunas do Templo' – Algumas de Suas Lições 75
15. 'Colunas e Entre-Colunas' – Outras Visões 79
16. 'Mistérios' – Conceito Preliminar 84
17. 'Altares e Capitéis' – Conceituação (Parte 1) 88
18. 'Altares e Capitéis' – Conceituação (Parte 2) 92
19. 'Malhete Maçônico' – Generalidades 96
20. 'Números Iniciais' – Noções Maçônicas 101
21. Outros 'Símbolos' Que Remetem ao G∴A∴D∴U∴ 105
22. 'Juramentos' na Maçonaria 109
23. 'Rito e Ritualística' – Conceitos Filosóficos 113
24. 'Triângulos' – Aspectos Maçônicos 116
25. 'Templo Maçônico' – Outras Considerações 121
26. Quem se É? – De Onde se Veio? – Para Onde se Vai? 127

II – INSTRUÇÕES COM TEOR FILOSÓFICO
27. 'Arquétipos e os Mitos' 132
28. Utópica 'Escada' do Céu a Terra (Parte 1) 135
29. Utópica 'Escada' do Céu a Terra (Parte 2) 138
30. 'Vontade de Deus' 141
31. 'Eu Superior' – A Iluminação (Parte 1) 145
32. 'Eu Superior' – A Iluminação (Parte 2) 150
33. 'Templo Interior' – Sua Construção 154

34. 'Mitologia' – Como Filosofia Secreta (Parte 1) 158
35. 'Mitologia' – Como Filosofia Secreta (Parte 2) 163
36. 'Dignidade Humana' — Visão Maçônica 168
37. 'Verdade' – Pela Tolerância 172
38. 'Tolerância' – Demais Conceitos 175
39. 'Alma' – Premissas Iniciais 179
40. 'Amor e Ódio' – Algumas Considerações 183
41. 'Fraternidade' na Maçonaria 186
42. 'Espírito' da Ordem – Certos Aspectos (Parte 1) 190
43. 'Espírito' da Ordem – Certos Aspectos (Parte 2) 194
44. 'Discrição'– Visão Necessária 198
45. 'Beleza' – Conceito Preliminar 202
46. 'Calúnia' – Preceito Inicial 207
47. 'Temperança' – Uma Virtude Cardial 211
48. 'Segredo' – Aspectos Sociológicos 215
49. 'Moralidade' – Visão Maçônica 219
50. 'Pensamentos' – Aptidão Maçônica 224
51. O 'Pensamento Sem Fim' 228
52. As 'Virtudes e Vícios' (Parte 1) 232
53. As 'Virtudes e Vícios' (Parte 2) 236
54. 'Paixões' – Buscar Sempre Vencer 240
55. 'Inteligência' – Aspectos Adicionais 244
56. 'Comunhão Mental' (Parte 1) 248
57. 'Comunhão Mental' (Parte 2) 252
58. 'Egrégora ou Alma Coletiva' – Algo Adicional (Parte 1) 256
59. 'Egrégora ou Alma Coletiva' – Algo Adicional (Parte 2) 261
60. 'Prazo-de-Validade' na Maçonaria 265
61. Todos Sempre São o Que São! 269

III – INSTRUÇÕES COM TEOR PRÁTICO
62. 'Arqueômetro' – Considerações Sacras 275
63. 'Iniciação Maçônica' – Complementos (Parte 1) 279
64. 'Iniciação Maçônica' – Complementos (Parte 2) 283
65. Venerável Mestre e a Liderança 287
66. Maçonaria Operativa Escocesa (Parte 1) 291
67. Maçonaria Operativa Escocesa (Parte 2) 296
68. 'Religião Natural' 301
69. Todos os Adeptos Dispostos a 'Falar' 305
70. 'Abóbada Celeste' – Complementar Visão Sinóptica 309
71. 'Grau de Aprendiz' – Outros Aspectos 313
72. 'Aprendiz Maçom' – Demais Considerações 317
73. 'Aprendiz Maçom' – Sua Caminhada 321
74. Como Auxiliar o Novo Integrante 324
75. Assiduidade – Pontualidade – e Postura 328
76. 'Maçom e a Loja' – Conceitos Adicionais 332

77. Como o Maçom Deve Comparecer à Loja...................................336
78. Comportamento' – Fora e no Templo (Parte 1).......................339
79. Comportamento' – Fora e no Templo (Parte 2).......................343
80. Como Vai, Meu Amado Irmão? 348
81. Usos e Costumes' – Uma Visão Diferente................................352
82. Um 'Espaço' no Extremo da Coluna do Norte.........................356
83. 'Limites Maçônicos' (Parte 1)... 360
84. 'Limites Maçônicos' (Parte 2) 365
85. Maçonaria – Melhor e Completa 'Escola de Vida'...................370
86. 'Calendário Maçônico' – Suas Características..........................374
87. 'Visitação' – Aspectos Diversos 377

IV – INSTRUÇÕES COM TEOR INSTITUCIONAL
88. A Maçonaria – Aspectos Históricos..382
89. Maçonaria Moderna – Sua Origem (Parte 1)............................386
90. Maçonaria Moderna – Sua Origem (Parte 2) 391
91. Maçonaria Moderna – Mais História (Parte 1) 395
92. Maçonaria Moderna – Mais História (Parte 2)......................... 400
93. Maçonaria Moderna – Seu Nobre Princípio.............................. 406
94. Maçonaria na Atualidade... 409
95. A Maçonaria – Sempre Há Algo a Mais...................................413
96. A Maçonaria – Algo Mais a Entender.......................................416
97. Maçonaria: Ainda é 'Relevante'? 420
98. Maçonaria – Seu Progresso 425
99. Maçonaria – Sua Transcendência 429
100. Maçonaria – Uma Ordem Hermética......................................435
101. Maçonaria – Algo da História Simbólica...............................439

BIBLIOGRAFIA 445

Prefácio

"Perscrutar o Espírito Humano", além de ser o *Grande Mistério*, é efetivamente a razão de ser e a real causa exercida pela literatura; então, qualquer texto que dependeu de esforço e dedicação, cabe lembrar que tem a magnífica capacidade de penetração no íntimo de quem lê, com atenção e interesse de que se torna merecedor.

Por menos perceptível, é verdade que em qualquer circunstância, a leitura traz consigo o Aprendizado que se acumula no cérebro, ou seja, o *Conhecimento*, sendo certo que ali essa mensagem provocará importante *modificação* natural, no *imo — profundo — âmago — íntimo — cerne — intrínseco — e essência*, na *Alma* daquele que bem estudou e se entusiasmou com o texto.

Atenção ao que se refere a *'estudar'*, pois um texto para ser bem compreendido, apreciado com entusiasmo, e poder modificar os *Pensamentos*, a maneira e forma de enxergar determinado assunto, deve ser *'estudado com muito afinco'*, acompanhado da necessária e conveniente *'atenção e interesse'*.

O bom escritor não se pertence, mas sim aos caprichos de sua escrita e intelecto, pois qualquer que seja o estilo, tema e gênero que se proponha a atingir, lembrar, esclarecer ou ensinar, deve sempre embasar sua escrita nas: *Verdade — Justiça — e Esclarecimento*; porque cabe iluminar os caminhos buscando a todo instante enaltecer a *Sabedoria*.

Poucos autores vieram às letras objetivando somar, para o conhecimento e melhoria da Humanidade, porém, todos têm obrigação de prover uma forte estrutura de sustentação para dar às próximas gerações o almejado Aperfeiçoamento e informações que possam nortear a formação do caráter e sua cidadania.

E ainda, ter sido agraciado com esta oportunidade, que se transforma em júbilo e alegria, de prefaciar mais este livro do *Am∴ Ir∴ Raymundo D'Elia Junior*, pois, da detida leitura deste novo texto, tenho a satisfação de recomendar este mais recente trabalho desse dedicado e batalhador *Integrante da Sublime Instituição*.

Desta vez são 101 Instruções do Grau de Aprendiz novas, que a exemplo do livro anterior, *100 Instruções do Grau de Aprendiz*, já em 7ª edição, podem e devem ser bem estudadas pelos *Amados Irmãos* interessados, que estejam em qualquer dos *'Degraus da Evolutiva Escada de Jacó'*, pois se tratam de *'exemplares e norteadores'* Conhecimentos, que se tornam válidos a acrescentar ao precioso *Aculturamento Específico*, mas acima de tudo, ao *Aprendizado* do *Teor da Obra* que se atém à *Verdadeira Maçonaria!*

A decantada *Verdadeira Maçonaria*, a penetrar nos corações e mentes dos privilegiados *Adeptos*, para processar a realista integração, quando realizado o esplendoroso *'Ato Gerador'*, pelo qual passa o *Candidato* desejoso de fazer parte da mais importante, tradicionalista, orientadora e conhecida *Assembleia de Homens*

Livres e de Bons Costumes, voltada à produção do *Aculturamento e Evolução Espiritual do Indivíduo* que pertence e compõe suas hostes.

O melhor e mais útil presente que um autor pode oferecer é uma literatura de qualidade, e nesse caso, ficam-se repletos e fartos de *Ensinamentos e Cultura*, que ampliam horizontes e atalhos, e almejam que essa fonte de informação seja sempre o bom caminho para o sucesso maçônico de todos.

Assim, desejando votos sinceros de sucesso em mais essa empreitada, parabenizo o *Am∴ Ir∴ D'Elia* por mais esta obra; e, agradecendo essa nobre oportunidade, passa-se a reiterar solicitação auspiciosa de que o *G∴A∴D∴U∴* sempre o abençoe e ilumine, como a todos seus privilegiados leitores.

Aos dez (10) dias do mês de maio (05) do ano de 2017 da E∴V∴

Ir∴ Marcio do Carmo Ribeiro
Patriarca Inspetor Geral Grau 33 do Excelso
Conselho da Maçonaria Adonhiramita
Presidente do Insigne Sodalício dos Sublimes Iniciados e Grandes
Preceptores de São Paulo nº 83 do Excelso Conselho da Maçonaria
Adonhiramita∴ GRAU 31 – Adonhiramita

Prólogo - Instrução - Mensagem

"Os deuses não concedem nunca aos mortais qualquer bem autêntico, sem esforço e sem uma luta séria para obter." (Sócrates)

1. Prólogo

Logo de início caberia parafrasear o ilustre estudioso e autor maçônico *Albert G.Pike*, que em 01/jan/1856 já afirmava (adaptado):

• *"Seja qual for o veredito transmitido por meus Amados Irmãos acerca de meu trabalho, confio que alguma clemência será estendida aos erros que possa ter cometido, pelo proveito do objeto que tinha em vista: Que, a saber, era de apresentar à Confraria um trabalho básico que possa capacitar o Maçom a conhecer seus direitos e aprender seus deveres."*

E, desde a apresentação do primeiro trabalho destinado aos Aprendizes, aos caros Amados Irmãos deixa-se registrada a real intenção, de que nada contido neste simples novo trabalho se caracteriza pelo 'ineditismo', tanto no seu conteúdo filosófico quanto simbólico.

O verdadeiro sentido é a tentativa de auxílio aos Amados Irmãos e Lojas, praticantes dos diversos Ritos, poderem contar com algumas Instruções, que poderão repassar aos Companheiros, acrescentando simples 'conhecimentos maçônicos', de modo ágil, porém não por demais profundos.

Essas Instruções foram divididas em Capítulos, com o intuito de ser percebida a verdadeira mensagem de seus conteúdos, desde o simbolismo mais simplista, até algo com teor pouco mais filosófico, demonstrando que o universo da Instituição tem amplitude incomensurável.

A forma de apresentação do trabalho possibilita ser proporcionado que as Luzes das Oficinas participem das exposições das Instruções; e, contribuindo para criação de agilidade no pensar e falar, o que aumenta a concentração dos Integrantes, tanto dos que usam do verbo, quantos que se instruem ouvindo-os.

Pelo longo período de militância ininterrupta, ocorreu a oportunidade de conhecer algumas diferentes maneiras de serem ministradas *Instruções*, e aquela que mais competente se mostrou na criação de um clima propício ao entendimento e concentração de todos foi a da exposição em forma de *JOGRAL*; então, a partir disso, recaiu nessa forma de apresentação a escolhida para nortear este trabalho, mas que deve ser entendida apenas como simples sugestão.

E como dito, a forma do trabalho possibilita a participação das *Luzes* na exposição dessas *Instruções*, trabalhando como *JOGRAL*; assim, tenta-se agilizar a exposição, e não se esgotar o discurso por um único expositor, não se utilizando somente um timbre de voz aos ouvintes, o que aumenta a concentração coletiva.

Raymundo D'Elia Junior

2. 'Instrução'

Em adição, valeria expor um importante *Artigo* encontrado, que devidamente adaptado, versa sobre este trabalho:

Instruir é Ensinar, ou provocar responsabilidade e distribuir Ensinamentos.
Aquele que instrui também aprende, pois no desenvolver do discurso mental, utilizando-se do aprendizado interior do subconsciente, vai recordando o já muitas vezes esquecido, e esse processo reanima sua mente e o alerta para a conquista de Novos Conhecimentos.
Muito mais que mostrar o caminho, o que se predispõe a instruir abre espaço para adquirir; e, mutuamente dando e recebendo, ambos os lados são favorecidos; isto implica que somente juntos, de mãos dadas, é que se consegue o Verdadeiro Aprendizado.
O autor se doa e recebe a troca; o receptor recebe e devolve, ao repassar o Aprendizado.

Poucos se predispõem a utilizar seu armazenamento interior, e de sua busca e investigação exteriores, para juntarem-se aos que não possuem condições físicas, e na grande maioria, mentais, de desenvolverem Instruções; e, se assim o fazem (se negam), é porque se sentem repletos de Conhecimento, acima dos demais que não o compreenderão; ou como age a maioria, ignora o tanto de Aprendizado de que está se privando.
Auxiliemos os que instruem, busquemos orientá-los antes de tudo quanto à responsabilidade, mas também quanto ao júbilo e gratidão de 'Ensinar', quer dizer, de doar, e dessa forma, agir de acordo com um dos Principais Preceitos da Ordem que é de: 'Repartir para Somar'.

Ir∴ Francisco Glicério

3. Mensagem

3.1 – Objetivo

A proposta deste simples trabalho é conter algumas *Instruções* com visão superficial sobre *'Simbologia – Alegorias – Emblemas – História – e Tradições'*, servindo de guia prático a quem desejar instruir seus pares com alguns poucos conhecimentos sobre Maçonaria.

É certo que o trabalho não satisfará tão amplamente como desejável, se considerada a amplitude e complexidade dos temas; mas, a maior preocupação foi de *'compilação'*, demonstrada apenas como guia de apresentação e enriquecimento de *'Conhecimentos sobre a Simbologia da Instituição'*; então, em verdade, humildemente se solicita e propõe que sejam relevadas as lacunas que porventura possam conter os textos.

Não há a menor pretensão de mostrar nenhuma originalidade nos textos, pois o conteúdo jamais será novidade aos conhecedores dos assuntos abordados, somente tratando-se de um trabalho de *'compilação coordenada'*, sendo a maior dificuldade a de *'encontrar – selecionar – e compendiar'* o que está esparso em parte da bibliografia existente e consultada; assim, as matérias estão divididas em *Capítulos* visando facilitar a *'busca – escolha – e apresentação'*.

Este modesto material representa o resultado de pesquisas feitas por intermédio do muito que se tem escrito sobre *Maçonaria*.

E, parafraseando o saudoso autor e prezado amigo *Am∴ Ir∴ José Martins Jurado*, quando afirmava que o futuro responderá se este trabalho satisfez os *Amados Irmãos*, o que será aferido conforme as *'críticas'* a que este será submetido, mas que, se *'construtivas'*, serão muito bem aceitas.

Porém, após a apreciação do trabalho sempre se faz necessária uma *'reflexão momentânea'*, com vista a considerar que a intenção é a de fraternalmente alertar quanto a *'agressões ou críticas destrutivas'*, pois cabe cientificar ter sido a mais *'pura nobreza de sentimentos'* que norteou sua elaboração, cientes todos de que: *"Nada mais é enobrecedor no Homem do que sua luta, a luta por um Ideal, qualquer que seja, que faz o Homem sair da simples condição de um ser voltado para si mesmo, para elevar-se à condição de se tornar um ser voltado ao próximo"*; então, queiram receber o mais sincero e verdadeiro *T∴F∴A∴*

3.2 – Recomendações

Por vezes são encontradas, inadvertidamente, em várias publicações (revistas), artigos a respeito de: *Sociedades Secretas — Lojas Maçônicas — Maçons — Rosa--Cruzes — e outros*, constando fotos de cerimônias tidas como totalmente secretas pelas *Autoridades Maçônicas*; e, já que sendo a *Ordem* um mundo selecionado de*: Bondade — Inteligência — e Energia*, será sempre a *Instituição* criadora das obras dirigidas à salvação humana, pois hoje como ontem, os *Iniciados*, na verdade e no bem, continuam a construção do *Templo da Humanidade Perfeita*.

Assim, os *'trabalhos maçônicos'* devem ser *Secretos*, porque as injúrias que o povo maçônico tem sofrido alertam para que sua técnica deva ser a mais perfeita, evitando a repetição de fatos que, além das graves consequências, desprestigiam--na aos adversários profanos.

Na organização da *Maçonaria Universal* o *Segredo* possui vital importância, pois se propõe a *'Derramar Luz'*, e sob a honra dos seus aderentes exige *Segredo* de tudo o que à mesma se refere; então: *Como é assegurada a observância do 'Segredo Maçônico'?* Isso ocorre pelas *Constituições e Regulamentos dos Grandes Orientes e demais Potências, no Brasil e em todo o Mundo*.

A *Disciplina Maçônica* consiste *na(o)s: 1) Íntima Ligação de todos os Amados Irmãos — 2) Respeito Fraternal de cada um pelo outro — 3) Acatamento da Orientação dos Corpos Superiores — 4) Satisfação do Cumprimento dos Deveres e 5) Observância do Sigilo Maçônico'*.

Partidários sinceros e entusiastas do que é grande e elevado, e do que é possível se decifrar pelas augustas palavras da mais nobre trilogia conhecida: *Liberdade — Igualdade — e Fraternidade*, a concluir que a *Maçonaria é uma Instituição Universal*, a mais antiga, tendo, portanto, sua *História*, que com orgulho se mostra onde for, à consideração, observação e raciocínio dos *Homens* que pretendem instruir-se nas suas: *Doutrinas — Ideias — e Ideais*.

Quando a *Instituição* foi criada, ao certo ninguém sabe, os profundos e pacientes investigadores das*: Ciência — Filosofia — e História*, por ser inteiramente impossível, não dão a data certa e exata de sua fundação; porém, um fato não deixa dúvidas, a *Maçonaria* pelos séculos vem se afirmando e desenvolvendo com o respeito de todos que conhecem sua digna *História*.

Então, há de se indagar: *Por que a Maçonaria é vida e pensamento em ação permanente?* Porque são as:

- *'Iinteligência e Livre-Exame' em contínua luta contra a Ignorância e Preconceitos – Moral e a Solidariedade sempre latentes – Fonte imensa de Luz em perpétuo conflito com as trevas – Alma radiosamente Divina – e Atira dardos de glória imperecível e faíscas da Doutrina de 'Paz – Harmonia – Concórdia – Grandeza – e Beleza';*

todos *Conceitos* que transformarão o *Mundo*, irmanando os povos, educando e instruindo para os elevar ao cume de verdadeira civilização e progresso.

Assim, segundo o estudioso Theobaldo Varolli Fº em *'Curso de Maçonaria Simbólica'*:

- *"A Maçonaria repousa em Três Colunas: Sabedoria, Força e Beleza reunidas, o que quer dizer que a Instituição não pretende ser um cenáculo de sábios, nem um agrupamento de poderosos e ricos, nem uma academia de estetas, mas uma Ordem que busca o poder da Justiça, com a Sabedoria do Amor e a Beleza Moral, como de fato é o que mais se verifica numa Loja, apesar das exceções, numa comunhão de criaturas humanas sujeitas a erros como as demais."*

O *Maçom* não deve se abster da responsabilidade por seus atos, e a sabedoria ser estendida a todos; então, desses *Princípios* resulta a preocupação maçônica de impor o *Ensino* em seus *Graus*; e por tudo isso, definitivamente, vale dizer que:

- **EM MAÇONARIA NÃO HÁ NINGUÉM MELHOR, TODOS SÃO IGUAIS E AMADOS IRMÃOS, EXISTINDO, RESPEITOSAMENTE, APENAS SUPERIORIDADE CULTURAL E INTELECTUAL;**

até porque, como sua primeira atitude o *Maçom* deve aprender a **'CONHECER A SI MESMO'**, assim como estar ciente de que é falível e que suas virtudes podem decair, agravado ainda pelo correto posicionamento que deve sempre ter frente aos seus pares, e à *Sociedade* em que vive, pois caso se torne exibicionista, certamente comprometerá a *Sublime Instituição*.

Nessa censura incidem os que fazem *'Propaganda Maçônica'* em via pública ou por meio da imprensa, apresentando-se com: *Aventais – Espadas – Medalhas – e outros*, destacando-se junto aos *Profanos* que não têm a mínima noção do *'Segredo da Simbologia'* dessa indumentária; e o que se apresenta deve ignorar que tornando-se conhecido também será visado, e é quando a maldade profana poderá aproveitar-se para denegrir a *Ordem*, porque os ataques à *Maçonaria* sempre foram engendrados, categoricamente, por falsa indução e grosseira generalização.

Finalmente, da *Constituição Maçônica do Grande Oriente Lusitano Unido*, retira-se o *'Preceito Maçônico'* a ser sempre considerado em todas as ações:

"Nos Teus Atos Mais Secretos,
Supões Que Tens Todo o Mundo Por Testemunha".

INSTRUÇÕES COM TEOR SIMBÓLICO

O 'Simbolismo' – Um Pouco Mais

"O valor das coisas não está no tempo que duram, mas na intensidade que acontecem. Por isso há momentos inesquecíveis, coisas inexplicáveis e pessoas incomparáveis." (F. Pessoa)

VM: _____

O filósofo e pensador alemão Goethe, a respeito de *'Simbolismo'*, define:

- *"O 'Simbolismo' transforma os Fenômenos Visíveis em uma Ideia, e essa Ideia transforma em Imagem, mas de tal forma que essa mesma Ideia continua a agir na Imagem, mas permanece, contudo, inacessível. E mesmo se expressa em todas as línguas, ela permanece inexprimível. Já a 'Alegoria' transforma os Fenômenos Visíveis num Conceito, e esse Conceito transforma em Imagem, mas de tal forma que esse mesmo Conceito continua sempre limitado pela Imagem, sendo apreendido — possuído — e exprimido, inteiramente, por essa mesma Imagem."*

1º Vigilante: _____

De outra parte, as *Instruções Maçônicas Inglesas* definem Maçonaria como:

- *"'Sistema Peculiar de Moralidade' que é velado por Alegorias e ilustrado por Símbolos."*

Porém, o estudioso maçônico Albert Galatin Mackey, em sua *Encyclopedia of Freemasonry*, prefere ir mais longe, definindo-a como:

- *"A Maçonaria é um 'Sistema de Moralidade' desenvolvido e inculcado pela Ciência do Simbolismo. Esse caráter peculiar de Instituição Simbólica, e também a adoção do genuíno Método de Instrução pelo Simbolismo, emprestam à Maçonaria a incolumidade (latim incolumitate – estado ou qualidade de incólume; sem perigo; seguro; salubre) de sua identidade, e é também a causa dela diferir de qualquer outra Associação inventada pelo engenho humano. É o que lhe confere sua forma atrativa, que tem assegurado sempre a Fidelidade de seus Discípulos, e a sua própria Perpetuidade."*

De fato, a Maçonaria *'adotou – não inventou'* seu *Método de Instrução*, e o utiliza para repassar seus Conceitos e Filosofia a todos os seus Integrantes, de modo absolutamente igualitário.

2º Vigilante: _____

Entretanto, a notar que o *'Simbolismo'*, efetivamente, é a *Ciência mais antiga do Mundo*, e também se tornou o mais eficaz *Método de Instrução* dos Homens primitivos.

Foi graças a esse *Método* que atualmente é possível tomar conhecimento da *Sabedoria* criada pelos Povos e seus Filósofos na Antiguidade, tanto que o acervo *Religioso – Cultural – e Folclórico da Humanidade*, desde a época da *Pré-história*, está preservado por meio dos *Símbolos*.

Tanto assim, que pode ser consubstanciada a afirmação enunciada que:

- *"O 'Princípio Fundamental do Pensamento Simbolista' encontra suas raízes em época anterior à História, isto é, nos fins do Período Paleolítico."*

Isso gerou, como consequência, que os *Mestres da Humanidade* nos primórdios puderam ser facilmente identificados e localizados, por estudos sobre as *gravações epigráficas*, ou seja:

- *De 'epigrafia' do* **grego** *επιγραφή*, **Ciência** *Auxiliar da História, na qual se estuda as 'Inscrições Antigas ou Epígrafes', gravadas em matérias sólidas como:* **madeira** – **rocha** – **ossos** – *metal – e outros, para obter as: Decifração – Interpretação – e Classificação das Inscrições.*

Orador: _____

Então, desse modo, a Maçonaria também pode ser considerada como sendo *'Legítima Herdeira Espiritual'* das *Sociedades Iniciáticas* da Antiguidade, porque:

- *Decidindo que devem ser preservadas suas Tradições, a Ordem priorizou que:*

- *Fosse 'perpetuado' o uso desse mais Tradicional Método de Instrução, e*

- *Aplicado à transmissão de todos os seus Conhecimentos e Ensinamentos.*

Tendo isso como uma das *'Condicionantes'* da Instituição, o autor e estudioso maçônico *Nicola Aslan*, em sua obra *Estudos Maçônicos sobre Simbolismo*, propõe a divisão dos *'Símbolos' em 'Cinco (5) Classes Principais'*, a saber:

1. Símbolos Místicos e Religiosos Tradicionais

- *Deus – Criação – e Perfeição: representados pelo Selo de Salomão – ou Escudo de Davi;*
- *A Evocação da Ideia de Deus: pelo Triângulo – Delta Luminoso – ou Três Pontos;*
- *O Sol: pelo Círculo com um Ponto Central; e*
- *O Símbolo do Poder: pelo TAU grego.*

Secretário: _____

2. Símbolos da Arte da Construção

- *'Medida' na Pesquisa: Compasso;*
- *'Retidão' na Ação: Esquadro;*
- *'Vontade' na Aplicação: Malho;*
- *'Discernimento' na Investigação: Cinzel;*
- *'Profundeza' na Observação: Perpendicular;*
- *'Emprego Correto' dos Conhecimentos: Nível;*

- *'Precisão' na Execução: Régua;*
- *'Poder' da Vontade: Alavanca;*
- *'Benevolência' com todos: Trolha; e*
- *'Trabalho': Avental.*

3. Símbolos Herméticos e Alquímicos
- *Quatro Elementos Herméticos': por Ar – Terra – Água – e Fogo;*
- *'Três Princípios da Grande Obra': por Sal – Mercúrio – e Enxofre; e*
- *Outros 'Símbolos Herméticos/Alquímicos': Sol/Lua; Colunas B/J; VITRIOL – e outros.*

Guarda (ou Cobridor): _____

4. Símbolos com Significado Particular
- *União' entre Maçons: Romã;*
- *'União Fraternal': Cadeia de União;*
- *'Iluminação': Estrela Flamejante;*
- *'Conhecimento': Letra 'G';*
- *'Imortalidade e Inocência': Ramo de Acácia; e*
- *'Amor e Abnegação': Pelicano;*

5. Outros Símbolos Tradicionais
- *'Pitagóricos': Números;*
- *'Cabalísticos': Sefirotes; e*
- *'Geométricos, Religiosos e outros', mas com significado maçônico.*

E ainda, com muita propriedade, Jean-Pierre Bayard, em sua obra *A Franco-Maçonaria*, assim define o *'Simbolismo'*:

- *"O 'Simbolismo' é a linguagem da ascese. Para além do tempo e do espaço, liga a dimensão individual cotidiana e psicológica à Escala Cósmica, supra-individual. Pode variar na expressão, ou nas representações exteriores, mas seus Fundamentos são imutáveis."*

VM: _____

E complementa dizendo que:

- *"Os 'Símbolos' não são simples imagens passivas, são transformadores de energia psíquica, e modificam a natureza secreta do Homem. O 'Símbolo' não é um conceito sábio, uma entidade abstrata, mas sim uma Lei profunda, que exerce o seu poder sobre a natureza interior do ser humano. O 'Símbolo' permite a transmissão de uma mensagem, porque veicula o elemento central da Ideia, para além das diferenças de cultura e de civilização. Ele é intemporal."*

Finalmente, o estudioso e pensador André Pothier, na obra *Les Cahiers du Pélican*, em seu *nº 10*, de modo marcante e importante destaca que (adaptado):

- *'O Símbolo deve ser oferecido em silêncio aos cujos olhos do coração estejam bem abertos!'*

'Acácia' – Citações Adicionais

"Somente se vê bem com o coração. O essencial é invisível aos olhos." (A.S.Exupéry)

VM: _____

1. Introdução

Acácia – *planta símbolo por excelência da Maçonaria* – representando: *Segurança – Clareza – Inocência – e Pureza;* foi considerada entre os hebreus na Antiguidade como *Árvore Sagrada*, advindo daí sua preservação como *Símbolo Maçônico*, mesmo porque os antigos costumavam simbolizar a Virtude, e outras qualidades da Alma, com diversas plantas e respectivas denominações; tanto que para a Instituição Maçônica a *Acácia* é, inicialmente, um *Símbolo da Verdadeira Iniciação para a Nova Vida – ou seja – A Ressurreição para a Vida Futura.*

1º Vigilante: _____

2. Botânica

A *Acácia* é uma árvore espinhosa com espinhos penetrantes, da família das leguminosas-mimosas, ou *Acácia Dialbata*; sendo que de uma das espécies dessa planta é extraída a Goma Arábica.

No texto original grego do Novo Testamento, consta como *Akanqwn – Akanthon*, traduzido para o português como *Acácia*, e ainda como *Acanto*, podendo também significar: *Espinho – Espinhoso – e outros;* assim, essa palavra grega aparece em várias passagens da Bíblia, mencionada tanto na montagem das *'Coroas de Espinhos'*, quanto em ser uma árvore conhecida por *Shittah*.

3. Bíblia

Consta que para ser executado o *Altar dos Holocaustos*, conforme alguns autores, à época consideravam como unidade de medida o *Côvado*, que dentre várias configurações quanto à dimensão, adotou-se um desses, isto é, o de aproximadamente *0,66 m*, daí consta que:

- *"Farás o Altar de madeira de Acácia; comprimento de Cinco (5) Côvados [3,30m] – Largura Cinco (5) ... [3,30m] – e Altura Três (3) ... [2m]"* – (Êx. 27-1);
- *e, continuando:*
- Arca da Aliança: *"Farão uma Arca de madeira Cetim (Acácia) ..."*(Êx 25:10)

• *Mesa dos Pães da Proposição:* "Farás a Mesa de madeira Cetim (Acácia) ..." *(Êx. 25:23); e outros.*

2º Vigilante:

Além disso, em hebraico *Bete-Sita* significa *Lugar da Acácia*, que no Atlas da atualidade aparece localizada no *'Paralelo 32 e 30 ao lado do Rio Jordão'*; e a Bíblia é rica em alusões da madeira de *Acácia*, dando-lhe usos *Sagrados*, tanto que existe a *'especulação'* de que teria a *Cruz do Sacrifício de Jesus* sido de *Acácia*, o que por consequência a converteria em *Árvore Sagrada*.

A *Acácia* é o *Shittah*, ou no plural *Shittin; Espinho em hebreu*, como o *Pau-de-Cetim* mencionado como compondo a *Arca da Aliança (Êx. 35)*.

Sendo a *Acácia* considerada *Árvore Sagrada*, Moisés a pedido do Senhor ordenou a seu povo, enquanto peregrinaram pelo deserto, que ao se alojarem ao pé do Monte Sinai, que usassem a *Acácia ou Pau-de-Cetim* para execução do *Tabernáculo*, e a mobília necessária, ou seja, as*: Arca da Aliança – Mesa dos Pães da Proposição – Varais para transporte da Arca – Adornos – e todos os demais móveis e utensílios.*

4. Antiguidade

Como dito, em hebraico antigo o termo *Shittah* e seu plural *Shittin* são usados para *Acácia*, o que demonstra terem os povos antigos respeito extremado por aquela planta, chegando a considerá-la importante *Símbolo Solar*, porque suas folhas se abrem com a *Luz* do Sol do amanhecer, e se fecham no ocaso, além de sua flor ser semelhante ao *Disco* do Sol.

Entre os árabes na antiga Numídia era conhecida por *Houza*, que se acredita ser a origem da palavra *Huzzé* utilizada como *Aclamação no REAA*; e além disso, também é referida como *Hoshea – Palavra Sagrada usada em um Capítulo daquele mesmo Rito*.

Orador:

Também como já mencionado, o sentimento dos israelitas pela *Acácia* teve início com Moisés, quando da feitura do mobiliário e utensílios mais *sagrados* para o Tabernáculo utilizou a *Acácia*, como para as*: Arca – Mesas – Altar – e demais,* devido principalmente à sua exemplar característica de *imputrescibilidade – de imputrescível ou de não apodrecer*; e ainda, apesar dos egípcios a terem como *Planta Sagrada,* de outra parte Maomé ordenou que fossem destruídas.

A *Acácia* é dedicada a Hermes ou Mercúrio, tanto quanto seus ramos floridos ficam relembrando ainda o célebre *'Ramo Dourado'* dos Antigos Mistérios.

Trata-se, efetivamente, da *Acácia Mimosa*, cujas flores se parecem com pequenas bolas de ouro; é a planta citada tanto na *Fábula de Osíris*, quanto no *Ritual do Grau de Mestre Maçom*; e, consta dessa *Fábula* que a planta teria florescido sobre o *Túmulo do Deus – O Iniciado*, morto por Tifão, e que foi usada para reconhecer o local onde fora enterrado.

5. Lenda do Simbolismo

Ao cair da noite, o agredido e assassinado foi conduzido ao Monte Moriah, onde o enterraram numa sepultura cavada, assinalaram esse local com um Ramo de Acácia; depois, já extenuados os exploradores enviados pelo Rei Salomão, retornaram ao ponto de encontro com semblantes desencorajados, expressando a inutilidade dos esforços.

E, numa das versões da *Lenda do Terceiro (3º) Grau*, consta que fatigado um daqueles Mestres tentou apoiar-se num *Ramo de Acácia* próximo, e para sua surpresa tal *Ramo* se soltou, pois havia sido apenas fincado para reconhecimento do local, em terra há pouco removida.

Secretário:

Simbolicamente, também por uma das várias versões, pode-se entender que esse *Ramo de Acácia* acabou por *'vingar'*, adquirir vida própria, crescer e se tornar o maior *Símbolo do Grau de Mestre*; outra das versões desse episódio dá conta até que o *Ramo de Acácia* teria *'brotado'* do corpo do *Coordenador* morto, anunciando sua *'ressurreição'*.

Assim, sendo tal morte o atributo central da *Lenda*, resulta evidente a existência de muitas diferentes versões dos fatos; entretanto, o importante é que todas são *'coincidentes'* em mencionar que havia um *Ramo de Acácia* naquela sepultura provisória.

6. Na Maçonaria

Tanto entre os Rosa-Cruzes, quanto em alguns Ritos Maçônicos desaparecidos, ou de pequena expressão, na Europa ensinavam, como já dito, que a *Acácia* foi a madeira usada na feitura da *Cruz em que supliciaram Jesus*; contudo, tal fato não passa de *'pura especulação'*.

Porém, a *'Interpretação Simbólica e Filosófica da Acácia como Planta Sagrada'*, lembrando a *Espiritualidade* do ser como uma *'Emanação Divina'*, é que jamais morre!

E mais, a *Acácia* representa a *Alma*, o que deve levar ao estudo do *Espírito* do Homem em seu próprio interior, e a parte imaterial de sua personalidade.

E outro importante significado simbólico da *Acácia* coube a Albert G. Mackey e Bernard E. Jones, ao ressaltarem a interpretação e simbolismo da Acácia por suas características de *'Inocência acrescida à Iniciação'*.

Guarda (ou Cobridor):

O grego *Akakia* também é usado para definir: *Qualidade Moral* — e *Inocência ou Pureza de Vida*; então, do Maçom que conhece a *Acácia*, é esperada conduta pura sem máculas, sendo isso devido porque a *Acácia* vem a surgir no *Simbolismo da Ordem* quando essa se tornar *Especulativa*, podendo ser traduzida pela *Conscientização da Vida Eterna*; ao determinar que:

- *"Esse galho verde, no 'Mistério da Morte', é emblema do zelo ardente que o Mestre Maçom deve ter pela Verdade e Justiça, no meio dos Homens corruptos que se atraiçoam uns aos outros."*

e, maçonicamente, simbolizando: *Inocência — Incorruptibilidade — Imortalidade e Iniciação*; na *Lenda* significou: *Inveja — Fanatismo — e Ignorância;* assim as:

- *Incorruptibilidade = Enterraram os membros de Osíris em caixão de Acácia;*
- *Imortalidade – Ressurreição (renovação, metamorfose) de = Osíris e Jesus;*
- *Iniciação = A Imortalidade é o apanágio dos Adeptos e Iniciados; e*
- *Inocência = Espinho representa quem não se deixa tocar por mãos impuras.*

Como referido, da *'Família das Mimosas'* é uma planta sensitiva que fecha as folhas se tocada; e em Grego *Akakia* ainda significa: *Sem Maldade ou Malícia.*

VM: _____

Também aparece a citação de que alguns Cavaleiros Templários disfarçados colocaram *Ramos de Acácia* sobre as cinzas de seu Grão-Mestre Jacques De Molay, depois de sua imolação, quando as transportaram ao Monte de Heredon para sepultamento.

Três (3) dos Quatro (4) Evangelistas mencionam a *Acácia* em seus Evangelhos: *Mateus (27:29) – Marcos (15:17) – e João (19:2),* ligando-a ao *'Coroamento de Jesus'.*

Finalmente, ao Maçom cabe:

- *A Eternidade – Ser Livre e Regenerado – Superar Dificuldades – Engrandecer – Amar – Socorrer – Ter o Significado da Vida – e Fazer Feliz a Humanidade;*

cônscio de que: *'A Vida Presente é a Preparação da Futura';* pois a felicidade eterna tem início ao alcançar a tão almejada *Paz,* resultante da *Harmonia e Equilíbrio Perfeito* com a *Sublime Luz do G∴A∴D∴U∴.;* porque, voltando à *Acácia – a Árvore da Vida,* enquanto suas flores podem até cegar, e as sementes ainda matar, suas raízes curam, pois a semente é o veneno e a raiz seu antídoto!

'Cinzel' Eternamente Afiado

"Para ter Conhecimento é preciso Estudar, e para ter Sabedoria é preciso Observar."

VM: _____

1. Introdução

Entendida como absolutamente certa, a maior e verdadeira obra da Maçonaria seria também propiciar ao Iniciado um local adequado para as*: Modificação de sua Personalidade – Moderação de suas Paixões e Desejos – e Desenvolvimento de Virtudes,* na escalada que tem início numa delicada operação denominada*: 'O Desbastar de sua Pedra Bruta'.*

Essa atividade de *Desbaste* consiste num trabalho básico e rústico de arrancar da *Pedra – representação do Iniciado,* todas suas*: Arestas – Deformidades Genéricas – e Protuberâncias,* que todos os seres detêm, de maneira a se adaptar, do melhor modo possível, ao único lugar reservado na sua mais importante construção, ou seja, na*: Edificação de Seu Magnífico Templo Interior.*

1º Vigilante: _____

Ora, se traduzido significa que o Aprendiz:

1) Recebe Instruções;
2) É dotado de Ferramental;
3) São-lhe fornecidos Conhecimentos; e
4) É assistido por Método e Simbologia Próprios;

que se forem muito bem manipulados por seu intelecto, culminam no desenvolvimento de suas *Capacidades: Racionais – Intelectuais – Lógicas – e Filosóficas,* dos mais diversificados temas da Maçonaria.

E por sua vez, tais *Capacidades* o auxiliam a galgar os *Degraus da Escada de Jacó,* ou ser contemplado com os diversos Graus que compõem a Maçonaria, *Escada* essa que parte de um ambiente onde domina a *Matéria,* e o eleva a um estágio onde ocorre a *predominância do Espírito sobre essa mesma Matéria.*

Contudo, o mais interessante é que o potencial adquirido pelo Aprendiz com uso da própria intelectualidade, dependendo de suas raízes culturais, *'não'* resulte na geração de *'Conceituação Dogmática'* que possam torná-lo fanático; mas ao contrário, é certo que o *Treinamento* o levará ao suave e necessário *Equilíbrio entre Racionalidade e Espiritualidade.*

Ademais, também ficando certo que, gradativamente, esse processo viabilizará o necessário *Abrir Portas* que até então lhe eram absolutamente proibidas, e até mesmo desconhecidas.

2º Vigilante: _____

Sendo preciso ainda esclarecer que é o que sua sensibilidade lhe revela a cada Sessão no Templo, que sempre é especialmente preparado para seu *Desenvolvimento Pessoal,* onde, sob os benéficos efeitos de: *Sons – Iluminação de Velas – Aspersão de Incenso – e outros,* ocorre sua interação real à *'Força do Maçom',* e ainda, integrar-se à magnificente *Egrégora* gerada pelo grupo de amigos e companheiros.

E em complemento, toda a mística e profunda *Essência dos Símbolos* vai gradativamente revelando o que até então nunca conseguira visualizar.

Então, passa a contribuir com apenas sua parte, pois efetivamente é somente um dos muitos materiais da construção, isto é, uma única *Pedra,* que depois de bem trabalhada, será integrante de um *Grande Templo Moral da Humanidade.*

2. Cinzel: Ferramenta Exemplar

Para que tudo isso se torne realidade, são fornecidas ao Aprendiz as *'Ferramentas Maço e Cinzel',* além de outras, tornando possível todo seu *Trabalho,* que deve ser realizado com muito afinco e esforço, na busca incessante dos melhores resultados, que o tornarão um ser humano melhor para as: *família – amigos – companheiros – e a sociedade em que vive!*

Orador: _____

O *Maço* é inseparável do *Cinzel* quando se destinam à tarefa de *Talhar e Desbastar a Pedra Bruta;* e ambas *Ferramentas* concorrem em conjunto para o mesmo objetivo; ademais, em complemento, se destinam a ser exemplo de *Dualismo Construtivo – eficaz e positivo.*

Estando também certo que simbolicamente o *Cinzel* representa o *Intelecto,* e portanto, trata-se do *Símbolo do Trabalho Inteligente.*

Sendo o *Cinzel* seguro pela *mão esquerda,* corresponde aos: *Aspecto 'Passivo' da Consciência – Penetração – Receptividade Intelectual – e Discernimento Especulativo,* indispensável para que sejam descobertas protuberâncias e/ou falhas da própria Personalidade.

Assim, o *Cinzel* serve como *'intermediário'* entre: *Homem e Natureza;* mesmo sabendo que sozinho sua utilidade é quase nula.

Sem a ajuda do *Maço* o *Cinzel* não produz muita coisa, quase nada, porque exige a participação da outra ferramenta, tal qual a semelhança com a inteligência humana, que isolada nada constrói, pois necessita da parte operativa, ou seja, da(o)s: *Ação – Força – e Trabalho.*

A lógica representada pelo *Cinzel* torna o Aprendiz Maçom independente, sem torná-lo mesquinho, pois sem sua nobre intervenção o resultado do trabalho seria inútil, e até perigoso; mesmo porque sua *falta* representa as *Soluções Aprisionadas no Espírito.*

Além do *Cinzel* ser Emblema das: *Escultura – Arquitetura – e Belas Artes,* é também a imagem da *causticidade (maledicente, cáustico, corrosivo, destrutivo ou mordaz)* dos argumentos, que por isso permitem destruir os *sofismas do erro.*

Secretário: ───────────────────────────

Geralmente, o *Cinzel* é utilizado para trabalhos mais brutos, por exemplo na execução dos alicerces de uma construção, o que é um trabalho básico, porque se trata do aço do *Cinzel* aplicado sobre a *Pedra;* e mesmo ambos materiais *(Cinzel e Pedra)* sendo muito duros, a dureza do *Cinzel* é maior, e portanto, sobrepuja a *Pedra;* além disso, complementarmente, sempre deve estar *'afiado'* para seu bom desempenho, e assim advém sua capacidade de penetração e corte de asperezas.

Simbolicamente, com o *Cinzel* pode ser cortado fora tudo que o Homem tem ainda de mais feroz, transportando-o a uma condição mais elevada diante da Natureza, e por isso, elevando seu conceito, e mais aproximando-o do *Grande Arquiteto do Universo – G∴A∴D∴U∴.*

3. Resultante do Bom Trabalho

O Homem com suas mais ásperas arestas totalmente *desbastadas* também pelo *Cinzel,* simbólica e conceitualmente pode-se afirmar que estaria em muito melhores condições, e assim:

• *A Terra seria um gigantesco deserto caso os Homens deixassem de fazer por polidez, o que são incapazes de realizar por amor; tanto quanto, esse Mundo seria quase perfeito, se cada Homem conseguisse fazer por amor o que somente faz por polidez;*

e isso porque a polidez faz o ser parecer externamente como deveria ser internamente; até porque quem não for bastante educado e cortês, em realidade não pode ser muito bom.

As Cerimônias Maçônicas podem até diferir em cada País, mesmo que minimamente, mas a verdadeira cortesia dos bons e dedicados Adeptos deve ser igual em todo lugar.

Guarda (ou Cobridor): ───────────────────────────

Assim como a cera, que é naturalmente dura e rígida, com um pouco de calor torna-se tão moldável que pode ser levada à forma desejada, com auxílio do *Cinzel* no preparar dos Maçons, esses podem com cortesia e amabilidade conquistar e se aproximar de seus novos pares, que até podem chegar sendo obstinados e/ou hostis.

E, partindo do princípio que uma Virtude não é natural, mas uma qualidade desenvolvida ao longo do crescimento individual, do ponto de vista Moral, a polidez pode ser considerada também uma Virtude; como exemplo, o que acorreria com as *4 Virtudes Cardeais: Justiça – Prudência – Temperança – e Coragem,* seriam inúteis se o ser humano não for: *polido – educado – e cortês.*

Ficando certo que *sem Educação e Respeito* não há como desenvolver nenhuma outra Virtude; e então, como a polidez é algo de aparente pouca importância, é nesse *quase nada* que reside todo seu mérito.

A polidez é definida como: *caráter ou qualidade do que é polido — fina educação — e gentileza;* contudo, é também uma forma do *discurso e/ou oratória* que: *demonstra cortesia e civilidade de quem fala — quem se esforça em usar expressões que atenuem qualquer tom autoritário — quem não quer mostrar ser imperativo — e outras fórmulas da etiqueta linguística.*

Adicionalmente, a polidez designa o indivíduo que detém: *grandes virtudes – elevada cultura – e bom conhecimento em determinadas áreas do saber;* mas, muito mais importante e significativo, é poder afirmar que na luta para obter maior controle do *Espírito sobre a Matéria,* a polidez lustra em demasia o coração, de modo que possa revelar tudo o que nunca é visto.

VM: _____

O Maçom detém transparência que é proporcional ao quanto foi polido, porque para quem mais exerceu o polir, sua sensibilidade se manifesta de muitas formas invisíveis, quando então se revelam verdades, para as quais a mais sofisticada racionalidade é impotente.

4. Conclusão

Por conta de toda argumentação mostrada, o *Cinzel* deve ser *'afiado'* contínua e permanentemente, exigindo constante aporte de novos Conhecimentos para não: *embotar (tirar o corte, fio ou gume) – perder sensibilidade – enfraquecer – ou ainda estragar,* o instrumento cortante; entrementes, é a polidez do Conhecimento profundo de temas da vida que o *'afia';* enquanto *'Afiar o Cinzel'* significa: *Receber fina educação – Ser cortês – e Atencioso,* que são atividades que, denodadamente, deve investir com *Força e Ação do Maço,* e gradativamente, galgar com paciência e dedicação a *Escada de Jacó* para alcançar sua buscada *Perfeição!*

'Alfabeto Maçônico'
Visão Complementar

"Amigo nos deixa em pé quando nossas asas não lembram como voar." (adaptado O.M.)

VM: _____

O *Alfabeto Maçônico* – também chamado *Pigpen Cipher* – *Código do Chiqueirinho,* porque as *'retas cruzadas'* lembram um curral, e que como escrita criptográfica não tem valor, já que se trata de simples substituição; mas, o que um artigo encontrado a respeito traz de interessante é mostrar o caminho original de onde deriva.

Das *'Três (3) Joias Fixas'* da Loja que são as*: Pedra Bruta – Pedra Cúbica – e Tábua de Delinear ou Prancheta,* a terceira certamente é a mais complexa, pois faz analogia à figura do *Mestre de Obras*; e possui*: figuras – desenhos – ou em muitos casos algumas letras,* retiradas de *'Antigos Alfabetos Maçônicos'*.

Como é conhecida, a *'Tabela Tripartida'* é obtida pelo desenho de um par de retas paralelas entre si, cortada por outro par de linhas paralelas perpendiculares às primeiras, de modo que a *'Tábua'* é dividida em nove (9) partes iguais, dispostas em três (3) colunas e três (3) linhas; e por isso, é então chamada *'Tábua Tripartida',* ou por antiga denominação *'Trestle Board'*.

A estrutura da *'Tabela'* é intrinsecamente ligada à origem e interpretação de todos os *'Alfabetos Maçônicos'*; assim, esse *'Alfabeto Maçônico'* é de fato um resultado relativamente moderno de um *'Alfabeto Cabalístico'* mais antigo, que foi inspirado no *'Quadrado Hebraico',* tripartido em uma grade com três (3) colunas e três (3) linhas.

1º Vigilante: _____

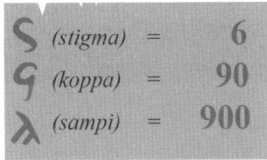

De fato, nesse *Sistema Cabalístico de Criptografia,* já mencionado por Agrippa de Nettesheim em 1533, foram usados 27 *Sinais do Alfabeto Hebraico,* ou seja, os *22 Sinais Padrões* + *(mais) os 5 das Letras* que modificam a forma final, o que corresponde às *24 Letras do Grego* + *(mais) 3 Sinais adicionais,* de uso exclusivo matemático, conforme pode ser visto.

Cita-se Agrippa no Cap. XXX de *Occulta Philosophia Libre Tres,* que diz:

• *"Outro tipo de escrita, por muito tempo respeitada pelos Cabalistas, hoje é tão comumente usada, a ponto de estar quase caindo em mãos profanas. Dividem as 27 Letras do 'Alfabeto Hebraico' em Três grupos, cada um composto por Nove Letras."*

 1 - No primeiro (1º) grupo são colocadas as letras:
Representando os Números Simples e as Coisas Intelectuais atribuídas às Nove (9) Ordens Angelicais.

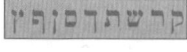 2 - No segundo (2º) grupo, as letras:
Representando as Dezenas e as Coisas Celestes, além das Nove (9) Órbitas dos Céus.

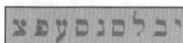 3 - No terceiro (3º) grupo, as Quatro (4) Letras restantes + (mais) as Cinco finais: Que expressam as: Centenas – e Coisas Inferiores, nomeadamente os Quatro (4) Elementos Simples e Cinco (5) Espécies de Compostos.

2º Vigilante: _____

Os Três (3) Grupos são distribuídos em Nove (9) Compartimentos de Três (3) Letras cada um, a saber:
1º - As Três (3) Unidades: Intelectual – Celeste – e Elementar;
2º - A Dualidade; e
3º - A Tríade, e assim por diante.

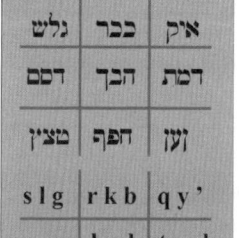

Os *Compartimentos* são formados pela *Intersecção de Quatro (4) Linhas Paralelas,* que se cortam em â*ngulos retos* como na figura; e, decompondo-a nos seus elementos resultam *Nove (9) Figuras,* que não são mais do que o *Gráfico dos Nove (9) Compartimentos.*

Para indicar uma determinada *Letra das Três (3)* incluídas em cada *Compartimento,* e a cada figura se atribui*: 1 – 2 – ou 3 Pontos: 1 Ponto = 1ª Letra do Compartimento – 2 Pontos = 2ª – e Três Pontos = 3ª.*

Por exemplo, para escrever Michael, que tem *Cinco (5) Letras em Hebraico,* começa-se pelas *Cinco (5) Figuras.*

Que são reduzidas a apenas Três (3) Figuras.

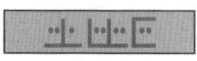

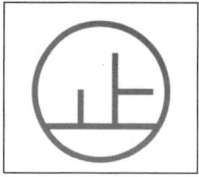 Finalmente são reduzidas a uma *Única Figura.*

Orador: _____

 Porém, os *Pontos* que marcam as várias *Letras nos Compartimentos* são normalmente omitidos; portanto, os caracteres da palavra Michael, assim se transformam.

Como observou *Reghini,* a escrita cabalística descrita por *Agrippa – já muito utilizada a ponto de quase ser conhecida por Profanos,* foi revista e adaptada de forma arbitrária por outros autores do Século XVI, como *Giovanni B. D. Porta* em *De furtivis litterarum notis vulgo de ziferis – lv.III, Napoli 1563, p. 92/94,* ou do cabalista *Blaise de Vigenère* em *Traité de chiffres ou secretes manières d'escritre – Paris 1567, p. 275.*

Se em publicações como *Ordre de Franc-Maçons trahi – Paris 1742*, a *'Tábua de Delinear'* não mostra sinais pertencentes a qualquer *cripto-alfabeto*, encontra-se a versão básica do *'Alfabeto Latomistico'* em obras como *Thuileur de l'escossime – Paris 1821*, e *Manuel Maçonnique par um veterain de la Maçonnerie* – 1820, reeditados em *Paris 1975 por Claude A. Vuillaume e Jean Tourniac*, que explicita:

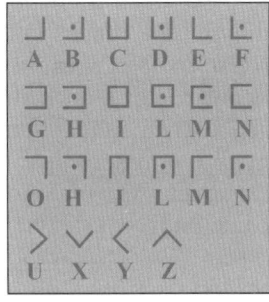

• Esse *'Alfabeto'* é obtido de acordo com o mesmo princípio exposto por *Agrippa*, mas difere pelo fato de o *Número de Letras* utilizado para as línguas europeias modernas não ser *Múltiplo de Nove (9)*, ao contrário do sistema usado pelo *'Alfabeto Hebraico'*. Por isso, as primeiras 21 Letras são obtidas a partir daquela Chave, partindo da esquerda para a direita, e de cima para baixo; para a segunda Letra, adiciona-se um *'Ponto'* ao gráfico que corresponde à posição da Grade; assim, tem-se (figura ao lado).

Secretário: _____

E naturalmente com a *'Adição de um Ponto'* se terá:

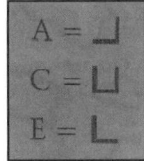 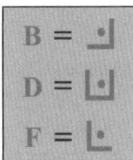 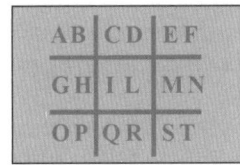 

Já as últimas *Quatro (4) Letras* são obtidas com a outra *Chave*; e, muitas vezes, o termo *'Loja'* é indicado pela *Letra 'L'*, ou seja, por um *Retângulo com um Ponto no Meio*, como na figura acima; enquanto com *Dois Retângulos* tem-se o plural correspondente.

Deve-se notar, é claro, que esse *'Alfabeto'* carece de algumas Letras, como *'V' – em Latim*, *'V' e 'U' não requerem grafemas diferentes*; além dessa, outras Letras são necessárias para os idiomas germânicos, como: *J – K – e W*.

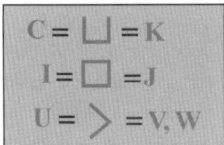

Por isso, tem-se o modelo do *Alfabeto Latomistico*; ainda assim, quanto aos *Sinais Alfabéticos* ausentes, é possível prosseguir, desde que se substitua: *'J' por 'I' – 'K' por 'C' – 'V' por 'U' – e 'W' por 'U'*.

E também se considera oportuno propor *Duas (2) Séries Diferentes*, tal como apresentadas no *'Duncan's Rithual'*, essencialmente a cifra do *Real Arco*.

Nos Dois (2) Sistemas, encontram-se *Símbolos de 26 Letras*, em vez dos *22* previamente submetidos, pois apresentam independentes as Letras: *K – J – V – W*.

Essas *Duas (2) Cifras* se diferem na utilização também diferente do *Ponto Distintivo*:

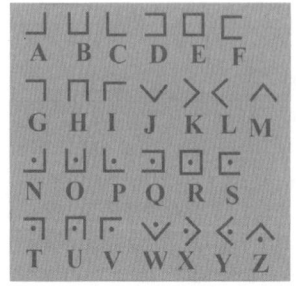 No primeiro caso, a sequência *'não'* tem Ponto de *A* a *M*, enquanto de *N* a *Z* todos os Símbolos *'têm'* um Ponto no Meio, como mostra a figura ao lado.

Guarda (ou Cobridor): _____

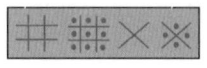 No segundo caso, mais tradicional, os *Símbolos* são alternados, com e sem *Ponto*. No entanto, parece oportuno voltar à questão da origem da escrita cabalística de Agrippa, para perceber, com base em Reghini, que, embora o número de *27* indicações *'foi quase certamente inspirado por considerações de Pitágoras'*, o *Sistema Grego de Numeração* mais antigo, em uso na época de Pitágoras, fazia o uso das *Letras Iniciais da Palavra*.

Por exemplo: *Usava a Letra 'PI' inicial da palavra 'Penta – Cinco' para escrever o Número Cinco (5) – e a Letra Grega 'Delta' inicial da palavra 'Década – Dez' para representar o Número 10.*

Assim, o neopitagórico Theon de Esmirna, em sua *Exposição de Conceitos Matemáticos Úteis para Ler Platão*, no Século I da E∴V∴, tratando dos primeiros *Nove Números Inteiros* que lhe interessavam, mostra a *'Tabela'* em que os primeiros *Nove Números* são *Tripartidos em Três (3) Linhas e Três (3) Colunas*; e Reghini escreveu a esse respeito:

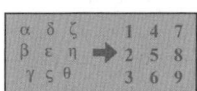 • *"Essa breve análise leva a identificar a 'Prancheta' assim como a Tábua Tripartida, a partir da 'Tabela de Theon', na qual se retiram as Nove Letras Gregas que representam os Nove Primeiros Nove Números ... .*

A *'Prancheta de Delinear ou Trestle Board'* é idêntica à *'Prancheta Tripartida de Theon de Esmirna'*, e os *Números Sagrados dos Pedreiros-Livres* não são outros, que os *'Nove Números da Década de Pitágoras'*.

Essa diz ao Maçom que os *'Trabalhos Arquitetônicos da Edificação Material e Espiritual'* são traçados e executados com base nas Propriedades da Aritmética Ordinária e Simbólica.

Na realidade, nesse Símbolo aparecem as Linhas que servem para indicar os Números, portanto, também não se refere a uma linguagem particular e tem caráter universal ...

Podemos dizer que é Símbolo Pitagórico e Maçônico que tem caráter universal, pois tem forma geométrica e indica os Números e as propriedades aritméticas e simbólicas."

VM: _____

Sempre sobre o *Simbolismo da 'Tábua Tripartida'*, nota-se que os *Números da Segunda Linha são a Média Aritmética dos Números dos outros dois (2) na mesma coluna*, assim:
- *4 em relação a 1 + 7;*
- *5 em relação a 4 + 6; e*
- *8 em relação a 7 + 9.*

Finalmente, segundo Reghini, o <u>5</u> da caixa do meio tem também a propriedade de ser a média aritmética dos Números das extremidades das*: Linhas – Colunas – ou Diagonal,* que atravessam a Coluna Central; e, como é evidente, nessas poucas considerações, o *'Alfabeto Maçônico'* fornece, além dos aspectos culturais de suas origens, uma grande variedade de reflexões estimulantes sobre a *Simbologia Maçônica* e a importância da *'Tábua Tripartida'.*

ג (3) ghimel	ב (2) beth	א (1) alef	ל (12) lamed	כ (11) karf	י (10) Iod
ו (6) vaw	ה (5) he	ד (4) dalet	ס (15) samek	נ (14) num	מ (13) mem
ט (9) teth	ח (8) heth ou cheth	ז (7) zain	צ (18) sadé	פ (17) pe ou phe	ע (16) 'ain

ק (19) kof
ר (20) resh
ש (21) shin
ת (22) taw

CHAVE DA TRANSCRIÇÃO DO 'ALFABETO MAÇÔNICO' EM HEBRAICO

Nas células, além das Letras em Escrita Hebraica, são mostrados seus Nomes e Números correspondentes entre parênteses, que indicam a sequência ordenada de cada uma das 22 Letras.

'Cidade Secreta' da Maçonaria

"Dizem que não se viveu, caso não se tenha muitos arrependimentos."

VM: _____

A *'Cidade Secreta'* da Maçonaria, como é comum em variados textos, não é ficção nem tampouco esoterismo, mas existe mesmo; e mais, não é nem um pouco secreta, ao contrário, é uma das cidades mais importantes do Mundo, que abriga a Capital do País mais poderosa do Planeta.

O autor David Ovason mostra, baseado em extensa e fundamentada pesquisa, que *Washington D.C. — Capital dos Estados Unidos da América (EUA)*, é uma cidade totalmente projetada por Adeptos da Maçonaria, com claríssima inspiração nas *Doutrinas da Instituição*.

Nessa cidade, seus *edifícios e monumentos*, na origem, foram construídos cuidadosamente segundo determinado projeto, gerando certo significado que somente seria compreendido pelos *Iniciados*, mesmo porque é em Washington D.C. que se encontra o *'verdadeiro segredo'* da Ordem.

No *traçado* da cidade e em seus *monumentos* se homenageiam: *Homens poderosos — Mentes privilegiadas — Pessoas reverenciadas pela História como estadistas — imperadores — arquitetos — artistas — escritores — políticos — inventores — e outros*, que lá deixaram suas crenças como seu destino escatológico *(grego, parte da Teologia e Filosofia de fatos históricos, e destino final dito 'Fim-do-Mundo')* como *Juízo Final*, mas incomum para o País que acabavam de fundar.

No livro do autor mencionado, o *Simbolismo Cósmico* daquela Capital é ineditamente revelado, com base em pesquisas realizadas com seriedade, sem ambiguidades e delírio esotérico, que comumente são encontradas em obras maçônicas; e o escritor mostra que em Washington os *Códigos Secretos* muito extrapolam a ficção, estando presentes em *monumentos e prédios centenários*, como a provar que a imaginação está sempre bem à frente da realidade.

1º Vigilante: _____

Sou ciente de que muito já foi escrito sem fundamento sobre o tema, sendo de início que a *'Pirâmide Truncada'* que há na *'Nota de Um Dólar'* seria um *'Símbolo dos Illuminati' — Seita Secreta como fosse uma Maçonaria das Sombras,* que orientaria crimes e conspirações políticas pelo Mundo.

Segundo os *'teóricos da conspiração e/ou escritores diabólicos'* como são denominados pelo autor Humberto Ecco, os *Illuminati* teriam promovido os assassinatos de: *Abraão Lincoln — Getúlio Vargas — Arquiduque Ferdinando da Áustria — Presidente Kennedy — Pastor Martin Luther King — Princesa Diana*

– *uma dezena de Pappas — e muitos mais;* e ainda também seriam responsáveis pelos principais *'escândalos financeiros e políticos'* do Século XX, tanto quanto pelos *'atentados terroristas'* da atualidade.

Assim, fariam isso para espalhar o caos, o medo e o terror, para depois surgirem como salvadores implantando a *'Ordo ab Chaos — Ordem no Caos';* em verdade, a frase: *'Novus Ordo Seculorum — Nova Ordem do Século'* representaria essa ideia posta em prática.

Seria a tentativa de realização de um sonho utópico de Homens que acreditaram numa esperança que tem sido prometida desde a aurora dos tempos, ou seja, a de que: *'Um dia a Humanidade voltaria ao Paraíso de onde fora expulsa'.*

Os Estados Unidos foram fundados numa época em que esse sonho era presente, isto é, a era do *Iluminismo — A Corrente de Pensamento que emergia do anterior Obscurantismo e Escravidão Física e Espiritual*; e ideias como: *Direito Divino dos Reis — Supremacia Racial — Pecado Original — Infalibilidade do Papa — e outras* começavam a ser abandonadas pelo *'Novo Humanismo'* que pregava o *Livre-Arbítrio e a Busca da Felicidade* como fundamentos da vida; era época das utopias, e a América surgia como a realização mais próxima desse sonho milenar.

2º Vigilante:

E a *Liberdade de: Espaço — Pensamento — Crença — Ir-e-Vir — Ganhar a Vida como Entender obedientes só às Leis que Votassem,* era sonho das pessoas com educação e sensibilidade.

Quando os *'Pais da Pátria Norte-Americana'* redigiram a *'Declaração da Independência',* e iniciaram a redação da *'Constituição'* do *País*, essa ideia começou a se formar como uma realidade palpável; nascia a *'Nova Ordem Mundial'* em que o *'Sonho Iluminista'* poderia se realizar, e, portanto, viria a se tornar o decantado *'Sonho Americano'.*

Embora a: *Pirâmide Truncada — Olho que tudo Vê — e Divisa 'Novus Ordo Seclorum'* só foi oficializada na *'Nota de Um Dólar'* na gestão do Presidente Teodore Roosevelt (Maçom), a ideia que esses elementos encerravam já surgira durante a *Guerra da Independência*; assim, aquele enunciado é portanto uma *'Divisa Filosófica — um Lema',* que detém uma *'promessa de porvir',* não tendo nada a ver com concepções luciferinas e conspirações da plutocracia sombria e diabólica, como querem certos *'teóricos da conspiração'.*

Então, caberia indagar: *O que a Maçonaria teve a ver com isso?* Praticamente tudo, mesmo porque a grande maioria dos *'Líderes revolucionários'* eram Maçons, como: *George Washington — Benjamim Franklin — Irmãos Wesley — e Thomas Paine — entre outros;* e as Lojas eram os locais onde a propaganda *Iluminista* era a *'doutrina da moda — da ocasião'.*

Liberdade — Igualdade — e Fraternidade, como apregoavam os *Revolucionários Franceses,* era a *'Divisa desse Novo Mundo'* que emergia das cinzas do *Regime Anterior — Antigo*, sendo então o início do tempo de desmoronamento dos grandes *Impérios Coloniais*.

Orador: _____

A *'Nova Ordem do Século'* se compunha de *'Novo(as): Governo — Vida — Crenças — e Mundo,* que os Maçons da época desejavam e pensaram implantar na jovem Pátria que fundavam; e por isso, não seria de estranhar que tivessem embasado as atitudes de suas vidas nos *'Postulados da Doutrina Maçônica',* e mantido a reflexão dessas ideias e ideais em suas realizações.

Sem esquecer que foram esses mesmos americanos que criaram o *'self-made-man — quem-se-faz-por-si-próprio',* foram também os criadores da *'Filosofia da Autoajuda',* sendo um dos precursores o grande Ralph Valdo Emerson, cujos preceitos filosóficos transparecem na Divisa *'Annuit Coeptis — Deus aprova (abençoa) nossos Objetivos'.*

Então, tanto a *'Nova Ordem do Século'* quanto a afirmativa que *'Deus aprova o que é feito'* são claras frases de efeito que embasam *'Espíritos Positivos',* e que pretenderam transmitir.

Por outro lado, pelas próprias *Tradição e História* que a integram, a Maçonaria está naturalmente envolta por *'Mitos e Lendas',* e uma dessas é a de que é herdeira da famosa *'Ordem do Templo — Ordem de Cavalaria Medieval — ou Ordem dos Templários',* fundada na época das *Cruzadas,* que foi por mais de dois séculos grande potência econômica, militar e religiosa, chegando mesmo a ombrear a autoridade do *Vaticano,* e *contestar e ditar a Política das principais Casas Reais da Europa.*

A *'Ordem do Templo'* se extingui em 1312, mas sua aura de*: Mistério — Segredo — e Teorias Conspiratórias,* que campeava entre seus componentes e sobreviventes, nunca desapareceu; ademais, por exemplo, historicamente ficou provado que as grandes navegações dos portugueses foram, em grande parte, financiadas pelo *'tesouro'* dos *Templários.*

Secretário: _____

De maneira idêntica, muitos acontecimentos históricos que resultaram na *Reforma Protestante,* além de ditarem as bases dos *Estados Modernos,* foram influenciados por esses antigos *Cavaleiros Hereges*; contudo sua mística continua a ser alimentada até a atualidade, sendo que um desses *segredos* é o famoso *'tesouro'* que desapareceu misteriosamente quando os *Cavaleiros Templários* foram presos no inicio do Século XIV; entretanto, desde então tem sido avidamente procurado por inúmeros *'caçadores de tesouros'.*

A título de curiosidade, a esse respeito foi realizado um filme intitulado *'Lenda do Tesouro Perdido',* em que descendentes antigos da família de Benjamin Franklin procuraram tal *'tesouro',* tanto quanto os atuais também o procuram, ou seja, a família busca obstinadamente por gerações esse lendário *'tesouro';* e trata-se de uma família de Maçons históricos começada desde a época daquele famoso *Diplomata e Inventor,* e que guardam o *'Segredo'* da localização do *'tesouro'.*

Tal localização estaria perdida, e como legítimo descendente de Franklin, cabia a ele reencontrá-lo, e acreditando que as pistas para saber onde estaria o famoso *'tesouro',* houvera sido gravada e codificada no verso da *'Declaração da Independência';* então se apossam da informação e tem início movimentado *'trhiller',* que culmina com a inusitada descoberta.

Guarda (ou Cobridor): ─────────────────────────

Os verdadeiros Maçons, mesmo considerando que não são todos que alcançam os mais *Altos Graus da Ordem*, sabem qual é o *'Verdadeiro Segredo da Maçonaria'*, e que o encontram nas:

- *Ruas de Paris, Praga, Viena e outras — Ruínas dos Antigos Templos Egípcios — Edifícios Modernos — Antigas Catedrais — Ruínas de Machu-Pichu — Preceptorias Templárias que resistem pelo Mundo — e outros logradouros;*
- *Obras de Aleijadinho — Música de Mozart — Arquitetura de diversos Teatros do Mundo, como Municipais do Rio de Janeiro e São Paulo, e muito mais;*
- *Nas obras: 'Iracema' de José de Alencar — 'Navio Negreiro' de Castro Alves*
- *— 'Cânticos de Liberdade' de Walt Whitman — e outros livros;*

e ainda, *'esotericamente'* está na(o)s: *Ruas de Washington D.C. — Desenho dos Edifícios — e Planificação das Ruas da Cidade*, sendo facilmente constatado na *Conformação Geométrica da Cidade*, tal como é possível encontrar nos *'Subterrâneos de Paris'*, que os *Arquitetos Maçons de Napoleão* cavaram para sua *rede de esgotos*.

Consta de *'Os Miseráveis'* do Maçom Vitor Hugo, a *'Verdadeira Jornada Iniciática'* que é a fuga de Jean Valjean pelos *esgotos* da Cidade, carregando nas costas o jovem Marius; de modo análogo, consta também das *'Aventuras de Hércules'* nos *Porões do Inferno* quando procura o amigo Teseu; os autores inspiraram-se em bases muito conhecidas dos Integrantes da Ordem.

Em verdade, a Cidade de Washington é reflexo de um sonho utópico que alguns Homens tentaram realizar, ao transformarem suas fantasias em crenças, e se conseguiram ou não, é outra situação diversa dependendo daquele que julgar.

A Cidade de Washington D.C. é, indiscutivelmente, como David Ovason descreveu: *'A Cidade da Maçonaria'*, porém não sendo nem tão *'secreta ou misteriosa'*; certamente, muitas situações e muitos segredos foram ali entabulados e resguardados; entretanto, não é no *'espírito arcano de seus monumentos'*, tampouco no *'traçado geográfico das ruas'*, que serão encontrados.

VM: ───

Finalmente, é com certeza que esses *'Segredos'* não devem provocar estado de excitação como os: *Tesouro dos Templários — Arca da Aliança — Símbolo Perdido — Palavra Sagrada — e outros*; todavia, serão coisas mais *'importantes e significativas'* os preciosos arquétipos que *'excitam o espírito humano'* nesse inusitado prazer pelo *'Mistério'*!

'Astrologia e Cargos' em Loja

"O meio de chegar ao 'Conhecimento' das coisas é iniciar por não confundi-las, mas por se dedicar ao exame minucioso de cada uma delas." (Saint-Martin)

VM: _____

Das mais diversas maneiras, os principais *'Cargos em Loja'* são associados ao longínquo *Misticismo Religioso da Mesopotâmia*, em que preceituavam seus *Deuses:*
- *Marduc e Shamash = As personificações do Sol;*
- *Sin = A personificação da Lua; e*
- *Ichtar = A personificação de Vênus;*
- *além de muitos outros aos quais prestavam reverências religiosas, porque haviam também Deuses que correspondiam aos demais Planetas conhecidos na Antiguidade, a saber:*
- *Mercúrio = Deus veloz e astuto — 'Senhor dos Homens', mas suplantado pelo Deus-Sol; e*
- *Saturno = O Deus frio — cruel — e irrascível.*

1º Vigilante: _____

Além disso, é importante lembrar que a associação com os *'Principais Cargos em Loja'*, como descrita a seguir, de maneira não muito bem explicitada nem explicada, *'não'* **é** universalmente comum a todos os Ritos praticados na atualidade, pois alguns desses mesmos Ritos nem são constituídos em seus *'Cargos na Loja'* pelos Oficiais que seguem descriminados.

Por exemplo, para o Rito Escocês Antigo e Aceito—REAA, tem-se:

- **Venerável Mestre (VM ou Ven:. Mest:. ou Vener:. Mestr:.)** = *Assimilado ao Planeta Júpiter, que no panteão dos Deuses Babilônicos simbolizava 'Sabedoria'.*
- **1º Vigilante (1º Vig:. ou 1º Vigil:.)** = *Associado ao Planeta Marte, que era o 'Senhor da Guerra', simbolizando 'Força'.*
- **2º Vigilante (2º Vig:. ou 2º Vigil:.)** = *Assimilado ao Planeta Vênus, que era feminizado na Mitologia Babilônica, e sendo Deusa Mágica da Fertilidade e do Amor simboliza 'Beleza'.*
- **Orador (Or:. ou Orad:.)** = *Associado ao Sol, de onde emana a Luz, por ser o 'Guarda da Lei Maçônica' deve sempre ser responsável pela maioria das*

'Instruções (Peças) de Arquitetura' que devem enriquecer os Trabalhos da Oficina.

2º Vigilante:

- **Secretário (Sec:. ou Secr:. ou Secret:.)** = *Assimilado à Lua, porque cabe refletir e assinalar na elaboração das Atas, dentre as demais, as 'Conclusões Legais' do Orador, assim como todas as demonstrações de vontade da Loja.*

- **Tesoureiro (Tes:. ou Tesour:.)** = *Associado ao Planeta Saturno, o Deus Babilônico frio e cruel, e seus Anéis simbolizam 'Riqueza'; a quem cabe 'Receber os Metais' dos Adeptos, como 'Organizar o Movimento Financeiro da Loja', demonstrando-o a toda Oficina, a quem se deve muita consideração por lidar com a frieza dos números, calculista e inflexível.*

- **Mestre de Cerimônias (M:. CCer:. ou Mest:. CCerim:.)** = *Assimilado ao Planeta Mercúrio, o Deus veloz e astuto, pois esse Oficial sempre 'circulando' pela Loja como elemento de ligação, imita o Planeta que mais rapidamente 'Circula em torno do Sol'.*

Analogamente, os 'Princípio Cargos em Loja' são inseridos os Deuses do Panteão Grego que habitavam o Olimpo; e, assim sendo, temos-se:

ORADOR

- **Venerável Mestre (VM ou Ven:. Mest:. ou Vener:. Mestr:.)** = *Assimilado à Divindade Zeus, que para os Romanos era Júpiter — Rei dos Deuses, por sua condição de 'Dirigente da Loja'; sendo também associado à Deusa Atena, que para os Romanos era Minerva — A Deusa da Sabedoria, já que o VM deve deter: Sabedoria — Prudência — Inteligência — e Discernimento, necessários para otimizar a Administração da Oficina.*

- **1º Vigilante (1º Vig:. ou 1º Vigil:.)** = *Associado à Divindade Ares, que para os Romanos era Marte — Deus da Agricultura e da Guerra, e também ao Deus Heracles, que para os Romanos era Hércules — O mais forte e vigoroso de todos os Homens.*

- **2º Vigilante (2º Vig:. ou 2º Vigil:.)** = *Assimilado à Deusa Afrodite, que para os Romanos era Vênus — Deusa do Amor e da Beleza.*

- **Orador (Or:. ou Orad:.)** = *Associado ao Deus Apolo ou Febo — Deus-Sol, criador da poesia, da música, do canto e da lira; e, sendo adorado principalmente na Ilha de Delfos, onde no frontispício de seu Templo continha escrita a frase: 'GNOTHE SEAUTON' — que em Latim se traduzia por: 'NOSCE TE IPSUM', que em Português pode ser traduzida por: 'CONHECE-TE A TI MESMO'; cabendo ressaltar ainda que, quanto a essa famosa frase, muito se tem gasto para descrever seu significado, tanto assim que o maior e mais famoso filósofo grego Sócrates houve por bem adotá-la como 'Princípio Fundamental de sua Filosofia'; e ainda, o Mestre Pitágoras era denominado 'Filho de Apolo'.*

Secretário: _____

- **Secretário (Sec:. ou Secr:. ou Secret:.)** = *Assimilado à Deusa Ártemis, que para os Romanos era a Divindade Diana — Deusa da Lua, da Caça e das Flores.*
- **Tesoureiro (Tes:. ou Tesour:.)** = *Associado a Divindade Cronos — Deus do Tempo, e de tudo que pode ser Medido e Controlado, que para os Romanos era o Deus Saturno — Pai do Deus Zeus e Filho do Deus Urano, um dos Deuses considerados primordiais, porque juntamente com a Deusa Geia — Terra, encontrava-se desde logo no início de todas as coisas.*
- **Mestre de Cerimônias (M:.CCer:. ou Mest:.CCerim:.)** = *Assimilado ao Deus Hermes, que para os Romanos era o Deus Mercúrio — Mensageiro dos Deuses do Olimpo, já que esse Oficial é o 'mensageiro' dos dirigentes da Loja.*

De outra parte, referente a essa temática, no *'Painel da Loja de Aprendiz'* consta também a representação de uma *'Escada'*, que biblicamente é denominada *'Escada de Jacó'*, e que simbolicamente representa a *'Ligação entre o 'Céu e a Terra'*; cabendo ainda esclarecer que a origem da introdução desse *Simbolismo da 'Escada' na Maçonaria Especulativa* deveu-se à *'Visão de Jacó'* registrada no Velho Testamento, em Gênesis (Gên.) 28 vers. 10, 11, 12, 17 e 18, então:

Guarda (ou Cobridor): _____

- *Gên.28-10: E Jacó seguiu o caminho desde Bersba e dirigiu-se a Harã.*
- *Gên.11: Com o tempo ... se preparou para ... pernoitar, ... e o Sol já se tinha posto. Tomou ... uma das pedras ... como apoio para ... cabeça e deitou ... .*
- *Gên.12: E começou a sonhar, e ... havia uma Escada posta da terra e ... tocava nos Céus; e eis que anjos de Deus subiam e desciam ... .*
- *Gên.17: Jacó acordou ... e disse: ... Jeová está nesse lugar e ... não o sabia.*
- *Gên.18: E ... temeroso acrescentou: Quão aterrorizante é esse lugar. Não é senão a Casa de Deus e esse é seu Portão de Entrada.*

E em Maçonaria a *'Escada'* detém o *Simbolismo* de estar erguida desde o *Altar dos Juramentos*, sendo sustentada pelo L:.L:., e indo em direção à *Abóbada Celeste* representada no *'Teto da Loja'*.

Na base, centro e topo da *'Escada'* existem *'Três (3) Símbolos: A Cruz representando a FÉ — a Âncora representando a ESPERANÇA — e o Braço dirigido a um Cálice representando a CARIDADE,* ademais, ainda em seu ápice há uma *'Estrela de Sete (7) Pontas'*, que nos dicionários constam seus significados como: *'Estrela = Destino — Sorte — Fado — e outros'*.

VM: _____

Finalmente, no mesmo *'Painel da Loja de Aprendiz'*, ao lado da *'Estrela de Sete (7) Pontas'* encontra-se à direita a representação da *Lua* rodeada por *'Sete (7) Estrelas'*, e à esquerda a do *Sol*, o que é devido pois o *'Número Sete (7)'*, na *Simbologia Mística*, esclarece o porquê de haver uma *'Estrela Incomum — de Sete (7) Pontas'* no ápice da *'Escada de Jacó'*.

Corda/ Borda/ Pavimento/ Conceitos Específicos (Parte 1)

Ninguém é tão 'bom — justo — e competente' quanto todos juntos!

VM:

  Cabendo sempre exortar *(latim exhortari, convencer por palavras, persuadir, incitar)* que a Maçonaria é uma: *Instituição Filosófica e Filantrópica dotada de Esoterismo Místico e Natural Simbologia,* que conduz à reflexão por intermédio de simples utensílios profanos; assim, é de importância vital o Aprendiz atribuir significado próprio aos *Símbolos,* porque é em que se apoia e irá trabalhar.

  A Humanidade evoluiu por meio da utilização de *Símbolos,* que na atualidade são usados nas muitas áreas do *Conhecimento,* chegando até na dicção de simples palavras, que por convenção arbitrária se atribuiu sons distintos às*: letras — palavras — e idiomas,* sujeitos a certa interpretação.

  Tal regra se destaca com relevância na vida maçônica, mesmo porque assim que se adentra ao *Templo,* a visão é guiada aos *Símbolos* presentes que estão dispostos em harmonia, buscando a obtenção de profícuos esclarecimentos; então, busca-se desde logo o significado do termo *Símbolo.*

  Explicita o dicionarista Aurélio Buarque de Holanda Ferreira*: "SÍMBOLO — do Grego Symbolon, pelo Latim Symbolu — Aquilo que por princípio de analogia representa ou substitui outra coisa — Aquilo que por sua forma e natureza evoca, representa e substitui, em determinado contexto, algo abstrato ou ausente — Aquilo que tem valor evocativo, mágico ou místico — Objeto material que, por convenção arbitrária, representa ou designa uma realidade complexa ...".*

1º Vigilante:

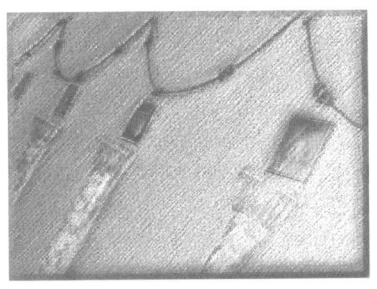

  A *'Corda de Oitenta e Um (81) Nós'* é um dos *Símbolos* que integram os *Templos Maçônicos,* instalada no alto de suas Paredes junto ao teto; por exemplo, no REAA está sobre as Colunas Zodiacais, que com efeito não são adotadas, por exemplo, pelo Rito Adonhiramita.

  A *'Corda'* preferencialmente deve ser de sisal, uma *'Corda'* comum, e sua disposição tem início com a colocação e observação do *'Nó Central',* que deve estar acima tanto do *Trono de Salomão — A Cadeira quando da Instalação do VM* quanto do *Dossel* se instalado baixo, ou abaixo desse e acima do *Delta Luminoso* se no alto; *Delta* que tem por significação representar o(a)s*: Número Um (1) — Unidade — Indivisibilidade — Senhor — Supremo — Criador — e Fundamento do Universo.*

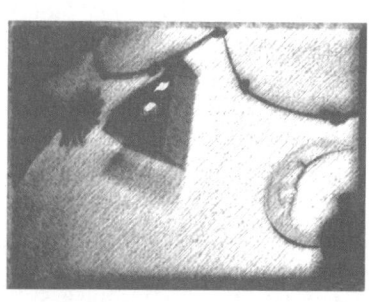

A '*Corda*' conta com '*Quarenta (40) Nós*' equidistantes de cada lado, que se estendem pelo Norte e Sul, e suas extremidades terminam em ambos os lados da *Porta Ocidental de Entrada do Templo,* formando '*Duas (2) Borlas*', representando: *Justiça ou Equidade*, e também *Prudência ou Moderação*; apesar de haverem alguns *Templos* na França com a '*Corda*' contando somente com '*Doze (12) Nós*', representando os '*Signos do Zodíaco*'.

Embora alguns autores afirmem que a '*Abertura da Corda*' em torno da *Porta de Entrada* com formação de '*Borlas*' simbolize que a Maçonaria está sempre '*aberta*' ao acolhimento de novos Adeptos que desejem receber a *Luz Maçônica*; mas tal interpretação, segundo a maioria dos pesquisadores, é que a '*Abertura*' significa que a Ordem é '*dinâmica e progressista*', estando portanto sempre aberta às novas ideias que contribuam para a *Evolução Humana* e o *Progresso da Humanidade*, já que não pode ser Maçom quem rejeite '*ideias e ideais novos*', em prol de conservadorismo rançoso, por vezes dogmático, e assim altamente deletério.

2º Vigilante:

Na busca de significado esperado da '*Corda*', caberia remontar no tempo, porque na Antiga Grécia os cabelos longos das mulheres eram usados para confecção de '*Cordas*', também tão necessárias à época para defesa das *Cidades*.

Já no Antigo Egito seus agrimensores usavam a '*Corda com Nós*' para demarcar e declinar os terrenos onde iriam construir, sendo que cada '*Nó*' demarcaria um ponto específico da construção, onde seria necessário aplicar: *travas — colunas e encaixes*, representando, portanto, todos os cabíveis '*pontos de sustentação*'.

Também a '*Corda*' foi muito útil e utilizada na Idade Média como instrumento para '*medir e mostrar as dimensões e proporções*' das cúpulas a construir, por intermédio da '*sombra*' sabiamente provocada por uma luz.

Incontestavelmente, a '*Corda*' é um elemento que pode ser composto dos mais diferentes materiais, e tem finalidade de: *prender — separar — demarcar —* ou no caso maçônico '*unir*'.

Contudo, a origem mais remota da '*Corda*' parece advir dos *Antigos Canteiros de Talhadores em Cantaria*, ou seja, para esquadrejar a *Pedra* informe medieval, auxiliando quando ceravam seu local de trabalho com estacas presas por anéis de ferro, que se ligavam uns aos outros por elos, deixando somente uma abertura para entrada no local.

Outra versão da possível origem da '*Corda de 81 Nós*' ocorre quando em 23/ago/1773, por ocasião da difusão da '*Palavra Semestral em Cadeia de União na Casa Folie-Titon em Paris*, quando tomava posse *Louis Phillipe de Orleans como Grão-Mestre da Ordem Maçônica da França,* estando presentes *Oitenta e Um (81) Integrantes* em *'União Fraterna'*, assim como, nesse local a *Abóbada Celeste* contava *Oitenta e Uma (81) Estrelas.*

Além disso, encontra-se ainda na *Sociedade dos Construtores* do período Operativo, embrião da Instituição como conhecida atualmente, a herança da *'Corda'* então *desenhada no chão com giz ou carvão,* e que fazia parte da *'alegoria'* de um Painel representativo dos instrumentos utilizados pelos *Pedreiros Livres.*

Orador:

Esclarecendo, atualmente nas Sessões, seguindo o Ritual, solicita-se ao Am∴ Ir∴ Cobridor Interno ou Guarda do Templo que verifique se o mesmo está 'coberto - ou - a coberto' de indiscrições profanas no exterior de suas instalações, para então somente iniciar seus Trabalhos depois dessa necessária confirmação.

E seguindo, a protetora *'Corda Maçônica'* deixou o piso elevando-se ao teto dos Templos, significando a *'Elevação Espiritual dos Adeptos'*, que não mais trabalhariam no chão com cimento, e passaram a operar em *Plano Superior* com o *'Cimento Místico — Argamassa da Espiritualidade'.*

A *'Corda'* oferece proteção por *'Irradiação de Energias por Emanação Fluídica'* que suporta a *'Egrégora — Corpo Místico'*, formada pelos *Trabalhos no Templo* e a *Concentração Mental* de todos, evitando que *'ondas de energia negativa'* dominem os presentes na *Reunião.*

As *'Borlas'* separadas na *Porta de Entrada do Templo* funcionam como *'captores da energia pesada'* dos Adeptos ao adentrarem, mas devolvendo toda essa *'energia'* de forma muito mais *'leve e sutil'* na sua saída.

A estrutura dos *'Nós — melhor denominados Laços'*, representa tanto o *'Símbolo do Infinito'* (∞), quanto a perpetuação da espécie pela união macho/fêmea, determinando que a obra da renovação é duradoura e infinita; esse é um dos motivos por que esses *'Laços'* são denominados *'Laços-de-Amor'*, a demonstrar a dinâmica universal do Amor na continuidade da Vida.

A *'Corda de Oitenta e Um (81) Laços'* é composta pela *'laçada como um **8** deitado'*, lembrando ao Maçom que deve cuidar muito para não puxá-la transformando-a num *'Nó'*, o que significaria a *'interrupção e estrangulamento'* da Fraternidade que deve existir entre os Adeptos.

Os *'Oitenta e Um (81) Laços'* compõem os Templos de origem Escocesa no Brasil e no Paraguai, que teve sua Maçonaria originada da brasileira.

Secretário:

Depois de analisada a natureza dos *Símbolos*, a disposição simbólica da *'Corda de Laços'*, bem como sua origem na Instituição, analisa-se a partir do *'Número Oitenta e Um (81)'* representado pelos *'Laços'* equidistantes, que exotericamente significam:
- *A 'Corda' simboliza a 'União Fraternal e Espiritual' a existir entre todos os Maçons do Mundo, e ainda a 'Comunhão de Ideias e Objetivos' da Ordem, a serem os mesmos em todo o Planeta.*

Para um *Símbolo* se tornar representativo, são necessárias várias interpretações, justificativas e significados, e assim erroneamente surgiu a máxima que: *'Simbolismo Se Impõe',* contudo, ainda há muitas teorias a esse respeito; e, nesse contexto inicialmente abstraem o *'Laço Central que significa/ representa os: G∴A∴D∴U∴. — Número Um (1) — Unidade Indivisível — Deus, o Princípio e Fundamento do Universo';* tanto assim que o *'Número Um (1)'* é considerado *'Número Sagrado'.*

Já às laterais com *'Quarenta (40) Laços',* cabe lembrar que esse *'Nº'* marca um ciclo que leva a mudanças radicais, como dentre muitas as: *Quaresma dura **40** dias (ainda há o hábito medicinal de colocar pessoas ou locais sob 'Quarentena' como se nesse período ocorresse a purificação dos males existentes) — Jesus levou **40** dias em jejum sob tentações — Hebreus vagaram **40** anos pelo deserto — Dilúvio bíblico durou **40** dias (Gê.7-4) — Moisés passou **40** dias no Monte Horeb no Sinai (Êx.34-28) — **40** Laços representam os **40** dias que Jesus se preparou para a morte terrestre — e **40** dias que permaneceu depois da Ressurreição para a Eternidade.*

A analisar as justificativas simbólicas do *'Número Oitenta e Um (81)',* e seguidos os *'Princípios Místicos da Cabala': Oitenta e Um (81) é o Quadrado de Nove (9) que é de Três (3), Número Perfeito estudado em Escolas Esotéricas, e com valor Místico para todas Antigas Civilizações;* ademais, dentre muitas outras *Três (3) eram: Filhos de Noé — Varões que apareceram a Abraão — Dias de jejum dos Judeus desterrados — Negações de Pedro — Virtudes Teolegais: Fé, Esperança e Amor.*

Guarda (ou Cobridor): _____

Ainda, as *'Tríades Divinas'* existiram em todas as Religiões, e dentre tantas dos: *Sumérios: Shamash - Sin - e Ichtar — Egípcios: Osíris - Ísis - e Hórus — Hindus: Brahma - Vishnu - e Shiva — Taoismo: Yang - Ying - e Tao — Catolicismo: Pai - Filho - e Espírito Santo;* e também cabe citar a *'Tríplice Argamassa'* norteadora das Lojas Maçônicas: *Liberdade - Igualdade - e Fraternidade.*

Para os que acreditam, os *'Comportamentos Humanos'* também podem ser representados por *Valores Numéricos* conforme as *'Letras dos Nomes';* e, as *'Letras'* são divididas em: *Três (3) Grupos de Nove (9) Letras, e Cada Letra com Três (3) Chaves: Valor Numérico Próprio — Som Próprio — e Figura que Caracteriza;* e, como há *'Nove (9) Variações Comportamentais'* segundo a Psicologia, ter-se-á *'Oitenta e Uma (81) Variações de Comportamento';* portanto, pode-se dizer em estudo livre que a *'Corda'* mostra também os *'Oitenta e Um (81) Comportamentos'* que se pode ter numa vida, sendo então a representação do indivíduo e suas mudanças humorais.

Por exemplo:

*No Ritual do Grau **20** do Supremo Conselho do Grau **33** do REAA consta explicação para os 'Laços', pois ao perguntar: Por que os Oitenta e Um **(81)** Laços?, respondem: Hiram Abiff tinha 81 anos ao ser assassinado; No Art. II da Constituição dos Princípios do Real Segredo para os Orientes de Paris e Berlim, (Ed.1762), à época, para chegar ao Grau **25** eram necessários '**81** meses' de atividades maçônicas.*

A *Cosmogonia dos Druídas eram **81*** resumidas nas *'Tríades dos Bardos'* antigos, e os *'Três (3) Círculos'* fundamentais da Doutrina têm *Valor Numérico: Nove (9) – Vinte e Sete (27) – e Oitenta e Um (81)*, todos múltiplos de *Três (3)*.

O autor maçônico *Ragon*, em *'A Maçonaria Hermética'* (nota no rodapé da pg. 37), diz que pelo Rito Escocês Trinitário, o *'Número Oitenta e Um (81)'* é o *'Número Misterioso de Adoração dos Anjos'*; então esotericamente é possível citar que os *'Oitenta e Um (81) Laços'* do teto – próximos do Céu, ligam-se com os *'Oitenta e Um (81) Anjos que visitam diariamente a Terra'* e as *'Clavículas de Salomão baseadas nos Setenta e Dois (72) Pontos Existenciais – Setenta e Dois (72) Nomes de Deus, da Cabala Hebraica Modificada'*.

VM: _____

Aos que creem, cumpre esclarecer que a cada *20 minutos* um *'Anjo desce à Terra'* e dá sua mensagem aos Homens, o que significa a visita de *'Três (3) Anjos'* por hora, e a cada *24 horas* seriam *'Setenta e Dois (72) visitas'* por dia; e se somados os *'Setenta e Dois (72) Anjos aos Nove (9) Planetas'* que influenciam os seres humanos diariamente chega-se ao *'Número Oitenta e Um (81)'*; e ainda, sabe-se que os *'Anjos'* ajudam se chamados pelos *'Nomes'* nas *visitas*; e mais, estão representados nos tetos do Templos pelos *'Oitenta e Um (81) Laços'*.

Pode-se ainda encontrar outra interação e integração da *'Corda-de-Nós'*, ou seja, sua complementação simbólica com o *'Pavimento Mosaico'*, mais especificamente, com a *'Borda Dentada'* delimitadora do *'Pavimento'*; tal complemento pode ser verificado e traduzido pela *'Corda-de-Nós – ou Laços-de-Amor'* que rodeia, conforme o Rito adotado, o *'Quadro ou Painel de Aprendiz – dispondo Três (3) ou Sete (7) Laços*, assim como o *'Quadro ou Painel do Companheiro que dispõe Cinco (5) ou Nove (9) Laços*, terminada por uma *'Borla'* em cada extremidade, que por si merece estudo próprio.

Finalmente, não obstante ao explicitado, a lição primordial restante é que a *'Corda'* se reflete na imagem da *'União Fraterna'* que liga, por meio de uma cadeia indissolúvel, todos os Maçons da Terra, e que *'Simbolizando o Segredo'* deve rodear os *'Augustos Mistérios'* da Ordem Maçônica, assim como representa a *'Cadeia de União'* permanente pela busca da propalada e proclamada Fraternidade!

Corda/ Borda/ Pavimento/ Conceitos Específicos (Parte 2)

Ninguém é tão 'bom — justo — e competente' quanto todos juntos!

VM: _____

1 – Introdução

Há quem defenda, até com muita convicção, que o Universo em todas as suas facetas e manifestações, está inteiramente regulado pela Matemática e pelos Números, presentes em absolutamente tudo!

A *'Numerologia é a Ciência'* que estuda com profundidade os *Números*, suas características, seus poderes, sua influência sobre todas as coisas, e principalmente, sobre a Humanidade.

Atualmente é uma *'Ciência'* muito disseminada, com seguidores espalhados por todos os quadrantes do Planeta.

O *'Número Três (3)'* tem alto valor místico, e esteve sempre presente nos principais acontecimentos de todas as Antigas Civilizações, como por exemplo:

- *Três (3) foram os 'Filhos' de Noé (Gên.6,10);*
- *Três (3) foram os 'Varões' que apareceram a Abraão (Gên. 18, 2);*
- *Três (3) foram os 'Dias de Jejum' dos judeus desterrados (Est. 4, 6);*
- *Três (3) foram as 'Negações' de Pedro a Jesus (Mat. 26, 34);*
- *Três (3) são as 'Virtudes Teológicas'; e muito mais.*

1º Vigilante: _____

As *'Tríades Divinas'* também sempre existiram na grande maioria das *Religiões*, e nessas o *'Número Três (3)'* é considerado um *'Número Perfeito'*, assim:

- *Egípcios: Osíris — Ísis — e Hórus;*
- *Hindus: Brahma — Vishnu — e Shiva;*
- *Taoísmo: Yang — Ying — e Tao;*
- *Budismo: Buda — Dharma — e Sanga;*
- *Cristianismo: Pai — Filho — e Espírito Santo; e outros.*

No que se refere à Geometria, especificamente quanto às superfícies, o *'Triângulo'* é a forma que corresponde ao *'Número Três (3)'*, sendo essa figura geométrica composta por *'Três Linhas e Três Ângulos'*, formando um todo completo e indivisível.

Sendo ainda certo que todos os demais *'Polígonos'* subdividem-se em *Triângulos,* que é a base construtiva de todas as outras superfícies.

O *'Número Três (3)'* é também o da(o)s:

- *'Luz' na sua tríplice concepção: Fogo — Chama — e Calor;*
- *'Tempo' dividido em três (3): Presente — Passado — e Futuro;*
- *'Movimento do Sol' nas três (3) Fases: Nascer — Zênite — e Ocaso;*
- *'Vida' repartida em três (3) Fases: Nascimento — Existência — e Morte, ou ainda, Mocidade — Maturidade — e Velhice;*
- *'Família' construída por três (3)Elementos: Pai — Mãe — e Filhos;*
- *'Ser Perfeito' nas três (3) Partes: Espírito — Alma ou Mente — e Corpo.*

2º Vigilante:

Quase em toda parte se encontra o *'Número Três (3)',* como por exemplo na Maçonaria, compõe o *'Ternário'* no qual o *'Delta Sagrado'* é o emblema mais significativo e luminoso.

Nas Lojas o *'Ternário'* é também simbolizado pelos *'Três (3) Pilares: Sabedoria — Força — e Beleza',* que representam as *'Três (3) Grandes Luzes'* que são os sustentáculos de tudo, porque:

- *A Sabedoria 'Cria' — A Força 'Sustenta' — e A Beleza 'Adorna'.*

2 - Corda

O *'Quadrado de Três (3) é Nove (9), e de Nove (9) é Oitenta e Um (81)',* estando aí a mais *'clara, lógica e racional explicação'* para o *'Número total de Nós da Corda'.*

A *'Corda de Oitenta e Um (81) Nós'* é também um *Símbolo* integrado à construção, e como tal tem o condão de transmitir aos Iniciados: *Lições Morais Éticas — e Espirituais,* que fazem parte dos *'Preceitos e Orientações'* da Ordem.

A *'Corda'* simbolicamente comporta duas interpretações:

- *A 'Emblemática e Alegórica', de fácil entendimento, e*
- *A 'Mística, Hermética e Esotérica', mais complexa;*

que em *'conjunto'* com:

- *As: Orla Dentada — Pavimento Mosaico — Romãs — e Cadeia de União,*

simbolizam que: *'Todos os Maçons espalhados pela superfície da Terra devem formar entre si uma única, indivisível e exemplar Família'.*

Orador:

A *'Corda'* foi dos maiores e mais úteis instrumentos nas antigas construções, e por isso detém seu magistral *'Conteúdo Emblemático',* sendo tão correto que ainda continua atualmente, pois foi muito utilizada nas edificações das Pirâmides, que dentre outras, foi muito usada para:

- *Arrastar pedras por planos inclinados sobrepondo-as umas as outras;*
- *Sustentar as muitas paliçadas então erguidas; e*

- *Reforçar os cercados, tão necessários aos próprios construtores.*

A *'Corda'* também simboliza a *'Força'* que é:
- *Obtida pela 'União' que explicitamente demonstra, e*
- *Consolidada pelos 'Ensinamentos Morais' que transmite,*

sendo imprescindível na Construção do Grande Edifício Interior, cuja edificação necessita de muito *'Esforço e Perseverança'* do Integrante, condições somente supríveis a partir da *'Sincera União e Pura Fraternidade'.*

A *'Corda de Oitenta e Um (81) Nós'* é um dos vários ornamentos do *Templo Maçônico*, e geralmente está instala no *alto das suas paredes* junto ao teto, acima das *Colunas* que também compõem a ornamentação, o que é válido aos Ritos que as adotam.

Deve ser instalada de maneira tal que seu *'Nó Central'* esteja sempre acima do *Trono ou Cadeira do VM*, para em seguida serem igualmente distribuídos os demais *'Nós (Oitenta-80)'* nas duas laterais, sendo *'Quarenta (40) Nós'* equidistantes de cada lado, terminando com suas pontas caídas - pendentes, junto aos *'Batentes da Porta de Entrada do Templo'*, próximas às *Colunas J e B*, com acabamento de *'Duas (2) Borlas'* finais que representam cada uma:

A 'Temperança e Coragem' e 'Justiça e Prudência'.

Secretário: _____

Seu *'Nó Central'* sobre o Trono do VM representa o(a)s: *Número Um (1) Unidade Indivisível — Símbolo de Deus — Supremo — Criador — Princípio e Fundamento do Universo.*

Sendo o *'Número Um (1) considerado Sagrado'*, sua relação com os *'Números do Três (3) ao Nove (9)'* é constatada de várias maneiras, assim:
- *Dividindo-se a Unidade (1) por Três (3)= 1/3, resulta numa sucessão de Números Três (3), isto é, uma dízima periódica (1/3 = **0, 333333333333...**);*
- *Dividindo-se a Unidade (1) por Sete (7) = 1/7, obtém-se **0,142857 142857...**, repetido infinitamente, porém **'não'** aparecendo nenhum Número Três (3), nem tampouco seus múltiplos imediatos, que são os Números Seis (6) e Nove (9).*

De outra parte, essas propriedades originaram um *Símbolo* resultante da *'Divisão do Círculo em Nove (9) Linhas'*, que se derivam:
- *Da Unidade (1) dividida por Sete (7) = 1/7, e Da Unidade (1) dividida por Três (3) = 1/3, ou seja, o 'Círculo foi dividido em Nove (9) partes', advindas: Dos Números Três (3) — Seis (6) e Nove (9) (da Divisão da Unidade por Três (3) = 1/3), e Dos Números Um (1) – Dois (2) – Quatro (4) – Cinco (5) – Sete (7) – e Oito (8) (da Divisão da Unidade por Sete (7) = 1/7),*

e a figura final do *'Círculo Dividido'*, cujo significado real é privilégio de poucos *Iniciados*, tem *'Movimento'* e é a *'Pedra Fundamental dos Alquimistas'.*

Já o *'Número Quarenta (40) — Total de 'Nós da Corda' de cada lado do Templo*, representa as: *Expectativa — Provação — Espera — Preparação — e Penitência ou Castigo*, sendo encontrado em inúmeras passagens bíblicas com essa mesma conotação.

Guarda (ou Cobridor): ⎯⎯⎯⎯⎯⎯⎯⎯⎯⎯⎯⎯⎯⎯⎯⎯⎯⎯⎯⎯⎯⎯⎯⎯⎯⎯⎯⎯⎯⎯⎯⎯

É o *'Número da realização de um Ciclo'*, que não se repete com mudanças radicais, assim:

- *A 'Quaresma'* – preparação para a Ressurreição Pascal, dura Quarenta (40) dias; Os 'Funerais' entre os peúles africanos, duram Quarenta (40) noites;
- Entre os bambaras africanos são oferecidos Quarenta (40) bois, Quarenta (40) cavalos e Quarenta (40) cauris, nos processos de Iniciação Suprema.

ainda:

*No 'Direito Feudal' da antiga França, havia a 'Quarentena do Rei', estabelecida por Luís IX, que se tratava de um período de Quarenta **(40)** dias de espera, para que uma pessoa ofendida pudesse exercer sua vingança, em relação a uma injúria sofrida;*

*O intervalo que os índios da América Equatorial esperavam para desenterrar um cadáver, limpar seus ossos e colocá-lo em local definitivo ocorria com os povos que costumavam ter duas **(2)** exéquias, a inicial que também durava Quarenta **(40)** dias, e a definitiva descrita.*

E complementando:

*Após Quarenta **(40)** dias realizava-se a 'Purificação da Iurta — tenda russa de forma cilíndrica usada na Ásia Central e Ártico';*

*A 'Quarentena', modernamente, está enraizada na 'Crença Milenar' da necessidade de Quarenta **(40)** dias para 'Acontecer um Novo Ciclo de Vida', e*

*O que dizer do 'dito popular' de que "A Vida começa aos Quarenta **(40)** anos"?*

Pode-se encontrar uma explicação para o *'Número Oitenta e Um **(81)** dos Nós da Corda'*, no *'Artigo II da Constituição e Regulamentos do Soberano Grande Conselho dos Príncipes do Real Segredo para os Orientes de Paris e Berlim, edição de 1762'*, determinando que para atingir o Grau **25**, na época o último do Rito Escocês, eram precisos *'Oitenta e Um **(81)** meses — quase Sete **(7)** anos'*, de atividades maçônicas ininterruptas para a escalada ao Grau, respeitados os interstícios.

VM: ⎯⎯⎯

Exotericamente a *Corda* simboliza a *'União Fraternal e Espiritual dos Maçons do Mundo'*, e a *'Comunhão de Ideias e Objetivos da Ordem'*, que evidentemente devem ser os mesmos em todo o do Planeta.

Alguns autores dizem que a *'Abertura da Corda terminada por Borlas'* junto à *Porta de Entrada do Templo* mostra estar a Ordem *'Sempre aberta a acolher novos Integrantes'*; mas, em verdade, essa *'Abertura'* significa ser a *'Instituição dinâmica e progressista'*, e portanto, *'Aberta a novas Ideias'* que contribuam para o *'Progresso e Evolução Racional da Humanidade'*, pois é vedado participar da Maçonaria os que *'rejeitam ideias novas'*, em benefício do conservadorismo retrógrado e rançoso, muitas vezes dogmático, e por isso, altamente deletério.

Finalmente, o francês *R. Vergez* em 1861 registrou que, por conta de um acidente fatal, reuniram-se em Paris na Catedral de Notre-Dame mais de *Quinhentos (500) Maçons* formando uma *Grande Cadeia de União* no seu entorno, quando então o Cônego daquela Catedral celebrou uma *Missa em homenagem aos Mortos*; assim, esse fato pode significar que a *'Cadeia'* fosse efetivamente a representação do *'Cordel ou Corda'*, que servia aos *Maçons Operativos* também para delimitar o contorno de um edifício.

Corda/ Borda/ Pavimento/ Conceitos Específicos (Parte 3)

Ninguém é tão 'bom, justo e competente' quanto todos juntos!

VM:

Como a *'Loja também pretende ser a representação simbólica do Cosmos'*, por analogia, a *'Cadeia de União seria a projeção celeste do 'Cordel ou Corda Terrestre'*.

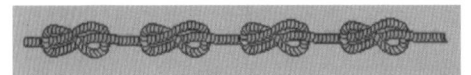

E formando uma *'Moldura nas Paredes do Templo'*, num plano **'não'** pertencente às *'três (3) dimensões comuns'*.

Então, a *'Cadeia de União'* ainda poderia ser entendida como sendo a representação do *'Cordel ou Corda Projetado ao Infinito'*, materializado nas *Paredes do Templo* por meio de uma *'Corda'* que se cruza e recruza em *'Oitenta e Um (81) Nós'*.

Assim: O que significam os *'Nós'*? Os *'Nós são todos os Maçons unidos'*, mas que, nem por isso, perdem a *'individualidade ou personalidade'* mostradas pela nomenclatura perfeitamente identificável de *'Laços de Amor — Lacs ou Noeuds D'Amour;'* além disso, são também os quase reais *'Símbolos das Dificuldades'* que a vida apresenta em cada uma de suas etapas.

Sendo a *'Corda composta por múltiplos fios'*, que se considerados isoladamente se mostram *'de extrema fragilidade'*, mas que se muito bem *'agrupados'* formando a *'Corda'*, se apresentam *'vigorosamente resistentes'*, confirmando o adágio de que*: "A União faz a Força",* não permitindo que os Maçons se esqueçam que enquanto *'unidos e fortes'*, poderão sempre lutar contra todos os: *Vícios Iniquidade — e Injustiças.*

Não tendo ciência se se trata de uma *'Lenda ou não'*, mas para ilustrar toda a condição explicitada, valeria citar uma pequena história:

1º Vigilante:

> Um velho pai já em seus estertores, em seu leito de morte, chamou para perto todos os seus filhos que eram numerosos, e ordenou que lhe trouxessem um *'feixe de varas'*.
>
> E o ancião determinou aos filhos que *'quebrassem o feixe'*, sendo que um a um todos tentaram mas nenhum conseguiu; então o velho as tomou, vara por vara, e as quebrou todas sem grande dificuldade.

> Depois disse à família reunida, ao voltar a seu leito: "Extraiam desse simples episódio a lição necessária de que:
> Enquanto se mantivessem unidos, nada e ninguém poderia quebrá-los ou superá-los em qualquer coisa, mas se por qualquer infelicidade essa união fosse quebrada, tornar-se-iam presas fáceis do infortúnio e da tragédia".
> Apercebendo-se que todos os filhos assimilaram o sábio ensinamento, o velho partiu em paz, certo de que deixara atrás de si um bloco monolítico e inquebrável de 'União Permanente' em seus familiares.

3 – BORDA DENTADA

Antigamente, a *'Corda de Nós'* poderia também ser denominada *'Borda Dentada'*, tanto que à época é possível ter sido mais conhecida por essa última nomenclatura, apesar do autor maçônico Wirth considerar muito impróprio e inconveniente tal chamamento.

Representativamente, a *'Borda Dentada'* consta rodeando tanto o *'Quadro do Grau de Aprendiz'*, quanto o de *'Companheiro'*.

Como dito, e cientes de que os *'Nós da Corda'* também são denominados *'Laços de Amor'*, ainda assim é sabido existirem *'opiniões divergentes de estudiosos'* a esse respeito.

E essas *'divergências conceituais'* também se aplicam quanto à interpretação dos diversos: *Elementos — Símbolos — e Gravuras próprias da Ordem*, além de terem origem por intermédio de renomados estudiosos e autores maçônicos, como: *Ragon — Vuillaume — Plantageneta — e Wirth*.

2º Vigilante: _____

De início, existe uma clara *'discordância'* quanto à *'Quantidade de Nós'*, tanto no referente ao *'Quadro de Aprendiz'*, como no de *'Companheiro'*, sendo possível assim mencionar que:

- Ragon — **'não'** determina o *'Número de Nós'*;
- Vuillaume — menciona Sete *(7)* Nós no *'Quadro de Aprendiz'*, mas silencia quanto a esse Número no de *'Companheiro'*;
- Plantageneta — mostra Sete *(7)* Nós no *'Quadro de Aprendiz'*, e Nove *(9)* no de *'Companheiro'*; e
- Wirth — atribui Três *(3)* Nós aos *'Dois Quadros — Aprendiz e Companheiro'*.

Já com respeito à *'Definição da Borda Dentada'*, ocorre exatamente o *'inverso'*, pois nesse aspecto as opiniões desses autores e estudiosos são sensivelmente *'convergentes'*, assim:

Ragon diz: *"Esses 'Nós Entrelaçados' que, sem se interromper, formam a 'Borda Dentada dos Templos', são a imagem da 'União Fraterna' que liga, por uma 'Cadeia Indissolúvel, todos os Maçons do Globo', sem distinções de seitas nem de condições. Seu 'Entrelaçamento' simboliza o 'Segredo' que se vê rodear os Mistérios. Sua 'Extensão Circular e Sem*

Descontinuidade' indica que o 'Império da Maçonaria ou Reino da Virtude' compreende o Universo no Símbolo de cada Loja. Lembra as 'bandas amarelas, verdes, azuis e brancas' dos Templos Egípcios, e as 'bandas brancas, vermelhas e azuis' das Antigas Igrejas de França, sobre as quais os senhores altos — justiceiros, aplicavam seus brasões, e que, nesses monumentos sagrados ao 'Culto Solar', representavam o Zodíaco."

Orador:

Wirth cita: *"Um 'Lambrequim Dentado' forma um 'Friso', e tem uma 'Corda terminada em Borlas' que se juntam perto das 'Colunas J e B'. Esse 'enfeite' foi chamado, impropriamente, de 'Borda Dentada'. A 'Corda se ata em Entrelaços chamados Laços de Amor', e representa assim a 'Cadeia de União' que une todos os Maçons. Os 'Nós' podem ser em 'Número de Doze (12)', correspondendo aos Signos do Zodíaco."*

Plantageneta explica: *"A 'Borda Dentada' simboliza a Fraternidade que une os Maçons ... a reprodução material e permanente da 'Cadeia-de-União'."*

Nagrodski, no artigo 'O Instrumento Desconhecido' diz: *"Os instrumentos utilizados pelo Maçom simbólico correspondem exatamente ao equipamento normal de um Companheiro Maçom Operativo. Por possuírem o mesmo nome, um operário qualquer o reconheceria nos 'Tapetes dos Graus do Aprendiz e do Companheiro'. Só não entenderia que o Cordel — instrumento indispensável na profissão — recebeu na Maçonaria Simbólica o nome de 'Borda Dentada', com os 'Laços de Amor', representando a 'Cadeia de União' que une os Maçons."*

Como se pode verificar, foram os *'primeiros'* Maçons que deram aos *'Nós da Borda Dentada'* o significado e a denominação de *'Laços de Amor'*.

Os *'Nós'* são constituídos por um *'Anel (Fêmea)'*, onde é introduzida a outra *'Extremidade (Macho)'* da *Corda*, assim, de fácil realização e instalação.

Esquematicamente, esse *Símbolo* representa o <u>*Lemniscato*</u> *(Do Grego Lemnisco que significa Fita)*, e a *'Curva Algébrica do 4º Grau'*, ou seja, a *'Curva em forma de Oito (8) deitado'* significando o *Infinito* (∞) em Matemática.

O *'Sentido da Corrente'* é revertido, e após a *'dupla inversão'* retorna ao seu *'sentido primitivo'*, daí forma-se a *'Figura Central do Laço numa Dupla Cruz'*.

Secretário:

Lembrar que o *'Tipo de Nó'* a ser dado na *'Corda'* não foi escolhido ao acaso, mas intencionalmente, *'Modelo'* adotado detém Simbologia Intrínseca.

Em *Heráldica* o *'Laço de Amor'* é definido como sendo: *'Um Cordão entrelaçado, cujos extremos atravessam o centro, e tornam a sair por baixo, à esquerda e à direita'*.

As *'Armas e Sinetes'* dos *Cardeais — Bispos — e Abades* trazem abaixo do chapéu um *'Cordão formado por Laços de Amor, que é terminado em Borlas'*. Imagina-se que os *'Primeiros Maçons Especulativos'* ao trocarem o *'Cordão Operativo por um Ornamental'*, tenham dado a esse *'Cordão a forma de Laços de Amor'*, figurando esses *'Nós'* nas *'Armas — Brasões — e Quadro ou Tapete da Loja'*, que agrupavam os *'Símbolos Essenciais da Ordem'*, compondo um *'Armorial Maçônico, isto é, um Registro Completo de todos os Símbolos — Brasões — Armas e Alegorias, Pintados — Esculpidos — e Aplicados, pertencentes e/ou adotados pela Instituição'*.

Não há até a atualidade nenhum documento apresentando uma justificativa convincente para a denominação de *'Laço de Amor a esse Nó'*, e por isso, é até aceita a hipótese de que representem *'órgãos humanos'*, mesmo que os vários *'Tipos de Nós'* interpretem feminino e masculino.

O estudo relativo à *'Cadeia de União'* não faz parte intrinsecamente daquele referido à *'Corda com Nós'*, ainda que participe do seu desenvolvimento, pois a *'Cadeia de União é um Cerimonial — uma Ação'*, portanto, muito diferente da *'Corda — um Símbolo Estático'*, e por isso, deve ser alvo de estudo específico.

Assim, limitado pelas representações antigas, atribui-se *'Três (3) Nós ao Grau de Aprendiz e Cinco (5) ao de Companheiro'*, mesmo que, por exemplo, no *'Painel da Loja de Aprendiz do Rito Adonhiramita'* a *'Borda Dentada'* esteja representada com *'Sete (7) Laços de Amor'*.

Guarda (ou Cobridor): _____

PAVIMENTO MOSAICO

1 – INTRODUÇÃO

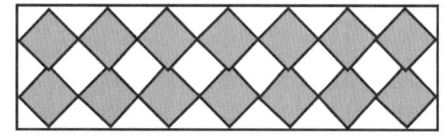

O *'Pavimento Mosaico'* é um *'Tabuleiro composto por Báculos nas cores Branca-e-Preta'*, se constituindo num dos principais *'Ornamentos dos Templos da Instituição'*, e que é estendido por sobre o piso da *'Loja Maçônica Justa e Perfeita'*; porém, tal nomenclatura *'jamais'* deve ser confundida com o adjetivo *'mosaico'* que tem relacionamento com o *Patriarca Moisés*.

Esse *'Pavimento Quadriculado'* teve origem na Ásia especificamente na Mesopotâmia, instada entre os Rios Eufrates e Tigre, região também denominada de *Vale do Nilo*, onde se abrigaram as *'mais antigas civilizações da Terra que demonstraram desenvolvimento significativo'*.

Ao Sul dessa região estava localizada Sumer — berço dos Sumérios, que detinham entre seus *'Símbolos religiosos o Pavimento Quadriculado'*, composto por *'Quadrados Brancos-e-Pretos'* intercalados, *'simbolizando todos os opostos, principalmente Dia-e-Noite'*, pois aquele povo desenvolvia *'Culto Solar'*; além disso, ainda simbolizava: *Bem-e-Mal* — *Virtude-e-Vício* — *Espírito-e-Matéria* — *e muitos outros*.

Apesar disso, cabe ressaltar que em termos de Maçonaria, a *'Constituição e o Regulamento Geral'* do Grande Oriente Brasil — GOB **'não'** fazem qualquer referência ao *'Pavimento Mosaico'*.

Mas, em alguns Rituais, mais especificamente nas respectivas *'Plantas do Templo'*, é possível perceber dependendo do Rito adotado pela Oficina, que esse tipo de *'Piso'* pode ocupar parte ou toda a área que compõe o Ocidente, a partir de *'Peças Brancas-e-Pretas'* assentadas em *'Linhas Diagonais'*, porém, quase nada mais é explicitado nesses *Manuais*.

VM: _____

As 'Pedras ou Placas Brancas-e-Pretas' são interligadas por um 'adesivo ou argamassa', que deve 'Simbolizar a União de todos os Maçons do Mundo', e isso é praticamente 'invisível' aos Profanos, que apenas os veem como simples 'ladrilhos'.

Aos Profanos podem até representar uma espécie de *'Via Larga — ou Via Esotérica'*, enquanto que para os *Iniciados*, ao contrário, realmente significa um *'Caminho por meio do qual sempre devem Seguir'*.

Esse *'Caminho é denominado Via Estreita'*, por ser mais *' fino ou estreito que o fio de uma navalha'*, sendo por isso uma *'Via Exotérica que passa entre o Branco-e-Preto'*, e portanto, não devendo surgir nenhum obstáculo nessa sua determinada *'Rota ou Caminho'*.

Finalmente, o *'Piso Mosaico'* deve merecer tanto dos Aprendizes, quanto dos demais Adeptos, muito respeito no que se refere ao seu imenso *'conteúdo simbólico'*, pois é *'das mais importantes Alegorias do Simbolismo da Instituição'*, mesmo que nesses primeiros contatos com a Ordem, os *'Novos Iniciados'* ainda desconheçam seu *'exemplar e completo significado'*.

Corda/ Borda/ Pavimento/ Conceitos Específicos (Parte 4)

Ninguém é tão 'bom, justo e competente' quanto todos juntos!

VM: _____

2 – ORLA DENTADA

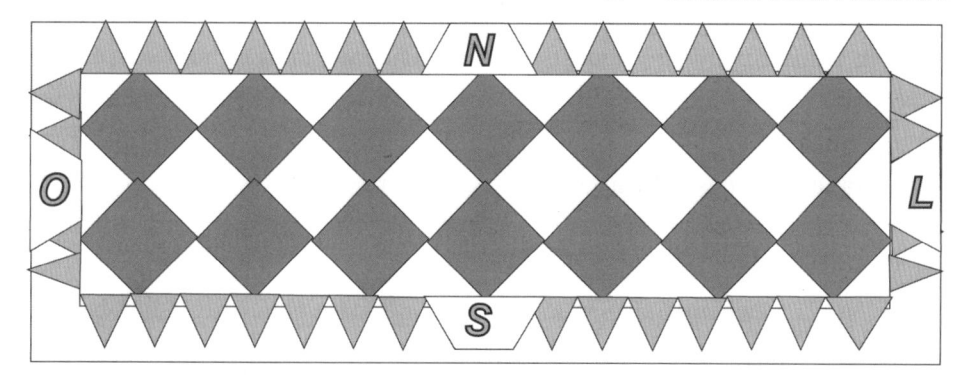

Em continuidade, ainda dependendo do Rito em que trabalha a Oficina, existe uma *'parte do Piso'*, geralmente *'centralizada com relação à área total do mesmo'*, e também localizada no *'centro do espaço ocupado pelo Ocidente'*, que é limitada por uma *'Orla Dentada'*.

1º Vigilante: _____

E recebe essa denominação de *'Orla Dentada'* porque se constitui em uma espécie de *'arremate — ou moldura — ou orla'*, composta por *'triângulos justapostos e invertidos, parecidos com dentes — dentada'*, nas cores *'branca-e-azul'*, que além de impor limites àquela pequena área, tem simbologia própria.

Os *'Vértice dos Triângulos Azuis'* estão voltados para *'fora'* da área limitada, com as bases fundidas no plano, e de modo intercalado, entre os *'azuis'* existem outros *'Triângulos Brancos'* como opostos àqueles, isto é, com seus *'Vértices'* voltados para *'dentro'* da mesma área, mantidas também as bases no plano.

No centro de cada um dos *'Quatro (4) lados do polígono que compõe a Orla Dentada'*, estão inseridas as indicações dos *'Pontos Cardeais'* para orientação dos Integrantes, que ainda serão monitorados a *'jamais pisar'* na área delimitada por essa *'Orla'*, cuja parte central se denomina *'Centro do Piso'*.

Desse modo, sempre é necessário ser contornada essa *'parte central'*, quando da *'Circulação'* em Loja de qualquer Integrante, mesmo quando estiver sendo adotado o *'Sentido Horário de Circulação'* nas Sessões referentes ao *Grau de Aprendiz — Grau 1.*

A *'Orla Dentada'*, que delimita parte importante do *'Pavimento Mosaico'*, simboliza ainda:

- *A União e Entrelaçamento de todos os Maçons, como os Planetas que gravitam no Cosmos ao redor do Astro-Rei, e mais, mostra os Amados Irmãos Unidos circundando o G∴A∴D∴U∴.*

E ainda tem como representação complementar:

- *O Caminho que o Maçom deve trilhar em direção ao 'Interior de Si', quando poderá encontrar a 'Estabilidade', absolutamente necessária à 'Construção Interior' em bases sólidas.*

São muitos os *'Mistérios do Piso Mosaico'* a serem desvendados, e esses tendem a variar conforme a visão permitida ou obtida nos Graus de Aprendiz — Companheiro — e/ou Mestre.

2º Vigilante:

Em cada um destes Graus tais *'Mistérios'* serão revelados conforme o próprio talento individual que conseguirem, pois a intenção é transladar esse *Símbolo* singelo, mas de muito forte impacto, aos que souberem visualizá-lo e incorporá-lo à própria vida — maçônica ou profana.

Os *Quadriculados Bicolores do Mosaico* são um *lembrete* que mesmo sendo os Homens *'diferentes quanto a raça — credo — cor — e mais'*, é certo que todos tornam-se *'absolutamente iguais'* para o G∴A∴D∴U∴.

Assim, essa espécie de pequeno *'Tapete Retangular'* circunscrito ao grande *'Pavimento Mosaico'*, em sua extremidade superior central deve obrigatoriamente abrigar o *'Painel do Grau'* nas *Sessões do Simbolismo*, fato que pode perfeitamente ser repetido sem nenhum demérito, nos ditos *Altos Graus* que compõem o *'Filosofismo Maçônico'*.

O Maçom tem plena consciência que caminham lado-a-lado: *Bem-e-Mal, Humildade-e-Vaidade — Busca por Vida Melhor — e Ganância Desenfreada*, assim, como na música cada nota está em perfeita harmonia com as demais, caso o Integrante se disponha como parte componente desse *'Pavimento'*, saberá ser *'simétrico'* sem jamais se ver como maior que ninguém, pois somente assim ocorrerá a tão buscada *'perfeita harmonização'* entre todos os Amados Irmãos.

3 – CARACTERÍSTICAS

Para seus Templos a Maçonaria houve por bem adotar esse *'Piso Quadriculado'*, porém *'sem'* nenhuma conotação quanto a ser tido como *'Sagrado'*, pois sequer houve unanimidade dos vários Ritos na adoção do *'Piso'*, pois alguns Ritos Escoceses do Século XVIII nem o mencionam.

Porém, com base na teoria de que: *'Se toda Lenda se torna mais bela que os fatos em si, resolve-se por bem ser adotada a Lenda'*, então, no caso é muito bonita a *'Lenda'* segundo a qual o *Templo de Jerusalém* era adornado com

'Pavimento Mosaico', e por isso, antigos Maçons teriam encontrado ali inspiração para a adoção do *'Piso Mosaico em seus Templos'*.

Orador: ───

Porém, em realidade, os fatos apontam **'não'** ter havido **'Piso Mosaico'** no Templo de Jerusalém, e que verdadeiramente sua origem é *'Sumeriana'*, e sobre seu resgate como adorno dos Templos Maçônicos esclarece-se adiante.

Outra questão intrigante seria a indagação: *Por que o 'Piso Mosaico' do Templo se assemelha a um 'Tapete'?*

Vê-se que a maioria dos Rituais sugere ser instalado *'Piso Mosaico'* ocupando toda a área do Ocidente do Templo, com *'Ladrilhos Pretos-e-Brancos': Assentados alternadamente no 'sentido diagonal' do Templo, e Dispostos como 'Quadrados ou Retângulos' alinhados ao eixo do Templo.*

O *'Pavimento Mosaico'*, como adorno que é, **'não'** consta das *Obrigações Estatuídas nos Artigos da Constituição do GOB*, e além disso, o Artigo 18 da mesma, no Inciso IV, assegura às Lojas a prerrogativa da *'mudança de Rito'*.

O renomado autor maçônico Rizzardo da Camino em seu livro *'Introdução à Maçonaria'*, apresenta ter existido um rol de *'Cento e Dezessete (117) diferentes Ritos Maçônicos'*, os classificando em ordem alfabética:

• *Indo do 'Rito de Adoção' nascido na França em 1730, que admitia mulheres nos Quadros, e se tornou popular no Brasil; até o Rito Zodíaco Maçônico que aplicava a Astrologia em seus trabalhos, e teve efêmera duração.*

Somente a título de curiosidade, dentre esses tantos consta um *Rito Gaúcho*, inspirado no Rito Escocês Antigo e Aceito, que altera a denominação dos componentes dos *'Três (3) Graus Simbólicos'* para: *'Peão — Capataz — e Patrão'*, em substituição aos tradicionais Aprendiz — Companheiro — e Mestre.

Secretário: ───────────────────────────────────────

Dessa longa lista de *Ritos Maçônicos*, destacam-se alguns que houveram por bem se constituir em verdadeiros *'preservadores do Pavimento Mosaico'*, e dentre esses, poder-se-ia mencionar os *Ritos: Adonhiramita — Moderno — Escocês Antigo e Aceito (REAA) — York — e Schroeder*, criados na Europa no Século XVIII, e atualmente bastante divulgados no Brasil, todos sendo reconhecidos pelo GOB.

Esses Ritos preocupando-se com a *'Simbologia Maçônica'*, conclamam que o *'Pavimento Mosaico'* deve ter sua *'importância restaurada'*, readquirindo a condição de *'Espaço Reservado — Quase Sagrado'*, próximo ao *'Estilo Sumeriano'*; e por isso, podendo ser *'pisado apenas pelos Candidatos à Iniciação — Elevação e Exaltação'*.

E uma nova questão a ser explicitada seria: *Por que o uso das cores 'Preta e Branca'?*

Porque os *Templos Sumerianos* adotavam as *'Cores Preta-e-Branca em seu Piso Sagrado'*, e o autor maçônico Castellani afirma que o fizeram para reafirmar o *'Simbolismo dos Opostos'*, a saber, os: *Dia-e-Noite — Bem-e-Mal — Virtude-e-Vício — Espírito-e-Matéria — e outros.*

É também provável que os *'Sacerdotes e Arquitetos Sumérios'* tenham escolhido essas cores até *'pela raridade'* em serem conseguidas à época, isto é, há cerca de *'Vinte e Cinco (25) Séculos atrás'*; e assim, trataram de prover essa *'combinação muito pouco comum'*.

Logicamente, seria de imaginar a imensa dificuldade em se encontrar *'Pedras Naturais em Branco e Preto perfeitos, poli-las e combiná-las no interior de um Templo'*.

E, concluídos os serviços de assentamento das *'Pedras'*, deve ter resultado decorativamente em algo deslumbrante como até na atualidade, e praticamente *inacessível* aos comuns há cerca de *'Dois Mil e Quinhentos (2500) anos atrás'*; e então, um efeito assim maravilhoso só poderia ser encontrado no interior de uma obra grandiosa, ou seja, a de um *Templo Sumério*.

Guarda (ou Cobridor):

Ideia plausível pois atualmente há *pigmentos* raros de encontrar, como:

- *O 'vermelho carmim natural', só produzido por meio de um tipo de besouro encontrado apenas nos Andes, e seu preço é praticamente estratosférico;*
- *O 'amarelo puro', mesmo sintético é o corante mais caro de todos;*
- *Há apenas 500 anos o pau-brasil tornou afamado o país (Brasil), exatamente pela raridade do tom de seu pigmento, que tingia as vestes dos eclesiásticos e nobres das cortes europeias.*

4 – FORMA E FILOSOFIA

Além da *'finalidade ornamental'*, o desenho e a disposição das *'Pedras ou Placas que formam o Pavimento'* propiciam a *'Especulação do Ocultismo e do Simbologismo Místico'* que se encerram na composição da figura assim surgida, sugerindo, segundo a livre interpretação, e pouco a pouco, que sejam *'Desvendados os Augustos Mistérios da Maçonaria'*.

As cores *'Preta e Branca'*, como já exposto, significando simbolicamente *'Dia-e-Noite'*, também representam, ritualisticamente, o *'Início-e-Fim'* dos Trabalhos em Loja.

O *'Preto'* imprime o Vício e mancha as Virtudes do *'Branco'*, que são as: *Fé — Esperança — e Caridade*, completadas pelas: *Prudência — Justiça — Força e Temperança*.

A *'Luta do Preto e do Branco*, apesar de nenhum desses *sobrepujar — dominar — nem predominar* no *'Mosaico Maçônico'*, está intrinsecamente ligada à Iniciação, quando o Candidato passa determinado período vendado, e outro depois sem venda, permitindo desse modo que a *Luz* que é revelada na Iniciação apresente as magníficas cores contidas no Arco-Íris, e então, desvendando todos os *'Mistérios da Dualidade'* existente no Homem, para os *'Bem-e-Mal'*; portanto, **'não'** existe meio termo: *'O que é, ou o que não é!'*

VM:

As *'Pedras com ângulo reto'* determinam a *Retidão da Conduta* tanto ao *Vício* quanto à *Virtude*, conforme os *'Passos Justos e Perfeitos dos Maçons'*, suas *Transformações em Pedras Espirituais*, não mais como *Artífices da Arte Real*, mas *Pedreiros de um Templo Moral*.

O *'Preto-e-Branco'*, lembrando que o *'Início dos Ofícios'* ocorre ao *Meio-Dia* e *Terminam à Meia-Noite*, e os Integrantes *'prestem contas'* ao G∴A∴D∴U∴ pelas horas desperdiçadas, entre as despendidas ao louvor pelos Trabalhos e as necessárias ao descanso que deve ser desfrutado.

Corda/ Borda/ Pavimento/ Conceitos Específicos (Parte 5)

Ninguém é tão 'bom, justo e competente' quanto todos juntos!

VM:

Em continuidade, a afirmar que o 'Preto-e-Branco' da indumentária dos Maçons designa: *O Masculino do Sol e o Feminino da Lua — Principiar e Finalizar do Dia — e Fertilidade da Cultura das Atribuições de Homens e Mulheres, que são os coadjuvantes na Obra da Criação'.*

Eis aí uma das principais razões do *'rigor exigido nas vestimentas maçônicas'*, que, desse modo, também se refletem no *'Piso Mosaico'*, que é *'mítico e místico'* por configuração.

O *'Pavimento Mosaico'* ***'não'*** deve ser confundido com os: *Mosaico das Tábuas da Lei — e Mandamentos do G∴A∴D∴U∴ recebidos por Moisés no Monte Sinai como 'Reguladores da Conduta Humana',* cabendo relembrar que este *'Decálogo'* foi gravado em *'Duas Pedras'* desbastadas pelo próprio Moisés.

Ainda assim, os *'Preceitos Positivos e Negativos'* poderiam ser representados pela(o)s: *Pedras Brancas = Mandamentos Positivos — e Pedras Pretas = Mandamentos Negativos.*

O *'Processo Mnemônico do Mosaico'* se assemelha ao *'Mítico Piso Mosaico',* porém, ***'nada'*** tem a haver com a *'Dualidade das Pedras do Pavimento da Loja',* que sinaliza o *'Caminho do Bem-e-Mal',* sempre a juízo do livre-arbítrio dos Maçons.

O *'Pavimento Mosaico'* recebe a *'Luz do Sol ou Escuridão da Noite'* por seus *'Quadrados';* e: *Por que deixar que o(a)s: Orgulho — Vaidade — e Desamor diferenciem os Maçons entre si?*

Como é aceito com muita naturalidade pela grande maioria das pessoas, que as *'Cores Preta-e-Branca simbolizam os Bem-e-Mal',* restaria saber quando esse conceito foi inserido no interior do Templo Maçônico, acrescido de suas respectivas *'finalidades estética e simbólica'.*

1º Vigilante:

Tendo o Homem plena consciência de ser *'inconstante',* e muitas vezes, por falta de *'princípios ou caráter sedimentados',* esse ser prefere se alternar, ora estando representado pelo *'Quadrado Branco',* ora pelo *'Preto',* isto é, preferindo e querendo conviver com as *'realidades opostas',* e infelizmente, ainda por vezes, aceitando o *'Jogo das: Vaidade — Ambição — e Fortuna'.*

Porém, sempre deve procurar entender que o *'Pavimento Mosaico'* também reflete a extrema *'Bondade do Criador'*, oferecendo a oportunidade de retorno ao *'Quadrado das Virtudes'* toda vez que cair na tentação da *'Prática do Vício'*.

Ademais, poder-se-ia afirmar que:

- *Somente o G∴A∴D∴U∴ poderia mostrar com clareza que: 'Todos os Irmãos são iguais, com limites que não colidem com os dos outros, e pela doação e vontade pessoal de cada um, funcionará como a argamassa necessária ao ajuste e assentamento do Pavimento Mosaico'.*

5 – PAVIMENTO PROPRIAMENTE DITO

Além de tudo isso, é preciso pesquisar e encontrar respostas para perguntas simples como:

- *Por que são utilizadas as cores 'Preta-e-Branca' para o 'Piso'?*
- *Por que o 'Piso Mosaico' do Templo não tem as mesmas dimensões, e tipo de assentamento das lajes, da planta apresentada no Manual?*

As respostas encontradas demonstram, novamente, que pesquisar é uma atividade imprescindível no exercício dos ditames da Ordem, tanto que o primeiro tema dessa pesquisa poderia ser: *Onde surge a ideia do 'Piso' diferente para os 'Templos Maçônicos'?*

Por isso, novamente o autor Rizzardo da Camino ensina que o *Templo Maçônico* também contém *'Muitos Outros Ornamentos'*, que de início se mostram sem maior *'valor filosófico'* aos Aprendizes, mas que com sua continuidade na *'Evolução nos Mistérios'* da Ordem, certamente serão *'desvendados'*, e dentre esses Símbolos poder-se-ia mencionar a(o)s:

'Estrela Flamígera' = com seus raios ondulantes como chamas;
'Letra G' = gravada no centro dessa Estrela;
'Corda de 81 Nós', e
'Pavimento Mosaico'.

2º Vigilante:

Diz a Lenda que Moisés, como líder do Povo Hebreu no Êxodo, teria *'assentado pequenas pedras coloridas'* formando o piso do *Tabernáculo — Templo Móvel utilizado durante o Êxodo daquele Povo*, e que tal *'conjunto de pedras'* ao longo da História passaram a denominar-se *'Piso Mosaico'*, isto é, que era referido ao *Patriarca Moisés*.

Modernamente, a palavra *'Mosaico'* ainda é usada tanto como *'adjetivo'*, quanto como *'substantivo'*, assim, conforme o dicionário *Aurélio*, tem-se:

- *Como 'substantivo' = Na atualidade, designa 'Qualquer Pavimento de Ladrilhos — ou os Desenhos formados por Pedras ou Peças coloridas', e*
- *Como 'adjetivo' = Relaciona-se ao 'Patriarca e Líder Moisés', como por exemplo, na 'Legislação Mosaica — no Pavimento Mosaico — e outros'.*

O estudioso maçônico José Castellani é enfático ao afirmar (adaptado):

- *O Piso Mosaico dos Templos Maçônicos 'não' tem origem Hebreia, e*
- *Mais adequado chamar 'Pavimento Quadriculado'; originário da Suméria;*

porque, se assim entendido, consequentemente, **'não'** haveria qualquer ligação entre o *'Piso Colorido do Tabernáculo de Moisés e o Piso Quadriculado da Maçonaria'*, além das diversas utilizações atualmente conhecidas.

Os Sumérios desenvolveram uma grande civilização na Mesopotâmia, região entre os Rios Tigre e Eufrates, que já no Século IV a.C. contava com a(o)s:

- *Invenção da Escrita;*
- *Desenvolvimento de uma Administração baseada em Códigos;*
- *Criação dos Instrumentos de Troca e de Produção;*
- *Desenvolvimento das Técnicas de Construção;*
- *Adequação às várias formas de Pensamento Religioso; e*
- *Outros 'prodígios' da inteligência humana,*

tendo sua *Religião* como motriz dessa *'Magnífica Evolução'*, e seu *'Ideário'* como base da *'Religiosidade Cósmica do Mundo Antigo e da Mitologia Greco-Romana'*.

Entre os *'Símbolos Religiosos Sumerianos'* encontrava-se um *'Pavimento Quadriculado'* composto de *'Quadrados Pretos-e-Brancos'* tido como *'Território Sagrado'*, somente pisado pelo *'Sacerdote mais elevado hierarquicamente'*, e apenas nas datas de *'Eventos'* importantes.

Orador: ─────────────────────────────────────

Outros povos usaram o *'Piso Sumeriano'* como motivo de decoração para seus Templos, porém *'sem a atribuição de Sagrado'*, sendo ainda certo que os Hebreus **'não'** o utilizavam.

Outro renomado escritor maçônico Nicola Aslan, sugere o dia *24/jun/1717 — Data consagrada a S.Antonio*, como *'Marco histórico da fundação da Maçonaria Moderna'*; e além, que a história da própria Inglaterra até essa data, seja o ponto de partida aos estudiosos maçônicos.

Importante observar que o hiato de tempo histórico entre 1277 e 1666, ficou também conhecido como o *'período onde foi praticada a denominada Maçonaria Operativa'*, o que efetivamente não significa dizer, que em tempos anteriores à esse, não houvessem praticado a mesma *'espécie'* de Maçonaria.

E, a partir de então buscaram um modo de *'congregar'* as pessoas, constituindo assim uma *'organização'*, que foi precursora dos atuais *'Sindicatos'*, pois à época, operários que exerciam um *'Ofício'* específico, eram tidos *'Trabalhadores Especializados'*, e pertencentes a uma espécie de *'Elite'*.

Daí, até para sua própria *'proteção'* e dos familiares, quase se obrigavam a filiarem-se a essas respectivas *'organizações'* denominadas *'Livery Companies* — Associações históricas inglesas medievais, desenvolvidas como Guildas responsáveis, por exemplo, pelo(a)s: *Regulamentação do Comércio — Controle de Salários — Condições de Trabalho — e demais, além de serem intimamente ligadas a atividades religiosas.*

E, os especializados *'Talhadores de Pedras'* criaram sua *'Organização — Company of Masons'*, uma das *'Noventa e Uma (91) Associações de Classe'* existentes em Londres, mas *'não'* figurando entre as *'doze (12) maiores e mais importantes'*, porém resistiu mesmo assim.

Em 1666, o grande incêndio ocorrido em Londres destruiu a Sede da *'Company of Masons'*, data tida como coincidente com o *'fim'* da Maçonaria Operativa, e *'início'* de um período de transição que se estenderia até 1717; e ainda, por tudo isso poder-se-ia indagar:

- Qual o *'Pensamento Estético' dominante na Ordem na ocasião?*, e
- Qual o ingrediente Social e Político alentava os Pensamentos desses precursores da Ordem?

Secretário: _____

Na França, pelas ações governamentais do Cardeal Richelieu, foi imposto o *'Absolutismo'* — *regime de governo no qual o Rei passou a ser entendido como sendo o próprio Estado'*.

O Cardeal ainda dominou a Igreja Católica da França, e, contrariamente àquele estado de coisas, surgiram vários *'Movimentos Sócio-Político-Religiosos'*, que resultaram em luta aberta entre *Católicos e Protestantes*, com danosas consequências como uma fatalidade que ocorre com toda beligerância registrada na *História*, onde em última análise: *Todos sempre perdem muito!*

Mas, tais *Ideias Absolutistas* ditaram *'regra'* a outras sociedades europeias, principalmente quando a Espanha entra em declínio, e é imposta a *Inquisição e Fanatismo Religioso*, pois mesmo surgindo intelectuais de nível, a *'criação artística'* caiu consideravelmente, porque ao contrário, para que essas *'criações'* floresçam sempre é exigida *'total liberdade'* aos seus criadores.

Na época, sufocada a *Literatura*, infelizmente a requerida *autenticidade* foi substituída pela *distorção do Pensamento*, isto é, substituiu-se a *'Naturalidade pela Afetação'*.

Desde 1580, Portugal que passara a depender politicamente da Espanha, ressentiu-se e sofreu com os: *Absolutismo — Santo Ofício — e Censura*, e nem a restauração da Monarquia Portuguesa em 1640 conseguiu reerguer o país ao mesmo brilhantismo alcançado no Século anterior, permanecendo a Nação adormecida e nas mesmas condições até o Século XVIII.

Na Inglaterra, o povo enfrentava cerca de *'duzentos (200) anos'* de Guerras Civis e Religiosas, culminando por se ver diante do *'mais baixo nível de moralidade'* de sua *História*.

Diante desses contornos sociais e políticos o *Pensamento* à época tinha duas características básicas: *Cultismo e Conceptismo;* ou seja:

- *Cultismo — caracterizado por Afetação e Preciosismo, que torna a Literatura um 'simples jogo', isto é, trazendo o 'artificialismo' dos:*
- *jogos de palavras = uso de trocadilhos e de duplo sentido;*
- *jogos de imagens = que transfiguram a realidade; e*
- *jogos de construções = principalmente a abundância de antíteses.*

Guarda (ou Cobridor): _____

Conceptismo – caracterizado pelo Jogo de Conceitos, pois os 'silogismos e as artimanhas da lógica' substituem a 'Experiência e Sentimento da própria Vida'.

A somatória de ambas características básicas do *Pensamento: Cultismo e Conceptismo*, é conhecida como *Barroco*, palavra que também designa *'exagero de requintes nas Artes'*, notadamente, nas: *Literatura — Arquitetura — Escultura — e Música*; e, na *Pintura* ganhava destaque o *'jogo de Luz e Sombra'*, principalmente, das cores *'Branca-e-Preta'* como *Símbolos do Bem-e-Mal e Virtude-e-Vício*.

Tudo coincide com o surgimento das *Sociedades para a Reforma da Conduta*, que leva o autor maçônico Nicola Aslan a indagar: *Não teria a Maçonaria realizado sua grande metamorfose de 1717 para servir de 'Sociedade para a Reforma da Conduta' das Classes Superiores?*

Eram tempos difíceis imperando *Poder Absoluto* quando ocorriam *Conflitos e Perseguições Religiosas*, tanto que disse um crítico: *"Quando o 'Espírito' não pode criar, esmerilha frases."*

O objetivo primordial da *'Reforma de Conduta'* quando ocorrida, só poderia ser demonstrado de modo velado, e para tanto, seria feito por meio de: *Símbolo — Alegoria — Jogo-de-Palavras — ou Distorção do Sentido de Vocábulos*, que se transformaram até a atualidade nas *'Características Iniciais da Ordem'*, mas que os Aprendizes mostram dificuldade quanto ao pleno entendimento.

Mas, tais *'Primeiras Características são Barrocas'*, próprias da época de formação da Maçonaria Operativa, e que persistem até hoje *'incrustadas nos Ritos (Ritualística)'*, sendo base da *'longevidade da Ordem'* há Séculos, e provocando admiração e suscitando hipóteses.

E, ao tempo do *Barroco* o *Pavimento Mosaico* do Templo, importante ornamento de inspiração sumeriana, poderia adquirir o *Valor simbólico de contraste entre: Bem-e-Mal — Vício-e-Virtude — Matéria-e-Espírito — e outros.*

VM: _____

Assim, os Maçons da *'fase aristocrática'*, sucessora da antes citada, deveriam: *Caminhar na 'divisa' entre os Ladrilhos Brancos-e-Pretos, isto é, Sobre a 'fina argamassa' que une os Mosaicos, indo pela denominada 'Via Esotérica', por ser 'mais fina que o fio de uma navalha'.*

E no *'contexto histórico e social do Período Operativo'*, coincidente à *'fase Barroca do Pensamento'*, simbolizado por *Branco-e-Preto*, o *'Pavimento Mosaico'* pode ter sido considerado como *'Primeiro Símbolo da Maçonaria'*, se vista como a *'Sociedade para a Reforma da Conduta'*.

Finalmente, quando o Candidato na Iniciação simbolicamente deve caminhar no *'fio da navalha'*, significando dar os *'Primeiros Passos na Via Esotérica'*, automaticamente, estará convivendo com as *'divergências e os opostos'*, sendo possível desse modo, abrir-se uma *'larga e luminosa estrada ao seu Ideal'*, e vislumbrar o *'Objetivo Básico da Instituição'* que é o *'Alcance da Fraternidade Universal pela Reforma de sua Conduta'*, entre outros Preceitos Maçônicos!

12 A 'Pedra' em Seu Estado Bruto

"Para que o Mal triunfe, basta que os Bons não façam nada." (E.Burke)

VM: _____

Certo Adepto ao adentrar o Templo, tropeçou num *'pedaço de rocha disforme'* chamada *'Pedra Bruta'*, que ornamenta a Coluna dos Aprendizes, como a transmitir a ideia de que nada mais são do que aquela *'Pedra'*.

E ironicamente, parou e lhe disse: *"Desculpe Pedra Bruta!";* mas surpreso ouviu: *"Não há de que Maçom Bruto";* e sentindo-se ofendido retrucou: *"Ah! Então fala?";*

1º Vigilante: _____

e ouviu:

• *Sim, e o que é melhor: Penso no que digo!*

É de sentir pena ver Integrantes da Ordem que me tem em tão pouca estima, porque passam por mim sem olhar compassivo, ou sequer um gesto amável.

Isso me irrita profundamente, pois me dou conta do quão pouco compreende a grandeza que encerro em meu significado!

Aqui onde me veem, não fui sempre o que sou; venho dos penhascos, das alturas, onde se pode ver o Sol antes, e desfrutar seus suaves raios, enquanto os demais seres vivem na penumbra.

Aspirava ar puro, e quando o furacão causava espanto e medo aos Homens, simplesmente rio.

Minha massa ereta, firme e segura recortava, com meu perfil perfeito, o infinito azul do horizonte.

Nas mudanças das Estações, as transformações atmosféricas depositavam em mim corpos alvos, que faziam parecer mais pura e branca, e ao coroar minhas têmporas, fazia sentir orgulhosa de receber oferenda do espaço.

Depois as fazia escorregar em cascata cristalina, onde o Sol adornava com sua Luz o Arco Íris.

Na minha altura somente os condores chegavam, e era agradável ver a meus pés, como ajoelhada ante minha grandeza, a imensa esmeralda do vale bordada em mil cores.

Os: Rios – Animais – e Flores não faziam mais que emoldurar minha beleza.

Meu orgulho chegou a tanto, que me acreditava: invencível – inacessível – e eterna; porém, quão equivocada estava.

2º Vigilante: _____

Um dia o Universo, como querendo demonstrar meu erro, desatou sua fúria e mandou sobre mim um raio, que com sua Luz cegou meus olhos, e ao terrível impacto voei em mil pedaços.

Precipitei-me no abismo, e à medida que rolava, menor me fazia, e rodando--e-rodando fui descendo até ficar no fundo do barranco.

Chorei de raiva ao ver-me naquela infinita impotência, quando os elementos deformaram mais-e-mais minha outrora orgulhosa presença.

Assim permaneci por muito tempo, até que, igual a outras pedras companheiras de infortúnio, nos transportaram; quando então voltou a renascer minha esperança.

Pensei que talvez, por minha linhagem nobre, seria colocada em lugar que me correspondesse; e pensava: "Serei agora um monumento", porque simbolizarei o coração duro e inflexível da razão; ou serei a venda que representa a imparcialidade em todos os juízos; ou talvez, parte do monumento a Pátria, eternizando com minha presença a glória de um povo.

Gostaria de ser a coroa de louro que cinge as têmporas do patriota, ou quem sabe, porque não, serei parte integrante do monumento à Mãe, para que as gerações futuras vejam que, com minha cooperação, se imortaliza o 'Amor mais puro que existe'.

Com que carinho acolheria a ideia de ser o braço da Mãe que envolve o filho em eterna caricia; ou os olhos que veem com doçura a terna criança; ou ainda, as lágrimas que as Mães vertem ante a ingratidão de seus maus filhos; isso teria querido ser; depois de ser grande, seguir sendo-o, não em tamanho, mas em espírito – em essência.

Orador: _____

Quantas-e-quantas ilusões me fiz; quantos desejos de altura e grandeza; contudo, aqui me tens, tão dura e feia como no barranco, tão grotesca que causo pena, e se não me esculpem é porque nem para isso tenho forma original.

Mas então cabem as perguntas: Não haverá um artífice que me transforme dando vida? Maçom somente sirvo para representa-lo? Para que veja em mim suas: Imperfeições – Vícios – e Ignorância? Sou agora apenas e tão somente um exemplo do Mal?

Todavia, por vezes me envergonho de ser comparada a alguns de vocês Maçons; muito poucos me veem, porém tenho visto tantos-e-tantos que por aqui entraram, que até já perdi a conta.

E me pergunto: Onde estão agora tantos MM∴ que aqui vieram jurar: Fraternidade – Lealdade – e Amor, a essa Augusta Instituição? Onde estão os MM∴ que aqui se Iniciaram? Não sei, nem explico, só sei que saíram para nunca mais voltar, e que andarão a dizer: "Sou M∴M∴".

E isso me dá pena e lástima, não pela Maçonaria, senão porque não foram capazes de ver mais além; porque iludidos acreditaram que a Maçonaria é apenas uma 'feira-de-vaidades', quando melhor deveriam ter lutado por encontrar a Beleza que encerra essas Luz e Verdade.

Você Aprendiz, que também me merece ser observado, não creio que seja diferente daqueles, por isso desejo dar-lhe um conselho: Vejo quando decifra suas 'Peças de Arquitetura' e está trêmulo, pois quase seus joelhos dobram de medo; e lhe pergunto: Medo de que, ou de quem? Tem por acaso medo de si mesmo?

Mas, quando ouve o aplauso dos AAm∴IIrm∴ volta ao lugar envaidecido, e inchado como um 'pavão real', porém se pudesse se ver como vejo, saberia que não é mais que um 'pobre pato'.

Secretário:

Olhando-o, vejo que quase explodiu de satisfação frente aos elogios, nem sempre com justiça; e, isso é muito mau, e não deve subir-lhe à cabeça o que supõe um êxito, porque pode contrair o erro de se sentir superior, quando é apenas um Aprendiz; porte-se com serenidade e analise!

Seja prudente em seus atos, e humilde em suas afirmações; seja sincero consigo, para poder sê-lo com os demais, mas sobre todas as coisas: **"Conhece-te a ti mesmo".**

Pratica suas teorias e seja: Bom — Caritativo — Honrado — Estudioso — Ajuda a Loja e seus Pares — Não seja um Mestre qualquer — inexpressivo — ou inoperante; mas esteja certo de que as: Virtude — Honra — e Lealdade, jamais são adquiridas massacrando nem martelando as muitas Liturgias.

Agora o felicitam, dando alento a seguir adiante, é justo que festejem suas 'Peças de Arquitetura', não por seu valor, mas para dar-lhe ânimo a prosseguir lutando e melhorando; deve saber que melhora a cada dia, e à medida que o tempo passa, deve obrigar-se a se superar.

Espero que entenda, sem se envaidecer, aceita o aplauso como estímulo à própria superação; por isso, não se detenha enquanto tiver traçando um caminho ou trajetória a seguir.

A Maçonaria é muito grande, mas a que somente poucos têm acesso, e onde sempre e continuamente as Maledicência e Mediocridade devem se perder no torvelinho escuro do nada.

Quero ainda pedir um favor: Além de se intitular 'Pedra Bruta', é certo que ainda lhe caberia à titulação de ser uma **'Pedra em Bruto',** *que é absolutamente diferente!*

Guarda (ou Cobridor):

Voltando, me disponho a responder à essa nova 'Pedra', quando com um 'golpe de malhete' meu VM diz: "Silêncio meus AAm∴IIrm∴ estamos em Loja"; mas me calei pensando na infinita verdade que representa essa humilde e feia 'Pedra em Bruto'!

CONSIDERAÇÕES

Geralmente, o *Simbolismo de Pedras e Metais* são referidos ao Reino Mineral, e ricos em significados, pois esses são considerados pela Tradição como Expressões das Energias Celestes.

Na Ordem as *Pedras detém Simbolismo Construtivo*, podendo-se até citar que o *Malhete* seria também a representação do *Martelo — ou Arma, do Deus Thor.*

Pode-se também citar como *Simbolismo Construtivo* o fato de ser a Maçonaria Operativa composta por: *Trabalhadores de Canteiros e Forjadores de Templos construídos com Pedras*; mesmo porque a *Pedra* é o material e objeto do trabalho inicial de qualquer construção.

Cada *Pedra* é única, e liberta-se de sua forma tosca pelo árduo trabalho de aperfeiçoamento, ao polir suas faces alisando suas arestas, para que possa ser uma das peças do edifício; porém, esse trabalho de aperfeiçoamento não dilui sua individualidade, porque consoante a *Matéria* que a constitui, terá papel diferente no edifício a ser construído.

Já a *Pedra Bruta* pode também ser comparada à *Rocha-Mãe*, termo que designa, do ponto de vista pedológico, a *Rocha Bruta* que lastreia a transformação do solo; e, essa *Rocha-Mãe*, pela virtude de vários tipos de ações, vai se fragmentando em pedaços toscos menores, e sendo modificados, refinados e polidos, até que possa construir solo fértil, onde germinem as sementes.

VM: _____

Como também há *Pedras* de diferentes materiais, o trabalho da *Pedra Bruta* também significa aprender os diferentes tipos de *Materiais a serem aplicados quando Construir*; por isso, o Maçom é considerado uma das *Pedras* que compõem o Templo, e assim, cada *Pedra* representa o Templo como um todo.

Cada Obreiro deve polir sua própria *Pedra*, pois deve seguir sempre em busca de sua *Perfeição*, construindo seu *Templo Interno*, e assim encontrar a própria essência; então, a *Pedra Bruta* é *Símbolo das Imperfeições do Espírito*, que o Maçom deve sempre procurar corrigir.

Porém, isso não é devido porque se menospreze considerando-se *Imperfeito*, mas porque ambiciona alcançar a *Perfeição*; pois essa *Perfeição* não é retratada apenas pela *Pedra Polida*, mas e principalmente, por sua eficaz participação na Edificação daquele *Templo Interior*.

Finalmente, cabe bem compreender que a superfície da *Pedra Bruta* é rugosa e áspera, e a Luz ao incidir em sua superfície é totalmente absorvida, assim, como essa *Pedra* seria o Aprendiz que ainda não *reflete* a Luz recebida da Maçonaria; ademais, somente quando a *Pedra Bruta* é trabalhada, transformando-se em *Polida*, é que suas faces lisas passam a refletir a Luz incidente; portanto, pode-se afirmar, a todos que preferirem trabalhar para o *Bem de seus pares e de toda a sociedade,* que a Maçonaria sempre de disporá a estar aberta aos valentes e valorosos predispostos a desbastar sua *'Pedra Bruta'!*

13 A 'Pedra Bruta' Visão Complelemenmentar

"O sonho não deve morrer, podendo, no máximo, adormecer na Alma do sonhador."

VM:
De acordo com o autor maçônico José Castellani:
- *A Pedra Bruta é a Pedra de Cantaria, ... própria para ser esquadrejada e usada nas construções, já que só a Pedra Esquadrejada Cúbica ou ... Paralelepípedo, é que se encaixa ... nas construções, ... Os Homens que trabalhavam nela eram Canteiros ou Esquadrejadores ... que a transformavam na ... Cúbica. Daí os dois Símbolos em Loja, pois ... tudo que fazemos ... tem origem nas Organizações dos Franco-Maçons de Ofício ou Operativos, como dos 'Canteiros.*

Assim, os Recém-Iniciados nos Mistérios da Ordem devem ter como inicial e importante tarefa, pois é de valor imensurável, dedicar-se a: *pesquisar, comparar textos e tirar conclusões — externar o aprendido — e verificar quanto progrediu com os Ensinamentos de seus pares.*

Sendo muito palpitante esse tema, haja vista sua real aplicabilidade no meio profano e na Maçonaria Simbólica, pois se verifica que desde as antigas civilizações se fazia menção às *Pedras*, e ao longo do no tempo, foram muito usados di- ferentes meios para expor os *Pensamentos: Humano — Religioso — e/ou Filosófico.*

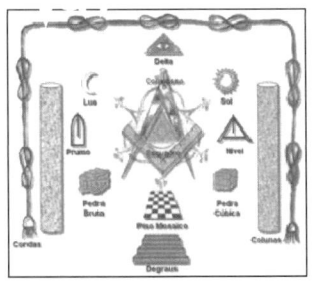

1º Vigilante:
Sabiamente, a Ordem Especulativa recorreu a Conceitos baseados na *Pedra*, exteriorizada na expressão mais marcante, que buscaram transmitir como *Ensinamento* aos Adeptos desde sua *Iniciação*.

Então, se tentará mostrar resumidamente, o *Simbolismo das Pedras* afeto ás civilizações em diferentes épocas, sendo aplicado principalmente na formação dos *Maçons Aceitos*, porque os demais Adeptos da Ordem tinham mais facilidade em assimilá-lo, pois integravam o próprio Ofício.

Desde o início, a *História da Humanidade* tem forte vínculo com *Pedras*, até porque, o Homem das cavernas a descobriu como sua aliada, e a utilizando para diversas finalidades, desde arma até como ferramenta, com objetivo de facilitar a vida; então, com o tempo, o ser mais evoluía e se aprofundava no *Aprendizado*, até dominar várias técnicas vitais para sua sobrevivência; assim, as técnicas originaram a *Ciência* advinda do intelecto, pelo somatório de todo *Conhecimento* adquirido.

E, desde o primitivismo o Homem, por deter caracteres diferentes dos outros animais, como *Alma e Mente*, sentiu necessidade de reverenciar e se comunicar com o Supremo, pois pode perceber a *Espiritualidade* de sua criação; e rapidamente, desse tipo de sentimento nasceu a *Religião*, manifesta nas mais diversas formas, variando de acordo com cada região habitada.

As *Pedras* têm valor incomparável quanto à sua *Religiosidade*, tanto assim que eram erigidas como *Grandes monumentos para representar seus Deuses*; entretanto, com passar do tempo, perceberam que a Humanidade passou a transformar a *Pedra*, que de simples 'Não Talhada ou Bruta', gradativamente, foi caracterizando-se como '*Pilares Lavrados*', e depois em '*Colunas Talhadas*' como esculturas, resultando em ter similaridades com *Animais ou Figuras Humanas*; e se tornaram objetos de reverência e culto como representação de Deuses; em complemento, por suas características de solidez e durabilidade sugeriam *Poder e Estabilidade da Divindade*.

2º Vigilante:

Esse cultuar as *Pedras* se verifica em quase todas as regiões, e em quase todos os povos da Antiguidade, tanto que a própria Bíblia nos Velho e Novo Testamentos, desde o *Livro de Gênesis* até o *Apocalipse*, faz diversas alusões às *Pedras*, como seguem alguns exemplos:

- Gên.28,18 = *No dia seguinte de manhã, tomou Jacó a PEDRA sobre a qual repousara a cabeça, e a erigiu em Estela derramando-lhe óleo, ... ;*

- Êx.30,18 = *As tábuas onde foram escritos os Dez Mandamentos eram de PEDRA, ... ;*

- Sal.118 = *PEDRA que os construtores rejeitaram, tornou-se PEDRA ANGULAR;*

- Mat.21 = *Jesus: Aquele que tropeçar nesta PEDRA, far-se-á em pedaços, e sobre quem cair será esmagado.*

- E. 26,18 = *Jesus chama Pedro de CEPHAS, quer dizer PEDRA;*

- Pedro — 2º Epístola 4 = *Denomina Jesus como PEDRA PRECIOSA;*

e no Judaísmo consta na *Antiga Lenda* do depósito de 'Pedra de Fundação'.

Ademais, alguns rabinos mais antigos e adeptos da *Doutrina Metempsicose*, acreditavam que a *Alma Humana* após a morte podia não só renascer em outro corpo humano, como também, por culpa de pecados anteriores, em um corpo de animal, ou até mesmo aprisionado numa *Pedra*; e assim, no *Fólio Hebraico Nº 153* pode-se ler que:

A Alma de um caluniador pode ser forçada a habitar uma 'Pedra Silenciosa'.

Orador:

Na Grécia Antiga era costume serem erguidas *Colunas de Pedras Consagradas* em seus: *Templos — estádios — e ginásios*, assim como nas casas de cidadãos ilustres; já entre os Árabes, em Meca - Cidade de peregrinação islâmica, se encontra a *Pedra* mais notável do planeta, uma *Pedra Preta* preservada na

Kaaba ou Casa Cúbica, situada no *Átrio da Mesquita Sagrada*; acredita-se ser um *'Aerólito ou Pedra Meteórica'*.

Essa *Pedra Preta* tem cerca de sete (7) polegadas de comprimento *(+ou- 18 cm)* e forma oval, que segundo informações teria sido quebrada durante assédio à Cidade de Meca em 683 d.C., para posteriormente ser recomposta com cimento, encerrada numa cinta de prata, e embutida na parede nordeste da *Kaaba*, em altura a permitir que os devotos a beijem em *'Ato de Adoração'*.

Esses são apenas alguns dos inúmeros exemplos encontrados da relação *Homem X Pedra*, que fica clara na *Cultura Religiosa*, que é das mais antigas manifestações da vida humana.

Portanto, também para a Maçonaria as *Pedras* detêm imensurável significado, como um de seus mais importantes *Símbolos*, posto que os primórdios da Instituição tem muita e intrínseca ligação com as mesmas, de vez que é herdeira do conhecimento de várias *Associações de Construtores*, principalmente as manifestas na Idade Média.

A *Representação Simbólica das Pedras* tem íntima ligação com o Maçom desde sua *Iniciação*; e, ainda não se apercebendo da riqueza de *Ensinamentos* que traz de intrinsecamente, mas que por felicidade com o tempo deverá estudar e tudo perceber, até porque a *Pedra Bruta* é o ponto de partida para a imensa transformação que deve se processar no *Espírito* do Adepto.

Secretário: _____

O *Desbastar dessa Pedra Bruta* significa que a esse trabalho simbólico, o Maçom deve se dedicar inteiramente, com o precípuo objetivo de conseguir se tornar um Obreiro que detém pleno domínio da boa *Arte de Construir*; sabedor que na realização dessa importante Obra, o *Iniciado* tem cumulativamente funções de: *Obreiro — Matéria-prima — e Instrumento ou Ferramenta*.

O Maçom é a *Pedra Bruta* que mostra sua atual condição de apresentar *Imperfeições*, que devem converter-se em *Perfeição Interior*, e ciente que a *Perfeição é Infinita e o Absoluto Inacessível*, resta apenas aproximar-se do *Ideal de Perfeição* por meio de etapas de *Progresso*, desenvolvidas por sucessivas proximidades de *Perfeição Relativa*.

E, o próprio reconhecimento das *Imperfeições*, e aquele desejado *Ideal*, certamente, são as condições iniciais indispensáveis para iniciar o *Trabalho de Desbaste*, como por exemplo, se o Aprendiz: *Aprender a 'relevar' ao se aborrecer com outro Adepto — Exercitar a 'tolerância' frente a possíveis agressões — e outros*, ficando certo que estará *'desbastando'* parte das arestas referidas, e se continuar esse procedimento outras arestas irão sumir; e ainda, esclarecendo que atitudes como: *Construir — Participar — Contribuir — e Atender*, que também retiram arestas.

Guarda (ou Cobridor): _____

E o modo mais tranquilo e simples de *Desbastar a Pedra Bruta*, é ter comprometimento com a *Fraternidade — Atitude que abre portas e rompe barreiras*, quando se estará dando mostras do quanto são amados; assim, esse se torna o *caminho certo ou rota segura* ao início do *Aperfeiçoamento*, que certamente será: *longo — áspero — e sacrificado,* mas assim estará assimilando os *Ensinamentos* mostrados, lições que constituem o trajeto que vale a pena trilhar.

Ainda na condição de Aprendiz, bastaria relembrar todas suas aspirações pertinentes, para a conscientização de que os *Recém-Iniciados* prefeririam sempre poder contar com alguém que os auxiliasse a suportar aquele fardo tornando-o bem mais leve, e ainda, que colaborasse com seu *Progresso* ao mostrar sempre o: *Caminho do Bem — da Virtude — e da Verdade.*

É preciso que o *Recém-Iniciado,* ainda como *Pedra Bruta,* deva com respeito a essa mesma *Pedra: Conhecer sua Natureza — Descobrir de que material é — Que resistência possui — e Se é Pedra-Ferro — Pedra-Mármore — Pedra-Granito — ou outra composição*; e, ciente que o trabalho deve ser continuado, e visto como rotina de vida, pois todos necessitam de *Aprimoramento: Intelectual — Espiritual — e/ou Psíquico,* para atingir novos paradigmas em seu real *Progresso.*

Desde tempos idos, o *Teor Simbólico* com inspiração nas *Pedras* se reflete por toda vida, e assim, sem tentar ser diferente, o Homem moderno também necessita obter esses *Ensinamentos* originados e proporcionados pelas *Pedras,* com objetivo da melhoria própria na sociedade em que vive, e contribuir para sua evolução centrada nos salutares *Bons-Costumes.*

VM: _____

Desse modo, é necessário buscar incessantemente o *Aprimoramento Individual e Coletivo,* e bem aplicá-lo nos: *Trabalhos da Oficina — Encontros Fraternos — Doutrinação — Ensinamentos — e Atuações no Mundo Profano.*

Finalmente, em resumo, por todo o exposto, sem interrupção deve ser sempre buscada sua: *Transformação de Pedra Bruta em Pedra Polida,* trabalho que encontra real significado no *Primitivismo dos Pedreiros-Livres,* quando o agrupamento, isto é, a própria Oficina, procurava *Anular as eventuais Arestas de seus Integrantes.*

14 'Colunas do Templo' Algumas de suas lições

"Não é porque ninguém está ouvindo, que não deve ser dito." (Shugueki)

VM:

A proposta do texto é a reflexão sobre trazer à tona a experiência e o exemplo de vida de *Dois Homens*, que viveram no período de aproximadamente 1.000 a.C., ou no Século que se seguiu o *Exílio Babilônico dos Hebreus* em 450 a.C..

O primeiro foi um rico dono de terras na cidade de Belém, era um Homem de fé, sábio, justo, piedoso, valente e poderoso; se está falando de Boo(a)z.

Na Bíblia, no *Livro de Rute*, no Capítulo 2:1, consta que:

- *"Tinha Noemi um parente do seu marido, senhor de muitos bens ..., homem valente e poderoso ..., o qual se chamava Boo(a)z."*

e, como dito, a história da sua vida está na Bíblia, registrada no *Livro de Rute*.

Esse *Livro* é histórico, composto em prosa narrativa, que descreve a situação do povo pobre que estava vivendo sob o jugo do *Império Persa*.

- *No seu primeiro Capítulo, o Livro começa informando que:* "Nos tempos em que julgava os Juízes ... ." (Rt 1:1)

ouve um período de muita fome, e nesse contexto, conta a história de uma família da qual fazia parte aquele personagem.

1º Vigilante:

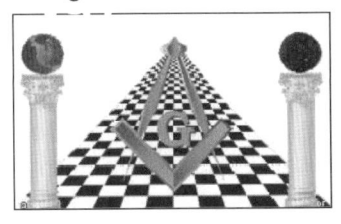

Tal *Livro* foi escrito no *Pós-Exílio Babilônico*, e retrata a situação do pobre que era: *marginalizado — excluído — sofredor — e muito mais*; e nesse sentido, quando se reporta à época dos Juízes, se quer principalmente fazer memória do projeto igualitário, onde todos tinham acesso às: *terra — pão — e vivência de fraternidade*, a permitir que as pessoas fossem felizes com suas famílias, o que consta em Josué 24:13 e Dt 6:10 -13.

A cidade de Belém — terra natal de Boo(a)z, significa 'Casa de Pão'; entretanto, a dura realidade ali reinante era o oposto de seu nome; contudo, se não havia *Pão* deveria haver algum motivo para isso.

Nessa constatação estão refletidas as causas que geram a fome do povo, ou seja, a estrutura injusta da época que não permitia que o povo tivesse o necessário para sua simples sobrevivência.

Todavia, infelizmente algo muito parecido ocorre nos dias atuais.

Então, Boo(a)z fazia com que fosse cumprida fielmente a *Lei dos Juízes de Israel*, onde havia uma provisão legal, dando aos pobres o direito de ir aos campos no momento da colheita, e recolherem o necessário para passarem o dia.

Essa provisão, obviamente, obrigava os donos de lavouras a deixarem no campo alguma coisa restante, que chamavam *'rebusco'*, para que os pobres pudessem então colher o suficiente sustento diário de suas famílias.

Sendo um Homem bom, justo e solidário, era costume Boo(a)z instruir seus empregados a deixarem no campo bem mais para os pobres do que o previsto como a provisão da *Lei*.

2º Vigilante:

E ainda, consta no *Livro de Rute*, Capítulos 4:13 e 17, que:

- *"13 — Assim tomou Boo(a)z a Rute, e ela passou a ser sua mulher; coabitou com ela, e o Senhor lhe concedeu que concebesse, e teve um filho. 17 — ... e lhe chamaram Obede. Este é o pai de Jaquim, pai de Davi."*

E Jaquim, o segundo nome em destaque, descendente direto de Boo(a)z, era seu neto, foi um Homem de vida simples, agricultor e pastor de ovelhas; e ainda um ser: *bom — solidário — piedoso — e pai de família exemplar.*

Um Homem ungido por Deus por intermédio do Profeta Samuel, em razão de seu caráter extraordinário e exemplar; e sua história está registrada na Bíblia em I Sm. 16:3-5.

Jaquim era um Belemita — *pessoa natural da Cidade de Belém na Palestina* —, foi pai de Davi e avô de Salomão.

Já a Bíblia, em I Crônicas 2:12 e 15 'c', afirma que:

- *"E Boo(a)z gerou a Obede, e Obede gerou a Jaquim ..., e Jaquim gerou ... a Davi o sétimo."*

Isso posto, então caberia resumidamente ainda salientar que chama atenção na vida desses *Dois (2) Homens* todas as suas prestimosas e duradouras ações em favor dos: *semelhantes — mais humildes — e menos favorecidos*; e além disso, destacar suas características ímpares de: *disponibilidade — prontidão — voluntariedade — vontade de fazer — e ânsia de ver acontecer.*

Orador:

No primeiro caso, de *Boo(a)z*, esse já fazia diferença ao cumprimentar seus serviçais, que por mais incrível que possa parecer, era fato inédito e/ou incomum entre os *'senhor e serviçais'* naquela época, tanto assim que consta no *Livro de Rute 2:4* que:

- *"Eis que Boo(a)z veio de Belém e disse aos seus seguidores: O Senhor seja convosco! Responderam eles: O Senhor te abençoe!"*

assim, a indagar: *É possível se perceber o tratamento? É simplesmente fantástico!* Porque *Boo(a)z* era rico, senhor de muitos bens, poderoso, e que tratava todos que o rodeavam, principalmente seus serviçais, com: *justa igualdade — humanidade fraterna — refinado respeito — e muito carinho.*

Ademais, a expressão hebraica *"Senhor de muitos bens"* designa, normalmente, um guerreiro notável, como Davi foi; porém, no contexto mostrado significa um ser: *ponderoso — detentor de força e poder — e muito bem conceituado na sociedade da época.*

Boo(a)z era reconhecido também como o *"resgatador — o que resgata, que traz de volta"*; e era um Homem que estava sempre pronto a: *servir — contribuir e agir*, em favor dos fracos.

No segundo caso, de *Jaquim*, diferente de seu avô *Boo(a)z*, foi um Homem de poucas posses, mas sempre preocupado com o bem, estar da(o)s: *Família — País Amigos — e Menos Favorecidos*; e a Bíblia em *I Samuel 17:17-18* muito bem fundamenta essas afirmações.

E *Jaquim*, mesmo já tendo todos seus valentes filhos nas frentes de batalha, em guerra contra os *Filisteus*, não colocou nenhum empecilho ou entrave para enviar seu filho mais moço *Davi* ao *Rei Saul*, quando este o solicitou.

Secretário:

Assim, *Jaquim* ficou sem *Davi*, seu valente *pastor de ovelhas*, para enviá-lo a consolar a tristeza de seu Rei, pois era o melhor *músico — tocador de harpa —*, que se tinha notícia; tanto assim que a Bíblia, em *I Samuel 16:17-21* relata esse fato bem fundamentando; contudo, *Davi* certamente seguia o bom exemplo do seu avô *Boo(a)z*.

Logo, é possível deduzir que não foi sem razão e/ou motivos, que o *Sábio Rei Salomão* ao construir seu Templo, não titubeou em homenagear seus *avô e tataravô*, dando seus *nomes* às *Duas (2) Colunas* que mandou erguer para ornamentar e embelezar a entrada daquele Templo.

Na Bíblia, em *I Reis 7:15 e 21*, consta que:

- *"15 — E formou Duas Colunas de cobre ... 21 — Depois, levantou as Colunas no Pórtico do Templo; tendo levantado a Coluna direita, lhe pôs o nome de Jaquim; e, tendo levantado a Coluna esquerda, lhe pôs o nome de Boo(a)z."*

e além disso, em *II Crônicas 3:15* também está registrada essa homenagem.

Então, a lição de vida a aprender com os personagens do passado é exatamente por intermédio daquilo que tinham em comum, pois não obstante um ser rico e poderoso, e o outro de classe média, um pequeno agropecuarista criador de ovelhas, o que os fazia *iguais* eram seus: *caráter — voluntariedade — solidariedade — dignidade — prontidão — e vontade*, que dirigindo-se à ação de ver acontecer fizeram a diferença no Mundo de sua época, tão injusto e carente; além de serem aquelas qualidades tão necessárias e imprescindíveis na vida do Integrante da Instituição.

O *Sábio Rei Salomão*, com aquela justa homenagem prestada a seus digníssimos parentes nas *Colunas do Templo*, exemplificou as considerações necessárias ao aprendizado, quando se consegue discernir e entender que, por meio desses homenageados, as *Colunas* passaram a simbolizar, dentre tantos aspectos a(o)s:

- *Quebra das barreiras social — cultural — e racial, objetivando o agrupamento de indivíduos de diferentes classes — raças — e culturas, da sociedade local e global; sempre em busca do(a)s: entendimento — razão de viver — amizade — paz — liberdade — fraternidade — e solidariedade, entre os povos.*

Guarda (ou Cobridor):

Assim, o *Sábio Rei Salomão*, por meio daquelas *Colunas*, parece estar enviando a mensagem de que ao adentrar os *Templos Maçônicos*, como réplicas de seu *Augusto Templo de Jerusalém*, deve-se sempre procura pensar, e certamente agir, como ensinaram os magníficos *Boo(a)z e Jaquim*.

Ou seja, ao trespassar por *Entre-Colunas*, o Adepto deve sempre deixar para trás todas suas diferenças sociais e culturais, bem como os próprios títulos e a vaidade que o acompanha; e então, a partir disso, cada um passe a se tornar exatamente igual aos demais, em suma, mais um verdadeiro Amado Irmão, cuidadoso e zeloso uns pelos outros, tal qual: *'Um por todos e todos por um!'*

Entretanto, é válido pensar que dentre outras tantas simbologias que possam também ter as *Colunas*, esse ensinamento é verdadeiro e deve ser uma realidade constante na vida dos Maçons.

E o *Sábio Rei Salomão* indica ainda que é no *Templo* — mais precisamente *Entre-Colunas*, o lugar apropriado para *Desbastar e Polir a Pedra Bruta Individual*, onde também se aprende a *Filosofia de Vida* dos antepassados.

E ainda complementando, os *Ensinamentos dos Mestres* da atualidade, que propõem a maior interação de uns com os outros em busca do pleno *Conhecimento Filosófico da Instituição Maçônica*, visualizando como *Jacó o topo da Escada*, que seja estendido a cada Integrante que esteja no rumo da plenitude final de sua longa e árdua caminhada.

Por fim, o *Sábio Salomão* indica, por meio de exemplo de vida e cidadania deixados por seus parentes homenageados, que é lá fora no *Mundo Profano*, entre os: *Poderes Constituídos — na Política — nas Organizações — nos Negócios — no Lar — na Criação, Ajuda e Tratamento de Filhos e Esposa — em toda Família, e principalmente entre os: Mais humildes — Pobres — Miseráveis — Excluídos — e Desassistidos*, é que se faz necessária a presença atuante dos Adeptos, por meio de meritórias ações que precisam realmente mostrar quem são em verdade os Integrantes da Maçonaria, e a quem servem!

VM:

Assim é como tudo deve ser, e é com efeito onde está: *O Sal da terra e a Luz do Mundo*, em que precisam ser seguidos com afinco e perseverança os bons exemplos deixados por *Boo(a)z e Jaquim*; bem como felizmente, de outros tantos excepcionais bons Maçons que já transpuseram as barreiras do *Oriente Eterno*, e mesmo os que ainda por aqui convivem e/ou se tem notícias.

Finalmente, sem qualquer pretensão de ser em nada diferente, mas com objetivos bem definidos que se traduzam em boas ações baseadas nos *Aprendizado e Convivência Maçônicos*, atos que certamente farão diferença nesse Mundo tão injusto e desigual, é que se precisa muito da participação de cada Adepto da Maçonaria; tanto assim que o *Maçom Rui Barbosa* citou (adaptado): *Deve-se tratar com desigualdade os desiguais, no modo como se desigualam*; e então, restam votos de que o *Deus Supremo Eterno — G∴A∴D∴U∴* abençoe e proteja toda a Humanidade!

15 'Colunas e Entre-Colunas' Outras Visões

"Quem não crê em si mesmo, nunca poderá crer em Deus." (S. Vivekananda)

VM:

Em Maçonaria o significado das *Colunas* é quase controverso e até mesmo meio confuso, se comparado ao constante da Bíblia em *I Reis 7:13-22*, que em essência afirma que essas *Colunas* decoram e demarcam a(o)s: *Entrada do Templo — Portal do Iniciado em Direção à Luz — Conhecimento do Seu Eu — Seu Templo — e Seu Interior e sua Espiritualidade.*

Há autores com explicações que convergem a muitas justificativas, algumas com base até em posições herméticas vazias/ocas como o interior das *Colunas,* e inaceitáveis ao cético e filósofo que adota o *Princípio Heurístico — Obter solução de problemas por procedimento simplificador, não simplista; questão difícil substituir por outra de solução fácil obtendo resposta viável, automática, intuitiva e/ou inconsciente; também útil em descobertas científicas; e ainda ciência histórica que estuda documentos antigos da pesquisa científica, que vê a natureza como máquina, e debita tudo à matemática e estatística.*

Essa visão *mecanicista — fenômenos manifestos nos seres são mecanicamente determinados, e essencialmente físico-químicos; até a linguagem tem explicação mecânica, ou não precisa recorrer ao espírito*; assim, opõe-se ao *mentalismo — interpretação dos fenômenos linguísticos dos fatos psíquicos, e que devagar cede espaço a Teoria da Física Quântica.*

1º Vigilante:

Os *Conceitos Antigos* vem sendo contrapostos por *Novos Conceitos e Provas Científicas,* que da mesma forma como o *mecanicismo* derrubou *velhas crendices místicas,* esse *mecanicismo* é atualmente criticado, e tem seus *Conceitos* derrubados na proposição de *Novas Conceituações Científicas da Física Quântica*; então caberia perguntar:

Por que não reunir os *Conhecimentos Antigos e Novos?* — e — As Duas **(2)** *Colunas* estão à vista dentro do *Templo Maçônico* para materializar um novo e grande salto do *Pensamento?*

Se as *Colunas* forem vistas como sendo apenas a representação da *Porta de Entrada,* e não consideradas as características atribuídas pelos defensores de interpretações: *místicas — alquímicas — e mágicas*, somente serviriam de maneira simplista para **delimitar as áreas *externa e interna do Templo*.**

As *Colunas* foram construídas com metal nobre —bronze, porque o *Portal* separa duas realidades muito diferentes, de um lado o *Mundo Profano* e do outro o *Templo*, representando algo maior, ou seja, o que todo *Iniciado* deve e vai buscar no interior de si próprio.

Caso seja desconsiderado tudo que foi omitido na descrição original da *Bíblia*, a cada detalhe existente no *Símbolo* representado pelas *Colunas*, inúmeras podem ser as explicações dos *livres-pensadores*, mas cientes que ainda assim não é a verdade absoluta, final ou derradeira.

A *Física Quântica* desbanca o *mecanicismo, que também engloba o misticismo*, e cada elemento daquele *Símbolo* se torna motivo de estudos pelo intelecto e raciocínio dos Maçons; contudo, tal *Símbolo* apesar de muito considerado, passa a concluir sua função especulativa, o que seria desrespeitá-lo como *Símbolo* e significado, e impor até certa representatividade dogmática.

A cada Maçom cabe propor conjecturas sobre o significado dos componentes das *Colunas*, que ainda decoram a *Entrada do próprio Templo Interior*; ademais, o obreiro é quem mais conhece aquele *Corpo ou Templo*, pois é o receptáculo do seu sopro de vida.

Importante destacar que nas Lojas as *Colunas Boo(a)z e Jaquim* estão no interior do *Templo* no extremo do Ocidente, próximo à parte interna do *Portal*; contudo, e por essa localização tais *Colunas* são comumente confundidas com as *Colunas Norte e Sul* constantes e mencionadas na grande maioria dos Rituais, o que jamais deveria ocorrer; portanto, é incorreta a interpretação comum do Integrante que ao ser solicitado postar-se *Entre-Colunas*, entenda que deve se posicionar *Entre as Colunas J e B*, mas que realmente deverá se colocar *Entre as Colunas Norte e Sul*.

2º Vigilante:

Assim, estar *Entre-Colunas* é postar-se entre as *Colunas Norte e Sul*, ou seja, estar *Entre Amados Irmãos*, numa linha imaginária central que une os *Altares ou Mesas dos 1º e 2º Vigilantes*, e no cruzamento do eixo longitudinal do *Templo* que une *Ocidente e Oriente*; mas, estar *Entre-Colunas Norte e Sul* termina ao ser alcançado o *Degrau* que separa o *Oriente do Ocidente*.

Então, *Entre-Colunas* é o local onde o Adepto tem certeza que não será interrompido em sua oratória, e seus pares sabem que aquilo que for dito é a verdade daquele orador; e, o fato de estar locado *Entre-Colunas e/ou Entre-Irmãos* o obriga a responder as perguntas com toda sinceridade.

Com efeito, a *Loja 'não'* é a representação real, total ou cópia fiel do *Templo de Jerusalém*, mas uma parcela de representação simbólica de seus aspectos físicos; e ter as *Colunas J e B* alocadas na *Entrada, no Átrio ou no interior do Templo*, poderia até ser considerado como indiferente, não fosse o propósito para que servem e representam.

Na *Bíblia* as *Colunas* são designadas como: *Vestibulares (de vestíbulo) — ou Algo entre a área externa e a entrada do edifício*, portanto, fora do prédio junto às

Portas, formando um *Portal* de acesso ao *Templo Real*; entretanto, vale lembrar que no *Simbolismo Maçônico* isso não se aplica; contudo, se o raciocínio for levado ao extremo e referir-se à fidedignidade com o *Templo Real*, quanto à Loja Maçônica quase tudo poderia ou deveria ser modificado ou retirado, a saber, as:
- *Colunas J e B deveriam ser retiradas de seu interior;*
- *Doze Colunas Zodiacais, dos Ritos que as adotam, deveriam ser retiradas;*
- *Toda Mobília e Altares;*
- *Balaustrada — Pisos — Diferença de Nível Oriente-Ocidente;*
- *Decoração do teto, e*
- *Trono ou Cadeira, e Sólio — piso superior do Or∴ em relação ao Oc∴,*

enfim, tudo que certamente **'não'** havia no *Templo de Jerusalém*; então, conclusivamente, podem sempre ocorrer diversas especulações, mas o local das *Colunas J e B* nos *Templos Maçônicos*, em definitivo, deve ser em seu interior.

Orador:

Todavia, caso se proceda em coerência com a *Bíblia*, as *Colunas* ficariam '*fora*' do *Templo*, mas conforme acima por todos aqueles motivos e razões, devem estar '*dentro*', mesmo porque os objetos e elementos decorativos em Loja, nos diversos Ritos, têm finalidade educacional, além do que, referente aos *Ensinamentos*, esses devem compor o *Método Maçônico*, que se traduz também pela verdade necessária para elevação dos Maçons, resultando em efetivamente contribuir para uma Sociedade muito mais justa.

Colocar as *Colunas J e B* sem serem vistas não faz sentido propedêutico — *do grego referente a ensino preparatório, preliminar, introdutório, habilitador ou preparador —*, a receber ensino mais completo, na *Instrução Maçônica*; mesmo porque, se considerado seu uso como *instrumento* de trabalho como as *ferramentas*, devem estar à vista do Estudante/Obreiro que trabalha em sua *Pedra Bruta*, o que é devido, principalmente, até porque na parte oca das *Colunas* estariam guardadas tantos outros utensílios ou *ferramentas* de trabalho.

E, sabedores de que a(o)s: *Colunas — ferramentas —* e outros objetos têm muito significado simbólico, além de que compõem a *Lenda Maçônica* que se materializa em *Métodos: Iniciático — Propedêutico — e de Introdução à Trajetória*, que o Adepto deve trilhar para entender o que a *Filosofia da Maçonaria* se propõe a: *informar — alimentar — e incutir,* em sua mente.

As *Colunas* fazem parte da ficção criada em torno do *Grande Mestre* do *Templo, Hiram/Adonhiram*, personagem referido na *Bíblia* cuja estória integra a '*Lenda da Maçonaria*'; e que, apesar de ficção, transmite profundos *Conceitos de Moral e Ética*, até mesmo para pessoas sem a mais intensa formação escolar, como para as desprovidas de qualquer vivência com o abstrato.

Ao *Trabalhador em Pedra*, a limitação correlata ao abstrato exige a presença física das *Colunas* no interior do *Templo*, assim a Maçonaria transmite *Conceitos Filosóficos* aos seus Integrantes independente de formação intelectual, o que sem dúvida é a *Igualdade* em ação!

No interior do Templo é que o Adepto procura estar bem perto da Sabedoria, sendo que a *Filosofia — do grego — Amor à Sabedoria; composta de philo+sophia — philo de philia = amizade, amor e respeito, e sophia = sabedoria, derivando sophos — sábio; e ainda Amizade pela Sabedoria, Amor e Respeito pelo Saber; surgiu no Ocidente, na Grécia Antiga, no Século VI a.C.; estudo de problemas fundamentais relacionados à vida, conhecimento, verdade, valores morais e mente; se distingue da Religião pela ênfase na racionalidade, e da Pesquisas Científica por não recorrer ao empirismo e investigações —* que desenvolve o filósofo especulador simplista, e não o erudito ou muito instruído; então, ao Adepto basta o *Conhecimento* que propicie *Liberdade*.

Seretário:

O resultado almejado é gerar uma Sociedade onde a *Fraternidade*, mesmo em situações de rusgas interpessoais, seja praticada indistintamente por seus Membros.

Um Símbolo não observável é igual a acreditar no inexistente, entretanto, não é o caso da Maçonaria que rechaça *Dogmas* com absoluta veemência.

Reportar-se às *Colunas de Bronze — Boo(a)z e Jaquim* fora de vista é o mesmo que dizer: *Acredite, há Colunas lá fora — ou — Am∴ Ir∴ Aprendiz, vá lá fora buscar os Maço e Cinzel para Trabalhar na Pedra Bruta*; porque, obrigatoriamente, as *ferramentas* devem estar dentro do *Templo* depois que a Loja estiver aberta; e assim, depois de iniciados os trabalhos ninguém entra ou sai do *Templo* sem motivo explícito e muito forte; e mais, além disso, não é lógico o *Pedreiro-Livre* adentrar a Oficina sem suas *ferramentas*.

Somente acreditar que as *Colunas* estejam lá fora torna sua existência algo assemelhado aos *Dogmas* que as Religiões impingem aos fiéis, para forçá-los a aceitar postulações que não podem ser vistas; portanto, não há lógica ou realmente são apenas *Lendas*; contudo, a Ordem utiliza-se de muitas *Lendas*, mas informa clara e explicitamente que tudo não passa de *ilustração* ou *materializar da ficção*, para fins exclusivamente educacionais.

As *Colunas J e B* devem estar verdadeiramente físicas no interior do Templo, e estar ali com determinado objetivo que pode, em primeira instância, fugir ao entendimento da maioria; então cabe indagar: *Será que as Colunas não têm outros significados que simplesmente armazenar e acomodar as ferramentas, e suportar romãs e globos?*

Todavia, é certo que todos os Símbolos usados pedagogicamente na Ritualística Maçônica devem sempre estar à vista, e assim permitindo serem utilizados, e então propiciar a composição e concepção de *Pensamentos Abstratos*, sem percorrer a seara de *Dogmas — ou seja, poder chegar até a mostrar algo duvidoso como indiscutível, e que deva ser aceito sem qualquer questionamento.*

Guarda (ou Cobridor):

Antigamente, quando não havia explicação para algum fenômeno, as pessoas acreditavam em influências misteriosas e mágicas; todavia, em qualquer tempo ocorre o mesmo com o Símbolo que não é visto, que fica escondido; assim, isso é devido ao Homem ter limitado seus sensores, bem como por estar enclausurado na *Terra*.

No curso básico inicial das Escolas, para sedimentar seus Métodos de Ensino, os Conceitos Abstratos são transmitidos por Experiências Materiais-Físicas, por exemplo:
Como explicar o Zero (0) a uma criança? Colocam-se dois (2) objetos quaisquer à vista, depois se subtrai ambos da visão da criança, ficando o 'nada' que define o 'vazio'; então, deve ficar gravado em sua mente o Conceito de Zero (0) — Nada;
entretanto, para usar um Símbolo, esse deve ser visto ao menos de início, porque depois de firmado seu Conceito Abstrato, o cérebro irá completar todo o invisível para a visão.

Modernamente, as Ciências avançam também na: *Física Quântica — Cosmologia (Leis que regem o Mundo Físico; da Metafísica Relativa a essência da Matéria e da Vida) — Psicologia Transpessoal (além da pessoal) — e outros*, que continuamente revelam haver e agir as: *Energias — Verdades — e Realidades*, que confrontam muitas crenças e ideias do Universo.

Isso é o que visa a Maçonaria, motivando a autoeducação e o despertar de potenciais, que até esse estágio apenas existem como resultado de Experiências Empíricas regidas pelos Sentidos; contudo, aos poucos os Maçons *mecanicistas*, influenciados por sensitivos e místicos, entendem e absorvem as Energias, não como Mágica, mas com Base Científica.

VM: _____

Da especulação incutida pela Física Quântica, especula-se:
A possibilidade de sentir e usar as Energias que constituem o Universo (ou Universos); essa é a razão de manter as Colunas J e B no interior do Templo, postadas como modelo dum Dipolo Energético de Campos: Elétricos – Magnéticos e Gravitacionais, ou quem sabe até como Portal a outros Universos, talvez concentradores das Energias da Cosmologia Quântica da constituição do Homem.

E para ensinar crianças pequenas aquele mencionado Modelo se mantém, como inspirador de Novos Pensamentos, até o cético entender o que sentem e interpretam empiricamente.

Ao passar pelas *Colunas J e B* adentra-se a Oficina que mostra suas muitas Ferramentas de Trabalho, quando então deve seguir a trajetória em direção à Luz — ou à Sabedoria, e assim conseguir burilar sua Pedra Bruta.

Finalmente, deve ininterruptamente trabalhar em si próprio, até a obtenção da bem formada Pedra Cúbica Polida, ou seja, o resultado da Polidez e Educação Maçônica sempre em honra ao G∴A∴D∴U∴ – Grande Arquiteto do Universo; para em consequência de sua: *própria educação — muito estudo — e esmero*, poder assumir um merecido lugar de destaque na Sociedade em que vive!

16 Os 'Mistérios' Conceito Preliminar

"Toda criança que nasce traz ao Mundo a mensagem de que Deus ainda não perdeu a Fé na Humanidade." (Provérbio Indiano)

VM: _____

O termo *'Mistério'* tem origem no *Grego Mystérion = Coisa Secreta*, relacionada à ação de Calar, o verbo é *Mýein = Fechar e Calar, Mýstes = Se fecha — Quem guarda Segredo — o Iniciado*; e geralmente, *'Mistério'* é algo*: Secreto — Escondido — Significado de Causa Oculta — Fenômeno recorrente sem haver conhecimento das causas — Algo inexplicável.*

E ainda mais, denominavam-se *'Mistérios ao Conjunto de Cerimônias do Culto Religioso'*, que na Antiguidade era praticado de modo *oculto,* e assistido apenas por sucessivas Iniciações.

E, de acordo com comentário psicografado em 26/05/2008 do Am∴ Ir∴ Francisco Glicério: *Os 'Mistérios' fazem parte da Humanidade desde o princípio, já que são os responsáveis pela conservação da própria vida, se considerados que os sábios sempre souberam como conservá-los, a fim de proteger a si e toda a Humanidade, das manifestações funestas advindas dos espíritos menos preparados.*

Todo um Cerimonial destinado a Iniciar Profanos era praticado no*: Egito — Grécia — Índia — Pérsia — e outras Nações*; e desse modo, o categorizado autor maçônico *Albert Pike* diz*: Onde começaram os 'Mistérios'? Ninguém sabe!*

1º Vigilante: _____

Há hipótese e suposição que vieram da Índia, e depois passaram para a Caldeia e o Egito, de onde foram transportados para a Grécia.

Qualquer que seja seu local da origem, foram praticados em Todas as Nações da Antiguidade, e como era comum, os*: Habitantes da Trácia — Cretenses — e Atenienses,* disputaram a honra de tê-los inventado / criado, e cada um dos povos pretendeu nada tirar ou copiar de nenhum outro.

E, de acordo com o pouco que é conhecido a respeito das Iniciações Antigas, trata-se de Representações Alegóricas, simbolizando os Destinos da Alma depois da morte, ou seja, as*: Reencarnação — Karma — Unidade que liga todos os seres — ou Ressurreição,* tudo traduzido na Vida futura e na Imortalidade da Alma.

Também os *'Mistérios'* eram Centros de Instrução e de Educação da Antiguidade, e os:

<u>Pequenos Mistérios</u>: As Instruções Primária – Secundária – e Profissional, eram praticados nos Templos regionais, enquanto

<u>Grandes Mistérios</u>: Instrução Superior – Escola Normal de Teologia, Filosofia e Sociologia, deviam ser praticados no Egito.

Mas a imaginação de certos autores os leva a muitos exageros, como por exemplo, tratando dos *'Mistérios Eleusianos'* o Prof. O. E. Brien escreve:

"A palavra 'Mysterium' devia, portanto, designar na linguagem religiosa alguma coisa de separado, secreto e oculto, e que não era lícito falar. Souberam, aliás, agir para conseguir esta discrição. É bem verdade que não era exigido dos Iniciados nenhum Juramento ..., de nada revelar daquilo que lhes era dado ver e entender... . Punições severas eram decretadas contra os tagarelas, como banimento, confisco de bens, própria morte e a proibição de enterrar o delinquente em seu país natal."

2º Vigilante:

Por isso, das Cerimônias constava colocar na língua dos Candidatos uma *'Chave de Ouro'*, como a lembrar que: *Se a Palavra é de Prata, o Silêncio é de Ouro*; e analogamente, também as Sacerdotisas de Ceres em Elêusis usavam uma *'Chave'* como insígnia do seu Místico Ofício.

O Iniciado se obrigava a *Guardar Segredo — a Lei do Silêncio,* e tal obrigatoriedade devia corresponder aos *'objetivos ocultos'* da própria saúde mental; sobre isso disse o autor Chesterton: *"É a ideia do 'Mistério' que conserva o Homem são. O 'Mistério' é a saúde do Espírito, e sua negação é a Loucura."*

Resumidamente, poder-se-ia afirmar que: *O 'Mistério' existe em toda parte!*; portanto, cada Ciência e/ou Organização Humana tem os seus *'Mistérios Particulares'*, assim como também o Universo está repleto de *'Mistérios'*.

Disse o autor Frau Abrines que os *'Mistérios'* da Antiguidade também eram constituídos por uma série de: *Símbolos — Parábolas — e Sentenças,* cujo conhecimento era reservado só às *Classes Sacerdotais,* transmitidos exclusivamente pela Tradição e uma longa série de Iniciações.

A Iniciação, em última análise, era uma espécie de Escola na qual eram ensinada(o)s a(o)s:

- *Verdades da Religião Primitiva,*
- *Existência de um Deus único,*
- *Atributos desse Deus,*
- *Imortalidade da Alma,*
- *Castigos e Recompensas de uma Vida Futura,*
- *Fenômenos da Natureza, e*
- *Artes — Ciências — Moral — Legislação — Filosofia — Beneficência — e outras.*

Orador: ──────────────────────────────

E todos os *'Mistérios'* eram apresentados ao Candidato por meio de imagens, como a Felicidade do Justo e a Desgraça do Mau depois da Morte; e as Provas a que era submetido impressionavam seu Espírito, temperando-o, para ser capaz de compreender as Grandes Verdades.

E, por analogia, muito do Cerimonial Maçônico de Iniciação parece ter origem nesses *'Mistérios'* da Antiguidade; e no tempo a Cerimônia sofreu adaptações às circunstâncias modernas.

Em Maçonaria recebem a conceituação de *'Mistérios'* as: *Cerimônias — Figuras Alegóricas — e Emblemas da Ordem*; assim como também os: *Sinais — Toques — e Palavras,* por se tratarem de temas que jamais devem ser divulgados.

Apesar disso, em verdade *não* existe qualquer conexão histórica textual entre os *'Mistérios Antigos e a Maçonaria',* cabendo então salientar que todas as Corporações Medievais ou Operativas, exercem diversos Cerimoniais de Recepção diferentes entre si, e completamente díspares da Iniciação Maçônica da modernidade.

A Primeira ideia é de 1737, e consta do *Discurso de Ramsay* (adaptado):

- *Sim Senhores! As famosas Festas de: Ceres em Elêusis — Ísis no Egito — Minerva em Atenas — Urânia na Fenícia — e Diana em Cítia, tinham estreita relação com as da Maçonaria; e lá eram celebrados os 'Mistérios' em que haviam vestígios da Antiga Religião de Noé e dos Patriarcas.*

Secretário: ──────────────────────────────

A partir de então, os autores passaram a veicular essas e outras enormidades, de acordo como as denominava o renomado autor maçônico Alec Mellor; acrescentando, porém, que:

- *Sob ... forma diferente, mas igualmente inaceitável, outros usaram desde o Século XVIII o Simbolismo comparado, ou mais exato, abusaram em procurar título ao Ritual Maçônico.*

assim:

- *Raciocinaram por paralogismos (Grego Antigo π μ = reflexão e/ou raciocínio falaz ou falso, com aparência de verdade) — valorizaram semelhanças fortuitas — admitiram analogias vagas — apresentaram como certezas comparações forçadas — com muita enfatuação (vaidade, arrogância e soberba) — e bem pouco simples bom senso na falta de conhecimentos históricos.*

Desculpáveis no Século XVIII, como a parte pseudo-histórica das Constituições de Anderson — último eco dos Operativos, até mesmo no Século XIX, tais divagações por gerações de helenistas e de historiadores restituíram aos *'Mistérios Antigos'* o seu verdadeiro significado.

E mesmo, caso se fique até abismado diante das ilusões dos autores maçônicos: *Ragon — Schuré — ou outros,* a Maçonaria autêntica nada tem a temer quanto ao desabamento da Falsa Ciência, e as: *Pseudo-Maçonaria e Para-Maçonaria,* podem chegar à possibilidade de virem a ser arruinadas; mesmo porque, é certo que sempre (adaptado):

A regularidade triunfa sobre as verificações científicas!; e
O erro de alguns foi crer que os 'Mistérios Antigos' comportavam ensinamento altamente filosófico à elite de pensadores, e depois, de transportar a falsa hipótese ao Quadro da Maçonaria, particularmente nos Altos Graus; e o erro remonta, aliás, à época mais remota ... .

Guarda (ou Cobridor): _____

Depois, citar uma passagem de John Toland na qual teria aposto os *'Mistérios'*, aos quais denominou de *Esotéricos* o Ensino Público qualificado de *Exotérico*, e o autor Alec Mellor diz se tratar de erro que devia prosperar.

Não era, com efeito, nos *'Mistérios'* que os Espíritos Superiores procuravam os Ensinamentos Esotéricos, mas sim nos Ensinamentos Orais e Escritos dos Filósofos, e conclui dizendo (adaptado):

Os charlatõ(ã)es contaram sempre com o 'Mistério' e credulidade. A Maçonaria não foi poupada por esses Malfeitores do Espírito, cujo trabalho de Contrainiciação está longe de pertencer unicamente ao passado. Desculpável numa época em que os admiráveis trabalhos de eruditos como E. Reitzenstein, A. J. Festugière e outros, não tinham evidenciado o verdadeiro sentido dos 'Mistérios Antigos', o candor (candura) com que admitiam outrora as Fábulas estaria hoje exposto ao ridículo.

A essas sensatas conclusões do magnífico estudioso e autor Alec Mellor, deve-se acrescentar que todos esses *charlatõ(ã)es* foram os responsáveis pelo caos que houve na Maçonaria durante dois Séculos, mas principalmente, em sua irretocável história.

VM: _____

Finalmente, referido ao termo *'Mistério'*, além do disposto no início do texto, ainda tem-se:

A palavra Grega 'Mustirion — provavelmente de Muein = Fechar a boca, calar', também denomina um Rito Religioso em que só os 'Iniciados ou Muste' tomavam parte, e por meio do qual esperavam obter a salvação; nesse sentido, a palavra era usada geralmente no plural. Desde Platão 'Mistério' significa também Doutrina Obscura — Secreta. Em Magia, 'Mistério' era uma Fórmula Mágica ou Rito de Feitiçaria. Na linguagem comum, 'Mistério' significa Segredo. Na linguagem da Gnose, 'Mistério' significa uma Revelação Secreta — Divina.

17 'Altares e Capitéis' Conceituação (Parte 1)

"Agir com retidão, amar o belo, viver humildemente no Espírito da Verdade, esta é a mais sublime das Religiões." (Radhakrishnan)

VM:

1. PREÂMBULO

Com o objetivo primordial de aguçar o *espírito de curiosidade* que é inerente a todos, valeria buscar outras fontes de informação, para prover a *evolução cultural* referente a esses temas tão empolgantes e importantes, até mesmo por todo seu Simbolismo envolvido.

De modo despretensioso e absolutamente resumido, pretende-se expor apenas algo mais a respeito de dois dos mais propalados temas inerentes à Maçonaria, que seriam os:

Altares – devido a sua grande utilização na Ordem, e
Capitéis – tal qual os das Colunas do Templo de Jerusalém,

contudo, em realidade, sem conseguir saber bem por que, não se tratam de assuntos abordados pelos autores maçônicos com a devida frequência e profundidade didática merecida.

Assim, foram tomados cuidados na respectiva exposição, pois não existe nenhuma intenção descabida de comparação com o produzido por esses expoentes escritores, que são especialistas em assuntos que envolvem a Sublime Instituição.

1º Vigilante:

ALTAR

A palavra *Altar* se origina na forma *Latina Altus*, que significa: *Elevado — Alto — Erguido — e mais.*

Por definição, *Altar é o Espaço ou Local onde se busca a realização do Sublime Contato com a Divindade*, mesmo porque é possível ainda afirmar, cientes das dificuldades do completo entendimento de alguns Adeptos, que seria o *Local* onde se *'concretizaria a materialização da Espiritualidade'*.

E mais, por mais incrível que possa parecer, ainda persiste uma *grande confusão* entre o que seja: *Altar — e — Dossel sobre o VM*, que são definitiva e completamente coisas distintas.

Nas condições em que, dentre outras, as *Mesas de Trabalho das Luzes da Oficina* assumem características de *Altares*, está o posicionamento onde são instalados esses *Altares* que variam conforme o estipulado nos diversos *Ritos e respectivos Rituais*.

Por exemplo, o *Altar do VM* indiscutivelmente sempre deve estar em lugar de destaque, de preferência no *Espaço Central do Templo* sob o *Dossel que cabe recobrir o VM*.

Afirmam diversos autores que a instalação desse *Altar* deveria seguir orientação correlata com o posicionamento da *Constelação Austral* no Cosmos, tanto assim que, em determinados casos, o *Altar* também é tratado pela denominação de *Ara*.

Infelizmente, ao menos no Brasil, ainda não se conseguiu a tão necessária *Uniformização de: Forma Construtiva — Localização — e Devida Utilização do Altar*, pois são construídos em diversos formatos: *Triangular — Quadrangular — Pequena Coluna (c/ Caneluras) — e outros*.

Dizem existir referências que o *Altar* utilizado no *Templo de Salomão* era *Quadrado,* isto é, com forma de *Cubo*, tendo em cada canto superior um pequeno apoio, e sobre esses dispunham o *Livro Sagrado* aberto; e mais, *três (3) dos cantos* portavam *Luzes*, permanecendo um ângulo vazio *ao Norte — pois é onde apenas incide 'Mui Fraca Luz'*, onde praticamente *'Não Existe Luz'*.

2º Vigilante:

Na Antiguidade, os *Altares* sempre foram locais de realização dos *Sacrifícios Purificadores à Divindade,* e representativamente à época os *Cristãos* ofereciam *Cordeiros* em holocausto nos *Altares*, e o *Cristianismo* considerava o *'Senhor como o Último Cordeiro que foi dado em Sacrifício'*; e ainda em complemento, ao mesmo tempo em que ofereciam os *Sacrifícios* queima *Incenso*, até porque*: O Altar Espiritualmente representava também o Desconhecido — e — Materialmente também simbolizava um Túmulo — a Morte*.

Constam da Bíblia, mais especificamente no *Livro do Gênesis*, as primeiras menções referentes a *Altares*; e nesse *Livro* consta que Noé ao final do *Dilúvio Universal*, depois de ter deixado sua *Arca*, viu-se amargurado e preocupado em prover com urgência uma *Ação de Graças a Deus* por tudo que recebera, e então, como seu primeiro encargo em terra firme decidiu se empenhar na *Construção de um Altar*.

Tanto Abraão como muitos outros *Patriarcas* respeitáveis, todos também imbuídos de propósitos que externassem *Gratidão ao Altíssimo — ao Supremo*, procuraram edificar *Altares* sobre os quais, de modo geral, seriam oferecidos *Sacrifícios*.

Esses *Altares*, na grande maioria, eram absolutamente primitivos, sendo muitas vezes improvisados no próprio solo/piso, até mesmo justapondo simples *pedra*, soltas, porque se restringiam a servir às finalidades do momento, além de depois do uso ser de fácil demolição.

Já na Era Mosaica – tempo de Moisés, o Legislador dos Hebreus instituiu o 'Altar da Aliança', então construído com material trabalhado, e que deveria se conectar com outro denominado 'Altar dos Perfumes'.

Todas as manhãs e tardes os Sacerdotes Judeus, que eram designados por meio de 'sorte', ofereciam nesse Altar um Perfume Especial a Deus.

Orador:

Esses *Altares* eram construídos em *madeira*, recobertos por *lâminas de ouro*, e foram erigidos no interior dos *Tabernáculos*, assim como o fora no interior da *Arca de Noé*; tendo sido esses os primeiros *Altares* surgidos em caráter definitivo, e mais, tendo por finalidade servir para a *Purificação — Individual e/ou Coletiva*.

Tanto Gregos quanto Romanos erigiam muitos *Altares* por toda parte em: *Ruas — Praças — Topo de Montanhas — Fundo de Vales — Margens de Estradas — Bosques Sagrados — Túmulos — Edifícios Públicos — Residências — e vários outros*.

Os Persas Mandeanos — *de Mandeísmo: Religião Pré-Cristã Gnóstica, e pela etimologia da palavra Manda — Mandeu = Conhecimento, o mesmo termo Gnosis em Grego —*, construíram seus *Altares* em forma de *Piras — denominados Altares de Fogo = Atech Gahs, que significa um único momento religioso*.

Os Gauleses imitaram os *Altares Romanos* depois de tê-los vencido.

Já os Pagãos ergueram *Altares Funerários* para *Sacrifícios Sangrentos*, mas eram temporários, caracterizados para uma pré-determinada finalidade.

Com o advento do Cristianismo, os *Altares* construídos de formas antigas e retrógradas, com o tempo foram sendo modificados estruturalmente; assim, a partir do princípio do Século V os *Alteres* passaram a possuir perfeitas conformações como se fossem *'mesas'*, e assim, eram seus projetistas conhecidos como *'mesários'*.

Certamente, foi com base nesse fato, que a Maçonaria adotou essa denominação simbólica de *Altar*, para designar as *'mesas'* que decoram seus Templos; *'mesas'* essas que a Instituição utiliza em Loja para as diversas finalidades muito bem conhecidas por seus Adeptos.

Secretário:

Por exemplo, no caso do Rito Adonhiramita especifica seu Ritual de Aprendiz que:

• *" ... junto ao fundo do Oriente deve ficar a 'Cadeira' do VM.*

Em frente a essa 'Cadeira' fica uma 'Mesa de forma retangular' fechada na frente e dos lados, nos quais poderão figurar emblemas do Grau.

Sobre esse 'Altar' do VM deverá haver um Dossel, revestido de 'pano azul celeste com franjas de ouro', ao centro do qual deverá 'pender' um triângulo equilátero, em cujo centro brilhará um 'olho'."

e, mais adiante pode-se observar (adaptado):

• *" ... no extremo esquerdo do Oriente em relação ao VM, haverá 'Cadeira e*

Mesa' para o Or:. no extremo direito, e simetricamente, deverá haver outra 'Cadeira e Mesa' para o Sec:., e nas duas (2) deverá haver uma luz.

Em frente a cada uma das Colunas haverá, sobre estrado, uma 'Cadeira' em frente à qual haverá uma 'mesa triangular' com duas de suas faces revestidas por painéis, destinadas respectivamente aos 1º e 2º VVig:..
Nos painéis do 'Altar' do 1º Vig:. estará gravado ou pintado um Nível de pedreiro, e nos painéis do 'Altar' do 2º Vig:. gravado ou pintado um Prumo.
O estrado do 1º Vig:. deverá ter dois (2) degraus, e do 2º Vig:. um (1)."
e ainda, esclarece o Ritual que:

- *" ... à esquerda da 'Mesa' do Or:., na parte do Ocidente haverá uma 'Mesa Triangular', sem painéis para o Tes:., e simetricamente, à direita do Sec:. haverá outra 'Mesa' igual para o Chanc:.; sobre cada uma dessas 'Mesas' haverá uma luz."*

Guarda (ou Cobridor):

Cada um dos *Altares do VM e VVig:.* deverá conter um *Candelabro para Três (3) Velas*, e nas *Cerimônias do Grau de Aprendiz* esses deverão contar com apenas uma vela central de pura cera vegetal em cada, que sempre devem se conservar acesas durante todo o Trabalho, para também recordar a todos os Iniciados suas importantes *Três (3) Obrigações Inesquecíveis*, a saber, *Para com: Deus — Consigo — e a Humanidade*.

Esotericamente, essas *Luzes* representam: *Justiça — Sinceridade — e Perseverança*, além de indicarem: *Clareza de Pensamento — Inteligência Desenvolvida — e Cabível Compreensão*.

Como dito o *Altar* do VM fica no Or:., que é separado do Oc:. por uma *'balaustrada'* e uma *Escada de Quatro (4) Degraus simbolizando: Força — Trabalho — Ciência — e Virtude*.

Enquanto para acessar sua Cadeira/Trono o VM deve galgar uma *Escada com Três (3) Degraus significando: Pureza — Luz — e Verdade*.

Então, será completado o *Número Místico de Sete (7) Degraus*, de modo que alguém para alcançar o patamar do VM, e se assentar na Cadeira/Trono ali existente, terá que absorver, reter ou deter todos os dons simbolizados por aqueles *Sete (7) Degraus*.

VM:

Finalmente, relembrando o exposto no Item 1. Preâmbulo, o quanto será válido e necessário o Maçom individualmente estudar pela busca de maiores informações sobre os temas elencados, que sem dúvida são importantes e contribuem para seu aculturamento específico das coisas das Maçonaria; e ainda ficando registrado que na Parte 2 dessa Instrução a seguir, constam detalhadamente tanto o complemento descritivo dos *Altares* utilizados pela Ordem, quanto matéria relativa aos *Capitéis* das Colunas.

18 'Altares e Capitéis' Conceituação (Parte 2)

"Agir com retidão, amar o belo, viver humildemente no Espírito da Verdade, esta é a mais sublime das Religiões." (Radhakrishnan)

VM: _____

Em complemento ao disposto na Parte 1 anterior dessa Instrução, dar-se-á seguimento ao descritivo dos *Altares* utilizados pela Ordem, e demais temas mencionados.

2.1 ALTAR DOS JURAMENTOS

Contudo, para a *Maçonaria* o significado mais coerente para esse *Altar* deveria referir-se apenas e tão somente ao*: Local em que seriam realizados os Juramentos exigidos pela Ordem*; e assim, em seu tampo somente deve constar o *Livro Sagrado*, que sobre o mesmo aberto deverão constar os *Esquadro e Compasso Entrelaçados*.

Nos *Ritos* praticados no *Brasil*, esse reconhecidamente mais utilizado *Altar* tem forma *Triangular*; em que conforme acima, por sobre o tampo, poderá haver uma Pequena Almofada com franjas de ouro para receber o Livro Sagrado, portanto, obrigatoriamente sempre devem estar dispostos no mínimo um(a): *Bíblia ou equivalente conforme a crença — Esquadro — e Compasso*.

1º Vigilante: _____

Poderão ser acrescidos de outros*: Instrumentos — Ferramentas — e/ou Materiais de Alegoria*, de acordo com o Grau Simbólico e/ou Filosófico em que a Oficina trabalhe, podendo até serem acompanhados por uma *Espada Flamejante ou uma Comum*; além disso, o *Altar* pode ainda ser complementado por: *Externamente contar em cada lado de um Candelabro/Castiçal, e ainda nas laterais, opcionalmente,* justapostos ou integrados, serem aplicados painéis alusivos à Ordem.

E por exemplo, voltando ao Rito Adonhiramita, rege que o *Altar dos Juramentos* deve ficar entre os Três *(3)* Degraus que levam ao *Altar e Trono* do VM, e os Quatro *(4)* Degraus de acesso ao Oriente; e o *Altar dos Juramentos* deverá, quanto possível, ser construído de forma *Triangular*.

Também referido à Maçonaria, não seria adequado/conveniente dar ao *Altar* a significância de *Tumba*, pois a Ordem representa o *Túmulo* pela *Câmara de Reflexões*, tanto que o Candidato ao sair daquela *Câmara*, passa a ser tratado como alguém *Renascido ou Ressuscitado*, e por isso, essa *Nova Criatura* não mais poderia ser entregue ao *Sacrifício*.

2.2 ALTAR DOS PERFUMES

O conhecido *Altar dos Perfumes* pode se apresentar como uma *Mesa de Madeira*, preferencialmente de *madeira nobre — de lei*, recoberta ou folheada por *folhas de ouro*, onde em um recipiente adequado devem ser *Derramados Perfumes* em honra ao *Grande Arquiteto do Universo — G:.A:.D:.U:.*; assim como por exemplo, dentre muitos outros, pode-se mencionar que deva ocorrer no *Cerimonial de Exaltação ao Grau 14* do Rito Escocês Antigo e Aceito — REAA.

2º Vigilante: _____

Já no Rito Adonhiramita, outro exemplo, esse *Altar* está disposto diante ou à frente e mais ao *Sul* da *Mesa + Cadeira do VM,* ou entre o *Centro do Or:.* e a *Mesa do Or:.*, enquanto outros Ritos também o usam em diversas localizações.

Sobre esse *Altar*, além de sua atribuição inerente, poderão estar ainda alocados*: Castiçal — Lamparina — ou outro Dispositivo adequado a conter acesa a 'Chama Sagrada ou Eterna' — Turíbulo com brasas — Vasilha com pó de Rosas ou Olibano + Benjoim + Mirra em proporção de 3:2:1, para Incensação / Turificação — e Acessórios como Acendedor + Apagador das Velas.*

Ademais, cuidar a que tais *Perfumes* sejam muito adequados, para que suas *essências* se dirijam no sentido de despertar *Sentimentos Próprios* no decorrer dos *Atos e/ou Cerimônias*.

2.3 INCENSO

O *Incenso — que de fato não deixa de ser um Perfume,* é usado em todas as *Cerimônias*, principalmente do Rito Adonhiramita, sendo espargido por meio de um *Turíbulo*.

A *Queima do Incenso* pode ser considerada como altamente iniciática, e por isso desempenha importante papel seja por seu *Perfume* característico, seja pela respeitosa *Tradição*.

Dentre outras ervas que foram utilizadas para queima, também foi usado o *fumo* para ser exalado nos sacrifícios, cujos executores afirmavam que*: O Senhor deleitava-se com o odor dos animais queimados em sua honra.*

Na atualidade, a *Queima do Incenso* representa os antigos sacrifícios, fossem de*: humanos — animais — ou frutos como primícias, ou seja, os primeiros tirados e/ou colhidos.*

Orador: _____

O *Incenso* nas Lojas se incumbe de *Purificar alguns Homens que pertençam ao Astral*.

Quase todas as Religiões, a exceção das Evangélicas, utilizam-se do *Incenso*, a começar pela Católica; lembrando que os *Povos Orientais* sempre o utilizaram em profusão.

Aqueles Ritos Maçônicos que usam Turíbulo o fazem de modo diferente, mas geralmente balançando-o da forma e por tantas vezes quanto os Rituais e Graus determinam.

A primeira referência bíblica sobre *Incenso* está no *Livro do Êxodo 30:34/8*:
- *"Disse mais Jeová a Moisés: Toma especiarias aromáticas: estoraque, onicha e gálbano; especiarias aromáticas com incenso puro.*

Cada uma delas será de igual peso; e delas farás um 'Incenso', um 'Perfume' segundo a arte do perfumista, temperado, puro e santo.

Uma parte dele reduzirás a pó, e o porás diante do testemunho na Tenda da Revelação, onde virei a ti; isto será para vós Santíssimo.

O 'Incenso' que fareis segundo a composição deste, não o fareis para vós mesmos; considerá-lo-eis sagrado a Jeová.

O Homem que fizer tal como este para o cheirar será exterminado do meio do seu povo."

Ninguém desconhece que os *'Três (3) Reis Magos'* presentearam o *Menino Jesus* quando de seu nascimento com: *Ouro — Incenso — e Mirra*, conforme a Bíblia em *Mateus 2:11*; e em complemento cumpre relatar que o *Incenso* atua também como substância entorpecente, assim, eis por que Jeová proibira o uso da fórmula oferecida a Moisés.

Secretário: _____

2.4 MAR-DE-BRONZE

Dentre outros, mais especificamente usado pelo REAA, o *Mar-de-Bronze* pode também ser considerado um tipo de *Altar*, tendo origem no Templo de Salomão, sendo composto por uma *Gigantesca Pia* sustentada pelas esculturas de *Doze (12) Touros* em tamanho natural, sendo esse conjunto confeccionado em *'bronze'*, e destinado aos sacerdotes para *Abluções — do Latim Ablutio = Lavagem —, e Purificações.*

Nas Lojas é simbolicamente representada por uma *'bacia — metálica ou não'* quando das *Cerimônias de Iniciação*, significando os: *Batismo pela Água — Lavagem das Impurezas — e Esquecimento dos Conhecimentos Profanos.*

3 CAPITEL

Capitel – É o conjunto formado pela Parte Superior Decorativa que arremata toda e qualquer Coluna de uma edificação.

As *Duas (2) Colunas* na entrada do Templo de Salomão, denominadas *Jaquim ou Jakin — e — e Booz ou Boaz*, eram encimadas por *Capitéis Maciços*, conforme a Bíblia em *II Cr.3:15/7.*

Os *Capitéis* e *Colunas* onde se assentavam foram fabricados pelos *'artesãos' do Rei Salomão,* supervisionados pelo *'artífice Hiram'*, com seus préstimos profissionais oferecidos pelo *Rei de Tiro — Hiram* para Construção do Templo, que durou de 1034 a 1027 a.C..

Esses conjuntos formados pelos *Capitéis e Colunas* perduraram por mais de *Quatrocentos (400) Anos*, até que a Cidade-Estado de Jerusalém foi saqueada pelos *Exércitos da Babilônia em 607 a.C.*, conforme a Bíblia - *II Cr.4:11/3 e Je.52:17/22.*

Guarda (ou Cobridor):

Nas Escrituras nas referências aos *Capitéis*, com exceção de uma, é usado o termo Hebraico 'Ko–Thé–Reth' derivado da raiz 'Ka–Thár' = Cercar (Je.20:43), aparentada de 'Ké–Ther' = Toucado (Est.1:11); já a palavra 'Tsé·feth' = Capitel (II Cr.3:15) deriva-se do verbo radical 'Tsa·fáh' = Recobrir (Êx.25:11).

As *Colunas* fundidas em *'bronze'* mediam aproximadamente *1,70 m de diâmetro* e cerca de *13,00 m de altura*, se considerado o *'côvado'* = *0,66 m / 66 cm;* além disso, os *Capitéis dessas Colunas* mediam cerca de *3,30 m de altura*, isto é, *Cinco (5) Côvados* (I Re.7:15,16).

Analogamente, muitas *Passagens Bíblicas* indicam que esses *Capitéis* mediam *Cinco (5) Côvados de altura* ; então, vários peritos concluíram que haver apenas *uma única* referência a essa mesma *medida* como *Três (3) Côvados* (II Re.25:17), trata-se de *'erro de algum escriba';* assim, seria esse o motivo de algumas traduções da Bíblia —como por exemplo: BJ, PIB —, substituírem *'Três ou Cinco (5) Côvados'.*

Como as *Colunas* eram *Ocas* tendo paredes com *Quatro (4) Dedos de Espessura* = *cerca de 0,08 m / 8 cm*, seria razoável supor que os *Capitéis* seriam de construção similar às das *Colunas,* e que também foram *Fundidos em moldes de argila*, em local afastado de Jerusalém, mas no Distrito do Jordão (II Cr.4:17; Je.52:21).

Ao redor da *parte inferior* de cada *Capitel*, contavam com *Sete (7) Redes de Cobre Entrelaçadas,* de onde pendiam *Duas (2) Fileiras de Cem (100) Romãs de Cobre cada uma,* suspensas por *Correntes de Cobre* dispostas e justapostas como *colares* em torno dos *Capitéis* (I Re.7:17a20,42; II Cr.3:16).

Parece que, no lado do fundo dos *Capitéis*, lado voltado para a parede de Entrada do Templo, podiam ficar fora de visão *Quatro (4) Romãs em cada Corrente,* que continham *Cem (100) dessas,* pois consta em Jeremias que: *Vieram a ser Noventa e Seis (96) aos lados*; que significa literalmente: *Do lado que sopra o vento — Aos lados — Ala — e Que se viam* (Je.52:23).

VM: _____

Acima das *Romãs Decorativas* havia *'Um trabalho de Lírios',* com cerca de *Quatro (4) Côvados* = *2,60 m* (I Re.7:19,22).

Outros *Capitéis* são mencionados na Bíblia, como os *'Capitéis de Nínive',* em Hebraico 'KafToh·Rím', estigmatizado a nos mesmos pousarem e se acomodarem, incrivelmente, pelicanos e porcos-espinhos, conforme a citação bíblica Sof.2:13,14.

Finalmente, relembrando o exposto no Item 1. Preâmbulo desse trabalho, o quanto seria válido e necessário cada Integrante buscar maiores informações sobre esses temas, que sem nenhuma dúvida, também são importantes e contributivos ao necessário *Polimento da Sapiência* de cada um dos Adeptos, quanto aos assuntos relativos à Maçonaria

19 'Malhete Maçônico' Generalidades

' Sabedoria pode não afastar o Medo, mas Medo afasta Sabedoria.' (Mahâbhârata)

VM:

Na Maçonaria o *Malhete* é *Símbolo de Autoridade e Poder*, e também *Símbolo da: Vontade — Força de Trabalho — e Lógica*.

Entretanto, deve-se lamentar que com passar do tempo, a dificuldade em poder contar com muitas e variadas fontes de pesquisas, mas aliada à preguiça intelectual humana, o interessado vai perdendo, a própria concepção das *Formas e Formatos das Ferramentas* utilizadas nos *Templos Maçônicos*.

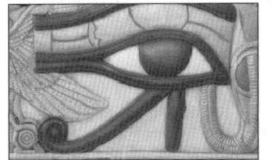

E exemplo disso, é que são vistos em Lojas a real substituição, ou mesmo a efetiva mistura de: *Maço — Marreta — Macete — e outros*, muito empregados em lugar do *Verdadeiro Malhete Maçônico*.

Há imensa diversidade de *Malhetes* usados nas Lojas, variando em: *estrutura formato — e tamanho*, que geralmente obedece ao estilo dos construtores, e por isso com pouco ou nenhum significado no *Simbolismo Maçônico*, e agravado por quase nenhuma *Interpretação Esotérica*.

Assim, cabe ter sempre presente que tudo que existe na Loja deve ter intrínseco *significado simbólico e esotérico*, de pintura a objeto, alegoria ou emblema, mesmo parecendo insignificante, deve conter um importante *Ensinamento* na *Simbologia Maçônica*.

1º Vigilante:

Então, o *Verdadeiro Malhete Maçônico* deve ser formado por *Quatro (4) Corpos Geométricos*, a saber: *1) Composição da Cabeça: Prisma* Triangular *Cubo — e Cilindro*; e *2) Composição do Cabo: Cilindro* com *dimensões que seguem — por unidade padrão 'centímetro'*:

• *I) A dimensão da Cabeça do Malhete, composta pelo Prisma, Cubo e Cilindro, é de três-vezes-três, que são* nove *(9) centímetros de comprimento, por* quatro *(4) centímetros de espessura;*

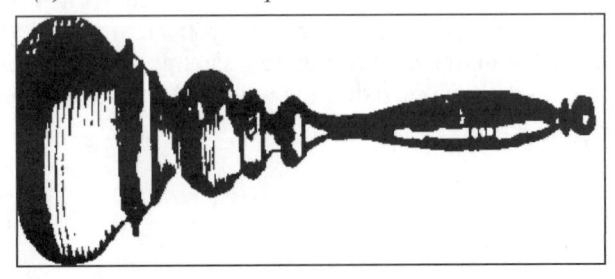

- *II) Dimensão do Cabo cilíndrico é três-vezes-sete, resultando vinte e um (21) cm de comprimento, dois (2) de diâmetro; sendo torneado a formar importantes e significativos sete (7) anéis.*

Conhecida as verdadeiras: *estrutura — forma — e dimensões* do *Malhete Maçônico;* então passa a ser necessário e válido dissertar sobre os respectivos: *Simbolismos e Interpretações.*

Assim, como dito antes, o *Malhete Maçônico* é formado pelos seguintes corpos geométricos: *Prisma Triangular — Cubo — e Cilindro;* superpostos e sustentados por único Cabo; portanto, em concordância com ponto de vista cabível, tem-se:

1) **Prisma Triangular** *(Primeira [1ª] medida de volume: Representa os Emblemas da(o)s: Natureza — Criação — e Geração, tal como sua própria forma prismática, sendo constituído por um 'Triângulo Elevado', por sobre e apoiado numa base, com a forma de um Cubo ou Quadrado, significando a efetiva ação nos Quatro (4) Elementos: Terra — Água — Ar — e Fogo;*

2º Vigilante: _____

2) **Cubo** *(Segunda [2ª] medida de volume, considerando a medida da aresta do Cubo): Representa: A figura representativa das: Loja — Logos — Universo — e outros, dentro de um vasto campo onde se desenrolam todas as atividades dos Elementos da Natureza descritos acima, para a perpetuação da vida de todos os seres;*
3) **Cilindro** *(Terceira [3ª] unidade de volume): Representa: A figura limitada por seus Círculos, é o Símbolo da(o)s: Leis — Deveres — e Direitos, que regem todos o(a)s: Fenômenos — Ações — e Obras, que mantém o Mundo em constante movimento e harmonia inquebrantável; e*
4) **Cabo** = *Representa a Alavanca cuja força irresistível trabalha sobre as coisas; e ainda é interpretada como a decisão que mantém a vida, mas que também pode matar.*

E segundo o autor maçônico Dr. C.Burns no livro *Masonic and Occult Symbols — Símbolos Maçônicos e Ocultistas:* "O Malhete é um Símbolo importante na Maçonaria e Estrela do Oriente."

INTERPRETAÇÃO ESOTÉRICA

1) **Prisma** = *Constitui as Forças Espirituais e Intelectuais do Homem, representa também a Força Moral e de Vontade que vence os maus hábitos do Adepto, para exercer sua vontade e dominar a matéria. Seu Sentido Moral interpreta as: Igualdade — Razão — e Justiça, fatores indispensáveis que, com princípios e critério, executa o trabalho de emancipação social em benefício do Homem.*

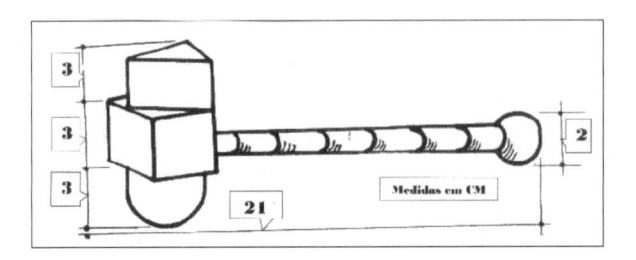

Orador:

2) Cubo = *Emblema das Forças Materiais e Físicas constituídas na Natureza; simboliza a Loja — Fonte de Verdadeira Ciência; e, com suas Quatro **(4)** Faces Laterais é o Emblema da Matéria e Coisas Materiais existentes na Natureza, simbolizando os Quatro **(4)** Elementos citados; e como dito, representa a Loja onde se desenrolam: Estudos — Investigações — e Descobrimentos, pelos Trabalhos executados.*

3) Cilindro = *Limitado por Dois (2) Círculos, representando a Unidade da Maçonaria; portanto, simboliza também o Maçom desprendido de sua Envoltura / Envolvimento Material, e entregue a suas Atividades Espirituais e Intelectuais, porque tem os Conceitos Elevados da Pureza e Virtude, necessários a alcançar o mais amplo e completo Aperfeiçoamento como Homem. O Círculo que delimita o Cilindro, a ser golpeado em qualquer superfície, limita os Direitos do Homem, recordando constantemente que deve respeitar os Direitos dos Demais, com o que logrará estabelecer a verdadeira Harmonia nas: Sociedade — Pátria — Humanidade — e Si Mesmo.*

4) Cabo = *Símbolo da Alavanca cuja ação é irresistível, ação essa de Força Material que se converte em Espiritual, para depois se converter na Intelectual, e assim poder dominar sobre os seres e coisas existentes na Terra em que são concebidas as grandes obras, cuja firmeza e estabilidade asseguram o progresso do ser humano.*

Conclusivamente, esse é o *Verdadeiro Malhete Maçônico*, que por sua Conceituação mostrada, implica ser impróprio a utilização de outro modelo e/ou forma, não devendo então ser usado na Loja, por não deter nenhuma, ou quase nada, quanto à *Interpretação Esotérica*.

Secretário:

O *Malhete* ainda simboliza a *Força* para combater *Vícios e Imperfeições* da *Alma*, e adicionalmente gravando na mesma os claros preceitos da *Verdade e Justiça*; e em consequência disso, representa a *Força da Consciência* que: *Guia Elucubrações e Destrói Equívocos, Maus Pensamentos e Atitudes Malsãs*, nada condizentes com os ditames do bom trabalho; e ainda, a maior emblematicamente, é a: *Submissão da Força Bruta à Potencialidade da Inteligência*.

Em complemento, é aconselhável que o *Malhete* seja confeccionado em *madeira buxo — marfim — ou acácia*; mas caso não exista, deve ser usada *madeira pesada com fibras trançadas*.

SÍMBOLO DE SEXUALIDADE

À primeira vista, ou na observação inicial do *Símbolo do Malhete*, é de estar quase sempre ilustrado de *'cabeça para baixo'*, mesmo julgando ser o correto representa-lo de *'cabeça para cima'*.

No entanto, é absolutamente descabido pensar como determinados *Pagãos*, que são adoradores do sexo de todas as formas, nunca imaginando deixar de retratá-lo.

O autor maçônico G. Oliver afirma que em tempos idos, o *Malhete* representava o *Martelo do Deus Thor*.

E, pela publicação *Signs and Symbols — Sinais e Símbolos, da Macoy Pubishing and Masonic Supply Co. (1906)*, sabe-se que *Thor* era um *Antigo Deus Pagão*, e seria provável que os Maçons também o venerassem.

Mas em verdade *Thor* é parte da *Trindade Pagã Escandinava*, como citado pelo estudioso A. Pike em seu *Morals and Dogma — Moral e Dogma*, tanto quanto por W. L. Wilmshurst em *The Masonic Initiation — A Iniciação Maçônica, da Trismegistus Press*.

Guarda (ou Cobridor): _____

No entanto, A. Pike facilita a identificação de *Thor*, pois na mencionada obra diz que *Thor* é outra denominação de: *Sirius — A Estrela Flamígera ou Pentagrama*; mas, além disso, também diz que *Thor* era o: *Sol — Osíris Egípcio — e Kneph: o Bel ou Baal Fenício*.

Contudo, a Bíblia em *I Reis 16:30-33 e 22:53-54* diz que: *Adoração a Baal é idêntica à adoração ao Diabo*; mas em *II Reis 17:16* afirma que: *Deus condenou a adoração a Baal e ordenou que os sacerdotes e profetas de Baal fossem executados*, para finalmente a exterminar totalmente de Israel como consta em *II Reis 10:23-28*.

Porém, há comentaristas que, por erro ou engano, difamam a Maçonaria afirmando com clareza e explicitamente que a Sublime Instituição reverenciaria *'Baal'*; verdadeiro descalabro, perjuro e mentira inconteste!

Contudo, retomando essa parte do tema, ou seja, as conotações de sexualidade dos *Símbolos Maçônicos*, merece menção a afirmativa do autor maçônico J. S. M. Ward em *Fremasonry and the Ancient Gods — Maçonaria e os Deuses Antigos (1921)*:

- *"Assim, vemos que o Martelo ou Malhete e o Tau eram originariamente os mesmos, e essa é a evolução natural dos Símbolos, pois a Cruz em forma de Tau evoluiu a partir do Falo, que é o Símbolo de Deus — o Criador... ."*

Então, os *Profanos* podem até achar interessante que certos autores maçônicos admitam enganosamente até poder adorar a *Criatura* e não o *Criador* como em *Romanos 1:25*, pois esse posicionamento poderia mesmo destruir suas pretensões de Cristandade.

Porém, como essas afirmações gerariam grande blasfêmia contra *Deus*, para que não paire absolutamente nenhuma dúvida, nem nada seja entendido mesmo remotamente como blasfêmia, esse mesmo autor maçônico afirma que: *O Falo é um Símbolo de Deus, O Criador de tudo e de todas as coisas!*

Além do mais, nos aludidos *Dez Mandamentos, Deus* deixa muito claro e inequívoco Sua não querença de ser representado por nenhuma *Criatura* do *Mundo*; e mais, em *Êxodo 20, Deus* cita uma lista de Símbolos pelos quais não quer ser representado; contudo, muito embora o *Falo* não esteja mencionado, é claro que *Deus* não há de querer que o Homem pense nisso como tal!

VM: _____

No entanto, o estudioso *Ward* ainda não terminou o assunto, e prosseguindo explica o motivo pelo qual o *Malhete* sempre é representado de *'cabeça para baixo'*, afirmando:

- *"Mas esse não é o único lugar onde a Cruz em forma de Tau ocorre. Os ... Malhetes são todos Cruzes em forma de Tau, e combinam em um Símbolo — o Martelo, que é o 'Sinal de Autoridade', e a Cruz em forma de T, o Símbolo do Homem ou o lado criativo da Deidade; assim, para que não haja qualquer engano, o T é colocado no Avental do Mestre da Loja, embora de cabeça para baixo, para ser o Símbolo do Esquadro, e também para enfatizar o Significado Fálico."*

E adicionalmente, cabe mencionar que a *Cruz* em forma de *T* foi originalmente criada para *'Adoração ao Deus Babilônio Tamuz'*, que em *Ezequiel 8* é chamada *'Abominação'*.

Finalmente, polêmicas a parte, cabe citar que contrariamente ao que diversas correntes do pensamento profano afirmam e escrevem, a Maçonaria *'jamais se alinhou, ou alinhará contra Deus'*, até por seu basilar e indiscutível *'Preceito de Respeito e Aceitação à Disposição Religiosa de qualquer de seus Integrantes';* tanto quanto, de modo análogo, também nunca se posicionou, ou se posicionará favorável às disposições do *Paganismo de Satanás — Anjo Caído — Demônio — ou outra qualquer denominação,* apenas e tão somente, por sua anuência pela possível aceitação de alguns de seus Adeptos, que voluntária e individualmente, podem mesmo ser seus partidários e/ou partícipes, como a/ou em qualquer outra Religião.

'Números Iniciais' Noções Maçônicas

"O que se faz por amor, parece ir sempre além dos limites do Bem e Mal." (Nietzsche)

VM:

Infelizmente, a Numerologia é uma Ciência muito pouco divulgada, mas de grande valor para o *Estudo dos Números* em relação aos: *Cosmos — Planetas — Universo como um Todo — Sons — Cores — Auras dos Seres em geral — e* principalmente para o Estudo da Maçonaria.

O Grande Arquiteto do Universo (G∴A∴D∴U∴) — *Deus*, é também conhecido como: *Supremo Geômetra e/ou Supremo Matemático do Universo*.

Ao Aprendiz Maçom que principia sua caminhada na senda, desde logo, é de suma importância que bem compreenda e/ou penetre nos *Segredos dos Números: 1 (um) — 2 (dois) — 3 (três) — e 4 (quatro)*, pois tal conhecimento proporcionará *chaves vitais* para o *Desbastamento de sua Pedra Bruta*, escopo principal do Trabalho a ser desenvolvido em sua *Coluna*; assim:

1º Vigilante:

• **NÚMERO UM (1) – ALFA:**

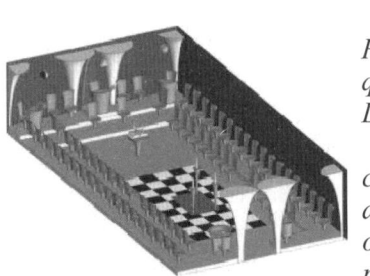

É o Símbolo da(o)s: Causa-sem-Causa — Princípio — Representa Deus Manifestado — O que surgiu do Caos — e o "Faça-se a Luz, e a Luz se fez ...".

Aqui a Unidade *(1)* não pode, nem deve ser confundida com o Todo, pois não passa de um 'ponto de partida', e é uma Manifestação do G∴A∴D∴U∴, ou seja: Começo de alguma coisa, e produto da preexistência de uma Causa-sem-Causa.

Embora exista por si só, isoladamente não substituirá, pois nada existe nos Mundos Manifestados que consiga existir como uma Unidade *(1)* isolada.

Pode parecer paradoxal, que sendo o Número UM *(1)* a Origem e Causa da existência de todos os demais Números, seja por si estéril, necessitando para se perpetuar como uma manifestação, de outra manifestação igual a si mesma, mas de natureza oposta que já não é mais uma Unidade, pois a Unidade que se repete é igual a DOIS *(2)*.

2º Vigilante: _____

- **NÚMERO DOIS (2):**

Para algumas Escolas Iniciáticas o Número DOIS (2) é o Número do Equilíbrio; para outras é o terrível Símbolo da Dúvida, um Número perigoso, porque Duas Forças Iguais e Antagônicas se antepõem uma à outra, na luta pelo domínio do UM (1) sobre outro UM (1).

DOIS (2) seria então o(s): Símbolo da Luta Eterna que travam Bem-e-Mal- -Luz-e-Trevas — Sim-e-Não — Macho-e-Fêmea — e outros.

Entretanto, se levar em conta que tudo que existe no Universo são apenas diferentes e antagônicas partes de um Único Todo, chegar-se-á a entender e compreender que: Bem-e-Mal são Deus — Luz-e-Trevas são Deus — Macho-e-Fêmea são Deus — e assim por diante.

Isso porque: Bem-e-Mal — Luz-e-Trevas — Sim-e-Não — Macho-e-Fêmea — e demais são apenas resultados de 'pontos de vista' de um observador colocado em determinada posição no Plano Manifestado, que enxerga as coisas do seu próprio 'ponto de vista pessoal'.

E, se conseguir eliminar esse 'ponto de vista pessoal' ao encarar diferentes aspectos de um mesmo problema, acabará por entender que: Tudo é Tudo, e que, o Número DOIS (2) é apenas o Número UM (1) repetido em si mesmo, sendo portanto igual a si próprio.

Verdadeiro Segredo da: Paz — Tranquilidade — Bem-Estar, do Estado d'Alma tido pelos orientais como Nirvana, é a Criatura Viver em EQUILÍBRIO.

No Universo existe uma luta eterna e terrível, travada sempre entre duas (2) Forças antagônicas e violentas, que pela própria natureza intrínseca procuram dominar e destruir uma à outra.

E qualquer Criatura que consiga se situar num ponto equidistante entre os dois (2) Conceitos relacionados, passa a deter Força ainda maior que as de ambas; é o denominado EQUILÍBRIO; que é, portanto, um terceiro (3º) elemento que surge, pois com seu aparecimento é que cessarão as: Dúvida — Luta — e Antagonismo, do Número DOIS (2).

Orador: _____

- **NÚMERO TRÊS (3):**

Eis que surge o Número TRÊS (3) — O Filho, produto da: Harmonia — Equilíbrio — Compreensão — e União entre Dois (2) Oponentes Eternos.

É agora que afinal surge o 'Número do Equilíbrio Total', no qual o UM (1) se manifesta no TRÊS (3), para que o DOIS (2) se harmonize consigo próprio.

O 'Filho é igual ao Pai, e ambos são iguais a Deus'; e, Esse Deus é igual ao Pai e ao Filho, todos são iguais entre si.

E se todos são iguais entre si, são portanto apenas UM (1), que se manifesta sob a Tríplice (3) aparência do Equilíbrio.

O maior Segredo do conhecimento do Simbolismo do Número TRÊS (3) talvez esteja na compreensão de que é produto do: Amor — União — Harmonia — e

Equilíbrio, entre Duas (2) Forças Opostas, e seu significado maravilhoso de que, com o TRÊS (3), começa a perpetuação de tudo que existe no Universo.

O Número TRÊS (3), repetido em todas as Fórmulas Litúrgicas do primeiro (1º) estágio, responde filosoficamente dando ao Neófito a chave do profundo enigma; e esse que se deriva do Absoluto que é Deus, tal como também a Natureza, procede do mesmo Absoluto.

O Número TRÊS (3) é uma expressão desse Absoluto, e dessa Perfeição, porque contém em si os: Ativo — Passivo — e Neutro; e, a constatar que: Tudo que há se manifesta nesse Ternário.

Da Unidade (1) e Dualidade (2) nasce o Terceiro (3) a unir opostos: **1 + 2 = 3.**

Secretário:

Por essas e muitas outras razões, é que o Número TRÊS (3) é tão caro ao Maçom que busca a Luz, porque TRÊS (3) são também as qualidades da: Luz — Fogo — Chama — e Calor.

O Fogo dissolve, purifica e transforma tudo, e é Símbolo do Espírito que tudo vivifica.

A Chama no movimento de seu bruxuleio é Símbolo da Mutabilidade e Movimento de tudo que existe no Plano Relativo.

O Calor aquece e conserva a Vida no Universo.

TRÊS (3) são as Qualidades exigidas a quem postula a Iniciação: Vontade — Amor — e Inteligência; contudo, sem essas TRÊS (3) Qualidades o Homem não passa de um inútil, pois de nada adiantarão Vontade e Inteligência, se o Coração não esteja pleno de Amor.

Todo Maçom que quiser ser digno dessa sua marcante e prestigiosa nomenclatura, deve cultivar igualmente essas TRÊS (3) Qualidades representadas também pelos 'Três Pontos ou Triponto (∴)' que apõe ao próprio nome civil, como as TRÊS (3) Estrelas que brilham no Oriente da Loja, significando: Vontade — Amor — e Inteligência.

Se prestar a devida atenção por toda parte, encontrará o Número TRÊS (3) e suas variações, para sempre lembrar o Significado desse importante Número, até porque, dentre tantas outras representações, pode-se mencionar:

Guarda (ou Cobridor):

- *Três (3) Joias Fixas da Loja: Prancheta-de-Traçar — Pedra Bruta — e Pedra Polida;*

- *Três (3) Joias Móveis da Loja: Esquadro representando o VM — Nível o 1º Vigilante — e Prumo o 2º Vigilante;*

- *Três (3) Grandes Luzes: Sabedoria — Força — e Beleza, ao Leste (Oriente) — Norte - e Sul, e representadas respectivamente pelo VM - 1º e 2º Vigilantes;*

- *Três (3) Virtudes Morais: Devem ornar o Espírito e Coração de qualquer ser humano, especialmente do Maçom*: **Fé Esperança e Caridade.**

O TRÊS (3) ainda pode ser estudado sob outros pontos de vista, a saber:
- *Do Tempo = Presente — Passado — e Futuro;*
- *Da Vida = Nascimento — Existência — e Morte;*
- *Da Família = Pai — Mãe — e Filho;*
- *Da Trindade Cristã = Pai — Filho — e Espírito Santo;*
- *Da Constituição do Ser = Espírito — Alma — e Corpo.*

Assim, podemos adiantar que: É sobre os TRÊS (3) importantíssimos pontos que deve se apoiar todo Maçom que se preze e se julgue digno de ser chamado de verdadeiro amante da mais poderosa tríade conhecida: Liberdade — Igualdade — e Fraternidade.

Ademais, seria num ponto de equidistância nesse 'Triângulo Sagrado' que se deve sempre postar o verdadeiro Maçom — o Iniciado, e aí se apoiar e embasar todas as suas atitudes na Vida, pois é numa base quadrada que se origina uma Pirâmide, a qual em sua ascensão para a Unidade (1) tem seus Quatro (4) Lados formados por Triângulos.

VM: _____

• NÚMERO QUATRO (4):

Finalmente, Quatro (4) é o Número do Tetragrama Sagrado = **_I_**_OD —_ **_E_**_H_ **_V_**_AU —_ **_E_**_H — ou_ **_IEVE_** *— ou* **_JEHOVAH_**_, nome com o qual os Hebreus caracterizavam a Divindade Manifestada, e que no Sagrado Triângulo do Maçom aparece como o Quarto (4º) Elemento, simbolizado por meio do 'Olho da Divindade — o Divino Centro — o Equilíbrio que tudo Vê, com o nobre propósito de que seja feita Justiça, dando a cada um o que lhe é de Direito segundo suas obras realizadas._

21 Outros 'Símbolos' Que Remetem Ao G∴A∴D∴U∴

"O verdadeiro herói não alardeia seus feitos, pois o fogo arde em silêncio, e sem ruído brilha o Sol." (Mahâbhârata)

VM: _____

I – CÍRCULO e PARALELAS

De certa maneira objetivando minimamente aplacar o aguçado espírito de curiosidade inerente a qualquer Homem, e portanto, exceção não pode ser feita aos Integrantes da Ordem, valeria buscar maiores informações sobre os importantes *Símbolos*, que intrinsecamente se mostram como verdadeiros *'Transmissores Ideológicos do G∴A∴D∴U∴'*, e assim, tentar o crescimento cultural sobre esses temas que são tão empolgantes e importantes por todo *Simbolismo* envolvido.

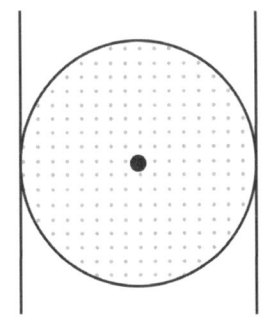

Por exemplo, o *Painel do Grau de Aprendiz* é assim denominado no Rito Adonhiramita e de York, porém recebe nominação diferente em outros Ritos, como no REAA em que é *Painel Alegórico*, mas ficando perfeitamente consolidado que em qualquer Rito os *Painéis* carregam e transmitem idêntico *Simbolismo e Significado*; ademais, no *Painel Alegórico* do REAA, dentre outras *Simbologias e Alegorias*, consta um *Altar* no qual é possível notar um *Símbolo Específico e Único* representado por um *'Círculo ladeado por Duas (2) Tangentes Verticais'*.

É costume ser usado o *'Círculo com Duas (2) Paralelas'* esculpido e/ou desenhado, no *Frontal do Altar dos Compromissos ou Juramentos* em certos Ritos, que se encontra facetando o *Altar do VM;* e essa *figura significativa* é interpretada como sendo:

1º Vigilante: _____

I - As Duas Paralelas representam:

• *Os 'Trópicos': De Câncer ao Norte — e — De Capricórnio ao Sul,*

• *Dois 'Personagens' do Antigo Testamento: Moisés (Câncer) por instituir o Governo pela Lei — e — Salomão (Capricórnio) o Governo pela Sabedoria.*

II - O 'Círculo' contido entre ambas lembra:

• *Que a Consciência Religiosa Individual é Inviolável, além de lembrar também a Tradição Mantida pelas Corporações de Ofício, organizações* que comemoravam com celebração a chegada e início dos Solstícios de Verão e Inverno, e ainda indica o Sol cuja Luz e Calor são irradiados com maior intensidade nessa faixa;

e assim, com todo esses significados lembrar que as Atitudes dos Maçons devem se pautar, inviolavelmente, pela Consciência, ou seja, que sempre devem percorrer a mesma trilha.

No Hemisfério Norte os <u>Solstícios de Verão e Inverno</u>, respectivamente, ocorrem a <u>24 de Junho e 27 de Dezembro</u>, e concordante com a *Antiga Tradição* são *Datas* que devem ser conservadas e festejadas, como faziam as *Corporações de Ofício da Idade Média*, inclusive a dos *Pedreiros-Livres*; e ainda, informar que essas são *Datas Tradicionais da Maçonaria*, além de serem dedicadas respectivamente a *São João Batista (Verão) e São João Evangelista (Inverno)*.

2º Vigilante:

Além disso, cabe ainda mencionar a inexistência de *'Data Específica'* dedicada e atribuída aos Maçons, como tem ao longo do tempo sido apregoada no Brasil como sendo *20 de Agosto — Dia do Maçom*, inclusive com oficialização em alguns Estados da União.

Todavia, caso a Maçonaria pretendesse fazê-lo, a ocasião a ser escolhida preferencialmente, é muito provável que devesse recair nas *Datas dos Solstícios*, pois os *Personagens* associados às mesmas se constituem em *'Padroeiros da Sublime Instituição em todo o Mundo'*.

II – CÍRCULO e PONTO

Dos mais importantes *Símbolos* característicos da Maçonaria, mas que infelizmente não se tornou tema de estudos mais aplicados apesar de necessários e merecidos, é o *'Círculo com Ponto no Centro'*; além disso, esse *Símbolo* tem como característica principal, referidos ao *'Círculo e Ponto'*, de*: Não terem início nem fim!,* assim, significativamente, os:

• *Círculo* = *'Não'* é definido nem pelo início ou pelo fim se não for delimitado, mas saliente-se que *'Delimita a Área'* contida, e *Ponto* = *'Não'* é dimensionável por deter *'Variação Infinita'*.

Orador:

Nesse conjunto o *'Ponto no Centro do Círculo'* está equidistante de todos os demais *Pontos* que integram a figura, e principalmente de cada *Ponto* que compõe o *'Perímetro do Círculo'*; e em decorrência disso o *'Ponto Central'* está *Estático ou Neutro*, e assim não sofrendo eventuais influências deletérias dos outros tantos *Pontos* que o circundam, e por toda essa representatividade o conjunto tornou-se um dos mais importantes *Símbolos Místicos na Antiguidade*.

Então, define-se ser no *'Ponto Central'* que sempre deve estar o Maçom em todas suas*: Abstrações — Decisões — Comportamento referido ao Criador — Perante sua Família e a Sociedade em que vive,* ou seja, ao Maçom cabe:

Estar sempre no 'Ponto Central' nos momentos mais importantes de sua vida!
Ao *'Círculo e Ponto',* como *Símbolo Único,* são atribuídos muitos e diferentes significados, merecendo destaque as *'interpretações'* de: *Universo - e - Criação;* ademais, na *Antiguidade* esse *Símbolo* já fez parte das mais diversas *Cerimônias e Ritos Iniciáticos dos Antigos Mistérios,* quase sempre estando relacionado com o *Culto Solar,* que à época era considerado como: *O Nascedouro de Toda Energia Restauradora da Vida!*

Secretário: _____

Contudo, graficamente o *'Centro do Círculo é Invisível',* mas pode ser indicado por um *Único Ponto,* que mesmo tendo magnitude e apesar de não poder ser visto com exatidão, por aproximação supõe-se que mostre *'Onde é o Centro',* e a razão de: *O 'Ponto no Centro do Círculo' ser Símbolo do Criador.*

Também é encontrado esse *Símbolo* entre os Povos do Egito, Babilônia e Pérsia, e em resumo, nas *Culturas* de quase todos os *Povos da Antiguidade,* o *'Círculo'* é encontrado com os mais diferentes *'significados'.*

III – CIRCUNFERÊNCIA

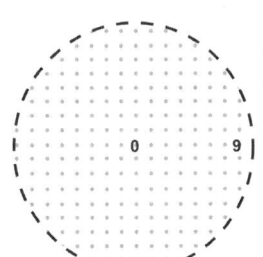

A *'Circunferência'* é a figura geométrica composta por uma *'Curva ou Linha',* em que todos os *Pontos* que a compõem são igualmente afastados de outro *Ponto — Central ou Centro,* e seu *'Círculo'* limita sua *Área — Superfície Plana contida na Circunferência.*

A *'Circunferência'* não tem início nem fim, é uma *Sucessão de Pontos Justapostos por Infinitésimos*; assim, é a *'Melhor Representação Simbólica da Grandeza do Universo ou o Olho Fechado de Deus'.*

E mais, pelo *Infinito Número de Pontos* que a integram, a *'Circunferência'* significa a *Obra Final da Criação* com *Toda Multiplicidade e Perfeição das Coisas Criadas,* e uma *Infinidade de Conhecimentos,* tudo posto à disposição para que possa ser assimilado pelo próprio esforço.

Guarda (ou Cobridor): _____

O traçado de *Infinitos Raios* partindo do *Ponto Central* até tocar a *Curva* vão enfeixar a *'Circunferência',* e além disso, também é criado o *'Círculo',* quando então praticamente ambos — *'Circunferência — e — Círculo'* se confundem quanto ao *Significado Simbólico.*

Assim, os: *Zero (0) — Início — Alfa,* além de estar contido na *'Circunferência',* também coincide com os *'Trezentos e sessenta graus (360°)',* ou os: *Nove — ou Fim — ou Ômega (Ω);* e assim, está contido na Bíblia em *Apocalipse 21,6:*

• *"Sou Alfa (α) e Ômega (Ω) — o Princípio e o Fim. Quem tiver sede ... de graça darei da Fonte da Água da Vida."*

Todavia, os significados dos: Círculo entre Paralelas – Círculo – Circunferência – e Ponto no Centro do Círculo, requerem ainda muitos e dedicados estudos e pesquisas aprofundadas, que os tornam um desafio constante a todos os Integrantes da Maçonaria.

IV – CONCLUSÃO

Ademais, cabe esclarecer que por meio deste texto despretensioso e resumido, pretende-se simplesmente expor algo complementar referente um dos temas mais propalados pela Maçonaria, que, por não serem bem conhecidos, não são temas abordados pelos autores maçônicos com a devida e merecida frequência e profundidade.

VM: _____

Finalmente, em verdade foram tomados alguns cuidados nessa exposição, pois fica muito longe qualquer intenção e/ou pretensão descabida de comparação com os prestigiados autores, que são especialistas em assuntos de Maçonaria.

'Juramentos' na Maçonaria

"Todas as coisas vêm e vieram do Um" — *Lei do Número (H. Trimegisto)*

VM: _____

Segundo o escritor maçônico Fran Abrines o *'Juramento Maçônico'* é:
- *"Uma das mais 'Solenes Cerimônias' que compõem a Iniciação"*,

porque definitivamente *'Impõe importantes Laços e Obrigações'* a toda vida do Candidato.

A fórmula utilizada para esse *'Juramento'* é composta por todos os *Deveres* que qualquer Candidato a partir disso deve ter, ou seja:
- *Com a Instituição Maçônica e todos seus Integrantes;*
- *À Potência Maçônica a que irá pertencer, e todas suas Autoridades,*
- *Com a Loja que fará parte, e seus Dirigentes, e principalmente*
- *Para com Deus e a si próprio.*

O *'Juramento Maçônico'* sempre é prestado de *'Livre e Espontânea Vontade'*, e além disso, conduz à mais estreita ligação possível com todos os *'Ideais da Maçonaria'*.

1º Vigilante: _____

Todavia, esse *'Juramento'* foi sempre um dos alvos preferidos dos ataques perpetrados contra a Maçonaria, principalmente pelos eclesiásticos, e ainda se transformando no mais sério dos motivadores que deram origem à *'Primeira (1ª) Bula Excomungatória'* expedida pelo Papa Clemente XII.

À época aqueles religiosos chegaram a: *acreditar — concluir —* ou até convenientemente estabelecer, em todas as hipóteses levantadas de modo totalmente indevido, pois jamais houve qualquer *'prova ou testemunho material ou espiritual'* que o *'Juramento Maçônico'* prestado pelo Candidato, absurdamente se constituiria em verdadeiro *'Pacto com o Diabo'* como afirmaram.

Logicamente, dependendo do Rito adotado pela Loja, podem variar muito pouco as *'Palavras e Frases'* que compõem esse *'Juramento'*, porém seu *'Nobre Sentido Intrínseco'* é sempre preservado em quaisquer dos Ritos, na mesma igualitária direção de todos os outros *'textos'* adotados pelas diferentes vertentes, mas que em última análise fazem parte da Instituição propriamente dita.

E, por exemplo, no Rito Adonhiramita, detentor do mais amplo *Tratamento Cênico* em seu Cerimonial, o *'Primeiro dos Juramentos ou Compromisso'* a integrar a *Ritualística da Iniciação*, a que obrigatoriamente os Candidatos são submetidos pelo Ritual, é o prestado quanto à *'Taça Sagrada'*.

No entanto esse *'Juramento'* é considerado como mais uma das tantas *'Provas'* a que todos os Candidatos são submetidos durante o Cerimonial.

Na primeira parte daquele Ritual, quando o Candidato *'Jura sobre o Silêncio mais profundo'*, simboliza e significa o *Dever Maior* tanto de guardar no seu mais íntimo, quanto de manter total *Sigilo* sobre *'Tudo o que ali ocorrer'*.

2º Vigilante:

Mas, sabedores que o *'Silêncio mais profundo'* também compete *'retratar a morte'*, então está sendo solicitado que a divulgação sobre o ocorrido *'morra'* sigilosamente ali mesmo, isto é, que dali não sejam comentadas nenhuma de todas as *Lições* aprendidas pelo Candidato.

Já a continuidade pelo trecho seguinte dessa parte do mesmo Ritual demonstra que a *'Bebida Doce poderá Amargar'* caso não sejam cumpridos os *Preceitos* de:

• Doçura X Amargor — Certo X Errado — Bem X Mal — e Escuridão X Luz.

e que apesar de opostos, são alternativas de caminhos que devem ser individualmente escolhidos a partir do *Livre-arbítrio!*

E desse modo deve-se considerar que significativamente as:

Doçura = É a lembrança do conceito de Retidão, enquanto
Amargura = De modo antagônico lembra a própria Doçura, isto é, retrata os Caminhos Tortuosos que podem ser escolhidos por qualquer Homem.

E, no trecho do Ritual que diz:

• *"... e seu efeito salutar, em sutil veneno"*,

conforme o Dicionário *Aurélio* dentre as demais definições 'veneno' seria:

• *"aquilo que corrompe moralmente"*,

mostrando que se agir com falsidade em relação aos *'Juramentos prestados'*, o Maçom se torna à vista de todos, definitivamente, um ser absolutamente *Desonrado*.

Orador:

Portanto, esse último trecho demonstra que a partir da *Desonra*, o *'Efeito salutar da Bebida'* pode se converter na sua pior *Desmoralização Pessoal!*

E, o autor J. Boucher em, *'Juramento no Grau de Aprendiz'*, considera:

• *O mais importante 'Juramento Maçônico', dentre todos os demais que o Integrante prestará na Hierarquia Maçônica, pois esse é o momento em que o Profano se torna um Maçom.*

Além disso, segundo outro renomado escritor maçônico, Ragon:

• *Trata-se de um 'Juramento Sagrado e Antigo', sendo 'energéticas' suas expressões, pois quem presta 'Juramento', mesmo com olhos vendados, está prestes a realizar a passagem do Mundo Profano para a Senda dos Mistérios Maçônicos.*

Ademais, caracteristicamente o *'Juramento Maçônico'* sempre é prestado:

De olhos vendados, pois no instante do Cerimonial ao Candidato ainda não é possível ver a Luz,

Ajoelhado num único joelho, com respeito, devoção e introspeção ao Eu Interior, e essa postura contata as 'Correntes Energéticas Terrestres',

Com o outro joelho compõe um Esquadro, como forma de Retidão, Estabilidade e Firmeza, características necessárias ao 'Juramento',

Com sua mão direita posta sobre o Livro da Lei ou A Verdade Revelada, e Na outra mão posiciona um Compasso com as pontas em seu peito esquerdo, reconhecendo a Harmonia da Dualidade: Mente $\underline{X}$ Coração – e – Razão $\underline{X}$ Emoção.

Secretário:

Qualquer *'Cerimonial de Juramento'* deve sempre ter *três (3) partes*:

1) Imprecação = Referente aos 'Pedidos ou Súplicas';
2) Invocação = Referente às 'Promessas'; e
3) Sanções ou Consequências = Referente aos descumprimentos

assim, descritivamente tem-se:

1) Imprecação = Sinônimo dos lógicos e necessários 'Pedidos e/ou Súplicas' que embasam todo e qualquer 'Juramento'; tais cabíveis razões não receberiam tratamento diferenciado na Ordem.

2) Invocação = É feita às 'Três (3) Grandes Forças', a saber a(o)s:

- *Si próprio, por meio da 'Vontade — Honra — e Fé';*
- *• G:.A:.D:.U:.; e*
- *Assembleia dos Maçons, isto é, a toda Maçonaria.*
- *sendo as 'Promessas' de:*
  - *Silêncio quanto aos 'Sagrados Mistérios, Segredos e Revelações', que o Candidato deve guardar no Coração.*
  - *Jamais escrever, grafar, bordar, e mais, divulgando os 'Segredos'.*
  - *Reconhecer a 'Irmandade e Espírito de Fraternidade', pelos seus próprios ideais, e comprometer-se a ajudar os Amados Irmãos.*

Guarda (ou Cobridor):

3) Sanções ou Consequências (da Desobediência) = Como 'Castigos Simbólicos' àquele que faltar seu 'Juramento', são:

- *Ter o pescoço cortado,*
- *Ter a língua arrancada, e*
- *Ser declarado 'Desonrado e Sacrílego'.*

assim, tendo a 'Língua Arrancada e/ou a Garganta Cortada – que são os instrumentos do Verbo', simboliza a importante retirada do 'Som da Verdade'; do Homem, além disso, se falsear seu 'Juramento' se tornará 'Desonrado' frente aos Homens, e 'Sacrílego' perante o G:.A:.D:.U:..

No desenrolar do *Juramento Maçônico*, durante toda a Cerimônia, é possível ter clara a percepção da exata disponibilidade relativa ao *Número Três (3)*, porque tudo se passa em conformidade com o *Grau e Idade do Aprendiz*, isto é, referente à *'Perfeição do Número Três (3)'*.

Para aqueles Integrantes da Ordem que detêm especificamente essa crença, aquele fato pode também simbolizar e significar a *Divina Trindade*.

VM: ⎯⎯⎯⎯⎯⎯⎯⎯⎯⎯⎯⎯⎯⎯⎯⎯⎯⎯⎯⎯⎯⎯⎯⎯⎯⎯⎯⎯⎯⎯⎯

Finalmente, o Candidato em sua Iniciação, tendo passado por todas as respectivas e necessárias *'Provas e Viagens'*, aprende como sendo seus:

1º passo = Dominar suas Emoções; e
2º passo = Dominar a Mente encaminhando-a à Razão; fazendo que a própria *Energia Central* seja desperta para realizar a *'comunhão'* por meio da:
3º passo = Introspeção com seu Eu Interior – o 'Eu Sou';

sendo então esse o momento em que o Candidato se encontra ajoelhado, e por isso, passando a despertar o Chakra Laríngeo onde está concentrado o poder do Verbo, para que lhe seja assim permitido exemplarmente pronunciar as 'Palavras de seu Solene Juramento', a que, sem nenhuma exceção, todos os Candidatos devem se submeter se desejarem tornarem-se Maçons!

23 O 'Rito e Ritualística' - Conceitos Filosóficos

"Todas as coisas são únicas por adaptação" — Lei da Adaptação (H. Trimegisto)

VM:

Por características intrínsecas, a Maçonaria também pode ser definida como sendo: *Um harmonioso e competente 'Sistema de Moralidade' velado por Alegorias e ilustrado por Símbolos.*

Sua *Ritualística*, além de ser dos sustentáculos importantes da *Instituição*, pode ainda ser considerada como dos mais antigos e eficazes *Instrumentos e Formas de Repasse de Ensinamentos* conhecidos da civilização humana.

Somente pela *'Perfeita Realização de Todo o Enunciado no Ritual'*, gradualmente se adquire *Conhecimento*, pelo municiar do *Inconsciente*, sem o que não seria possível.

Adicionalmente, essa tarefa conta ainda como o auxílio do *Simbolismo*, resultando assim na efetiva *'Incorporação de Grandes e Importantes Lições'*, que se transformam em úteis ferramentas na *'Busca da Verdade e Melhoria da própria Vida'*, que é o que todos almejam!

1º Vigilante:

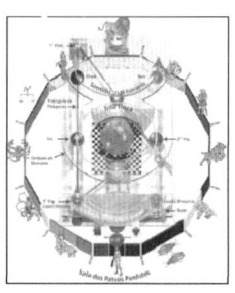

Dessa maneira, há possibilidade de se concluir que:

• *O Inconsciente do Homem também compreende o Mundo por intermédio do Simbolismo.*

No *'Psiquismo Humano'* as *Palavras* são transformadas em *'Imagens e Símbolos'*, mas apenas na condição em que seus usuais *Conceitos* ultrapassam o conhecido *'Significado Literal das Imagens ou Palavras Conscientes'*.

Nessa condição, a *'Ritualística e Rito'* se tornam o principal alimentador do *'Processo de Transformação e Aprimoramento da Mente'*, e em consequência, da *'Moral'*, criando a possibilidade do necessário *'Desbaste da Pedra Bruta'* que todos sempre são!

Daí é possível afirmar que:

• *A 'Ritualística e Rito' são os mais eficazes 'Instrumentos Ontológicos(*) de Crescimento e Aprimoramento'* — [(*)Ontologia = parte da Filosofia que trata do ser enquanto ser — e — do ser concebido por ter natureza comum inerente a todos os seres];

embora em *Maçonaria*, ainda assim sejam praticados em conjunto.

2º Vigilante:

O próprio *'Sentido Etimológico da Palavra — Rito'*, que tem origem na terminação em sânscrito *'Rita'*, está relacionado com a *'ideia de ordenamento'*, e sendo assim, seria importante explicitar que *'Qualquer Ritual'* realmente é:

- *Meio explícito/ordenado de representar 'Ideias — Pensamentos — e Energias'*,

que, por intermédio do próprio *Rito*, se revelam e são transmitidos.

Na tentativa de esclarecer, e principalmente sedimentar, determinados e importantes *Conceitos* emanados pela *Instituição*, passa-se a discorrer sobre algumas *Definições* julgadas necessárias e esclarecedoras:

- **Alegoria** = *Metáfora de 'ideia abstrata'; toma um objeto e representa outro.*
- **Cerimônia** = *Ação com finalidade: silêncio — concentração — e recolhimento.*
- **Mito** = *Linguagem simbólica dos 'Princípios Revelados' por Palavras; que 'traduzem as origens e explicam o Mundo', por meio de 'entes sobrenaturais'.*

Orador:

- **Rito** = *Mito em Ação — isto é — Prática do Mito; 'Conjunto de Cerimônias' com a Liturgia de Converter a Palavra em Verbo; 'Sistema Lógico de Ordenação de Cerimônias' como nos Ritos Maçônicos. Pelo 'Rito e Símbolos' é possível incorpora-se ao Mito, beneficiando-se das 'Energias' de suas origens.*
- **Ritual** = *'Sequência' de execução do Rito; identifica-se com o 'Manual — A forma escrita do Rito', que: descreve — regula — e preceitua, a 'Sequência'.*
- **Ritualística** = *Que é 'Próprio do Ritual'; pode confundir com Ritual e Rito.*
- **Símbolo** = *Expressão de 'Conceito ou Equivalência', significa sempre 'Muito Mais do que o Ícone ou a Imagem' que a representa.*
- **Verbo** = *'Objetivo da Vida — Ação — e Luz criadora de tudo'; 'Prática do Rito incorporar o obreiro ao Mito', e impele à 'Sabedoria Eterna'.*

O *Rito* possui *'características específicas'*, sendo um de seus *Simbolismos*, que está continuamente crescendo em *'Significado e Força de Persuasão'*, pela constante reiteração; ou seja, a cada vez que novamente se realiza uma *Cerimônia ou Sessão*, sendo então *reverenciado* em seu *'sentido mais claro e profundo'*, tornando-se, por isso, sempre tão necessária sua *Perfeita Repetição*, utilizando como meios as: *Palavras — Posturas — Gestos — e Sinais*.

Secretário:

Tentando ainda reforçar o já mencionado, cabe repetir que:

- *O Simbolismo 'não' é um simples 'Conceito Abstrato', mas 'sim' uma 'Lei Profunda' que exerce seu Poder no 'Inconsciente Humano'.*

Qualquer *Símbolo* detém um *'Imenso Conteúdo Místico e Esotérico'*, e por isso, toda vez que é mostrado ao Integrante da *Ordem*, sempre *'causará uma nova e forte impressão'*, tanto em seu *consciente* quanto no *inconsciente*; e ainda, que sempre se *regenera* a cada *'nova'* repetição.

E, possuindo o *Símbolo* vários *'Sentidos'*, caberia então elencá-los:
- **Sentido Literal** = *Significa 'O que aparenta ser';*
- **Sentido Alegórico** = *Remete ao Mito e Alegoria associada ao Ícone;*
- **Sentido Moral** = *É mais complexo, geralmente impõe 'Aperfeiçoamento Moral', para capturar o 'Valor Incutido na Imagem Correspondente'; e*
- **SentidoAnalógico** =*Abrange não só o 'Sentido Moral' como exige a 'Expansão da Mente', para que se desperte na mesma o 'Lado Místico Imanente(*) — [(*)Imanente = que existe sempre em um dado objeto e é inseparável dele].*

Guarda (ou Cobridor):

Com respeito ao *Rito*, o autor maçônico J. F. Guimarães, no livro *'Maçonaria Filosofia do Conhecimento'*, diz (adaptado) que:

"O Rito funciona como 'Processo Neuro-programado' que pode levar o buscador a transformar seu estado consciente de forma autossustentada, colocando-o a serviço do Bem da Humanidade.
... 'Ninguém ensina Maçonaria a Ninguém!'
Isso ocorre em qualquer Escola Iniciática; e cumpre ao Recipiendário praticar a Ritualística, absorver cada Palavra e Símbolo, e vivenciá-lo na sua existência.
Ao praticar e vivenciar o Ritual, o Homem incorpora-se ao Símbolo e se integra ao Mito.
O Mito 'rememora' os feitos virtuosos e o Rito os 'celebra', repetindo-se periodicamente."

Portanto, a entender que o *Verdadeiro Maçom* é quem de *Forma: Sincera Justa — e Perfeita* demonstra muito *Respeito na Prática e Realização dos Rituais*, por isso, todos os Adeptos da *Ordem* devem sempre se esforçar, tanto em bem conhecer a *'Liturgia'* quanto em *'Realizar os Ritos'*, pois isso corrobora ao *'próprio aperfeiçoamento'* e ao *'enriquecimento'* da Oficina.

VM:

Finalmente, se faz necessário sempre lembrar que:
- **"*Mais inteligente que entrar na Maçonaria, é deixá-la adentrar em si*"**,

o que requer *muito esforço* com: *Paciência — Tolerância — e Vontade*, para bem transformar a *'Iniciação Cênica em Real'* e o *'Caminho Ritualístico na Trajetória da própria Vida'*, assim, construindo/edificando com a *'Argamassa'* composta principalmente pela *Moral*, um *'Luminoso Templo Interior com Exemplares Pedras Polidas!*

24 'Triângulos' Aspectos Maçônicos

"Há dois tipos de pessoas: as que fazem as coisas e as que recebem o crédito. Tente ficar no primeiro tipo, há menos competição" (Indira Gandhi)

VM: _____

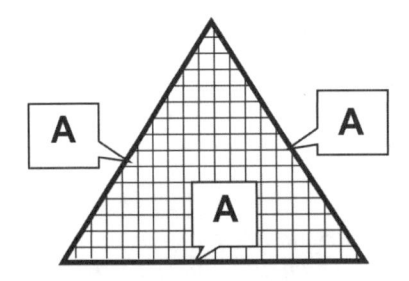

TRIÂNGULO MAIOR
TRIÂNGULO EQUILÁTERO:
Lados e Ângulos Iguais.

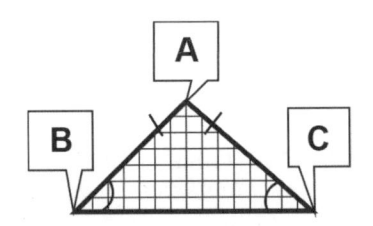

TRIÂNGULO MENOR
TRIÂNGULO ISÓCELES:
Dois Lados Iguais, e Ângulos Iguais Opostos a esses Lados.

Em *Sessão Econômica* pelo *Saco de Propostas e Informações* recebida prancha arguindo:
- *Como reconhecer em Loja o 'Triângulo Maior e Menor' nunca vistos ou comprovados?*

e, enquanto os mais graduados e experientes nos *Segredos da Ordem* tentavam explicar, entre si e a todos, aquele que perguntou ficou aturdido sentindo-se como uma *'Pedra Bruta'* quase sem utilidade, e ainda podendo até ter-se visto como inútil aos outros, estando perplexo e curioso.

Então de posse da prancha, o *VM* disse ser a solicitação premente e de interesse geral, tanto aos presentes como aos ausentes, e que em *Ordem do Dia* seria apreciado seu teor, e mais, que o esclarecimento que tentariam desvendar o fariam no decorrer dos *Trabalhos*, mais especificamente, durante o *Quarto (1/4) de hora de Instrução* — ou — *Tempo de Estudos*.

A *Reunião* prosseguiu e conforme o *Ritual* o VM solicitou ao Am∴ Ir∴ 1º Vig∴ que ao ser *'passada'* a *Palavra*, explicasse o que significavam em Maçonaria os *'Triângulos Maior e Menor'*; então, detendo a *Palavra* aquele Am∴ Ir∴ iniciou a explicação:

1º Vigilante: _____

- *A Alma é invisível, mas é sentida*, e o que se sabe da Alma é pela palavra de Religiosos ou de sua Própria Razão, a induzir que toda Matéria possui Corpo *onde são latentes as: Propriedades — Qualidades — e Utilidades, como por exemplo a(o)s: Pedra — Ar — e outros; e que*

- *A Matéria Corpo do ser é 'dual e substancial', e ao mesmo tempo Trina: Vegetativa — Sensitiva — e Racional, que ligada e solucionada faz conhecer a 'Consciência de Movimentação e Ação', comandando o(a)s: Sistema Cerebral — Compreensão de Sentidos e Desejos — Querer — Viver — Praticar — Participar — e Recordar; a Matéria Corpo do ser é 'mutável e eterna'; e que*

- *A Alma: Enaltece Santo e Sábio — Sabe o Pecado — Orienta Certo e Errado — e Não tem Perdão.*

Portanto, a formação dos *'Triângulos'* em Loja parece análoga, tendo *'qualidades e propriedades'* definidas, e assim, mesmo sendo invisíveis os *'Triângulos'* são praticados.

Para o Maçom os: Triângulos são Símbolos do Aperfeiçoamento na Formação Moral e Evolução Espiritual, e também o: *Laço Místico com vínculo no Indissolúvel e Sagrado*, estabelecido e formado entre os Adeptos nos Trabalhos; e ainda, emana do próprio benefício e se generaliza aos demais, indo além, a: *Todos os Maçons espalhados pela superfície da Terra.*

Os *'Triângulos'* são formados pelos Adeptos que trabalham em pé na *Sessão*, bastando para tanto observar a *'Circulação'* do Am∴ Ir∴ M∴ CCer∴ e outros, como na *Abertura do Livro da Lei (L∴ L∴)* quando Integrantes se movimentam entrando e saindo do Or∴ e Oc∴, em cuja *'Circulação'* traçam, inconscientes, os *'Triângulos Maior e Menor'*.

Por exemplo, o Am∴ Ir∴ Hosp∴ ao *'Circular'* com o *'Tronco de Solidariedade ou de Beneficência'*, autorizado pelo VM, segue:

- *Do Oc∴(Entre-Colunas) ao Or∴ (VM), e volta ao Oc∴ aos 1º e 2º VVig∴; nesse <u>primeiro giro</u> o Integrante realiza o 'Triângulo Maior (Equilátero)';*
- *Retorna e completa a 'coleta' dos lotados no Or∴; nesse <u>segundo giro</u> compõe o 'Triângulo Menor (Isósceles)';*

e continua o *'Percurso Ritualístico'*; nesse ínterim cabe ao VM explicar que:

2º Vigilante:

- *Os Estudos Maçônicos, origem dos Rituais, são inspirados e influenciados pelos Sagrados Mistérios Maiores e Menores do Egito e da Grécia, pouco diferindo em seus 'Significados Filosóficos'; sendo transmissores do mesmo conteúdo 'Místico e Moral' às muitas Escolas Místicas e Filosóficas da Idade Média; e ainda deve continuar*

- *O 'Mistérios Maiores' referem-se à vida após a morte, e mais exato é o 'Emblema da Inteligência Humana' e da: Capacidade de Governar — Liderar Homens — Transformar Coisas Terrenas — Tratar com Causas Celestes; e sem dúvida, alude ao 'Mistério Maior dos Egípcios e Gregos', que determina o 'método' de domínio dos: Desejos — Paixões — e Emoções.*

Nos *Mistérios Egípcios e Gregos*, no transcurso da *'trajetória do Triângulo Maior'* são recebidas as *'Doze (12) Divindades Governamentais — ou seja — As Hierarquias Divinas dos Doze (12) Signos do Zodíaco'*, que preparam as *Almas* para a mesma augusta realidade, oculta e por trás das revelações do *'Sagrado Triângulo Maior'*, dos: *passado – presente – e futuro.*

Os *Ritos Maçônicos* atuais objetivam essa mesma finalidade, relacionando-se nos mesmos *Conceitos e Leis da Eternidade – ou – nos Ângulos dos Triângulos*, só que com realidade diferente, com ênfase na busca da *'origem'* do *Homem: O que é? – De onde veio? – e Para onde vai?*, que são os enigmas manifestos como *Símbolo* das formas existenciais voltadas para as: *manutenção – alimentação – e evolução*, das diferentes espécies de *Vida*.

Assim por exemplo, a(o)s: *Lenda do Grão-de-Trigo – Cerimônia do Pão--e-Vinho – Distribuição dos Peixes – V.I.T.R.I.O.L. – e Mistérios revelados pela Santa Eucaristia*, tudo compondo a evolução da *Criação*, porém, com amplo domínio da própria mente.

A comparação significativa da *'Matéria e Espírito'* do Homem nos *'Mistérios Menores'* busca a *Evolução Material*, enquanto a busca dos *Valores da Vida Material* comprova ser ilusória, e deve-se buscar essa verdade na *'reflexão'*, que permite atingir o *Mundo Astral*.

Orador: _____

O *'Giro do Triângulo Menor'* pelos lados desiguais é também o *Emblema do(a)s: Imperfeito – Angústia – e Trino no Caráter*, cujos atributos são: *Vontade – Amor – e Inteligência*; e, refere-se a *Alma* pela manifestação da volta do *'Equilíbrio'*, que transforma o *'Triângulo'* no *'Delta Maçônico – Símbolo do Absoluto, harmônico como o Pai, Filho e Espírito Santo'*.

Atualmente, afastado das *Ciências Exatas* mas referido aos *'Mistérios nos Ângulos dos Triângulos'*, haverá *Novos Conceitos* dessa figura relativos à *Geometria* como *Ciência: Abstrata – Moral – e de Religiosidade*, referidas a fenômenos criados pelo *Espírito*; e mais, *Conceitos* que, por reflexão da criatividade admitem *'Novos Conceitos aos Triângulos Maior e Menor'*, como o *'Princípio da Desigualdade e/ou Triângulo do Amor e da Morte'*.

Então, o que significam os: *Princípio da Desigualdade e/ou Triângulo do Amor e da Morte?*, explicitando que a *Desigualdade* provoca o *'Sentimento de Igualdade'*; senão por exemplo: *Nas relações sociais pode-se notar o mesmo Desejo de Igualdade*, assim:

- *Velhos, com recursos da Ciência e Estética, querem parecer mais jovens;*
- *Padres, para nivelar-se aos fiéis, deixam a batina e compostura para casar;*
- *Até Papas se deixaram filmar esquiando e escorregando na neve, ou nadando como atleta.*

Na modernidade, sem títulos de nobreza ou de cortesia todos são tratados por você, e viraram o *Mundo* usando jeans e outras características próprias; por isso, os *'Pensadores'* dizem que o exemplo da *'aceitação'* do que realmente se é, vem do *Reino Inferior*, ou seja, no:

- *Reino Vegetal = Por exemplo, a 'desigualdade' cresce de valor, porque a vida vegetal detém variedade maior; mas nem por isso reclamam igualdade. Há cedros majestosos no Líbano – sequoias gigantes e antigas na Califórnia – orquídeas exóticas nas selvas do Brasil – e repolhos em qualquer horta; é a vida dos vegetais, que permite maior capacidade simbólica, e daí uma 'desigualdade' maior do que a existente entre os minerais. Caso vá a uma festa com um bracelete de metal imitando ouro, não causará escândalo, porém, se como enfeite do vestido colocar, não uma rosa, mas um repolho, causará risos; contudo, a rosa ou o repolho, cada um segue sendo o natural da sua unidade, pois a 'desigualdade' só é visível aos humanos entre repolho e rosa, sendo maior que a existente entre metal vulgar e ouro.*

Secretário: _____

Mas, deve-se perceber que a necessidade da *'Igualdade'* buscada: *Nem sempre tem guarida na Imitação – no Desejo do Ego – ou na Cobiça das Vaidades*; assim, se vai procurar saber: *Quais as reais necessidades dos semelhantes? – O que cobra os aspectos da vida profana? – e, Que papel na vida o semelhante se sujeita a representar?*

Então ficam assim entendidos os *'Triângulos*, pelo dito sobre o significado dos *'Triângulos Maior e Menor'*; e mais familiarizado com a *Cabala*, e algum *Conhecimento Místico do Segredo do Número Três (3) nos Sagrados Mistérios Egípcios e Gregos*; então, poder-se-ia pensar ainda que, quanto mais se saiba sobre a *'Analogia dos Mistérios do Número Três (3)'*, mais apto se estará a compreender e penetrar no *'Simbolismo do Triângulo Maior ou Menor'*, que pode ser desenhado esotericamente quando da *'Circulação'* em Loja.

O *'Número Místico Três (3) e o Simbolismo do Triângulo'* são importantes para cada *Religião*, como o *'Círculo e o Símbolo do Infinito'*; e, enquanto o *'Triângulo é o Símbolo de Manifestação'*, e é conhecido o *'Número Místico Três (3) e suas Analogias'*, o *'Triângulo completa* um *Mundo Tridimensional: Mental Astral — e Físico'*, significando nesses:

- *Mundo Mental = Simboliza as: Energia da Vontade – Intelecto – e Sentimento;*

- *Mundo Astral = Simboliza: Poder – Justiça – Legalidade – e Vida; e*

- *Mundo Físico = Simboliza: Matéria – Força do objetivo no Corpo – e Reflexo de cada Plano, pois é o 'início' de tudo que foi Criado, e causa de tudo Racional e Compreensível.*

E: *O que significa o 'Triângulo' do Amor e da Morte?* A resposta pode estar na própria pergunta, porque é obvio que o *'Triângulo do Amor é: Coerência – Bom-Senso – Equilíbrio – Obediência à Hierarquia das Organizações – e de fora da própria Natureza'*; pois *a pessoa que sabe seu lugar e importância, conhece seu valor e espera sua vez!*

Guarda (ou Cobridor): _____

Assim, há o simples exemplo do amoroso *'Triângulo da Convivência das Relações Sociais'* entre os Homens; senão: *Se duas pessoas estão conversando, e uma terceira é convidada a fazer parte, completa-se o 'Triângulo do Amor'*; além disso, outro exemplo é a sequência dos *'Trabalhos'* em Loja pelo *Ritual*, se o VM convida alguém a tomar parte do assunto em pauta, e expor seu pensamento sobre a questão, forma o *'Triângulo do Amor'*.

Contrariamente, o *'Triângulo da Morte é: Desagrado — Indelicado — Inconsciência em intromissão abusada e absurda do Ser inescrupuloso e vaidoso'*; e, sobre o último são os:

- *Intrometido conhecido = sem noção entra na conversa alheia, atrapalha, só brinca e não leva nada a sério; em conversa, sabe, fala e compromete a vida dos ausentes; sabe da vida de outrem mais que da própria; oco de pensamentos; não oferece nada, mas se diz conhecedor de tudo:*

- *Não tem perguntas ou respostas, não oferece nada mais que 'ouviu falar';*

- *É cópia, imitação de estupidez, nada de colaboração, só grande curioso, ou 'medalhado e/ou magnífico' que está sempre certo;*

- *Exibe e ostenta bens materiais; é inconveniente e não se apercebe; fica sempre no caminho; interrompe a conversa em hora indevida; entra sem conhecer nos pensamentos de outros; fala com propriedade que avisou, mas: Avisou o que? Disse o que? Quem pediu sua opinião?*

Assim, é pela *Tolerância* dos outros que tais *magníficos* se aproveitam, adentram e ultrapassam os limites, ou a demonstração de tudo que é desagradável, em suma, institui o *'Triângulo da Morte'*; porém, dessa forma não há *Tolerância* que resista, mas isso sempre existirá; contudo, para combater existem os *'Ensinamentos dos Triângulos Maior e Menor e a Circulação'* calma e pacífica, por meio dos: *Princípios praticados pela Vida — Simplicidade — Verdade que faz a Segurança — e Convite ao Silêncio das Palavras.*

VM: _____

E ainda, que essas *Palavras* sejam ditas oportunamente, e se chamado a intervir ou falar o faça sem exibição, mágoa ou ressentimento no convívio com os semelhantes; é a melhor demonstração de *Postura Saudável*, e da evolução do *Comportamento Moral e Espiritual*, sem afrontar quem quer que seja, e sem jamais *'trombar e/ou atropelar'* ninguém.

Finalmente lembrar que*: A Maçonaria compõe-se, principalmente, por Três (3) Elementos, os: Iniciático pelo qual é Secreta — Fraternal que reside na União e o chamado Humano,* pois há um ponto de vista unânime de que:

- *A Maçonaria também gira em torno de uma única ideia — a Tolerância; e*

- *Aquele que à Ordem se devotar, será a essa mesma que o receberá de volta!*

25 'Templo Maçônico' Outras Considerações

"Quem tem olhos a ver que veja, e ouvidos e sabe ouvir que ouça." (Krishnamurti)

VM: _____

1) OS DEGRAUS

Perguntar para algum Adepto o que significam *"Os Degraus no Templo"* é simples e fácil, e a resposta pode ser idêntica significando *'isso ou aquilo'*; contudo, responder fundamentado e explicando a interação com os demais *Símbolos* que compõem a decoração e sua importância, não é tão simplista sendo necessário dissertar sobre vários *Símbolos* para perceber a profundidade e veracidade dessa importante *Linguagem Simbólica*.

De tempos-em-tempos surgem *Religiões* que pretendem proporcionar aspectos da *Verdade*, e quase todas buscam tratar do tema com palavras e enfoques diferentes, adequados ao entendimento dos vinculados ao surgimento de cada *Religião*, estando certo que o significado de *'Religião é: Religar — Voltar a Enlaçar — e/ou Amarrar Novamente'*.

As *Religiões* objetivam mostrar o *'caminho para o Céu'*, mas quase sempre seus seguidores não entendem esse real significado, e acabam fanatizados na *Doutrina* em que foram criados, ou que depois de adultos entenderam como sendo a *Verdade*.

Na Maçonaria é semelhante, alguns se baseiam num autor e outros em noutro, e, ao querer defender o *Rito* praticado, buscam em publicações e livros antigos a afirmação categórica de que encontraram a 'pureza' desse *Rito* adotado, e que por isso deveriam reformular, melhorar e praticar.

1º Vigilante: _____

Apesar disso, todos podem até estar certos se baseados na visão de que adotaram o melhor; porém, esqueceram o principal*: Maçonaria é Símbolo*, e assim, cabe aprofundarem-se no estudo da *Linguagem Simbólica*, e não se basearem em escritos de outros, nem tê-los como a única *Verdade*.

No *Templo Maçônico tudo é Simbólico*, e representa os*: Homem — Globo Terrestre — e Universo*, e assim estão relacionados, interagem entre si e são semelhantes; contudo, pode e são vistos de diversas maneiras conforme o *'próprio: conhecimento — entendimento — e alcance'*.

Exemplo simples/prático*: Semente é um Símbolo*, porém, pode ser vista:

- *Apenas como semente; pode-se comparar com a parte e**x**otérica desse Símbolo.*

- *Como semente e imaginar a germinação/transformação em raiz, caule e folhas, crescendo e transformando-se em árvore, tronco, galhos, seiva percorrendo e levando nutrientes aos ramos, recebendo gás carbônico e exalando oxigênio, brotos despontando, florada exalando perfume peculiar, e logo aparecendo frutos a saborear; assim pode-se comparar tal visão com o aspecto esotérico, hermético ou oculto desse Símbolo.*

- Desse modo é possível entender o *'porquê'* das várias abordagens acerca do *Simbolismo*, e mesmo de forma sucinta poder-se-ia dissertar, por exemplo, sobre o *Símbolo Globo Terrestre*; e ao se referir ao *Globo Terrestre* lembra-se imediatamente dos*: Quatro (4) Pontos Cardeais — Hemisférios Norte e Sul — Ação da Luz Solar que proporciona os dia e noite — e Posição da Terra com relação ao Sistema Solar.*

Normalmente lembrar que a Terra tem *Dois (2) Eixos — Rotação e outro Magnético*, ou como um *Grande Ímã*, e como é sabido, se dividido um *Ímã* em *duas (2) partes*, embora menores manterão suas atividades magnéticas.

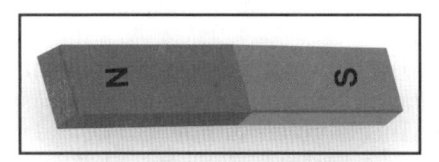

2) CAMPO MAGNÉTICO TERRESTRE

No Planeta Terra próximo ao *Norte Geográfico* está o *Polo Sul Magnético*, razão da *Agulha da Bússola* sempre *'apontar'* para sua parte *Norte — ao Norte Geográfico*, mas o que a *'atrai'* é o *Sul Magnético*; e ademais, sendo um *Grande Ímã* possui correntes magnéticas envolvendo a Terra.

Então*: O que é um campo magnético?* Os Homens também têm campo magnético, porque todo alimento que ingerem se transforma em *Energia* em cada *célula* do corpo, em sua *'Casa-de-Força'* denominada *Mitocôndria — do Grego μ ou mitos = fio/linha + ou chondrion = grânulo, dos importantes 'organelos celulares' à respiração celular, abastecida pela célula que a hospeda por substâncias orgânicas como glicose —,* mantendo o equilíbrio hidroeletrolítico, o ácido-base ou cátions e ânions ou cargas positivas e negativas, criando um campo magnético.

2º Vigilante: _____

Porém, não é possível dividir o *Globo Terrestre* em *duas (2) partes* como um *Ímã*, o mesmo ocorrendo com o ser humano.

Há uma Lei sobre a direção e sentido das correntes magnéticas no ser humano, e mesmo tendo duas (2) metades iguais existem particularidades:

- *Alimentação = Boca, a entrada de alimentos, sendo que uma metade está no lado esquerdo e a outra no direito,*

- *Excreção = Parte do alimento não absorvido e eliminado pelo corpo, também uma metade de cada lado,*

- *Sexualidade = Os órgão sexuais reprodutores masculino e feminino estão situados exatamente entre o lado esquerdo e direito do corpo;*

- *Coluna Vertebral = Tem várias funções extremamente importantes para o corpo, sendo uma a sustentação e proteção dos órgãos.*

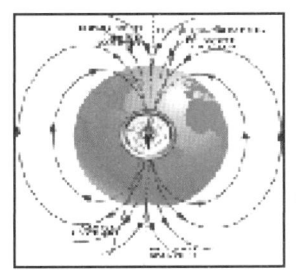

Existem duas (2) situações iguais e opostas no *Templo*, como o *Hemisfério* em que a *Loja Trabalha*; e, comprovação da *'Lei de Coriolis — G. G. Coriolis (Nancy 1792 - Paris 1843), matemático e engenheiro francês, Prof. de Análise Geom. e Mec.Geral na École Centrale Arts Manufactures, conhecido pelo 'Teorema de Mecânica' que leva seu nome.*

E, pela 'Força de Coriolis' que corresponde à *'Lei da Cinética: Toda partícula em movimento no Hemisfério Norte é desviada para sua direita, e para sua esquerda no Hemisfério Sul; atuando com força igual e oposta em cada Hemisfério, tem-se, como demonstrado sobre a direção e sentido da 'corrente magnética', que aponta a direção e sentido a ser feita a 'Circulação' no Templo em cada Hemisfério.*

Lembrando que ao ser invertidos os *Polos*, a folha colocada no meio da bateria inverte também sua posição, para cima ou para baixo, razão da importância em manter a *'Circulação no Templo'* harmoniosa com as forças da Natureza de cada *Hemisfério*.

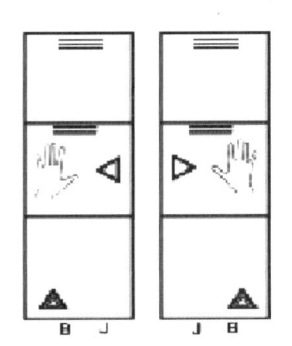

Exemplo da *Força das Correntes Magnéticas:* A corrente natural dos rios é do ponto mais alto ao mais baixo, conforme a *Força da Gravidade*, que proporciona à água formar uma correnteza natural; e, sendo fácil seguir a direção desse curso, mas mover-se no sentido contrário, subindo a corrente, exigirá muito esforço e proporcionando pouco resultado.

Os *'Campo Magnético Terrestre e Força do Coriolis'* indicam claramente o *'Movimento de Circulação'* que deve ser realizado no *Templo*.

Orador: ───────────────────────────────

É necessário lembrar*: Por que o Candidato é vendado antes de ser Iniciado?* Dentre outras conceituações*: Seria para não visualizar a Encenação Teatral desenvolvida no Cerimonial da Iniciação?* Contudo, essa é a parte de menor significado e importância para o Recipiendário; assim, o Candidato é vendado para*: Entender e perceber que o sentido da 'visão' não é importante para o que encontrará no Templo Maçônico, e que deve 'Sentir' o que ocorre na Cerimônia, ou seja, Sentir' o Ensinamento transmitido pelos Símbolos e Atos realizados em cada Cerimonial; mesmo por que: O que é visto pelos olhos físicos, não quer dizer que não exista.*

Não se vê o ar, mas existe; assim, as correntes magnéticas que envolvem o Homem e/ou o Globo Terrestre não são vistas, mas existem; e então se pode elencar inúmeros outros exemplos.

Ao adentrar ao *Templo* o Recipiendário passará por *'Entre as Colunas J e B'*, que além de serem lembradas pelas letras iniciais ali inscritas, também deveriam ser por sua simbologia intrínseca, pois as *'Colunas:* **B** *representa também o Negativo — e a* **J** *o Positivo'*, e ao passar por *Entre-Colunas*, deve a partir desse ponto buscar a *'União'* e ligar as *'Duas (2) Energias'* em si.

3) EQUADOR TERRESTRE

O primeiro *Trabalho* dos novos Aprendizes deve ser orientado por seu *Vigilante*, portanto, o responsável por suas *Instruções*; e dependendo do Rito adotado pela Oficina, o Vigilante deve ter sua Mesa/Altar sobre um tablado de *'Um (1) Degrau'*, representando o *'Desbaste da Pedra Bruta'*.

Junto a *Coluna* postada no *'lado escuro'* de cada Hemisfério, o *'Princípio Negativo (Lua)'*, está o *'Prumo (Verticalidade)'* representando a *'descida'* do *Princípio: Criador — Divino — Celeste — Deus — Tupã — e outros*, para dar ' *forma'* à massa-matéria.

Em determinado momento todos das *'Duas (2) Colunas'*, nos *'dois (2) quadrados'* que compõem o *Ocidente no Templo* representando a *'matéria'*, ficam em P∴ e a Ord∴ a destacar a *'harmonia dos opostos na matéria'*, ou seja, os *'Um (1) e Dois (2) Degraus'* onde estão as Mesas/Altares dos respectivos Vigilantes, geram o *'Número Três (3)'*, significando o *'Ternário do Princípio Divino — do Criador — de Deus — e mais'*, demonstrando que estão preparados e que se uniram à *'Unidade'*, e estão prontos para o *Trabalho* a ser desenvolvido.

Então, se percebe que a *'harmonização'* se dá de *'baixo para cima'*, do(s): Ocidente ao Oriente — Material ao Espiritual — Físico ao Celeste — e outros; e, que o termo usado tanto faz.

Então: *O que significa?— e — Por que é assim?* Cabendo novamente afirmar que o Sol é fundamental no *Ensinamento Maçônico*, e simboliza a(o)s: *Unidade* Princípio Criador – e outros.

Secretário: _____

4) O TEMPLO

E: *Quais as dimensões do Templo?* São *sessenta (60) côvados de comprimento — vinte (20) de largura — e trinta (30) de altura*; sendo que ali se deve *'Trabalhar'* com muito afinco para concretizar o que se busca realizar durante o *Ritual*, e aprendendo o caminho a ser trilhado para a *Integração e Aperfeiçoamento*.

E, se realizado rápido comparativo entre Templo e Kabala, pode-se dizer que, geralmente, a Kabala como é mostrada por suas inúmeras imagens, onde pode-se traçar *'três (3) quadrados pontilhados'*: superior na região da cabeça — intermediário no ventre – e em baixo, que mostram a relação com os *'três (3) quadrados'* que subdividem o *Templo:* um (1) no Oriente — e dois (2) no Ocidente.

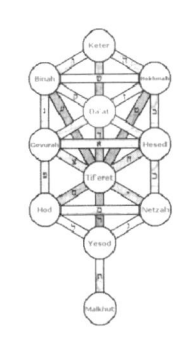

A *'Malkuth — kingdom ou Shekhinah'* — décima (10ª) *Sephirot* ou estágio na Cabalística *Árvore-da-Vida*, está situada em sua parte inferior abaixo de *Yesod'*; e observar que essa *Sephirot* tem por símbolo a 'noiva' relacionada à *'Esfera de Tipheret'* simbolizado pelo *'noivo'*; e, contrário das outras nove (9) *Sephirot's*, é um atributo de Deus emanado de *Sua Criação*, quando essa *Criação* reflete e evidencia a *Glória de Deus* em si; assim, o *'Malkuth'* fica na S∴ PP∴ PP∴ representando tudo o que se refere ao Mundo Físico — Material.

E evidentemente se adentra ao *Templo* o *Corpo Físico*, mas as atividades ocorrerão no *Físico-Sutil*, não palpável e nem visto.

Já a *'Árvore-da-Vida'* é uma síntese simbólica para tudo que existe; assim, pode-se até citar como um bom exemplo o *'nascimento de uma criança'*.

O Homem e a Mulher detêm intrinsecamente a *'Força da Vida'*, o Homem representando o *Positivo* (+) e a Mulher o *Negativo* (—), e da *'união'* de ambos resulta um *'Óvulo Fecundado — ou O Princípio Criador Manifestado'*, traduzido pelo *Mundo da Emanação ou Primeiro (1º) Quadrado*.

Guarda (ou Cobridor): _____

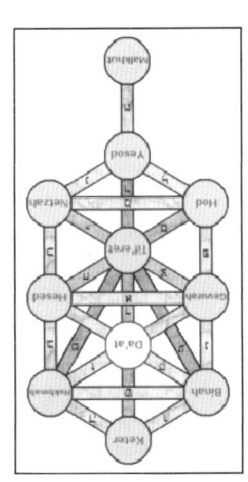

Existe uma pequena área comum entre os *'Dois (2) Primeiros Quadrados Superpostos'*, que passa pelo *'Daath — Da'ath ou Daas ([da a]) = Conhecimento'*, que no *Misticismo Judaico ou Kabala* é a *'Localização ou Estado Místico'* onde todas as *'dez (10) Sephirot da Árvore-da-Vida'* estão unidas como uma só; assim, esse espaço entre os *'Primeiro (1º) e Segundo (2º) Quadrados'* é a *'preparação'* para entrar no *Mundo da Criação*, que nada mais é do que a formação dos *'órgãos vitais'* para sobrevivência no *Reino Material*; no 6º mês de gestação o feto inverte sua posição no útero materno ficando de cabeça para baixo; e complementa a estrutura física até o encaixe para nascimento — *Manifestação do Princípio Criador, no Malkuth — Reino Material*.

E tem-se em cada ser a composição do que são formados, a gerar a máxima hermetista: *"O que está em baixo é semelhante ao que está em cima"*, ou o inverso também verdadeiro: *"O que está em cima é semelhante ao que está em baixo"*; evidente, dependente da direção referida.

Assim, passa-se ao que ensina a *Kabala 'invertida'*, quando se está manifestando e vivendo no *Reino Material*; agora em sua parte inferior tem-se um *'triângulo invertido'*, a ponta inferior (Coroa) representando o cóxis humano onde iniciam os *Nadis ou Canais de Energias*, terminando no *Centro da Cabeça — na Glândula Pineal*, que estão relacionados aos *Chakras*.

Esses *Canais* são também chamados *Ida*, representados pelo *1º Vigilante — Coluna da Força — Princípio Negativo — ou P∴B∴*; e, durante sua Iniciação, quando o Recipindário é recebido Neófito, na *Consagração*, simbolicamente é desobstruído esse *Canal*, proporcionando facilidade na interação com o representado pela *Sessão Econômica*; e mais, naquela Cerimônia outro canal chamado *Pingala*, representado pelo *2º Vigilante — Coluna da Beleza — Princípio Positivo — ou P∴ C∴/P∴*; e ainda, outro dito *Sushumna*, representado pelo *VM — Coluna da Sabedoria*, representa o Equilíbrio desses *'opostos'*, ou as *PP∴ B∴ e C∴/P∴*.

Contudo, aqui cabe observar que não raras vezes alguns Adeptos chamam a *Pedra de C∴ P∴*, o que não parece adequado pois uma *Pedra C∴ P∴* sempre será *C∴*, porém, uma *Pedra P∴* não necessariamente será *C∴*; até porque a *Pedra* de qualquer formato pode ser *P∴*, mesmo não sendo *C∴*; do mesmo modo uma *Pedra C∴ P∴* poderá não ser a *Pedra C∴Piramidal* com nove (9) faces.

VM: _____

Resumindo: *Pode haver relação entre a Árvore-da-Vida da Kabala e o Templo Maçônico?* Esses *Símbolos* expressam uma verdade independente de quem a adote, por isso é possível crer que esse é o motivo de sua *'sobrevivência'* ao longo do tempo, e na *Linguagem Simbólica Maçônica*.

Finalmente, na Maçonaria os *Símbolos* são vinculados a um *Ritual*, sendo essa a mais significativa diferença, o que os torna complexos e específicos, mas maravilhosos e envolventes

26

Quem se é?
De Onde se Veio?
Para Onde se Vai?

Todo Homem nasce livre e, por toda parte, encontra-se acorrentado. (Rousseau)

VM: ─────────────────────────────────────

No Corpo Humano estão localizados 'Cinco (5) Portais Energéticos', que ativados tanto levam à individualidade, quanto permitem crescente conscientização da jornada evolutiva da Alma.

Tais *'Portais'* pela *Filosofia do Sistema de Cores Aura-Soma* denominam-se: *Estrela da Terra — Estrela da Encarnação — Estrela da Alma — Ananda Khanda — e Esmeralda do Coração*; e, as *Três (3) Estrelas* detêm registros passados, presentes e futuros dos seres que foram, são e ainda serão consciências planetárias e terrestres.

E ainda os dois últimos *'Portais: Ananda Khanda e Esmeralda do Coração'*, são conexões entre *Estrelas*; e, pela informação que flui pelos *'Portais'*, é possível acessar os *'Potenciais Criativos'* que são a expressão mais autêntica da *Alma*.

Conscientemente ao entrar em sintonia com as *'Qualidades Irradiantes de Natureza Fundamental'*, e na medida em que a expressar, pode-se obter as respostas àquelas *'Três (3) Clássicas Perguntas'* que são feitas quando se chega a determinado ponto no caminho do autodesenvolvimento: *Quem se é? — De onde se veio? — e Para onde se vai?* E como resultado desse esclarecimento interno pode-se contribuir de forma mais eficaz para o *Desenvolvimento* e consequente *Evolução Pessoal e do Planeta*; assim, em detalhes:

1º Vigilante: ─────────────────────────────────────

1) ESTRELA DA TERRA – DE ONDE SE VEIO

A 'Estrela da Terra' localiza-se 20 cm abaixo dos pés, no 'Chacra da Terra'; é o 'Portal' que registra o que se vive e experimenta pela consciência terrestre; carrega a informação do 'Destino' na Terra, representando o que se veio cumprir e aperfeiçoar no contexto do 'Carma e Dharma' gerado na vida.

O primeiro passo do autodesenvolvimento é pelo contato com a 'Energia Vermelha'; a 'Consciência' deve fixar-se na Terra como o Planeta escolhido para viver e evoluir; e no modo em que se aprofunda na experiência da 'Energia Vermelha' se adquire 'Sabedoria'.

A 'Energia Vermelha' do 'Primeiro Chacra' é uma Energia de fixação, associada principalmente a questões de sobrevivência e preservação da 'Linhagem

Genética', mantém o ser vivo e impulsiona a 'reprodução', e que pelo mesmo motivo o faz traçar Metas e alcançar Objetivos.

Não foi à toa que Osho em toda sua sabedoria criou as 'Meditações Ativas'; assim, a indagar: Como se chega a um estado de relaxamento consciente, sem antes ter consciência de que o corpo é um poderoso Manancial Energético e Criativo?

Ao se profundar na experiência terrena, amplia-se a consciência pelo despertar da 'Energia Rosa – ou Energia Vermelha', que aos poucos se ilumina e torna-se sutil.

A 'Energia' traz a consciência do 'Amor Desinteressado' e motiva a Vida Altruísta ou Humanitária e Filantrópica, pois as questões de sobrevivência não são mais prioritárias.

Há tal deslocamento de consciência no atendimento pleno das necessidades básicas, pois: Não se pode dar o que não se possui!

O 'Amor ao Próximo' nada mais é que a extensão do 'Amor a Si Próprio'; porque a vontade de ajudar os outros, de contribuir para evolução do Planeta deve ser natural, fruto do Amor e da responsabilidade cultivada em si.

2º Vigilante: _____

Não há obrigação de fazer nada, a menos da consequência de estímulo interior; mas antes: Ame-se — Cuide-se — e Corra aos Objetivos mais Egoístas que sejam, mas saudáveis claro, e divirta-se aproveitando a Vida ao máximo que possa; e perceberá que, aos poucos, só não se contentará em ser feliz se outros também se sentirem assim; e começará a vê-los com consciência.

É o Vermelho iluminando-se e ficando Rosa!

No processo de ancorar a consciência à Terra, começa a sentir que pertence ao Planeta onde vive.

Aos que creem, dizer que muitos podem até ser Almas com experiências em outros Planetas e Sistemas Solares, mas no momento o Corpo Físico faz parte do 'Grande Corpo de Gaia — a Terra', onde se escolheu desenvolver a 'consciência'; pois, mesmo sentindo que a 'Origem é Estelar — o De onde se veio?, a consciência deve focar no Planeta que se ilumina enquanto o ser evolui.

E até pode ter a 'Cabeça nas Estrelas', mas os pés devem ficar bem ancorados na Terra; assim, nesse movimento se permite que a 'Energia Rosa' gradualmente eleve e toque a 'Estrela da Encarnação'.

2) ESTRELA DA ENCARNAÇÃO – QUEM SE É?

A 'Estrela entre o 2º e 3º Chacras', 4 cm acima do umbigo e 4 cm para dentro, e descrita como um diamante no 'Centro' do ser na Região Dourada.

Detém as cores da 'Aura Verdadeira' composta pela cor da Alma ou a qualidade irradiante da Essência, e pela cor da personalidade advinda da Linhagem Genética dos pais; a combinação de ambas as cores revela a 'Missão' escolhida nessa Encarnação.

Orador: _____

Onde se diz 'Missão' leia-se 'Conjunto de Qualidades, Talentos e Dons', escolhidos para desenvolver nessa Vida.

Visto que a única 'Missão' é exercer os 'Dons e Talentos', aptidões aprimoradas na jornada da Alma, e expressando a Essência, permite que se sejam Cocriadores do Universo com as ferramentas internas que se dispõe.

Assim, o Universo ou Deus não impõe 'Missão', pois se escolhe a própria, e o Universo responde criando as condições para que sejam executadas.

Pelo espelhamento das Criações, e reconhecimento do originado pelo ser interior, é que se vai descobrindo: Quem se é? E esse 'Portal' é ativado quando se ouve as necessidades profundas da Alma, e a essas se dá atenção.

Quando aceitar tais necessidades sem julgar, só as respondendo com Amor, se está colocando o 'Amor Incondicional' em prática.

Quando se está disposto a Amar e aceitar a si plenamente, se passa a não depender de reconhecimento externo para condicionar o 'Bem-Estar Interno'; e nesse processo de cultivar o Amor interior e compartilhá-lo com o semelhante, ativa-se a 'Estrela da Encarnação', e acessa a 'Sabedoria da Alma da Estrela'.

A 'Energia do Amor' impulsiona a Alma, pois sem Amor não há como reconhecer a Essência, e sem essa não há sintonia com o Verdadeiro Propósito, aquele sintonizado com a própria Alma.

3) ESMERALDA DO CORAÇÃO – ABERTURA AMOROSA

Ao tempo em que se leva o Amor e a atenção da 'Estrela da Encarnação' para a 'Área Dourada', principia o desabrochar da 'Rosa' do Coração; e esse 'Portal' localizado no 'Chacra Cardíaco', que é luminoso e também chamado 'Esmeralda do Coração'; e a conexão entre as 'Estrelas' abaixo do cardíaco, e as acima.

Secretário:

Ativando a 'Energia Verde-Esmeralda do Chacra' pela 'Energia Rosa do Amor Incondicional', o ser estará conectado com tudo ao redor; assim o sincronismo começa a operar na Vida, por isso, o estar no lugar certo no momento correto fazendo o que deseja, se torna realidade.

Assim, não há necessidade de esforço em obter o almejado, pois se trilha o caminho certo com a Verdade; e, no processo bem compreende sua 'Missão', e a forma de desenvolvê-la.

4) ANANDA KHANDA: QUAL A MISSÃO?

O 'Chacra Ananda Khanda' no lado direito do peito na altura da clavícula é denominado 'Chacra da Individuação', cuja vibração é a 'Energia Turquesa'.

Esse aspecto da consciência é a 'Expressão Criativa do Coração', que se associa ao processo de individuação da Alma, a etapa evolutiva da Vida em que se indaga: Qual a verdadeira Missão?

E a ativação da 'Energia Turquesa' torna a comunicação ampla, não só a mente, mas ao sentimental expresso pela Alma.

O 'Turquesa' também é a comunicação da 'Sabedoria do Espírito' em sintonia com a 'Sabedoria da Alma', e traz paz à comunicação interna.

Então, é assim que se ouve e comunica a voz da consciência superior, acessada pela Intuição.

Contatar a 'Energia Turquesa' faz soar a vibração particular, em ressonância com a 'Estrela da Encarnação'; e esse é o contato com a parte autêntica do ser, o verdadeiro Eu, que se expressa de modo singular e criativo, ao conectar com a própria Verdade interior.

O acesso a essa profundeza do ser se dá por intermédio da conexão com a 'Esmeralda do Coração'.

Guarda (ou Cobridor): _____

4) A ESTRELA DA ALMA: PARA ONDE SE VAI?

A 'Estrela da Alma' fica acima da cabeça na 'Região Magenta ou 8º Chacra'. Aos crédulos, ativando a 'Estrela' se tem acesso às informações das existências nos diversos Planetas, Sistemas Solares e Galáxias, como acessar o potencial do ser plenamente realizado que se virá a ser!

Denomina-se 'Consciência Monádica', em que impera a 'Energia designada Mônada', dividida em 12 extensões denominada Alma, dividida em outras 12 extensões, seja na Terra ou noutro Plano Material; experiências da Vida na Terra são extensões da 'Energia Superior' dita Alma.

E acionando essa 'Estrela a Energia Magenta' expressa o 'Amor Incondicional', concreto e criativo, quando também é ativada a 'Energia Turquesa pelo Chacra Ananda Khanda'.

A 'Energia Rosa' sobe pelo 'Chacra da Terra' e nutre a 'Estrela da Encarnação', se encontrando com a 'Magenta do 8º Chacra' que passou pelo Ananda Khanda no centro do Coração.

A 'Consciência Magenta' é do 'Amor Divino e do Amor das pequenas tarefas do dia a dia'; e também simboliza o desejo pela 'Perfeição e Harmonia'.

Ativada essa 'Energia', aciona-se mais a 'Estrela da Encarnação e a da Terra', de forma que as 'Três (3) Consciências' aí contidas tornam-se uma só.

Assim, as 'Missões' que se desempenha como Ser Humano — Alma — e Mônada, que é ou o Núcleo Fundamental na atual fase de Evolução, a Centelha Cósmica emanada do Criador, e/ou Centro de Vida imperecível do ser; então Mônada => Alma => Ego; também se harmonizam fundindo-se, que significa tornarem-se seres realizados, e funcionam como focos de 'Consciência Individual'.

VM: _____

Finalmente, afirmar que as *'Três (3) Estrelas'* surgem na concepção do ser, e as da Alma e da Terra desenvolvem a da Encarnação; e que a *'Energia Amorosa está sempre no desenvolvimento da Consciência'*, desde o ativar da *'Estrela da Terra'*, passando pelas: *Estrela da Encarnação e da Alma — Esmeralda do Coração — e Ananda Khanda!*

INSTRUÇÕES COM TEOR FILOSÓFICO

'Arquétipos e Mitos'

"Posso não concordar com uma só palavra do que dizeis, mas defenderei até a morte o seu direito de dizê-lo." (Voltaire)

VM:

Uma técnica tão antiga quanto os *Rituais*, que também envolve a utilização de *Símbolos* para transmissão e sedimentação de seus *Conceitos*, é a ativação e manipulação de *'Arquétipos'*.

Assim, o termo *'Arquétipo* tem origem no *Grego — arché = principal ou princípio, e π — tipos = impressão ou marca;* significando o *'primeiro modelo ou imagem'* de alguma coisa, e de antigas impressões sobre algo; trata-se de um conceito explorado em diversos campos de estudo como *Psicologia e Narratologia (Estudo de narrativas de ficção e não ficção, como História e Reportagens).*

1º Vigilante:

O termo *'Arquétipo'* é usado por *Filósofos Neoplatônicos* como Plotino, e via concepção de Platão <u>a designar ideias como 'modelos' de coisas existentes.</u>

Já na *Filosofia Teísta* o termo indica: *Ideias presentes na mente de Deus*; e, pela confluência entre Neoplatonismo *(doutrinas e escolas platônicas [Platão] dos Séculos III / VI – da Fundação da Escola Alexandrina – 232 d.C. ao Fechamento da Escola de Atenas – 529 d.C.; é direcionado aos aspectos espirituais do pensamento platônico)* e Cristianismo, o termo *'Arquétipo'* chegou à *Filosofia Cristã* difundido por S.Agostinho influenciado por escritos de Porfírio, que era discípulo de Plotino.

E recorrendo às interpretações e conceitos do pensador, sociólogo e psicólogo alemão Jung, que afirma ser *'Arquétipo'*: *A Experiência, ou o Padrão de Experiência, básica e comum à toda a Humanidade.*

Desde que se compreenda que a *Linguagem* é efetivamente um *'produto'* do *Intelecto e Racionalidade*, pode-se aceitar e entender que os *Arquétipos e Padrões de Arquétipos, 'transcendem'* em muito os mesmos *Intelecto e Racionalidade.*

2º Vigilante:

E por consequência, geralmente é por intermédio dos *Símbolos* que os *Arquétipos* encontram sua *'forma de expressão'* mais direta, porque um *Símbolo* não trás apelo tão somente ao *Intelecto*, mas de modo importante *'despertam'* os níveis mais profundos *da Psique ou do Psiquismo,* ou seja, o que os psicólogos denominam *Inconsciente.*

Genericamente, quaisquer *Símbolos* podem operar e/ou serem tratados de modo isolado ou em conjunto, mas sempre produzirão até uma vasta plêiade de raros efeitos; por isso, quando os *Símbolos estão bem organizados numa narrativa que se apresenta coerente ou que se mostra um enredo*, esses *Símbolos passam a se tornar o que é denominado Mito*.

O termo *Mito* tem origem no *Grego antigo* **μ** — *translit*. *Mithós* = *Narrativa de Caráter Simbólico*, relacionada a uma dada *Cultura* que *'procura explicar'* por meio da ação de*: Deuses — Semideuses — e Heróis, 'o que não tem explicação ou não é compreendido'* tais como*: Fenômenos Naturais — Origem do Mundo — e Surgimento do Homem*.

Ao *Mito* está associado o *Rito*, que é o modo de pôr em ação o *Mito* na vida do Homem, em*: Cerimônias — Danças — Orações — e Sacrifícios*.

Orador: _____

Contudo, o termo *Mito* é por vezes utilizado de forma pejorativa para se referir às crenças comuns, consideradas sem fundamentos objetivo ou científico, e tais crenças vistas apenas como histórias de um universo puramente maravilhoso de diversas comunidades; no entanto, até acontecimentos históricos se podem transformar em *Mitos,* quando é adquirida uma determinada carga simbólica para uma determinada *Cultura*.

Porém, na maioria das vezes o termo *Mito* refere-se, nas *Civilizações Antigas*, à relatos que quando organizados constituem uma *Mitologia*, como por exemplo as *Mitologias Grega e Romana*; entretanto, a palavra *Mito* não deveria ser usada no sentido de ficção ou fantasia, pois ao contrário implica em algo extremamente mais complexo e profundo.

Os *Mitos* não foram criados simplesmente para entreter, mas: *Para 'explicar as coisas – ou seja – para justificar a realidade'*.

Para os *Povos da Antiguidade: Babilônicos – Celtas – Gregos – Egípcios – e outros*, *Mito* era sinônimo de *Religião*, que abrangia o *Conhecimento Humano*, classificado como*: Ciência - Filosofia – Psicologia – História – e outros*.

Além de que um *Mito* pode ser de natureza*: 1) Pessoal – ou – 2) Coletivo*, conforme os *Símbolos* que o componham; assim descritivamente tem-se:

Secretário: _____

1) **Mito Pessoal:** *Sem comentários, pois todo Homem tem sua própria explicação da realidade, baseado em: Experiências – Aventuras – ou Episódios de Infância, que na memória assumem proporções míticas – do Grego miyhikós, pelo Latim mythcu – relativo a Mitos ou de sua Natureza, celebrado como: Fabuloso – Maravilhoso – Prodigioso.*

Até porque, todos conhecem o relevo que amigos ou pessoas amadas ausentes chegam a assumir na mente de cada um, ou seja, alguns traços marcantes que despertam forte reação emocional.

2) **Mito Coletivo:** *Há figuras que gozam de igual condição mítica, mesmo quando vivas, intensificando-a em virtude de sua morte.*

Geralmente a maioria desses Mitos Coletivos tem Aspectos:

1) Arquetípico – ou – 2) Tribal. O Mito Arquetípico reflete certas constantes universais da experiência humana.

Guarda (ou Cobridor): _____

E ainda relativo ao *Mito*, uma virtude singular sua é que pode ser usado para unir pessoas, ao ser muito bem ressaltado o que as mesmas têm em comum.

Todavia, os *Mitos Tribais*, em contrapartida, enfatizam não o que os Homens têm em comum, mas o que os separa.

Por isso os *Mitos Tribais* ao invés de conduzir ao *Autoconhecimento*, apontam para fora, em busca de um culpado ou bode expiatório, isto é, um adversário externo para lançar sobre esse tudo o que se quer repudiar.

Por todo o exposto, poder-se-ia afirmar que:

- *Tudo que o inimigo é a gente não é!* ***E*** *Tudo que o inimigo não é a gente é!*

Ao longo da História as *Religiões* se valeram de *Mitos*, e na maioria das vezes usaram essencialmente o mesmo *Mito*, enfatizando seus *Aspectos Arquetípicos ou Tribais* para gerar *'confiança'*, e em troca conferir um *'sentido'* para justificar que existira.

De outra parte, um dos *'motivos simbólicos e míticos'* de mais forte ressonância é o conferido ao *Apocalipse*, que muitas vezes é empregado como um *Arquétipo* para *'induzir'*, sendo portanto entendido o *Apocalipse* como sendo uma espécie de *'preliminar'* para o *Juízo Final*.

E ainda por vezes, um *Mito* é apresentado como explicação para os mais variados *Males: Reais – Imaginários – ou Previstos*; como também é usado para *'intimidação'* do Homem, visando tirar proveito de sua *'culpa'*, para a seguir quebrar sua *'resistência'* e arrancar-lhe a *'confiança'*.

VM: _____

Quando é utilizado de modo *Tribal*, tende a criar uma *'pretensa elite'* dos que asseguram sua *Salvação*, em contraste com a grande massa dos *Condenados*.

Então, ainda algumas vezes, chega a servir de pretexto para *'perseguição'* daqueles supostos *Condenados*, como ocorreu no período nefasto da *Inquisição*.

E novamente, afirma o pensador, sociólogo e psicólogo alemão Jung que:

- *"O 'Mito' está para a Humanidade, como Sonho está para o indivíduo!"*

mesmo porque:

- *,O 'Sonho' mostra uma 'verdade psicológica' para a pessoa, e*

- *Em contrapartida o 'Mito' mostra uma 'verdade a aplicar à Humanidade'.*

e, finalmente, cumpre resumir que:

- *O Homem somente se renova pela essência; então*

- *As 'Imagens Míticas' constituem o meio a que os 'Padrões Arquetípicos do Inconsciente Coletivo' se manifestem no 'Consciente' do Homem, e o ajudem em seu 'Processo de Transformação'.*

28 Utópica 'Escada' do Céu a Terra (Parte 1)

"Todos nós nascemos originais e morremos cópias." (Jung)

VM:

Cientes de que: *O Amor é a simples e natural das Energias, mas também imenso Mistério,* sujeito à *Lei do Equilíbrio,* e guia a *Evolução do Universo;* assim a concluir: *Sem Amor não existe Vida!* – Todo Homem é concebido por *Ato de Amor,* e depois vem a nascer fazendo parte e sendo contemplativo à *Lei da Harmonia;* isso é devido porque desde o berço até ao túmulo, se apresenta embalado pelos mecanismos de *Ajuda Mútua.*

A *'afinidade'* entre duas (2) ou mais *Almas Humanas* sempre foi considerada um *Processo Sagrado;* porquanto o sábio *Epicuro* ensinava que: *"De todos os bens que a Sabedoria nos proporciona para a Felicidade da nossa Vida, o da 'Amizade' é, de longe, o maior.";* portanto, a *'Amizade'* é uma esplendorosa forma suave de *'afeto',* apoiada na *Paz de Espírito* do Homem equilibrado; por isso mesmo, ainda para *Epicuro: "Ser 'justo' tem tranquilidade d'Alma; e o 'injusto' cheio de Perturbação.";* como consta em *'Epicuro – As Luzes da Ética';* de J. Q. Moraes. (Ed. Moderna).

1º Vigilante:

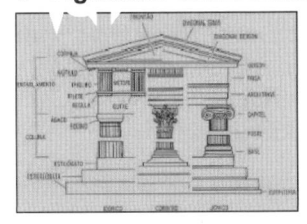

Contudo, se *'afetos desordenados'* geram *Sofrimento,* e quando são *'afetos moderados'* geram *'durabilidade'* aos *Laços Afetivos,* por isso, o *'Amor'* é uma prática entre formas diferentes de *Vida/Existência.*

Assim, para a *Filosofia Clássica* essa integração dinâmica de todos os seres é uma forma mais ampla de *'Amizade';* ademais, afirmavam os Pitagóricos que:

• *"Há um parentesco fundamental entre todas as coisas do Universo".*

E o *'Amor'* surge espontaneamente na *Alma* daquele que percebe *'algo'* que é: *Bom – Belo – e/ou Verdadeiro;* mas é recomendável ter muito cuidado porque as aparências enganam e as armadilhas são inúmeras.

Já o *'Amor'* quando está separado e não agregado à *Sabedoria* gera *'Ilusão e Sofrimento',* pois existe um sem número de *'maldades e venenos'* revestidos como *'doces',* tanto quanto existem *'prazeres'* que somente provocam *'dor'.*

Portanto, tudo que é 'Agradável' pode não ser: Bom – Belo – ou Verdadeiro, mas por outro lado, o 'Trabalho e o Sacrifício' podem ser aparentemente 'Desagradáveis'; contudo, podem também ser parte de 'algo maior' que é superlativo em: Verdade – Beleza – e Bondade.

2º Vigilante: _____

Também é incontestável que nem tudo é feito de *'Amor'*, porque também existe muito *'Ódio'* entre pessoas, podendo até chegar às vias de fato com *'morte'*, porque destrói principalmente todo aquele que *'odeia'*, e apenas secundariamente prejudica a quem é *'odiado'*; mas mesmo assim, todos os *'Rancores e Frustrações'* não passam de formas de *'Amor'* que não deram certo, tanto assim que afirma o pensador e escritor Mário Quintana: *"A mentira é uma verdade que esqueceu de acontecer!"*; por isso: *A Maldade é uma Bondade que 'fracassou'*; e *O Ódio é apenas o Amor virado do 'avesso'*.

Desde o início dos tempos o imenso *'Poder do Amor – ou – Essência da Força Vital'* foi um enigma de difícil decifração; mesmo porque não é nada fácil utilizar adequadamente essa vasta *'Energia Ilimitada'*.

Orador: _____

Há milhares de anos a *Humanidade* vem tentando compreender o desafio do *'Amor'*, que tem sido um tema absolutamente central nas principais *Religiões e Filosofias*; entretanto, foi na década de 1950 que o pensador russo P. Sorokin fez um dos anúncios mais surpreendentes a esse respeito; então, começou lembrando que a *Ciência* já descobrira o *Mundo Subatômico*, isto é: *Tendo iniciado o aproveitamento da 'Energia Nuclear'; e Avançado na 'Exploração Espacial'*; assim, afirmou que: *Estava chegando, afinal, o momento de conhecer, cientificamente, o misterioso 'Reino do Amor Altruísta', ou seja, o 'Amor' antônimo àquele Egoísta, de quem professa Altruísmo sendo Filantropo, e praticante do 'Amor Humanitário e/ou Filantrópico'*; e ainda complementou que: *Embora esse Estudo Científico esteja agora no início, é provável que se torne uma área da maior importância para futuras pesquisas: O tópico do 'Amor Não Egoísta' já foi posto na agenda de hoje da História, e está para transformar-se no seu assunto principal*; como *'A Visão Espiritual da Relação Homem e Mulher'* – S. Miners (Ed. Teosófica).

Secretário: _____

Tempos depois ocorreram descobertas sobre o *Funcionamento do Cérebro* que desenvolveram *Conceitos* da *Inteligência Emocional e da Múltipla* envolvendo os *Dois (2) Hemisférios Cerebrais Superiores*, e também *Cérebros* mais primitivos que os: *Neocórtex = Parte da camada exterior do Cérebro com Seis (6) Camadas; Córtex ou Parte Cortical = Envolvido em funções elevadas como: Percepção Sensorial – Geração de Comandos – Raciocínio Espacial – Pensamento Consciente –* e nos humanos a *Língua*, como por exemplo nas:

Psicologia se abriu à Nova Disciplina que ensina a 'Amar os Semelhantes';
Administração de Empresas, ficou claro que a arte de 'Relacionar-se' com pessoas é decisiva para o desempenho profissional;
Médicos reconheceram que a 'Pureza e Qualidade das Emoções' são instrumentos essenciais para evitar todos os tipos de doença;
Pesquisas Científicas provam que o 'Amor a Deus' gera efeitos terapêuticos;

tanto que o médico norte-americano L. Dossey escreveu que: *As 'Orações' têm poder real de curar e de prevenir doenças.*

Guarda (ou Cobridor):
e complementou afirmando que:

- *O 'Corpo ... gosta da Prece', e responde de modo saudável nos Sistemas Cardiovascular – Imunológico – e outros. Mas, ... interessantes são estudos que mostram que 'Preces' de intercessão ou a distância também surtem efeito, até o indivíduo sabendo que a 'Prece' está sendo feita a si, mesmo longe do local onde está a pessoa que 'Reza'."*

consta de autoria de L. Dossey na *Introdução* de *Tudo Começa Com a Prece* de autoria da Madre Teresa de Calcutá – (Ed.Teosófica).

Na *Grécia Antiga* o filósofo Platão ensinava que: *"A ligação entre o Mundo dos Homens e o dos Deuses é feita de Amor";* enquanto na Bíblia, no *Velho Testamento em Gênesis 28*, consta que: *"A Escada de Jacó liga o Céu a Terra graças ao 'Amor dos Anjos' que a sobem e descem.";* e ainda L. Dossey reforça essa imagem ao afirmar que: *"A 'Oração' é uma Ponte entre o Nível Humano e o Nível do Absoluto."*

VM:
Há milhares de anos diferentes culturas afirmam que os *seres* se elevam até os *Deuses* pelas *'Expressões de Afeto*: Fraternidade – Devoção – e Sinceridade*; e os *Deuses* descem ao *reino humano* por uma das variantes do *'Sentimento Interior – a Compaixão'.*

E em qualquer situação o *'Verdadeiro Amor'* implica um *'Processo Espontâneo de Autossacrifício*; porque surge do fato que dá muita *satisfação* poder proporcionar *Felicidade* a outrem, e isso sempre é bem maior que a *satisfação* da própria *Felicidade*.

Finalmente, deve ser considerado que há incontáveis maneiras de se expressar *'Afeto'*, por exemplo, amando as: *Pessoas próximas – Humanidade no conjunto – terra, árvores e animais – vento – pôr do sol – e muitos outros*; o que impõem extrema *Felicidade* a quem assim participa dessa verdadeira *Dádiva Divina* que o Criador proporciona a todos!

29 Utópica 'Escada' do Céu a Terra (Parte 2)

"Todos nós nascemos originais e morremos cópias." (Jung)

VM:

Em continuação a Parte I anterior, concluída pelo dever de considerar as incontáveis maneiras de expressar *'Afeto'*, como por exemplo amando as: *Pessoas Humanidade – terra, árvores e animais – vento – pôr do sol – e muitos outros*; o que impõem extrema *Felicidade* a quem assim participa dessa verdadeira *Dádiva Divina* que o Criador proporciona a todos!

Contudo, o *'Amor'* também pode tomar a forma de uma incontida *'Paixão Romântica'* por alguém cujos atributos e características possam parecer sem limites; entretanto, todo esse mesmo *'Amor'* também pode ser canalizado para a dedicação a uma *'Causa Nobre'* tal como um *'Ideal Social'*; e ainda, também pode se voltado à devoção a uma *'Divindade'*.

Todavia, também é verdade que o *'Amor'* pode queimar as *asas* com que a *'Alma Humana'* voa pelo *Mundo da Rotina* que sempre é estabelecida, e além disso: *Empurra a Caminhos Perigosos – Rompe Estruturas – Destrói Refúgios Cômodos – e Leva Diante do Desconhecido*; sendo esses os meios pelos quais o *'Amor Eleva a Alma'* em direção ao *Mundo Divino*.

1º Vigilante:

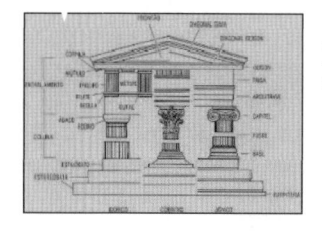

Mas, faltando *Amor* a vida, de modo figurado, parece com comida sem sal nem pimenta com prazo de validade vencido, pois *'Amor'* é: *Fogo que Aquece Corações – Mostra a Infinita Beleza da Vida – e Minimamente Fornece Três (3) Elementos Essenciais: Coragem para Enfrentar Perigos – Ânimo para Vencer Dificuldades – e Paciência a Suportar os Inevitáveis Sofrimentos*.

O *'Amor'* é tão puro quanto o *'olhar meigo da criança'*, por isso pode iluminar qualquer ser humano em apenas décimos de segundo, além de poder tomar o controle de sua *Consciência* como um relâmpago, e fazer com que a *Vida* nunca mais seja a mesma pois a transforma; assim, o *'Amor'* pode ser tão duradouro quanto a *Eternidade*.

Mas apesar disso, o *'Amor'* é também capaz de desaparecer, sem que os seres sejam capazes de sequer se aperceberem de tal fato; contudo, depois de muitos anos o *'Amor'* pode se revelar, de forma gradual ou repentinamente, como sendo algo amargo e/ou falso; mas cuidado, mesmo quando é possível se pensar que o *'Afeto'* possa ter acabado——que tenha morrido, esse pode voltar de repente e com mais força do que nunca.

Desde que na *Vida* tudo flui e nada pode ser imobilizado, nem sempre chega a dar certo como imaginado, as tentativas de *'Institucionalizar o Processo Vivo do Amor',* tanto que o pensador/filósofo Heráclito de Éfeso ensinou:

2º Vigilante: _____

- *"Não é possível banhar-se duas (2) vezes no mesmo rio."*
pois o rio muda de volume e diretriz todo instante, tal como as pessoas.

E analogamente, como outro exemplo prático pode-se afirmar que, por mais que seja considerada uma *Mulher, Homem* algum consegue abraçá-la igualmente duas (2) vezes, pois entre um abraço e outro o fluxo da Vida mudou, além de que essa mudança pode até ser fundamental; assim, por essa razão a todo *'Afeto'* deve-se saber que morre, para renascer a cada dia.

Um *'Amor'* que perdure longo tempo pode ser traduzido como o *'equilíbrio permanente'* entre *Renovação e Estabilidade*; o que é devido a se ter ciência que o *'Amor'* perdura quando é acompanhado muito próximo aos *Desapego e Respeito*, bem como quando se abre ao *'Novo e à Evolução Interior da Alma'.*

Mas para isso, como em qualquer situação, é recomendável que o *'Âmago ou Centro do Sentimento de União'* se instale nos níveis superiores da *Consciência* do Homem, porque é onde se alojam as *'Verdadeiras Realidades Permanentes'.*

Orador: _____

O pensador e filósofo Platão, em sua renomada obra *O Banquete* afirma que:

- *O 'Amor' movimenta níveis da Consciência, do inferior até ao Divino.*

e ainda ensina que há uma *'Escada do Amor'* por onde a *'capacidade afetiva'* pode elevar-se, gradualmente: *'Do Mundo Material ao Divino';* e a 'Escada' possui *Sete (7) Degraus* significando:

1º) É o 'Amor' por uma Pessoa fisicamente atraente e bela; esse processo vai além da mera atração física e inclui os *'Sentimentos da Alma';*

2º) É o 'Amor' por toda e qualquer Beleza Física onde quer que esteja; é o Amor por pessoas – animais – Natureza em si – e assim sucessivamente;

3º) É o 'Amor' pela beleza Mental e Moral, independente das formas físicas; quando se ama ou admira alguém pela beleza da Alma e de suas Ideias;

Secretário: _____

4º) É o 'Amor' por Boas Ações – a Ética; admira-se a Solidariedade e Compaixão, e a vontade em seguir o exemplo dos: *Santos – Sábios – e Líderes Altruístas (Que pensa nos outros ou mais nos outros que em si, solidário, caridoso),* ou o contrário do Egoísta, o Humanitário e Filantrópico;

5º) É o 'Amor' do Compromisso com as Instituições Coletivas Belas; é *'Amor'* por Democracia – Ideal Humanitário – e Movimentos Sociais que defendem Direitos Humanos e Preservação Ambiental;

6º) *É o 'Amor' pela Ciência e Conhecimento Universal;* é o 'Amor' do Aprendiz pelo que está Estudando e Aprendendo; e a cada área de Conhecimento, sem exceção, visa produzir coisas Boas – Belas – e Verdadeiras. Para Platão a Medicina é a forma de 'Amor', pois promove harmonia entre diferentes partes e energias do Corpo Humano. A Música é a arte dos Sons Harmoniosos a despertar na Alma o Sentimento de Beleza. A Agricultura promove a Vida e a Harmonia no espaço rural.

7º) *É o 'Amor' pela Beleza Absoluta – a Bondade Abstrata em si,* presente ao mesmo tempo na Alma do Universo e no Coração de cada Homem. Segundo Platão esse é o 'Amor' que não se sujeita às oscilações da Vida, pois paira acima das 'ninharias mortais' e incertezas do Afeto Físico; é 'Amor Real', o tesouro dos Céus, que o tempo não pode corroer.

Guarda (ou Cobridor):

Ademais, buscando o alto da *'Escada'* os *Aprendizes da Sabedoria* amam sem apegar-se excessivamente a nada, porque meditam sobre a lição do pensador Heráclito a respeito do *'Fluxo Universal das Coisas'*.

E ao abordar a *Vida dos Filósofos* o grego Platão escreveu:

"A perda do patrimônio e a pobreza não provocam medo, como ocorre com a multidão dos amigos das riquezas materiais. Da mesma forma, Vida sem honrarias e glória, provocada pelo infortúnio, não é capaz de atemorizar, como faz com os que amam poder e honras. Por isso os Filósofos permanecem afastados desse tipo de desejos."

em *'Platão, Vida e Obra (Diálogo Fédon)'* de Os Pensadores *(Ed. Nova Cultural)*

E como qualquer *Energia* propugnada pela *Divindade* o *'Amor'* é:

Uma bênção onipresente e disponível em toda parte;

então, pode-se sintonizar a 'Existência Individual' com 'Vibração da Harmonia'.

VM:

Finalmente e de modo figurado, cabe mencionar que enquanto em certos momentos o *'Amor'* ilumina tal qual a precariedade do relâmpago passageiro na noite, ou como a luz frágil do fósforo na escuridão, em outras situações brilha como uma *'Luz Eterna'*; porém, deve ser entendido que nem tudo que a *'Luz do Amor'* revela é sempre absolutamente bonito, podendo até serem suas lições doces e/ou amargas, mas sendo certo que:

O *'Tempo'* jamais deve ser desperdiçado, e não terá a menor valia se desperdiçado em vão!

'Vontade de Deus' Sete (7) dos Modos de Saber Sua Vontade

"Muitos sem terem 'aprendido' a Razão, 'vivem' segundo a Razão." (Demócrito)

VM: ─────────────────────────────

Dentre tantos outros, é possível citar **SETE (7) MODOS DE SE SABER A VONTADE DIVINA,** que podem ser assim elencados:

1º) *A 'PALAVRA' É PASSO INICIAL ONDE PROCURAR SUA 'VONTADE'.*
• Quando Deus fala direto por 'Sua Palavra', então se sabe estar certo.
• A Bíblia é a 'Palavra Absoluta de Deus' e nunca falha.
• Na 'Palavra de Deus' há resposta para toda pergunta, e solução para todos os problemas.
• Quando se clama a Deus por respostas, deixe-O falar consigo por meio de 'Sua Palavra'.

2º) *ENCONTRA-SE A VOZ DA 'PALAVRA DE DEUS' AO LEMBRAR UM TRECHO DA BÍBLIA, OU QUANDO SE LÊ COMO ESCRITO PARA SI.*
• É como se o Senhor sussurrasse aos seus ouvidos.
• Começa a encaixar-se no ser pessoalmente, e de repente, se torna real.
• Deixam de ser simples 'Palavras', e finalmente se entende o que Deus está tentando mostrar.

1º Vigilante: ─────────────────────────────

3º) *DEVE-SE MANTER UMA SÉRIA REVELAÇÃO DIRETA.*
• Por vezes Deus usa um sonho ou visão, voz ou mensagem profética, para mostrar o que fazer.
• Sabe-se ter origem em Deus, e estar concordante com 'Sua Palavra', sem a contradizer.
• Sempre é maravilhoso receber respostas diretamente do Senhor.
• Quando se tem uma evidência concreta de Deus, de 'Sua Palavra' referida ao tema, então se sabe estar no caminho certo, e poder ir em frente e agir com convicção sem hesitar.
• Fica tudo resolvido, porque se ouviu o Céu.

4º) *SEMPRE SE DEVE ADMITIR 'CONSELHEIROS DIVINOS'.*
• Quando estiver tentando descobrir a 'Vontade de Deus' para uma decisão, é bom perguntar a opinião de outros; porém, é importante pesar o conselho

recebido e demonstrar gratidão por ter sido ajudado, além de dedicar oração a essa fonte.
- *Dá para confiar no que essas pessoas recebem do Senhor? As mesmas dão bons frutos e produzem bons resultados em suas próprias atitudes e decisões? Jesus disse: "Por seus frutos os conhecereis!" (Mateus 7:20)*

2º Vigilante:
5º) DEIXAR SEMPRE AS PORTAS ABERTAS E FECHADAS.
- *Se algo é a 'Vontade de Deus' abrirá a Porta, e fará com que seja possível.*
- *Em que direção Deus está abrindo o caminho, e meios para fazê-lo?*
- *É uma maneira de descobrir em que direção Deus está guiando; ficando claro que as condições nem sempre são o padrão de julgamento final descobrir a 'Vontade de Deus', mas por vezes uma indicação.*
- *Muitas vezes ao fechar uma Porta e abrir outra, o Senhor orienta e guia.*
- *Deus tem situações preparadas, que se tornam ótimas oportunidades.*
- *Assim, dever-se-ia tomar atitude decisiva, e não perder o tempo do Senhor, caso contrário, boa oportunidade pode se tornar uma chance perdida.*
- *Depois de orar numa Porta que se abriu, e se discutiu com outros, mas sendo bem visto por 'Sua Palavra', então se deve ir em frente.*

6º) VONTADES – IMPRESSÕES – OU SENTIMENTOS PODEM INDICAR O QUE O SENHOR ESTÁ GUIANDO.
Nem sempre é bom seguir os Sentimentos, mas se algo é realmente de Deus se terá uma convicção interior, o que muitos Cristãos chamam de 'O Testemunho do Espírito Santo'.
- *Pode ser uma vozinha mansa e delicada ao seu Coração.*
- *Sente-se internamente que é muito simples porque: Existe a Fé.*
- *Sabe-se ser essa a 'Vontade de Deus', e que é isso o que se deve fazer ou não.*
- *E 'Sua Palavra' diz: "... ouvirá voz por trás dizendo: Esse é o caminho, ande nele." (Is. 30:21)*

Orador:
7º) 'PROVA DA LÃ' = DADO AO 'SISTEMA DE DUPLA CONFIRMAÇÃO COM DEUS'; É UM ACORDO COM DEUS PARA MOSTRAR SE ESTÁ NO CAMINHO CERTO OU NÃO.
- *E quem Lhe pede de todo Coração nunca ficará desapontado.*
- *Pode-se até especificar o tipo de revelação que gostaria que Deus desse, como o Profeta Gideão fez na Bíblia. (Ju. 6:36-40)*
- *Gideão colocou um 'Pedaço de Lã (Pele de Ovelha) no chão e disse: "Senhor, se a Lã de manhã estiver molhada com orvalho, e o chão seco, então saberei que é Você falando comigo."*
- *Mas depois queria confirmar, então no dia seguinte disse: "Se a Lã estiver seca e o chão molhado, acreditarei.", e foi justamente isso o que o Senhor fez.*
- *Depois, então Gideão sabia que Deus estava consigo; porém, se o Senhor*

não tivesse feito o *'milagre'*, Gideão talvez tivesse desistido totalmente e perdido a esperança.

Com respeito à *'PROVA DA LÃ'* apesar de parecer ser um modo fácil e sobrenatural, trata-se da menos segura das **'SETE (7) MANEIRAS'** de ser descoberta a **'VONTADE DE DEUS'**; além disso, apenas se deve utilizar em conjunto com os demais pontos mais seguros mencionados antes.

Em verdade, quanto mais maneiras forem empregadas no *'Processo de Tomada de Decisões'*, mais certeza haverá de que se tomou a *'Decisão Correta'*.

Secretário:

Assim, é quanto consolo haverá quando se sabe estar de acordo com a *'Verdadeira Vontade de Deus'*; ademais, estando sempre certo que realmente:

- É o lugar mais seguro no Mundo para se estar.'

E mesmo em havendo à sua volta*: Guerra – Escuridão – e/ou Tempestade,* qualquer ser humano sempre estará seguro nas *'Mãos de Deus'* enquanto sempre O seguir.

Apenas deve se certificar de que esteja certo para depois seguir em frente, ou seja*: Ao lugar certo – Na hora certa – e Com as pessoas certas,* para que assim seja abençoado por *Deus*; até porque, sempre guiará o Homem no caso de simplesmente O seguir.

Contudo, apesar de todas essas claras posições ninguém deve sair correndo sozinho, somente porque algo possa apenas parecer *Bom,* porque não deve se esquecer de se manter em sintonia com *'Sua Palavra'* e com *'Sua Bênção'*.

Desse modo, qualquer combinação de*: Duas (2) – Três (3) – ou mais dessas Normas,* podem ajudar a confirmar a *'Vontade de Deus'* para a sua *'Própria Vida'*.

Essa é a principal razão de se querer compartilhar essas *Normas* com todos os interessados, ou seja, para ajudá-los a se manter em contato com *'Aquele que também poderia ser denominado o GADU – ou Verdadeiro Comandante em Chefe Celestial'* durante todo o tempo; porque isso sempre é devido, pois essa é uma *'Linha de Comunicação'* que jamais dá defeito.

Guarda (ou Cobridor):

O Homem sempre tem uma *'Linha Direta com o Céu',* e pode receber as **Ordens diretamente do Senhor,** na medida em que é por *Esse* sempre guiado no transcurso das muitas situações difíceis que haverá de encontrar pela *Vida*; mesmo por que:

- Quando pensar que está sozinho, Deus sempre estará ao seu lado para dirigir seus passos!

Todo Homem só tem que *pedir-Lhe* que *Sua* resposta virá, seja em público, estando sozinho, em casa ou em qualquer situação, pois*: Deus está em todo lugar – é Onipresente*; e desde que:

- Ele sabe – Ele ama – Ele cuida, porque nada poderá Sua Verdade obscurecer; e ainda, porque Ele dá o melhor àqueles que deixam que seja Ele a escolher!

Em verdade o requisito inicial para encontrar a *'Vontade de Deus'* é não apenas ter vontade própria, mas o dever de considerar também a *'Vontade Divina';* tanto que diz *'Sua Palavra':*

- "Ofereça seu corpo como sacrifício vivo, santo e agradável a Deus, que é seu culto devido.

- E não se conforme com esse Mundo, mas se transforme pela renovação do seu entendimento, para saber qual é a boa, aceitável e perfeita vontade de Deus!" (Rom.12:1,2)

Portanto, todo Homem que caso venha a submeter sua vontade, seu corpo e sua mente ao *Senhor*, poderá deixar que *Esse* auxilie na *'Tomada das Decisões'*, e jamais ficará desapontado.

E mais, qualquer ser humano enquanto seguir a Deus estará rezando por toda a *Humanidade*, sempre na senda da trajetória correta, para si e aos outros, no sentido de conseguirem maiores sucessos, tanto na sua vida pessoal, quanto junto àqueles que o cercam.

E verdadeiramente tudo isso ocorrerá enquanto defender a *'Verdade Divina'*, e testemunhar aos seus pares todo o devotamento do *'Amor do Senhor'*.

VM: _____

Finalmente, deseja-se que *'Deus abençoe a todos'*, sabedor de que O fará enquanto o Homem procurar realizar *'Sua Vontade'*, e consequentemente *segui-Lo* com absoluta *Retidão*!

31 'Eu Superior' A Iluminação (Parte 1)

Em 'O Enigma da Origem da Luz', Huyghens e Newton criaram a 'Teoria das Ondas Luminosas', transmitidas pela incandescência do Sol, de Estrelas e das Chamas.

VM: _____

1) ORIGEM DA LUZ

As *radiações* das *Fontes de Luz* foram objeto de inúmeros tratados científicos, porque a natureza da *Luz* sempre manteve os estudiosos em estado de perplexidade.

Por exemplo, dentre outros Einstein, Maxwell e L. Broglie consagraram diversas obras ao estudo da *Propriedade Ondulatória*, ou seja, contrariamente a respeito da *Linha Reta do Fenômeno da Propagação* e o *Estudo da Formação da Claridade Luminosa Molecular*; assim, observaram justamente que: *'Os objetos que nos cercam só são visíveis porque refletem a Luz;'* e essa *Luz* se propaga por *ondas*, sendo sua irradiação eletromagnética e energética.

O estudioso Bohr estabelece que a *Luz* deve sua geração à matéria; e portanto, a combustão a produz e a emite; e ainda, a destacar que a *Luz*: *'É um Elemento Constitutivo do Universo.'*

1º Vigilante: _____

Os *físicos* têm constantemente investigado os desdobramentos da *Luz* no *Cosmos: Do Sol à eletricidade e ao laser – e – do infravermelho ao ultravioleta;* e por intermédio de repetidas experiências, chegaram a conclusões por meio da *Ótica* referidas à *Irradiação Luminosa no Espaço e no Vácuo*; e em complemento, observaram que a *'cor branca'* da *Luz* contempla a *'reunião das cores'* que o prisma decompõe; e, além disso o Físico Newton comprovou tais fatos!

As *Fontes Luminosas* de origem: *térmica – atômica – gasosa – ou incandescente*, conhecidas ou pelo menos bem explicadas, até porque, afirmou o estudioso P. Rousseau: *"Matéria e Luz estão ambas em contínua interação"*; além de ainda também concluir que: *"O aquecimento produz a Iluminação."*

De Euclides a Goethe muitos foram os estudiosos que perscrutaram a *Luz e seus Mistérios*, quando alguns não hesitaram em ver certa *'Magia ou Magismo – Sistema / Religião dos Magos'*.

E: *Como medir densidade da Luz, com velocidade do Raio Solar 300.000 km/s?* Em resumo, escolhendo a definição clara possível, ou dos cientistas, tem-se:

• *A Luz é uma onda eletromagnética; com parte visível de comprimento dessa onda que varia entre 0,4 e 0,7 micron; propaga-se no vácuo a aproxi-*

madamente 300.000km/s. *Pelo comprimento de onda, ou mistura de comprimentos de onda, sua impressão colorida é variável. A mistura de todos os comprimentos de onda dá impressão de branco. A Luz obedece às Leis das: Difração – Difusão – Reflexão – Refração – e Polarização.*

O Físico Maxwell elaborou a *'Teoria Eletromagnética da Propagação da Luz'*, renovando a *'Antiga Teoria da Vibração do Éter'*; certos estudiosos reuniram: *Calor – Luz – e Eletricidade*, é o caso de L. Lucas em *'Médicine Nouvelle'* que declara serem essas as *'Três Fases Gerais do Movimento'*; e, o que reafirma Papus em seu *Trate Méthodique de Science Occulte.*

2º Vigilante:

Segundo ainda P. Rousseau: *'A Luz visível é apenas uma fração ínfima do domínio das radiações eletromagnéticas, que são vibrações transversais de forma senoidal, de um duplo campo elétrico e magnético'*; ademais está provado atualmente que: *A Luz segue a curvatura do Espaço.*

Desde que: *preto – branco – e cores* compõem o *destino* do Homem, as: *Vida – Natureza – e o Cosmos* só se expandem por intermédio da *Luz.*

2) ADORAÇÃO DO SOL-LUZ

A *'Adoração do Sol-Luz'* foi dos primeiros sentimentos místicos humanos, e origem da *Religião*; de início os inspirados e depois os sacerdotes, imbuídos da Tradição Edênica ou do Éden — Paraíso, evocaram Adão ao *nascer do sol* e o fim do Mundo no *pôr do sol*; assim: *'A Luz Ilumina o Mundo, e portanto: A Luz é Deus'.*

Houve muitas peregrinações nos *Solstícios e Equinócios;* e sob esse ponto de vista são imperecíveis os *'Deuses-Sol'* da Pérsia e Egito; e em Roma assim o Poeta Lucrécio saudava o Sol:

- *'O Sol etéreo, essa rica Fonte de Fluido Luminoso, banha o Céu de um brilho sempre fresco, sem parar de substituir a Luz pela Luz ... Os objetos precisam de Luz sempre nova, e cada jato luminoso que se dissipa tão logo nasce, e nada se poderia perceber à Luz do Sol, se essa claridade cessasse de se renovar pela sua própria fonte';*

então é graças a essa incessante *Energia Luminosa* recebida do Sol, que a Terra se aquece e emite *'radiação de calor'* ao *Espaço.*

Na *Cerimônia de Iniciação dos Mistérios de Eleusis,* o Profano era encaminhado a locais tenebrosos e inquietantes geradores de medo e insegurança; mas, devagar as trevas se dissipavam e o Candidato passava a ver com mais claridade, que finalmente se convertia em intensa *Luz.*

Orador:

Na *Iniciação de Osíris no Egito* o Profano era encaminhado por várias *Salas da Grande Pirâmide* em total escuridão, e depois seguia ao *Tribunal* para conhecer a *'representação da morte'* passando por *'Provas Simbólicas da Purificação'*, e o Cerimonial terminava em local banhado pelo Sol, onde eram ditas *'Palavras Misteriosas'* e comunicados os *'Segredos* do *Além ou Amenti — nome egípcio do Templo onde as Almas dos mortos eram reunidas para o julgamento de Osíris'.*

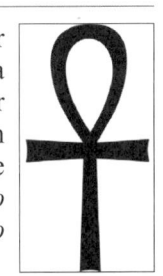

Enquanto nos *Mistérios de Dionísio* dizia Orfeu*: "Vinde beber a Luz do Templo, Oh vós que saístes da noite. O Sol que evoco em vossas Almas não é o Sol dos mortais, é a Luz pura, o grande Sol dos iniciados."*

Foi no *Reinado do Faraó Amenophis IV — conhecido como Akhen-Aton*, que o *'Culto ao Sol'* teve seu período áureo — e *Aton = Deus Solar*, sendo que o *Faraó* foi o primeiro a instituir um *Culto Monoteísta*, e porque os *Egípcios* acreditavam que a *'Luz Iniciática trazia Salvação'*, por isso costuravam no sudário dos mortos um *'amuleto'* simbolizando o Sol.

3) OURO-LUZ

- *No Egito = Reverenciavam a 'Qualidade Solar do Ouro'; assim a cor amarela era primordial nos Ritos Funerários.*

- *Na Grécia = Via no ouro 'Aspecto do Sol' com virtude de fecundidade; o 'Deus Apolo' tinha cabelos de ouro; os Argonautas — Tripulantes da nau Argo em busca do Velo — Tosão — Velino — ou Velocino de Ouro, do Grego µ; na Mitologia a 'Lã de Ouro do Carneiro Alado Crisómalo', era tido como talismã que outorgava ao possuidor Prosperidade e Poder Temporal e Espiritual.*

- *Na Índia = Reverenciavam também o Ouro por ter o 'Brilho da Luz'; os Ícones — termo Grego significando 'Imagem'; quadros de representações de Seres Divinos —, de Buda' são dourados, como os Bizantinos — Império Bizantino foi continuação do Império Romano com capital em Constantinopla (moderna Istambul) —, por serem 'Reflexo da Luz Celeste'.*

Secretário:

Para os *Alquimistas*, e dentre esses N. Flamel, a *'Transmutação de Chumbo em Ouro'* nada mais é do que a *'Transformação do Homem por Deus'*; é o objetivo da *Alquimia Espiritual*.

Sendo o Sol representado pela *'cor do ouro'*, esse metal está intensamente na discrição do *Apocalipse*; e Jesus mediu a *Jerusalém Eterna* com a *'régua de ouro'*, sendo a cidade toda de *'ouro puro'*, e diz J. P. Bayard: *"Essa 'régua de ouro' é Símbolo da Justiça, Esplendor, Sabedoria e Verdade"*; e deve-se lembrar que*: 'O Ouro Simboliza a Divina Claridade da Pureza e da Luz'.*

4) LUZ PELO FOGO

Para P. Diel o *Fogo é: Gerador de Luz Benção Purificador – e Iluminador*, e projeta suas *Chamas* para o *Céu, 'Representando o Impulso para a Espiritualização'*; é *'Símbolo da Regeneração'* mais do que da *'Morte'* e/ou aniquilamento pela *Combustão*, por isso, o *Fogo pelas Chamas*, como o *Sol pelos Raios, Simboliza a Ação: Fecundante Benção Purificadora – e Iluminadora*.

O *Fogo – Criador da Luz*, terá seus prolongamentos nos: *Rito de Incineração – Fogueiras da Idade Média – Fogos de S.João –* e em todas as *Ações de Purificação*; então, o *Fogo* é a: *Menos imperfeita Imagem de Deus – Menos imperfeita Suas representações – Existe muito no Simbolismo da Teologia*.

Na Índia os grandes determinantes da *Luz* que são: *Fogo – Raio – e Sol*, têm lugar de destaque e fundamental; e mais, *Agni – Indra – e Sürya* são os intermediários celestes do *Fogo*.

O *Fogo Ritual* simboliza: *Paixões – Espíritos – e Conhecimento Intuitivo*; tanto que o *Taoísta* lança-se na fogueira para se libertar dos erros e unir-se ao *Eterno*, pois seu sacerdote garante que o *Fogo* não queima quem é *Santo*; e esse *Fogo Sacrificial no Hinduísmo é Sagrado*.

Guarda (ou Cobridor):

Nas *Religiões Judaica e Cristã* são inúmeros em: *Lamparinas – Círios – Castiçais – e Velas destinadas a: Procissões – Templos – Pedidos – ou Pagamento de Promessas*.

Desde a *Antiguidade* os *Templos* são orientados ao *Oriente* para receberem a primeira *Luz Solar*, e ainda, sendo o *Oriente* o *'Símbolo da Luz Incriada'*.

5) TEMPOS BÍBLICOS E O VERBO

Da Bíblia diz o *Livro do Gênesis*:

- *"Iahweh criou a Luz pelo Verbo"; e Iahweh disse: "Haja Luz"; mais, "E viu Deus que a Luz era boa; e fez a separação entre a Luz e as Trevas"; e Iahweh disse ainda: "Que haja Luzeiros no firmamento dos Céus para alumiar a Terra"; então: "Ele criou o Sol — O Grande Luzeiro, para presidir o dia, e a Lua para presidir a noite, e as Estrelas do firmamento para Brilhar no Céu."*

e a *Criação da Luz* determina o *'Início do Tempo'*; mas a *Luz* original não é a do Sol, pois os *Astros* são apenas *Luzeiros*; a *Luz de Iahweh é Universal*, é a desejada pelo *Criador*.

Os: *Salmistas – Profetas – e Reis* cantaram a *Luz Divina* que determina o *Conhecimento*; e no *Salmo 119* o Rei Davi assim se expressa:

- *"Tua palavra é uma lâmpada para iluminar os meus pés, uma Luz para brilhar sobre o meu caminho"*.

Em *Provérbios 6:23* lê-se:

- *"O Mandamento Divino é uma Lâmpada, a Thorah é Luz"*.

O *Salmista* diz ainda que*:*

- *"Iahweh se veste de Luz como de um manto (Sl. 104:3)";*

e os *Comentaristas Rabínicos do Pensamento Judaico* explicam a existência de uma *'Luz Escondida'*; porque deve haver uma *Luz do Espírito*, criada e separada do *Criador,* então a procuram na *Thorah.*

VM:

O Rabi Simeão via *'Cinco (5) Luzes'* desde a origem dos tempos*:*
(1) Elohim diz: "Que seja a Luz! E foi o Gênesis";
(2) E foi a Luz = Livro Êxodo;
(3) Elohim viu a Luz = Livro Levítico;
(4) Elohim separou a Luz = Livro Números; e
(5) Elohim invocou a Luz = Livro Deuteronômio.

Finalmente, *Moisés — Homem de Luz —* se extasiou diante da *'sarça ardente'*; e ao descer do Monte Sinai resplandecia em *Luz*; a *Thorah* contém a *Luz Divina*, e o estudo das *'Sephiroth'* prova que*:*

- *'A Luz é essencialmente Amor — A Luz do Amor'.*

32 'Eu Superior' A Iluminação (Parte 2)

Em 'O Enigma da Origem da Luz', Huyghens e Newton criaram a 'Teoria das Ondas Luminosas', transmitidas pela incandescência do Sol, de Estrelas e das Chamas.

VM:

6) SOL ESPIRITUAL

Alguns estudiosos maçônicos definem o *'Sol Espiritual'* do seguinte modo:
- R.Guénon: "Irradiação do Sol Espiritual é verdadeiro Coração do Mundo";
- C. San-Martin: "Luz do verdadeiro Sol deve ser recebida sem refração, sem nenhum intermediário que deforme, mas sim por intuição direta";
- J.Boehme: "Luz contém a Revelação, pois na Luz há um Deus Misericordioso e Bom, e na Força da Luz Ele se chama Deus";

então, pelo exposto depreende-se ser essa a verdadeira *Iluminação Iniciática*.

E, referente a algumas Religiões tem-se que:

- *Budista: As China e Índia assimilam a Luz e o Conhecimento;*
- *Islã: 'Em-Nur — A Luz' corresponde a 'Em-Rhu — O Espírito';*
- *Evangelho — Alcorão — e Textos Taoístas e Budistas: Garantem que a 'Luz sucede as Trevas', que é a 'Dualidade Universal do Yang e Yin'.*

1º Vigilante:

E mais, *Jesus — O Cristo* dotou-se de apelativos simbólicos como*: Sol de Justiça — Grande Luz — e Luz do Mundo*; e a data determinada ao nascimento: 25 de Dezembro, na Roma pagã era celebrada a *'Festa do Sol Renascente — ou Solis Invictus'.*

7) LUZ DA 'ÁRVORE DA VIDA'

No centro do *Paraíso* erguia-se a *Árvore do Conhecimento do Bem e do Mal'*; e essa antiga *Lenda Babilônica* veio da *Antiga Mesopotâmia*, tendo sido atribuída à *'Epopeia de Gilgamesh'.*

E outra *'Árvore'* era venerada pelos antigos —*O Carvalho,* que recebia em sua representação o(a)s*: Raio — Arma — Símbolo da Luz — e do Fogo de Deus*; e ainda, sendo certo que todas as *Mitologias* consagram o local onde caía o *Raio*, como por exemplo *'O Carvalho de: Zeus em Dodona — Júpiter em Roma — e Perun entre os Eslavos'.*

Contudo, sendo também correto que a *'sarça ardente'* do *Êxodo Bíblico* é uma manifestação de Iahweh a Moisés, que espantado perguntou:

- *"Qual é o Seu Nome?";*

e Iahweh respondeu:

- *"Eheieh Asher Eheieh!" — traduzido por: "Eu Sou Aquele que Sou.";*

de acordo com alguns autores, poderia ser traduzido por: *"Eu Sou a Luz que É!"*

Também o Alcorão exalta *'A Árvore Bendita'*, tanto quanto a mesma imagem da *'Árvore da Vida'* é encontrada na *Cabala* de onde emana *'O Orvalho de Luz'*.

Já para o estudioso maçônico R. Guénon essa *'Árvore é a Oliveira'*, cujo óleo é utilizado na: *Luz da Lamparina — Luz que vem de Alá — E que é o próprio Alá*; assim, a *'Árvore'* que dá a *Luz* é a própria *'Árvore da Luz'*.

2º Vigilante:

Na Índia os *Upanishads* apresentam a *'Árvore da Vida'* como o seu próprio *Brahma (Deus)*; e o Alcorão afirma que há nisso *"Luz sobre a Luz"*; e o mesmo Alcorão na *Surata XXIV*, que tem por título *'A Luz'*, demonstra em 64 Versículos que *'Deus é iluminador do(a)s: Sol — Lua — Astros — Criaturas Celestes e Terrestres — e de tudo o que existe*; assim, eis algumas das frases dessa *Surata*:

- *Deus é a Luz dos Céus e da Terra; e*

- *Deus guia para a Sua Luz quem Lhe apraz, e fala aos Homens com alegorias.*

8) LUZES DA IDADE MÉDIA

As soberbas *Catedrais* góticas da Europa construídas pelos Maçons Operativos são *Luminosas*, como *Iluminados* eram também seus Construtores; porque tais construções representam simbólica e metaforicamente verdadeiros e autênticos *'Hinos à Luz'*; e mais, seus magníficos vitrais projetam raios de diversas cores: *à tarde as 'rosáceas' iluminam os Templos com os raios do Sol poente'*, porque essas *'rosáceas'* proporcionam uma *'Luz Feérica — pertencente ao mundo das Fadas, ou é próprio de Fadas; mágica, deslumbrante, maravilhosa, espetacular'* —, digna da *Divindade*, tal como a quase inigualável *'beleza das rosas'*.

A *'Iluminação ao Nascer do Sol'* inspirou os Construtores a orientar esses *Templos* para o *Sol Levante*, de modo análogo como o Oficiante postado junto ao seu *Altar-Mor*, se voltava simbolicamente para Jerusalém; em complemento cabe citar ainda que o Apóstolo João proclamou:

"Deus é Luz, e sua morada resplandece com essa Luz."

Orador:

9) ANÁLISE – FILOSOFIA – E PSICANÁLISE, DA LUZ

Muito mais do que uma simples analogia, a semelhança dos *dois (2) seguintes fatos: Fenômeno da Irradiação da Luz — e —Psiquismo dos Eflúvios de Abrasamentos Mentais*, como de *S. Tereza D'Ávila*, são verdadeiramente razões exponenciais de pesquisas contínuas a respeito desse duplo fato enigmático, tanto sobre suas fontes, quanto da natureza intrínseca.

E o *'Fenômeno da Iluminação'*, como resultante da *'Luz do Espírito'*, resplandece e transfigura o Homem sensibilizado e inconsciente, porque é uma exaltação que vem assombrando os psicanalistas e alterando suas respectivas análises.

Tal transfiguração se processa tal como na Natureza, ou seja, em *'três (3) estágios': penumbra e noite fecha os olhos — nascer do dia faz descobrir e discernir a matéria, o movimento e o acontecimento — e banho de Sol que amplifica, doura, transpõe tudo por meio de seu brilho, que gera no ser muito deslumbramento.*

De modo análogo, o *'Espírito'* confuso, lerdo, e até incompreensivo, desperta, move-se e progride, e como resultado torna-se mais leve, raciocina e vê mais claro, sendo então possível alcançar verdadeiros e competentes clarões de inteligência.

E consequentemente, agora esse mesmo *'Espírito'* se irradia, magnifica e sublima; tanto que exclama o estudioso R. Descartes: *"Ciência! Clarões fulgurantes!"*; enquanto outro pensador, Goethe afirma: *"Possessão dos Mundos Interestelares!"*, e ao morrer pediu: *"Luz, mais Luz!".*

Secretário:

Se os *'olhos do corpo humano'* se esmeram, detêm acidade, e sabem distinguir objetos, paisagens, e tudo o mais que o Mundo possa oferecer, comparativamente, os *'olhos do Espírito'* passam a redobrar suas faculdades e possibilidades.

E essa *'dupla visão'* magnifica o Homem, e por isso, algumas vezes esse ser humano passa a acreditar que *'está vendo'*, não somente no sentido literal da visão, mas por toda a exuberância e magnitude de sua exaltante *'Visão Interior — Interna — Espiritual.'*

Assim, o Homem estando por intermédio da *Luz: transfigurado — exaltado — levado — e transportado,* e alcançando estado de *levitação,* volta-se e se encaminha para uma transcendência que será: *mística — metafísica — e/ou artística*; ademais, outro fato a ser muito bem observado e considerado é a *'propensão natural'* demonstrada desse Homem em efetivamente: *'Procurar a Luz'.*

No Século XVIII a *'Luz'* era considerada como um *'Fogo do Espírito'* que conjugava, ao mesmo tempo dois (2) fatores, a saber:

1) *Um fervor intelectual, que descobre nos caminhos cartesianos o prazer do 'Raciocínio Livre', e a imensa amplitude dos horizontes da Ciência; e*
2) *As novas possibilidades humanas devidas à 'Evolução e Revolução Morais', em que tudo se tornava possível;*

e também, ainda ao mesmo tempo, com esse *'Fogo de Artifício do Espírito'* ressurgem um fervor e um refúgio nas *'Fraternidades Iniciáticas Iluminativas'*, cujos esplendorosos *'Segredos da Gnose'* tanto os Rosa-Cruzes como os Maçons detinham e compunham seus *Rituais*; até porque esse período (Século XVIII) foi considerado como sendo o *'Século das Luzes'*, em que floresceu o Conhecimento Intuitivo e Tradicional, por intermédio da *'Luz daqueles Rituais'*.

Por isso, não somente o pensador capaz que medita atingirá o polimento, enriquecimento e elevação do *'Espírito'*, bem como nem só sua *'Alma Mística'* muito irá evoluir, mas também aquele que for efetivamente *Eleito* aniquilará na totalidade sua própria vontade, para, a seguir, se submeter a um imperativo maior e mais elevado.

Guarda (ou Cobridor):

E ainda, o *'Sacrifício dos Iluminados'* por meio do *Fogo* é um Ritual não só admitido, mas também muito encorajado, pela doutrina explicitada por Buda.

Essa ação de *'imolação voluntária'*, pelo *'paroxismo do transporte metafísico'* marca a *'ascese voluntária'* ao além, ou seja, 'ascese do Grego *de di* = exercitar; a renúncia do **prazer** ou não satisfação de necessidades para atingir fins espirituais; tal conceito abrange e se impõe em diferentes **culturas** e **etnias**, que chegam a **ritos iniciáticos** com maus-tratos, inquisição, escoriações, repreensão severa, **mutilação** e/ou provas de excessiva coragem; e isso pode levar à recusa da *Vida*, pela até aceitação do martírio que culmina em morte física.

Esse é o prodígio da *'Transubstanciação'*, que a *'Luz Visível'* conjugada à *'Luz Invisível'*, opera para a *Felicidade* do Homem que estiver aniquilado no seu êxtase espiritual.

Desse modo, pode-se esquematizar o *'Fenômeno da Luz'*, isto é: *Inicialmente a Aquisição de Clarões Espirituais — depois o Enriquecimento do Eu Superior — e por fim o Embelezamento pela Libertação e Elevação do Espírito*.

Nas *Sociedades Iniciáticas* é possível seus Adeptos conhecerem o *'Desenvolvimento do Espírito pela Luz'* tanto nos *Altos Graus*, quanto no acesso à *Gnose* por meio da *Estrela Rutilante — Flamejante — ou Flamígera*; já ao *Místico* significa a(o)s: *Ascensão — Sentimento da Noção de Imanência — e Sublimação Divina*; e em resumo, pode-se depreender assim que:

• A *'Iluminação'* será chegar face a face com a *'Divindade'*!

A esse respeito exclamava o estudioso O.Wirth: *"Por outro lado, mesmo nas Sociedades Iniciáticas, ignora-se a 'Luz' e perde-se o sentido iluminativo dos Mistérios Tradicionais."*; e pode ser denominada: *'Recusa da Luz!'*

VM:

Finalmente, deve-se analisar que: *O Universo, que sendo descoberto pelo encontro com a 'Luz', opõe-se e transcende o 'Universo do Mundo Profano'*; por isso: Essa é a Luz – A Iluminação –, que todo Maçom deve sempre buscar em sua ingente, enorme, forte e intensa caminhada até sua Integração total com Deus – Grande Arquiteto do Universo!

33 'Templo Interior' Sua Construção

"Se sabe que morrerá, mas vive-se como se fosse viver para sempre." (Guicciardini)

VM: _____

I – Templos Exteriores

A edificação de qualquer *Templo* fisicamente *Exterior* se constitui numa tarefa na qual sua facilidade ou dificuldade sempre dependerá do grau de complexidade e/ou do tamanho daquilo que é pretendido construir.

Então, para *'Concepção do Templo'* é importante ser definido e conhecido:
- *Qual sua 'Proposta de Utilização';*
- *Quais as 'Necessidades' dos que o utilizarão;*
- *Quais os requisitos dos 'Rituais – Cerimônias – e Procedimentos' a realizar, e*
- *Quais as Liturgias a serem levadas a efeito em seu interior,*

para somente assim poder adequar o *Templo* aos seus necessários propósitos.

1º Vigilante: _____

Ademais, a realização das obras desses *Templos* normalmente requerem o uso de uma infinidade de*:*
- *Recursos Materiais: Tijolos – Madeira – Pedras Brutas e/ou Desbastadas – Argamassa – e outros materiais eventualmente necessários;*
- *Instrumental Característico: Trolha – Malho – Cinzel – Nível – Prumo – Régua – Alavanca – Esquadro – Compasso – Prancha – Pá – Picareta – Enxada – e demais;*
- *Recursos Financeiros como: Financiamento – Moeda em Caixa – Crédito – Maximização do Potencial dos Recursos – e outros componentes;*
- *Recursos Administrativos como: 'Técnicas de Administração de Negócios', objetivando o sucesso do empreendimento; e*
- *Disponibilidades Técnicas: Engenharia de Execução – Arquitetura de Concepção do Projeto – Cálculos Estruturais objetivando Solidez – Fundação: Alicerce e Apoios – e todas as outras 'Perfeições Técnicas' cabíveis.*

Mas acima de tudo, a *'Edificação de quaisquer Templos Exteriores'*, desde a Arquitetura à Matemática, ou desde a Medicina à Física, dependem fundamentalmente de um fator primordial — *A Razão*; isso porque todas as *Ciências* que emprestam suas técnicas à *Construção* são quase plenamente compostas pela *Racionalidade*, que pode também ser traduzida por pura *Razão*.

2º Vigilante: _____

Contudo, um *'Templo Consagrado à Morada do Senhor'* tornou-se o mais famoso *'Templo da História da Humanidade – o Templo de Salomão'*; tendo sido construído pelo *Rei Salomão*, que por sua vez foi guiado pelo sonho de seu pai — *Rei David*, que sempre alimentou seu forte desejo de edificar um perfeito local onde pudesse: *Se encontrar com Deus!*

Entretanto, muitos outros *'Templos Materiais'* foram — são — e serão, erguidos segundo *'motivações não racionais'*, mas muito mais pelas conhecidos *'motivadores do coração'*.

Contudo, essas edificações sempre levarão em conta a necessária racionalidade das *Técnicas* empregadas, desde a *Concepção do Projeto* até a *Construção propriamente dita*.

II – Templos Interiores

Já a construção dos *'Templos Interiores'* sempre irá *'requerer'* muita: *Fé – Perseverança – Tolerância – Paciência – Convicção – e a Centelha Divina'*, provocadora do acendimento da cabível e precisa *'Chama no Coração'*, que o dirigirá no sentido daquela *Sublime Edificação*.

Em termos de Maçonaria, a *Construção do Templo Interior* ainda em adição *'requer'* o pleno *Conhecimento e Utilização da Arte Real*, que é devidamente demonstrada tanto pelo *'Pensamento transformado em Ação'*, quanto vice-versa pela *'Ação transformada em Pensamento'*; deixando clara a conceituação de que o *'Pensamento'* é que *'refina e adequa'* todas as técnicas utilizadas em quaisquer *'Ações'*, e isso se torna muito explícito ao cuidadoso observador do Mundo na atualidade, em que é o *'Conhecimento Tecnológico que determina uma Ação'*.

Orador: _____

Porém, o oposto já não é tão aparente ou claro, pois a *'Ação transformando Pensamentos'* é algo que se observa, por exemplo, quando:

 • *Monges Budistas recitam 'Mantras' sob um clima de sons monótonos, além de se isolarem do Mundo Material, e ainda não sentindo sensações de 'Dor e/ou Fome – e – Prazer e/ou Sono', permitindo assim que suas privilegiadas Mentes, segundo afirmem, consigam até 'deixar' seus Corpos, para assim poderem se dedicar à possível e invejável 'Grande Viagem que seus próprios Cérebros e Espíritos' realizam pelas várias dimensões do Universo.*

E, de maneira análoga ao *Monge Tibetano* que se *'isola'* do *Mundo Profano* para atingir seu *Céu*, o Maçom deve tender sempre a se *'recolher'* ao seu *'Templo Interior'*, quando então cabe:

 • *A busca de praticar os Rituais por meio da sua Liturgia,*
 • *O recitar sua espécie de 'Mantra Interior', e*
 • *O deixar as influências profanas de seu cotidiano,*

e, com isso estará procurando tanto seu *'Eu Verdadeiro'*, quanto o necessário *'Conhecimento'* que sempre é reservado pelo *G∴A∴D∴U∴*, e estando adequadamente protegido pelas muitas gerações de Mestres Maçons desde tempos remotos.

Então, nessas condições, todo Maçom deve:
- *Momentaneamente deixar a 'Construção de Templos Exteriores Materiais ou Profanos', e*
- *Se dedicar à 'Edificação dos respectivos e individuais Templos Interiores de Virtudes',*

e então poder reafirmar, como Maçom, que é a Loja o melhor e mais competente caminho da orientação para cada uma dessas empreitadas.

Secretário: _____

Assim, dentre outras tantas, caberiam as seguintes indagações referidas à *'Edificação do Templo Interior'* dos Maçons; assim:
- *Essa Construção ou Edificação pode ser confundida com a 'Hierarquia dos Altos Graus do Filosofismo' da Maçonaria?*
- *Tal Construção significaria como o 'Alçar dos Degraus da Escada de Jacó'?*
- *É possível que tanto os Aprendizes como os Companheiros não estejam iniciando a Construção dos seus próprios 'Templos Interiores'?*
- *Será que os Mestres os teriam Construído totalmente, não necessitando de mais nada, nem de nenhum simples acabamento?*
- *'NÃO!' – é a resposta a todas essas perguntas, pois o 'Homem em geral e o Maçom em particular' devem buscar imediatamente 'Conhecer a Si próprios – e – Construir seu Templo Interior'.*

Então, essas tais afirmativas se devem a que:
- *O Conhecimento é algo que nunca termina ou se esgota;*
- *Porque ninguém sabe tudo!*
- *Pois: Tudo jamais é estático ou estável, se alterando a cada instante, e assim,*
- *Todas as pessoas, todo dia a todo momento, sempre aprendem algo se desejarem!*

Guarda (ou Cobridor): _____

Portanto, a cada dia é possível acrescentar: *Um pequeno tijolo – Um pequeno adorno – ou Um pequeno detalhe* ao seu próprio e individual *'Templo Interior'*.

Pode ser muito aflitivo vir a compreender que o próprio *'Templo Interior'* deva estar *'eternamente inacabado'*; porém, caso venha a ser interpretado ao contrário, ou seja, que esse *'Templo Interno'* sempre precise ser incrementado, por ações e estudos evolutivos.

Por isso, o fato de estar para sempre inacabado pode se transformar em um incentivo de muita significância, pois será necessário ser ininterruptamente desenvolvido, além de precisar de cuidados para que não haja degradação daquilo que foi implantado, que com certeza o foi com muito esforço e dedicação, para que esteja o mais completo e reluzente ao longo do tempo, e ao se cientificar disso, permanecer alerta e não descuidar dos devidos bons tratos para não perder a *'Luz'*, isto é, a *'Aura'* que sempre o deve envolver.

Esse *'Templo Interior'* pode e deve ser comparado ao *'Próprio Paraíso e/ou a um Porto Seguro'*, para onde vale retornar depois de todas as aventuras incorridas no *Mundo Profano*, e para tanto é obrigatório que sempre esteja *'Iluminado'*; por isso, continuamente se faz necessário total envolvimento de todo aquele que com sinceridade busca sua *'Construção e/ou Aprimoramento'*.

De outra parte, jamais se deve esquecer todo o cuidado necessário com a estrutura que deve sustentar tudo isso, ou seja, o *Corpo Humano*, que portanto é merecedor de tratamento responsável, para não possibilitar e evitar riscos desnecessários; e a melhor maneira de cuidar bem desse Corpo seria lhe devotando muito apreço e dedicação, fato que é por vezes relegado por muitos.

Simplesmente isso, porque de modo individualizado, cabe gostar do Corpo como é, independente do tempo que já tenha passado, pois basta gostar do Corpo para passar a cuidá-lo com responsabilidade, e, dentro do possível, livrá-lo de moléstias para que se mantenha saudável.

E, apesar de uma das mais antigas frases-clichê conhecidas desde os Gregos citar que: *"Mens sana in corpore sano – Mente sã em corpo saudável"*, esse conceito sempre será útil para relembrar seu importante significado, até porque é necessário estar fisicamente saudável, para facilitar que sua própria *'Mente'* esteja fortalecida.

Assim como Jesus, para concretizar a *'Purificação do Templo'* expulsou os *'vendilhões que o profanavam'*, deve-se expulsar dos próprios *'Templos Interiores'* os *'vendilhões profanadores'* de sua *Beleza e Luminosidade*, ou seja, destruir as: *Soberba – Avareza – Inveja – Ira – Luxúria – Gula – e Preguiça*, dentre outros.

VM: _____

E ser edificados nos *'Templos Interiores'* muitos *Pilares Reforçados* a sustentá-lo com *Força e Beleza*, como fazem as *Colunas J e B*, e para que isso ocorra devem ser instalados nos Corações a(o)s: *Humildade – Generosidade – Caridade – Mansidão – Castidade – Temperança – e Diligência*.

Caberia relembrar que os *'Sete (7) Pecados Capitais'* e suas *'Sete (7) Virtudes Opostas'*, foram mencionadas anteriormente somente como simples *Alegorias*, pois os *'Pecados e Virtudes'* variam de acordo com a *'Linha de Pensamento'* seguida por cada indivíduo, a saber: *Religiosa – Secular – Filosófica – ou Pragmática*.

Em verdade, trata-se de uma *Conceituação* dividida entre o *'Bem e o Mal'*, que *'não'* cabe ser discutida nessa simples *Instrução* aos Aprendizes, pois é inegavelmente individual e somente relativa a cada tipo de situação.

Finalmente, valeria afirmar que cabe individualmente a *'Construção de seu próprio Templo Interior'*, sempre com *'Pedras do Bem'*, não importando se *'Desbastadas ou Brutas'*, mas que se procure no melhor possível edificá-lo: *Iluminado – Confortável – e Seguro*; porém, essa cabível *'escolha'* sempre é própria e única, individual, porque:

• *Têm-se plena consciência de que, rodeando a todos o tempo todo, há muitas outras 'Espécies de Templos sendo Construídos' ... .*

34 'Mitologia' Como Filosofia Secreta (Parte 1)

Deus nos deu o 'Livro da Natureza', mas nós não o lemos!

VM: _____

Na literatura da idade-de-ouro espanhola, os Deuses da Antiguidade ocupam um lugar privilegiado; e em todo local ali se realiza, se discute seus nomes e se canta suas glórias.

Sem dúvida essa familiaridade é devido à influência do *Renascimento* italiano, quando artistas e filósofos dedicaram-se a:

- *Cultura Unearthing* = Trazer para fora, desenterrar, levar ao conhecimento público, descobrir, e

- *Mitos da Antiguidade, animado pela 'Prisca Theologia'* = Mesmo inadvertidamente quando usam os dois termos de modo intercambiável; mas é diferente da 'Filosofia Perene', e a diferença é que a 'Theologia Prisca' existe pura só na antiguidade, declinando e diluindo na modernidade; então, os antigos princípios e práticas religiosas se realizariam no sentido mais puro, enquanto a 'Filosofia Perene' a estipula dizendo que a 'Verdadeira Religião' se manifesta por períodos em diferentes épocas, lugares e formas; contudo, ambas não supõem a não existência da 'Verdadeira Religião', tendendo a um acordo quanto às suas características básicas.

e mais, são seguidores de revelação anterior iniciada pelo lendário H. Trismegisto, que transmitiu a Orfeu por Pitágoras, que por sua vez transmitiu a Platão, e Platão a transmitiu a Virgílio.

A idade-de-ouro espanhola coincidiu com a reação de Roma contra a *Reforma Protestante*, quando as *Autoridades Eclesiásticas* assistiram com extremo zelo o cumprimento da *Ortodoxia*, isto é, termo originado do *Grego 'orthós' e 'dóxa'*, indicando a *Corrente* surgida logo depois da *Reforma*, é a *'sistematização e consolidação'* das ideias da *Reforma*; já a *Ortodoxia Protestante* desenvolveu dois *Princípios Teológicos: Formal* = *Bíblia*, e *Material* = *Doutrina da Justificação*; movimento mais sério que o *'Fundamentalismo'*; assim, a *Ortodoxia* refere-se ao modo como a *Reforma* se estabeleceu, e mais, designa os grupos das <u>*Igrejas não Calcedonianas*</u> que são as *Orientais* que só aceitam os *'Três (3) Primeiros Concílios Ecumênicos'*; a <u>*Igreja Ortodoxa*</u>, por vezes dita *'Igreja Ortodoxa Oriental'*, surge séculos mais tarde no <u>Grande Cisma do Oriente</u>; difere das *'não Calcedonianas'* pois aceita os *'Sete (7) Primeiros Concílios Ecumênicos'*.

Nessas circunstâncias os escritores/estudiosos espanhóis buscaram refúgio na 'Mitologia Clássica', para manter vivo o significado oculto e esotérico da revelação da *Religião Cristã*.

Mas, a *Inquisição* proibiu interpretar a Bíblia, pois poderia haver alguma visão de heresia protestante ou influência do Judaismo; penas de prisão e morte cabiam àquele que tentasse de novo reunir, por trás de *Ritos Sacramentais*, o *'Sentido da Vida e o Universal';* mas os *'Mitos Antigos'* de Ovídio e Virgílio não violavam a *Doutrina Ortodoxa*, e autores ali buscaram excelente refúgio.

1º Vigilante: _____

Referido à 'Mitologia', o 'Tratado' mais ressonante e importante no 'Siglo-de-Oro – ou – Século-de-Ouro' espanhol foi a Filosofia de Segredos, de autoria do astrólogo e matemático Bachiller Juan Pérez de Moya, sendo publicada em Madrid em 1584, que seguiu bem próximo o trabalho de N.Conti intitulado 'Mitologia'.

O título *Filosofia de Segredos* indica sua clara intenção, pois o autor propõe compreender as *'Antigas Fábulas dos Cinco (5) Sentidos'*, que vão desde o superficial e externo que é a *História*, até o significado central que é a *Filosofia Secreta*; e, P. Moya assim explica: *'Cinco (5) maneiras que se pode declarar uma Fábula, é aconselhável saber se: (1)Literal – (2)Alegórico – (3) Anagógico – (4)Tropológico – e (5)Físico ou Natural.';* assim tem-se:

1) *Sentido Literal: Detendo outro nome de 'Histórica ou Parabólico', é exatamente entendida pelo que informa a 'Letra da Fábula'.*
2) *Sentido Alegórico: Tem entendimento diferente do que a Fábula diz literalmente; deriva-se de alseon, que significa diferente, porque a escrita dizendo uma coisa significa outra diferente.*
3) *Sentido Anagógico: De 'anagoe' derivado de 'ana = acima', e 'goge = guia', significando que conduzem às 'Altas Coisas de Deus'.*
4) *Sentido Tropológico: De 'tropos = reverso ou conversão', e 'logos = palavra, razão ou oração'; como se dita a palavra ou frase conversível, informará o uso de Moralidade.*
5) *Sentido Físico ou Natural: Declara que trabalho se origina na Natureza.*

E, por exemplo: Hércules, Filho de Júpiter, conclui-se que seu trabalho foi voltado ao Céu:

• *Se tomado Literalmente (1) não significa mais que os sons da letra.*

• *Pela Alegoria ou Moralidade (2), Hercules significa vitória sobre os Vícios.*

• *Pelo Anagógico (3) significa o erguer da ânima que despreza coisas mundanas, o Celestial.*

• *Como Tropológico (4), Hercules significa Homem forte virtuoso e Moralista.*

• *Pelo Sentido Físico ou Natural (5) — o Sol, entende-se por Hércules e seus doze (12) sobrepujados feitos ou obras, os Doze (12) Signos do Zodíaco, e passando-os num ano.*

2º Vigilante: _____

P. Moya em sua explicação segue L.Hebreo, judeu espanhol exilado na Itália, que coletou a *'Tradição Clássica e a Cabalística'*, sugerindo quatro (4) interpretações da *Mitologia* em seus diálogos de amor, a saber:

1ª) Literal: Como casca exterior, conta histórias dignas de recordação;
2ª) Moralidade: Mais interno, mais perto da medula, e a Moral como exemplo para a vida, que elogia as boas ações e condena os maus;
3ª) Astrológico ou Teológico: Mais escondido, oculto sob as mesmas palavras, que revela as coisas da terra e o Céu; e finalmente,
4ª) Alegorias: No centro da fruta sob a casca, com significados científicos, é o núcleo dos sentidos.

L. Hebreo opinia acerca dos antigos sábios criadores das *Fábulas (adaptado):*

- *'... queriam dizer as coisas com artifício e sigilo por muitas razões; ... porque sentiu ser odioso para a Natureza e a Divindade manifestar seus Segredos excelentes para qualquer Homem; ... porque se espalhar profunda e verdadeira Ciência, irá colocá-lo nas mãos do inepto, em cuja mente está danificado e adulterado, como acontece com bom vinho num mau recipiente.'*

L. Hebreo foi um expoente do *Hermetismo* que floresceu na Europa no Século XVI, quando se fundiram as *'Tradição Clássica e Cabala Judaica'* na compreensão do ser em definitivo; ademais, os *Cabalistas Hebraicos* sugerem níveis semelhantes de leitura das *Escrituras,* e resumem assim suas explicações (adaptado):

- *'A notar que em Hebraico, a palavra Paraíso (PaRDeS) é composta das primeiras letras das quatro (4) palavras que se referem aos quatro (4) Sentidos da Escritura.'*

Orador: _____

E se deseja que essa Instrução, na medida do possível, objetive bem transmitir o último dos *'Sentidos dos Mitos — O Segredo'*, para ser entendido o que está ligado à realização alquímica.

O dramaturgo Lope de Vega no prólogo de outros Tratados sobre os 'Mitos' da Antiguidade, como *'Teatro dos Deuses'* de V. B. Fray diz (adaptado):

- *O antigo desenvolveu Filosofia sob a forma de Fábula, com belos ornamentos da poesia, pintura e astrologia. Da Teologia dos gentios de Trismegisto,* **até** *o divino Platão escondeu debaixo de símbolos e hieróglifos a explicação da Natureza, como descrito no 'Timeu e o Poimandres' o que fizeram os egípcios, para disfarçar as Verdades Sagradas vulgares.*

E oculta e secreta é a *'explicação da Natureza'*, a base da vida; por isso escreve o poeta mexicano S. J. I. Cruz acerca da interpretação dos Deuses Antigos e os elementos naturais (adaptado):

- *Compreender por Vulcan — Fogo, Juno — Ar, Netuno — Água, Vesta — Terra, e assim o resto. Não só para atrair os Homens para o culto divino de atrações bonitas, e de reverência às divindades, e não vulgarizar seus Mistérios às pessoas comuns e ignorantes. Decoro de 'Luz' adotado pelo Profeta: 'Abrirei minha boca com parábolas, e com enigmas antigos vou falar.' (Salmo VII-7)*
- *E nosso Redentor, diz o cronista de S.Mateo: Todas essas coisas Jesus disse às multidões por parábola e parábolas, ...*

Secretário: _____

O pensador/autor A.Madrigal, ao mesmo tempo, diz (adaptado): *Fábulas são para o vulgar, e esses Segredos das Fábulas são para os estudiosos.*

Os poetas inventam metáforas e/ou contos para descobrir o que de fato o Deus Criador criou, ou seja, o comportamento da Natureza; enquanto outro pensador T. Hawkes, ao tempo de P. Moya, assim explica o conceito de *'Poesia e Escrita Criativa'* (adaptado):

- *A tarefa do poeta é, finalmente, descobrir que o significado de Deus e suas metáforas são meios para o efeito, para o que o poeta chama a atenção, não para seus próprios poderes, mas para Deus que escreveu o Livro que está jogando. As relações que as metáforas são criadas primeiro por Deus, cabendo ao poeta apenas descobri-las.*

Essa explicação é extraordinária, porque o poeta descobre o que está escrito na Natureza, e qual o sentido das metáforas; pois, não cria suas: *Fábulas — Alegorias — e Metáforas,* para um prazer estético, mas o poeta vê o Criador de criaturas, e essa descoberta é a origem da *Mitologia*.

E, uma citação do pensador H.C.Agrippa, que lida com os tipos de visões para conhecer a Deus, pode esclarecer o significado da origem da *Mitologia*; quando explica (adaptado):

- *Uma vista por que Deus é visto como expor, face a face, ...*

e outro tipo de visão, como diz a Escritura referida à Deus, é quando se vê claramente o respeito às criaturas de Deus, pelo conhecimento que atinge o Criador que as fez Sua causa primeira, atuando como sábio, de vez que pela grandeza de Sua Beleza, o Criador pode ser conhecido, e diz S.Paulo que as coisas invisíveis de Deus podem ser conhecidas porque são feitas e entendidas.

Guarda (ou Cobridor): _____

A explicação dos *'Segredos da Natureza'* era tida como sentido central e importante à compreensão da perspectiva em *Fábulas — Teológico ou Moral.*

E, essa dimensão da Natureza só pode ser entendida do ponto de vista hermético, alquímico, em particular, ou seja, a Arte e Ciência da *'regeneração física'* do Homem, e da Natureza pela *'Pedra Filosofal'*; e tal hipótese se confirma por S.Covarrubias em *'Tesoro de la Lengua Castellana'* de 1611, ao definir a *Fábula (adaptado)*:

- *Há que se observar que os grandes filósofos deram à especulação do movimento dos Céus, geração e corrupção das coisas ..., a conversão pelos mesmos elementos a esconder sua doutrina, fingiram essa multidão de Fábulas com tal diversidade de Deuses, entendida ... o Sol, a Lua, as Estrelas, os Elementos; e alguns eram Júpiter, como o Ar, Juno a exalação e vapor que sobe da Terra. Phoebus o Sol, a Lua Diana e outros entende-se o mesmo. Fingiam as transformações ditas metamorfose, devido a corrupção de coisas e geração de causas e efeitos naturais, ...*

A *'interpretação física'* do *'Mito'* é a descoberta de escritores espanhóis; pois havendo um grande número de comentadores de Homero, revela um *'sentido e a explicação física'* dos *'Mitos'*.

Na Idade Média a difícil sobrevivência de Deuses Pagãos foi possível pela *'interpretação cosmológica e física'*, porque na *'interpretação teológica'* dos *'Mitos Pagãos'* faltava a direção, e ainda poderia ser perigosa.

E, escritores espanhóis pegaram tal herança, e continuaram e se expandiram, ao contrário do humanista italiano que tentou cortar com a tradição medieval que viu bárbara e ignorante; e P. Moya, usado em muitas ocasiões por S. I. Sevilha, e esse *'Pai da Igreja'*, estudioso das questões, e ponte entre a Antiguidade e a Modernidade, para explicar os *'Deuses Pagãos'* em suas etimologias descritas quase exclusivamente como *'alegorias físicas'*, dizendo por exemplo (adaptado):

A Netuno, considerá-lo 'Senhor das Águas do Mundo', ...

VM: _____

Finalmente, em 1613, trinta (30) anos depois do aparecimento da obra de P. Moya, outro autor M. Maier publicou a primeira *'interpretação alquímica'* diretamente dos *'Mitos Clássicos'*, e que o título da obra mostra claramente a intenção desse autor, sendo tal título completo Os Segredos Ultrasecretos, ou seja, os Gregos e Egípcios hieróglifos desconhecidos até agora para o vulgar, expostos em seis (6) livros, com objetivo de demonstrar que a origem dos *'Falsos Deuses — Deusas — Heróis — Animais — e Instituições tidas como Sagradas pelos Antigos*, foi em um artifício dos egípcios, referente à *Medicina — Alma — e Corpo* ... .

'Mitologia' Como Filosofia Secreta (Parte 2)

Deus nos deu o 'Livro da Natureza', mas nós não o lemos!

VM:

A seguir, se apresenta com brevidade aquilo que seria como o Segredo do filósofo de Juan Pérez de Moya, observando o sentido fisico-alquimico de suas explicações; contudo, serão mostradas apenas algumas questões muito pontuais por intermédio de exemplos.

P. Moya, depois das *considerações iniciais* constantes do primeiro livro de sua obra, tratou no seu segundo livro da *'Linhagem dos Deuses'*. Do autor Bocaccio, sua genealogia — auxiliar 'Ciência da História de Família', que estuda sua origem, evolução e disseminação, de sobrenomes ou apelidos, ou o 'Estudo de Parentesco' —, começa a descrever e retratar *Demorgogon – gênio da terra – ou primeiro Deus Criador usado para isso*; a respeito, P. Moya explica (adaptado):

- *Não chamado como ... autor de todas as coisas da terra, mas imaginaram para ser conjunta com sua mente ou ser Divino, por quem vai fazer o que foi dito, que mente acredita-se ficar debaixo da terra; ... e que produzir o solo tanto, chamado Demorgogon, que em Grego significa o Deus da terra, que Lactâncio interpreta a sabedoria da terra ... queria no final de Demorgogon entender o fazedor de tudo levantado, que é Deus que enche os Céus e a terra.*

Demorgogon – visto como primeiro caos ou companheiro do caos –, por Boccaccio, representa o *Mundo Confuso sem Separação*; e ainda, por *Demorgogon* a criação do caos por estarem exaustos de disputa e discórdia a confundir todos, ou como diz P. Moya (adaptado):

Qual litígio ... remove coisas, quando a ordem correta é colocada. É o manifesto que antes as coisas (Demorgogon) fizeram: deve saber, retiradas ... coisas que estavam juntas. Os elementos eram confusos: quente mérito de coisas ao frio, ao seco-molhado, e a luz para pesados.

1º Vigilante:

Explica P. Moya que nessa separação aparecem os quatro (4) elementos, o alfabeto da Criação; e se gostaria de comparar isso à explicação de J. d'Espagnet, famoso alquimista Presidente do Parlamento de Bordeux, que escreve sobre a *'Criação do Mundo'* (adaptado):

Opera a Congregação a homogênea por separação do heterogêneo e, pela arte química inicial o espírito Incriado, Construtor do Mundo, estabeleceu a separação das naturezas das coisas que antes foram confundidas.

P. Moya segue explicando como depois de separado o contencioso do caos, apareceram os elementos, que nasceram por alusão ao *'Pão'* (adaptado):

- *'Pão' velho após a disputa, acho que os antigos viam a Natureza iniciar em que partida dos elementos. O 3º capítulo é dedicado a esse Deus, metade bastardo e meio homem que é bem definido nas palavras de Perez: 'Pão' entendeu o antigo solar, ou natureza, ou 2ª obradora causa Divina de Deus, empregada doméstica de sua Divina Providência vai. E porque na Natureza o Sol é a trabalho das coisas, operação de geração e corrupção delas, pois 'Pão' que compreendeu o Sol, chamado 'Pan/Pana', que significa Coisa ou Universo em Grego.*

D. Pernety em sua obra alquímica de Fábulas antigas, no Século XVIII, define o 'Pão' como *'O Princípio Fecundante da Natureza – ou – Fogo Inato – Princípio da Vida e Regeneração'.*

Mais tarde, P. Moya examina o *'Mito de Saturno'*, e cita S. Isidoro que disse (adaptado):

- *Os pagãos trouxeram Saturno como origem dos Deuses, e de todos os seus descendentes;*

e, isso seria denotar a vicissitude das coisas, e que a corrupção de uma coisa é outra geração; e P. Moya a respeito da Fábula que 'Saturno come seus filhos', explica (adaptado):

- *Essas crianças não são compreendidas pelo tempo, mas algo (coisa) que nasce e se corrompe.*

Pernety também discute e rejeita o visto, e representa Saturno como tempo e diz (adaptado):

- *Se fez Saturno devorando seus próprios filhos, é o primeiro princípio de metais e primeiro material, tem a propriedade e virtude de dissolver os radicais, e levá-los à sua própria natureza.*

2º Vigilante:

O significado de Júpiter filho de Saturno, que orienta sua Olympus, P. Moya começa analisando a etimologia Grega de Zeus, escrevendo (adaptado):

- *... o Grego Pedro em latim para dizer que Júpiter e Pedro significa 'vida – ou doador da vida';*

ou Júpiter diz J.Pater, que significa 'ajudante pai - ou ser pai que gera e dá' (adaptado):

- *Chamar 'Pai assistente' porque não só dá vida, geração, bem como 'Pai Carnal, mas ajuda a levantar como 'Pai' apoia seus filhos, ..., como eram os que foram chamados de Júpiter, exceto o verdadeiro Deus, porque 'Pai' é início de todas as coisas, da vida, ...*

P. Moya segue com atenção as explicações tradicionais da etimologia, aludindo sem citar a Platão e Varro, e seu desempenho sempre termina com a leitura do 'Mito'; e, se pode ver alguns episódios de Fábulas de Júpiter na interpretação de Moya, que permite reconhecer a origem da etimologia ou sua realidade natural; já a Fábula das Abelhas que veem a raça de Júpiter, interpreta como os antigos: *'significa que o terreno sobe exalações e engendramentos dos elementos'.*

E diz quanto a Lenda que *'Júpiter foi gerado por uma cabra': 'porque a cabra é amiga para subir até o topo, e que mesmo para comer sobe-e-sobe para a mata; então os elementos e vapores sobem da terra';*

E na explicação da *'luta de Júpiter com o Titãs'*, P. Moya refina ainda sua escrita dos *'Mitos'* de Júpiter semelhante a *'exalação da terra'*, ao dizer (adaptado) que:

- *... diz o antigo por essa Fábula, declara 'mudanças' dos elementos, uns aos outros e as gerações das coisas naturais, entendida pelos Titãs a ... terra, têm os elementos, que ... a força dos Corpos Celestes, de alto a baixo, porque se é devido a força ou virtude do Sol.*

e compreenderam os Titãs que subir e chegar ao topo, em virtude dos Corpos Celestes, teriam ... os elementos puros, ou os rejeitando, para baixo tornam a entrar na terra como a água; e retornando à terra geram coisas; isso é ... luta perpétua, e contrariar os elementos é gerar coisas naturais.

Orador:

Essas observações parecem livres de início, mas se comparadas com textos da alquimia real, podem haver coincidências; e Pernety dá inestimável argumentação para essa comparação, como ditam as Fábulas do *'Nascimento de Operação Alquímica de Júpiter'*; diz d'Espagnet (adaptado):

- *Ablução ensina a branquear o Raven e criar Júpiter de Saturno, o que está sendo feito por volatilização do corpo, ou a metamorfose do corpo em espírito. Redução ou cair como chuva do corpo volatilizado, retorna para a pedra sua Alma, ... até que adquire uma força perfeita.*

A leitura alquímica de Pernety se refere a essa operação, dizendo que a destilação e condensação da química vulgar, como d'Espagnet, é que permite o: *'treinamento e a alimentação da criança filosófica, que ao final surge com o rosto branco e bonito como a Lua.'*; assim, pode-se entender porque Júpiter é chamado: *'Doador e Mantenedor da Vida'*.

Já o *'Pensamento Hermético'* pode ler os *fenômenos naturais*, como o livro no qual: *Deus tem escrito os Mistérios da regeneração do Homem e Natureza generalizada nesse momento*; bastando ver o índice da introdução do *Símbolo da Fé* de F. L. Granada, publicado um ano antes da *Filosofia Secreta*, e convencer-se do conhecimento dessa tradição; e mais, uma das ideias de seu trabalho é que, pela observação das maravilhas naturais é possível conhecer a *Deus – O Arquiteto*, e diz: *'não como filósofos, que não pretendem mais que dar conhecimento das coisas, mas como teólogos, mostrando a sabedoria infinita do Criador, que se saiba que tais coisas são como desenhar sua Onipotência, ... e que tudo chamou a falha em fazer Sua palavra'*.

Secretário:

Então verificar, por exemplo, como explica o fenômeno da evaporação e condensação da água que produz a chuva; primeiro descreve o fenômeno, e depois compara (adaptado):

- *A experiência é ver alambiques que exalam rosas e outras ervas, ... a força do calor do fogo seca as ... ervas que são destiladas em ... vapores, e faz subir ao topo; e ao não poder carregar mais se reúnem e engrossam tornando-se água, que com o peso natural corre para baixo, e é destilada ... . A Arte de algum modo imita a Natureza, como faz em todas as outras coisas.*

Em seguida F. Luis cita passagens bíblicas, em que a queda de água do Céu produz o verde da terra e ervas frescas, bem como toda a riqueza; e ainda escreve (adaptado):

- *Finalmente são tantos bens que dessa água recebe-se um dos 'Sete Sábios da Grécia', que por tal nome chegou a dizer que: 'A Água era a matéria de que todas as coisas foram feitas', vendo que a água é a reprodução de todos os frutos da terra.*

Retornando à *'Filosofia Secreta'* de P. Moya, merece destaque (adaptado):

- *Júpiter ... gerou a forma de Hércules, pois o Homem é instrumento de engendrar; mas, a Divina vontade, por Júpiter e ... as Estrelas ... são instrumentos de procriar Homens claros (limpos).*

A diferença entre o engendramento da *'Vontade Humana'*, e conforme a *'Vontade Divina'*, mostra claro que todas suas explicações sobre as operações naturais esconden o sentido último da alquimia — Regeneração do Homem, ..., que João em seu *Evangelho* diz (adaptado):

- *'... que não são gerados do sangue, nem da vontade da carne, nem da vontade do Homem, mas de Deus.'(I,13) – 'O nascido da carne, carne é.' – 'O nascido do Espírito, é Espírito.' (III,6)*

E, P. Moya diz claro que os masculinos (machos) nascem da *'Vontade Divina'* por meio *'Das Estrelas'*, que são instrumentos desse engendramento, criação ou geração; e L. Cattiaux escreve (adaptado): *É possível ser feito algo bom, sem Sol, sem Lua, sem Estrelas, sem Ar, sem Água e Sem terra? Então cumpre saber que a Agricultura é a ciência de Deus (XXIII, 48).*

Ainda é importante notar que tanto Cattiaux como Moya falam *'Das Estrelas – Que Energiza o Trabalho'*, e não *'As Estrelas – Que Dirige a Vontade Humana'*.

Guarda (ou Cobridor):

A ideia de masculinos (machos) é importante na literatura e na arte desde a Idade-de-Ouro, sendo retratado como *Hércules ou Teseu*, mas em geral como *Apollo*; e P. Moya explica o que significa que *Apollo é o filho de Júpiter e Latona*, a saber:

- *Por Latona entende: Esse assunto obscuro, chamado caos, que as coisas se tornaram; e*
- *Por Júpiter define: O verdadeiro Deus nosso Senhor. Esse Criador de todas as Luzes de dois (2) primeiros feitos, que são o Sol e a Lua, como se pode ler em Gênesis, e*
- *Por Apolo e Diana completando o 'Mito': Que Apolo nasceu, usou as bestas para matar a serpente Fiton, deixando o Sol com o calor de seus raios que são como flechas, consumido na nuvem e vapor que por ele engendrado, que primeiro os osbcureciam.*

e mais, considerando o que N.Flamel alquimicamente diz (adaptado):

- *... a serpente Fiton, que tendo em seu ser a corrupção do lodo da terra surgiu das águas do Dilúvio, quando tudo era água, deve ser morta e derrotada por... Apollo pelo ... Sol, ou seja, pelo ... igual ... Fogo-do-Sol.*

E assim, P. Moya expõe porque é retratado o imbebe, ou sem barba, Apollo (adaptado):

- *... chamado Phoebus, porque ... é novo e como criança, pois em Latim é chamado Ephebes, que não têm barba ... como as crianças, e deve ser no Sol, porque todo dia nasce de novo ... no horizonte, ... do ventre de sua mãe.*

Portanto, Homens transparentes são a imagem do *'Sol Filosófico'*; e assim S. Covarrubias representa o masculino (macho) com o 'Emblema de um Obelisco', e escreve (adaptado): *"... o homem justo é como coluna ou agulha de firmeza."*

Os *'Obeliscos'* foram dedicados ao Sol, por representarem um dos seus *'Raios'*; ademais, Plínio em *'História Natural'* define os *'Obeliscos'* como *'Raios do Sol Petrificados'*, e assim explica as maravilhas do Egito (adaptado):

- *... Reis, por uma certa rivalidade entre eles, fezeram dessa Pedra alguns blocos longos chamados 'Obeliscos', consagrados à Divindade do Sol.*

VM:

Essas afirmações são herméticas, muito embora exteriormente possam parecer explicar apenas uma pequena curiosidade, porém, a esclarecer que (adaptado):

- *O 'Raio de Sol Petrificado' é o mesmo que a 'Luz Encarnada', ... o final da Criação, para que a imagem do 'Obelisco' leve ... ao 'Mistério do Homem Regenerado'. Os 'Obeliscos' foram dedicados ao Sol, representando um dos seus Raios. Assim, os masculinos (machos) transparentes ou claros são a imagem do 'Sol Filosófico'.*

Já o significado esotérico de *'Obelisco'* é bem descrito no comentário cabalístico do *'Sonho de Jacó'*, particularmente na passagem (adotada): *Tomou a Pedra que tinha sido travesseiro* mencionada na estela — matsevah: Obelisco, Coluna. (Gê.32,17).

Do *Sefer Zohar — O Livro do Esplendor* Hebraico consta o seguinte comentário sobre esse *Versículo (adaptado): O que significa matsevah? Significa que a Pedra tinha caído, e ele levantou novamente;* ou seja, significa que essa Pedra não é outra coisa que: *'O Homem que tenha caído levante'*, ou seja, que se *'regenere'*.

Finalmente, mencionar que essas últimas citações ajudam a entender com precisão, qual é a natureza que fala sobre os sábios, e entre esses o Bacharel Pérez Moya, porque a natureza que é vista com os olhos e sentidos humanos, não é somente um reflexo da *'natureza interior – interna'*, que se esconde em cada ser, e que em cada Homem se levanta e manifesta-se plenamente; e ainda em adição, por todo o exposto, poder concluir que:

- *A 'Mitologia' é a Filosofia que une indissoluvelmente o Homem com Deus!*

36 'Dignidade Humana' Visão Maçônica

"Não permita que ninguém o faça descer tão baixo a ponto de sentir ódio." (M.L.King)

VM:

A Instituição Maçônica também tem por finalidade combater a *Ignorância* em todas suas modalidades e manifestações; assim sendo, trata-se de uma *Escola* mútua que, dentre outras tantas obrigações e/ou atribuições, impõe:

• *Trabalhar incessantemente pela 'Felicidade do Homem';*

tanto assim, que esse preceito, por exemplo, consta do *Ritual do Aprendiz — Grau 1, do Rito Escocês Antigo e Aceito — REAA*.

E, mais adiante no mesmo *Ritual*, consta uma frase que se reputa como sendo das mais ricas e representativas dos *'Verdadeiros Objetivos'* da Maçonaria, a saber:

• *"(A Maçonaria) É uma Instituição que tem por objetivo tornar 'Feliz a Humanidade', pelo Amor, pelo Aperfeiçoamento dos Costumes, pela Tolerância, pela Igualdade e pelo Respeito à Autoridade e à Religião."*

e assim, compreendido estar absolutamente correto que:

• *A verdadeira Felicidade do gênero humano é tornar Feliz a Humanidade.*

1º Vigilante:

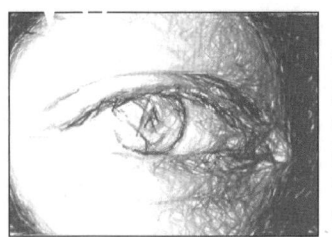

Nas *Obras e Rituais Maçônicos* não é raro que o pesquisador ou buscador se depare com a palavra *'Humanidade'*, porque é por meio da *'ideia do valor intrínseco do Homem'*, que o estudioso pode encontrar suas origens tanto no *Pensamento Clássico*, quanto no *Ideário Cristão*, àqueles que assim acreditarem.

Já na *cultura ocidental* há diversas referências a respeito da *Criação* do ser humano *À Imagem e Semelhança de Deus'*, premissa da qual é possível extrair a ideia de que o Homem é dotado de certo *'valor próprio — intrínseco'*, até porque em uma única pessoa, é certo, está representada toda a *Humanidade*.

Ao longo da História, é possível comparar a evolução da espécie humana, baseada no que pensa a *Humanidade* acera de sua própria condição existencial.

Pelo *pensamento estoico, austero, conspícuo ou espartano*, que se verifica nas *Clássicas Tragédias Gregas*, é notório que o Homem possui a *'dignidade'* que o distingue de outras criaturas, no sentido que todo ser humano é portador da mesma, apesar das diferenças sociais e culturais.

Mesmo durante o *'Medievo – do Latim medie = medíocre + evo = era, como os Renascentistas denominaram a Era Medieval, sem engrandecimento cultural'* –, o analista e pensador Tomás de Aquino continuou sustentando a indiscutível Divindade da *'Dignitas Humana – ou – Dignidade Humana'*.

2º Vigilante: _____

Enquanto o filósofo I.Kant afirma que o Homem não pode ser tratado como objeto, nem por si próprio, porque no mesmo também se faz representar toda a *Humanidade*.

Os *'Ideais' da Revolução Francesa,* com sua tríade*: Liberdade — Igualdade — e Fraternidade,* foram uma espécie de *'condensação'* de todo *Pensamento Filosófico* criado pela *Humanidade* ao longo de sua existência.

Contudo, pelo *Moderno Pensamento Filosófico e Social*, a questão da *'Dignidade da Pessoa Humana'* está cada vez mais ocupando espaço sendo considerada como uma *'questão fundamental'*, ou seja, o *'pilar de toda existência social'*, não obstante flagrantes situações de desrespeito individual à condição dos seres, como bem pode ser visto nos conflitos que permearam o Século XX; mas repetindo, no *'desrespeito individual'* de vez que praticados por grupos contra grupos.

A utópica realização plena da *'Dignidade do Homem'* continua sendo incansavelmente buscada pelas relações sociais e jurídicas de grupos de Nações e de pessoas, mesmo que nesse último grupo de indivíduos estejam inconscientes de sua própria busca.

E referente às características utópicas de tal busca, cabe lembrar, mesmo que vagamente, as palavras do pensador Galleano que situa a utopia no limiar objetivo de suas intenções, apesar de que praticamente a cada dez (10) passos que tenta se aproximar desse horizonte, em realidade dez (10) passos se afasta, e assim por diante, como em vinte (20) de tentativa, resulta vinte (20) afastado.

Orador: _____

Dessa maneira, cabe indagar:

- *Mas afinal por que a busca?*
- *Qual objetivo da própria existência, se já se está convencido de que é inalcançável? E a resposta: Seu objetivo é exatamente esse, ou seja, de obrigar a dar os passos cabíveis.*
- *E a Maçonaria atual em que ponto se encontra dessa busca utópica?*
- *Qual sua atuação no sentido de colaborar, enquanto Ordem, no reconhecimento universal da 'Dignidade' da Pessoa Humana?*

A História é rica em relatar a participação de Maçons enquanto indivíduos, e da Maçonaria enquanto Instituição, na sua luta em tornar *pétreos* os *Ideais Humanitários*; como por exemplo na(o)s*: Revolução Francesa – Abolicionismo da Escravatura no Brasil – e Diversos Fatos e Atos de Maçons no Reconhecimento e Implementação de Nações Igualitárias – Justas – e Perfeitas.*

Ao trabalhar na lapidação da *Pedra Bruta* que o Maçom reconhece ser, deve aparar as *arestas mundanas* que sempre o tornam falível como indivíduo, para que assim possa vir a *espelhar e/ou refletir* todo o *'Valor Intrínseco da Humanidade'* na plenitude; e ainda ter por dever absoluto, bem preparar-se para ser o *ponto reflexivo* de tudo que para si representa essa ideia.

Secretário: _____

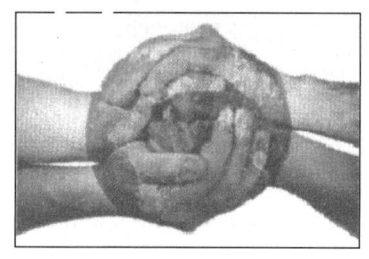

Exemplificando, de acordo com seu *Rito* adotado, pode rezar em seu *Jura – mento Cerimonial*, ao estar *perante* o *G∴A∴D∴U∴*:

• *"... conservar-me sempre cidadão honesto e digno ..., nunca atentando contra a honra ... "*

e prometendo envidar esforços na valorização de um dos aspectos mais marcantes inerentes à *'Dignidade'* do Homem: *A Honra*.

'Honra e Dignidade' são termos quase sinônimos, pois encerram valores magnos e exclusivos do ser humano.

'Dignidade ou Honra' são garantidas na *Carta Constitutiva do Brasil*, e em quase todas as *Constituições do Mundo-Livre*, por intermédio de *cláusulas imutáveis, ou pétreas*.

Porém: *Como transformar a utópica afirmativa da Constituição em fato concreto cotidianamente?* E mesmo não sendo mais possível, a exemplo do passado, destinar o *Tronco de Solidariedade* para: *Compra e Alforria de Escravos – ou – Fomentar Revoluções Libertárias no interior dos Templos Maçônicos*; ainda assim, é certo que nenhum Adepto deva ficar adstrito ou ajuntado, anexo, apenso, ligado, pegado, preso ou submetido, apenas e somente a seus respectivos *Templos*, enquanto a *sociedade* que se pretenda modificar via aperfeiçoamento mais íntimo dos Integrantes da Ordem, e assim nunca pecar por omissão referente ao respeito a essa *'Dignidade'*.

Guarda (ou Cobridor): _____

E por todo o exposto cabem as seguintes perguntas:

• *Quantas vezes ao final da Sessão, depois do lauto ágape, a caminho de casa no automóvel na primeira esquina depara-se indiferente a um indivíduo descalço implorando por moedas?*

• *Enquanto cidadão, quantas vezes se encara impotente e apático a ação do Estado contra as minorias menos abastadas?*

• *Quantas vezes se passa por um animal maltratado, penaliza-se, e quando se depara com um semelhante, não se dá a devida atenção?*

assim, quão inócua se torna observar problemas sem a devida apresentação de solução prática, do memo modo como é também inócuo propor somente *tratamento filosófico* a uma situação real.

Não esquecendo que apesar da utopia ser inatingível, se na Maçonaria não fossem dados os primeiros passos em direção ao *horizonte utópico*, não teriam sido contabilizados entre seus feitos a(o)s: *Revolução Francesa — Abolição da Escravatura — e tantas outras ações entabuladas e realmente efetivadas desde o 'ideal humanitário'*; portanto, por tudo isso:

- *Aos Maçons da modernidade restam ainda muitos caminhos a serem trilhados!*

VM:

E se os Maçons estiverem unidos como na simbólica e propalada *Cadeia de União*, agregando esforços e provendo a árdua luta pela *'Dignidade da Pessoa Humana'* em termos contemporâneos, ou seja, procurando trabalhar para garantir a(s): *Vida — Saúde — Alimentação — Moradia — e outras premências,* certamente esses estarão honrando e se justificando perante as gerações maçônicas anteriores, e até é provável as futuras, e assim mostrando toda razão de viver; por isso, a melhor proposta atual é plenamente factível, ou seja:

- *Prover melhoria na qualidade da mais adequada educação possível às gerações vindouras!*

Finalmente, que as Lojas e seus Integrantes aproveitem as instituições já consagradas como apoio à tradicional educação infanto-juvenil, tal como os: *Escotismo — De Molay — APJ's — Amigos da Escola — Filhas de Jó — e tantas outras,* para que por meio de *Doações Individuais e/ou da Maçonaria*, que não precisam ser necessariamente financeiras, possam atuar em valores que, a médio e longo prazo, farão a diferença na plena, e aí sim, concreta, valorização da *'Dignidade da Pessoa Humana!'*

37 'Verdade' Pela Tolerância

"É lei da vida humana, tão certa como da gravidade: para viver plenamente, precisa-se aprender a usar as coisas e a amar pessoas, não amar coisas e usar pessoas." (J.Powell)

VM: _____

Todos os envolvidos com os temas maçônicos sabem sobejamente que uma das colunas mestras da Ordem Maçônica é: *A Procura da Verdade*, entretanto: *O que é a Verdade?*

Contudo, caso sejam consultados os ditames dos Filósofos, ao longo do tempo, é possível encontrar ao menos: *Cinco (5) referências conceituais a respeito da Verdade.*

A palavra *Verdade* pode também ser entendida como sendo *sinônimo* de:
• *Correspondência entre o Conhecimento das Coisas e as Coisas em si;*
• *Revelação;*
• *Conformidade a uma Regra;*
• *Coerência; e*
• *Utilidade, dentre outros.*

1º Vigilante: _____

Todavia, os dois (2) primeiros itens anteriores, ou seja:
• *A Verdade como sinônimo de Correspondência, e*
• *A Verdade como sinônimo de Revelação,*
são *Conceitos* comumente difundidos que notáveis pensadores e filósofos da *História da Humanidade* afirmavam que (adaptado):
• *Platão = Verdadeiro é o Discurso que diz as Coisas como são;*
• *Aristóteles = A Verdade está no Pensamento e Linguagem, não nos Seres ou Coisas; e ainda que: A medida da Verdade é o Ser ou a Coisa; e noutras palavras: Uma coisa não é branca só porque se diz que é, mas porque é realmente branca.*
•   S.Agostinho = *A Verdade como o que Revela o que é, ou se Manifesta a si mesmo; e assim, identifica a Verdade como o Logos ou o Verbum, ou seja, com Deus o G∴A∴D∴U∴; daí, para si A Verdade é então Revelação.*
•   S.Tomas de Aquino = *Vai um pouco mais adiante e constata que: A Verdade é a Adequação do Intelecto e das Coisas.*

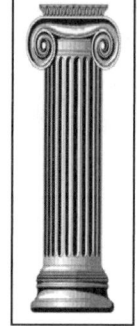

2º Vigilante: _____

E como visto, desde a Antiguidade as muitas discussões em torno do *Conceito da Verdade* ocuparam e ocupam os estudiosos até a atualidade, sem que

se tenha chegado definitivamente a uma conclusão ampla e incontestável; e por isso, poder-se-ia então perguntar:
- *Por que isso acontece?*

e a resposta imediata seria:
- *Porque não se consegue atingir a Verdade, isto é, a Verdade entendida como Verdade Absoluta;*

e assim sendo cabe informar que o grande pensador e autor italiano Dante Alighieri, em seus *'Tratados da Razão Crítica e da Razão Pura'*, já havia chegado a análogo raciocínio; tanto assim que nesses tempos modernos até os linguistas discutem esse mesmo assunto; entretanto, em realidade, é indiscutível que existe uma efetiva longa distância entre: *Coisas e Pessoas*.

Orador:

E estando certo que as *Pessoas* somente chegam às *Coisas* pela utilização dos seus *Sentidos de: Visão – Audição – Tato – Paladar – e Olfato*, os quais estimulam os respectivos nervos que carregam algumas *Correntes Energéticas* ao cérebro, que as interpreta e armazena na memória.

De outra parte, pode-se verificar que as *Coisas* chegam às *Pessoas* de maneiras bem diferentes, como por exemplo, quando há uma casa diante de si, pode-se percebê-la, sobretudo, por intermédio das cores de sua pintura, e desse modo, é assim que essa casa se fixa na memória.

Todavia, outras *Pessoas* podem perceber a mesma casa pelos sons que se originam na mesma, sendo então essa a forma característica como vai ficar registrada na sua memória.

Tudo isso significa que cada indivíduo tem uma imagem diferenciada da mesma casa.

E mais, caso se consiga bem alargar o *Processo de Conhecimento da Realidade* amplamente, então é possível imaginar como esse mesmo universo poderá chegar até as *Pessoas* das maneiras mais variadas, dependendo do modo como a apreendem e o expressam.

Secretário:

Em resumo, com esse embasamento, é possível até chegar a:
- *Nenhum ser consegue, pelo menos por enquanto, atingir a Verdade Absoluta;*
- *Cada ser porta sua Verdade Individual que é limitada;*
- *Caso queira aumentá-la deve acessar a Verdade dos outros, e enriquecer-se;*
- *Quer dizer que o que os outros dizem, por vezes acrescenta algo;*
- *Portanto, o primeiro passo para o enriquecimento da Verdade é ouvir a opinião dos outros, e tentar entender suas Verdades;*
- *A isso se denomina 'Tolerância', que por isso se coloca em posição diametralmente oposta à Ignorância.*

Guarda (ou Cobridor): _____

- *Mas por vezes, em realidade, a cada tentativa de compreender com clareza o que os outros têm a dizer, quase sempre surgem discussões;*
- *Porém, não perdendo de vista que a finalidade do diálogo é o próprio enriquecimento, as discussões serão apenas explicações (aulas) sobre cada um dos modos de pensar, e sobre os modos de pensamento dos outros;*
- *Já aulas e explicações se dão didaticamente, e com as emoções equilibradas;*
- *E: Como exercitar o diálogo com 'Tolerância' em busca do enriquecimento da Verdade de cada um? Dir-se-á: Aplicando a Lei de Newton que afirma: 'Toda Ação sofre uma Reação de igual intensidade';*
- *Assim, se a Ação for Amorosa, a Reação também o será; e concluindo:*
- *Com a Intolerância e o Desamor só se alcança Desunião!*

Assim, pode-se optar, e seguindo a isso pode-se alcançar o privilégio de ser *Iniciado na Ordem Maçônica*, então conseguir acessar seus *Ensinamentos*, e como resultado passar à busca da *Verdade Absoluta*, passando à necessária e incomparável construção do próprio *Templo Interno*.

VM: _____

Finalmente, à vista de todo o exposto, poder-se-ia indagar:

- *E por que não aproveitar tal magnífica oportunidade, talvez a única nessa altura das vidas?*

e então, fazer parte de uma *Instituição* séria e universal; portanto, deve-se sempre buscar a união, e para isso não é possível prescindir da *'Tolerância'*, a fim de ajudar o(a)s: *País – Humanidade – e o Planeta Terra*, nesse momento crucial da passagem para a plenitude do *Terceiro (3º) Milênio!*

'Tolerância'
Demais Conceitos

"Entender a vontade de Deus nem sempre é fácil, mas crer que Ele está no comando, e tem um plano para cada vida, faz toda caminhada valer a pena."

VM:

Partindo do pressuposto que: *Filosofar é pensar sem provas e sem culpa*, espera-se não ter ido longe demais nas divagações filosóficas a seguir expostas.

E por se tratar de uma Virtude, a *Tolerância* também pode ser entendida como um *Valor*, e como é sabido: *Valores não podem ser definidos, mas descritos e analisados*, em concordância com o comportamento de todo aquele que compõe uma Sociedade.

A ideia de *Tolerância* apenas pode ser analisada com certa precisão, caso esteja integrada perfeitamente na Sociedade, pois sempre está atrelada às ações desse Grupo.

E um tema tão subjetivo, como dito, por se tratar de uma Virtude, e também de um dos principais *Valores* da Maçonaria, para abordá-lo com segurança cabem duas (2) indagações que são postas à reflexão:

• *Julgar que há coisas intoleráveis, é dar provas de Intolerância? ou*

• *Ser 'Tolerante é Tolerar' tudo?;*

nesses casos a resposta seria *'não'*, mesmo entendida *Tolerância como Virtude*.

1º Vigilante:

Na busca de resposta para a pergunta: *O que é Maçonaria?*, dentre as várias respostas possíveis, transcreve-se aquela que foi julgada mais pertinente, à vista do tema abordado, e que segue (adaptada):

• *A Maçonaria é eminentemente 'Tolerante', exigindo dos Integrantes a mais ampla 'Tolerância'. Respeita as opiniões políticas e crenças religiosas dos Homens, reconhecendo que as Religiões e Ideais Políticos são respeitáveis, e rechaça a pretensão de privilegiar qualquer delas em particular.*

mas a definição considera a *Tolerância Maçônica* sob os aspecto *Religioso e Político*, porém, se tida como um *Valor* deveria ser mais *abrangente*, e até *discutível*.

Ademais, cabem também outras perguntas para clarificar esse tema, a saber:

• *Quem 'Tolera' violação, tortura e assassinato é considerado virtuoso? ou*

• *Quem admite o ilícito com 'Tolerância' tem comportamento louvável?;*

se as respostas não puderem ser *negativas*, tal argumentação levanta dúvidas, que podem se constituir em *definições ou limitações*; e não ser devido considerá-las sob: *Sentido da Vida — G∴A∴D∴U∴ — e Valor da Ordem*; e mais, se *Tolerar* seria:

- *Aceitar tudo que se condena? ou*
- *Deixar que façam o que é possível ser impedido ou combatido?;*

e, caso seja assim entendida a *'Tolerância'*, seria como*: Cada um renunciasse a uma parte muito significativa do seu próprio desejo!*

Contudo, somente pode ser vista como Virtude, ao se clamar pela *Tolerância Individual*, que ultrapassa tanto interesses como a impaciência, que só é cabível à pessoa em favor de outro(s).

Porém, sendo certo que*: Não existe Tolerância se nada há a Perder ou Ganhar,* porque *Tolerar: Sofrimento dos outros — Injustiça que não se é vítima — e Horror que se é poupado;* não é *Tolerância* mas *Egoísmo e/ou Indiferença*.

2º Vigilante:

Por vezes *Tolerar* é *Cumplicidade — por omissão ou abandono,* e quando então a *Tolerância* já é apenas *Colaboração,* sem dúvida se configura como um mal maior; por isso, quando há o(a)s: *ódio — fúria — e violência,* ainda assim não pode imperar o horror e/ou aceitação vergonhosa pelo pior, e isso é o que o pensador K. Popper denomina o *'Paradoxo da Tolerância',* ou (adaptado):

- *Se indivíduo Tolerante, mesmo com Intolerantes, e não defender a Sociedade Tolerante, esses Tolerantes serão aniquilados, como a Tolerância em si.*

Ora, não cabe a nenhuma Virtude se ocultar atrás de *posturas contestáveis,* pois se o ser se comportar como os: *Justos é Justo — Generosos é Generoso — e Misericordiosos é Misericordioso,* então, não fará *Justiça* quando se comportar apenas e tão somente como *cordato e/ou bom;* então, sem dúvida alguma:

- *Não é Tolerante quem só o é aos Tolerantes.*

Por isso, a *Tolerância* sendo uma Virtude, é assim até considerada pelos não praticantes; e ademais, os *Intolerantes* não devem se queixar caso sejam tratados com *Intolerância,* tanto que:

- *Ao Justo cabe se guiar por 'Princípios da Justiça', e não queixa do Injusto;* e de modo análogo:
- *Ao Tolerante cabe exclusivamente se guiar pelos 'Princípios da Tolerância'.*

O que determina o *'Grau de Tolerância Individual ou do Grupo'* não é a *Tolerância mostrada,* mas o *perigo* que implica, então *Ação ou Grupo Intolerante* deve ser interditado, mas só se ameaçar a *Liberdade ou a Tolerância.*

Orador:

Por exemplo, numa *República* estável, mesmo qualquer *manifestação* contrária à *Democracia ou Liberdade,* mas sem *perigo,* não há razão para proibi-la, por isso deve haver *Tolerância*; mas inversamente se as *Instituições* se fragilizam, havendo ameaça e/ou pretensão de *'Tomada do Poder'* pela força, a mesma *manifestação* pode ser *perigosa*, e deve ser impedida, a possibilidade não deve ser desconsiderada imprudentemente; porém, desse modo se estará diante de um *paradoxo* a respeito de *Tolerância*, e por não se encontrar via exata para ser entendida, recorre-se novamente ao pensador Popper (adaptado):

• *Não se quer dizer seja sempre necessário impedir a expressão de 'Teorias Intolerantes'. É possível contrariá-las por argumentos lógicos e contê-las, pois seria errado proibi-las. Mas é preciso reivindicar o direito de fazê-lo se necessário, pois pode ocorrer que os defensores das 'teorias' recusem-se à discussões lógicas. Então considerar que ao fazê-lo estarão fora da lei, e a incitação à Intolerância é criminosa. E nunca serão sinônimos: Democracia e Fraqueza – como – Tolerância e Passividade.*

• *Há casos em que a Tolerância Universal não seria Virtuosa ou Viável, mas Moral e Politicamente Condenável; e, em outras palavras, há coisas Intoleráveis até ao Tolerante; ou seja, em termos de:*

• *Moral = Condenáveis: Sofrimento – Injustiça – e Opressão, ao ser impedidos;* e

• *Política = O que ameaça a: Sobrevivência – Liberdade – e Paz, de uma Sociedade.*

Secretário: ─────────────────────────────

Pelo visto, a *Tolerância* só deve ser discutida como questão de *opinião*; contudo, o que é *opinião* senão uma *crença incerta*; então, por exemplo, o católico concorda com a Verdade do Catolicismo, mas se for intelectualmente honesto e amar a *Verdade* mais que a *Certeza*, saberá ser incapaz de convencer: *Protestantes — Muçulmanos — Ateus — e outros*, mesmo cultos e de boa-fé.

Desse modo, mesmo convencido de estar do lado da *Razão*, cabe admitir não poder provar se está no mesmo plano de seu oponente, e mesmo acreditando, sendo incapaz de convencê-lo.

E, sendo a *Tolerância* uma Virtude, se embasa na *Fraqueza Teórica Humana*, na sua Incapacidade de Atingir o Absoluto, por isso: *Todos devem se Tolerar mutuamente, pois são fracos, e sujeitos a variações e erro; e Humildade e Misericórdia vão juntas e levam à Tolerância.*

Mais referido à *Conduta Política* que *Moral*, *Estado* que *Conhecimento*, e se o ser puder acessar o *Absoluto*, seria incapaz de impor aos demais, pois:

• *Não se pode forçar ninguém a pensar diferente do que pensa;*

• *Nem acreditar verdadeiro o que lhe parece falso;*

• *Pode-se impedir de exprimir o que acredita, mas jamais impedi-lo de pensar!*

Ademais, reconhecendo que *Valor e Verdade* são diferentes, e que nessa diferença há *Razão* suplementar para ser *Tolerante*, porque, ainda se pudesse acessar a *Verdade Absoluta*, nem isso obrigaria todos a respeitar os mesmos *Valores*, ou viver do mesmo modo, pois:

- *A Verdade se impõe a todos, mas não impõe coisa alguma, porque a Verdade é a mesma para todos, mas não o Desejo e nem a Vontade;*
- *Pois a Convergência de Desejos e Vontades, e Aproximação de Civilizações, não resultam de nenhum Conhecimento, mas de um Fato Histórico e puro Desejo dessas Civilizações.*

Guarda (ou Cobridor):

Na tentativa de dirimir dúvidas, indagar se o termo *Tolerância* é o mais conveniente a usar, pois: *Tolerar opiniões não seria tê-las inferiores ou faltosas?*; ora, então há outro paradoxo sobre *Tolerância* a invalidar todo o exposto, porque:

- *Se para a Maçonaria, quanto ao Mundo Profano, as Liberdades relativas à: Crença — Opinião — Expressão — e Culto, devem obrigatoriamente ser tidas como 'Liberdades de Direito'; então não precisariam ser Toleradas, mas simplesmente: Respeitadas — Protegidas — e Celebradas.*

Na língua portuguesa *Tolerância* ainda tem sentido de: *Indiferença — Polidez ou Piedade*, mas a rigor: *Só se pode Tolerar o que se tem Direito de: Impedir — Condenar — e Proibir;* e mesmo não tendo tal *Direito*, é esse que inspira o ser ao sentimento de possuí-lo; assim caberia indagar:

- *Não há Razão de se pensar o que se pensa? e*
- *Caso se detenha tal Razão, os outros não estariam errados? e*
- *Aceitar a Verdade, senão pela Tolerância, incorrer na continuidade do erro?*

E, denomina-se *Tolerância* aos: *Respeito — Simpatia — e Amor, se: lúcido — generoso — e justo*; e se a *Tolerância* se impôs, foi porque todos são incapazes de amar ou respeitar o antagonista.

VM:

Sobre esse tema se refere o intelectual e pensador Jankélévitch (adaptado):

- *Enquanto não desponta o dia em que a Tolerância se tornará amável, dirse-á que a Tolerância, a prosaica Tolerância é o melhor a fazer! A Tolerância é solução sofrível até que se possa: amar – conhecer – e compreender, podendo ser feliz por começar a suportar-se.*

e dizer que: *A Tolerância é um momento provisório, mas que o provisório se torne duradouro, pois se cessar, deve-se temer a sucessão da barbárie e do desamor!*

Porém, trata-se do começo, que se contenta porque é o início, sem contar que, por vezes, preciso *Tolerar* o que não se quer respeitar ou nem amar!

Finalmente, há coisas intoleráveis a combater, e também toleráveis que são até desprezíveis; assim, o termo *Tolerância* também detém todo esse significado, e daí podendo concluir-se que:

- *A 'Simplicidade' é: A Virtude dos Sábios – e – A Sabedoria dos Santos, portanto*
- *A 'Tolerância' é: A 'Sabedoria e Virtude' dos que não são nenhum daqueles!*

A 'Alma'
Premissas Iniciais

"Sempre que se aprende, se ensina, e quando ensina, também aprende." (P. Freire)

VM:

1) INTRODUÇÃO

A *'Busca da Verdade'* passa pela existência ou não da *Alma*, que opõem filósofos como*: Hume — Hamilton — Stuart — Taine — e tantos outros,* que admitiam a *Alma* se reduzir apenas a*: sensações — ideias — emoções — e algo mais*; mas, como dizia o pensador *Broussais (adaptado): O ser racional não admite nada imperceptível pelos sentidos;* e completa (adaptado)*: O Cérebro é a causa e princípio do Pensamento;* porém, sendo o Cérebro composto por células ininterruptamente renovadas como todo o Corpo, e se no ser ocorrem apenas *fenômenos sucessivos* sem ligação entre passado e presente, portanto*: Como explicar os Hábito — Associação de Ideias — e Memória?*

Então cabe admitir que há uma realidade independente do *Cérebro*, ou das *mudanças psicológicas,* que também são causa dos atos praticados, e a essa realidade denominam *Alma*; mas se a *Alma* existe*: Qual é sua natureza? Será Espírito ou Matéria?* Por exemplo, o *Espiritualismo* propõe serem distintos *Alma e Corpo*, enquanto o *Materialismo* admite haver *Corpo e Matéria*.

1º Vigilante:

Já no ser humano ocorrem dois (2) tipos principais de *Fenômenos:*
1) Quantitativos = Digestão – Circulação – e outros; e
2)Qualitativos = somente percebidos pela: Consciência – Pensamento – Alegria – ou Remorso.

e há no ser uma *Substância: Extensa – Divisível – e Palpável*, o *Corpo*, e outra *Substância: Simples e Perceptível* apenas pela *Consciência*, a *Alma*.

A *Alma* é *una – única*, e por se ter apenas uma fica comprovada sua unicidade; além disso, é una também por ser simples e indivisível.

Enquanto as células do Corpo se renovam e o mudam em *Substância*, a *Alma* é idêntica, não há alterações no *Eu*, que permanece o mesmo no passado e no presente; essa *imutabilidade da Alma* que confere a identidade ao Homem.

2) ESPIRITUALIDADE DA ALMA

O *'Ser Espiritual'* existe independente da *Matéria* e condições de existência; é fato que *Alma* unida ao *Corpo* exige algo dos órgãos para *operações sensitivas*;

e também é certo que a *Alma* independe do Corpo nas *funções intelectuais;* a *Alma Pensa e Quer* sem auxílio de órgãos; a concluir que a *Alma* não está imersa no *Corpo*, é independente em muitos aspectos, e assim, é um *'Ente Espiritual'*.

2º Vigilante: _____

E, dizia o filósofo Aristóteles que: *Um ser se conhece por suas operações;* e assim, a *Alma* forma ideias que são imateriais; então a *Inteligência*, que é a faculdade do *Pensamento*, também é imaterial; portanto, a *Alma* que opera por meio da *Inteligência* também é imaterial.

Sendo a *Matéria* indiferente à *Inércia ou ao Movimento*, ou seja, ao Determinismo - de determinar, do Latim *determinare*: de = prefixo de negação + *terminare* = terminar, limitar; significa 'não terminar ou não limitar'; e contrariamente a *Alma* é livre para operar ou não, resistir ou ceder à *sensibilidade*, pois a *Alma* detém *Livre-Arbítrio*; assim, a concluir que a *Alma é: Simples — Espiritual — e Necessariamente Distinta do Corpo que é composto, mutável e material.*

3) ALMA: FÍSICO E MORAL

A Simplicidade e Espiritualidade características dos *Fenômenos da Inteligência* impedem afirmar que o *Cérebro*, substância em constante mutação, seja o real elo do *Pensamento*; e que a *Inteligência,* para se expressar, precisa para funcionamento normal, de um *Cérebro* saudável; e mais: *O Cérebro é o Instrumento Material do Espírito Imaterial para expressar Pensamentos.*

E Aristóteles notou que o *Homem Pensa* sem seus órgãos, e que o *Entendimento* não é ligado a nenhum órgão, podendo existir separado do *Corpo*; porém, no estado atual evolutivo não há *Pensamento* dissociado de *Imagens*, e a *Imaginação* depende do *Sistema Nervoso*; daí os *Pensamento e Inteligência* só dependerem indiretamente do *Corpo*, e em particular do *Cérebro*.

Orador: _____

Assim é explicada a '*desordem*' na *Inteligência* que é gerada por lesão cerebral, não porque o *Entendimento* tivesse sido atingido, mas porque a lesão determina '*perturbação*' na *Imaginação*, e as *Imagens* extravagantes proporcionam ideias discordantes e incoerentes.

Se o louco pudesse transplantar seu *Cérebro* lesado por outro sadio, é certo que voltaria a *Pensar* corretamente, pois a '*desordem e/ou deterioração*' dos órgãos não maculam a *Inteligência*, mas apenas a privam do requerido para seu funcionamento normal; ademais, é possível afirmar que: *O Cérebro é a interface entre o Espírito e a Materialidade.*

4) UNIÃO: ALMA + CORPO

Os pensadores: *Aristóteles — S. Tomás de Aquino — e parte dos Espiritualistas* '*não*' admitem *Dois (2) Princípios de Vida;* afirmam que a *Alma Inteligente*, além de *Atividade Consciente e Psicológica*, pode '*presidir*' as funções fisiológicas;

assim, a *Alma seria: O Único Princípio da Atividade Vital do Homem — De sua Vida Vegetativa e Sensitiva — e também de sua Vida propriamente Espiritual.*

E a *'correlação íntima'* entre as *Operações da Alma Pensante: Sensibilidade — Inteligência — e Vontade*, prova a substancialidade do *Princípio* de onde se originam; e a mesma *'correlação'* se verifica entre as *Operações Psicológicas e Funções Orgânicas.*

São fatos*: Comoção violenta da Alma estanca a circulação sanguínea — Medo paralisa — Confiança sustenta Forças Físicas — Trabalho Intelectual retarda Digestão — e outros;* então, é possível citar inúmeros outros fatos que provam a influência do *Físico* sobre o *Moral*, e vice-versa.

Secretário:

Demonstrada a *'União da Alma e do Corpo'*, caberia afirmar que*: O Corpo não existe antes de sua 'União' com a Alma*, mesmo porque o *Corpo* recebe da *Alma sua: Unidade — Organização — Vida — e Atividades,* ou tudo que faz do *Corpo* o Homem; assim, o *Corpo* só se separa da *Alma* pela morte, ao perder essas características, e se dissolve via elementos químicos de sua formação.

A *Alma* existe separada do *Corpo*, e vive sua *Vida Espiritual*, e estando *'sem'* o *Corpo* não pode mais exercer as faculdades que exigem o concurso dos órgãos como*: Sensibilidade — Percepção — e Imaginação*; então, Aristóteles conclui que*: O Corpo é Matéria e a Alma é Forma, e a 'União' do Corpo com a Matéria gera um todo verdadeiro e substancial.*

Essa *'União'* faz da *Alma* e do *Corpo* um único *Princípio de Ação*, isto é, não haver ação em que o *Corpo: Não faça sua parte — Não seja tão humilde — ou Não seja material*, e não repercutir na *Alma*; esse *Princípio* confronta o *Racionalismo* de Descartes expresso por*: Penso, logo Existo!*

5) CONCLUSÃO

Se na morte o *Corpo* se dissolve, pergunta-se*: Ocorrerá o mesmo com a Alma, e então se morre inteiramente?*, e mais*: O que é a Imortalidade?* A *Imortalidade* é a sobrevivência do *Eu* na identidade perene da *Alma*, conservando o *Conhecer e Amar* sem o que não há *Felicidade*.

Depois da morte a *Alma*, que a metafísica demonstra ser imortal pela incorruptibilidade, mantém a consciência da identidade por responsabilidade e lembranças do passado, sem o que não haveria recompensa ou castigo, e não existiria o *Princípio da Justiça Divina*.

A razão da sobrevivência da *Alma* depois da morte do *Corpo* é demonstrada pelo *Argumento Moral*; enquanto o *Argumento Psicológico* prova que essa sobrevivência é indefinida e ilimitada.

Guarda (ou Cobridor):

O *Corpo* se desagrega e dissolve ao separar-se do *Princípio de Unidade*, ou da forma substancial —*a Alma*; já a *Alma*, metafisicamente *Simples e Espiritual* não se decompõe ou desagrega, ou não morre com o *Corpo*; esse é o *Argumento Metafísico da Imortalidade da Alma*.

Embasada na existência de *Deus* e da *Lei Moral*, a *Justiça* exige ser punido o *Crime* e recompensada a *Virtude*; mas as *Sociedade e a Consciência* não detêm ações suficientes para: *Plena recompensa da Virtude – ou – Punição adequada do Vício*; portanto, é necessário haver outra *Vida* onde a *Ordem e a Justiça* sejam plenamente satisfeitas e restabelecidas; esse é o *Argumento Moral* que demonstra a sobrevivência da *Alma*, porém, não prova que essa existência seja ilimitada.

O *Argumento Psicológico*, que prova a perseverança indefinida da existência da *Alma* depois da morte, se baseia no *Princípio* de que *Deus* não pode, sem se contradizer, dar fim ao ser humano sem dar-lhe os meios de O atingir!

Tudo no Homem mostra que foi criado para a perfeita *Felicidade*, mas é evidente que não pode alcançá-la neste *Mundo*, e assim, deve haver outra *Vida* onde a possa obter; e, se *'não'* existe *Felicidade* plena com duração ilimitada, essa *Vida* futura não pode, nem deve, ter limites.

O Homem aspira *Objeto Infinito e Verdade, Beleza e Bondade Absolutas* que devem fazê-lo *Feliz*; mas apesar de suas faculdades superiores terem capacidade ilimitada, não se satisfaz por completo fora desse *Bem Infinito*, que não é senão o próprio *Deus*; então, como disse S.Agostino: *"Fizestes-nos para Vós, Senhor, e o nosso Coração está inquieto até que descanse em Vós."*

VM: _____

Mas: *Que há no Mundo para acalmar/aplacar esse ímpeto por Felicidade? Que preencha o Coração criado para o infinito?* Se a(o)s: *Natureza é limitada — Mundo é pequeno — Vida é curta — e Realidade é imperfeita*; e mesmo querendo amar e viver o máximo, só se encontra: *obscuridade — decepção — sofrimento — e morte;* então, se evidencia a desproporção entre *Necessidade X Meio*; porém, havendo *Deus* sábio e justo a contradição não será definitiva; e deve haver outra *Vida* em que se restabeleça o *'equilíbrio'* entre o *Desejo* e o *Possível*, *Vida* em que se seja *Feliz!*

Evidentemente, a duração ilimitada da *Imortalidade* constitui o elemento essencial da *Felicidade* completa, pois não é possível gozar plenamente um bem quando se receia perdê-lo; e mais preocupa a incerteza quanto maior o bem possuído; e disse o imperador Marco Túlio Cícero:

- *Si amittivita beata potest, beata esse non potest;* ou
- *Se se pode perder a vida Feliz, já não se pode ser Feliz.*

Finalmente, concluir que a Vida Futura da Alma, ou A Imortalidade, não tem fim, ou seja, é infinita e ilimitada, e sua tendência natural é a 'Prática da Virtude' em concordância com os Desígnios do próprio Criador – de Deus.

40 'Amor & Ódio' Algumas Considerações

'Não há prazer comparável ao ficar firme no vantajoso terreno da Verdade.' (F.Bacon)

VM:

O autor G. Orwell escreveu, dentre outros: *A Revolução dos Bichos – 1984* – e *Como Morrem os Pobres e Outros Ensaios*, e nessa última obra consta que:
- *"... há uma completa Maçonaria entre prisioneiros, que falam sem reservas uns com outros ..."*

e esse escritor disse gostar de encontrar, em qualquer texto, esse tal significado figurado e popular da palavra que define a Sublime Ordem.

Já no Dicionário *Aurélio* consta que *'Combinação'* pode ser entendida como sendo: *acordo – e entendimento, até secreto, entre duas (2) ou mais pessoas*; e sendo assim, do exemplo anterior pode-se concluir que:
- *Deve haver entre ... sujeitos uma Maçonaria que só eles entendem.*

1º Vigilante:

E outro livro fez o articulista, no texto em que se baseia essa Instrução, decidir abordar a Maçonaria, entre outros, por intermédio dos sentimentos de: *Amor e Ódio*; isso porque o filósofo francês A. Glucksmann em sua obra *O Discurso do Ódio*, de 2007, propõem-se a pensar e analisar a(o)s: *Intolerância – Terrorismo – e Fundamentalismo Contemporâneos*.

Em complemento, pelas seguintes ocorrências: *Atrocidades na Chechênia – Massacre de Aldeias Africanas – Centenas de Mortes Diárias no Iraque – Queda das Torres Gêmeas em Nova York – Atentados em Madri e Londres – e diversas outras*, para A.Glucksmann os seres humanos, infelizmente, já: *Passaram da Era da 'Bomba H' – para a Era das 'Bombas Humanas'*.

Ademais, sendo absolutamente certo que o *Ódio* a(o)s: *Judeus – Norte-Americanos – Mulheres – Negros – Diferentes – e Todos os Outros*, comandou a tudo e a todos no *Século XX*, e por isso esse período tornou-se o mais sanguinário de todas as épocas; e ainda o pior, novamente por infelicidade, essa inaceitável postura continua a imperar no *Século XXI*.

E aquele autor acrescenta escrevendo a esse respeito:
- *O Ódio julga sem ouvir – condena a seu bel-prazer – e é arbitrário e poderoso;*
- *O Ódio se espalha como a peste, mas também como uma forma de loucura que toma conta do corpo, das mentes e das coletividades; e*
- *Cego – surdo – mudo – e passional, o Ódio é o Amor Mortal de si mesmo.*

2º Vigilante:

E retornando às origens tem-se:
- *Eros – O Deus grego do Amor seria filho de Afrodite e de Zeus – Hermes ou Ares;*
    E a versão mais plausível é que Eros seria filho de Afrodite – Deusa do Amor, e de Ares – Deus da Guerra;
    Assim estaria explicado seu desequilíbrio e caráter ambíguo.

Platão na magnífica obra *O Banquete* apresenta outro lado desse Mito, assim:
- *Quando nasceu Afrodite, os deuses banquetearam, e entre eles estava Poros – Deus da Riqueza e da Abundância;*
    Depois de terem comido chegou Pínia – A Pobreza, para mendigar as migalhas;
    Mas Poros embriagado de néctar entrou nos Jardins de Zeus e adormeceu;
    Pínia aproveitando a ocasião dormiu com ele e concebeu Eros, que se tornou seguidor e porta-voz de Afrodite.

Orador:

E, sendo filho de Poros e Pínia, Eros está sempre à espreita dos belos de Corpo e de Alma com sagazes ardis;
É corajoso, audaz e constante;
Sua natureza não é nem mortal, nem imortal;
No mesmo dia, quando tudo sucede bem, floresce bem vivo, e no momento seguinte, morre; mas depois retorna à Vida graças à natureza paterna;
Mas tudo o que consegue pouco-a-pouco sempre foge das mãos;
Eros nunca é totalmente pobre nem totalmente rico e
Assim, por sua origem, o Amor é instável – bipolar.
Logo*: O Ódio pode nascer do Amor,* e inclusive, no senso comum é impossível separar um do outro, porque*: Moram na mesma casa – São degraus da mesma escada – e Água do mesmo rio.*

Secretário:

Além disso, algumas frases de personagens sábios, ao longo do tempo, mostram essa *'duplicidade'*, a saber:
- *"O Ódio é produto tanto das Boas Obras como das Infames."* – Maquiavel;
- *"Temos ... Religião para nos Odiar, mas não suficiente a nos Amar."* – J. Swift;
- *"Quem Ama ardentemente, também no Ódio é violento."* – A. Pope;
- *"Quanto menor é o Coração, mais Ódio carrega."* – V. Hugo;
- *"Quando Odiamos alguém ... odiamos em sua imagem algo dentro de nós."* – H. Hesse;
- *"Os homens são mais constantes no Ódio que no Amor."* – S. Johnson;
- *"Não Odeies teu inimigo, ... se o fazes, és de algum modo seu escravo."* – J. L. Borges;
- *"O teu Ódio nunca será melhor do que a tua paz."* – J. L. Borges;
- *"Muitos te Odiarão se te Amares a ti próprio."* – E. Rotterdam;

- *"A primeira arte que devem aprender os que aspiram ao poder, é de ser capazes de suportar o Ódio." – Sêneca.*
- *"Não Amar e não Odiar é a metade da Sabedoria; a outra metade é nada dizer e nada acreditar." – Schopenhauer;*

Guarda (ou Cobridor):

- *"Amarás o teu próximo como a ti mesmo." – disse Jesus, que considerava o 'Amor ao próximo' como seu Mandamento, no qual se resumem todas as Leis;*
- *"Este é meu Mandamento: Que vos Ameis uns aos outros como eu vos Amei." – (Jó15-12)*

E ainda, afirma o articulista acreditar que essas Metas, desde o mais pessimista, até a(s) do *'Filho do Carpinteiro'*, estão acima da capacidade humana; dessa maneira se mostram absolutamente pertinentes as seguintes indagações:

- *Quantos são capazes de 'não' Amar, e 'não' Odiar?*
- *Quantos são capazes de cumprir o 'Mandamento' do Cristo?, e*
- *Não só 'De Amar ao Próximo', mas também 'A Si Mesmo'?*

Quem não se conhece muito bem, que corresponde à maioria absoluta dos seres humanos, não terá a mínima condição de cumprir o acima perguntado.

Contudo, referente à última pergunta, aquele que se conhece, mesmo que minimamente, o que realmente é raro, dirá que isso é apenas uma *'impossibilidade'*, pois até poderia ser uma *'forma de narcisismo'*, e *não* se pode *'Amar a Si Próprio'* como se fosse outro!

VM:

E, retomando ao tema *Ódio*, A. Glucksmann afirma que (adaptado):

- *O Ódio existe;* O Ódio se camufla com ternuras (está cheio de álibis para dizer que a culpa é sempre do outro); O Ódio é insaciável; O Ódio promete o paraíso (odiar leva aos Céus, diz o Ódio).

O Ódio deseja ser o Deus Criador (quer ser único, absoluto, onipresente, onisciente); O Ódio Ama até a morte (quer tudo destruir, inclusive a si); e, O Ódio se nutre de sua devoração (o ser com quem o Ódio cruza, abraça e incendeia, esse dirige o desejo de suicídio, como, por exemplo, o Homem-Bomba).

E o pensador e filósofo Platão a esse respeito afirma que:

- *"A saída não é o Amor, tão carente do que é belo e bom."*

E, adiante já conclui o autor A. Glucksmann que:

- *"Decididamente, o contrário do Ódio 'não' é o Amor; portanto, a única coisa que se salva é o Philein – Aliança entre inimigos potenciais diante da adversidade coletiva."*

Finalmente, apesar de seus *Ódios*, para que os Homens possam negociar sua sobrevivência mútua, e a convivência conflituosa, é necessário o Philein, que também pode ser traduzido como sendo: *'A Maçonaria da Fraternidade!'*

41 'Fraternidade' na Maçonaria

"Apesar das 'diversas' formas de apresentação, a Verdade consta dentro de cada um, de acordo com o conhecimento e aprendizado que possui." (F. Glicério)

VM:

No Mundo Profano assim que é dito o termo Maçonaria, quase a totalidade daqueles que ouviram sempre tem algum *'comentário'* a fazer, e esses são das mais diversas características, podendo ser das seguintes naturezas: *Misteriosa – Secreta – Beneficente – Caritativa – Satânica – Difamatória – Inadequada – e muitas outras.*

Todavia, quanto a essas espécies de *'comentário'*, enquanto alguns *aprovam* outros *reprovam;* alguns gostam outros não; e determinados ouvintes mantêm certa curiosidade, além de haver também muitos indiferentes.

Contudo, é unaniminadae junto aos Profanos, com características de verdade incontestável, que todos os Maçons:

• Sempre são Fraternos;
• Auxiliam-se entre Si (mutuamente); e
• Dispensam tratamento mútuo de verdadeiros Amados Irmãos.

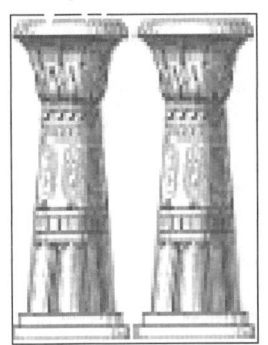

1º Vigilante:

Mas como todo tema tido e havido como *'secreto'* em sua parcela mais importante, ao longo do tempo, tem visto serem geradas inúmeras Lendas a respeito desse mesmo assunto, tanto assim que também circulam alguns enganosos *'Conceitos Lendários'* de acordo com os quais:

• *Não existiriam Maçons pobres nem necessitados;*
• *Os Maçons jamais 'perderiam' qualquer causa na Justiça;* e
• *Os Maçons nunca passariam por aperto – incômodo – e/ou constrangimento;*

assim, para solucionar qualquer dessas situações, bastaria que executassem um determinado *'Sinal Secreto'*, e imediatamente tudo seria resolvido; porque para isso lá estariam de plantão seus *Amados Irmãos*, que correriam em auxílio de seu companheiro apurado.

Contudo, na verdade como seria alvissareiro, conveniente e bom, se tais *'Lendas e/ou Conceitos Lendários'* fossem pura realidade!

Ademais, quem está do outro lado, isto é, do lado de cá da Ordem Maçônica, sabe muito bem que isso nada mais é do que uma verdadeira utopia, e/ou uma doce ilusão, que é alimentada pela ilusão e romantismo dos que apenas e tão somente sonham e idealizam acerca da Instituição.

2º Vigilante:

Porém, ao se analisar com a devida frieza e objetividade, ver-se-á que a realidade é bem outra, chegando até ser realmente lamentável e dura tal realidade; pois até existem Integrantes da Maçonaria que:

- *Chegam a se 'odiar';*
- *Tentam se prejudicarem uns aos outros das variadas formas possíveis;*
- *Esquecem a Ordem e trocam por postos, condecorações, honrarias, e mais;*
- *Por vezes, sabendo de Am∴ Ir∴ em dificuldades, fingem desconhecer o fato;*
- *Sem escrúpulos inveja o que mais trabalha, e por isso, mais considerado; e*
- *Mentem, ludibriam, logram e prejudicam deliberadamente a quem deveriam estar unidos pelos 'Laços da Fraternidade e Respeito Mútuo'!*

Entretanto, referente ao apresentado acima, um verdadeiro espetáculo de lamentável hipocrisia pode ser visto quando dos enunciados discursos pomposos, carregados de expressões como: *Poderoso — Eminente — Sereníssimo — Soberano — Sapientíssimo — e muitos outros;* quando proferidos por Integrantes que, sem dúvida, poderiam ser comparados a verdadeiras: *comadres — faladeiras — mexeriqueiras — alcoviteiras — enredadeiras — e outras*, que passam grande parte do tempo como que *'esfregando'*a vida alheia de encontro às duras pedras, criticando todos quantos não reproduzam fielmente seus perturbados pensamentos; e ainda, tentando *'escalar'* por sobre os outros, a fim de galgar mais um *'degrau'* da *Glória Maçônica*.

Orador

Além disso, verdadeiramente ficam chocados todos os demais, quando veem como se utilizam, sem a menor vergonha e/ou pudor, da retórica vazia e/ou oca de *'Irmão ou Amado Irmão'* proferindo tais expressões sem o mínimo / menor compromisso, para todos os lados, quando em realidade estão pensando em outros adjetivos maldosos e/ou malquistos.

Querem ver todos os outros: *sumidos — desaparecidos — e deixando a Ordem;* e para tanto:

- *Vão propagando a patifaria da 'Irmandade Sincera';*
- *Fingem com escárnio um Amor baseado em elogios falsos;*
- *Tentam expulsar da Loja qualquer um que o atrapalhe;*
- *Se possível envolvem os demais em muitas situações constrangedoras;*
- *E qual figura de retórica, apunhalam-nos pelas costas fingindo apoio sincero;*
- *Vão forjando fatos mentirosos; e*
- *Vão jogando a reputação dos outros na lama, sem o menor pudor.*

Infelizmente, qualquer Adepto pode atestar que são inúmeras as intrigas levadas a efeito, que ocorrem nos meios Maçônicos, e que muito preocupariam até os indivíduos mais experimentados em comentar acerca da vida alheia.

Secretário: _____

Definitivamente, usar as pessoas para atingir um objetivo pessoal, que geralmente não detém nada nobre, é uma péssima prática que muitos Adeptos ainda são useiros e vezeiros em adotar.

Por outro lado, alguns sinceros e dedicados Integrantes são de opinião que a Ordem ainda se preocupa em pregar demasiadamente a *Tolerância*, como sendo a *Maior Virtude* que os Maçons devem ter como dos seus mais importantes *Deveres*; porém, infelizmente assim não tem se mostrado, porque erroneamente muitos Adeptos até chegam a confundir a benéfica *Tolerância* com a maléfica *Permissividade*, que são características muito diferentes; bem como, podendo até confundir também a exemplar *Liberdade de Pensamento* com as problemáticas: *Confusão — Falta de Método — e mesmo Libertinagem Intelectual*, absolutamente degradantes.

Como exemplo de onde deveria se situar a *Tolerância*, pode-se citar os ataques não velados, mas abertos, contra os mais diversos '*Aspectos Ritualísticos*' da Instituição, que certos Integrantes autoproclamados '*religiosos*' comentam discordando, e então lançando suas farpas como bombas de estilhaço, sem se importar minimamente em desrespeitar acintosamente as irrepreensíveis *Liberdades de Consciência e Pensamento* de todos os demais seus pares; e além disso, complementam os considerando em alto e bom som, como '*ímpios e irregulares*', sem nenhum fundamento maior que os consubstancie, e ainda, para maior agravamento, promovem acusações espúrias e esdrúxulas sem princípios, todos aqueles que ousaram pensar de forma diferente.

Guarda (ou Cobridor): _____

Por outro lado, esquecem completamente que a Maçonaria deve ser um efetivo *Centro-de-União*, além do melhor e mais competente modo conhecido para que seja confirmada uma *Amizade Sincera*, entre pessoas que teriam ficado permanentemente distanciadas.

E para evitar que isso se concretize, esses *Pseudo-Maçons* deliberadamente passam a atacar de forma grosseira toda *Crença* alheia, incentivando que se ridicularize tudo que é *Sagrado* àqueles que são crédulos, desrespeitando de forma análoga a necessária e prestimosa *Liberdade de Consciência Individual*.

Por isso, torna-se necessário e cabível indagar se:

• *Isso é Tolerância?*
• *Será Tolerância reagir com ódio a qualquer crítica que os atinjam?*
• *É Tolerante mandar Apr∴ calar quando faz críticas reais e pertinentes?*
• *Mas, quem ainda não assistiu cena como essa?*
• *Quantas discussões ferozes, causadoras de ódio profundo entre AAm∴ IIrm∴, não nasceram de uma crítica que machucou a vaidade de alguém?*
• *Onde está o Espírito de fazer e ouvir críticas com intenção construtiva?*

Tal Maçom em tudo que fala visa achincalhar ou diminuir, expor a constrangimento frente à Loja, e rebaixar quebrando sua autoestima; contudo, da mesma forma, qualquer crítica, por menor que seja, é bastante para deixar odioso ou raivoso quem recebeu, e àquele gera furor, concluindo por pedido do *'Quite Placet'* quando não há alternativa, e termina achincalhando sempre quem criticou.

Porém, mais irônico é que quando esteve guardado isolado na *Câmara de Reflexão*, teve oportunidade de ler frases e/ou palavras, como, por exemplo, (adaptado):

- *Lembra que é pó, e a esse retornará;*
- *Se receia a descoberta de seus defeitos, não está bem aqui;*
- *Se é apegado a distinções mundanas, saia, aqui não são válidas.*

VM: _____

Finalmente, a questão que então se apresenta, tendo em vista tais constatações, seriam:

- *Ingressou na Ordem, mas será que essa teria realmente adentrado a si mesmo?*
- *Quanto de Maçom realmente se adquiriu?*
- *Onde foi deixado o real 'Espírito de Fraternidade Maçônico'?*
- *Se ficou perdido na vulgaridade do século passado, e no Século XXI onde está?*
- *Não o encontrando, será que está escondido em algum Templo abandonado?*
- *Ou se perdeu juntamente com a 'Palavra-de-Mestre'?*
- *E concluindo, onde o Amado Irmão estará quando outro se mostra necessitado?*

então, a bem refletir com seriedade acerca do real sentido de, sem exceção, portarem dignamente o: *Comprometedor — Competente — e Inigualável* Avental Maçônico!

42 'Espírito' da Ordem Certos Aspectos (Parte 1)

"Deus não escolhe os capacitados, mas capacita os escolhidos."

VM: _____

Em termos da Sublime Instituição, não há nada mais belo, importante e significativo do que o *'Espírito da Maçonaria'*, que detém como missão a cooperação em transformar a *Humanidade* em uma imensa *'Fraternidade Redentora'*, integrada a uma *'Liga de Homens Livres e Nobres'* que sempre estarão empenhados no objetivo de assim a realizar, baseados nos*: Tempo – Amor – e Vontade*, do Supremo – Eterno.

Todavia cabe perguntar*:*

• *Por acaso, quem poderia descrever um Espírito benigno?, e*

• *Quais palavras contêm o que pertence apenas às Poesia e Música, por cuja magia encaram as realidades fugazes e impalpáveis?*

Já a Maçonaria invoca os admiradores da *Beleza por: Parábolas — Símbolos — e Dramas*, e contribui em educar o caráter de seus Adeptos por meio da *Poesia nas Filosofia e Arte*.

Com suas *Doutrinas* caracterizadas pelas *Amplitude e Tolerância*, a Ordem recorre aos seres inteligentes, atraindo-os pela intensidade de sua *'Fé'* e clamor da *'Liberdade de Pensamento'*, com o objetivo maior de ajudá-los a pensar por intermédio do ingente, desmedido e intenso cristal da *'Esperança'*, relativo aos: *Significado da Vida – e – Mistérios do Mundo.*

1º Vigilante: _____

Cientes de que o chamamento mais intenso e eloquente da Maçonaria é dirigido ao *Coração* do Homem, de onde emanam as *'Fontes da Vida e do Destino'*; contudo, referente aos *'Pensamentos'* do ser, esses se esgotam no *Cérebro*; então, o *Coração* passa a imaginar se vale a pena: *A Vida Ser Vivida*, ou se vale a ajuda ou maldição da raça, cientificando-se que:

• *A 'tragédia' não é ser pobre, porque todos conhecem a pobreza; Nem tampouco ser malvado, não se pode vangloriar de ser sempre bom; ou Muito menos ser ignorante, pois quem pode crer-se sábio; portanto A 'tragédia' é que os Homens se desconhecem como se fossem estranhos!*

A *'Maçonaria deve ser Amizade'*, primeiramente ao *'Superior e Grande Mestre'* de que falam os *Corações*, e mais, com esse mesmo *'Grão-Mestre'* que efetivamente está muito próximo de cada um, em seu próprio íntimo, cuja *'inspiração e auxilio'* são a maior e mais cara *'Realização Sublime'* da experiência humana.

Já o importante *'Aspecto Religioso'* da Ordem se origina quando o Adepto se encontra em plena *'harmonia'* com seus propósitos, objetivos, e esse então *'Abre as Portas da Alma'* a sugestões, pois tem plena consciência da *'Amizade'*; por isso sob o *'aspecto humano'*, tudo pode se resumir numa única palavra: *'Amizade'*, pois ser *'Amigo'* com todas as diferenças de: Credo — Cor — ou Condição nivela totalmente as *'relações'* pelo *'Espírito da Amizade'*.

Então a indagar:

• *Pode ser encontrado algo mais belo?*

pois esse é o *'Espírito e Ideal da Maçonaria'*, que mesmo não realizando de imediato, tem muito valor por já se trabalhar por sua imperiosa realização num futuro bem próximo.

2º Vigilante:

O *'Espírito da Amizade'* não é um mero sentimento de uma *Fraternidade* apenas simpática, portanto instável, mas dissolve as diferenças da *Humanidade* nos vários aspectos da *'Emoção'*; assim sendo, esse *'Espírito'* finca suas raízes na brilhante e profunda *Filosofia* que observa a *'Amizade do Universo'*, e crê no dever de viver em *'Harmonia'* na sociedade concordante com os *'Destinos e a Origem'*.

A respeito do *'Espírito da Amizade'*, afirma o pensador W. Gladden (adaptado):

• *Se as Igrejas aceitassem a nítida verdade de que 'Religião é Amizade', e erigissem o edifício da existência sobre esse fundamento, propagando-o em todas suas Doutrinas, indaga-se se não renasceria o 'Espírito Religioso' novamente? É certo que sim!*

E o estudioso W. Whitman diz em *'The Base of all Metaphysics'* (adaptado):

• *Acredita que a base de toda 'Religião e Filosofia' é 'O Amor do Homem pelo Seu Igual', a verdadeira 'Atração do Amigo pelo Amigo'.*

Na *Literatura Maçônica* quanto a *'Amizade'*, diz-se ser como um: *Perpétuo versículo dito no início de um canto religioso e repetido em coro, ou antífona — resposta em canto gregoriano de parte da Liturgia, como as vésperas duma Missa* -, instituído em *'elogio, louvor ou apologia — discurso ou escrito que defende, justifica, elogia e maltrata pessoa ou coisa —,* à *'Pratica da Amizade'*; por exemplo, a(o)s: *'Ilustrations of Masonry'*, de Preston, 1812 — *'Pensamentos'*, de Arnold — e *'The Spirit of Masonry'*, de Hutchinson, 1775; que definem a Maçonaria como: *A Mais Pura Amizade*.

Orador: _____

Todavia, caso se acredite que: *Deus é a vida de tudo quanto tem existido – existe – e existirá – e – Admitir que todos aqui têm vindo por obra/graça da imensa 'Sabedoria e Amor';* então os Adeptos da Ordem, como todos os seres: *melhores – piores – ricos – pobres – enfermos - sãos*, são filhos de um magnífico e terno *'Amigo'*, com raízes na *Cadeia-de-Ouro* de seu *'Parentesco Espiritual'*

Além de que, a *'Fraternidade Humana'* se fundamenta nesse mesmo fato, o qual é a base da *'Luta da Maçonaria'*, não somente referida à *Liberdade*, mas também em *'prol da Amizade'* entre os Homens; e assim, ao invés da *'Amizade'* ser uma imensa massa de concessões, é realmente o *'Gênio Construtor do Universo'*.

Ademais, o *'Amor'* é sempre como um *Arquiteto ou Construtor*; assim, quem mais tem *'amado'* também é quem mais trabalha na fundação da *Cidade-de-Deus* na Terra; por isso, quando esse *'Espírito'* prevalecer, os antagonismos das *Seitas* desaparecerão por terem sido absorvidos pela *'Grande Liga'* formada pelos que: *Amam e Servem os que Sofrem!*

Então, não haverá ultrajes às crenças que auxiliam o próximo a viver, e iluminam de esperança seus dias, porque o *'Amor'* ensinará que quem busca Deus pode encontrá-Lo seguindo caminhos diferentes; mas, quando esse *'Espírito'* reger o *Comércio*, deixará de existir a *Lei-da-Selva ou a do Olho-por-Olho*, para que os Homens possam constituir uma ordem social em que todos tenham que: *Viver, e Viver Bem!*, tal como Aristóteles definia o *'objetivo'* da Sociedade.

Essa é a base da estabilidade a que aspiravam os artistas antigos, quando queriam erigir edifícios eternos, imitando na Terra a *Casa-de-Deus;* e por conta disso, a *História da Humanidade*, saturada por lágrimas e banhada em sangue, infelizmente é a pseudo *História da Amizade*.

Secretário: _____

A Sociedade tem progredido desde o *'Ódio'* até a *'Amizade'*, por meio do lento crescimento do *'Amor'*, que inicialmente agrupou o Homem em famílias, e depois em classes.

Os Homens primitivos que vagavam na aurora dos tempos viviam apenas para si mesmos, detendo muitas suspeitas de que os demais seres eram inimigos; mas, lentamente vislumbraram e distinguiram os selvagens, e então decidiram ser melhor ajudar que ferir, e passaram a se organizar em classes e tribos; mas, por estarem separadas por rios e montanhas, os Homens de uma margem do rio se sentiam inimigos dos da outra, e assim, ocorriam guerras, pilhagens e tristeza.

Logo foram criados poderosos Impérios que se digladiavam entre si, deixando rastros de morte por onde passavam, e mais tarde, construíram os caminhos que uniam todos os extremos da Terra, e os Homens que os percorriam mesclaram-se entre si, e averiguaram que seus temores e esperanças eram comuns, e que a natureza humana é semelhante em qualquer lugar.

Porém, ainda havia muitas coisas que os separavam com lágrimas de amargura, pois os seres não satisfeitos com as barreiras naturais, levantaram *'muitos obstáculos nas Seitas e Castas'*, para excluir os que não pertenciam às mesmas; porque quem pertencia a uma *Seita* acreditava que os demais estavam condenados a *'perdição'*; de modo que, quando as montanhas já não separavam os Homens, levantaram essa gama de incompreensão para separarem-se.

Na atualidade os Homens se encontram apartados por barreiras de: *raça — religião — castas — hábitos — educação — e interesses*, como se algo maligno impusesse as: *suspeita — crueldade — e ódio*, e por isso prossegue realizando: *guerras — desolação — e miséria;* e a partir disso, sem dúvida alguma: *Os Homens são cruéis e injustos porque não se conhecem!*

Guarda (ou Cobridor):

Por isso, a Maçonaria luta em meio a um bloco de *'Inimizades'* em prol da *'Amizade'*, tratando de unir os Homens da única maneira com que dignamente podem unir-se; daí porque cada Loja é uma espécie de exceção ou oásis onde impera a *'Igualdade'*, e a prestimosa boa vontade com um *Coração* desolado como um deserto; cada Loja se esforça em agrupar os Adeptos numa grande *'Liga de Simpatia e Serviço'*, da qual é atualmente uma representação em pequena escala.

No *'Altar das Lojas'* sempre devem se reunir os Integrantes sem vaidades ou pretensões, sem temor ou repreensão, como por exemplo, os alpinistas que escalam atados mutuamente, para que se um escorregar os demais o sustente.

Por isso, não existe linguagem para expressar a significação de semelhante *'Ministério'*, nem ação para descobrir quanto a Maçonaria influenciou, para conseguir mesclar na *'Crueldade'* desse *Mundo* toda *'Compaixão e Alegria'* sempre muito necessárias.

E sendo esse o *'Espírito da Maçonaria'*, para decantá-lo é necessário as: *Inspiração do Poeta — Cadência do Músico — ou Exaltação do Vidente;* e como sempre, a Ordem se esforça quanto aos Homens em: *Os Melhorar — Aprimorar seu Pensamento — Purificar sua Simpatia — Alargar seus Planos e Panoramas — Os Elevar às Alturas — e Fundamentar sobre bases firmes e amplas suas Vidas e Amizades.*

VM:

Finalmente, a *'História da Maçonaria'* com seu: *Acúmulo de Tradições — Sensível Fé — Solenes Ritos — e Liberdade e Amizade*, dedicou-se a um elevado *'Ideal Moral'*; com objetivo de domar a *'ambição'* instada nos *Corações*, fazendo com que as *'Paixões'* se submetam e passem a obedecer a *Vontade de Deus*; porquanto, não há outra *Missão* que não seja providenciar a exaltação e enobrecimento da *Humanidade*, para que esse *Patrimônio* de tão difícil aquisição seja *Eterno*, e que seu *Santuário* seja ainda mais *Sagrado*, e mais *Radiante a Esperança* de todos os Integrantes; entretanto, se por vezes os Maçons caem abaixo de seu propalado *'Ideal'*, é porque padecem de males semelhantes aos mais comuns da *Humanidade*.

43 'Espírito' da Ordem Certos Aspectos (Parte 2)

"Deus não escolhe os capacitados, mas capacita os escolhidos."

VM: _____

E quando o *'Espírito da Maçonaria'* conseguir abrir e ganhar espaço no Mundo, a(o)s: *Sociedade será a real Comunidade de Justiça e Bondade – Comércio o verdadeiro Sistema para Servir – Lei uma regra de Beneficência – Lugar muito mais Sagrado e Alegre – e Sensível o Templo de Oração.*

Então os: *Mal – Injustiça – Fanatismo – Ambição – e demais Perversidades que envilecem a Humanidade* permanecerão impotentes e inertes nas sombras, e sendo postada em cegueira pela primazia do resplendor de uma ordem social mais: *Justa – Sábia – e Misericordiosa.*

Assim, tudo isso se realizará quando o Homem: *For realmente Amigo dos outros – Aprender efetivamente Adorar a Deus – e certamente Servir os Semelhantes.*

1º Vigilante: _____

Desse modo tudo poderá se tornar equitativo, tal como a educação poderá se tornar muito mais proveitosa; e estando certo que quando a Maçonaria triunfar, cairão tiranias, serão desmoronadas prisões, e os seres não mais se sentirão acorrentados, nem terão oprimidas as mentes; assim, libertos de *Coração* caminharão eretos e erguidos sob a *Luz*, desfrutando sua verdadeira *Liberdade*; e podendo-se concluir que: *O Mundo caminha lentamente a uma Grande Fraternidade.*

Há muito tempo isso já era anunciado pela *Sublime Instituição* que profetizava:

- *"Há de chegar o dia em que todas as Nações serão reverentes com a Liberdade, Justas no exercício de sua Força, e Humanas na prática da Sabedoria; um dia em que nenhum Homem se atreverá a pisotear os Direitos alheios, em que a Mulher não se verá arrastada à perdição por Homens sem escrúpulos, em que as Crianças não serão abandonadas pela Sociedade."*

Em realidade, a Maçonaria não se satisfará enquanto não conseguir entrelaçar todos os fios que integram o tecido da *Fraternidade*, ou seja, uma mística *Corda-de-Amizade* que envolverá a Terra, encerrando em seu *Círculo* os *'Espírito da Raça – e – Laços Irrompíveis da Paz Perpétua'*; e a Ordem por ter sobrevivido aos *Impérios e Filosofias*, e visto aparecer e desaparecer gerações sem conta, seguirá viva e perseverante na trajetória de completar e contemplar seu nobre trabalho.

2º Vigilante:

Mesmo equivocadamente, os *Símbolos* podem também ser considerados como algo ou coisa vaga, no caso em que possam suprir o que venham a *simbolizar*, pois em realidade apenas transmitem a todos que tenham ouvidos para ouvir; contudo, ao mesmo tempo cabe recordar o que muito se tem esquecido, que:

• *A Alma Humana é o Santuário mais Santo da Terra, enquanto o Templo e seus Oficiantes não são fins em si, mas somente meios para realizar a finalidade perseguida, isto é, que todo Coração Humano seja um Templo de: Paz – Pureza – Compaixão – Força – e Esperança.*

E somente se valendo dos reais préstimos da *'Amizade'* será possível libertar os seres do *'Ódio'*, para adentrar ao *'Amor – ou – Lei da Vida'*, em que a *'Fé'* é acrescentada, e voluntariamente, passa-se a trabalhar à *'Serviço da Humanidade'*.

E ainda, sendo esse também o *'objetivo'* da Maçonaria, sua missão determina o *'Método e Espírito'* a inspirar suas *Obras*, que é de atrair de início os indivíduos a se relacionar para *'Se Amarem'*, e edificar nos *Corações* o *'Templo do Caráter – O Trabalho Santo e Nobre da Vida!'*

Por isso, a Maçonaria alcança imperial a *'Vida interna e solitária do Homem'*, onde se luta as verdadeiras batalhas, e são tomadas as decisões que influam o *Destino*, às vezes por júbilo, e outras por derrota; então, dessa maneira, que belo e exemplar trabalho pode ser realizado agora nas *'Almas'* de todos aqueles que trespassam os *'Portais do Templo Maçônico'*.

Orador:

E diz o estudioso M. Muller haver uma parábola oriental que (adaptado):

> *Os Deuses se reuniram para determinar onde ocultariam a Divindade do Homem recém-criado.*
>
> *Um sugeriu ir ao extremo, ao lugar mais distante da Terra, e lá enterrariam a Divindade.*
>
> *E, pela natureza inquieta desse Homem, um viajante compulsivo poderia encontrar esse tesouro perdido numa de suas viagens.*
>
> *Outros propuseram que lançassem a Divindade nas profundezas do mar.*
>
> *Porém, os demais Deuses objetaram, porque o Homem, insaciável curioso, poderia chegar a submergir e a encontraria.*
>
> *Por fim, depois de um momento de silêncio, levantou-se o mais antigo e mais sábio dos Deuses e disse: Oculte-a no íntimo do próprio Homem, porque ali somente irá buscá-la quando renunciar encontra-la fora de si.*
>
> *Assim, por ter havido acordo, foi feito desse modo.*
>
> *Desde então, o Homem vaga pelo Mundo, buscando por todos os lados sua Divindade, antes de pensar em buscar e encontrá-la internamente a si próprio!*

Porém, ocorre que aquilo que se acredita estar tão longe, oculto na distância, na realidade está muito mais próximo do que se supõe, pois a *Divindade* se oculta no próprio *Coração*; esse é o maior *'Segredo da Maçonaria'*, ou seja, despertar no ser a consciência de sua *Divindade*, da qual emana a *'Beleza e Compreensão da Vida'*, para obedecer e seguir suas inspirações; e, quando o Homem descobrir tal *'Segredo'*, sua *Vida* será dotada de novos, maiores e melhores impulsos, e consequentemente: *O Mundo se mostrará muito melhor!*

Secretário: _____

A *Religião* professada pelo Homem é uma condição fundamental de sua *Vida*; e, essa *Religião* não é apenas o *Credo* que aceita ou consente, de vez que à todos os *Credos* submetem-se os seres das diversas classes; e na *Religião* acredita-se: *Com Fé – Se Pratica – Se Leva no Coração – e Atua no Misterioso Universo*; e sendo conhecida, é nessa que se cumpre os *'Dever e Destino'*.

E reiterando, a *Religião* sempre é fundamental ao ser, por isso no que concerne aos temas atinentes à *Criação*, a *Religião* determina todo o restante; portanto, a visão ou conceito de *Vida* instado no *Coração*, tem importância transcendental por seu movimento principal; assim, em realidade: *O Homem é o ser pensante*; e, são os *Pensamentos* dos *artistas* que dão *'cores a Vida'*.

Todavia, os *'otimistas e pessimistas'*: *Todos vivem no mesmo Mundo – Todos caminham sob a mesma Égide Divina – e Todos observam os mesmos fatos;* enquanto os *'céticos e crentes'*: *Veem as mesmas Estrelas que brilharam no Éden, e que hão de luzir também no Paraíso;* de modo que essas duas (2) classes de Homens não se diferenciam dos fatos que observam, senão pela *'Fé'*, por suas atitudes internas e hábito de pensar o *'Valor da Vida'*; por isso, tudo quanto variar esse *hábito interno* e as *predisposições do Pensamento*, ao *'Trocar a(o): Dúvida pela Fé – Medo pelo Valor – e Desespero pela Esperança',* tudo isso tem valor capital para os Homens.

Todo Homem estando só detém volume enorme de *Pensamentos*; sendo esse o *'Valor de sua Vida'* referido a si e aos demais; e mais, sua *Felicidade* depende da direção dos *Pensamentos*; então, que maior serviço pode prestar a Maçonaria do que à seus Adeptos: *Dispor à plenitude da 'Verdade' – Ensinar preciosos Conceitos Morais – e Dirigir à 'Cidade-de-Deus'*; sendo isso o que a Ordem faz por todos que: *acreditam – amam – e alojam,* a *'Pura Verdade no Coração!'*

Guarda (ou Cobridor): _____

A Maçonaria mostra aos Integrantes, reunidos ao redor de seu *Altar*, uma elevada e bela *'Visão e Fé'*, além de evocar por suas: *Cerimônias – Parábolas – e Símbolos,* uma *'Verdade Pura e Sublime'* só alcançada depois de muitos *Séculos* de esforços, e comprovada pelo tempo; essa *'Verdade'*, cujo valor para dirigir a *'Conduta na Vida'* foi plenamente demonstrada; por isso, pode-se dizer que: *Todos os praticantes de seus Ensinamentos alcançam a Sabedoria,* posto que devem aprender a ser: *Valente e cavaleiro – Fiel e livre – Renunciar superstição – Não perder a Fé – Conservar a Razão na Falsidade e Extremismo – Aceitar com júbilo Prazeres da Vida – Suportar paciente as Dores – Observar loucuras sem perder a Dignidade – e Viver puro, bondoso, em paz, alerta e destemido nesse Mundo vigoroso – e Viver com Coração sereno e esperançoso.*

Aquele que sentir essa *Lúcida e Profunda Sabedoria*, e *Chegar a Vivê-la*, não sentirá *Dor ou Medo* quando sua *Vida* for para as *Sombras da Morte;* por isso, deve--se sempre fazer dessa *Sabedoria o(a): Guia – Filosofia – e Amiga;* esse também é um *'Ideal'* da Maçonaria, ao qual seus Adeptos devem se entregar, pois exige apenas *'sã fidelidade'*, e porque se confia nos*: Poder da Verdade – Realidade do Amor – e Supremo Valor do Caráter,* tanto que esse *'Ideal'* é tanto mais real, tangível e efetivo, quanto mais é empregado na *Vida*; até porque*: Deus trabalha para o ser, por meio do próprio Homem*, e são raríssimas as vezes em que *Utiliza* outro procedimento.

VM:

Deus pede ao Homem seu(ua)s*: Voz à dizer Suas Verdades – Mãos a realizar Sua Obra na Terra – e Mãos puras e Vozes suaves a que a Liberdade e o Amor prevaleçam contra a Injustiça e o Ódio;* entretanto, mesmo assim, nem todos podem ser *sábios ou famosos*, mas em contrapartida, pode-se ser *leal e sincero* de *Coração*, pois todos podem se *Livrar do Mal*, praticando *Justiça* e ajudando *'Almas';* e assim poder afirmar: *A Vida é a capacidade para coisas Sublimes*; então, deve-se fazer da *Vida a Perseguição do Sublime – e – Incessante e Veemente Busca da Verdade*, fazendo a *Vida deter: Nobre Utilidade – Elevada Honra – e Sábia Liberdade*, para que o *'Espírito da Maçonaria'* se engrandeça e glorifique em cada um de seus Integrantes.

Finalmente, o Homem pode se considerar um verdadeiro e competente Maçom quando:

- *Vê rios, colinas e sente sua pequenez no Universo, sem perder: Fé – Esperança – e Valor;*
- *Sabe que se vê Nobre, Vital e Divino, mas é Diabólico e Solitário; os: conhece – perdoa – e ama;*
- *Simpatiza com tristezas, até com pecados, mas é sabedor que combatem esses inimigos;*
- *Faz amigos e conserva, e amigo de si; saber como: orar – amar – e esperar;*
- *Ama flores e observa aves por Amor, e se alegra ao ver uma criança sorrir;*
- *É feliz e serena a Alma no árduo caminho da Vida; são boas as Crenças que unem ao Divino;*
- *Nenhuma voz agoniante lhe chega em vão; não lhe dar mão estendida sem receber resposta;*
- *Estar num lodaçal, mas ver algo do outro lado; olhar um rosto vil, e ver algo além de pecado;*
- *É fiel consigo; usa espada contra o Mal; vive solene e apaga temor da morte;*
- *Quem queira encontrar o 'Segredo' da Ordem, há de se entregar a 'Serviço do Mundo';* e
- *Tem plena ciência que: Deus é surpreendente – age sempre a favor – e portanto é demais!*

44 'Discrição'
Visão Necessária

"Toda conduta deve ter a retidão de um Fio-de-Prumo." (Escriba egípcio Ptah-Hotep)

VM:

Há cerca de *3.300* anos passados, *Ani – Escriba do Templo de Karnak no Vale do Reis no Egito –* escreveu a um seu afilhado espiritual (adaptado):

> Não entres em casa de outrem, antes que ele permita e te acolha. .... (Ser Livre)
> O olho não seja curioso, e saibas manter o silêncio. .... (Bons Costumes)
> Não tagarele a esse respeito com alguém que não esteja presente. .... (Ser Livre)
> Seria falta grave se o que contasse viesse a ser ouvido. .... (Bons Costumes)

e, à vista do esposto, analogamente, por uma das múltiplas *Definições* sobre a Ordem tem-se que:

> A Maçonaria é uma Associação de Homens Livres e de Bons-Costumes, que em Loja dedicam-se ao Aperfeiçoamento Moral e Social por Estudos Filosóficos.

então, todos seus Integrantes jamais deveriam esquecer seus próprios *Juramentos* estabelecidos voluntariamente no transcurso de sua *Iniciação*.

1º Vigilante:

Ademais, adentra-se à Instituição como uma verdadeira *Pedra Bruta — Não Cultivada, Tratada*, mas na esperança de que todas as suas próprias *Arestas — Vícios e Defeitos*, que foram sendo adquiridas durante toda a vida no *Mundo Profano*, possam ser competentemente *aparadas*, para que um dia seja possível alcançar o estado de *Pedra Cúbica Polida*.

Contudo, tal condição de *Pedra Cúbica Polida*, logicamente, trata-se da aspiração maior de todo aquele que deseja sair de seu inerte, incômodo e infeliz estado de marasmo *Espiritual e Ignorância*, para conseguir *'Ver a Luz – ou seja – a Verdade'*, pois como disse o sábio e pensador Ankh--sheshonq (adaptado): *É preferível ter uma serpente em casa, que vê-la frequentada por um imbecil!*

E, exemplificando por analogia, ao comparar uma mariposa ao ser humano, esse também busca incessante e continuamente a *'Verdade – isto é – a Luz'*; mas a tarefa é árdua, dado que as razões se sobrepõem à vontade do *Espírito*; por isso é dever lutar cotidianamente contra as malfadadas e prejudiciais trevas do intelecto, para nunca se sujeitar a julgamento análogo que outro escriba egípcio Ptah-hotep fez a respeito do *Ignorante (adaptado):*

• *Quanto ao Ignorante, jamais lhe dê ouvidos, porque não realizará coisa alguma!*

2º Vigilante:

E, além disso, ainda propõe que (adaptado):

• *O Ignorante é praticamente um moribundo; porque só se contenta com a simplista sobrevivência do dia a dia.*

Na Instituição Maçônica, no *Cerimonial de Iniciação*, depois de sorver o conteúdo da *Taça Sagrada*, dependendo do Rito adotado pela Oficina, fazem-se *Dois (2) Juramentos* voluntários, que deveriam ser realizados por quem os prestou todos os dias, a lembrar, sem deixar cair em esquecimento, os sérios *'Compromissos'* a serem assumidos ao adentrar o *Sagrado Templo*.

Os *Juramentos* são realizados perante o(a)s: *G∴A∴D∴U∴. — Ordem — e Todos os demais Adeptos*, pois caso deixem de ser absolutamente respeitados todos os dias, é certo que se incorrerá em *'falta grave'* para com o(a)s: *Criador — Instituição — e Integrantes componentes da Ordem.*

Portanto, a essência desses *Juramentos* deveria estar impregnada nos *Corações* dos Adeptos da Ordem, quanto deveriam estar sempre atentos ao que afirma o Evangelista Mateus (adaptado):

• *Não jurarás em hipótese alguma, como aos antigos foi dito, mas se jurares que teu Juramento seja cumprido, e não fiques em falta com o Senhor teu Deus.*

Orador:

Por livre e espontânea vontade, depois de *Sorver da Taça Sagrada*, que continha os doce e amargo, perante os demais Adeptos, conforme o Rito, o Recipiendário prometeu e jurou (adaptado):

• *Juro e prometo guardar silêncio sobre as Provas.*
Se perjuro e trair os Deveres, consinto que a doçura da bebida se transforme em amargor, e o efeito salutar em veneno.

E se violar a promessa seja-me *'Arr∴ a L∴ – e – o meu Corpo Ent∴.'* em local ignorado, para permanecer para sempre em esquecimento.

Assim cabe a indagação:

• *Será que todo Integrante alguma vez se deu conta da profundidade do Juramento realizado no Altar do Sagrado Templo? E, como resposta: Não!*

porque na maioria das vezes, equivocadamente, o *Juramento* passa quase despercebido, o que pode causar grande atribulação, pois como disse o sábio Ankh-sheshonq (adaptado):

• *Não se maneja uma lança se não se é capaz de ver o alvo a atingir.*

Realizado por todos os Integrantes da Maçonaria, o *Juramento* que até pode não ser assimilado ou compreendido em sua essência e profundidade; e assim mesmo, apesar de que os *Augustos e Respeitáveis Trabalhos* jamais devam ser comentados como *Temas Profanos*, mas devendo ser exclusivamente tratados *Entre-Colunas*.

Secretário: _____

E, se adotada postura diferente ao tratar assuntos maçônicos, com preferência, no interior do *Templo* — *Entre-Colunas*, e se ao contrário, comentados aberta e profanamente, contribuiriam para denegrir a Ordem.

Por isso, se tornaria motivo de vergonha e tristeza aos Maçons, podendo mesmo a vir a ser até razão de chacotas, por profanos desconhecedores da beleza dos *Mistérios*, e alimentar comentários desafortunados.

E assim, obviamente nenhum benefício trará à Instituição, e muito menos aos seus Adeptos, que buscam sua *Evolução* como seres humanos, porque como disse o sábio Merikarê (adaptado):

• *Não abra a intimidade a ninguém; pois desaparecerá o respeito que goza.*

pois, um tagarela é sempre um agente perturbador a todos sem distinção.
Sobre o que se passa no *Templo*, a indiscrição é vergonhosa a quem comete, pois como é desanimador e triste saber e/ou presenciar conversas entre profanos sobre temas tratados *Entre-Colunas*, que sempre devem ser do conhecimento exclusivo dos Adeptos que participaram e discutiram; assim, é absolutamente verdadeira a afirmação de Ani (adaptado):

• *A língua de um Homem pode destruí-lo!;*

Guarda (ou Cobridor): _____

E por todo o exposto caberia perguntar:

• *Como a Loja poderá formar líderes e Homens de bem aptos a discutir todos os temas da Sociedade, se não tiverem confiança em seus participantes?*
• *Como discutir problemas da Sociedade com seres que geram atritos?; e*
• *Quem defenderá tais problemas sociais, se não houver absoluta confiança que o tema fique Entre-Colunas, e que o Mundo Profano jamais saiba ?*

Contudo, não será conseguida essa confiança enquanto não houver plena consciência dos atos cometidos por todos, e de como afetarão os outros; portanto, sendo Homens de *Bem* e de *Bons-Costumes* que se reúnem para buscar *Aperfeiçoamento*, deve-se pensar muito bem sobre o assunto, para que conversas sobre o que foi tratado *Entre-Colunas* jamais seja levado ao *Mundo Profano*; pois aí sim se estará apto a exercer o *'Trabalho de Construtor Social'* em sua plenitude, e mantida firmemente essa *'regra'*, como disse o sábio Ptah-hotep — *Conselheiro do Faraó (adaptado):*

- *Atenha-se firmemente à 'regra', e não a transgrida jamais!*

É devido porque a indiscrição é uma *'transgressão'* à *'regra'*, e não pode ser aceita/tolerada, sob risco de afetar a estrutura social da Ordem Maçônica.

No *Cerimonial de Iniciação* é dito que se é uma *Pedra Bruta*, e um ser ainda muito imperfeito, que necessita de *'Instrução e Ajuda'* para *Evoluir e Progredir na Arte Real*, e ainda, alcançar o estado de *Pedra Cúbica*, e talvez *Polida*.

Então, reiterando que ainda sendo uma *Pedra Bruta*, mas com firme propósito de galgar o estado de *Pedra Cúbica*, é oportuno afirmar, como simples contribuição para a melhoria do caminho, e por ser a *Vida* um eterno *'Aprendizado'*, não se deve desperdiçar nenhuma oportunidade que a *Divindade* proporciona relativa a *Evolução* em direção à *Verdadeira Luz*.

VM:

Assim, deve-se sempre rogar à Divindade que ninguém seja o hipócrita referido por Jesus que:

- *Vê um cisco no olho do Adepto, e não consegue ver uma trave em si mesmo!;*

porque, se souber aproveitar as *Lições da Vida*, certamente sairá mais fortalecido em suas *Convicções Filosóficas*.

E isso é visto como alerta da *Divindade* aos erros, que apontados possibilita a cada um em suas meditações tirar lições que melhor aprouver, e que erro cometido por um Adepto não sirva de motivo para o julgar e/ou condenar, mas de exemplo a todos para que não os cometam, e caso o façam, estar conscientes dos seus atos, e em hipótese alguma alegarem inocência e desconhecimento como atenuantes no dia do seu *Julgamento*.

Finalmente, de novo recorrendo ao pensador Hor-dejedef (adaptado):

- *Todos devem ser críticos em relação a si mesmo, evitando que algum outro venha a criticá-lo.*

e que o G∴A∴D∴U∴ se digne a olhar por todos e permitir que seja possível seguir firmes em direção à *Verdadeira Luz!*

45 'Beleza' Conceito Preliminar

"Se você se sente só, é porque construiu muros ao invés de pontes."

VM: _____

I) CONCEITUAÇÃO – E–DEFINIÇÃO

Quase não há nada mais perfeitamente conhecido que o humano *'Sentimento pelo Belo'*, porém, é possível que nada seja mais difícil de *definir* até porque a *'Beleza'* produz, principalmente, *Dois (2) Efeitos* nos Homens, a saber: *Dá Prazer – e – Provoca um Juízo por vezes Estético.*

Ademais, o *Juízo Estético* é universal, ou seja, quando se afirma que: *Certo objeto ou cena é absolutamente 'Belo'*, a afirmação deve parecer *unânime* pois *todos* devem concordar.

Já a *Emoção Estética* é um *Sentimento* extremamente agradável, por ser composto pelas: *Simpatia – Prazer – e Surpresa,* podendo ainda ser resumida como sendo *'Admiração'*.

E, segundo pensamento do filósofo S. Tomás de Aquino (adaptado):

• *A 'Beleza' é a Ordem, isto é, a Unidade na Variedade;*

porém, poder-se-ia concluir que, efetivamente, nisso exista: *certa ordem e determinada regularidade,* que nada tem a ver com a *'Beleza'.*

De outra parte, o estudioso Boileau dizia que (adaptado):

• *Uma 'Beleza' de desordem é o efeito da Arte.*

1º Vigilante: _____

E ainda, toda *'Beleza'* é essencialmente *Expressiva,* ou seja, um objeto é *'Belo'* por causa das *Ideias e Sentimentos* que impressiona e surgem às pessoas, enfim, a *'Beleza'* é efetiva e definitivamente *Expressiva* porque *Exprime a Vida,* e em particular se pode ser dito, a *Vida da Alma.*

Assim afirma o pensador e filósofo Platão (adaptado):

• *A 'graça' das formas provêm do que essas exprimem na Matéria, isto é, referidas a todas as 'qualidades' da Alma.*

Já segundo diz o excepcional filósofo Aristóteles em sua obra *'Poética'* (adaptado):

Toda 'Beleza' deve se assemelhar à Vida.

Então, a *'Beleza'* é a *Expressão da Vida,* mas não uma qualquer, por- que existem certas formas de *Vida* que são: *diminutivas – disformes – ou até abortivas,* que são objeto de: *compaixão – desgosto – aversão – e chegando mesmo a ser de horror.*

Por isso é possível afirmar que o que provoca no ser humano a(o)s: *Simpatia – Admiração – e Entusiasmo,* é efetivamente a *Expressão de uma Vida rica – livre – e harmônica;* e com base nessas afirmativas pode-se então definir *'Beleza'* como sendo:

- *A Expressão de uma Vida particularmente: Rica – Livre – e Harmoniosa, e que se for bem conhecida, passa a estimular e agradar pelo uso das Faculdades Representativas e Emotivas, o(a)s: Sentidos – Imaginação – Razão – e Sentimento.*

e, essa *Definição* reúne e equilibra harmoniosamente todos os *Elementos Essenciais* contidos nas *Definições* mostradas dos pensadores e filósofos: *Aristóteles – S. Agostinho – e S. Tomás de Aquino.*

2º Vigilante:

2) BELEZA – VERDADE – E BEM

São intrínsecas as *Relações e Analogias* entre as *Três (3) Ideias: Beleza — Verdade — e Bem,* que muitas vezes são empregadas para *Defini-las* mutuamente; tanto assim que é até bem conhecida a *Definição,* mas que é *falsamente* atribuída ao filósofo Platão, de que (adaptado):

- *A 'Beleza' é o esplendor da 'Verdade';*

enquanto outros pensadores preferiram Definir como sendo (adaptado):

- *A 'Beleza' é o esplendor do 'Bem'.*

Consequentemente, o *'Bem Moral'* é também designado como *'Belo',* porque de fato os: *Verdadeiro – Belo – e Bem em si,* se identificam no mesmo ser, sendo *Três (3) Aspectos Diferentes.*

Essa é razão por que *Deus, – O Absoluto,* é também consignado como as: *Verdade Perfeita – Beleza Suprema – e Bem Infinito;* por isso, todo *ser vivente,* em igual medida em que é, se caracteriza por ser: *Verdadeiro – Belo – e Bom.*

Mas, ainda que em *Deus – O Absoluto,* esses *Três (3) Conceitos* se identifiquem por estarem *Unidos – Unos – Justapostos – e Superpostos,* em relação ao Homem se apresentam *Distintos;* isso porque o ser os identifica por intermédio de *Faculdades Humanas Diferentes,* o que torna obrigatório os distinguir de maneira específica, isto é, realizar à semelhança do *Prisma que decompõe a Luz nas Cores Elementares.*

Assim, motivado pelos *Conceitos* mostrados pode-se concluir que o(a)s:

- *Verdadeiro = Que sempre é percebido pela 'Inteligência', se torna objetivo da 'Ciência';*

- *Bem = Sendo realizado pela 'Vontade', é objetivo da 'Moral'*; e
- *Beleza = Conhecida pela 'Imaginação e Sensibilidade Superior', se torna objetivo da 'Estética'.*

Orador: _____

3) SUBLIME – BONITO – E FEIO

Então, o *'Sublime'* não seria apenas o *'Belo em grau mais Elevado',* porque o *'Sublime'* se distingue principalmente em essência do *'Belo',* tanto que diz o pensador Kant (adaptado):

- *O 'Sublime' é a expressão mais sensível do 'Infinito'.*

ademais, enquanto o *'Belo'* é a *'Expressão Harmoniosa da Vida',* e em particular da *'Vida Humana',* o *'Caráter do Sublime é a Intensidade — ou seja, é a Ilimitação — ou Não Limite'.*

Em condições estritamente particularizadas, o *'Sublime'* pode até se encontrar no caos, bem como, até mesmo no horrível, onde a imaginação se confunde, e a razão se espraia à vontade, entretanto, o *'Sublime'* se apresenta de modo semelhante como em seu elemento, pois nasceu para o *'Infinito — isto é, para o Ilimitado — ou Sem Limite'.*

E, ainda, a ressaltar que os: *Bonito — Gracioso — Lindo — ou Encantador,* são formas ou adjetivações cujos *Conceitos* pode-se deduzir que sejam *'menores ou inferiores';* porém, qualificações que devem ser muito bem entendidas nessa explanação de tudo que é *'Belo'.*

Entretanto, apesar de haver diferenças entre *'Belo e Bonito',* essas se mostram apenas como *Diferenças Essenciais,* pois o estudioso C. Lévèque afirma (adaptado):

- *'Bonito' ainda é 'Belo', mas o 'Belo' sem a(o)s: Grandeza — Amplitude — e Brilho da Energia, do 'Belo' em toda a sua intensidade.*

Então, dependendo sempre da visão particularizada do apreciador, podem ser considerados como sendo *'Belos'* um *Carvalho Secular ou um Grande Lago,* enquanto um *Riacho ou uma Flor* poderiam ser tidos apenas como *'Lindos'.*

Já o *'Feio'* se contrapõe ao *'Belo',* porém, não significando que ao *'Feio'* faltem todos os elementos do *'Belo',* mas simplesmente que faltam algum desses elementos em grau mais elevado.

Secretário: _____

4) BELEZA – E BELAS ARTES

Desde que a: *'Beleza fala à Alma',* então essa *'Beleza excita a Admiração e a Simpatia';* e assim sendo, o pensador Plotino afirma que (adaptado):

- *Admirar é Imitar — e — Simpatizar é Vibrar em Uníssono,*

e ainda:

- *Não se pode Amar algo sem tentar assemelhar-se ao mesmo — 'Amor pares invenit aut facit'* assim, o primeiro efeito da *'Beleza'* é levar as pessoas, instintivamente, à *'imitação'* procurando reproduzi-la em si próprias.

De outra parte, a *'Admiração'* quando atinge certo grau, estimula a *'Atividade'* e provoca a *'Exaltação'*, e em certas circunstâncias, gera a *'Inspiração'*.

Então, a partir disso, já não bastando compreender a Sublime *Linguagem da Arte*, deve-se desejar falar essa mesma *Linguagem*, isto é, a *'Exprimir'* o que se sente; assim, a *Arte* se apresentando sob *Forma Reflexa*, a concluir que*:*

- *A Criação Reflexa da 'Beleza' pelo Homem constitui a própria Arte.*

Guarda (ou Cobridor): _____

As *Artes,* pela maneira como exprimem a *'Beleza',* dividem-se em*:*

I) **ARTES PLÁSTICAS** = *Arquitetura — Escultura — Pintura — e Desenho; e empregam as Formas e as Cores. Projetam os objetos no Espaço, em Três (3) Dimensões, como a Escultura e a Arquitetura, ou em somente Duas (2), como a Pintura e o Desenho, suprindo a Terceira (3^a) Dimensão por meio dos Artifícios da Perspectiva.*

II) **ARTES FONÉTICAS** = *Música — Canto — Oratória — Poesia — e Teatro; e exprimem a 'Beleza' por meio de Sons Musicais ou de Sons Articulados. Essas Obras de Arte se desenvolvem no tempo. Não estando localizadas no Espaço, como as Artes Plásticas, as Artes Fonéticas são mais Expressivas do que Descritivas; apesar disso, a Poesia devido às Metáforas que emprega, e devido à Imaginação que representa as coisas ao vivo, muito participa do privilégio das Artes Plásticas.*

VM: _____

E ainda é possível citar uma pequena história sobre a *'Beleza e o Belo'*, de autoria do pensador, filósofo e Maçom expoente francês Voltaire, mas que, e principalmente, deverá ter bem entendidos os motivos que levaram a estar inserida nessa Instrução (adaptado):

- *Pergunte ao Sapo o que é 'Beleza — o Belo Admirável', e responderá que é sua 'fêmea', com 2 grandes olhos redondos, salientes, espetados na pequena cabeça, com focinho largo e achatado, barriga amarela, e dorso castanho.*

- *Pergunte ao Diabo o que é 'Beleza' e dirá: Um 'Belo' par (2) de Cornichos, quatro (4) garras afiadas e rabiosque enrolado.*

- *Consulte por fim o Filósofo, e responderá com uma confusão desconexa, em gíria confusa; pois é indispensável algo como o arquétipo — Grego de arché = principal/princípio, e π de tipos = impressão/marca, sendo o primeiro modelo/imagem de algo, conceituação referente às Filosofia e Psicologia — do 'Belo'.*

Finalmente, pode-se concluir depois de muita reflexão, que o sentimento do *'Belo'* é algo muito relativo, do mesmo modo que, por exemplo:

- *Aquilo que é decente no Japão pode ser até indecente em Roma; e*
- *O que está em moda em Paris pode ser detestado em Pequim; e muito mais;*

então, dizem os especialistas e estudiosos do tema, que por se mostrar muito difícil, pode ser gerada desistência quanto à elaboração de um longo tratado a respeito do *'Belo e da Beleza'*.

46 'Calúnia' Preceito Inicial

*"Nunca deve-se orar suplicando cargas mais leves,
e sim membros mais fortes." (P.Brooks)*

VM: _____

Ao recorrer à utilização de diversas figuras de retórica, tanto para melhor exemplificar quanto explicitar o tema dessa Instrução, logo de início poder-se-ia afirmar que:
- *A 'Calúnia' é comparável a um tipo de 'ácido corrosivo' que, ao ser transportado sem a menor vigilância, pode chegar a derramar, e assim se espalhar de forma incontrolável.*

E mais, que a *'Calúnia'*, geralmente, é possuidora de grande poder de *'contaminação'*, como um tipo de praga se alastrando rápido, e influenciando quase todos que têm contato com seus temas quase sempre pejorativos, quando não até mesmo explosivos, como deve se caracterizar.

Por onde passa ou é transmitida, a *'Calúnia'* carrega intrinsecamente muita: destruição — devastação — incompreensão — mal estar — e outras decepções, e é também comum deixar como rastro atrás de si um sem-número de pessoas angustiando sofrimentos atrozes.

Por isso, a *'Calúnia'* como processo é um gerador de muitas dores agudas, porque atinge diretamente o mais profundo da *'Alma'* daquele que é atingido; além de que, como resultado pode chegar a provocar diversas doenças, algumas até graves e preocupantes.

1º Vigilante: _____

Além disso tudo, a *'Calúnia'* sempre produz: *insegurança – medo – e revolta*, o que resulta na contristação, aflição ou pesar de muitos *Corações*, por mais fortes e nobres que sejam, e ainda arrasta consigo joias preciosas e raras ao pântano viscoso do desamor.

Não poucas vezes a *'Calúnia'* produz devastação moral onde quer que se abata, relegando seu alvo e objetivo a um amontoado de nada, e até comumente desclassificando pessoas honradas, e ainda fazendo com que as muitas dores geradas, além das desilusões e desesperança, se espalhem para muito longe de modo absolutamente voraz e destruidor.

Quando a *'Calúnia'* se manifesta, de modo geral, tem início por intermédio de uma *'pecha, deformidade e imperfeição de sórdida, repugnante, despresível e vil boataria'*, que sempre visa atingir o indivíduo por meio de *'objetivos escusos'*, que se localizam nos chamados *'interesses pessoais'*, voltados a satisfazer os mecanismos da *'ganância e/ou vaidade'*.

Desse modo, a *'Calúnia'* passa a fazer parte da realização de um jogo perigosíssimo, no qual jamais haverá *vencedores*, mas sim apenas e tão somente *perdedores*, além de muitos: *sofrimentos – dissabores – e inimizades ferrenhas*.

2º Vigilante:

A *'Calúnia'*, por muitos milênios e para toda a Humanidade, tem sido o maior motivador das grandes crises, mesmo porque seguidamente arquiteta e constrói verdadeiros caos por onde quer que se instale.

Por menos melindre em que se depare, e por mais que a *resistência moral* se apresente para a antagonizar, ainda assim a *'Calúnia'* com seu grande poder insano de corrosão e destruição, não deixa de realizar *estragos profundos*.

Contudo, como antídoto contra esses *estragos*, fatalmente é requerido o concurso do *tempo*, fator que possibilita muitas vezes que o *'caluniado'* possa se recuperar das *sofrida(o)s: invasão – maledicência – críticas – censura – depredação – deslouvor – difamação – mordacidade – e/ou descrédito,* mas o que nem sempre é conseguido com sucesso.

Todavia, cabe mencionar que via-de-regra todo *'caluniador'* é mostrado:
- *Quase sempre como alguém sem o menor escrúpulo;*
- *Também desprovido de qualquer princípio de 'amor e respeito'; e*
- *Unicamente devotado a fazer prevalecer seus interesses pessoais;*

e a complementar ainda que jamais se importa, em momento algum, com o sofrimento causado, muito menos com as baixas incorridas.

Orador:

Geralmente, o *'caluniador'* é alguém que se apresenta muito pouco, ou quase nada, preparado no que se refere à tão necessária *'Vivência da Ética Pessoal'*; e todavia, infelizmente, ainda se autoaufere a prerrogativa do direito de atingir seus objetivos a *'qualquer preço'*; nem que para tanto seja preciso semear *Conceitos* adequados àqueles a sua volta, até mesmo não os aplicando, o que seria tremendamente desqualificável, porque gerariam *'lágrimas em abundância e sofrimentos em alta escala'*, pois, em absoluto, não se importa com nenhuma das consequências, ou o nível das mazelas destrutivas impostas.

Então, esse *'caluniador'* imoral e desprovido de compostura se alicerça e fundamenta apenas e tão somente em seus esperados resultados, que invariavelmente sempre buscam atender seus sórdidos interesses mesquinhos e pessoais.

E com muita frequência, o *'caluniador'* principia exercitando seu maléfico processo a partir de semear *'boatos'*, que até podem ser sutis, ou seja, sem tanta caracterização clara como maléficos, entretanto, propositadamente se comprazendo em desnudar e prejudicar a *vida alheia*.

Contudo, dando seguimento, vai aos poucos se especializando em sempre promover e apresentar *'críticas as mais negativas possíveis'*, noticiando e/ou inventando quando for o caso, jocosamente possíveis: *falhas – erros – situações – e/ou problemas*, de alguém que se posiciona em separado e ao largo dos acontecimentos.

Entrementes, com o passar do tempo, gradativamente todo *'caluniador'* segue sua péssima trajetória desenvolvendo métodos próprios para *'distorcer todas as coisas'*, transformando os fatos mais comuns e corriqueiros em acontecimentos *estrondosos e escandalosos*; e inclusive, também se procura se especializar na alteração da realidade do contexto dessas ocorrências, sempre lhes emprestando más conotações *'pejorativa e depreciadora'*.

Secretário: _____

Então, o *'caluniador'* depois dessa fase, estando já mais treinado, e consequentemente mais experimentado nesses tipos de atitudes, passa assim a prover suas operações por *'objetivos'*, resultando sob seus próprios aspectos, melhores resultados e maiores malefícios, mas novamente jamais deixando de centrar sua atenção em seus interesses pessoais.

Dessa maneira, passa a não mais precisar de nenhuma *situação* para seu intento de distorcê-la, porque nesse estágio propõe-se a*: criar – inventar – dar vida – ofertar – e/ou oferecer*, e transmiti-la como verdade inquestionável e insuperável, jamais deixando de ter por objetivo a certa *'desagregação e malícia invejosas'*.

E o que é pior, o *'caluniador'* tem sempre como meta primordial a total *'destruição'* da pessoa que detém por *'alvo'*, nunca se importando com eventuais prejuízos provocados a quem quer que seja, e em que proporção, que se encontre à sua volta ou em seu círculo de *'amizades'*, se é que consegue ter alguém que reúna essa característica de simpatia.

Isso porque todo e qualquer *'caluniador'* é infeliz e principalmente *'impiedoso'*, utilizando em demasia a *'malícia e o veneno'*; e além disso, até porque não lhe é conveniente nem agradável, jamais se preocupa em assumir e acreditar na *'realidade'*, e ainda muito menos se permitem olhar de frente, compreender e aceitar a *'verdade'*.

Portanto, são esses *'caluniadores'* as*: verdadeiras – incomparáveis – e indesejáveis* víboras humanas, sempre dispostas a *'atacar'* mortalmente suas vítimas.

Guarda (ou Cobridor): _____

Dessa forma, cabe recomendar a todos que, cautelosamente, sua própria *'Alma'* deva se prevenir contra a *'peçonha dos caluniadores'*, pois é certo que são uma espécie de *'feras enraivecidas'* a espreitar sempre os incautos pelo caminho; contudo, em realidade, por tudo isso quase ninguém jamais estará totalmente imune a essas maléficas influências.

Aliás, seria muita presunção esperar nunca encontrar com nenhum desses *'caluniadores'* ao longo da longa jornada de cada um, tanto na *Vida* quanto na Maçonaria; e tanto assim tal posição é verdadeira, por exemplo àqueles que creem, não pouparam nem mesmo Jesus – O Cristo.

Ademias, sempre que uma pessoa se encontrar no interior ou olho do furacão ou do terremoto provocado pelos *'caluniadores'*, logo de princípio deve procurar e proceder sendo *'agradecido'* a Deus por ainda ter forças para *viver e enfrentar* esses *terríveis momentos e situações*; primeiramente por serem esses *'caluniadores'* verdadeiramente desclassificados, e que não conseguem ser aqueles que tentam arrastar para si os *compromissos e resultados inadequados*, esperados como proveitosos resultantes da implantada *'calúnia'*, mas ao contrário, que fatalmente em um futuro bem próximo, sejam*: penalizados – sorvidos – e maculados cruelmente,* ao custo de muitas dores e arrependimentos; e que definitivamente isso lhes sirva como as mais significativas e reais *Lições*, para que nunca mais provoquem a ninguém tais situações lamentáveis e embaraçosas.

Porém, tudo isso a pessoa deve sempre pacientemente*: aguardar com muita cautela – proteger-se com competência – e se embasar sob o manto da 'oração',* a passagem desse terremoto e/ou furacão *'devastador e impiedoso'*; e ainda, enquanto isso não puder acontecer, jamais deve desistir, mas continuar sempre firme em seu trabalho.

VM: ⎯⎯⎯⎯⎯⎯⎯⎯⎯⎯⎯⎯⎯⎯⎯⎯⎯⎯⎯⎯⎯⎯⎯⎯⎯⎯⎯⎯⎯⎯⎯⎯⎯

Então, a todos cabe abraçar com fervor a própria *Vida*, doando-se na medida dos quanto e quando for possível, mas também nunca esquecendo de manter a *Mente* sempre direcionada ao *Bem*; e para conseguir deve vigiar-se, e jamais se permitir a(o)s*: acidez – azedume – chatice – aspereza – agrura – amargura – e irritação,* nem tampouco a(o)s*: reação – revide – contestação – objeção – resposta – desforra – represália – retaliação – contra-ataque – e/ou vingança.*

Ademais, cabendo sempre perseverar e acreditar que o*: Mundo É Muito Melhor Que Pior*, pois talvez isso possa ter acontecido como uma necessidade de *'prova interior – íntima'*; contudo, deve*: seguir – crer – e confiar*, acreditando sempre que*: O G∴A∴D∴U∴. Vela e Protege Todos!*

Finalmente, desse modo jamais esquecer da necessidade prioritária da*: Oração – Forma mais direta e competente de comunicação com Deus,* e a partir disso, procurar *'perdoar'* seu próprio *'caluniador'*, porque infelizmente, é uma *Alma: Adoecida – Empobrecida – e Descontente,* que vive em *'Delicada e Preocupante Indigência Espiritual'*; por isso mesmo quando estiver carente de *amparo*, deve-se sempre*: Orar – Crer – e Confiar, Pois Tudo Passa!*

47 'Temperança' Virtude Cardial

"Pode escolher o que semear, mas se obriga a colher o que plantou." (Provérbio Chinês)

VM:

Inicialmente cabe citar um Conceito do filósofo grego Sêneca (adaptado):

• *A primeira vítima da falta de 'Temperança' é a própria Liberdade!*

'Temperança' = nome feminino, palavra que em resumo significa: *Abstinência — Moderação — e Equilíbrio*; em Grego – e em Latim Temperantia.

A *'Temperança'* é uma das denominadas *Virtudes Universais*, sendo ainda uma das *Quatro (4) Virtudes Cardiais* propostas pelo *Catolicismo,* junto às: *Prudência — Justiça — e Força.*

O *Cristianismo* conta ainda as *Virtudes Teologais* que são: *Fé — Esperança — e Caridade,* prenunciadas a capacitar os *cristãos* a conhecerem e amar Deus; e mais, são *Virtudes* inteiramente voltadas para a *Divindade.*

Enquanto isso, as outras *Virtudes*, como mencionadas acima, não são voltadas diretamente a Deus, mas sim aos *Homens*, referindo-se aos respectivos: *Comportamentos — Atitudes — e Ações.*

Essas *Virtudes* auxiliam em: *Bem agir — Fugir do pecado — e Vencer tentações;* por isso, indiretamente, conduzem a Deus; são *Virtudes Morais*, ou *Virtudes* que ajudam a agir de modo perfeitamente adequado e honesto.

1º Vigilante:

Quatro (4) dessas *Virtudes* são mais importantes, porque regulam a atividade de todas as demais, são as denominadas *Virtudes Cardeais; mas: Por que essa denominação?* Porque **cardo** em Latim quer dizer **dobradiça**, eixo em torno do qual gira alguma coisa; pois, no caso da dobradiça gira a porta, mas com relação ao eixo da *Terra* giram os *Quatro (4) Pontos Cardeais*; então, referente às *Virtudes*, em torno das *Quatro (4) Cardeais* giram todas as outras.

A 'Temperança', completando o Quadro das Quatro (4) Virtudes Cardeais, torna-se o ' freio/breque da Alma'; e como dito, é a Virtude pela qual se utiliza com moderação todos os 'bens temporais', sejam: comida – bebida – sono – diversão – conforto – e todos os outros.

Ademais, a *'Temperança'* ensina a usá-los nas: *hora certa — tempo certo — e quantidade adequada;* e em complemento, ensina ainda a importante conceituação de que: *Certos atos devem sempre ser reservados a situações cabíveis e adequadas.*

A *'Temperança'*, dentre suas múltiplas definições, ainda significa: *Equilibrar – Limitar – Moderar Prazeres – Dominar Instintos – e Controlar o uso dos Bens Criados*; ademais, além disso, tem ainda como:

A) **Sinônimos:** *Controle (Desejos e Reações) – Moderação – Comedimento – Sobriedade – Parcimônia – Economia – Tempero – Compostura – Meio-termo – Modéstia – Continência – Abstenção – Moderada Frugalidade – Simplicidade – Brandura – Calma – Equanimidade – Mediania – Prudência – Autarcia – Laconismo – Recolhimento – e mais.*

B) **Antônimos:** *Descontrole – Insolência – Intemperança – Imodéstia – Destemperança – Imodéstia – Insobriedade – Petulância – e mais.*

2º Vigilante: _____

E completando esses estudos das *Virtudes*, se deve lembrar sempre que sem a *Graça Divina* não há *presença* de qualquer das *Virtudes* na própria *'Alma'*; portanto, lembrando que a prática das *Virtudes* somente pode ser realizada devido ao *Amor de Deus*, e que mais importante, a *Graça Santificante* é a maior recompensa que o *Homem* pode ter; desse modo, todo ser humano pode preparar a *fortificação* de sua *'Alma'* visando seu próprio árduo combate pela *Vida*.

A *'Temperança'* sempre auxilia o *Homem* a vencer seus piores pensamentos e indesejáveis desejos, quando ocorrerem; ademais, esses: *pensamentos desvirtuados — desejos não ilibados — e ocasiões pecaminosas,* devem ser combatidos de imediato, sem perda de tempo e com muita coragem e força, evitando assim se tornarem proposições absolutamente prejudiciais, tanto ao próprio ser quanto aos de sua convivência.

Na verdade, as *Quatro (4) Virtudes Cardiais* devem se unir com objetivo de combater essas mazelas, preparando a *'Alma'* pelo enaltecer de todas as práticas que foram e são: *reveladas — propaladas — e conceituadas,* pela Divindade.

E, por exemplo: *Adulto incorre em falta grave se ingerir bebida alcoólica?* Logicamente que não, desde que o faça moderadamente, jamais se permitindo perder o controle de si próprio, sempre saboreando e sentindo prazeroso seu paladar; e, de modo análogo: *É proibido fumar?* Também não, apesar do fumo ser extremamente maléfico à saúde, e por isso devendo sempre ser evitado; mas os adultos fumantes não cometem falta grave caso o façam na medida absolutamente adequada, pois ao saborear um bom tabaco também sente seu perfume e bom gosto.

Orador: _____

Entretanto, quando alguém se droga, por exemplo, usando: *maconha — cocaína — crak — lança-perfume (éter) — e outras tantas substâncias,* não está consumindo nada que sensibilize seu paladar, mas a quem queira alterar o próprio *Estado-de-Espírito*; nesse caso, é como beber apenas para ficar embriagado, portanto, incorre em falta grave; e não deve ter exagero na ingestão de quaisquer: *bebida — fumo — e em caso extremo, drogas,* pois fatalmente esses irão alterar sua *Consciência*, e novamente prejudicar a si e todos os que o cercam.

Também o conforto da vida moderna pode levar a pecar contra a *'Temperança'*; até mesmo porque quase todos reclamam de: *calor — frio — trânsito — acordar cedo — levantar da cadeira — e muito mais,* pois sempre acharão algo que os desagrada, tanto nas coisas quanto nas pessoas.

Por isso, a *Virtude* exemplar da *'Temperança'* auxilia a esquecer e relegar a segundo plano todas essas atitudes, e a se concentrar mais em: *ajudar — trabalhar — e vencer os próprios defeitos.*

A importância da 'Temperança' na vida, saúde e caráter, pode, grosso modo, até poder ser comparada a um belo edifício muito bem construído.

Ser 'Temperante' em principalmente: comer – beber – falar – agir – e vestir, denotando sempre a melhor prática da Sabedoria na própria Vida; porque trata-se da Arte de Desfrutar tudo o que está à disposição com muita parcimônia – moderação, e agir sempre com a devida modéstia, sem nenhuma aceleração, e jamais com precipitação.

Pelo exposto, a 'Temperança' é tida como a 'Excelência das Virtudes' por:

- *Ser a mais simples e a fleumática em seus desígnios;*
- *Demonstrar supremacia de desinteresse por supérfluos e pseudo-sucessos;*
- *Não criar vontades;*
- *Não se preocupar com a evolução;*
- *Não desafiar os instintos e desejos;*
- *Não se acovardar;*
- *Ser impotente na dor e nas lágrimas;*
- *Não ter a melancolia como regra;*
- *Ter o essencial como lei, assegurando domínio do que não necessita; e*
- *Servir para controlar excessos (ex: pecado, gula, e demais).*

Secretário:

Quanto menos o ser necessitar, mais a sobriedade deve se manifestar, para atingir a Perfeição, ou seja, sua alegria e seu prazer; assim, não se trata de desfrutar menos ou mal, mas ser contrário ao fastio, e permanecer soberano e soberbo quanto ao necessário e vital; e ainda, também quando referido à sensualidade deve sempre ter calma, garantindo o desfrutar mais puro e pleno, preservando a saúde; enfim, com sua adequada prática orientadora o Homem:

- *Sente e vibra pelo que faz – vê o que toca – cheira o natural – e muito mais ...";*

e por tudo isso, todo ser humano deve sempre:

- *Usar com carinho o que tem – Amar o que precisa – Respeitar os que estão ao redor e distantes – e Compreender/aceitar suas limitações e dos outros.*

Novamente utilizando uma figura de retórica, se poderia comparar a 'Virtude da Temperança' como sendo um ser; e assim, a 'Temperança' seria vista como:

- *Tendo gosto equilibrado — nivelado — e esclarecido;*
- *Sendo apurada no vestir;*
- *Sendo moderada ao falar;*
- *Resguardando o silêncio;*
- *Jamais analisa — julga — ou condena;*

- *Somente preserva as qualidades que só façam bem;*
- *Proíbe a si o uso de fumo — tóxicos — álcool — e tudo mais nocivo à saúde; e*
- *Afasta-se de tudo que escravize o usuário e/ou consumidor — toma atitude de meramente admitir quem usa — porém, jamais se aproxima.*

Guarda (ou Cobridor): _____

A 'Temperança' ainda é um meio eficaz para a independência pessoal, isto é, a felicidade que torna possíveis desejos e hábitos satisfeitos, porque tem limites e contenta-se com pouco; porém, esse pouco pode ser tudo o que possua, sem visar aumentar por indevida e desnecessária multiplicação; até porque, sempre deve ter em mente esse seu pouco, valorizando-o e o respeitando muito mais; e como exemplo, considerar que para ser feliz sempre deve se isentar de tudo que lhe possa causar problemas, porque certamente é:

- *Infeliz o alcoólatra que sempre precisou de tanta bebida;*
- *Miserável o glutão que sempre necessitou de tanta comida; e*
- *Desastroso o fumante que sempre precisou de tantos maços, e muito mais ...*

Deixando claro que 'não' é o Corpo Humano o consumidor: *audaz — ousado — atrevido — e destemido — e/ou — carente — necessitado — precisado — e carecente*, mas 'sim' são as: *Infelicidade pessoal — Insatisfação própria — Não ter metas nem regras de Vida — A falta que faz querer mais-e-mais, sempre mais — e Preferir quantidade à qualidade;* hábitos que na atualidade são muito mais fáceis de conseguir, e por consequência, absurdamente difíceis de corrigir.

E o pensador e filósofo S. Francisco de Assis dizia: (adaptado)

- *Desse pouco nunca haverá penúria ..., porque se trata de uma Virtude comum e humilde para todos, em todos os tempos.*

e o emérito pensador S.Tomas de Aquino classificou a 'Temperança' (adaptado):

- *Uma 'Virtude Cardeal', menos elevada do que as outras três (3) ..., mas em que prevalece a facilidade de entendimentos e superação, já que há na vida necessidades mais fortes e necessárias do que comer, beber e sexo, que são mais fáceis de dominar e possível controlar.*

VM: _____

Finalmente, considerar ser a 'Temperança':

- *Uma afirmação sadia sem excessos, do modo que possa existir na simplicidade, em especial no poder da 'Alma'; mesmo porque:*
- *A 'Temperança' não é um sentimento, mas a excelência da Força-de-Vontade para combater o desnecessário!*

48 'Segredo' Aspectos Sociológicos

"Os Provérbios são pedaços de Sabedoria que, se bem digeridos, proporcionam excelente nutrição ao Espírito." (B.Franklin)

VM:

Logo de início caberiam as seguintes definições:
SOCIOLOGIA: *Parte das Ciências Humanas que estuda o Comportamento em função do meio, e os processos que interligam indivíduos em associações – grupos – e instituições.*
Enquanto o ser na sua singularidade é estudado pela Psicologia, a Sociologia tem base teórico-metodológica voltada ao estudo dos Fenômenos Sociais, tentando explicá-los e analisando os seres nas relações de interdependência; e assim, poder compreender as diferentes Sociedades e Culturas é um dos mais importantes objetivos da Sociologia.
Por isso, os resultados da Pesquisa Sociológica não são de interesse apenas de sociólogos, porque cobrem todas áreas do convívio humano, das relações na família até a organização de empresas.
Então a Sociologia pode interessar, em diferente intensidade, a diversas outras áreas do saber.

1º Vigilante:

ANTROPOLOGIA: *Do Grego π – transl. Anthopos = Homem, e – Logos = razão – pensamento – estudo.*
É a Ciência que objetiva o estudo sobre o Homem e a Humanidade de modo totalizante, ou seja, abrangendo todas as suas dimensões.
A divisão clássica da Antropologia distingue as Antropologia Cultural e a Biológica, cada uma em sua devida e característica construção, que abrigou diversas Correntes-de-Pensamento.

Então, as pesquisas sociológicas do *'Segredo'* se iniciam com os pressupostos e estudos do especialista G.Simmel, e depois, devem se estender aos: *Âmbito Teórico – e – Pesquisa Disciplinar.*

Por isso, na *Vertente Sociológica* e na *Antropológica*, os estudiosos das diferentes formas que o *'Segredo'* assume para disseminar a informação em vários aspectos sociais, partem do pressuposto que a *'Ocultação – Segredo'* por meios tidos *'positivos ou negativos'*, é a realização essencial e única do ser humano, e assim, se torna um dos *fundamentos* da *Vida Social*.

Sem o *'Segredo'*, ao ser pressuposta a possibilidade da *'transparência'* absoluta nas relações interpessoais, nos aspectos da individualidade e/ou do societário, a concluir que essas *'transparências'* seriam de pronto inviáveis, de acordo com o estudioso Simmel.

2º Vigilante:

Geralmente, o *'Segredo'* passa a ser *analisado* de maneira *valorativa — precípua de valoração — e/ou rica em conteúdo*, ou seja, referida à sua intrínseca *valorização — reconhecimento — enriquecer — reconhecer merecimento — aumentar valoração*; mesmo porque ao considerar o *'Segredo como Ocultação'*, isso implica que nessas condições seja possível até reconhecê-lo como: *sedição — agitação — golpe — levante — revolta — rebelião — indisciplina — insubordinação — ou mesmo de ilegitimidade*.

Todavia, ao ser correlacionado com a *'Mentira'*, o *'Segredo'* teria que ser *reforçado* com seu lado *'oculto'* das coisas, e indevidamente se caracterizar como: *Ato consciente de Malversação – ou – Alteração da Verdade dos fatos*, tal como o consideram os estudiosos.

Nessas condições, o *'Segredo'* sob esse aspecto seria a *contrapartida* da(o)s: *Publicidade — Direito à Informação — e Transparência,* que são *'Ideias e Ideais'* com os quais a *Humanidade* busca compor e constituir a *Democracia Moderna*.

No final do Século XVIII, o estudioso B. C. Rebecque, sem jamais desmerecer as *Virtudes da Verdade* como *Princípio Moral*, e sem negar o *Potencial Danoso da Mentira* como ato consciente, afirmava que (adaptado):

• *A obrigação/dever de ater-se a Verdade, na inteireza, incondicionalmente e de maneira isolada, inviabilizaria qualquer tipo de Sociedade.*

E mais, ainda segundo C. Rebecque, o *'Segredo'* ao mesmo tempo em que ergue uma espécie de *'barreira'* entre os indivíduos, traz em si também o *'desafio e possibilidade de ser rompido'*, tendo inclusive, quanto ao aspecto interpessoal, à função de ser *'informador'* das *Relações Sociais*, que, aliás, é a perspectiva de G. Simmel na sua *'Sociologia do Conflito e do Segredo'*.

Orador:

Além disso, estão implícitos nos escritos de C. Rebecque, pressupostos que mais tarde seriam resgatados e sociologicamente analisados, ou seja, *Processos de Diferenciação e Desigualdade* no fato de haver *'Segredo'*, havendo assim detentores e excluídos das informações na *Sociedade*.

Já individualmente, a perspectiva é menos negativa, pois o *'Segredo'* seria a medida dos níveis de *'Ocultação e Revelação'* necessários e viáveis nas relações interpessoais.

Contudo, a *relevância sociológica* dessa noção, e das práticas que preside, nesse sentido emerge no pensamento de C. Rebecque, assim como depois na sociologia de G.Simmel (adaptado):

• *A tensão entre o ideal na 'transparência', que visa o pré-conhecimento das possibilidades de ação do outro, assim como seus níveis de 'ocultação', e que também fazem parte do Processo Interativo, e da própria Solidariedade Social.*

Então, o que marca a postura de Constant Rebecque é a *contraposição* aos pressupostos de que sempre o *'Segredo'* deva ser unicamente *'danoso à Democracia e à Cidadania'*; além de também negar o senso comum que equaciona o *'Segredo'* às: *Imoralidade — Perversão — e Sedição.*

Por exemplo, as atitudes adotadas pelas: *Igreja Católica — Monarquias — e Corporações Medievais,* com relação ás *'práticas secretas'* do *'Companheirismo — Compagnonnage'* francês dos primórdios da Ordem; isso é devido ao fato dos *'Companheiros — Compagnons'* reunirem-se em *'Segredo — Secretamente',* nem consequência, passarem a circular informações, e se organizarem no trabalho por meio de formas rituais diferentes, o que veio a dar oportunidade aos: *Mestres — Clero — e Soberanos,* de condenarem os primeiros Maçons pelas acusações de serem: *Heréticos ou Hereges contrários a Dogmas, ou Sem Fé pela Igreja — Infiéis aos Mestres — e Traidores do Trono.*

Secretário: _____

Contudo, para Constant Rebecque não é devido considerar o *'Segredo'* um *mal em si mesmo*; pois como dito, sempre são os: *mal — sedicioso — revoltoso — indisciplinado — insurgente — insubordinado — e/ou amotinado,* aqueles que praticam o *'Secreto'* por razões óbvias; e o mesmo se aplica à *'Inconfidência e Práticas'* inviabilizadoras do indivíduo como ser social se vindas a público, mas que fazem parte das *'liberdades individuais'*.

Nesse aspecto, Constant Rebecque defende o direito ao *'Segredo Individual'*, tendo-o como algo: *intransferível — intransmissível — ou inalienável (Latim inalienabilis, o que 'não' é alienável — repassável — ou transmissível),* sobretudo se referente à *'privacidade',* pois ninguém tem direito a qualquer *Verdade* que prejudique os demais.

Entretanto, ao contrário de ser *antidemocrático,* o *'Segredo'* seria uma base da *'Liberdade Individual',* na medida em que viabilizaria um determinado espaço privativo: *Onde possam florescer Novas Ideias e Hábitos ainda não aceitos pela Coletividade*; além de se constituir em parte do repertório de cada pessoa.

Porém, considerando essa reflexão referente à perspectiva, o mais importante é justamente o respectivo *'caráter relacional e comunicativo da informação',* que deve sempre ser pensada segundo um *contexto mais social,* enquanto elemento organizador de *'Relações e Estilos de Vida'.*

Enquanto que as reflexões exaradas nesse texto, em grande parte foram inspiradas no livro *'O Segredo e a Informação',* de 1983 do brasileiro *Jurista e Diplomata* João Almino, que se lastreou em alguns dos *Mitos* que recobrem o *'Segredo'* nos limites do *Direito Público.*

Guarda (ou Cobridor): _____

E, dentre esses *Mitos,* há aquele referido à *'Transparência da Sociedade'* em relação a si mesma, que se apoia mais num ideal em favor da *'Publicidade'* de tudo aquilo que possa ter *'interesse ou consequências públicas',* do que noutro direito que também reconhece, e que diz respeito ao *'estritamente individual'.*

Outra visão a considerar, que também é moderna, seria:

I) Crença que 'Publicidade', contraposta ao 'Segredo', seja a favor do dominado, e

II) Ocultação favorece dominantes ao recobrir intenções por 'Silêncio', e as estratégias em detrimento dos primeiros. J. Almino diz ser a 'Publicidade' um instrumento da alienação, do que 'esclarecer/propiciar à consciência' dos elementos, consideradas implicações de classe e/ou desigualdades sociais.

Desse modo, pode-se ver como as *'Atitudes e Mecanismos'* relativos aos*: Conhecimento — Informação — e Estruturas de Poder,* se sempre entrelaçam aos aspectos que as caracterizam, tais como*: Espírito Familiar — Honra — Cooperação — e Igualitarismo.*

VM: _____

Finalmente, o interesse nessa temática fica mais evidente, por meio da ampla e diversa literatura existente a respeito dos *'Tipos de Sociedade – ou – de Grupos Sociais'*, assim como, quanto às polaridades que marcam as *'Práticas e Análises Sociais'* referidas às*: Tradição / Modernização — Segredo / Revelação — Confiança / Inconfidência — Transparência / Sedição — Hierarquia / Igualitarismo — e Competição / Cooperação.*

49 'Moralidade' Visão Maçônica

"Se não puder se destacar pelo talento, vença pelo esforço." (Weinbaum)

VM:
Desde logo é perfeitamente sabido que antes da *'admissão'* na Ordem, devem ser realizadas indagações ao Profano pela *Comissão de Sindicâncias* nomeada pela Oficina, e se tudo correr normalmente, a aprovação ou não do Candidato, fica só dependente da *Votação em Escrutínio Secreto* pelos Adeptos em Loja.

Porém, basta apenas um só *'voto contrário'* para impedir sua respectiva *'aprovação'*; contudo, em ocorrendo esse *'voto contrário'*, como alternativa a solenidade de *Votação* é repetida pelo *Presidente da Sessão*; e caso persista esse *'voto'*, o resultado desse *Escrutínio* se transforma em um *'Verdadeiro Veto'*, e o Candidato estará *'recusado'!*

1º Vigilante:
Esse *'Sistema de Aprovação'* é louvável porque resguarda a necessária *'inviolabilidade da origem do voto impeditivo'*, e protege a dignidade dos: *causador — fautor — favorecedor — apoiador — defensor — partidário — protetor — ou promotor*; portanto, há um *'Verdadeiro Segredo Funcional'* na Instituição, e mais, ninguém tem direito de saber de quem partiu o *embargo*, porque a *Moral* do votante é sua garantia de que agiu com *Honradez e Justiça*.

Na Maçonaria por: Todos serem considerados iguais, em Loja ao realizar a 'Votação' prevalece a confiança ilimitada no 'procedimento', que se mostra liberto de reservas mentais; então: Nenhum Maçom deve concorrer com 'voto condenatório' a quem se propôs a integrar a Fraternidade, sem 'Perfeita Harmonia com sua Consciência'; e tampouco gerar quaisquer: Atos de Vingança – Mesquinharia – e/ou Degradação, mesmo porque todos seriam absolutamente indignos!

Então, caberia indagar:

• *Ocorrem casos como esses na Ordem?*

• *Pode o Maçom, nutrindo ódio, inimizade e rivalidade, vetar ingresso de um desafeto, não querer vê-lo em Loja onde todos se nivelam pela Fraternidade?*

Como comparação vale mencionar passagem dos *Evangelhos*, na qual Jesus foi censurado por aceitar que uma mulher transviada untasse seus pés com óleo perfumado, quando respondeu com as: *mansuetude — brandura — afabilidade — bondade — docilidade — e delicadeza*, que caracterizaram Sua Vida, ao afirmar que (adaptado): *O médico sempre deve estar entre os enfermos!*

Então, se um enfermo —— no caso o Profano que se candidate a receber a *Luz*, contar entre os votantes com um ou mais desafetos, pode ser barrado e não transpor as *Colunas-do-Templo*, nem ser recebido como um Amado Irmão.

E aplicado o *Preceito* de Jesus com valor *contrário* resulta (adaptado):

• *O enfermo deveria estar entre os médicos;*

porém, nesse caso:

• *Em realidade, o enfermo não é o Profano proposto, mas o Maçom que impediu seu ingresso!*

Nessas condições, passa-se ao relato de alguns fatos de maior significância, mas *'sem'* citar: *nomes — datas — locais — Lojas — e outros*, de Profanos interessados em pertencer à Instituição:

2º Vigilante:

I) *Dirigido à Oficina um Pedido de Ingresso, abonado por membro do Quadro. Tramitado o currículo e quesitos do Regulamento.*

Mas, enquanto o Profano aguardava notícias e a data da Iniciação, preocupado e aflito tomou a atitude de indagar ao Apoiador:

Profano: Posso desistir? *Apoiador:* Pode, mas por que o arrependimento?

Profano: Por favor, não comente, mas soube que Fulano, com quem briguei há dois anos é da Loja, e ocupa cargo de relevo.

Apoiador: O que tem a ver com seu ingresso? Já que de inimigos o Mundo está repleto.

Profano: Não me suporta e é vingativo, pode contar histórias contra mim e enlamear meu nome, e se der tempo de evitar, agradeceria, pois não desejo ser objeto de ódio.

Apoiador: Se não for indiscrição, qual esse motivo?

Profano: Houve um atropelamento, quando um de seus filhos quase matou um homem em frente minha casa. Fui arrolado como testemunha, contei a verdade, e o rapaz foi condenado. Daí em diante, toda sua família passou a me odiar!

Apoiador: Queriam que depusesse a favor do atropelador?

Profano: Sim, achavam que se o testemunho fosse favorável, o rapaz não seria condenado.

Apoiador: Fulano chegou a se manifestar a respeito?

Profano: A mim não, mas pessoas de mútua intimidade disseram que concordava com sua família, tanto é verdade que esfriou por completo nossa relação de amizade.

Apoiador: Antes eram íntimas e cordiais?

Profano: Se não íntimas, eram cordiais.

> *Apoiador:* No caso não recuaria, aguardaria o 'veredictum' da Loja. E mais, Fulano é criterioso e excelente companheiro, e não se prevalecerá do episódio para impedir sua recepção. Mas, há uma particularidade a saber: se Iniciado os dois não poderão manter a inimizade na Oficina, como no Mundo Profano, pois ali todos são AAm∴IIrm∴. e devem esquecer agravos e viver fraternalmente.
> *Profano:* Por mim, de acordo, mas não sei se a outra parte pensa assim.
> *Apoiador:* Fulano não pensa assim, mas age como tal, é um grande Maçom, e sabe sê-lo!.

Passado o tempo marcaram a data solene da Iniciação.
O Neófito temeroso foi acompanhado por mais dois Candidatos.
A Sessão foi uma exemplar festa aos Recipiendários.

Na confraternização das delegações das várias Lojas, houve saudações e discursos, até foi dita uma bela Oração por aquele tal 'inimigo desafeto' do Candidato, que agora estava visivelmente sensibilizado pelo que sentia, naquele ambiente de irrestrita cordialidade.

Depois da memorável data, o que passou - passou, e a reconciliação ocorreu na Vida Profana, logicamente, acalmada e harmonizada pela Sublime Fraternidade.

Orador: _____

II) *Pode-se também contar outro episódio ocorrido no Nordeste do Brasil, quando num Município do interior havia um chefe político — dito coronel, detentor de histórias terríveis, apontado como perigoso, violento e poderoso, por influência partidária e recursos econômicos.*
Era veladamente acusado por diversas mortes, que se somavam a surras de seus capangas em desafetos.
Em certa ocasião desejou entrar para a Ordem, sendo aceito sem restrições, embora isso provocasse censuras de Adeptos de outros Orientes.
Porque, para muitos o coronel não deveria, sequer, imaginar ser Candidato à Maçonaria, quanto mais ser aceito e Iniciado nos Sagrados Mistérios da Ordem, contudo, a verdade é que foi recebido.
Porém, na Iniciação houve a oportunidade de ser-lhe aplicada proveitosa e providencial lição, ou seja, no transcurso das 'Provas do Ritual', teve que se mostrar humilde, arrependido pelos desatinos passados, e que de agora em diante, se comportaria como verdadeiro Maçom.
Igual a todos, ouviu e aceitou as preleções edificantes propostas pelas Luzes da Loja, cabisbaixo acatou os Landmarks, as Regras severas da Moral Maçônica, o dever de ser criterioso, sensato e refletido, de emendar-se quanto à imprudência, leviandade, desatino, doidice, natureza violenta e hábitos de agressão aos fracos.

E ainda, que um Maçom não deve agir como um estabanado ou mal educado, mas ao contrário, deve ter 'Espírito de Justiça e Retidão', ser impecável na Sociedade, e deter Bons-Costumes dentro e fora de casa.
Fascinado pelo ambiente e aceitando os conselhos, quando foi passada a 'Palavra', agradeceu a Deus ter ingressado na Maçonaria, e desejou ser um Maçom digno do nome; ademais, muito do que lhe era atribuído esclareceu não passar de invencionice de inimigos.
No Ágape Fraternal, ao ser servida 'pólvora' de vários tons, o coronel confessou ter a impressão de renascer numa Nova Encarnação; e ainda, por incrível que parecesse, era pura verdade, pois se tornou outra pessoa, nunca mais dando motivo para invenções contra si.

E tal como nesses dois (2) casos, existem muitos outros na História e nos Anais das Lojas.

Secretário: _____

Mesmo acreditando serem os *Processos de Seleção e Julgamento* lógicos e certos, a Oficina deve prover oportunidade aos Candidatos que, erroneamente, são julgados a priori; por vezes, por informações apressadas, enganadas e até mesmo de caráter leviano; mas, se vistas com certa tolerância, atenção e critério, deixam de ser empecilho para sua aceitação.

A Maçonaria ao realizar: *Atividades operativas — Aplicação doutrinária — e Ensinamentos abrangentes,* cumpre nobre finalidade, pois 'Desbastar a Pedra Bruta' só encontra analogia e real significado no trabalho primitivo dos *Pedreiros--Livres,* quando na Oficina se busca *'anular as arestas'* dos Adeptos, de quaisquer posições ou cargos.

Se: *O médico sempre deve estar entre os enfermos,* para curar ou aconselhar contra os males, a Ordem torna-se nutriz, sustentadora e/ou preceptora da *'Alma e do Aperfeiçoamento Moral'.*

Mesmo porque explicitar que a Loja detém as *Doutrinas Filosóficas* que iluminam os *Espíritos* com *'impurezas',* e por isso, se o Profano é impedido de adentrar a Ordem e procurar aperfeiçoar-se, certamente a *Doutrina Maçônica* não está sendo bem entendida e/ou praticada.

É também preciso entender a Maçonaria como uma obra de *Assistência Moral,* a quem é trazida a *'Alma'* maculada pelos *Defeitos da Vida Profana,* na tentativa de conseguir regenerar-se; a Ordem *'não'* é um *Clube de Perfeição,* mas de *Aperfeiçoamento,* pois deseja aperfeiçoar seres de dentro e de fora, pois*:*

• Todos portam muitos *Defeitos,* porque ninguém é *Perfeito* em nada.

Como a *Doutrina Maçônica* propõe *Aperfeiçoamento Moral,* o Candidato adentrando ao *Templo* significa já que detém *Perfeita Moral;* então*:*

• *O que poderia a Ordem fazer em seu benefício?*

quase nada; porém, se mesmo assim for um enfermo precisado de assistência e cura, a Ordem cumprirá sua nobre *Missão Humanitária,* reduzindo os maus e recuperando-os para o *Bem.*

Guarda (ou Cobridor): _____

Não é raro ouvir censuras de Maçons e Profanos, que estranham ou reprovam a presença como Integrantes de determinadas pessoas na Instituição, chegando a denegri-las por não compreender como adentraram à Ordem.

Contudo, não deve ser de estranhar o fato desses indivíduos adentrarem a Maçonaria, pois o que deve causar estranheza é não transformá-lo num ser digno, pois é inconteste que o principal trabalho da Fraternidade é o *Aperfeiçoamento Moral* de seus Adeptos.

E, se para Ordem são todos iguais, sem reservas nem discriminação, só devem ser respeitados os *Regulamentos e Códigos Maçônicos*.

Ademais, é falsa, falha e indesculpável a alegação de que a Ordem nada tem a ver com a vida particular/privada dos Adeptos; pois o Maçom que atenta a *Moral*, exagera e se compromete, deslustra a família, descumpre *Deveres e Obrigações*, é leviano e perdulário, não é bom pai nem marido, e leva vida desregrada, muito embora seja assíduo às *Sessões da Loja*, e contribua àqueles que a Instituição ampara; então: *Não é digno de ser chamado Maçom!*

Isso porque o Maçom deve saber que o enfermo a ser curado de *Moléstia Moral* jamais deve ser desligado da Ordem, para que essa não pague pelos pecados de seus Adeptos.

Então, a Maçonaria pode não conseguir triunfar sobre alguém desviado da trilha do *Bem*, porém, sempre deve se esforçar e lutar como recomendam e ilustram suas *Tradições*.

VM: _____

Finalmente, se transcreve, resumidamente, o que ensinam os mais categorizados e respeitados exegetas, analistas, comentadores e/ou críticos da Maçonaria, que realizam estudos aprofundados dos temas maçônicos, e não se apresentam exauridos em 'Ensinar' em benefício da cultura humana!

50 'Pensamentos'
Aptidão Maçônica

'Ser feliz por um instante: Vingue-se! Ser feliz para sempre: Perdoe!' (Tertuliano)

VM: _____

- *Se muito bem entendido que, caso sejam adequadamente seguidos e vividos o que pregam os Livros de Instruções Esotéricas, é certo que isso levará à Mestria, tornando seu buscador em um Verdadeiro Mestre; então, a esse respeito cabe citar o estudioso B.Kumaris (adaptado):*
- *Se se quer mudar os resultados, é preciso mudar os Pensamentos.*

Caso se tenha *'Bons Pensamentos'* em relação aos outros, esses *Pensamentos* irão atingi-los.

Quais forem seus *Sentimentos,* cedo ou tarde esses mudarão para consigo.

A qualidade dos *Pensamentos* determina o nível pessoal de felicidade.

Se os *Pensamentos* são sementes de todo processo de mudança, talvez o mais sensato seja investir na checagem do que a própria mente está produzindo.

Desse modo, os *Pensamentos Maçônicos* têm por principais objetivos e metas fornecer facilmente à compreensão dos Adeptos os cabíveis e adequados *Ensinamentos Práticos e Acessíveis*; o que resulta na *graduação* desses Membros, de modo que possam se ater, pouco a pouco ao *Processo de Elevação* até alcançarem o mais alto e preciso *Desenvolvimento Mental e Psíquico.*

1º Vigilante: _____

Então, esses Integrantes iniciam *Estudos e Práticas* que vão sendo indicados; entretanto, surgem fatalmente inúmeros *obstáculos e empecilhos*, e algumas dificuldades desaparecerão caso fechem os ouvidos às insinuações do seu próprio *Eu Inferior* — no seu Subconsciente.

O *Eu Inferior* é parte do Homem que procura implantar em sua mente as ideias de *dificuldade e fracasso*, fazendo-as se manifestar em sua *Vida* pela *Força do Pensamento.*

Mas, seja qual for o *obstáculo*, deve-se vencê-lo com energia e força de vontade que é capaz; para tanto, o Adepto deve lembrar que muito e bem se preparou para se tornar *Senhor das Sublimes Verdades da Vida*, sempre ocultas a todo aquele que não tem vontade grande e forte; ademais, cabe completar lembrando que também se preparou para ser um dedicado *Mestre do Saber Perfeito*, condição vedada àquele que se negar a ter os olhos sempre bem abertos para a *Luz*.

Portanto, jamais se deve deixar de atender com muita: *atenção — dedicação — e carinho,* qualquer Adepto em quaisquer circunstâncias, que solicitar esclarecimentos sobre o devido *Caminho e/ou Trajetória* que o conduzirá em segurança a essa *Luz.*

Portanto, jamais se deve deixar de atender com a mais extremada: *atenção — dedicação — e carinho,* a qualquer Integrante, em quaisquer circunstâncias, que solicitar esclarecimentos sobre o devido *Caminho e/ou Trajetória* que o conduzirá em segurança a essa *Luz.*

Infelizmente, a princípio isso será quase todo o possível a fazer, pois os *Poderes Internos* disponibilizados em cada Homem ainda se encontram em estado latente; podem ser comparados à semente que espera ser lançada na terra para começar seu crescimento; e ainda, os *Poderes do Espírito* são como flores que desabrocham por intermédio dos luminosos raios solares, e que se desenvolvem também pelo influxo ou afluência dos raios da *Luz Divina.*

2º Vigilante:

Por isso, todos sempre devem se empenhar em despertar os próprios *Poderes Internos,* ao fornecer os meios e instrumentos para se manifestarem, caso desejarem bem apreciar minimamente as *Forças* que detêm à sua intrínseca e própria disposição.

E caso se tornem fiéis aos *Ensinamentos* que receberem no decorrer das *Instruções* que foram mencionadas, e a partir disso se transformarem em convictos e persistentes praticantes dos mesmos, pouco-a-pouco seus sofrimentos, se tiverem, quer *físicos ou morais,* passarão a serem eliminados; além disso, aqueles seus próprios *obstáculos* irão também aos poucos desaparecendo como por encanto ou mágica, na medida em que forem surgindo, ou que a perspectiva maior os faça se aproximarem desse intuito.

Mas, conviria sempre recordar o *Grande Principio,* do qual sempre haverá dependência, invariavelmente, dos próprios *Esforços e Faculdades Espirituais* residentes no próprio interior, em estado de gérmen —origem, semente, embrião e/ou gêmola; contudo, qualquer ser pode ser considerado inerte ou morto quando suas *Faculdades Espirituais* ainda não estiverem *'despertas'.*

E a esse necessário acordar ou despertar dos *Poderes Internos ou Espirituais,* como figura de retórica poder-se-ia utilizar o que Jesus denominou como sendo um *Segundo Nascimento;* ademais, na Índia o Iniciado que conseguia o despertar completo das *Forças Interiores,* era denominado *Duidja — ou — o Duas (2) Vezes Nascido,* e no Egito de *Escriba das Duas (2) Vidas.*

Portanto, certamente cabe desenvolver as próprias *Faculdades Latentes,* para que seja possível alcançar o *Conhecimento Total,* bem como aproveitar e insistir para que seus *pares ou companheiros* atuem no despertar de suas próprias *Forças,* além de repetir aos que o rodeiam.

Orador:

A primeira coisa a ser feita é *combate*r, com todas as *Forças,* toda tendência animalesca que se manifestam comumente em todos; e extrair dessas tendências a maior quantidade possível de *energia,* aplicando o que precisar nas necessidades da *Vida*, armazenando o resto no próprio íntimo, para empregar quando necessário; assim, a(o)s *Mente e Corpo* ficarão intimamente unidos à *'Alma'*.

Ainda, cumpre o dever de também relembrar que no *Estudo das Verdades Ocultas*, cada fato, por mais simples ou corriqueiro que possa parecer, sempre apresenta suas dificuldades; porém, dificuldades essas que uma vez vencidas, fará com que o ser se torne o Senhor dos fatos em questão, e então poder produzi-lo a seu bel-prazer.

Contudo, os obstáculos que mais poderão embaraçar o ser são as necessidades de sua *Vida Material e seus Deveres Sociais*, impeditivos de sua dedicação a seu *Desenvolvimento Espiritual*.

Porém, caso se entregue com: *denodo — tenacidade — e perseverança*, ao cultivo das *Faculdades*, certamente conquistará o extraordinário *Poder* de que dispunham os competentes *Antigos Profetas*, que com a simples imposição de suas mãos sobre os enfermos, e com a não menos simples ordem de: *Levanta-te e Anda*, faziam com que se erguessem e caminhassem.

Secretário:

Por todos esses aspectos, torna-se estritamente necessário *Viver* em harmonia com essas *Forças Espirituais*, observando com cuidado as *Leis* que as regem, se desejar que se tornem um esplendoroso e magnânimo *Centro de Irradiação das Energias Benfazejas*; então, não só trabalhará assim em seu próprio benefício, mas também de seus Adeptos espalhados por todo *Orbe Terrestre*.

Assim, ao longo da *Vida* ninguém deve se *impressionar* com o que fatalmente surgirá, a saber: *Vicissitudes — Contratempos — Reveses — Alterações — Intercorrências — Variações — Reviravoltas — Contrariedades — Desesperação — Descontentamentos — Dissabores — Mudanças — Alternativas — Escolhas — Desgostos — Angústias — Desagrados — Mágoas — Melancolia — Desprazer — e muito mais*, porque em todas essas situações sempre haverá um lado ou aspecto a ser considerado como tendo sido dirigido para seu próprio *Bem,* e portanto, deve-se confiar plenamente nas suas *Energias Latentes*; como por exemplo: *Se sua situação na Vida não for das melhores, cabe olhar para a multidão que existe em condições piores, mas que luta contra as circunstâncias mais desagradáveis*; esse *Pensamento* irá melhorar sua apreciação, e é certo aliviará seus sofrimentos.

Por isso, deve-se ter muito cuidado para não *desperdiçar* essas *Forças*, nem pôr em dúvida sua capacidade de aproveitá-las; porque, qualquer dúvida atrasará seu progresso, e dificultará a obtenção do objetivo que almejar, pois torna intermitente a *Emissão de Suas Forças Mentais*, que em grande parte podem desviar as correntes, portanto disso: *Não se deve duvidar um só momento!*

Guarda (ou Cobridor):

Lembrando ainda que também com as *Forças* que a dúvida fará perder, é possível auxiliar inúmeros seres que estejam muito mais necessitados; e ademais, deve-se lutar com muita energia contra as *Tempestades da Vida*, recordando sempre que:

- *Aos crédulos, as condições da Vida Presente têm íntima relação com a Existência Passada, e os Pensamentos e Desejos atuais se realizarão, em grande parte, numa Existência Futura.*

Por conseguinte, todos devem se Aperfeiçoar na Regeneração Individual e Coletiva, para alcançar melhores condições em cada Existência Futura.

E, em complemento, nunca esquecer que no íntimo de cada um há um *Templo Sacratíssimo*, de cuja fonte pode brotar a *Vida Eterna e o Rejuvenescer do Corpo Gasto*.

Todo o *Ensinamento da Doutrina Exotérica* pode ser Dividido em *Sete (7) Instruções*, que poderão ser ensinadas gradativamente.

Por ter o *Número Sete (7)* importante significação esotérica, porque mostra os: *Planos e Princípios da Natureza — Forças Cósmicas em suas Divisões ou Manifestações Criadoras — Graus da Perfeição — e outros,* consequentemente, a *Divisão dessas Instruções* acompanhará bem de perto os *Segredos da Natureza*, que é: *A Expressão das Leis Estabelecidas pelo Criador!*

VM: ⎯⎯

Finalmente, com afinco e dedicação deve-se estudar e meditar a respeito dos *Ensinamentos Maçônicos*, para em seguida colocá-los em prática em sua própria *Vida*, e então perceber que sua *Existência Terrena* pode se tornar como um jardim de perfumadas flores e/ou um pomar de deliciosos frutos; para, dessa forma, poder almejar que a(o)s: *Harmonia — Amor — Verdade — e Justiça,* constituam o: *Pendão Sagrado da Própria Vida e da Felicidade!*

51 Pensamento Sem Fim

If the doors of perception were cleaned, everything would appear to man as it is: infinite.
Com as portas da percepção limpas, tudo apareceria ao homem como é: infinito.
W.Blake em 'Doors in The Marriage of Heaven and Hell''

VM:

Logo de início, cabe uma breve explicação que ajudará a compreender o objetivo dessa Instrução, isto é, no Século XX o autor A.Huxley acreditava na interessante hipótese de que:

- *Cérebro filtra a realidade a não permitir todas impressões que existem de fato;*

e ainda da seguinte assertiva:

- *Não fosse o processamento da quantidade de informações seria insuportável.*

E isso se realiza por meio do uso reiterado dos agentes ou reagentes medicinais — os remédios, que passariam a reduzir esse gigantesco processo não linear de filtragem, e consequentemente abriria as portas da percepção; e ainda, para a reflexão de cada indivíduo, cabe analisar o restante nesse tempo moderno de muitas máquinas e enormes desafios.

Além disso, não é devido reportar-se exclusivamente ao que inferia, deduzia e depreendia o filósofo Platão em sua alegoria sobre a *Caverna*, até porque desse pensador ainda muito se ouvirá referências e estudos por muitos Séculos, principalmente no referente a dicotomia — divisão de um elemento em duas (2) partes em geral contrárias e em oposição como 'noite-dia', que são apresentadas, entre (adaptado):

1º Vigilante:

- ***Claridade X Escuridão*** – *mas sem liberação e finita em sua restrita condição humana;*
- ***Conhecimento X Caos*** – *mas incorpóreo e perene por intermédio da força das ideias ou magnitude das realizações;* e
- ***Matéria X Espírito***.

e, mesmo se fosse somente uma, é e será o bastante!

Com base nesses preceitos e exemplos, que ao serem dirigidos à *Vida humana*, podem levar a concluir que:

- *A breve passagem terrena pode ser mensurada em partículas, até mesmo intangíveis, como:*

- *Desejos – perpassa, decorre / transfere no caminho turbulento dos Séculos;*
- *Sonhos – transitório como a Verdade (nem o Nazareno se atreveu a conceituar);*
- *Construção do Imaginário – fabulativo;* e
- *Ambições;*

A emblematologia, ou tratado dos emblemas, da *Caverna* é repetida muitas vezes, e foi reinterpretada à exaustão, a partir da egípcia *Lenda de Ísis e Osíris*, nesse *Ágora – Assembleia – Local de Reunião – Reunir, da Maçonaria Eterna*; e se autoafirma em sua gloriosa *nitidez* tal como*: Luz x Treva – Emoção x Razão*.

E à aplicabilidade da conceituação na Maçonaria, cabe demonstrar que:

- *Ensinar é Subverter, Perturbar, Desordenar, Conturbar e/ou Tumultuar, porém, 'sempre' na trajetória do Bem ou do que é Bom:*
- *Aclarar é Redefinir;*
- *Refletir é Compartilhar;* e
- *Debater é Multiplicar.*

2º Vigilante:

Nesse aspecto a *Caverna* é o próprio Homem, e principalmente o Maçom, seu interior e o desafio (V.I.T.R.I.O.L.) na tentativa rasgar os véus que encobrem o rosto sereno da *Deusa Egípcia Ísis*, e ao mesmo tempo procurar suplantar as *Pedras e Obstáculos*, e ascender à *Pedra Cúbica*.

Mitologicamente, afirma uma das Lendas:

> *Na antiga Hélade sob a forma de um Touro Divino, Hades um dos Titãs e irmão do Senhor do Olimpo, sequestra Perséfone uma filha de Deméter, e a transporta ao Reino das Trevas, ou seja, ao Solar das Almas Torturadas sob o leito lodoso e frio do Estige.*
>
> *A seguir, a transforma em sua Esposa, a Senhora do Mundo Subterrâneo, do 'espaço ctônio' — Grego — khthonios: relativo à terra, terreno, e refere-se aos Deuses ou Espíritos do Subterrâneo, por oposição às Divindades Olímpicas; ainda chamado 'telúrico' do Latim tellus; e mais, o Grego — khth n é dos vários termos para 'terra', referida especificamente ao 'interior do solo' mais que a superfície — gaia ou — gê, ou terra como 'território' — khora; evoca ao mesmo tempo 'abundância e/ou sepultura'—tão ou mais extenso do que a superfície, posto que em verdade 'inexistem' Oceanos dividindo Continentes, mas só a Crosta Terrestre submersa em certas partes, e abaixo dessa, muito abaixo, há o Magma Purificador.*
>
> *E a poderosa Divindade Zeus acata o pranto de Deméter, e concede a dádiva do 'retorno parcial'; e, sua filha retornaria durante seis (6) meses em cada ano, para respirar e auscultar o que se passa no Reino dos Mortais; e além, cultivar as flores que perfumam a escuridão.*

Orador:

E comentando maçonicamente o exposto, pode concluir ser possível comparar *Perséfone* com a *Luz Restauradora*, porque essa caminha com desenvoltura sobre as trilhas do *Inferno*; e ainda, porque*: vê — repara — absorve: cada filamento da 'angústia' — cada memória do 'pecado' — cada partícula do 'arrependimento' — e cada perspectiva da 'remissão'.*

Ademais, toda *Sabedoria* acumulada por *Perséfone 'não é residual nem estruturante'* como o texto da *Fábula* descrita por *P.D.Lancre*; descrição essa que se autoconfirma pelo *Ser / Estar ou Estar / Ser*, pelo *Sagrado* que se estende desde as 'deidades' — *conjunto de Forças e/ou Intenções que se materializam numa Divindade, e fonte de tudo que é Divino* —, para além do seu próprio tempo até *Roma*, e mesmo depois, corporificada no advento da *Cristandade*.

Enquanto os tendões e músculos humanos se agruparam para enfrentar os *desafios*, durante Séculos o *conhecimento* se resumiu apenas à *Fé*; e em seu nome milhares foram mortos porque duvidavam da mesma, ou não queriam renunciar às suas próprias crenças.

E o *Conhecimento*, como sabido trata-se de *Irmão da Luz*, é como a *faca, navalha ou bisturi,* que rasga a epiderme e atinge as entranhas: *cortando — subvertendo — e transformando.*

Secretário: _____

Assim, por exemplo, os momentos *magníficos, sacrificados e bárbaros* durante a resistência nas *Termópilas*, principalmente no amanhecer do *'terceiro (3º) dia'*, pouco depois da: *manumissão — alforria — libertação — ou renúncia do dominador,* de quase todos os Gregos, menos os remanescentes dos *Trezentos (300)*, formado por alguns: *Théspios — Tebanos — Fócios — e Locrianos,* que foram vencidos e lá permaneceram para a *Eternidade e a Glória.*; mesmo porque, o *Imperador Persa Xerxes* esperava daqueles poucos heróis a *rendição,* mas jamais, como houve, uma verdadeira explosão da coragem, que se estendeu até o máximo das limitações humanas.

E de modo análogo, também a exemplar perspicácia do artista Leonardo Da Vinci, quando naquilo que seria sua obra prima, incorporou à *Gioconda* o mais famoso *'sorriso enigmático'*; e então, a partir daquela pintura, provocou nos estudiosos e/ou admiradores em geral muitas reflexões íntimas a gerar as indagações: Quem sou eu? — O que sou eu? — e Como sou eu?

E, por tudo isso, pode-se ter a certeza, por exemplo, de que:

• *A 'Equação' de Einstein não é mais incontestável;*

• *Outros Planetas, Satélites e Planetoides se deslocam a velocidades imensuráveis no Sistema Solar, quase imperceptíveis não fora a precisão dos telescópios migrantes pelo Cosmo;*

• *O algo mais que as Quatro (4) Respostas' em Código Sonoro originárias do Espaço, e já confirmadas dentre as 250 Capturadas por 27.500.000 computadores em rede; e*

• *O absoluto 'silêncio' na Cidade russa de Stalingrado depois de sua rendição na Segunda Guerra Mundial; e a marcha aparentemente interminável dos derrotados rumo ao cativeiro.*

Guarda (ou Cobridor): _____

Retomando citar que a ampla *Caverna* continua sendo explorada, seja para dentro ou a partir dessa, detendo seu interior ainda cativo pelos *Mistérios* aglutinados:

- *Nos desvãos — recantos — ou refúgios;*
- *Pelos seres minúsculos e seus respectivos predadores;*
- *Pela orla das estalactites e estalagmites;*
- *No espelho das águas cristalinas e frias;*
- *Nos depósitos de sal;*
- *Nas galerias repletas de cristais longilíneos e farpados;*
- *Nas reentrâncias que armazenam Segredos — Ossuário (depósito de ossos de animais ou pessoas) da Terra e/ou das Civilizações; e*
- *Em seu exterior luminoso: belo e árido — tórrido e gelado; contraste puro dirão alguns; mas de dádiva e castigo depreenderão outros Pensadores.*

E trazendo à luz fatos reais da modernidade, pode-se citar exemplificando:

- *Há poucos anos, num lugar muito gelado da vastidão da Rússia, pesquisadores resgataram um 'filhote de mamute' praticamente intacto; então cabe perguntar: Pretendem os cientistas clonar o mamífero como em sua primeira formatação? Pensa-se que sim, opinião também corroborada e partilhada pela documentação e seus respectivos documentaristas.*
- *Há poucos anos numa montanha no Himalaia, foi encontrado o 'corpo mumificado de uma mulher'; e supõem os antropólogos que a partir dessa descoberta será possível reconstituir a trajetória daquele pequenino ser perdido no tempo; e valendo perguntar: Será mesmo?*

E mais, por trazer a *Luz* ao interior da *Caverna*, o admirado Sócrates foi condenado e compelido a beber *'cicuta'*; os que o julgaram desapareceram sem deixar vestígio, tal como os marinheiros da tripulação de Ulisses que empreenderam viagem por 10 anos à *Ilha de Ítaca*.

VM:

Todavia, novamente tentando exemplificar situações reais e infelizes a esse respeito, tem-se:

- *Jesus quando ofereceu à Humanidade a 'Redenção pelo Amor', e resgatou Lázaro do sepulcro, o Nazareno foi crucificado por essa sua ousadia máxima;*
- *Mahatma foi morto a tiros desde que propunha a 'não violência' como a melhor e mais eficaz forma de luta pela Liberdade; e*
- *J. Lennon, quando imaginava que ainda seria possível dar uma chance real à Paz, morreu assassinado em New York.*

Finalmente, dizer que lá longe no espaço infinito, distante muitos anos-luz da Terra, o artefato denominado 'Curiosity' - um verdadeiro prodígio da tecnologia dessa Era', emite sinais que os sensores decodificam, e os analistas interpretam; o que significa que foi aberta uma pequenina fresta na parede da *Caverna do Cosmo*, onde existe verdadeira infinidade de: *Estrelas — Cometas — Satélites — Black-Holes (Buracos Negros) — e muito mais*; além de informações em escala, novas culturas, e talvez outros seres inteligentes, ao que e a quem no futuro possa desinteressadamente recorrer a *Humanidade* em busca da sua tão almejada *Felicidade!*

As 'Virtudes e Vícios' (Parte 1)

"Quem é bom é livre ainda que escravo.
Quem é mal é escravo ainda que livre." (S.Agostinho)

VM: _____

Enquanto o Integrante ainda estiver na condição de Aprendiz, cada passo seu na Instituição deve ser: pesquisado – compreendido – e postulado, aos demais que conjuntamente devem buscar atingir um consenso quanto à interpretação das duas (2) palavras: Virtude e Vício, cujas significâncias conceituais refletem uma das mais discutidas dualidades da própria existência humana.

Outra razão impactante refere-se às duas (2) indagações sobre *Virtude e Vício*, que são proferidas no transcorrer do *Cerimonial de Iniciação*, que, se considerado o total desconhecimento e ignorância momentânea do Candidato, de modo geral, dificilmente as respostas desses Neófitos são claras o suficiente, tanto pelo incontrolado estado de emoção latente em que se encontra, e por jamais ter-se atinado ou mesmo desconhecer o sentido profundo e misterioso dessas palavras, que proporcionam até submissão no dia a dia; e, por tudo isso, caberia relembrar as perguntas e respostas do Ritual, que por exemplo, nesse caso referem-se às do *Rito Adonhiramita*.

1º Vigilante: _____

Antes, porém, a declarar que tanto as perguntas quanto respostas, além do dissertado pelas *Luzes da Loja*, variam pouco os respectivos *'textos'* conforme o Rito adotado, mas é certo, tais *'textos'* são iguais em *'conteúdo e no que transmitem'*, principalmente em sua nobre *Filosofia;* e no extremo, podem até ser tidos como *sinônimos*, pois carreiam e expõem importante significado intrínseco de igual valor, pois compõem o *Cerimonial de Iniciação,* então (adaptado):

• *Que entende por Virtude? – e – Que entende por Vício?*

cabendo ainda relembrar as respostas dos *Vigilantes:*

• <u>2º Vigilante</u>: *Virtude é o sublime impulso da 'Alma' imortal já desperta, sendo que para a criatura aponta para a 'Prática do Bem'; e*

• <u>1º Vigilante</u>: *Vício é oposto da Virtude, o hábito que arrasta para o Mal. E a reunião nesse Templo tem por objetivo: Prover um freio salutar a essa impetuosa propensão — Elevar acima dos vis interesses que atormentam o Profano — e Acalmar o ardor dessa e de outras tantas Paixões.*

2º Vigilante:

O Adepto Maçom, sendo *Homem-Livre e de Bons-Costumes*, precisa entender que além do dever de *'Levantar Templos à Virtude e Cavar Masmorras ao Vício',* necessita ainda bem saber interpretar ambas as questões enunciadas anteriormente, para que em seu dia a dia não se sinta *'submetido'* à sua própria *Ignorância*, principalmente quando ao ser interpelado sobre quais seriam seus respectivos significados.

Assim sendo, são elencadas a seguir as conclusões pertinentes; e então, se inicia pela *Virtude*, que além da definição anterior, contempla outras voltadas ao *aspecto filosófico*, referente ao *Estado Comportamental do Homem*, a saber:

- *O primeiro (1º) significado diz respeito às 'Qualidades Materiais ou Físicas' de qualquer ser, inclusive do Homem. São as 'Virtudes' da Água e do Ar, ou como as 'Virtudes' naturais dos seres vivos de 'Respirar e Reproduzir', ou do Homem de: Raciocinar — Ser bípede — e outros. Esse significado se atém às 'Qualidades Não Adquiridas' mas próprias da Natureza, em razão da 'Composição Química' e da 'Estrutura Orgânica', ou de sua Evolução Natural. São 'Qualidades e Capacidades' naturais que os seres manifestam, ou seja, de Átomos até Seres Organizados Superiores.*

- *O segundo (2º) significado é de suas 'habilidades', como: tocar instrumento — usar ferramenta — escrever — pintar — ler — raciocinar logicamente — e outras. São em verdade: Destreza — Habilidade — ou Capacidade de Execução de Atividade, adquiridas por exercícios e experiências, corporais como mentais. São 'Qualidades' adquiridas por meio de aprendizado.*

Orador:

- *O terceiro (3º) sentido é o do 'Comportamento Moral' resultante do exercício do Livre-Arbítrio, que só diz respeito ao Homem. É exatamente esse terceiro (3º) sentido do 'Comportamento Moral' o que mais interessa à Instituição e ao Maçom, pois se refere exclusivamente à 'Educação do Espírito', uma das tarefas mais valorizadas na Ordem, porque conduz a: Moralidade — Amor — e Generosidade.*

   OBS: *Prática da Solidariedade, amplo sentido, também pode ser considerada 'Comportamento Moral', é capaz de se manifestar de infinitas maneiras, porque: São incontáveis os modos que conduzem à Solidariedade!*

E exemplificando, quando um Homem é o alvo, outros podem *trabalhar com dedicação e afinco*, principalmente, em busca de*: Tirá-lo da Ignorância — Ajudá-lo a superar suas Necessidades Materiais — Colocar-se próximo quando esse ser estiver com suas Dores mais Profundas — Estar também mais próximo daquele ser quando se encontrar abatido por seus Males Corpóreos — e muitos outros*; enfim, há inúmeros meios de propor a *Prática da Solidariedade*.

Para que qualquer *'Comportamento Moral'* seja considerado uma *'Virtude'*, é insuficiente a prática de *'Atos Morais'* esporádicos ou isolados, e há necessidade de continuidade, de ser formado um *hábito*, ou seja, conseguir um *'Estado de Espírito'* sempre ativo e presente na *Consciência*, em todo dia e a todo instante.

Secretário: _____

Para formar o *'Comportamento Moral'*, cabe acrescentar o *'Comportamento Social'* no centro de onde se vive, mas enaltecendo o esforço ininterrupto que deve ser feito para validar a *Tríade Maçônica: Liberdade — Igualdade — e Fraternidade*, em todos seus atos, contribuindo para a elevação e progresso da *Sociedade*, conscientes que tais características são, por excelência, nobres elementos contributivos na construção do individualizado *Templo Íntimo — o Eu Interior*, o que estipula e bem demonstra o *'Espírito Maçônico'*.

Além dessas explicitadas *'Virtudes Humanas'* que compõem a nobre *Tríade*, quando são estendidos os estudos e pesquisas individuais a esse respeito, depara-se com a necessidade de que outras *'Virtudes'* venham a ser praticadas, constantemente, a saber:

- **JUSTIÇA** = *Entendida como 'Virtude Moral', atribuindo ao ser aquilo que lhe compete no meio social, isto é, praticar 'Justiça'. 'Justiça' na Maçonaria é a 'Verdade em Ação', ou a 'Arma' para as conquistas da 'Liberdade';*

- **PRUDÊNCIA** = *'Virtude' que auxilia 'Inteligência' em distinguir a qualidade do que age com: comedimento — cautela — e moderação, enriquecendo a 'Igualdade e o Respeito' extensivo à Sociedade; e*

- **TEMPERANÇA** = *Possível relacionar 'Virtude da Temperança' com espinho ou ponta dura numa das muitas arestas da Pedra Bruta; é a 'Temperança' quem disciplina: impulsos — desejos — e paixões humanas, e modera os apetites e paixões a imperar sobre o mesmo. A partir da 'Temperança' estarão cada vez mais fortes e profundas as raízes da 'Fraternidade'.*

Guarda (ou Cobridor): _____

E assim, vale destaque a *'Fraternidade'*, principalmente se regida pela *'Temperança'* de todos os Integrantes da Ordem, porque além da suma importância que o conjunto da *Tríade Maçônica* possa revelar, a *'Temperança'* deve ser considerada a *'Virtude'* mais direcionada às causas e conquistas enquanto Maçons, pois em realidade a *'Temperança'* é: O diferencial da Instituição — A arma forte dos antepassados ao entregarem suas vidas, resistindo às perseguições e se deixando abater pela Inquisição, sem delatar os *'Segredos dos Augustos Mistérios'* da Ordem — e O *'instrumento da salvação'*, contando com os *'Princípios Fraternos'*, e gerando a continuidade da Ordem durante Séculos.

E a *'Fraternidade Maçônica'* sempre foi conseguida por intermédio de um *'laço'*, passível até mesmo de ser denominado *'Cumplicidade Maçônica'*; e essa *'Cumplicidade'* se origina entre os Adeptos desde o *compartilhamento* dos diversos *'Segredos e/ou Sigilos'*, como exemplo: *Aspecto secreto das Reuniões ou Sessões*

— *Sinais de Reconhecimento — Segredo dos Graus — Simbolismo — e tantos outros;* que começam a se formar desde o momento da *Iniciação*.

VM:

Esses importantes *atos e fatos*, interligados com a estrutura da Ordem, originam tal ligação de *cumplicidade*, que por sua vez gera a *'Fraternidade Maçônica'*, reforçada pela prática das*: Filosofia — Virtudes — e Princípios, principalmente: Justiça — Prudência — Generosidade — e Amor.*

Certo é que há instantes em que no ser afloram *'Instintos e Vícios'*, ainda não bem dominados como *'Egoísmo'*, que provoca sérios desentendimentos pessoais.

Finalmente, é natural que venha a ocorrer, ainda depois de ser Maçom, pois é sabido que até depois de anos na árdua luta pela *'Perfeição'*, seu *'Espírito'* não bem absorve o verdadeiro sentido da *'Fraternidade'*, e, portanto, não se deixa dominar pela *'Cumplicidade Maçônica'*.

53 As 'Virtudes e Vícios' (Parte 2)

"Quem é bom é livre ainda que escravo.
Quem é mal é escravo ainda que livre." (S.Agostinho)

VM: _____

Dando continuidade, cabe afirmar que, apesar de Maçom, o *'Espírito do Homem'* não consegue bem absorver o verdadeiro sentido do que venha a ser a *'Fraternidade'*, assim, não se deixar dominar pela *'Cumplicidade Maçônica'*.

E é nesse momento que deve agir o sentimento de *'Temperança'* dos demais, evitando o arrefecimento dos ânimos, serenando-os, e não deixando que os ressentimentos, prejudicialmente, se avolumem.

Mas o que importa é que jamais se deixe de lutar pela *'Fraternidade'*, sendo que para isso é preciso ter-se desde logo, o domínio sobre os próprios *'Vícios'*; mas sempre considerando o conceito de que: *Sempre vale pregar o Bem, mesmo sem todo entendimento do Mal?*

Ao pesquisar as: *Bíblia Sagrada ou Livro dos Espíritos — Publicações — e Documentação Específica,* percebe-se que há muito pouco escrito sobre *'Vícios'*, além de que o entendimento do substantivo *'Vício'* é simples, singela e simploriamente declarado como o *'Oposto da Virtude'*.

1º Vigilante: _____

Logicamente, sempre há maior espaço para o tema *'Virtude'*, pois nos atuais *Conceitos de Estruturalismo — Corrente de Pensamento inspirada no modelo da Linguística, que aprende a realidade social como um conjunto formal de relações —*, sempre é muito mais fácil corrigir o *Mal* com o reforço do ensino e prática do *Bem*, como por exemplo, somente o que consta no *Ritual de Iniciação do REAA* quando o VM diz (adaptado):

- *O 'Vício' ... é oposto da 'Virtude'. Um hábito ... que arrasta para o Mal; e os Adeptos da Ordem se reúnem no Templo, com relação ao 'Vício', para: Impor um freio salutar à impetuosa propensão — Elevar acima dos vis Interesses que atormentam o vulgo profano — e Acalmar o ardor das paixões.*

e ainda, o *'Vício'* pode ser interpretado como:

- *Tudo quanto se opõe à natureza humana, e seja contrário à ordem da Razão;*

isto é, um hábito profundamente arraigado, que determina no indivíduo um desejo quase doentio de alguma coisa, que é ou pode ser nocivo; em síntese:

- *É tudo que é defeituoso, e que se desvia do caminho do Bem;*

e do ponto de vista *abstrato* pode-se dizer também que:
- *O 'Vício' seria tudo que não for 'Perfeito';*

mas, pela prática é relativo e depende do grau de evolução do indivíduo, porque:
- *O que seria 'Vício' ao culto, poderia ser 'Virtude' ao selvagem.*

2º Vigilante:

Em verdade, nenhum *'Vício'* poderá ser jamais uma *desvantagem absoluta*, pois toda forma de expressão indica um *desenvolvimento de força*, e assim, o que deve ser feito é estabelecer e proclamar uma imensa *'batalha interior'*, isto é, espiritualmente prover um *'conflito de combate às próprias imperfeições'*, e para os que acreditam, tanto nessa vida como em todas que virão.

De todos os *'Vícios'* a que se está exposta na *Sociedade*, aquele que influi diretamente no *Templo Interior ou Ego*, o *'Vício'* maior passível de orientar os demais é o malfadado *'Egoísmo'*.

E sendo certo que o *'Egoísmo'* assola todas as: *Comunidades — Religiões — Seitas — Irmandades — e outros*, enfim, tudo e todos lhe são submissos; e quando o *'Egoísmo'* é praticado de modo desequilibrado cria a possibilidade dos outros *'Vícios'* facilmente poderem aflorar, e por isso deflagrar no *Mundo: discórdia — intemperança — guerras — fanatismo — injustiça — fome — doenças — e infelicidade,* ou, mortes prematuras que assolam os considerados *Países* não desenvolvidos.

Ao citar o exercício desequilibrado do *'Egoísmo'*, até como já dito, demonstra-se que jamais um *'Vício'* pode ser uma *desvantagem absoluta*, pois por exemplo, pode-se citar que:
- *O 'Egoísmo' do Pai em proteger o Filho 'não' é tratado como desequilíbrio egoísta, mas 'sim' como reação não condenável, desde que não haja prática de nenhum mal ao semelhante.*

Orador:

Assim, como tudo na *Vida: Todas as ações sempre devem estar submetidas ao 'Equilíbrio';* e se assim ocorrerem, no conjunto também estarão incluídos os próprios *'Vícios'*, pois o Homem jamais será *Perfeito*, porque a *Imperfeição* o integra, e para tornar isso lógico basta o *Princípio* que:
- *O Homem é um 'Espírito' possuidor de experiências humanas e/ou espiritualizadas na Terra;*

e se isso for passível de crédito e crença, o *Mundo* seria uma *'Escola Espiritualizada'*, e para ser conseguida sua real e benéfica *'Evolução'*, seu *'Espírito'* deverá se submeter a vivências até alcançar a *Perfeição*, e quando isso ocorrer não mais será preciso retorno, quando então se estará colaborando em outro *Plano*, com aqueles que, sinceramente, se predispuserem e colocarem-se abertos a novos *'Ensinamentos'*.

Também derivam do *'Egoísmo'* as *'Paixões'*, que numa estrutura hierárquica se poderia considerar em segunda (2ª) posição, logo depois do *'Egoísmo'*, portanto:

• *A Paixão é o 'excesso' somado e/ou acrescentado à Vontade;*

e sendo a *'Vontade'* um princípio sempre voltado para o Bem, a *'Paixão'* pode levar a grandes realizações e/ou coisas, porém:

• *É no 'Abuso da Paixão' que se baseia sua definição como um 'Vício'!*

Secretário:

Mas, a *'Paixão'* é muito perigosa, caso o Homem a deixe de governar e dominar, porque logo depois se torna a origem de quaisquer prejuízos ao próprio ser, ou a muitos outros.

Indiscutivelmente, grandes esforços se realizam para que a *Humanidade*, e os Maçons que são parte da mesma, avancem honrando os *'Bons Sentimentos'*, muito mais que em outras épocas; mas, sem esquecer que a desgraça gerada pelo *'Egoísmo'* continua sendo uma *chaga social*; assim há um *'mal real'* recaindo no *Mundo*, e portanto: *Nesse Mundo cada um é quase vítima!*

Porém, é preciso sempre entabular batalhas para combater os *'Vícios'* equilibrando-os, e para tanto é necessário atuar desde o início buscando sua origem; então, se deve procurar na *Sociedade*, desde a família até a Maçonaria, as causas e influências, evidentes ou ocultas, que desenvolvem e mantêm o *'Sentimento do Egoísmo'*, porque, de vez que se conheçam essas causas, o antídoto se apresentará por si mesmo, e então restará somente combatê-las, senão todas de única vez, pelo menos agir parcialmente, e aos poucos seus maléficos efeitos serão eliminados.

Porém, a cura pode ser demorada porque as causas do *'Egoísmo'* são inúmeras, mas não é impossível melhorar sanando-as em definitivo, que só ocorre se o *Mal* for enfrentado por meio da *'Educação'*, não aquela que resulta em seres apenas mais *instruídos*, mas a que resultará em uma supra quantidade de *'Homens de Bem'*, porque a *'Educação'* bem concebida e entendida, torna-se a verdadeira chave para o *'Progresso Moral'*.

Guarda (ou Cobridor):

Quando for conhecida a arte de manejar o *'Conjunto de Qualidades'* do Homem, tal como pode até ser manejada sua *'Inteligência'*, será possível corrigir essas drásticas causas do *'Egoísmo';* porém, isso exige muito tato, experiência e profunda habilidade de *observação e vigilância.*

Assim, é incorrer em erro acreditar que basta conhecer as *Ciências e Augustos Mistérios da Ordem*, para ser exercido com muito proveito o *'Conjunto de Qualidades'* dos Homens.

Aquele que acompanha o *'desenvolvimento'* de crianças desde seu nascimento, independente de pertencer a agrupamentos de posses ou não, pode observar todas as influências *'Boas e Más'* que atuam sobre as mesmas; e aquelas que são em realidade *inadequadas*, o são em consequência das: *fraqueza — desleixo — e ignorância* dos que as dirigem, quando frequentemente falham os meios que utilizam para moralizá-las; porém, não deve causar espanto exagerado serem encontrados no *Mundo* tantos *'defeitos'*.

Então, a melhor alternativa seria que o *'desenvolvimento'* das crianças se realizasse com base tanto na *'Moral'* quanto na *'Inteligência'*; entretanto, poderá ser visto que aos refratários que se recusam a aceitar esse preceito, lhes será oferecido muito mais do que imaginam, porque haverá muitos que exigirão apenas e tão somente: *Boa Cultura para Produção de Bons Frutos!*

O Homem sempre de forma perene desejou, e deseja, *'Ser muito Feliz'*, e por ser esse *Sentimento* muito natural, trabalha incansável e ininterruptamente objetivando a melhoria de sua *'Posição no Mundo'*, quando então procurará as causas reais de seus *'Males'* a fim de remediá-las.

E ao compreender que o *'Egoísmo'* é uma dessas causas, que é também responsável pelos: *Orgulho — Ambição — Cobiça — Inveja — Ódio — e Ciúme*, que o magoam a todo instante, provocando perturbação e desavenças nas relações sociais, e destruindo a confiança que o obriga a manter-se sempre na defensiva, e que por fim: *Do amigo faz um inimigo*; então, entenderá também que esse *'Vício'* é incompatível com a própria *'Felicidade'*, e até mesmo à sua própria *segurança*.

VM: _____

Ademais, o Homem quanto mais *'sofre'* mais sentirá necessidade de combater esse implacável *'Vício do Egoísmo'*, e por isso será levado a agir em seu próprio interesse porque:

- *O 'Egoísmo' é a fonte de todos os 'Vícios', como a 'Fraternidade' o é de todas as 'Virtudes'.*

Finalmente, ficando claro e certo que se deve sempre procurar: *Destruir um 'Vício' (Egoísmo), enquanto se busca o desenvolvimento de outra 'Virtude'*, tal como preceitua incessantemente a Maçonaria, ou seja, de: *'Levantar Templos a Virtude – e – Cavar Masmorras ao Vício'*, passando então esses a ser os reais *objetivos e motivação* dos esforços do Maçom, se quiser assegurar e bem contribuir para a *'Felicidade no Mundo'*, tanto quanto para o *'Aperfeiçoamento e Elevação de seu próprio Espírito!'*

54 Paixões – Buscar Sempre Vencer

"O velho já foi jovem, mas quanto ao jovem não se sabe se chegará à velhice." (Estobem)

VM: _____

Ao ingressar na Maçonaria, o então Aprendiz tem como sua primeira importante grande tarefa: *Desbastar a Pedra Bruta*, que significa na essência: *Vencer suas Paixões*.

Deixando claro que não há nenhuma pretensão de discorrer essa imensa e necessária *'Virtude de Vencer as Paixões'*, mas que deveria ser inerente a todo Integrante da Instituição; mesmo porque, tantos artigos já foram escritos e publicados acerca desse tema, que somente resta referenciá-los com a intenção de não repetir mais da mesma coisa.

De outra parte, nesse relato propõe-se apenas sugerir uma abordagem nova e diferente desse assunto, com intuito de bem compreender o real sentido desse *Preceito*, no contexto da época do surgimento da *Maçonaria Especulativa*, ou seja, um dos mais importantes sentidos dos verdadeiros significados da expressão *'Vencer as Paixões'*, na Europa do Século XVIII.

Contudo, devido às limitações desse simples 'ensaio' – *um simples texto breve entre poético e didático, expondo ideias, críticas e reflexões éticas e filosóficas de determinado tema* –, não será possível o meritório aprofundamento pela utilização de *Provas Documentais*, mas ao contrário, por ora se pretende somente manter o mais realista possível caráter 'ensaístico' – *detém características de ensaio* –, que objetiva única e tão somente levantar e propor um debate sobre determinadas hipóteses.

1º Vigilante: _____

Ademais, por exemplo na Idade Média todas as atividades puramente rentáveis como: *comércio – bancos – e investimentos*, em última análise eram desprezadas por sempre estarem associadas ao: *lucro – ambição – e avareza;* por isso mesmo essas atividades passaram a ser vistas e consideradas como *'Verdadeiras Paixões'*, e que em realidade sugeria-se dever serem evitadas por todos os nobres.

Já para o estudioso e filósofo S.Agostinho, um dos mais renomados e grandes influenciadores do *Pensamento Medieval*, os *'Três (3) Principais Pecados'* eram:
1) A desmesurada ânsia por Dinheiro e Bens Materiais;
2) O desejo incontido pelo Poder; e
3) O ato e desejo sexual quando desnecessário e/ou descabido;

contudo, tais *'Pecados'* foram ao longo do tempo *'relativizados'* – *valor ou importância relativa; ver as coisas como a relação entre si; é não transformar*

a diferença em bem e mal, mas vê-la na dimensão e valoração própria por ser diferente –, a saber:
- *Depois, no Renascimento passaram a rever todo negativismo do 'Desejo de Poder', sendo substituído pela ideia de 'Glória', ao reviverem os grandes heróis da Antiguidade Clássica;*
- *Quanto à 'Ânsia por Dinheiro e Bens Materiais', coube a Adam Smith no livro "A Riqueza das Nações", amenizar o peso pecaminoso medieval das atividades financeiras; assim, Smith usa expressões como 'vantagem em interesse' para designar os ganhos financeiros, que antes eram associados aos 'Vícios da Cobiça e Avareza' – 'Paixões' condenadas até então.*

2º Vigilante:

E assim, foram lançadas as verdadeiras *'Bases Morais'* que viriam a justificar o posterior movimento sociológico do *Liberalismo*.

Ademais, em igual linha de raciocínio, os pensadores Herder e Hegel defenderam que*:*
- *As Paixões do Homem contribuem ao Progresso Geral da Humanidade, ou o Espírito do Mundo.*
- *e ao mesmo tempo, o estudioso e pensador Bacon completa o raciocínio afirmando que:*
- *Uma Paixão nociva só pode ser derrotada por outra Paixão mais forte e contrária.*
- *e outro importante orientador, Spinoza, passou a dar exemplos de Paixões benéficas como:*
- *O Amor a Deus; e*
- *O Amor à Virtude da Razão.*

Então, baseados nessas citações, pode-se concluir que existe clara diferenciação entre as *'Paixões Úteis'* tais como*: Patriotismo – Racionalismo – e outras*, e as *'Paixões Inúteis'* como as anteriormente mencionadas.

Já o pensador Hamilton afirma que:
- *A reeleição seria uma forma de substituir a corrupção pela ambição de um novo mandato;*

e outro estudioso, Montesquieu, dizia que na 'Divisão de Poderes':
- *A ambição de um limita a ambição do outro.*

enquanto ainda outro pensador, Helvétius, também elogia as *'Paixões'* ao afirmar que:
- *As pessoas apaixonadas são superiores às puramente sensatas.*

Orador:

Já, pensador Hume explicita suas ideias a partir de que:
- *A 'Razão' é escrava das 'Paixões', sendo 'Avareza' a mais forte;*

portanto, para si não há *'Paixão'* maior que a substitua, e resta somente a tentativa de contê-la.

Mas, apesar de toda essa *Conceituação*, tem-se que separar os *'Fanáticos do Fanatismo'* mesmo a respeito das *'Paixões'*; a saber:

- **FANÁTICO:** *do Latim Fanum = Templo – Local Sagrado; além disso o Latim Fanaticus significava: Inspirado – Entusiasmado – e Agitado por Furor Divino; porém, toma depois o sentido de: Exaltado – Delirante – e Frenético; para finalmente, designar: Supersticioso; e em Psicologia descrito como ser dotado de: agressividade – preconceitos – estreiteza mental – credulidade – ódio – subjetividade de valores – individualismo – e outros; em termos religiosos os dicionários definem como: é quem ou que, se julga inspirado por Deus; mas em geral é quem, ou que, se apaixona demasiadamente por causa ou pessoa.*
- **FANATISMO:** *do Francês 'Fanatisme'; estado psicológico de fervor excessivo, irracional e persistente por coisa ou tema, e cuja apaixonada adesão a uma causa pode avizinhar-se do 'delírio'.*

Contudo é possível e conveniente aprofundar essa pesquisa, consultando trabalhos do pranteado Am∴ Ir∴ Nicola Aslan, que afirma terem sido *'Fanáticos'* os sacerdotes antigos dos *Cultos de: Ísis – Cibele – Belona – e outros*, e que tomados por imensurável, incomensurável e/ou incontido *'Delírio Sagrado'* laceravam-se até o mais dolorido sangramento.

Desse modo, a termo *'Fanático'* tomou sentido de *'Misticismo Vulgar'*, que admite *'poderes ocultos'* que podem intervir graças à utilização de determinados *Rituais*.

E essa palavra ainda é empregada para indicar a *'Intolerância Obstinada'* de quem luta por uma posição, considerada evidente e verdadeira, que se dispõe a até empregar a violência para fazer valer suas opiniões, e para converter a outros que não aceitam suas ideias.

Secretário: ⎯⎯⎯⎯⎯⎯⎯⎯⎯⎯⎯⎯⎯⎯⎯⎯⎯⎯⎯⎯⎯⎯⎯⎯⎯⎯⎯⎯⎯⎯⎯⎯⎯

Consequentemente, advém daí tomar o termo *'Fanático'*, por extensão, para apontar qualquer *'Crença – Religiosa ou não'*, desde que haja *'manifestação obstinada'* por quem a segue.

Então, agora é possível definir também como sendo *'Fanatismo'*: *Dedicação Cega – Excessiva – Zêlo Religioso – Paixão – Adesão Cega à Doutrina ou Sistema, inclusive Político*.

Ademais, podendo-se até afirmar que o *'abuso'* de certas práticas religiosas pode levar o ser humano à uma espécie de *'exaltação'*, que possa possibilitar impelir o *'Fanático'* a prática de atos não recomendáveis, e mesmo criminosos, em nome da *Religião ou de Poder Político*.

Conforme a Enciclopédia Portuguesa Ilustrada tem-se que:

- *O 'Fanatismo' é a 'Fé: Cega – Irrefletida – e Inconsciente', e que na maior parte das vezes é independente da própria vontade do ser, é o que alguns sentem por uma 'Doutrina ou Partido'.*

Então, considerado todo o exposto, é possível concluir também que:

- <u>Fanatismo</u>: *1) Tipo de autossugestão, sentida independente da vontade, mas culmina em sentimento de uma 'Paixão' desordenada à qual o ser se abandona;* e

2) Não intervém nas Relações Sociais, e não deve ser considerado perigoso; mas, não ocorre o mesmo quando seus efeitos se manifestam numa Sociedade onde reina a 'Diversidade de Crenças e Opiniões'.

Guarda (ou Cobridor): _____

Contudo, cabe o registro de que o *'Fanatismo'* causou muitos *'Males'* nas *Sociedades* antigas, e na Idade Media pode-se ver também muitos excessos produzidos pelo mesmo.

Já a Maçonaria vigorosamente condena desde sempre o *'Fanatismo'*; porém, ainda assim, são mostradas Instruções em diversos Graus referentes a essa execrável *'Paixão'*, que sempre será considerada como dos mais fortes e importantes *'inimigos'* da Instituição Maçônica.

E retomando, a questão em forma de indagação que surge no meio de tantas teses, é:

- *Quais são as 'Paixões' que devem ser cultivadas, e as que devem ser reprimidas?*

e uma das respostas aparece com o escritor e pensador Maquiavel em sua famosa obra *'O Príncipe'*, em que afirma (adaptado):

- *O Príncipe deve seguir interesses do Estado, e não os seus próprios interesses, ou seja, a ambição de fortalecer o Estado deve se sobrepor à de fortalecer-se individualmente;*

e aí então vem a ideia de que:

- *A ambição ao coletivo é aceitável, e até mesmo recomendável;*

porém, como exemplo:

- *Uma ação que visa o 'Bem Comum' é tida como honrosa e gloriosa, mas uma que vise ganho individual é tida como 'Egoísmo', e portanto, é absolutamente condenável!*

Assim, alguns *'Conceitos Medievais'* ganharam novos sentidos, por conta de que modernamente houve a evolução econômica de certas classes, seguida de sua ascensão social; quando então, o ganho econômico passou a ser visto com uma conotação coletiva benéfica.

VM: _____

Finalmente, por conta disso, passou-se a propagar o *Preceito* de que*:*

- *O Comércio aproximaria as Comunidades tornando-as mais homogêneas; e:*

- *Contribuiria para o término de todas as guerras entre Nações com o propósito de nunca prejudicar os negócios;*

portanto, os *'Tratados Comerciais'* seriam prenúncio dos consequentes *'Tratados de Paz'*; é o que o pensador Montesquieu chamou de *'Caráter Civilizador do Comércio'*, identificando o comerciante como personagem pacífico e polido; e mais, referente às *'Paixões e Medos'* propôs que (adaptado):

- *Libertar-se do Medo, seria como deixar uma prisão!*

55 'Inteligência' Aspectos Adicionais

"Há pessoas que transformam o Sol numa simples mancha amarela, mas há aquelas que fazem de uma simples mancha amarela o próprio Sol." (Picasso)

VM: _____

CONCEITUAÇÃO

No início do Século XX o *'QI – Quociente de Inteligência Intelectual'* era considerado a medida definitiva da *Inteligência Humana*.

Contudo, somente em meados da década dos anos 90, a descoberta da chamada *'QE – Inteligência Emocional'* mostrou que não bastava o indivíduo ser uma espécie de gênio, se não soubesse lidar com suas mais 'puras emoções'.

A Ciência inicia o novo milênio com descobertas que apontam para o estabelecimento de um *'Terceiro (3º) Quociente – ou – QS – Quociente e/ou Inteligência Espiritual'*.

E esse *quociente* muito auxiliaria no traquejo ou excesso de prática e/ou experiência das *'questões ditas essenciais'*; e por isso, poderia ser a chave ou a descoberta para uma *'Nova Era no Mundo dos Negócios'*.

No Livro intitulado *'QS – Quociente e/ou Inteligência Espiritual'*, lançado em *(2012)*, em que sua autora, a física e filósofa norte-americana Dana Zohar, aborda um tema tão novo quanto polêmico, isto é:

A existência de um 'Terceiro (3º) tipo de Inteligência', que aumenta em muito os horizontes das pessoas tornando-as mais criativas, e se manifesta por meio da necessidade de encontrar um outro significado para a Vida.

1º Vigilante: _____

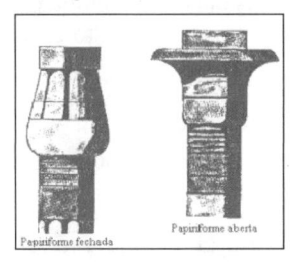

Esse *'Terceiro (3º) tipo de Inteligência'* se baseia no trabalho daquela escritora a respeito do *'QS – Quociente e/ou Inteligência Espiritual'*, nas suas pesquisas somente há pouco divulgadas, e dos trabalhos de diversos cientistas de várias partes do *Mundo*, que descobriram o que agora está sendo particularmente denominado: *Ponto de Deus no Cérebro*, como sendo uma área que seria responsável pelas *'Experiências Espirituais'* de todos os indivíduos.

Ademais, esse tema se tornou tão atual, que foi abordado em recentes reportagens de capa pelas renomadas revistas norte-americanas *Neewsweek e Fortune*.

E ainda afirma a autora e filósofa Dana que (adaptado):

- *A 'Inteligência Espiritual Coletiva' é baixa na Sociedade moderna.*
  Vive-se em uma Cultura Espiritualmente Estúpida, mas pode-se agir para elevar o 'Quociente e/ou Inteligência Espiritual'.

E a título de curiosidade que pode contribuir para melhor entendimento e posicionamento da escritora Dana, informa-se que conta 57 anos de idade, vive na Inglaterra com o marido, o psiquiatra Ian Marshall coautor do livro mencionado, e tem dois (2) filhos adolescentes; e ainda, que é formada em Física pela *Universidade de Harvard*, com pós-graduação no *Massachusetts Institute of Tecnology – MIT*, e atualmente leciona na inglesa *Universidade de Oxford*.

2º Vigilante: _____

Além disso, é autora de mais outros oito (8) livros, e que dentre esses merece especial destaque: *O Ser Quântico e A Sociedade Quântica;* e a considerar que todos já estão traduzidos para língua portuguesa; e que o livro *'QS – Inteligência Espiritual'* já foi editado em vinte e sete (27) idiomas, incluindo o português no Brasil.

Por isso, a filósofa Dana tem sido muito procurada por grandes companhias interessadas em desenvolver o *'QS – Quociente e/ou Inteligência Espiritual'* de seus colaboradores/funcionários, para que consigam dar maior sentido ao seu próprio trabalho.

Foi entrevistada no Brasil pela *'Revista Exame'* em Porto Alegre, durante o *300º Congresso Mundial de Treinamento e Desenvolvimento*, da *International Federation of Training and Development Organization – IFTDO*; que é uma organização fundada na Suécia em 1971, e que representa mais de um milhão (1.000.000) de especialistas em *treinamento* em todo o *Mundo*.

Assim, segue resumidamente os principais trechos daquela entrevista:

Orador: _____

A) O QUE É 'INTELIGÊNCIA ESPIRITUAL'? Resposta:

- *A 'Inteligência Espiritual' é considerada como sendo uma 'Terceira (3ª) Inteligência', que coloca os atos e as experiências humanas num contexto mais amplo de sentido e valor, tornando-os mais efetivos;*
- *Ter alto 'QS – Quociente e/ou Inteligência Espiritual' implica ser capaz de usar o 'Espiritual' para ter: Vida rica e cheia de sentido – Adequado senso de finalidade – e Direção pessoal;*
- *O 'QS' aumenta os horizontes do Homem, e os torna mais criativos;*
- *É uma 'Inteligência' que impulsiona os seres humanos;*
- *É nessa 'Inteligência' que são abordados e solucionados problemas de sentido e valor;*
- *O 'QS' está ligado à necessidade humana de ter propósitos na Vida; e*
- *Esse 'QS' é usado para desenvolver valores éticos e crenças, norteadores das ações dos seres.*

Secretário: _____

B) COMO AS PESQUISAS CONFIRMAM SUAS IDEIAS DA 'TERCEIRA (3ª) INTELIGÊNCIA'? Resposta:

- *Os cientistas descobriram que todos têm um 'Ponto de Deus no Cérebro', uma área nos lobos temporais que faz buscar um significado e valores para a Vida;*

- *É uma área ligada à 'Experiência Espiritual';*
- *Tudo que influencia a 'Inteligência' passa pelo Cérebro e seus prolongamentos neurais;*
- *Um tipo de 'organização neural' permite ao ser realizar pensamento racional – lógico;*
- *Dá ao Homem seu 'QI – Inteligência Intelectual';*
- *Outro tipo permite realizar o 'pensamento associativo', afetado por hábitos, reconhecedor de padrões, e de ser emotivo;*
- *É o responsável pelo 'QE – Inteligência Emocional';*
- *Um 'terceiro (3º) tipo' permite o pensamento criativo, capaz de 'insights', formulador e revogador de regras;*
- *É o pensamento com que se formula e transforma os tipos anteriores de pensamento; e*
- *Esse tipo fornece ao ser o 'QS – Quociente e/ou Inteligência Espiritual'.*

Guarda (ou Cobridor): _____

C) QUAL A DIFERENÇA ENTRE 'QE' & 'QS'? Resposta:

- *É o 'Poder Transformador';*
- *A 'Inteligência Emocional' permite julgar em que situação se encontra, e como comportar-se apropriadamente dentro dos limites da situação;*
- *A 'Inteligência Espiritual' permite perguntar se se quer estar nessa situação particular; e*
- *Implica trabalhar com os limites da situação.*

Já Daniel Goleman, conhecido como o *'teórico'* do *'QE – Quociente Emocional'*, fala das *'Emoções'*; enquanto a *'QS – Quociente e/ou Inteligência Espiritual'* fala da *'Alma'*; essa é a maior e mais evidente das diferenças entre ambos **Conceitos: Q. Emocional X Q. Espiritual.**

O *'QS – Quociente e/ou Inteligência Espiritual'* tem a ver com o que *'algo'* significa para cada ser humano individualmente, e não apenas como as *'coisas'* o afetam em termos de *'Emoção'*; e, além disso, ainda como esse ser reage a tudo isso.

Todavia, cabe lembrar que é absolutamente certo que a *'Espiritualidade'* sempre esteve presente, ao longo do tempo em toda a *História da Humanidade*.

VM: _____

Finalmente, por todo o demonstrado, resumidamente, a filósofa Dana Zohar passou a identificar: **Dez (10) Qualidades comuns aos indivíduos Espiritualmente Inteligentes';** e de acordo com essa proposição tais pessoas:

1. *Praticam e estimulam o autoconhecimento profundo;*
2. *São levadas por valores, e assim, são idealistas;*
3. *Têm capacidade de encarar e utilizar a adversidade;*
4. *São holísticas – do Grego 'holos' significando: inteiro – todo – global – e integral; e a ideia de que as propriedades de um sistema não se explicam pela 'soma' dos componentes; e resumido por Arsitoteles em sua Metafísica: O todo é 'maior' do que a simples 'soma' de suas partes;*

5. Celebram a diversidade;
6. Têm independência;
7. Perguntam sempre 'por quê?';
8. Têm capacidade de colocar as coisas num contexto mais amplo;
9. Têm espontaneidade; e por último
10.Têm compaixão!

56 'Comunhão Mental' (Parte 1)

"Aprendi que não posso exigir o Amor de ninguém. Posso só dar boas razões para que gostem de mim, e paciência para que a vida faça o resto." (Shakespeare)

VM:

Uma das aspirações ao propor essa *Instrução*, reside na tentativa de mostrar o modo pelo qual se pode aumentar a *'Força'*, e como aplicar o *'Poder Espiritual'*, para atrair seus melhores e mais felizes resultados, tanto para si próprio como para todos os outros.

O desenvolvimento e aplicação da *'Força Espiritual'* para produzir efeitos externos podem ser auxiliados, extraordinariamente, pela ação de *mentalizar* qualquer seu semelhante que também aspire o mesmo resultado, e demonstre ter também intenção da mesma ordem.

Tudo quanto deve ser feito ou conseguido no referente à existência material, necessita da Força Espiritual em maior proporção do que seja possível poder avaliar; por isso, tem-se que lutar, dioturnamente, contra toda quantidade de Forças Invisíveis Contrárias.

1º Vigilante:

Realmente, se vive entre indivíduos com quem são mantidas relações mais-ou-menos íntimas, as quais, talvez inconscientemente, quase sempre emitem *Pensamentos Maus ou de Relativa Boa Vontade*.

Mas, infelizmente é certo que se vive cercado por invejosos e maldizentes, ou seja, entre seres humanos em que a murmuração e crítica exacerbadas, já se converteram em verdadeiro e enraizado hábito.

Ademais, ainda é possível ver-se obrigado, por exemplo, a comer todo dia junto a pessoas detentoras com amplitude e repletas de: *cinismo — mau-humor e até perversidade*, e por isso, desse modo chega a absorver também junto com o alimento todos os *'elementos mentais'* emitidos pelos indivíduos que participam da mesa consigo.

Todavia, também é possível estar junto e se mesclar, ainda diariamente, com pessoas que detenham enfermidades que enfraqueçam seus corpos, até porque mantém *Correntes de Pensamento de Fraqueza e/ou Fragilidade*, com as quais põe em ação a *Força que Produz Debilidade e Doença*; e essa *Força* é o mesmo *'elemento mental'* que também produz *Saúde e Alegria*, quando dirigida a *Ideias Alegres e Sadias*.

E, necessariamente, qualquer ser sempre está em frequente contato com indivíduos também caracterizados por se mostrarem plenos em: tristeza – mau--humor – desalento – avareza – e ainda até menores características animalescas.

2º Vigilante: _____

Portanto, é preciso quase sempre manter relações com a grande maioria de componentes da *Humanidade*, que vive inteiramente absorta, entretida ou absorvida por tudo que é *material e perecível*, e por cuja *Mente* nunca passou a ideia de que as verdadeiras: *Vida — Saúde — e Felicidade*, só podem ser conseguidas por meio do *Conhecimento*; além do *ensinamento* de que o Homem é, física e mentalmente, sempre produto de seu *Próprio Pensamento*.

E, por maior que sejam seus: *Conhecimento — Fé — e Pensamentos*, sem dúvida será afetado, em maior ou menor escala, pelos *'baixos e grosseiros Elementos Mentais'* a que foram feitas muitas alusões nesse texto, e que sempre se encontram em contínua atividade ao derredor de todos os indivíduos, indiscriminadamente.

Se levar uma vida comum, aliás, coisa muito frequente, com pessoas que sempre: *Pensam erradamente e/ou Emitem maus Pensamentos*, pouco importando a quem sejam dirigidos, forçosamente, mais cedo ou mais tarde, será prejudicado pelas mesmas, em diferentes extensões; portanto, utilizando uma figura de retórica, pode-se dizer que os *Pensamentos* dessas pessoas são como uma *'fumaça que cega!'*

Orador: _____

Ademais, viver entre os que têm como *Norma de Procedimento as Incerteza e Dúvida,* é certo que resultará em que absorva elementos de *'cavilação — armadilha — artifício — artimanha — sofisma — ardil — fraude — em resumo: a astúcia indutora ao erro, promessa dolosa ou ironia maliciosa —* que muito prejudicam; nessas condições, as coisas são apresentadas com muito menos clareza, e sua *Força* se modifica e neutraliza os *'Baixos Elementos'* que essas pessoas passam a lhe tentar agregar.

E ainda, exatamente de modo semelhante, é possível absorver o mesmo material da *Moléstia*, em *Pântanos ou Cloacas (câmara onde se abre o intestino ou aparelho urinário e genital);* assim também a(o)s *Ideia Nociva e Pensamento Infeccioso* podem penetrar por longo tempo, de modo que, não somente estará sempre em luta contra os *Males Visíveis*, mais ainda com os *Invisíveis*, e mantendo uma verdadeira batalha com as *Forças das Trevas*.

Em complemento, toda *Mente Enferma ou Inferior* integrante de um corpo físico, está rodeada e acompanhada de outras *Mentes* também *Enfermas e Inferiores*, que não dispõem de corpos físicos; porque a maioria das *Mentalidades* que ainda estão na esfera da *Ignorância e Erro* se agrupam ao derredor das que estão no plano físico, acumulando ao redor das mesmas todas as *Más Influências*, que se estiverem assim combinadas podem prejudicar consideravelmente; e além disso, todas essas *Forças* agem contra, comprimindo e retardando o progresso em direção a um *Estado Mental* mais: *Feliz — Esperançoso — Alegre — e Sadio*.

Secretário: _____

Tais Forças combinadas impedem que sejam alcançada(o)s: Saúde mais perfeita – Maior vigor – e Agilidade mais considerável em todos os músculos.

Porque retardam Estado Mental Mais Vigoroso e Sadio, com o qual jamais o ser cairia em Depressão-ou-Melancolia, quando o trivial e insignificante toma grandes proporções, e promovem dias de temor que nunca deveriam suceder.

Esses resultados são advindos principalmente do *'Não Pensar'*, então, se originam nas próprias *Qualidades Mentais*, em concordância com o *Mental Tímido e Pusilânime – ou ser humano de ânimo fraco – covarde,* que o rodeiam; e assim, retardando o *Desenvolvimento do Espírito*, de onde deveria resultar: *Crescente clareza e brilho de ideias – Êxito nos negócios – e o Rejuvenescer do corpo*, a prover um *Perpétuo Amadurecimento e Melhor Vigor Físico.*

E o Apóstolo Paulo é chamado o *'Apóstolo dos Gentios* pois levou a *'Mensagem'* de Jesus – O Cristo sobretudo a(o)s*: Populações de Israel – pagãos – gregos – romanos – enfim, 'não judeus'*; sendo *'Gentio'* tradução de *'Goym ou Gojim'* do Hebraico no singular *goj* – e no plural, indicando*: Quem 'não' é Judeu ou Israelita*; palavra que com variações aparece mais de 550 vezes na Bíblia, sendo a primeira em Gên.10,5 (adaptado)*:*

- *... foram repartidas as ilhas dos **gentios** ..., cada qual segundo sua língua e suas famílias, entre suas **Nações;***

e afirmou o Apóstolo Paulo:

- *O último inimigo destruído será a Morte,*

porque o *'Espírito'* vai aos poucos adquirindo o enorme poder de conservar o *Corpo* em condições de viver durante o tempo que aprouver; então, o Homem vai-se aproximando em adquirir esse poder, embora muito vagarosamente.

Guarda (ou Cobridor): _____

No tocante às *Forças Mentais e Físicas*, o ser humano não pode permanecer estacionário; até porque o Homem jamais deixou de progredir, pois inventa e aperfeiçoa novos *Métodos e Processos* para diminuir e facilitar seu árduo labor físico; ou seja, a uma *Força Conquistada*, logo surge outra nova e mais poderosa, a ser novamente conquistada e utilizada.

Por exemplo, no domínio do Homem sobre o *mar: A Vela supriu o Remo o Vapor substituiu a Vela — e a Eletricidade, ou outra nova Força motriz, foi trocada pelo Vapor.*

Contudo, ficando certo que muito maiores e mais poderosas do que tudo isso são as *Forças* que o Homem há de encontrar em si mesmo, em seu interior; *Forças* cujos efeitos, para sua felicidade, deixarão bem para trás tudo o que já tenha sonhado.

Tais efeitos produzirão verdadeiras mudanças no modo atual de viver e proceder, e as mudanças serão absolutamente pacíficas, porque os *Poderes Superiores* nunca se anunciam a *'toque de trombeta, nem se mostram aos sobressaltos'*; vêm sempre das mais humildes e inesperadas fontes, como Jesus —O Cristo que nasceu num 'Presépio da Judeia', não obstante, ser seu advento na Terra uma verdadeira Dispensa de Poder e de Luzes Espirituais; e que deverá ser seguido pelo de *Outros Espíritos* sempre mais *Perfeitos*, com os *'intervalos'* que forem necessários.

Sobre esses *'intervalos'*, cabe mencionar que somente dezenove *(19)* séculos são um espaço muito curto de tempo na vida total da *Terra*, tanto quanto é também insignificante no desenvolvimento do *'Espírito'.*

VM:

E para se conseguir melhores resultados nesse aspecto referido acima, cada indivíduo necessita de modo inconteste muita *cooperação e assistência* de diversas outras pessoas, que mediante o *Poder Invisível da Mente* venham a comungar consigo de todas as suas mesmas aspirações; portanto, é necessário que todos os seres que se achem concordantes com essa *'Maneira de Pensar'*, e aceitem as *'Verdades'* demonstradas cabalmente nos *escritos*, e ainda que se disponham, todos os dias por alguns minutos, a dirigir sua *Força Mental* para o benéfico *fortalecimento mútuo*, na luta contra os *'Males'* que os assediam e assolam!

Ademais, todos aqueles que têm *Fé nas Leis Espirituais* carecem da cooperação e assistência uns dos outros, expressas pelo desejo em obter a *'Força necessária para repelir o Mal'*.

Finalmente, muitas vezes dever-se-ia fazer a si mesmo a seguinte indagação:

- *Por acaso pratica o que escreve, e vive em conformidade com isso?*

ao que caberia ter como resposta:

- *Não posso fazer, porque os: Males — Defeitos — e Imperfeições, que se fala nas Instruções, acho-as em mim mesmo.*
- *Porém, vê-los com clareza, assinalá-los e/ou combatê-los, não é razão para supor que possa libertar-me dos mesmos!*

57 'Comunhão Mental' (Parte 2)

"Aprendi que não posso exigir o Amor de ninguém. Posso só dar boas razões para que gostem de mim, e paciência para que a vida faça o resto." (Shakespeare)

VM:

Foi encerrada a Parte I dessa Instrução terminando por afirmar que:

- *... os: Males — Defeitos — e Imperfeições, que se fala nas Instruções, acho-as em mim mesmo.*
  Porém, vê-los com clareza, assinalá-los e/ou combatê-los, não é razão para supor que possa libertar-me dos mesmos!

então, tais *'Defeitos'* surgem de *hábitos mentais antigos*, que estando arraigados, somente podem gradualmente serem combatidos e destruídos.

E se as pessoas têm temperamento*: Irritável — Questionador — Desanimado ou Sujeito a Estados Mentais Piores,* até talvez de vários ao mesmo tempo, então fica bem conhecido o prejuízo que resultará em serem emitidos ou exteriorizados tais *Elementos Mentais*.

1º Vigilante:

Por conta disso, cabe afirmar que o profundo e extenso *Conhecimento* é uma coisa, e a *Energia para Repelir ou Afastar algum Estado Mental Prejudicial* é outra bem diferente.

Portanto, é dever obter maiores *Forças*, para resistir com êxito a tão *perversas tendências*.

E conscientes da possibilidade de contar com ainda maiores *Forças* pela *'Cooperação Mental silenciosa e invisível que surge de outros'*; assim como, estar certo que todos que se juntarem no sentido de um mesmo esforço, também obterão maiores *Energias,* portanto, pode-se concluir que:

- *Significa que muitas mãos podem remover um obstáculo comum muito mais facilmente, do que somente uma das mãos isolada!*

e por isso, dentro das possibilidades, convém que o *'Pensamento e Probabilidade de Auxílio Mútuo'* sempre seja mantido por todos, ao mesmo tempo e na devida hora mais apropriada.

Então, quem puder se desviar das suas ocupações, por *cinco (5), dez (10) minutos ou pouco mais,* e estando a sós, dedicá-los a projetar ou emitir a ideia de *'Auxílio e Fortalecimento Mútuo das Mentalidades que Concordem com a Sua'*, realizará realmente uma *'boa obra'*; porém, se não puder estar recluso, nem abandonar o trabalho, cabe dedicar um (1) minuto ao menos para a projeção dessa mesma ideia, e estar certo que seu esforço não foi perdido.

2º Vigilante: _____

Assim, será constituída uma porção considerável de *Força Construtiva no Espaço*, que se juntará a pequenas ou grandes *Correntes de Forças Construtivas* semelhantes, projetadas por outros; assim, o *Conjunto de Forças* emitidas para fins elevados constitui uma *Força Benéfica*, que naturalmente haverá de produzir bons efeitos para quem a formou.

E, por uma figura de retórica, pode-se dizer que isso seria semelhante a um *tesouro*, do qual se tiver uma parte, por menor que seja, é certo que lhe será devolvida com lucros; e assim completa sua *Cooperação* com todas as *Mentalidades* concordes com a sua, embora desconheça os corpos empregados por tais *Mentalidades*.

A projeção da ideia é mais e melhor aproveitada, por si e pelos outros, se efetuada em hora fixa e determinada, por isso é útil dizer que a *Concentração Mental* se realize no mesmo instante em todas as partes do *Mundo*; porquanto, se feita assim, uma imensa quantidade de *Força* será reunida em uma só *Corrente*, como sempre sucede quando vários indivíduos exercitam sua *Energia* por intermédio de um esforço comum.

A coisa mais elementar e simplista que sugere essa *Cooperação Silenciosa* será o primeiro passo a dar para se colocar em *Comunicação Espiritual com as Mentalidades*, que podem reconfortar e alimentar a sua própria.

Por isso, deve se convencer que cada um de seus *Pensamentos* é uma parte real de si mesmo; e que quando o emitir com intenção de fazer o *Bem* aos demais seus pares e/ou que o circundam, vai se juntar a alguma *Corrente Mental Análoga / Semelhante*, e com essa se mesclando e aumentando a *Corrente*, constituída em apenas um só volume proporcional ao número de *Mentalidades* que emitiram seus *Pensamentos* com intenção idêntica.

Orador: _____

Assim, contribuirá em produzir uma *Força Mental Invisível*, mas absolutamente *Verdadeira*, que será um laço positivo de união e comunhão entre a sua e a dos de *Mentalidade Análoga*; e esse laço de comunicação é muito mais potente que qualquer outro laço material, pois é formado por uma *Força Viva*, que produzirá benéficos resultados de ordem material.

Por isso, essa mesma *Força* ao atuar, embora possa até produzir resultados desagradáveis, por talvez estar envolta por *Pensamentos Maus ou Imaturos* aos quais abriu sua *Mente*, e inconsciente emite ideias de: *Tristeza — Desalento — Mau Humor — ou mesmo de Elementos Doentios*; entretanto, será impossível evitar esse perigo, caso se viva onde dominem essas ideias e elementos, com os quais sua *Mente* possa ter se acostumado, e que leva a cooperar ainda inconsciente, todo dia, a produzir semelhante ordem de ideias.

Então, deve-se encontrar um meio ou forma de mudar a direção dessa *Força*, levando-a por canais mais elevados, o que se consegue quando, mesmo por um momento, se deseje sinceramente: *O Bem-Estar de Todos no Mundo*; 'sem' excluir desse benefício até mesmo os *repulsivos e odiosos*, porque cada *Pensamento* emitido constitui uma *Força Natural*, e quanto mais propuser o *Bem* aos demais, maior será o benefício que receberá, de acordo com o esforço feito.

Secretário: _____

Ademais, cabe ficar absolutamente certo que: *Não Há Um Só Pensamento Que Possa Ser Considerado Perdido*; contudo, se disser com sinceridade: *Que O Infinito Espírito Do Bem Beneficie Todos Os Homens e Mulheres*, com certeza vai verificar, num futuro bem próximo, que se ocupar dessa ideia foi proveitoso a todos; de modo que a *Força Exteriorizada* ao formular o *'benéfico desejo'* pode ter sido a única a penetrar pela *Atmosfera: Lôbrega — Medonha — Sombria — Cavernosa — Assustadora — Tenebrosa — Tétrica — Triste — e/ou Soturna*, formada por *Pensamentos* predominantes ao seu redor, atraindo para si os raios de uma *Força Mais Pura — Elevada — e Construtiva*; pois cada *Pensamento de Bondade* que exprima trará: *indefectível — perfeito — certo — apropriado — certeiro e constantemente,* a porção de *Felicidade* que lhe cabe.

E quem bem compreender esse texto, sem dúvida estará *Mentalmente* sozinho, pois embora rodeado pela família, amigos e pessoas de suas relações, quase ninguém se proporá a se tornar *parte integrante de sua Vida*.

Mas, caso venha a exprimir suas ideias, essas serão taxadas até de *fantasiosas*, e ainda poderá ser taxado como *excêntrico e mesmo visionário*; então, aprende a bem guardar seus mais íntimos *Pensamentos*, se encerrando em seu próprio interior.

Por isso, procura somente acompanhar aqueles que o rodeiam apenas na vida cotidiana, sejam quaisquer seus interesses e mesmo suas simpatias; quando mais viver encerrado em si, sozinho e isolado.

Guarda (ou Cobridor): _____

Todo aquele que está nessas circunstâncias padece o mais triste dos *isolamentos*, sentindo-se um estrangeiro no próprio *País*, e estranhos os do próprio sangue, pois os laços físicos que o *Mundo* proporciona *'não'* são laços reais nem positivos.

Somente constitui uma relação verdadeira quem pensa próximo como a gente, que crê da mesma forma e agradam as mesmas simpatias, podendo ser pessoas nunca vistas e que nunca chegará a ver, mas que talvez sejam de outras raças e vivam noutros *Países*.

As *'relações verdadeiras'* são aquelas com os *'Espíritos'*, cuja compreensão da vida e de tudo que a envolve, seja de algum modo, semelhante à sua própria compreensão; e é preciso com esses manter certa da ligação, estando ou não de posse de um corpo.

Definitivamente: *Não é bom nem salutar viver isolado – isto é – viver fora de toda Relação Espiritual*; até porque, em semelhante isolamento não é possível prover o necessário à sua vitalidade, pois tanto para a *Saúde Física como Mental*, ninguém pode viver apenas de pão, nem de outro alimento material qualquer.

E ficando certo que para o *Sustento e Manutenção da Saúde na Vida*, é preciso a presença dos que *Pensam Igualmente*, de modo a constituírem consigo uma *Corrente Espiritual de Ensinamentos de: Amor — Bondade — e Simpatia*.

VM:

Então, sempre é possível atrair essa Corrente, embora os Corpos em que se: albergam – acolhem – acomodam – alojam – e/ou hospedam, os Espíritos Simpáticos possam estar longe, ou serem desconhecidos.

Entretanto, pode suceder também que se tenha ao redor grande número de amigos que nunca se chegou a conhecer, e que, não obstante, sentem necessidade de ajudar a: *Proporcionar Saúde Física Melhor – e – Maior Vigor Mental*.

Finalmente, como alerta, esclarecer que *'Isolamento Permanente – e consequente – Falta de Alimento Mental'*, produz um *Estado Mental: Desorientado – Apático – e Débil*, por falta de alimentação adequada, o que pode consequentemente gerar: *Loucura (nas numerosas formas) – Melancolia – Tristeza – e Males Físicos,* a que são recomendados inutilmente*: Medicamentos – Mudanças de Clima – ou Outro meio habitual para combater essas Infecções.*

58

Egrégora ou Alma Coletiva
Algo Adicional (Parte 1)

"A Liberdade é mais forte que o Medo." (Rei Harald V - Noruega)

VM: _____

Iniciando pelas seguintes perguntas e respostas, tem-se:

• *QUEM ÉS? R: Sou Osíris, Inteligência Suprema, que tudo posso desvendar;* e

• *QUE DESEJAIS? R: Descobrir origem dos Seres, Divino Osíris, e conhecer Deus!*

então, tendo o enunciado acima como exemplo orientador, poder-se-ia citar que o termo *'Egrégora'* tem origem no *Grego Egrégoroi*, e designa:

• *A Força Gerada pela Soma de Energias: Físicas – Emocionais – e Mentais, de duas (2) ou mais pessoas reunidas.*

assim, aos que creem, fica absolutamente certo que:

• *Todo 'Agrupamento Humano' possui sua 'Egrégora', como por exemplo: Empresas – Clubes – Religiões – Família(s) – Partidos – e muitos outros,*

pois a *'Egrégora'* é produzida pela interação genética de todos os envolvidos.

E por não conhecer bem esse fenômeno, a *'Egrégora'* pode até ser criada a esmo, e então seus criadores se tornam servos, e induzidos a pensar e agir na direção das características dessa sua criação, e assim será tanto mais escravo quanto menos consciente do processo.

Porém, contrariamente, caso sejam bem conhecidas as *Leis Naturais* que regem esse fenômeno da *'Egrégora'*, seus Integrantes / Componentes podem se tornar os *'Senhores dessas Forças Colossais'*.

Contudo, valendo o alerta de que o único modo de vencer a influência da *'Egrégora'* é não demonstrar oposição à mesma, e para tanto, é sempre necessário estudo e conhecimento suficientes a respeito desse fenômeno.

1º Vigilante: _____

E enquanto a pessoa permanecer: *una — sozinha — isolada,* por mais forte que se mostre, a *'Egrégora'* lhe acumula muita *'Energia'* dos vários tipos; e ao mesmo tempo, quanto mais poderosa demonstrar ser tal pessoa, muito mais força empresta à *'Egrégora'*.

A *'Egrégora'* se *realimenta* das *'Emoções'* de todos aqueles que a criam, e tal como se fosse um *'ser vivente'*, cobra sua *alimentação* desses mesmos criadores, induzindo-os a produzir, repetidamente, todas aquelas *'Emoções'*.

Então, a *'Egrégora'* criada com *intenções boas e saudáveis* tende a induzir seus Componentes a se mostrarem também *bons e saudáveis*; assim, a *'Egrégora de Felicidade'* praticamente *'obriga'* a demonstrar plena *'Felicidade'*.

Mas enquanto isso, em sentido inverso, a *'Egrégora'* gerada com base nos *'Sentimentos de Revolta e Ódio'*, apenas e tão somente se realimenta com muito mais desses *Maus: Agouros — Auspícios — Presságios — Desejos — e/ou Prenúncios*.

Assim, como exemplo pode-se mencionar que:

• *Partidos ou Facções Extremistas* = realimentam-se de intermináveis *'atentados'*;

• *Revoluções* = *os primeiros líderes revolucionários a alcançar o Poder, quase de imediato passam de Heróis a Traidores, terminando como os que destronaram; tanto que segundo o Cardeal Richelieu: Ser ou não ser traidor é só uma questão de data!*

2º Vigilante: _____

Para o estudioso e psicanalista Carl Jung pode-se ter:

• *Percepções intuitivas pela exploração do inconsciente coletivo; e que*

• *O inconsciente pessoal descansa em outro extrato, não originado da experiência ou da aquisição pessoal, mas inato no Homem, o conhecido como 'consciente coletivo'.*

E ainda, por ter o termo *'coletivo'* significado de *'Natureza Universal'*, e ao ser contrastado com a *'Psique'*, esse *'coletivo'* tem conteúdo e modos semelhantes a todo ser individualmente; por isso, a *'Existência Psíquica Coletiva'* somente é reconhecida quando seu conteúdo se torna consciente, e demonstra que um *'Agrupamento ou Grupo Humano'*, mesmo pequeno, e uma *Cidade ou País* detém a *'Egrégora — ou Alma Coletiva'*, como alguns estudiosos preferem denominar.

Em complemento, também a *'Egrégora'* pode ser definida como sendo:

• *A 'Energia' resultante da união ou soma de várias 'Energias Individuais';*

que é formada pelo afluxo de *'desejos e aspirações individuais'* dos componentes do grupo; um exemplo disso é o *'Amor Familiar'* — gerador de um *'Fenômeno Espiritual'* que mantém e cria:

• *A união da Família — a empatia entre essas pessoas — o telessomatismo (a distância defende a doutrina da 'unidade' entre Corpo-e-Alma, de todo aquele imerso na rede de relações sociais) — e outros;*

e se caso fosse finalizada a *'Egrégora'* a *Família* se dissiparia, pois não haveria nem identificação ou vínculo entre seus integrantes; pois há uma função análoga num *'Agrupamento Filosófico'*.

Orador: _____

Maçonicamente, cada *'Agrupamento'* como: *Templo — Loja — e outros*, detém sua *'Egrégora ou Alma Coletiva'*, que resulta da 'Soma das Energias Anímicas' — *do Latim 'Anima = Alma', portanto diz-se do relativo à 'Alma'* —, de cada ser em harmonia no *'Amor Fraterno'*, porque:

• *Aí manda Iahweh a bênção, e a Vida para sempre,*

e é a *'Soma Anímica Central de Energia Magnética'* geradora de fenômenos.

Na *'Egrégora'* os *Símbolos* têm *'conteúdos transpessoais' — ou significados comuns a toda Humanidade –*, e esses *Símbolos* são idênticos em todo Homem, e denominados *'Arquétipos' – do Grego ' – arché = principal ou princípio – e –* π *– tipos = impressão, marca'; modelo ou imagem inicial de algo, ou suas antigas impressões; conceito explorado em muitos estudos de: Filosofia – Psicologia – e outros; descrito pelo psicólogo Carl Jung como conjunto de imagens psíquicas no 'inconsciente coletivo', ou o mais profundo do 'inconsciente humano', sendo herdados geneticamente dos ancestrais dum(a): Grupo de Civilização – Etnia – ou Povo.*

E o Homem ao reconhecer honestamente que há problemas insolúveis a seus próprios recursos, como por exemplo *'Desamparo e Fragilidade'*, de imediato promove a ativação e areação da *'Egrégora'*, e assim desperta as *'Forças da Natureza Humana'*, quando então desse *Sentimento* surge necessária resposta eterna, a saber:

• *Toda 'vivenciação (i) transpessoal (ii)' provinda da 'Egrégora' é muito perturbadora, pois solta nos seres uma voz mais poderosa que a própria.*

> *(i)* VIVENCIAÇÃO: *Dar vida à estória com verdade e realismo; ao contrário da interpretação, o processo busca envolvimento com a estória a contar, que quem conta vive em realidade como se a estória fizesse parte de sua vida.*
> *(ii)* TRANSPESSOAL: *A 'consciência' reconhece antigos significados da 'Alma'; e 'transpessoal' significa "Além" da pessoa; mas, o que há 'Além do Eu – Ego – ou do Ser'; parece que tudo, assim, a busca da 'essência', ou algo que supere a ideia feita de si, sempre fez parte da Humanidade. E, em Delfus, no Templo de Apolo, num frontispício se lia seu famoso mandamento: 'Conhece-te a ti mesmo'; e esse autoconhecimento significava mais que supõem a moderna psicoterapia.*

Secretário: _____

E a *'Egrégora Fala'* por *Símbolos*, como a dizer por mil vozes, pois:

• *Comove — subjuga elevando o 'Sentimento de Fraqueza' ao contínuo Dever — e eleva seu 'Destino Pessoal' ao de toda a Humanidade;*

então, solta as *'Forças Benéficas'* para salvar o Ser dos perigos e sobreviver à longa noite.

Contudo, esses *Símbolos* comuns aos Seres nunca podem ser plenamente elucidados, porque contém excedente de significação e vida, possibilitando novos impulsos de criatividade, e necessitando haver: *sonho — meditação — e intuição.*

E os *'Símbolos Arquétipos ou Arquetípicos'* que proporcionam vivenciá-los fazem perceber as *emoções libertadoras da vida.*

Então, é bom e importante que os Iniciados sempre vivam em: *Concórdia + União = Irmandade,* pois a *Convivência Fraterna: Gera Egrégora Saudável — Inefável Saber — e Rejeita Energias Negativas.*

Então cabe perguntar: *Quem domina quem?* Porém, se bem conhecidas as *Leis Naturais,* torna-se possível usar as *Forças* em benefício próprio.

E se é óbvio que: *As Medidas Preventivas sempre são mais eficazes que as Corretivas,* assim ao invés de querer mudar as características da *'Egrégora',* o melhor é só gerar ou se associar às *'Egrégoras Positivas',* quando então a *Vida* fluirá *'Livre e Feliz'.*

Guarda (ou Cobridor):

E isso é fácil de conseguir, pois se a *'Egrégora'* é gerada por grupos de seres, basta se aproximar e frequentar o mesmo ambiente das pessoas certas, que devem ser: *felizes — descomplicadas — saudáveis — de bom-caráter — e de boa-índole,* e mais, devem ter *fibra, dinamismo, serem realizadoras, além de despojadas de: vícios — mentiras — preguiça — e morbidez ou fraqueza, moleza ou quebradeira;* porém, é muito difícil serem diagnosticados tais atributos antes do efetivo relacionamento.

Entretanto, caso se torne partícipe de um grupo ideal, as *'Egrégoras'* geradas vão induzi-lo no caminho das: *Saúde — Harmonia — e Felicidade;* porém, no caso de *'Energias Negativas'* por: *disputas egoístas — interesses próprios — discórdia — e outros males,* todos frutos da *'ignorância humana',* a *'Alma Coletiva ou Egrégora'* pode até mesmo adoecer e sumir, o que é muito provável, e isso levaria uma comunidade à própria extinção.

Alguns Maçons chegam a pressentir a *'Aura Coletiva – Egréora – ou Alma Coletiva'* como:

• *A benéfica 'Energia' armazenada que paira sobre os Adeptos reunidos em Loja, como uma onda flutuante no ar;*

e sendo muito simples sentir sua *'Intensidade e Harmonia',* porque quando em visita a outra Loja, não é difícil descrever com certa precisão: *Como se desenvolve o Trabalho — Como é o relacionamento entre os Adeptos — ou Se algo negativo interfere na Fraternidade,* tão somente pela percepção da *'Egrégora'.*

Por exemplo, por mais qualidade que tenham os *Trabalhos e/ou Instruções* que sejam apresentados como *'Estudo'* a todos os Integrantes presentes, mas quando a *'Alma'* dessa comunidade se encontra em *'Desarmonia e Enfraquecida',* toda e qualquer exposição se apresenta *'superficial e fria'*, e dessa maneira, nenhum Adepto quase nada assimila do significado, porque ocorre o denominado *Ambiente Frio ou Frívolo'*.

VM: _____

Finalmente, em contraponto, ao presenciar a *'Egrégora fortalecida e em plena Luz'*, de notar um ambiente de: *harmonia — carinho — sinceridade — e franca amizade;* então, ao ser apresentado um *Trabalho e/ou Instrução,* todos devem ir além do entendimento do texto exposto, por isso:

- *Sente-se que quando o ambiente está equilibrado, significando estar a 'Egrégora' forte e pura, surgem os canais de entendimento superior ligados às 'Mentes', inspirando sorver maravilhosos Conhecimentos de fonte incomensurável de Sabedoria.*

como se as 'Mentes' sintonizassem novas ondas de rádio cósmico, o que seria maravilhoso naquele momento, seria como absorver *'Novo Saber'*, mas que só é apreendido nessas condições!

59

Egrégora ou Alma Coletiva
Algo Adicional (Parte 2)

"A Liberdade é mais forte que o Medo." (Rei Harald V - Noruega)

VM: _____

A Parte 1 dessa Instrução terminou com a afirmação de que (adaptada):

• *... ao presenciar a 'Egrégora fortalecida e em plena Luz', notar ambiente de:* harmonia — carinho — sinceridade — e franca amizade; e ao apresentar Trabalho e/ou Instrução, deve-se ir além do entendimento do texto, por isso: Sente-se que em ambiente equilibrado, a 'Egrégora' forte e pura, surgem canais de entendimento unidos à 'Mente', para sorver Conhecimentos de Sabedoria; como se a 'Mente' sintonizasse ondas de rádio cósmico, seria maravilhoso no momento, como ter 'Novo Saber', mas só apreendido nessas condições.

E, retomando há quem utilize os *'Conhecimentos da Egrégora'* na vida profana, assim:

• *Ao participar de qualquer reunião, de imediato deve procurar 'Ler a Egrégora Específica', e por vezes pode até pressentir muito antes do término qual será o resultado, outras vezes pode perceber uma 'Energia Negativa', portanto, já antevendo resultado não muito bom ou até ruim.*

Então, se aplicar a poderosa ferramenta, muitos Iniciados devem silenciar no início da reunião, concentrar-se na 'Energia Flutuante', e agir sempre guiados pela Intuição.

1º Vigilante: _____

• *E por conta disso, a 'Egrégora' também pode ser definida como sendo: A 'Alma Coletiva' evocando um poder invisível. Mas com eficiência é sentida pelos Adeptos da Ordem, e então se torna um 'Princípio de Vida', um 'Centro Energético Brilhante' manifesto pela Intuição, e à disposição dos verdadeiros Iniciados. Pois captar a 'Egrégora' é deter o verdadeiro poder da Fraternidade humana. E por isso, existe o desejo das Sublimes Instituições Ecléticas e Universalistas, em ver todos os Homens vivendo como Irmãos, convergindo para: Uma só e Divina 'Egrégora' terrena.*

E como já dito, na *Antiguidade* a *'Egrégora'* chegou a ser considerada quase como uma espécie de *Ser Vivo*, com *força e vontade* próprias, geradas por criadores ou alimentadores, e independente em cada ser; por isso, para vencê-la ou a modificar, caso interesse, é preciso que tal interesse seja desejado por todos os geradores ou mantenedores, e ainda que atuem nesse sentido.

Porém, como cada ser está sob influência dessa *'Egrégora'*, ocorre na prática que nunca consegue superá-la; e apesar disso, há duas (2) situações:

- **É um líder na: empresa — família — clube — e outros** = *Terá uma arma poderosa para corrigir o curso da 'Egrégora', podendo afastar os fracos que são influenciáveis pelos condicionamentos, e que oponham resistência às mudanças propostas; é a solução drástica, sempre dolorosa, mas às vezes imprescindível; ou*

- **Não é um líder** = *O mais aconselhável é seguir o ditado pela Sabedoria Popular: Os incomodados que se mudem; ou seja, saia da 'Egrégora', afaste-se do grupo e de seus integrantes; não será fácil, mas é a melhor solução.*

2º Vigilante:

Outro fator fundamental é o da *'Incompatibilidade entre Egrégoras'*, pois, como há que se viver sob a influência de centenas de *'Egrégoras'*, dever-se-ia apenas manter no *'Espaço Vital Egrégoras Compatíveis'*; mas por serem 'Forças Grupais' o Homem sempre será o elo mais fraco.

Caso não estejam *sintonizadas* entre si, as *'Egrégoras'* geram *'campo de força de repulsão'*, e se repelem mutuamente caso estejam em seus *comprimentos de onda*, e então o ser humano fica como se fosse *rasgado ou dividido* energeticamente; assim dilaceram-se suas *'Energias'* como que esquartejadas, deixando parte em cada direção; e mais, esse esquartejamento se traduz por meio dos sintomas de: *Ansiedade — Depressão — Nervosismo — Agitação — Insatisfação — ou Solidão.*

E, se for possível estabelecer níveis para tais sintomas, num nível mais agravado surgem problemas na *Vida* de ordem: *particular – familiar – afetiva – profissional – e financeira,* porque o ser está disperso e não centrado; e por consequência no nível seguinte então surgem: *neuroses – fobias – paranoias – e várias psicopatologias*; e as *'Energias'* entram em colapso e surgem *'somatizações concretas de enfermidades físicas'*, das quais a mais comum é o *câncer.*

Tudo isso sem mencionar que duas (2) ou mais *'Correntes de Aperfeiçoamento Pessoal'*, se atuarem no Homem simultaneamente, podem romper seus *Chakras*, pois cada qual induz um *'Movimento em Velocidade – Ritmo – e Sentido'* diferentes nos *'Centros de Força'.*

Orador:

Há regras precisas quanto a compatibilidade das *'Egrégoras'*, e existem as:

- *Egrégoras Semelhantes = Incompatíveis na razão direta da sua semelhança; e*

- *Egrégoras Diferentes = Compatíveis na razão direta da sua dessemelhança;*

quando então a imaginar exato o 'contrário'; e, a certeza que: **Não é assim?**

Todos se enganam ao pensar que as *'Semelhantes'* são compatíveis, e que ao tentar coexistirem *'Forças Antagônicas'* terminariam por destruir o *'Estulto — do Latim Lat Stultu = Insensato ou Néscio',* que o intentara.

Por exemplo, imaginando que um Homem normal tenha *'Egrégoras'* de*: família — profissão — Religião — partido — clube — país — e assim sucessivamente,* mesmo sendo *'diferentes'* entre si, conseguem coexistir sem problemas; assim, o Homem poderia: *Ter qualquer Profissão — Ser filiado a Partido Político — Torcer por qualquer Clube — e Frequentar qualquer Igreja.*

Mas em contrapartida, se o mesmo Homem resolve: Ser e/ou Ter *Duas (2) Famílias — Filiar-se a Dois (2) Partidos Políticos (de direita e de esquerda) ao mesmo tempo — Torcer por vários Clubes — Exercer Medicina e Advocacia simultaneamente — e Ser Judeu aos sábados, e Católico aos domingos,* talvez fosse diagnosticado como psiquiatricamente desequilibrado.

Secretário: _____

E a Loja quando analisada sob vários aspectos, por exemplo, como sendo uma *Corporação Iniciática,* é uma das *Congregações Humanas* mais bem preparadas na geração da *'Egrégora',* ou na busca incessante da *Sabedoria;* pois, tal qual a *'Alma Individual'* se exprime por meio da *Intuição,* a *'Alma Coletiva ou Egrégora'* também se revela aos seus componentes, se forem extremamente capacitados.

Assim, a Intuição é a 'comunicação' da 'Alma Coletiva com a Individual', ou o indivíduo é que é participante da Comunidade, ou seja, é um 'Canal de Iluminação ou Lumem Infusium' de 'comunicação de Sabedoria', cuja fonte é 'Egrégora' e receptáculo o Ser.

Isso significa que certas *Verdades ou Mistérios* só podem ser revelados com a necessária existência da *'União Harmônica dos Integrantes do Corpo'.*

A *'Intuição e o Amor Fraterno'* são condições sem as quais não serão desvelados os *Mistérios,* e que as *Verdades* somente serão acessíveis ao *Iniciado* que atue com harmonia, e seja um benfazejo contribuinte da *'Alma Coletiva'* gerada da *'União de seus Irmãos'.*

Há mais de 2.400 anos Platão já se referira a esse fenômeno-capacidade; assim, belas coisas são atribuídas a esse filósofo, que dizem foi *Iniciado nos Mistérios Egípcios*; porém, talvez poucos saibam que ministrou curso intitulado*: Sobre o Bem!,* e tendo se recusado a escrevê-lo, mantendo-o em *segredo*; e tal negativa em escrever teve origem em suas considerações de que:

- *"'Palavras' não se prestam a transmitir Verdades captadas pela 'Intuição'; além de insuficientes ... podem deturpar, nocivamente, uma Verdade."*

Guarda (ou Cobridor): _____

Além disso, nesse curso discorria sobre*: Realidades Últimas e Supremas — e Primeiros Princípios,* adestrando os discípulos à compreensão dos *Segredos* por métodos rigorosos; isso se devia a estar convencido que as realidades não podiam ser transmitidas senão quando da adequada *preparação interna*, isto é, a maravilha contida em sua Carta VII, ao dizer que (adaptado):

- *O Conhecimento dessas coisas não é, de forma alguma, transmissível como os outros Conhecimentos, mas apenas depois de muitas discussões sobre tais coisas, e depois de período de Vida em comum, quando de modo imprevisto, como a Luz que ascende de simples fagulha, esse Conhecimento nasce na 'Alma' e dela se alimenta. Essas coisas são aprendidas em conjunto, como assim se apreende o verdadeiro e o falso, relativos à realidade no todo.*

e completa afirmando que:

Sobre essas coisas não há nenhum escrito meu, e nunca haverá!

Todavia, Platão deixou uma obra fecunda, pois além do conteúdo, legou um *Ritual ou Método* para atingir a *'Consciência Coletiva'* de uma *'Verdade Axiomática — do Latim Axioma = Norma admitida como Princípio'*, evidente e por isso prescindindo de demonstração, e sendo que de início foi: *buscada — debatida — e depois intuída*; e é o *'Caminho Platônico'* para atingir as *'Realidades Últimas e Supremas'*.

VM: _____

E se as *Verdades* captadas pela *Intuição* são intransmissíveis por *'Palavras'* consideradas como *'Inefáveis'*, e portanto, *'inúteis'* de serem sistematizadas por quem as detém, deve-se então reproduzir as condições propícias de *'União Fraterna'*, onde a *'Alma Coletiva'* pelos *Canais Intuitivos* comunicará sua infinita *Sabedoria* aos *Iniciados*.

Finalmente, cabe ressaltar que Platão já conhecia:

- *O processo do Saber intuitivo humano, e propôs um Método de uso conjunto das Aptidões, para atingir o Conhecimento;*

assim:

- *O Mestre já conhecia isso, e então, não é Segredo!;*

e que, não obstante, é o que muita gente faz quando se trata das *'Correntes de Aperfeiçoamento Interior'*, quando a maioria julga não ser importante misturar o que quer que seja aleatoriamente, ou então, seguir tudo o que surgir à sua frente!

Prazo de Validade na Maçonaria

'Desconhecer a verdade é ignorância, conhecer e dizer é mentira e criminoso.' (B.Brecht)

VM:

A designação *'Prazo de Validade'* é para mostrar a todos que, aquilo que está proposto, se passar daquele tempo, não mais seria válido, ou já era, isto é, perde o valor ou a utilidade; assim, somente detém *'valor'* enquanto ainda é *'útil'*, e quando ainda possui *'qualidade'*; assim, se passar do ponto ou do tempo fica *'inadequado ou inútil'*.

Infelizmente é o que se vê muito na atualidade; porém*: Esgotou-se o Prazo — Acabou o Tempo — e/ou Já era*; porque *'não'* cabe mais, tanto quanto falar do passado, como*: De um Deus Vingativo — Do Velho Testamento — Daquilo que não se faz — De se achar dono do que é de todos — e mais;* quanto a esses temas, é possível afirmar que perderam seu *'Prazo de Validade'*.

Atualmente o que vale é ter o olhar dirigido para frente, o que, aliás, é sua função intrínseca, ou seja, olhar para frente, por ser onde está exatamente tudo que concorda com a Natureza.

1º Vigilante:

Porém, alguns Maçons ainda insistem em olhar pelo retrovisor; portanto, o que realmente deve ser valorizado, ou tem valor, é o Maçom; entretanto, apesar disso, alguns Adeptos consideram o *Ritual Maçônico* muito mais importante.

Então, pode-se concluir que*: O que deve ter sempre validade é o Maçom*, enquanto outros acham que o que em realidade deve valer é a *'hierarquia'*, mesmo sem contar com exemplos.

Certo seria*: Quem realmente tem valor é o Maçom disciplinado;* mesmo se acharem que qualquer tipo *'obediência'* é mais importante, e assim mais valiosa.

Todavia, há ainda quem considere*: Há muita validade no Maçom civilizado*, porém, acham mesmo que o *'Saber Ultrapassado'* também continua relevante; e, apesar disso, é Dever de nunca esquecer*: Maçonaria foi feita para e pelo Maçom!*

Portanto, o valor real do Maçom tem **X** *'relação direta'* com seu *'Qualitativo e Quantitativo Aprendizado'*, o que deve ser seguido em qualquer dos Graus.

Dessa maneira, todo *Integrante da Ordem* que pressupor que *'já sabe tudo'* referente à Maçonaria, em realidade está na hora de ser *'trocado'*; assim como, analogamente quem imaginar, naquele aspecto, estiver **'perfeitamente amadurecido'**, também deve ser **'trocado'**, **porque parou de** *'aprender'*, e por isso *'estagnou'*; conclusivamente então, nos dois casos os Integrantes perderam seus respectivos *'Prazos de Validade'*.

Ademais, todo aquele que acha que o Grau que ostenta e/ou foi colado, é mais importante do que o considerado mais simples dos *Conhecimentos*, também *'Perdeu sua Validade'*, e dessa forma deve ser *'trocado'* porque brecou sua *Aprendizagem*.

E ainda, todos que julgarem ser *'Amplos Conhecedores'*, mas que jamais compartilharam esse seu *'Conhecimento'*, então, é bem possível que em realidade quase não conheça; assim, seu respectivo *'Prazo de Validade'* também já expirou.

2º Vigilante:

E, todo aquele que sabe e não denuncia, é conivente, portanto, sua *'Validade de Confiança'* também já expirou, e desse modo, deve ser *'trocado'* devido à *'Fatores Éticos'*.

Mesmo o considerado *'Saber Ultrapassado'* que possa ser ministrado na atualidade, é muito importante para os historiadores, que se utilizam dos mesmos não só para recompor a *História*, mas, se possível, também auxiliar na *'antevisão'* do futuro, tanto quanto no *'bem realizar'*; portanto sempre é preciso *'Aprender-a-Aprender!'*

Efetivamente, esse é o *'Novo Prazo de Validade Maçônica'*; ou seja, o de *'Aprender-a-Aprender'*, que pode ser resumido na necessária criação *'Novos Conceitos'*; o que aliás é uma típica função dos Mestres Maçons.

Isso porque é o Mestre que, nessa jornada de *Maestria* — ou Mestria *(virtuosidade — autoridade — capacidade — competência — perícia — habilidade — competência — inteligência — e sabedoria)*, precisa se libertar e buscar sua autonomia, isso é, ensinamento deixado pelos pares desde a era do *Iluminismo*.

E ainda que, já que *'subordinação'* é para omissos e subalternos, esse comportamento é absolutamente contrário à *'Proposta Maçônica'* porque se trata de realista *'incoerência'*.

Esse posicionamento e/ou situação em Maçonaria é denominado: *atraso — anacronismo — e paternalismo*, que infelizmente conduz ao *'autoritarismo de ideias'*, que por sua vez tranca o desenvolvimento do Homem, principalmente quando Maçom, por determinar quando *'não tem valor'* todo mérito do *Saber e da Autonomia*.

Entretanto, todo Maçom que minimamente se preze, nada disso pode tolerar; e nesse sentido, o *'não tolerar'* é o *'não aceitar'* que tome conta a *'Inculturação — método de acrescentar à sua própria e determinada cultura aspectos culturais de outras pessoas e/ou sociedades'*.

Orador:

A Maçonaria e os Maçons da atualidade temem o futuro, por isso se agarram ao passado que não fizeram, e a Ordem se acha merecedora de algo que não pegou como exemplo, ou seja, a *'Ação Maçônica'*, ação de Adeptos do passado agindo para a *Felicidade da Humanidade*; ademais, por isso é que são bem lembrados, até porque não há Maçonaria sem Maçons.

Então cabe indagar: *E o que se faz atualmente? – e – Se a Ordem fosse excluída da Terra a Sociedade lamentaria?* Mas, se a Ordem aceita fotos de Maçons paramentados em jornais e revistas, e critica os que de comum acordo para agir realmente o fazem, então ...

Contudo, a maioria dos Maçons da modernidade, infelizmente, ainda acham que*: Continuar a falar é mais importante do que fazer;* entretanto, na visão da Sociedade para esse seu *'Prazo de Validade'* já venceu, e então, devem ser *'trocados';* e se na troca adentrarem outros novos Adeptos, fatalmente a proposta que trarão também será*: nova — diferente — renovadora!*

E novamente cabe indagar: *O 'Prazo de Validade' dos Maçons atuais já venceu? – e – O que se acha disso?* Por exemplo, é certo que ao se comemorar o *'Dia do Maçom a 20 de agosto'*, todos só se pronunciam quanto ao passado, sem absolutamente nenhuma proposta para o futuro.

Por isso, como outro exemplo, é possível até que alguns fiquem indignados com os políticos, entretanto não foi realizada campanha pública para que os que aí estão não sejam votados nas próximas eleições, e esclarecer o povo mostrando quem-é-quem na política, e assim melhorar essa mesma política!

Secretário: —————————————————————

E complementando cabe indagar: *Seria interessante ou não? – e – Não é tema maçônico?* É certo que se deveria pensar muito a esse respeito.

Todavia*: Indignação sem atitudes e atos é simples Retórica com 'Prazo de Validade' vencido;* e por outro exemplo, pode-se citar que determinado muito votado Senador por S.Paulo votou a favor na *Comissão* que *'Inocentou Corruptos'*, e fez marketing na tribuna dizendo exatamente o contrário, portanto, não é: *aceitável — sustentável — ou tem responsabilidade social,* seu sentimento não concorda com sua fala, nem com o que faz; então, em resumo, seu *'Prazo de Validade'* venceu; e, caso se aja dessa forma, seu próprio *'Prazo de Validade'* também já venceu!

Ultimamente muitos Adeptos têm criticado *'Benemerências e Troncos-de--Solidariedade'*, contudo, se orgulham por ver fotos nos jornais, paramentados em locais inadequados, adoram*: diplomas — medalhas — e outros;* mas, tudo isso por conta de algo que não aparece nem auxilia a *Sociedade*, que deveriam ser seus benéficos *'feitos'*.

Entretanto, muito se fala mas não se vê o realizado de tão raro; porém, do pouco feito talvez se possa até ver, ou então, a comunicação é precária, o que, aliás, é um grave problema maçônico.

Mas, todos os que sabem fazer, e realizam, não devem dar ouvidos a isso, porquanto o *'Prazo de Validade'* vence, e se não forem cuidadosos, os erros se tornam repetitivos.

Guarda (ou Cobridor): —————————————————————

E novas indagações: *Como a Maçonaria está fazendo coisas que a Sociedade não sabe? — Só que as coisas e a situação da Sociedade não mudam, não é mesmo? — Pioram? — O 'Prazo de Validade' dos atuais Maçons está vencido ou vencendo?* Portanto, deve-se estar atentos para não passar essas situações ao futuro, para novas gerações, principalmente que essa é uma geração de Maçons que: *Mais fala do que faz – ou – Mais critica do que dá exemplo!*

Será muito ruim se daqui a dez (10) ou vinte (20) anos, nas comemorações do *'Dia do Maçom'*, se continue a lembrar dos antigos e se esqueça dos atuais, não por esquecimento de datas, mas pela não realização de feitos consideráveis e relevantes para a Sociedade atual.

Por tudo isso, é obrigatório que os Maçons atuais renovem seu próprio *'Prazo de Validade'*, agindo mais e falando menos, ou seja, *'Aprendendo-a-Aprender'*; assim, devem participar de *'Grupos de Estudos'*, e serem *'Pró-ativos quanto à: Iniciação — Elevação — e Exaltação'.*

Então, é possível começar a renovar o *'Prazo de Validade Maçônica'* de cada Integrante, e ter uma produtiva vida maçônica a tornar *Feliz a Humanidade*, como *'Grande Construtor Social'*; e ainda, sem esquecer que apenas o *'senta—levanta'* das Sessões, como percebido, só leva à *'evasão'.*

VM: _____

Todavia, existe a esperança de que, a imensa maioria dos Adeptos da Ordem ainda pense e se convença que seus *'Prazos de Validade'* ainda não venceram, e que somente vencerão quando o $G\therefore A\therefore D\therefore U\therefore$ os clamar para realizar outras obras em outros diferentes Orientes.

Assim, se busca compartilhar *Conhecimento*, em: *Loja — Grupos — e Encontros*, com vistas a despertar o Maçom para o seu *'Prazo de Validade'* ser o maior e mais longo possível.

Finalmente, perguntar a todos os Integrantes como está seu *'Prazo de Validade Maçônico'*, para assim poder indicar que:

- *Parem de observar e comecem a realizar;*

até porque:

- *É sempre melhor fazer para depois ensinar, do que tentar ensinar sem jamais ter realizado!*

61 Todos Sempre São o Que São!

"Bom é ir à luta com determinação, abraçar a vida com paixão, perder com classe, e vencer com ousadia, pois o triunfo pertence a quem se atreve. A vida é muita para ser insignificante." (C. Chaplin)

VM:

Logo de início cumpre dizer que não deva haver nenhuma dúvida a respeito da utilização das expressões: 'Eu Sou – e – Que Eu Sou', que se referem aos verdadeiros 'reflexos da doçura' da própria Mãe de cada um.

E por ser somente a Mãe aquela que 'sabe fazer', jamais insiste para que os outros 'façam' em seu lugar, mas que deve sempre deixar o exemplo de 'como fazer'; além de que, não mais importa 'saber fazer' as simples obras de que é capaz, por menor ou pequena que seja.

Isso é devido porque todos sabem que as Grandes Obras, infelizmente, nem sempre mostram ou se relacionam a Deus, mas somente as obras dessa Mãe, além de incomparáveis são efetivamente consequência do Imenso Amor que devam ter pela Divindade, que sempre provê a mais explendorosa iluminação para os Caminhos da Mãe e de seus filhos, e com isso os retira em definitivo da escuridão, mesmo que estejam em qualquer situação de Aflição.

E isso tudo, sem jamais propor ou contrariar qualquer comparação, até porque todos são capazes na medida de suas respectivas e individuais: Instrução – Dedicação – e Esforço.

1º Vigilante:

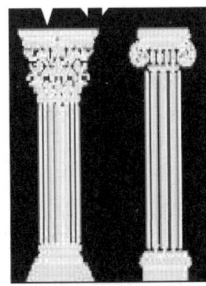

Ademais, deve-se sempre estar consciente de que todas as dúvidas da Sociedade são absolutamente cabíveis; e assim, a essa parte sempre cabe uma explicação direta que, que por exemplo, pode gerar a indagação:

• *Será que o ser, que perdido sua Mãe até prematuramente, o que pode ter ocorrido desde seu nascimento, por acaso se comporta, ou se comportará, sempre como um indivíduo: azedo – chateado – e/ou infeliz?*

contudo, é necessário reconhecer que realmente alguém deve cuidar dessa criança depois do parto, quando sua Mãe, por qualquer motivo, possa ter se desligado de seu bebê.

Todavia, cumpre ainda reconhecer a existência de 'Três (3) Forças Femininas' que podem substituir a Mãe, ajudando a criança a se: Manter Viva – Crescer – e Vencer na Vida.

É certo que ao bebê que perdeu a Mãe, nesse tempo 'Duas (2) das Três (3) Doçuras ou Forças Femininas' são substitutas, e podem ser desconhecidas do bebê, mas só por enquanto; porém, com o passar dos anos, lhe serão muito bem conhecidas essas 'Três (3) Três (3) Doçuras ou Forças Femininas' que o ajudariam, e que sempre são as mesmas na Vida de qualquer ser, a saber:

1ª) A 'doçura' da Mãe = Que deu a Vida, ou a origem de toda sua Existência;
2ª) A 'doçura' de sua Esposa = Que será a Mãe de seus filhos; e
3ª) A 'doçura' de sua Filha = Que poderá ser quem o cuidará no final de sua Vida.

E baseado nisso confirma-se a 'Doçura das Mulheres' referente a:

- *Coragem sem violência – Força sem dureza – Amor sem cólera – Sofre calada pelos outros – Ilumina as carências de todos com alegria e gratidão – Age despercebida – É prudente, paciente e evita conflitos de inteligência para não aumentar o Mal, mesmo sofrendo provocações – Recua para que nada a force e/ou agrida, e até a bestialidade dos Homens cessam sempre por conta de 'Sua Amável Doçura!'*

2º Vigilante:

E esse desregrado Homem é geralmente salvo do pior pela Mulher, que sempre se posta como conselheira e prática, fazendo da 'doçura' a sua Virtude mais humana e completa.

Referente à 'doçura', dentre seus vários significados, e em seu estado mais simplista, também é possível depreender que significa:

- *A 'gentileza de modos e maneiras' de quem se mostre: bom — nobre — e devotado ao Mundo com muita e dedicada compreensão!*

e a 'doçura' ainda representa a 'Virtude Integral – Total', desde que o seu Amor de Mãe: não justifique tudo – não desculpe tudo – e requeira muito sacrifício.

Contudo, esse mesmo Amor passa a ceder, ou abre mão, de alguns de seus caprichos e de toda violência, para não causar nenhum dano a quem quer que seja, em qualquer situação.

Assim, esse 'Amor (doçura)' se submete ao 'carrasco' que pode mesmo ser violento e o ultrajar, pois sempre age sobrepondo seu controle às 'Prudência e Caridade'; e, esse Amor ao ser agredido sua 'doçura' impõe a 'arte do disfarce', a manter sua honra e a liberdade de sua família.

Mas, infelizmente, esse tipo de 'doçura' nem toda Mulher é capazes de deter; ademais, se os 'Corpo e Alma' aspiram a Vida, e mesmo se o Pensamento do Direito vier até possibilitar a remessa à violência, ainda assim essa 'doçura' deve reequilibrar-se e se submeter à condição de mostrar ser: exata – sensata – e cautelosa, a respeito de que:

- *Nenhum tipo de violência pode justificar a reação de quaisquer outras!*

E ainda, as pessoas que são capazes de ultrapassar limites, e ainda assim impedir a violência, tanto ou quanto sua honra possibilitar, estará além do necessário se comparada a 'Virtude Feminina', que graças à qual, e só assim, é que a Humanidade pode se livrar de quaisquer guerras!

Orador:

Já a respeito da prevalência, preponderância ou superioridade entre as 'Essência e Existência', segue em versão adaptada:

- *Seu Corpo 'não' é quem você é, apenas é algo que você 'tem'.*
Sua Mente não alcança quem você é, apenas é algo que você 'usa'.
A 'Essência Absoluta' de quem se é, e pensa, denomina-se 'Alma', que se constitui na parte Divina da sua relativa 'Existência'.

e mais:

- *Um dia tive 'fome' e você me 'alimentou'.*
Um dia estava 'sem esperanças' e você me deu um 'caminho'.
Um dia acordei 'só', e na boa-fé você me deu 'Deus', e isso não tem preço.
Que Deus habite em seu coração e alimente sua Alma.
É sempre sobre você o 'pão da misericórdia', para estender a quem precise!

Exatamente assim, por meio das 'Sinceridade e Pureza', ao Homem tudo passa a ser muito simples e natural, sem haver Mentira, pois deve recusá-la tanto por excesso quanto por omissão.

Então, é a 'Ingenuidade' que pode fazer: sorrir – ser singelo nas ações – moderado ao falar – e equilibrado no pensar, bastando olhar e já conhecer o outro lado das coisas e pessoas, porque:

- *Cada um sempre é o que é! – e – Cada um sempre só deve dar o que tem!*

sem necessariamente jamais ser preciso 'disfarçar e/ou provar', assim como, nunca se esforçar a fim de comprovar sua esmerada 'Boa-Fé'.

Secretário:

Entretanto, se as coisa são como dita a 'Boa-Fé', isto é, espontânea e franca, então: Jamais se deve Mentir, e sempre agir pela Verdade, tendo sempre a: Certeza como Fidelidade – e – Credulidade ou Crença como Companheira, pois acredita: No que se fala – e – em tudo que se ouve.

Consequentemente, sem 'Maldade ou Falsidade', se pode afirmar que:

- *A 'Boa-Fé' provoca o não errar no que se crê, e não errar no que não se vê?*

E se por acaso – maledicência – ou difamação, de alguns a 'Boa-Fé' for dita como caracterizada pelas: Força de Hipocrisia – Cegueira referente a Realidade – e Defeito Oculto, que seguem explicitadas, cabe nesse instante lembrar da 'honestidade' patética do vovô, a do 'fio de bigode' que valia mais que qualquer coisa = A Pura Verdade, e por isso a 'Boa-Fé' é tão boa!

1) Força de Hipocrisia: Força = Relaciona-se com as 'Três (3) Leis de Newton'; grandeza ou agente externo com capacidade de vencer a inércia de um corpo, ou modifica seu movimento livre, alterando a velocidade em magnitude ou direção, pois é um 'vetor'; intuitivamente se identifica com os 'empuxo & impuxo'; e conceitualmente se relaciona com: Pressão — Divisão — Distribuição — Arrasto — Diminuição — Torque — e mais.

Hipocrisia = Do Latim 'Hypocrisis' e do Grego 'Hupokrisis', ambos significando a representação de um ator; fingimento e falsidade de sentimentos, crenças, ideias e virtudes, que em realidade não possui; mais tarde a palavra designa moralmente pessoas que representam e/ou fingem comportamentos.

1) Cegueira referente a Realidade:
Cegueira = Condição de falta de percepção, até visual; e Cegueira Total é falta de percepção total de forma e luz.
Realidade = Do Latim 'Realitas' = 'Coisa', significa comumente 'Tudo que existe', e em sentido mais livre 'Tudo o que é', sendo ou não perceptível — acessível — ou entendido pela Ciência, ou qualquer outro sistema de análise.

2) Defeito Oculto:
Defeito = Do Latim 'Defectus' = Falha — Imperfeição (Física e/ou Moral) — Deformidade — Mau Uso — e Falta.
Oculto = Escondido — Encoberto — Enigmático — Secreto — Misterioso — Ciências (Alquimia, Magia, e outras).

Então, caberia indagar se todo aquele que 'sabe' por vezes:

- *Não faz 'Sofrer' pagando o que não deve, pela confiança que tem nos outros?*
- *A 'Boa-Fé', por acaso, previne os riscos de contratos e trocas?, e*
- *Pela 'Verdade', pela 'generosidade' de outros, a palavra empenhada é tudo?*

Guarda (ou Cobridor):

Embora a 'Boa-Fé' seja a maior e mais cara característica de: Santos – Sábios – e Filósofos, que só dizem, escrevem e pensam a Verdade; o 'Livro da Boa-Fé' muito a comprova como Virtude Intelectual, joga com as: Ilusões – Corpo / Alma – Sensatez – e Loucura, portanto, deve-se examinar o Pensamento, que não é nem ofício ou diversão, mas é Exigência da Verdade Humana.

E, ao criar o 'Alfabeto/Escrita', a Ciência pôs à disposição 'Provas da Verdade', e também muitas 'Dúvidas'; e daí criou-se a Mentira, provocadora de 'Escapes da Maldade e Malandragem'; porém, a 'Boa-Fé' sem ser corrompida acredita no 'Lógico Possível – e – Moralmente Necessário'.

Já a 'Sinceridade da Boa-Fé' não é: obrigatória – exibicionismo – ou imposição do silêncio, é em seu melhor sentido todo o verdadeiro da 'Regra das Situações Singulares', sendo só preciso ser e agir como se pensa, ou seja, tudo o que foi, ou é combinado.

Mas, a Verdade com 'valor diferente' até pode se tornar 'Maldade', porém, a 'Boa-Fé' não tolera 'Mentira ou Ingratidão', e revida com o 'Esquecimento', que é um 'ato puro de defesa' da 'Boa-Fé' do Homem verídico.

VM: _____

Finalmente, a 'Boa-Fé' desinteressada de benefício pessoal ou amparo particular auxilia todos sem distinção, mesmo porque ninguém passa fome ou frio ao seu lado, praticando 'Amor e Justiça', e cujo lema da 'Boa-Fé' por si só se completa, ou seja:

• Sempre tem mais valia a 'Verdadeira Tristeza', que uma 'Falsa Alegria'!

INSTRUÇÕES COM TEOR PRÁTICO

'Arqueômetro' Considerações Sacras

"Não saber o que ocorreu antes de nascer é permanecer sempre criança." (Cícero)

VM:

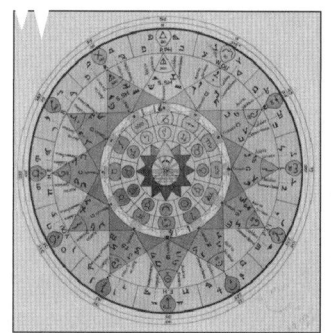

O termo *Arqueômetro* é originado do *Védico e Sânscrito 'ARKA-METRA'; e 'ARKA'* = *SOL*, subdividida em *'AR'* = *Roda Radiante da Palavra Divina*; e *KA* = *lembra a 'mathesis primordial'*.

Já *Arqueômetro* em *Grego* = *'A Medida do Arqueo – que é Antigo'*, que falam os Hermetistas; e derivado de *Arqueografia* = *Descrição Gráfica de Monumentos e Cenários Antigos*.

E *'ARK'* noutra dimensão = *Potência da manifestação e seu festejo pela 'PALAVRA = VERBUM DIMISSUM'*; e a inversão de *'ARK'* = *KRA – KAR – e KRI*, que significam 'Cumprir a Obra', conservando e continuando uma Criação.

Já *'MATRA'* = *Medida-Mãe por excelência*, expressa a unidade em tudo; e *'MA e TRA'* é também o *'sinal métrico'* do *Dom Divino*, o da *Substância* em tudo proporcionais de suas *equivalências*.; referente ao *Psíquico Universal — 'AMaTh* do *AThMa – e – AThMa do AMaTh e sua MaThA'* = *Bondade Maternal e Amor (AHBH) Feminino de Deus para com toda Criação*.

1º Vigilante:

Esse *'Saber Universal – Characteristica Universalis para Leibniz '*, é o fundamento de todas as*: Artes – Religiões – e Ciências*, une*: Espírito – Alma – e Corpo, da Verdade*, demonstrando na observação pela experiência a *Unidade* de sua *Universalidade* nos*: Duplo Universo – e – Triplo Estado Social* = *Ordens: Econômica – Jurídica – e Universitária*.

Do *Registro Nacional de Propriedades Industriais* da França, consta a Patente nº 333.393 de 26/06/1903, proprietário Joseph-Alexandre de Saint-Yves, sobre um *Instrumento de Precisão*, catalogado pelo *Instituto de Patentes* entre os *Instrumentos Matemáticos de Pesos e Medidas*, que o inventor denominou *'Padrão Arqueométrico'*, que seria um meio de aplicar *'Regras Musicais'* às*: Arquitetura – Belas-Artes – Artes Gráficas – e diversas profissões*.

Muito foi escrito de *'Geometria Sagrada e Segredos'* que os construtores medievais ocultaram nas Catedrais, e se*: Criar é Amar, é Desposar'*, é possível definir que *Sabedoria Arqueométrica* pode ser inscrita num *'Círculo com seus 360º divididos em Triângulos de 12 seções de 30º';* assim, à mais criteriosa compreensão, cabe observar que as reflexões que seguem se relacionam com alguns dos aspectos ou planos: *realista — idealista — ou divino ou espiritual.*

Que o *discernimento da Arqueometria Esotérica ou Oculta* se baseia em *Sete (7) Ciências*, e portanto há *Sete (7) Chaves* a *'abrir seu simbolismo'.*

E mais, pois os textos arcaicos em que se alicerça o *Arqueômetro* configuram-se como: *Simbólicos — Emblemáticos — Parabólicos — ou Alegóricos.*

Saint-Yves D'Alveydre acreditava num *'padrão ou proporção matemática'* implantada pelo *Criador* em tudo, como os *Antigos Gregos* ao estabelecer o *'Número de Ouro ou Divina Proporção = 1,618 ...';* e a ideia se expandiu para: *Trajetória dos Astros — Fenômenos Astronômicos — e Ciclos que ocorrem na Terra*; então o *'Padrão Arqueométrico'* de Saint-Yves fez renascer as ideias dos pitagóricos, de que: *No Princípio Deus Geometrizou;* ... o Universo foi criado com *'Números e Proporção';* as ideias levaram os extremados a afirmar que: *Deus é um Número!*

2º Vigilante:

Nos Templos Iniciáticos da Antiguidade diz Saint-Yves que predominava a *Lei Astronômica dos Triângulos Celestes*; e o diagrama formulando a *'descoberta'* surge nas modernas *Instruções Maçônicas* e *Ensinamentos* de outras *Ordens Iniciáticas*; já antepassados imaginavam que a Terra fosse o *'Centro do Universo – O Número 1'*; e contemplavam: *Céu – Horizonte – e Sol;* como sendo a *'unidade'* a se desdobrar na perigosa *'dualidade'*: dia – noite – preto – branco – e sim – não.

Se materializavam em *'4 Triângulos'* correlatos às *'Casas Zodiacais'*:
A) *1 - 5 - e 9 = ígneas; elemento Fogo;* **B)** *2 - 6 - e 10 = correlato ao elemento Terra;*
C) *3 - 7 - e 11 = forma Triângulo do Ar;* **D)** *4 - 8 - e 12 = o domínio das Águas.*

Então Saint-Yves reproduziu essa Cosmogonia – *Grego μ=μ 'Universo' e 'Nascimento', pela História abrange as Lendas e Teorias da Origens do Universo conforme as Religiões – Mitologias – e Ciências* — que alguns autires tentam explicar pela *'Quadratura do Círculo'*, assim: *Os quatro (4) primeiros algarismos constituem a Tetractys Pitagórica;* ademais, o *'Plano Divino e o Humano'* se relacionam assim: *O Um (1) será muitos – Os muitos se unem de novo no Um (1) – ou: 1+2+3+4 = 10 – sendo que 10 volta ao Um (1) pois 1+0 = 1.*

Ora, isso é complicado, e mais ainda com a colaboração dos exotéricos extremistas que transformam o simples em complexo, e o complexo esse em indecifrável; e mesmo apesar disso, Saint-Yves não limitou a reprodução de suas ideias, mas as estendeu à relação entre: *Formas Arquitetônicas – Cores – e Sons;* por exemplo, nas Catedrais Góticas: *Um Som é análogo a uma Cor – e – A Vibração ocorre em Oitavas (8^{a}s) Superiores.*

E desde que a *'Arte Gótica'* em muitas interpretações é a *'Ars Gotica ou Argot'* numa linguagem secreta; e ainda, na Mitologia Grega o *'Navio de Ulisses'* chamava-se *'Argos'*, e seus tripulantes *'argonautas'*; esse *'Navio'* era uma espécie de *Loja Maçônica ou Rosa-Cruz flutuante.*

Orador:

Além disso, Saint-Yves pesquisou a relação entre o significado dos: *Sons do Alfabeto Watan (escrita primitiva que pelos videntes se originou na Atlântida) – Escala Musical — e Medidas numa Régua de Três (3) Faces;* e abrir concessões irreparáveis ao científico, resultou intrigante descoberta das correspondências entre os: *Hieróglifos Egípcios – Alfabeto Hebraico – Números – e Escala Musical Pitagórica,* ou seja: *Apontou no que julgava ver e acertou no que não viu!*

Duas dessas importantes *'chaves'* constam de L. Carmo-Madrid com: *Armação Musical do Estilo Grego – Divisões Musicais e Intervalos da Corda Sol dividida em 96 – e Nº do Triângulo de Jesus - Arqueômetro.*

Ademais, a leitura do *Arqueômetro* pode até gerar certa confusão, apesar de ser necessário para seu bom entendimento conhecer *Geometria e Geometria Descritiva,* e os estudos de G. Fechner da associação entre os *'Fenômeno Humano e Número de Ouro ou Proporção Dourada';* porém, nem esse conhecimento é suficiente, mesmo separando elementos imaginativos daquilo que contar e medir, pois lá estão as: *Medidas – Formas – e Cores,* mostradas por Saint-Yves.

Para os místicos, os *Povos* da Antiguidade sabiam correlacionar *Energias Telúricas e Siderais* com: *Formas – Cores – e outro aspecto infelizmente perdido: A Música desses Povos*; e que os *Antigos Egípcios* frequentavam *Locais Sagrados* para comungar com as *Forças da Natureza* por: *Formas Sagradas – Cores atribuídas às Vestes Ritualísticas – e Sons Sagrados* emitidos naqueles locais durante as Cerimônias.

Secretário: _____

E as características *Formas e Cores* vieram até a atualidade, mas os *Sons* se perderam, pois como dito, apenas na Idade Média foram desenvolvidas *Novas Técnicas de Notação Musical;* e mais, foi G.d'Arezzo (995 a 1050) o inventor de inúmeras *Novidades Musicais,* quem progrediu o *Sistema de Escrita das Notas,* e quem deu os *Nomes: DÓ – RÉ – MI – FÁ – SOL – LÁ – e SI,* às Sete (7) Notas dos *Sistema Tonal,* por meio de sílabas de um *Hino* dedicado a *S.João – O Patrono dos: Construtores de Catedrais – Templários – e Monges Construtores*; por isso pode-se verificar:

UT *– Queant Laxis = UT (substituído pelo monossílabo DÓ);*
RE*sonare Fibris = Nota RÉ - Escala Pitagórica = 9/8;*
MI*ra Gestorum = Nota MI - Escala Pitagórica = 81/64;*
FA*muli Tuorum, = Nota FA - Escala Pitagórica = 4/3;*
SOL*ve Polluti = Nota SOL - Escala Pitagórica = 3/2;*
LA*bii Reatum, = Nota LA - Escala Pitagórica = 27/16; e*
S*ancte* **I***oannes = S+I (ou SI) - Escala Pitagórica = 243/128.*

ao traduzir o *Hino* serviu de interpretação que G. d'Arezzo ocultou (adaptado):

- *"Para que sejam soltas as vozes de teus servos, num cântico que possam proclamar que as maravilhas de vossas obras limpe a culpa dos lábios manchados, ó São João!"*

O músico Saint-Yves atento à associação criou a *'Teoria do Arqueômetro';* e *'Usou o Watan'* só como referência, para ocultar mais que revelar, como fazem os bons *Simbolistas;* para provar sua *'Teoria'* associou cada *Som* de Consoantes e *Vogais Latinas* à certa *Nota e Cor,* e exemplifica o *Arqueômetro Musical* na *Língua Litúrgica* musicando o *'Angelus Dixit – ou Saudação Angélica',* e concordou as *Leis Numéricas aos: Coro – Harpa – Baixo – e Órgão.*

Disposto a recuperar o *Segredo dos Antigos Construtores* e *Redescobrir os Números e Proporções*, a orientar o Homem moderno na *Construção de Templos, e na Composição de Cânticos* adequados a esses, inventou uma *Escala de Medidas – Cores – e Sons*, uma extensa coleção de *'Réguas Triplas'* derivada do *Sistema Métrico Decimal e da Escala Musical Temperada*, em substituição aos *Sistemas Musicais dos Pitagóricos*; e em resumo:

Guarda (ou Cobridor):

- *Para Saint-Yves as Catedrais estão construídas nos cânones de Arquitetura e sincronizadas com: 1) Cores Internas filtradas da Luz Solar pelos Vitrais e Rosáceas – 2) Cânticos Religiosos – e 3) Formato e Tamanho do Cálice utilizado durante as celebrações.*

cada Catedral teria *Música, Cânticos* e *Cores* próprias, a serem internamente refletidas em harmonia com o(a)s*: Construção – Música – e sua Localização Geométrica.*

As descobertas de Saint-Yves estão condensadas e até veladas no seu livro *'O Arqueômetro – Chave de Todas as Religiões e de Todas as Ciências da Antiguidade'*, onde propõe uma reforma de todas as A*rtes Contemporâneas*; entretanto, evidentemente, trata-se de um livro de leitura difícil, porque exige conhecimen- tos aprofundados de*: Matemática – Música – e Arquitetura*; assim, sua *Teoria e Demonstrações* levam a refletir sobre o *Conhecimento Perdido*, e principalmente sobre o uso equivocado das *Artes* atuais, especialmente na *Música!*

E ainda, uma Palavra pode ser representada por simples *Letra* e/ou por único *Número*; por exemplo, é o caso do *Primeiro (1º) Nome AHIH (SOU) – AHIH (1+5+10+5) – ASheR (1+300+200) – AHIH (1+5+10+5) = SOU O QUE SOU (21) (501) (21)* – que por vezes é simbolizado só pela *Letra IOD* cujo valor é *10 (dez)*, recordando a *Década Sagrada Dual* de Pitágoras *(TETRACTYS: o um [1] e o círculo ou zero [0])*, simbolizando o *Todo Absoluto*, e manifestando-se pelo *Verbum*.

E, é possível observar que *21+501+21=543*, cujo inverso é *345*, e a soma *(543+345)* representa o *Valor Cabalístico do termo CRISTO = 888.*

VM:

Dizem os alquimistas que*: Quando o Três (3) e Quatro (4) se abraçam, se transformam em Cubo, que é quando desenvolvido o veículo e o cabalístico Número da Vida (7);* essa Lei está oculta no hebraico *IHOH;* e os *Símbolos e Signos Numéricos – Cósmicos e Siderais,* encontram-se distribuídos pela *Literatura*, por exemplo, desde os *Cânticos de Homero* até as *Obras de Francis Bacon.*

Finalmente, diz o pensador E. G. Bulwer-Lytton (1803/73) em seu *The Power of the Coming Race* está oculto no *VRIL – energia ou magia ocultista telúrica, que dá capacidades aos seguidores de: curar ou ferir – levantar objetos – e elevá-los a dimensão superior* - somente é conhecido, se e quando a *Justiça* se manifestar na *Concretização*, pois essa perfeita *Justiça*, pelo autor, emana forçosamente das*: Perfeição de Conhecimento para Conceber – Perfeição de Amor para Querer – e Perfeição de Poder para Concretizar!*

Iniciação Maçônica Complementos (Parte 1)

Certa vez pediram a Confúcio, o filósofo chinês, que dissesse em uma única palavra qual era todo o 'Dever do Homem', e respondeu: 'Reciprocidade'.

VM: _____

1. INTRODUÇÃO

Por interpretação, o autor maçônico *Ragon* afirma que:
- *"Fazer conhecer a Maçonaria é fazer amá-la. Maçons fazem os Iniciados";*

assim, exercer ou praticar a Maçonaria é exercitar a Arte Real ou Sacerdotal, sendo fato marcante que poucos são seus 'Eleitos ou Escolhidos'.

Nas *Escolas Herméticas* há uma *Cerimônia de Recepção de Candidatos*, a denominada *'Cerimônia de Iniciação — ou — Um Ato extremamente Significativo'*.

1º Vigilante: _____

2. SIGNIFICADO

A *Cerimônia de Iniciação Maçônica* representa o ingresso do *Candidato* numa Loja, e assim num novo estado de *Moralidade*, com outro e diferente modo de ser e viver, que passa a caracterizar o *Iniciado*, e que por isso de agora em diante, o distingue dos *Profanos*.

A *Iniciação* é *'nascer ou renascer interiormente'*, a transformação íntima que propicia usufruir uma nova visão da realidade, bem como outro modo de pensar, viver, falar e agir, com pensamentos, palavras e ações mais purificadas; e não somente se constitui no permitir o ingresso do Candidato na Sublime Instituição, mas também pode se refletir no contexto da frase repetida:
- *Entrou para a Ordem Maçônica, mas é sempre necessário e pertinente permitir que a Maçonaria adentre seu coração!*

e, para que isso possa ocorrer, necessita modificar o próprio *Interior*, ciente que as reais e futuras alterações em sua vida profana serão apenas consequências desse processo; portanto, o *Símbolo da Iniciação* só poderia ser a *'morte'* que antecede seu renascimento para uma *'nova vida'*, ou seja, a *'morte simbólica'* indispensável ao *'renascer iniciático'* em outro patamar muito mais elevado.

Esse Simbolismo remonta tempos imemoriais, e tem seguidores em diversos grupos étnicos, como por exemplo, dos *Africanos* em *Uganda e na Tanzânia*, cujos *Rituais de Iniciação Religiosa* influenciaram as demonstradas nas *Religiões*

Afro-Brasileiras, pois na *África* em sua *Iniciação* o *Candidato* é encerrado numa *'caverna'* representando um *'túmulo'* de onde renasce.

2º Vigilante: _____

3. PALAVRA

A palavra *Iniciação* deriva do Latim *'Initiare'* de *'Initum'* que significa *'Início – ou – Começo'*, sendo composta por duas (2) partes, a saber: *'In'* = *Para Dentro*, e *'Ire'* = *Ir*; correspondendo a *'Ir para dentro – penetrar no íntimo – ou começar novo estado de coisas'*; e da etimologia dessa palavra o significado de *Iniciação* é:

• *O ingresso no Mundo Interno para começar uma vida nova!*

4. SEGREEDO

A *Ritualística da Iniciação* tem por finalidade transmitir *Ensinamentos Exclusivos ou Segredos: Intelectuais — Morais — Culturais — e Espirituais*; assim, as ditas *Sociedades Secretas*, que na atualidade não se tornaram mais do que simplesmente *Discretas*, induzem na crença por meio de *Juramento*, e que se revelados os *Ensinamentos* a *Não Iniciados*, no mínimo a má sorte sempre o acompanhará, bem como serão severas as represálias do Grupo Social em que vive.

5. CONCEITO

A *Iniciação Maçônica* não é uma *Cerimônia* que tenha sido criada na modernidade, mas é resultado de diversas tradições milenares, com significado e importância que escapam à observação superficial, e que somente se revelam por profunda meditação.

Nessa *Cerimônia*, reunidos pelos *Símbolos*, estão todos os elementos cuja *'compreensão íntima e prática sincera'*, e que somados ao *'esforço individual'*, são capazes de transformar a *Pedra Bruta*, ou seja sendo*: Escravo dos Vícios — Preconceitos — e Paixões*, em *Pedra Polida*, ou um novo*: Iluminado pela Inteligência Criadora que gera a Virtude, e a Integração efetiva dos seres.*

Orador: _____

6. ANTIGUIDADE

Os *Egípcios Antigos* praticavam a *Iniciação* na *Grande Pirâmide*, monumento que jamais foi uma *'tumba de faraós'* como alguns pretendem demonstrar; mas, por ter sido construída como uma cópia fiel do corpo humano, simbolicamente representa a *'tumba do Deus Íntimo'* que tem morada no mais interior do ser, e que para alcançar a almejada *Unificação Divina* deve buscar a própria *Iniciação* em seu *Interior*; tanto que *Amedes* afirma no seu misterioso *Santuário da Iniciação (adaptado)* que:

• *Seus caminhos secretos conduzem os seres amados pelos Deuses a um fim que nem se quer posso nomear. É indispensável que façam nascer em si o ardente desejo de alcançá-lo. A entrada da Pirâmide está aberta a todos, porém, compadeço-me daqueles que tem de procurar a saída, pela mesma porta cujos umbrais franquearam, não havendo conseguido outra coisa senão satisfazer sua curiosidade muito imperfeitamente, e ver o pouco que foi dado conhecer.*

Secretário:
A palavra *Pirâmide* deriva de *'PYR'* que equivale a *'Fogo'*, e simbolicamente a *'Espírito'*; e a *Iniciação* ali correspondia a *'Comunicação com os Mistérios do Espírito'*, isto é:

• *A União no Reino do Deus Interno com o Pai.*

e, tal *'Fogo'* não é material nem a *'Luz do Sol'*, é uma espécie de *'Fogo'* que não queima, mas arde dentro do *Iniciado* mil vezes mais esplendoroso, que é seu importante e necessário *Pensamento!*

E na *Grande Pirâmide* ocorria a *Iniciação Evolutiva* até que seus *Candidatos* alcançassem a condição de *Adeptos Divinos*, e tornando-os *Iniciadores* dos demais em busca do mesmo propósito.

7. MODERNIDADE

Desde quando as *Cooperativas de Pedreiros-Livres* passaram a aceitar *Candidatos* de outros *Agrupamentos e Associações* não pertencentes àquela profissão de *Operários da Construção* – Pedreiros, em meados do Século XV, iniciaram um tipo de *'Processo Seletivo'* para a necessária aceitação total e sem qualquer restrição dos *'Novos Colaboradores'*; então a princípio era exigido que quem pleiteasse vaga na *Corporação Maçônica*:

Ser desvinculado de qualquer amo/senhor – Pratique leitura – Ter bom comportamento na aldeia/burgo – e importante, Demonstrar conhecimento e interesse pelas coisas ocultas.

Guarda (ou Cobridor):
Naturalmente tais qualificações não bastavam para demonstrar que o *Candidato* se capacitaria a pertencer e guardar os *'Segredos da Ordem'* mantidos a Séculos, havendo ainda necessidade de comprovarem suas: *Lealdade – Coragem – e Determinação.*

Muito antes da autoria dos *Rituais*, a Instituição já contava com Adeptos dedicados que eram *Iniciados* nos *'Antigos Mistérios das Lendas e Mitos do Egito'*, e muitas dessas tradições foram compiladas e usadas nas *'Provas Iniciáticas'* dos *Candidatos* na modernidade, para demonstrar seu valor; tais *'Provas'* foram adotadas como um tipo de *vestibular* às primeiras *Iniciações* da Ordem.

Com o passar dos anos, a forma de conduzir tais *'Provas'* foi aprimorada e adaptada aos novos tempos, porém mantidos os *'objetivos'* que permaneceram os mesmos, quais sejam:

• *Provar verdadeiro interesse /objetivo de quem almeja ingressar na Ordem;*

• *Preservar 'Segredos e Interesses' a que os Conhecimentos nunca se percam;*

- *Não procurar alterar o que ocorre na Natureza; e*
- *'Ensinamentos Secretos', sempre os deve manter presos ao coração e mente.*

8. RITUALÍSTICA

Para a *Iniciação*, por exemplo, preceitua o *Rito Adonhiramita* que deve o *Candidato* ser *'vendado'* ao ser apanhado em local determinado distante da Loja, com objetivo de muito mais aguçar seus demais *'sentidos'*, principalmente o da *'audição'*; e ainda causar desprendimento das coisas profanas, qualificando-o mais-e-mais para o real sentido e objetivo da *Iniciação*; além disso, mostrar o efeito exercido pelas *'Trevas da Ignorância no Espírito'*, e representar a *'Cegueira Material'* que esotericamente significa a *'Mudança do Vício para Virtude — das Trevas à Luz'*.

VM: _____

Assim, a *'venda'* que é o mais singelo dos *Símbolos*, e que no *Plano Espiritual* torna-se a mais representativa decorrência que vai do *'Renascimento para a Imortalidade'*.

E estando: *Despojado de metais — Empobrecido nas vestes — e com Corda à cintura*, procura-se demonstrar que todo aquele que deseja dedicar-se à investigação da *Verdade*, deverá aceitar a *'Condição de Humildade'* sem nenhuma restrição; e compreender que sendo a *'Virtude um dom do Espírito'*, então é possível serem dispensados qualquer adorno material.

E ainda, deve entender que a *Corda* simboliza o estado de *'Escravidão às Paixões'*, e que lhe cabe auxiliar na liberação do coração para combater todo: *Preconceito — Convenções — e Ódio*, que impeçam a *'Manifestação Sincera dos Sentimentos'*.

Finalmente, estando sozinho (solitário) na *Câmara de Reflexões*, o *Candidato* é submetido a exigências litúrgicas, e sondado sobre seu estado de ânimo, e ao sair o *Recipiendário* é preparado para ingressar em seu *'Templo Interior abandonando o Exterior'*.

64 Iniciação Maçônica Complementos (Parte 2)

Certa vez pediram a Confúcio, o filósofo chinês, que dissesse em uma única palavra qual era todo o 'Dever do Homem', e respondeu: 'Reciprocidade'.

VM: _____

Prosseguindo com comentários acerca do anterior *Item 8 — Ritualística*, tem-se que no desenvolvimento das *'Provas da Iniciação'*, são dirigidas muitas perguntas ao *Recipiendário*, e com essas interrogativas a Maçonaria demonstra a intenção de conhecer as *'tendências'* predominantes do *Candidato*; e de acordo com as respostas obtidas, e principalmente se ambíguas, deverá então receber depois explanações esclarecedoras.

Na *China Antiga*, no decorrer da *Iniciação* tinham que responder nada menos do que *'Trezentas e trinta e três (333) Perguntas'*, e prestar rígidos *'Trinta e seis (36) Juramentos'*.

Modernamente, antes de sua definitiva *'Proclamação'* como *Integrante* da Ordem, o *Recipiendário* sorve de uma dita *'Taça Sagrada'*, e a bebida degustada é em princípio açucarada, e terminando amarga como fel; pelos *Ensinamentos Maçônicos* a doçura inicial e amargor final do líquido representam a Boa e Má Fortuna, e demonstram o desprezo dos *Maçons* pelos perjuros.

1º Vigilante: _____

Os antigos conheciam uma planta medicinal meio-doce e meio-amarga, à qual atribuíam poder de cura de certos males do organismo, e a *Ciência* a classificou como *Dulcamara*.

Já *Portugueses* na *Antiguidade* denominavam a mesma planta de *'Uva-de-Cão'*, e preparavam de seu suco uma bebida servida na *'Taça Sagrada'*.

No passado os *Iluminados* liturgicamente chamavam *'Água Tofana'*, como preparação química destinada aos falsos e traidores nas *Antigas Iniciações*.

Na *Grécia e no Egito*, ao ingressar nos *Mistérios* o primeiro e mais importante *Ensinamento* que o *Ingressante* devia receber referia-se à *Verdade*, pois consideravam que se o Homem poderia morrer a qualquer instante, por isso devia ter consigo tal *Conhecimento*; na *Modernidade* procede-se prática semelhante, sendo que as *'Três (3) Viagens Rirualísticas Simbólicas'* constituem a parte principal desse e daquele *Ensinamento*.

O *Candidato* deve transpor *'Três (3) Portais'*, que apesar de *'invisíveis fisicamente'*, transformam-se em *'realidades espiritualmente'*; sendo que o primeiro

'Portal' simboliza a *'morte'*, ou seja, a*: passagem — saída — ou abandono, do Mundo Físico*, a propiciar seu *Renascimento*.

Conforme o *Rito* adotado pela Oficina, o *Ingressante* às cegas faz a *'Primeira (1ª) Viagem Simbólica'*, percorrendo uma (1) volta pela Loja partindo do Ocidente pelo Norte e retornando pelo Sul, quando no percurso ouve *'fortes ruídos de trovoadas e arrastar de correntes e objetos pesados'*, além de que, nesse trajeto deve *'vencer obstáculos físicos'*.

2º Vigilante: _____

E o *Recipiendário* guiado por *Integrantes* confiáveis conclui a *Viagem*, quando explicam que a *Cerimônia* é apenas uma *'simples simulação teatral'* das *'Provas'* realizadas nos *Antigos Mistérios*, quando o conduziam por *'Sombrias Cavernas — Símbolo do Mundo Astral Inferior'*, entre tumultuosos ruídos e perigos que não compreendia; e tal *Viagem* é a representação da *'Vida Humana Envolvida no Tumulto das Paixões'*, no entrechoque de interesses diversos, e nos obstáculos que se opõem aos anseios de *'Progresso Material e Espiritual'*; e simboliza ao *Profano* as*: Morte da parte grosseira de seu caráter — Passagem ao recebimento de outra e renovada Luz em sua existência — e Aprimoramento de seu novo caráter que começa a ser construído*.

A *'Segunda (2ª) Viagem Simbólica'* é análoga à *'Primeira (1ª)'*, quando o *Recipiendário* deve completar duas (2) voltas, ouvindo no trajeto *'entrechocar de espadas como num combate'*; esses tinidos das armas simbolizam a *'Luta que o Homem virtuoso deve sustentar continuamente no transcorrer da vida'*, para triunfar aos ataques dos *Vícios*; e mais, essa é *'Região das Cegas Paixões e de seu respectivo Combate'*; ademais, representa o Homem, que já estando *'morto'* aos aspectos grosseiros de seu caráter, começa a vislumbrar a *'nova fase'* em que está se transformando.

É nesse ponto que a *'luta do seu novo perfil'* torna-se mais árdua, pois representa *'Vencer a si próprio: Sobrepujando as Paixões que subjugam o Espírito e aprisionam a Vontade — Derrubando as barreiras para seu Progresso na Instituição — e Aperfeiçoamento de seu Caráter'*.

Orador: _____

A *'Terceira (3ª) Viagem Simbólica'* é análoga às *'Primeira (1ª) e Segunda (2ª)'*, composta por três (3) giros pela Loja, em que é totalmente envolto pelo mais *'Absoluto Silêncio'*.

A explicação disso tem origem nos *Antigos Mistérios*, quando o *Candidato* deixava as tenebrosas *Cavernas* adentrando em espaços de calmaria sem ruídos – *Símbolo dos planos superiores do Mundo Astral*, em que não penetram sonhos ásperos ou grosseiros, conquanto possa haver ainda ali alguma desarmonia.

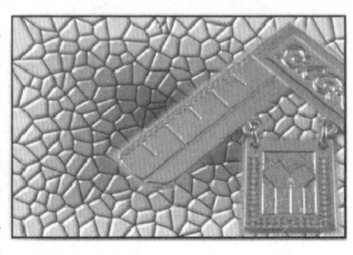

O Maçom que bem conhece o significado das *'Três (3) Viagens Simbólicas'* está preparado para *'vencer suas emoções baixas'*, e de pronto libertar-se da matéria grosseira residual, para obter a possibilidade de passar incólume e conhecer o *Plano Celeste*.

Terminando essas *'Viagens'* e: *Para que mais nada reste de Profano*; deve o *Ingressante* passar pelo *'Simbolismo das ditas Chamas Purificadoras'*, a representar sua necessária *Purificação,* isto é, a *'queima'* de tudo que possa denegrir ou atrapalhar o progresso de seu *'Ser Interior'*, que começa a ser construído; e ainda, o *'acender eterno'* no coração do *Amor* pelos semelhantes.

Na sequência ao Recipiendário é mostrada a *'Câmara Ardente'*, para gravar para sempre o castigo reservado aos *'traidores de si e da Maçonaria'*, para, a seguir, se tornar apto a receber a *'Plenitude da Luz'*.

Secretário: _____

9. IMPORTÂNCIA

O necessário e importante rigor, que deve revestir a *Iniciação Maçônica*, serve também como advertência a todos os presentes ao *Cerimonial,* para que jamais sejam propiciadas *'Admissões de Profanos'* que não possam corresponder aos elevados objetivos e finalidades apregoados pela Maçonaria.

Além disso, assim como, também a todos os *'Preceitos'* componentes do *Regulamento Geral da Ordem*.

Os *Integrantes da Instituição* que *'abonam'* as *'Propostas de Iniciação'* têm o dever perene de assumir, perante a Maçonaria e a Loja, toda responsabilidade pelos procedimentos e ações de seus *Apresentados*.

Assim, cabe todo tempo recomendar que antes de conduzir qualquer *'Proposta'* às Lojas, devem estar convencidos dos *'propósitos e costumes'* dos *Pretendentes*; por isso:

• Sempre é preferível *'evitar'* a Admissão de um Candidato indigno ou duvidoso, a ter que *'suportar'* decepções e aborrecimentos posteriores, que fatalmente ocorrerão!

Outro aspecto é o de que *'Dons e Qualidades Maçônicas'* não afloram de modo gratuito dos *Rituais*, nem dos Livros, e tão pouco dos *Templos*; sendo certo que devem ser inatos aos *Candidatos*, contudo é necessário que sejam descobertos individualmente pelas imagens, atos e aspectos gerais de suas características e caráter.

Então, esse trabalho de conhecimento prévio deve pertencer àquele *Adepto* que faz a apresentação da *'Proposta do Pretendente'*.

Guarda (ou Cobridor): _____

10. ENCERRAMENTO

O *Novo Iniciado* representa na Loja um *'Recém-Nascido para a Luz Iniciática'*, que deve se pautar na *'Consolidação dos Princípios de: Bondade — Honradez e Sinceridade'*.

E sendo o *'mais recente' Adepto da Ordem e Integrante da Oficina*, deve, e é cabível, se sentir cercado por fortes *Laços de Amizade e Esperança*; e mais, ainda cabendo ser-lhe traduzido competentemente em palavras simples o *'Verdadeiro Espírito da Iniciação Maçônica'*.

Ademais, cabendo citar que os *'Ensinamentos Exotéricos das Religiões'*, tal como da Maçonaria, são atualmente conhecidos por muitos, porém, seus *'Verdadeiros Mistérios'* não constam de:

• *Livros – Rituais – ou Cerimônias,*

porque se alojam no mais *Íntimo do Espírito'*, cuja porta na Ordem está guardada e vigiada pelo *'Anjo da Espada Flamígera ou Flamejante'*.

E sendo um dos objetivos principais da Maçonaria a *'Investigação Incessante da Verdade';* busca essa que deve ser sempre *'interna e subjetiva'*, consciente de que os *'Símbolos são a Alegoria da Verdade, mas não a própria Verdade'*, e que exprimem somente a *'imagem simples da realidade das coisas'*, por meio dos quais:

• *É possível chegar de Profano a verdadeiro Maçom!*

VM: _____

Finalmente, por todo o exposto é possível depreender que:

• *A principal finalidade da Maçonaria é que cada Homem de per si possa efetivamente conseguir alcançar a condição de: 'Conhecer a si mesmo!'*

Venarável Mestre e a Liderança

"Quase todos os Homens são capazes de suportar adversidades, mas se quiser pôr a prova o caráter de um Homem, dê-lhe Poder." (A.Lincoln)

VM: _____

A *'Liderança'* pode ser considerada como uma das funções mais importantes e difíceis de serem exercidas em qualquer atividade humana.

Nas Lojas Maçônicas a *'Liderança'* do VM é de fundamental importância para as: *Direção dos Trabalhos — Realização de Projetos — Dinamismo — e União dos Adeptos*, porque todo Maçom em particular se considera *'Líder'*, e o confronto de *'Líderes'* quase sempre gera conflitos; portanto, é importante distinguir *'Liderança de Autoritarismo'* porque são concepções distintas, assim os:

- *Autoritário é Impositivo — Dominador — Arrogante — Despótico — e se impõe pelo Poder;* e

- *Líder é Ético — Confiável — Sensato — Pleno em Energia — Humilde — Ansioso por Aprender — e Se destaca pela Competência no trato com pessoas e coisas.*

1º Vigilante: _____

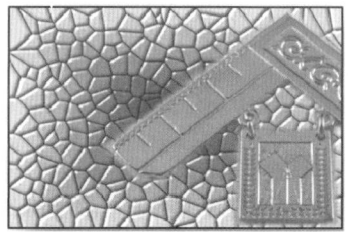

Afinal*: O que é 'Liderança'?* É a capacidade de fazer com que todos se aprumem e caminhem na mesma direção, estimulados por um objetivo comum; e é exatamente isso que os *Integrantes* de uma Loja precisam realizar, ou seja*: Tudo exercer na mesma direção, sempre sendo estimulados pelo VM.*

Desse modo, valeria citar uma experiência vivida por um *Adepto da Ordem*, que se posiciona ao afirmar que tal assunto deveria estar sendo abordado por um motivo muito simples, a saber:

- *Fora inquirido por um Integrante se possuía algum material que pudesse ser utilizado numa Loja Maçônica, no sentido de poder ensinar 'Liderança' ao VM. Disse que possuía um projeto operacional capaz de orientar a Loja em estabelecer suas: Visão — Missão — Objetivos Estratégicos — e outros; que poderia ser de grande utilidade para a Loja.*

  Entretanto, percebeu que o Integrante queria, efetivamente, era algum material relacionado diretamente com o tema 'Liderança'.

Certos Maçons sendo eleitos VM de suas Lojas, depois de assumir o cargo, presume que serão seguidos naturalmente pelos Integrantes do respectivo *'Quadro de Obreiros'*; contudo, esse é seu primeiro, grande e infalível engano!

2º Vigilante: _____

E ainda sem critério, outros *Adeptos* acreditam que a simples leitura de livros específicos acerca de *'Liderança'* os tornarão aptos ao exercício da função de VM; entretanto, esse pode ser seu segundo e irreparável engano.

Contudo, muitas pessoas que almejam se tornar *'Líderes'* compram livros e assistem a seminários e palestras a respeito do tema, na esperança de alcançarem seus objetivos.

Essas iniciativas geram um salutar *'sentimento de satisfação'*, mas na prática a *'Liderança'* acaba sendo o resultado das ações conduzidas por uma pessoa.

Por isso, referente à Maçonaria, às vezes ao invés de oferecer àquele *Adepto* material que diga respeito a *'Liderança'*, chegam a oferecer-lhe um projeto operacional capaz de prover adequado *'rumo'* à Loja, mas com a condição de que haja participação e comprometimento de todos os *Integrantes do 'Quadro'* quanto à sua implantação.

E, se o resultado de um projeto desse tipo, ou outro qualquer, for positivo e aceito por todos, fará com que o condutor desse projeto, no caso o VM, seja considerado por unanimidade dos *Integrantes do respectivo 'Quadro'*, e de outras Oficinas, como um verdadeiro *'Líder'*.

Por outro lado, é possível também pesquisar historicamente as biografias dos grandes *'Líderes'*, e procurar conhecer aspectos a respeito de todas suas habilidades; entretanto, os benefícios desse esforço serão quase ínfimos, porque os autores desses livros biográficos descrevem apenas aquilo que os *'Líderes'* realizaram, mas não descrevem por que e/ou como o realizaram.

Orador: _____

Em verdade, os próprios *'Líderes'* muito pouco dizem sobre como tornar-se *'Líder'*, porque *'não existe'* fórmula alguma para o exercício da verdadeira *'Liderança'*; tanto assim, que há uma frase célebre a esse respeito que impõe:

- *"Não importa o que o 'Líder' faz, mas sim o que o 'Líder' é!"*

Normalmente, o próprio *'Líder'* não consegue reconhecer suas características individuais, e que fazem com que as pessoas o sigam, mas os indivíduos respondem a essas características; portanto, somente muita observação ao longo dos anos pode tornar nítida essa perspectiva.

Jamais o *'Líder'* deve utilizar apenas sua cabeça – seu raciocínio, mas também seu coração – seus sentimentos, mesmo porque a *'Liderança'* na essência deve tocar ambos – *Coração e Alma*.

A *'Liderança'* está, quase sempre, baseada em uma *'conexão emocional'*, e não *'racional'*.

O pensador P. Crosby tem uma definição de *'Liderança'* muito interessante que é (adaptada):

- *Deliberadamente, 'Liderança' é fazer com que as ações conduzidas por pessoas sejam planejadas, para permitir a realização do programa de trabalho do 'Líder'.*

Secretário: _____

E se adequada e adaptada essa definição à *'Linguagem Maçônica'*, se poderia ter algo como:

- *Deliberadamente, 'Liderança' é fazer com que as ações executadas por Integrantes da Loja sejam planejadas, para permitir a realização do 'Plano de Trabalho' do VM.*

mas, cabe desdobrar os elementos (termos) da definição tornando a mensagem mais compreensível:

- *DELIBERADAMENTE: Significa que a Loja deve eleger um caminho e um propósito, e estabelecer 'Objetivos e Metas' claros a todos Adeptos. Significa ainda que o VM deve escolher com critério os Integrantes para compor sua Diretoria, e que os conduza na mesma direção.*

- *AÇÕES EXECUTADAS POR INTEGRANTES: Significa que 'Objetivos e Metas' devem ser alcançados por ações empreendidas por todos, e não ações executadas somente por pequeno grupo.*

- *PLANEJADAS: Significa programar uma sequência de eventos que permitam aos Adeptos saber, exatamente, o que vai acontecer, e o que se espera que cada um realize.*

- *PLANO DE TRABALHO DO VM: Refere-se às realizações específicas que o VM realmente deseja.*

Portanto, para o exercício pleno da *'Liderança'*, é preciso que sejam seguidos alguns princípios fundamentais, a saber:

1) *Um 'Programa de Trabalho' claro e definido;*
2) *Uma Filosofia individual; e*
3) *Relações absolutamente duradouras.*

Guarda (ou Cobridor): _____

Por isso, todo aquele que desejar se tornar um *'Líder'*, precisa necessariamente: *Compreender — Assimilar — e Implantar*, sem ressalvas, todos esses *'Princípios de Liderança';* mas, certo e ciente de que *'Liderança'* envolve muito *'trabalho árduo'*.

Muitos dos que aspiram tornarem-se *'Líderes'* não conseguiriam desempenhá-lo, enquanto outros têm os atributos adequados, porém, nunca chegam a fazer qualquer coisa a esse respeito.

Há uma *'ideia tradicional'* de que *'Líderes'* queiram e devam necessariamente praticar o *Bem*; contudo, nem todo *'Líder'* tem um programa voltado para a prática do *Bem*, mas ao contrário; até porque, muito frequentemente, a *'Liderança'* torna-se uma arte na qual pode-se praticar abusos.

Como exemplo disso, é conhecido o caso em que:

O VM de uma Loja decidiu conduzir a Oficina a mudar seu vínculo com a respectiva Obediência, em troca da isenção de cobrança tanto das múltiplas taxas, quanto das despesas incorridas com a compra de Rituais, tudo por um período de dois (2) anos.

Ora, jamais deve ser desconsiderado que isso, efetivamente, é um caso típico de 'liderança negativa', pois a dignidade maçônica seria 'vendida por alguns papéis, e míseros trocados'.

- *Em suma, são reais 'indignidades' do Grão-Mestre e do VM, ambos 'Líderes', mas sem Princípios Éticos e Morais.*

Porquanto, a confessar que poderia ser possível, enquanto julgado adequado, e que ainda se gostaria, de estender muito além do que foi exposto, porque se trata de assunto palpitante, complexo e controverso, quanto à respectiva interpretação; porém, infelizmente e por outro lado, sempre se deve respeitar o limite de tolerância das pessoas, quanto ao tempo de leitura e espaço, por isso se deixará as demais conclusões para os que compreenderam a intensão do texto.

VM:

Finalmente, permite-se mostrar a seguir um *Quadro* que apresenta os *'Cinco (5) Perfis de Liderança'*, referidos à *Personalidade e Características Peculiares* de seus agentes, assim:

GRADE DA LIDERANÇA – PERSONALIDADES

	DESTRUIDOR	PROCRASTINADOR	PARALISADOR	PLANEJADOR	REALIZADOR
PROGRAMA DE TRABALHO	"Agora faremos isto deste modo."	"Vou colocar este assunto sob malhete. Mais tarde se voltará ao mesmo."	"Esteja certo de que isso não viola nenhum Regulamento."	"Mostre a estratégia para que os AAm∴ IIrm∴ possam ver."	"Revisar os pontos, mensalmente."
FILOSOFIA	"Tenho mais conhecimento que o Am∴ Ir∴..."	"Não se vai apressar as coisas."	"Não se preocupe com o que funciona"	"Quero que sejamos coerentes em tudo."	"Quero que todos conheçam a Filosofia."
FORMA DE SE RELACIONAR	"Não se precisa dos AAm∴ IIrm∴"	"Não preciso dos AAm∴ IIrm∴"	"Se fará como sempre foi feito."	"Precisa-se ter mais encontros, seminários, e outros."	"Se vai incluir outras Lojas, e AAm∴ IIrm∴..."
O QUE SE VÊ	Uma 'Pedra Bruta' grosseira e insensível.	Um indivíduo relutante, nervoso e inseguro.	Um indivíduo congelado no tempo.	O progresso planejado.	Um indivíduo vibrante e coerente.

Maçonaria Operativa Escocesa (Parte 1)

"Tudo que está no Plano da Realidade já foi sonho um dia." (L.da Vincci)

VM: _____

A) LOJA DE KILWINNING

A 'Tradição Maçônica' atribui a fundação da primeira Loja do Rito Escocês à obscura Aldeia de Kilwinning, mas é uma Lenda que não encontra mais aceitação entre os historiadores.

Entretanto, o que tinha dado certa aparência de base a essa *'Tradição'* é a existência naquela localidade de ruínas de uma *Abadia*, mas que foi destruída no período da *Reforma*; e mais:

- A *'Abadia de Kilwinning'* acha-se situada na bahia de Cunningham, cerca de três (3) milhas ao norte do burgo real do Irving, próximo ao Mar da Irlanda; foi fundada em 1140 por H. Morville – Condestável da Escócia – (De 'Condestabre' derivado de 'cargo palatino' do Império Romano (comes stabuli), correspondendo ao dito 'Estribeiro-mor - ou - Superintendente nas Cavalariças', importante cargo militar a quem pertencia o 'Comando da Vanguarda do Exército' constituída por soldados dos grandes senhores; o Condestável era sobretudo um técnico) – e dedicada a S.Winning, sendo projetada por uma companhia de monges da Tyronesian Order, mandada vir de Kelso; e, o magnífico edifício foi construído com muitas despesas, pois ocupou vários acres de terreno em sua extensão total.

todavia, L. F. Abrines afirma que foi assim chamada apenas uma *Torre* da Escócia, a primeira construção dos Maçons daquele país.

Entretanto, outros asseguram que a *Lenda* surgiu do fato de se pretender que uma Loja existiu no Século XV ligada à Abadia; e outra *'tradição'* pelo Rev. W. L. Ker, por seu trabalho *Mother Lodge of Kilwinning*, do qual A. Lantoine reproduz uma passagem, na qual afirma o Reverendo existir (adaptado): ... *uma 'tradição' que se acredita remontar à 1658, pela qual a Loja de Perth declara que o 'Templo dos Freemasons de Kilwinning' fora o primeiro a ser instituído na Escócia, e que essa 'tradição' podia ser fixada em 1190.*

1º Vigilante: _____

Kilwinning foi envolvida em muitas supostas *'Lendas e Tradições'*, confidenciadas por alguns sem qualquer prova, e aceitas por outros com toda boa-fé, inclusive por renomados autores maçônico como Mackey.

No entanto, historiadores modernos como o Ir:. D. M. Lyon, afirmam que certos autores a quem a *Lenda* agradava pela ligação com o Rito Escocês, mas que se tratavam de *'Iconoclastas'*. – (Iconoclastia ou Iconoclasmo do Grego transl. eikon 'ícone – imagem', e transl. klastein 'quebrar', portanto 'quebrador de imagem',

movimento político-religioso contra a veneração de 'ícones e imagens religiosas' no Império Bizantino [Séc.VIII e IX].)
Os 'Iconoclastas' acreditavam que as 'imagens sacras' eram ídolos, e a veneração e culto de 'ícones', por consequência 'idolatria' – assim destruíram não só essa, mas outras *Lendas* que lhe eram afetas, como a da *'Fraternidade Secreta de Harodim'* instituída por R.Bruce - Rei da Escócia, em Kilwinníng, tendo preferido trabalhar sobre documentos mais positivos e sobretudo autênticos.

Mas em 1598 e 1599 foram publicados os denominados *'Estatutos Schaw'*, Regulamentos decretados por William Schaw – Arquiteto do Rei e Vigilante Geral dos Pedreiros da Escócia; sendo o 'Primeiro (1º)' dirigido a todos os Maçons, e o 'Segundo (2º)' estabelecendo a *'Antiguidade das Lojas'* então existentes na Escócia, estatuindo o que segue (adaptado):

• *É declarado necessário ... por Milord - O Vigilante Geral de Edimburgo, que será em todos os tempos, como anteriormente, considerada a 'Primeira Loja', e Kilwmning como a Segunda, por ser notoriamente manifesto em nossas Antigas Escrituras que era considerada como tal antes, e que Sterling será a Terceira, em consequência de Antigos Privilégios.*

Pelos estudos e pesquisas a que se dedicara o historiador inglês R. F. Gould, para estabelecer o histórico da Maçonaria na Escócia, baseado em *Atas e Registros* das Lojas, verificou que enquanto a Loja de Edimburgo conservava tais *Documentos* desde 1599, os da Loja de Kilwinning eram apenas de 1642; tal fato teve muita importância em 1736 quando da *'Convenção de Saint-Mary's Chapell'*, convocada para a *'Fundação da Grande Loja da Escócia'*.

Nessa ocasião a Loja de Kilwinning apresentou sua pretensão de ser a mais antiga Loja da Escócia, e portanto, que detinha o direito de ser registrada na relação das Lojas com o Nº1; todavia, isso não foi possível, até mostrando *Documentos* a sustentar os tais pretensos direitos (adaptado):

Reivindicou uma primazia que a levou a ficar solitária de 1744 a 1807; agora, porém, aparece no começo da 'Lista das Lojas da Escócia' com o Número 0, e a precedência de antes de 1598.

2º Vigilante: _____

B) BARÕES DE ROSLIN
PATRONOS DA MAÇONARIA ESCOCESA

Uma das duas *Cartas* de *Saint-Clair* de 1601 declara que os *Senhores de Roslin* eram desde séculos patronos e protetores do *'Ofício de Pedreiro'* na Escócia, afirmando o *Pocket Companion* que o título fora concedido em 1441 pelo Rei Jaime II da Escócia, para a perpetuidade a William Saint-Clair – Conde de Orkney *(descendente de uma família francesa que acompanhara Guilherme – O Conquistador à Inglaterra)* e Caithness – Barão de Roslin, a si e seus sucessores; além disso, o Rei teria também outorgado *'direito de jurisdição'* aos *Mestres* das Lojas da Escócia.

Assim, foram autorizados a estabelecerem *'Tribunais Particulares'* em todas as grandes cidades, e no interesse dos privilégios dos Pedreiros; porém, havia a obrigação de pagar ao Estado, uma taxa de *'quatro (4) libras escocesas'* percebida sobre cada *Pedreiro* que passasse a *Mestre*, podendo além disso impor: *'A Cada 'Novo Membro um Direito de Recepção'.*

O Rei Jaime V (1513/42) da Escócia, pai de Maria Stuart, era um humanista fervoroso, e sob esse reinado o Senhor de Saint-Clair daquela época teria feito uma viagem à Itália, e voltara entusiasmado pelo que vira, e logo mandou trazer construtores italianos a quem confiou a edificação de uma Capela em seu domínio de Roslin; e mais:

• *Essa Capela ainda hoje está erguida e admirada pelos visitantes, pela elevada qualidade de seus ornatos arquitetônicos, onde resplandece todo o Simbolismo Maçônico da época.*

E não satisfeito em construir uma Capela, uniu-se aos *Pedreiros Escoceses*, depois os organizou numa *Confraria* outorgando-lhes uma *Carta*; então, protegidos pelo Rei, que se filiou à *Confraria* como *'membro honorário'*, parece que a Confraria teve grande desenvolvimento.

Todavia, não é sabido que crédito pode ser dado a essa informação de Berteloot, que é muito parecida às narrativas dos apologistas Maçons do Século XIX; desse modo, providencia-se a limitação de apenas e tão somente reproduzi-la sem garantir sua autenticidade.

Orador: ───────────────────────────────────

C) SAINT-CLAIR CHARTERS

São dois (2) *Documentos* do maior interesse da Maçonaria Operativa Escocesa, um de 1601, a que já se fêz referência nesse texto, e outro de 1628, assim: O Documento de 1601 contém uma 'Petição' em benefício dos Senhores de Roslin, afirmando terem sido durante Século, patronos e protetores do 'Ofício de Pedreiros' na Escócia, mas que tal tutela caira em vacância, e que depois desses com a expressa autorização de William Saint-Clair, quando o Castelo de Roslin fora tomado e incendiado pelo Conde de Hertford, os 'Pedreiros Escoceses' resolveram outorgar aos Barões de Saint-Clair uma 'Nova Carta' de jurisdição sobre si.

O 'Novo Documento (Carta)', sem data, foi lavrado em Edimburgo pelo tabelião L.Robesom; e nesse são reconhecidos e novamente confirmados todos privilégios e prerrogativas outorgados aos Saint-Clair pelo Soberano do Estado.

O outro Documento, uma Carta de 1628, confirmando o precedente de 1601 e o completando, que outorga a jurisdição de todos os 'Pedreiros da Escócia' à família Saint-Clair de Roslin, e foi assinado pelos representantes das Lojas de Edimburgo – Dundee – Glasgow – Sterling – Dumfermline – Ayr – e Saint-Andrews.

Esse último Documento não chegou a ser reconhecido pela Coroa, por ter o Rei Carlos I indicado em 1629 Sir Anthony Alexander para 'Mestre da Obra e Vigilante Geral', e sumariamente posto de lado a pronta objeção de William Saint-Clair.

Como dito a Carta está sem data, supondo Findel que deve datar entre 1628 e 1630; e o historiador observa (adaptado): Por esses Documentos verifica-se que a Maçonaria Operativa Escocesa tornara-se uma espécie de 'Companheirismo', a manter entre os Operários de um Agrupamento ou Ofício as tradicionais práticas estabelecidas para o exercício do mesmo.

A decadência que paulatinamente atingiu essas Associações Operativas Escocesas chegou a tal extremo, que em 1695 todas as antigas Lojas da Escócia haviam cessado de trabalhar.

Secretário: _____

D) ESTATUTOS SCHAW

A Maçonaria escocesa não possuiu *Old Charges* como a sua congênere inglesa, e as poucas cópias encontradas foram visivelmente copiadas de fontes inglesas, e uma ou duas concitam puramente os profissionais escoceses a serem leais ao Rei da Inglaterra.

Não obstante a Ordem Escocesa possui outros *Documentos do Período Operativo*, como por exemplo, as *Cartas de Saint-Clair,* e principalmente os *Estatutos Schaw* que nenhum outro supera.

Na qualidade de *'Mestre das Obras da Coroa da Escócia e Vigilante Geral dos Pedreiros'*, William Schaw (1550-1602) nomeado para o cargo em 1593 pelo Rei Jaime VI, promulgou dois (2) *Regulamentos* de 1598 e 1599, que *'Organizavam a Associação e Regulamentavam a Profissão*; o primeiro datado de 28-dez-1598 escrito em papel, e redigido em dialeto escocês *(adaptado)*:

- *Embora contendo os Regulamentos Gerais encontrados nos Manuscritos ingleses, deles difere materialmente em muitos particulares.*
  Mestres, Companheiros e Aprendizes são claramente referidos, mas só como Gradações de posição, e não como Graus, e a palavra Ludge ou Loja é constantemente usada para definir o 'Local de Reunião'.

Esse *Regulamento* circulou por todas as Lojas Escocesas, e uma cópia consta do primeiro *'Livro de Atas da Loja Saint Mary's Chapell'* de Edimburgo, e outra cópia existe no *'Livro de Atas da adormecida Loja de Aitchinson's Haven'*, enquanto o original dessse e o segundo *Documento* de 1599 são conservados pela Loja de Kilwinning.

Guarda (ou Cobridor): _____

O estudioso B. E. Jones fornece um resumo desse célebre *Documento* (adaptado):

- *Ordena-se aos Amados Irmãos que observem as ordenações e sejam leais para com os outros, obedientes aos Vigilantes – Diáconos – e Mestres, sendo honestos – diligentes – e retos.*

- *Ninguém poderá tomar a seu cargo um trabalho a menos que possa satisfatoriamente completá-lo, e nenhum Mestre poderá suplantar outro, ou aceitar um trabalho incompleto, sem que o primeiro Mestre seja devidamente satisfeito.*

- *Será anualmente realizada eleição de um Vigilante (Sentido de Mestre ou Venerável).*
- *Nenhum Mestre poderá ter mais de três (3) Aprendizes no decorrer de sua vida, e o Aprendiz não lhe deverá ser confiado por tempo inferior a sete (7) anos, e não poderá ser feito Companheiro se não tiver servido por tempo adicional de sete (7) anos.*

  É proibido aos Mestres vender aos Aprendizes, ou receber o Aprendiz sem informar o Vigilante (como anterior), para que seu nome e data de recepção sejam devidamente registrados.

- *Nenhum Mestre ou Companheiro do Ofício poderá ser aceito ou admitido, a não ser em presença de seis (6) Mestres e dois (2) Entered Apprentices, sendo o Vigilante (como anterior) da Loja um dos seis (6).*

  A data deverá ser registrada e seu nome e marca insertos no referido livro, junto com os nomes dos seis (6) Mestres, dos Aprendizes e do Intendente.

- *Ninguém pode ser admitido sem um exame e uma prova de perícia. Um Mestre não está autorizado a empregar-se em trabalho a cargo de outro artífice, ou receber Cowans (Operário grosseiro que não detinha o Mason's Word; depois o termo adquiriu sentido de 'profano').*

- *Cabe trabalhar em sua sociedade ou companhia, ou mandar algum de seus serventes trabalhar com eles.*

  Aprendiz não pode encarregar-se de trabalhos acima de dez (10) libras.

VM: _____

    E finalmente:

- *Qualquer contenda entre Mestres – Companheiros – e Aprendizes deverá ser notificada à Loja dentro de 24 horas, e sua decisão aceita.*
- *Mestres e outros são obrigados a todas as precauções indispensáveis na montagem do andaime, e se ocorrerem acidentes por sua negligência não poderão atuar como Mestres, ficando sujeitos a outros.*
- *Os Mestres não poderão receber Aprendizes fugitivos.*
- *Todos os Membros devem assistir às Reuniões quando legalmente prevenidos, e todos os Mestres presentes e qualquer Assembleia ou Reunião deverão jurar 'Por seu Grande Juramento', não esconder ou ocultar qualquer prejuízo causado a alguém ou proprietário do trabalho.*

  As multas atribuídas ao que precede devem ser cobradas e distribuídas pelos Oficiais da Loja.

Maçonaria Operativa Escocesa (Parte 2)

"Tudo que está no Plano da Realidade já foi sonho um dia." (L.da Vincci)

VM: _____

D) ESTATUTOS SCHAW

Continuando o exposto na Parte I sobre os *'Estatutos'*, cabe afirmar que o segundo *Estatuto de Schaw,* como visto, determina que a Loja de Edimburgo devia ser considerada a primeira Loja da Escócia e Kilwinning a segunda, e Sterling a terceira *'em consequência de antigos privilégios'*; é a primeira vez na História que são citadas as Lojas como *'Corpos de Pedreiros Organizados'*.

Os Vigilantes (Mestres) de cada Loja são responsáveis perante as autoridades pelos 'Pedreiros' integrantes de sua Loja, que regula a eleição desses Vigilantes.

Os Vigilantes de Kilwinning foram autorizados a examinar as habilitações quanto à 'Arte – Profissão – ou Ciência, dos Companheiros de seu distrito, com objetivo de tornar tais Vigilantes devidamente responsáveis por essas pessoas, como sujeitas a si mesmos.

Os Companheiros de Ofício antes de sua admissão deviam pagar à Loja dez (10) libras com dez (10) shillings pelo valor das luvas, sendo que nessa quantia estava incluído o valor do Banquete; os Companheiros não podiam ser admitidos sem uma suficiente *'Prova de Habilitação'*.

O Aprendiz na Admissão pagaria seis (6) libras para o Banquete comum, ou sua refeição; enquanto os Vigilantes e Diáconos da Loja de Kilwinning deviam tomar anualmente o *'Juramento'* de todos os Integrantes Mestres e Companheiros do Ofício; e os Mestres e seus Serventes ou Aprendizes não deveriam ou poderiam trabalhar com *Cowans.*

1º Vigilante: _____

Os *Estatutos de Schaw* na Escócia eram considerados com igual veneração que os ingleses demonstravam às suas *Old Charges*; e cada *Loja Escocesa* tinha uma cópia desses *Estatutos* que serviam de referência e constituíam a autoridade sob a qual controlavam seus *Membros Operativos.*

O Conde de Eglington em 1952 doou à Grande Loja da Escócia os originais dos *Estatutos de Schaw*; na atualidade se encontram conservados na Biblioteca da Grande Loja.

E) CARACTERÍSTICAS DA MAÇONARIA OPERATIVA ESCOCESA

Além dos *Documentos* descritos, a *Ordem Escocesa* possui outros *Antigos Documentos* de grande qualidade, inclusive *Livros de Atas*, e dentre esses os mais Antigos são da Loja de Edimburgo; e essa*: Loja – Guilda – ou Corporação* *dos Construtores e Pedreiros de Edimburgo*, que se reúne em *Saint-Mary's Chapell* sobre a *Ponte Sul* foi estabelecida em 1475.

Como visto na Inglaterra a Associação que prevaleceu sobre as demais foi a Corporação Maçônica, já na Escócia não é sabido se foi a Corporação ou a Loja que surgiu primeiro.

Sobre os *Livros de Atas*, J. Marquês-Riviére afirma detalhadamente (adaptado):

• *Há Atas de Lojas Escocesas como de Saint-Mary's de Edimburgo de 1475 a 1599. Há Atas das Lojas de Glasgow desde 1620, Scoon e Perth 1658, Aberdeen 1670, Melrose 1674, Dumblanc 1675, Dumfries 1687.*

e A. Lantoine acrescenta à relação as Atas da Loja de Kilwinning desde 1642, e diz que o historiador inglês Gould pôde, por intermédio dessas Atas e dos registros ainda existentes, montar o histórico da Maçonaria Operativa Escocesa.

2º Vigilante:

Essa Ordem Operativa Escocesa teve características próprias, que logo ao surgir a Maçonaria Especulativa, as introduziram fazendo parte integral do Ritual Maçônico da época; por exemplo, o termo Loja adquire na Maçonaria Escocesa a extensão não possuída na organização inglesa.

Os *Estatutos Schaw* usam essa palavra para se referir a uma *'Organização'* sempre bem conhecida, e significando um *'Corpo de Pedreiros'* controlando o trabalho de construção numa determinada cidade, o que D. Knoop chamou uma *'Loja Territorial'* para diferenciá-la da *'Reunião dos Operativos de uma Loja'*, ou do alpendre levantado ao lado de uma construção.

De outra parte, para o *'Talhador de Pedra'* os Escoceses não usam o termo de *'Freemason'* empregado pelos ingleses, dizem simplesmente *'Mason'* para quem *'Freemason'* tem significado de um *'Pedreiro Aceito na Guilda'* como um *Homem-Livre*.

Embora a Maçonaria possa até ser entendida como algo genuinamente inglês, está fora de dúvida que aqueles que a organizaram, e principalmente o Dr. Anderson que era Escocês, foram buscar na Escócia muitos elementos constitutivos como: Graus – Toques – Palavras-de-Passe – etc.

Os *Estatutos de Schaw* devem ter sido para esses o manancial no qual buscaram materiais necessários para dar forma ao Ritual e à Associação em sua fase Especulativa; e depois, sob o nome de Escocismo outros foram encontrar bases diferentes para mais um desenvolvimento da Instituição.

E sabe-se que John Boswell – Laird de Auchinlech foi recebido Maçom em 08-jun-1600, na Loja de Saint-Mary's Chapell de Edimburgo, sendo o primeiro conhecido Maçom 'Aceito'.

Até mesmo as perseguições de que foram posteriormente vitimas os Maçons, parecem um legado da Maçonaria Operativa Escocesa onde já existia aversão pelo vocábulo *Mason*.

Em *History of the Lodge of Edimburgh*, refere-se D. M. Lyon que sendo o Rev. J. Ainslie acusado de ser Maçom, os do presbitério de Kelso a 24-fev-l652 lhe deram julgamento favorável.

Orador: _____

Há na Ordem Escocesa a particularidade do *Mason's Word* — *Palavra do Maçom (adaptado)*:

- *Distinguia o 'Pedreiro Habilitado do Pedreiro Grosseiro, do Cowan', da qual não foram encontrados vestígios nos Documentos Medievais Ingleses.*

  O Mason's Word, tudo indica, era transmitido aos Maçons Aceitos.

  As Lojas têm com certeza a Palavra, que é algo mais que uma expressão.

  O Rev. R. Kirk – Ministro de Aberfoyle, fazia uma descrição em 1691 dizendo que era algo 'parecendo uma tradição rabínica. uma passagem comentando Jachin e Boaz, os dois Pilares erigidos no Templo de Salomão (I Reis,VII,21), com a audição de algum sinal secreto, transmitido de mão-a-mão, pelo qual se reconhecem e se tornam familiares um com outro.

  A descoberta dos Catecismos descritos noutra parte confirmou que no Encerramento da Cerimônia de Admissão, a Palavra circulava entre os Irmãos, e que havia Dois (2) Graus distintos, os: Entered Apprentice – e Companheiro ou Mestre.

  O Rev. Kirk afirmou em seu livro que tinha encontrado 'Cinco (5) curiosidades na Escócia que não são observadas em nenhuma outra parte'; a segunda (2ª) era a 'Palavra do Maçom'.

De acordo com o *Manuscrito Edinburgh Register House* de 1696, havia na Maçonaria Operativa Escocesa na Admissão dos Candidatos trotes nos quais: *O decoro era notável pela sua ausência*; e também indicava haverem *'dois (2) degraus'* em Cerimoniais separados, sendo um conferido aos *Etered Apprentices*, e outro aos *Companheiros ou Mestres*.

Em 1670 a Loja de Aberdeen admitia seus Aprendizes em importante Cerimônia, na qual não somente lhes era comunicada a *Palavra-do-Maçom*, mas também lida perante a Loja uma versão das *Old Charges*, bem como as *Leis e Estatutos da Loja*.

Secretário: _____

Esse Manuscrito ainda indica que o Admitido na Associação era introduzido por uma versão dos *'Cinco (5) Pontos da Companhia'*, que difeririam apenas em detalhes da atual.

Esses fatos referentes a origem de muitos *'usos e costumes maçônicos'* indicam que a parte trazida pela Maçonaria Operativa Escocesa na organização da Maçonaria Especulativa foi considerável; fato que não escapou aos estudiosos desse tema, conforme consta do *The Pocket History of Freemasonry (adaptado)*:

- *Uma sugestão feita recente, que causou muita controvérsia, é que a ponte entre a Maçonaria Operativa e a Especulativa assentaria principalmente na Escócia, em fins da Era Operativa, e na Inglaterra na época Especulativa. Que é possível inferir de tão útil informação?*

F) CONSIDERAÇÕES COMPLEMENTARES

Os autores F. L. Pike e G. N. Knight em seu *The Freemason's Pocket Reference Book (Londres 1955 pg.152)* referindo-se à *Capela de Roslin* observa (adaptado):

- *A Pedra fundamental da Capela de Roslin foi colocada em 1446, e a construção concluída antes do fim do Século; seu fundador Sir William Saint-Clair faleceu antes da conclusão da obra, e foi enterrado na Capela inacabada, que é um museu de trabalho de Arquitetura.*

  E conta-se que um de seus mais lindos pilares foi esculpido por um Aprendiz durante a ausência de seu Mes- tre, que na volta inflamou-se de inveja, matando o Aprendiz com um golpe de malhete.

e, não será estranho que os Ritualistas Maçons do Século XVIII tivessem ido buscar nessa Lenda um dos elementos constitutivos da *'Lenda do Templo'*.

Guarda (ou Cobridor):

Em *The Pocked History of Freemansory* afirmam que a 24-nov-1738, resignando-se de seus direitos hereditários, que à época não valiam muito, para não 'prejudicar aos interesses da Corporação a qual pertenciam', um descendente dos Roslin, também homônimo de nome William, foi eleito a 30-nov-1738 *Primeiro Grão-Mestre da Grande Loja da Escócia* que acabava de ser constituída.

O *Aprendiz Entrado ou Introduzido ou Entered Apprentice* era assim chamado quem, depois de completar o Aprendizado, permanecia adicionalmente mais sete (7) anos antes de chegar a Companheiro; era registrado nos *'Livros da Guilda'*, mas ainda não obtinha do Mestre a liberdade de trabalhar por conta própria; e *Era um 'estagiário' como atualmente?* Mas, no estágio é provável que recebera a *Palavra-do-Maçom*, e opina Knoop que isso teria sido estabelecido próximo a 1550.

Na *Era Operativa* cada *'Talhador de Pedra'* detinha uma particular *'marca'*, que esculpia nas *Pedras* que trabalhava; era como uma assinatura nos serviços executados; essas *'marcas'* eram desenhos geométricos representando: *Cruzes — Rodas — Peixes — Objetos vários — e outros*; há uma relação específica dessas *'marcas'* de B. E. Jones em uma obra que se está no *Stcnyhurst College*.

Os *Estatutos de Torgau de 1462* fazem referência a uma *Festa Solene de Admissão*, quando permitiam ao trabalhador usar sua *'marca'*, mas que a proibiam gravar antes de ser examinado e aprovado pelo Mestre ou Vigilante da Loja; ademais, segundo *The Pocket Reference Book* (pg.172), a Loja de Aberdeen tem um exemplar *'Livro de Marcas'* de 1670.

O pesquisador A. Lantoine diz constar dos registros da Loja de Edimburgo, que em 24-ago-1721 o Dr. J. T. Desaguliers — Mestre Geral das Lojas da Inglaterra, foi admitido em seus trabalhos; e mais, as origens do Escocismo, genuinamente francês, ainda continuam nebulosas, além de outras razões, pode ser acrescentado esse fato.

VM: _____

Sabendo-se que o Anderson foi o compilador, e Desaguliers o inspirador, das *'Constituições'* de 1723, regulamentando a Maçonaria Especulativa Inglesa, mas que para conseguirem viram-se obrigados a buscar numerosos elementos na Maçonaria Escocesa.

Porém, os adversários da *Grande Loja de Londres*, e políticos e adeptos dos *Altos Graus*, batizaram esse tipo de Ordem de *Maçonaria Escocesa*, decantando-a como superior à *Maçonaria Inglesa*, que propugnava a manutenção do *'Sistema de Três (3) Graus da Maçonaria Operária'*.

Finalmente, D. Murray-Lyon, em sua obra *History of the Lodge of Edinburgh,* apresenta um fac-simile da assinatura de Boswell, acompanhada de um *'Símbolo'*, ou seja:

• *Uma Cruz dentro de um Círculo'*,

o que revela sua qualificação como *'Rosacruz'*.

68 Religião Natural

Cada dia que se vive, mais se convence de que o desperdício da vida está: No amor que não se dá — Nas forças que não se usa — Na prudência egoísta que nada arrisca; e que esquivando-se do sofrimento se perde também a felicidade (adaptado). (C.D.de Andrade)

VM: _____

1) PREÂMBULO

Segundo o filósofo e pensador Cícero, o termo *'Religião'* tem origem Latina em *Re-Ligare — ou Religar*; e mais, em sua acepção etimológica:

• *Religião é tudo que Religa o Homem à Divindade;*

contudo, as definições de *Religião* são muitas, tanto que cada filósofo propõe a sua, mas em geral, a *Religião* pode ser definida como sendo: *O conjunto de Deveres do Homem para com Deus;* e se divide em: *Natural e Sobrenatural*, do seguinte modo:

1ª) Natural = *Determina os Deveres com seu Criador, com auxílio da Razão;* e
2ª) Sobrenatural = *Inspira-se nas Luzes da Fé e da Revelação;*

porém, essa Instrução tem somente o propósito de tratar da *'Religião Natural'*.

Por outro lado *'Culto'* significa: *O conjunto dos Atos pelos quais o ser humano procura cumprir seus Deveres para com Deus.*

Aos que creem, o Homem é composto por Corpo e Alma, e destinado a viver em Sociedade, por sua própria natureza, e então é possível concluir que: *O Culto a Deus deve se processar interno e externo, como seus Atos Religiosos sejam Espirituais com manifestação exterior, ou que esses mesmos Atos se cumpram em nome da Sociedade.*

1º Vigilante: _____

2) CULTO INTERNO

Por ser o *Ato Religioso: A expressão das relações da Alma com Deus*, pode ser traduzido apenas pela Oração, pela qual também pode ser resumido todo o Culto; assim, a *Oração* pode ser definida como: *A elevação da Alma para Deus, a fim de: O Adorar – Render-Lhe Graças – e Solicitar Seu Perdão e Sua Assistência.*

E os que se acreditam *Deístas* admitem ser: *A Oração que adora – agradece – e pela qual se arrepende;* porém, excluem totalmente: *A Oração que pede, alegando ser inútil e até injuriosa a Deus.*

Diz o pensador/estudioso Kant que: *Deus é Onisciente, ou seja, Sabedor de todas as coisas;* portanto, conhece melhor as necessidades dos Homens; e até por isso, seria inútil expor tais necessidades por intermédio da *Oração*.

Entretanto, existem os crédulos admitindo que: *Já que Deus é infinitamente bom e inclinado a auxiliar e socorrer a Humanidade, então seria supérfluo importuná-Lo com a Oração.*

Ademais, conceitua o pensador J.J. Rousseau que: *Os Decretos de Deus são imutáveis;* por isso, seria presunção pretender modificá-los; e mais, *'Maktub = Está escrito',* é a expressão árabe para o *Determinismo (De Determinar do Latim Determinare: De = prefixo de negação + Terminare = Terminar, Finalizar; assim Determinare significa: Não terminar — Não limitar)*; sendo a *Teoria Filosófica* que todo acontecimento é explicado pela *Determinação,* ou seja, por relações de causalidade.

Ora, Deus conhece o que falta aos Homens, assim não seria para O informar que se pratica *Oração;* até porque a *Oração* é antes de tudo: *A confissão da própria impotência e da necessidade que se tem de Deus;* ademais, em si mesma essa confissão é meritória, e por isso Deus constituiu-a como sendo a condição e o meio para a concessão de seus favores.

2º Vigilante:

Os Deístas dizem que*: Deus é infinitamente bom e não espera os merecimentos das pessoas para cumular com Seus dons*; sendo fora de dúvida que*: Deus tudo pode fazer por si mesmo*; mas também não é menos verdade que exige a participação pessoal de cada ser.

Então, não é outra a razão porque dotou os Homens de*: Inteligência — Vontade — e Liberdade,* por meio das quais podem obter o necessário *'merecimento';* assim, pretender que Deus tudo fará por si mesmo equivale a negar a causalidade do ser humano.

Afirmar que é inútil a *'Oração que pede algo',* baseado na imutabilidade dos *Decretos Divinos,* existem os que entendem ser a pretensão de provar não só a *'inutilidade da Oração',* mas ainda de toda intervenção humana, levando assim ao *fatalismo absoluto.*

Sem dúvida nenhuma, os *'Decretos de Deus são eternos e imutáveis',* e sabe-se também que preveem e que abarcam tudo na existência do Universo; porém, quando uma pessoa dirige a Deus uma *Prece Digna,* não deve supor que a *Oração* somente agora chega ao conhecimento de Deus.

E devendo estar ciente que Deus já ouviu essa *Oração* desde a Eternidade, e se esse Pai misericordioso a julgou *Digna,* assim o Universo foi organizado em seu favor, de tal modo que seu cumprimento não foi mais do que uma sequência do curso natural dos acontecimentos.

3) CULTO EXTERNO

Não basta só o *'Culto Interno a Deus',* por intermédio dos Atos íntimos das faculdades da Alma, é necessário também exteriorizar esses sentimentos por *palavras e atitude,* e a essas manifestações chamam *'Culto Externo';* apesar de ser menos importante que o *'Culto Interno',* o *'Culto Externo'* não é menos obrigatório, o que é devido por muitos motivos, dos quais seria preciso destacar três (3) desses, a saber:

Orador: _____

1. *O Corpo sendo essencial, o ser humano deve Tributar sua homenagem a Deus;*
2. *A influência da Moral no Físico é uma Lei da Natureza; então, os Atos íntimos se refletem exteriormente e se manifestam por modificações no organismo; e.*
3. *Essa influência — Moral sobre Físico — prova que Ações externas favorecem e desenvolvem os Sentimentos; daí conclui ser o 'Culto Externo' um dever, por ser 'consequência natural e condição necessária' ao 'Culto Interno'.*

4) CULTO PÚBLICO

É o *'Culto tributado pela Sociedade a Deus'*, por meio de seus representantes, ou seja, da Sociedade e não de Deus; e esse *'Culto'* é também obrigatório por diversas razões, a saber:

- *Visto ser o Homem essencialmente sociável, deve prestar homenagem a Deus, e perante Ele proclamar sua absoluta dependência; e*

- *Deus é Criador e Providência das Sociedades, e assim, tem o direito de O invocar e glorificar.*

A *'Religião'* constitui o *'mais sólido fundamento'* das Nações ou Estados, sendo a inspiradora das mais nobres Virtudes, principalmente das *Justiça e Caridade*, sem o que não pode haver uma Sociedade estável e duradoura; tanto assim que o profeta Maomé dizia:

- *Homens maus são os que não praticam Caridade, nem Culto a Allah;*

e a sabedoria Árabe pratica esse *Pensamento (adaptado)*:

- *A Caridade sem Religião não vale nada mais para a Ordem do Universo, do que a tirania de um Príncipe apesar de ser um devoto.*

Secretário: _____

Por isso, o *'Culto Público é a garantia do Culto Externo'*, que por sua vez é também a *'garantia do Culto Interno'*; ademais, os Homens por se unirem para honrar a Deus, isto é, *Orar*, se incitam mutuamente a praticar *'Religião'*; desse modo, ficam ao abrigo das extravagâncias e superstições facilmente originadas do *'Culto Puramente Individual'*.

Portanto, é a *Razão* que estabelece a *'necessidade do Culto — individual e social'*, embora deixe em aberto a maneira como esse *'Culto'* deva ser prestado.

5) MAÇONARIA – CULTO E RELIGIÃO

O pensador e autor maçônico Albert Mackey, que foi o *'Compilador dos 25 Landmarks'*, afirma em sua Encyclopaedia (Adaptado):

- *A Maçonaria é uma Instituição eminentemente Religiosa, e deve unicamente ao Elemento Religioso que contém, sua origem e perpetuidade de sua existência, que sem o Elemento Religioso não mereceria ser cultivada por um Homem sábio e bom!*

E há de se concordar com esse pensamento sobre *Religiosidade*, que é diferente do de *'Religião'*.

Quando se fala de Egrégora, se está dizendo da*: Comunhão dos Sentimentos de Elevação Espiritual para com Deus*; e de Cadeia de União, se está também falando da*: Troca de Energias resultantes da Comunhão dos Mesmos Ideais e da Elevação Espiritual em busca da Divindade.*

Guarda (ou Cobridor): _____

Em Maçonaria nenhum Trabalho é *Iniciado,* nem *Concluído,* sem a necessária *'Invocação do Supremo'*, tanto quanto sem a respectiva *'Abertura e Fechamento Ritualístico do Livro da Lei'*, durante os quais são prestados os respectivos *'Juramentos'*.

E tudo é um *'Culto Natural e Público a Deus'*, por isso a Maçonaria é definida e inteiramente *Religiosa*, respeitando o *'Culto Interno Individual'*, qualquer que seja a *'Religião'* praticada pelos Integrantes da Ordem individualmente.

Em sua constante busca da Verdade, a Maçonaria pratica efetivamente a *'Religião Natural'*, aquela que à *'Luz da Razão'* estabelece o *'Conjunto dos Deveres para com Deus'*, sobre os quais questiona seus *Candidatos* já na denominada *'Prova da Terra'* durante sua *Iniciação*.

Ademais, afirmava o Maçom Rui Barbosa em sua *'Oração aos Moços'* que (adaptado):

- *A Oração e o Trabalho são os 'recursos mais poderosos' na Criação Moral do Homem:*
- *A Oração é o 'íntimo sublimar-se d'Alma', pelo contato com Deus.*
- *O Trabalho é o: Inteirar – Desenvolver – e Apurar das Energias do Corpo e Espírito, mediante a ação contínua de cada um sobre si mesmo e sobre o Mundo onde labutamos.*
- *O indivíduo que Trabalha acerca-se do Autor de todas as coisas.*
- *Quem quer, pois, que Trabalhe, está em Oração ao Senhor.*
- *Oração pelos Atos, que emparelha com a Oração pelo Culto.*

VM: _____

Finalmente, julgando ser indispensável porque coloca o Homem em contato direto com a Divindade, caberia sempre praticar a *'Oração'* de maneira geral, assim como também por meio dos *'Trabalho e Culto Maçônicos'*, até porque, ainda a *'Oração eleva o Espírito acima e além do Corpo'*, que é a prisão temporária e perecível da *Alma Humana*, prática essa da *'Oração'* que*: Contata — Promove — e Aproxima,* os seres dos*: Criador — Deus — Supremo — e/ou Grande Arquiteto do Universo (G∴A∴D∴U∴).*

69 Todos Adeptos Dispostos a 'Falar'

De tanto ver triunfar as Nulidades, ... prosperar a Desonra, ... crescer a Injustiça, ... agigantarem-se os Poderes nas mãos dos Maus, o Homem chega a desanimar da Virtude, rir-se da Honra e ter Vergonha de ser Honesto (adaptado). (Rui Barbosa)

VM:

É uma constatação óbvia a de que:

• *O Homem que se dispõe a falar tem sempre um objetivo,*

entretanto, por curiosidade, reconhecendo a exceção feita às aves da *Ordem dos Psittaciformes — Ordem de aves com 360 espécies de 80 gêneros das famílias Psittacidae — Strigopidae — e Cacatuidae*, incluindo aves populares tais como:

• *papagaios — periquitos — araras — cacatuas — calopsitas — e outros,*

sendo que algumas espécies são capazes de aprender a reproduzir diversos sons de fala humana.

Essas espécies caracterizam-se por ser normalmente coloridas, bico encurvado e mandíbula superior recurvada sobre a inferior, para alimentação de sementes e frutos; ocupam regiões quentes e temperadas de todos os *Continentes*, tendo a maior biodiversidade na Oceania, Américas Central e do Sul, e o Brasil tem o maior número de representantes da *Família Psittacidae*; por isso, o *País* é chamado desde seu descobrimento de *'Terra dos Papagaios'*.

1º Vigilante:

Por exemplo, apesar de comum vale citar que a *'Persuasão ou Conquista do Desejado'* são objetivos da *'Palavra Falada ou Escrita'*; então, de qualquer forma o que se busca pela *'Palavra'* é moldar as realidades ao seu próprio jeito; ademais, ainda cabe a *'Proposição de Persuadir'* as pessoas; mas ambas são *'Pretensões'* em verdade absurdas!

É certo que a 'Palavra Escrita' é compromisso, porque 'Escreveu está dito ou falado'; tanto assim que há em Latim a expressão 'Sriptum manet', que por tradução livre e popular pode ser entendida como: Escreveu não leu, o pau comeu!

E também sendo certo que daqui a muito tempo ainda haverá quem conteste os cronistas atuais, contudo, *Platão e Moisés* escreveram ou ditaram, e nisso se baseiam os *Iconoclastas (Iconoclastia ou Iconoclasmo, do Grego* <u>transl</u>*. Eikon = <u>ícone</u> - imagem, e transl. klastein = quebrar, então = quebrador de imagem;*

movimento político-religioso contra a 'Veneração de ícones e Imagens Religiosas' no Império Bizantino dos Séculos VIII — IX, o Iconoclasta acreditava que 'Imagens Sacras seriam Ídolos, e a Veneração e Culto de Ícones' seria Idolatria).

E, esses têm potencial para superar adversidades ou realizar o que outros creem ser impossível, desafia regras, e no momento certo é importante a qualquer organização por seu talento e capacidade de criação, inovação e destemor; todavia, mesmo alguém tendo uma ideia brilhante e inovadora, se não puder convencer os outros, a ideia não terá importância, não sobreviverá ou não passará às futuras gerações; por isso é preciso confiar em si mesmo, não esperar por suposto milagre, pois na vida não há nenhuma entidade que proteja ou anote o que é feito, sendo inaceitável que a realidade continue refém da histeria dos que teriam alguma predisposição para acreditar em fantasias.

2º Vigilante:

Todavia, certamente a *'Palavra Falada'* voa, flui e flutua, e que novamente em Latim consta a expressão *'Verbum Volat — Verbo Voa'*, e apesar desse princípio, grandes *Iniciados* preferiram *'Falar'*; assim: *Rãma — Orfeu — Buda — e outros 'não'* escreveram, e por isso, colocaram seus discípulos em situações difíceis, com objetivo de que individualmente reconstruíssem todo o aprendido por si próprio, e passassem a percorrer com clareza e galhardia o labirinto das contradições.

Outro exemplo é que o magnífico filósofo da Grécia Antiga *Sócrates 'não'* deixou nenhum escrito, e assim tendo se notabilizado pelo *'Poder da Palavra'*; entretanto foi pela *'Voz'*, entendida à época como: *'Daemon — de Dae.mon = na Mitologia Deus, ou uma Divindade Menor, ou ainda o Demônio; com grafias alternativas: Daimon — Dæmon — ou Demon, e etimologia do Latim Daemn = Espírito, e este do Grego µ = Divindade ou Destino'*; que por isso aquele filósofo tanto atraiu o ódio de muitos sofistas, e principalmente dos governantes.

Então, por conta do exposto, *Sócrates* em 399 a.C., detentor da mesma boca denunciante tomou da *'Taça da Amargura'*, sendo condenado a beber o veneno *'Cicuta — Apiaceae Umbeliferae'*; a morte por ingestão dos alcaloides do perigoso vegetal leva o tempo desde o início de 10 minutos até 2 horas, sendo que depois do último gole o corpo começa a sofrer tremor por falta de coordenação muscular, que por fim culmina gerando dificuldades respiratórias; assim, morreu *'despedindo-se'* da vida, mas *'ensinando'* sobre a morte; entretanto, poderia ter evitado esse seu sacrifício, se tivesse aceito a condição de um canto silencioso, confortável e morno, tornando-se dócil aos poderosos, porém, renunciaria à vida *'justa e perfeita'* que pautara até aquela ocasião!

Orador:

Além disso, o irreparável *Jesus — O Cristo,* também não deixou *'Nada Escrito',* mas ainda assim foi erroneamente condenado por *'Falar'*; e até para todos os que creem em coincidências, adotou o *'Peixe'* como seu *'Símbolo ou Sinal',* que também morre pela boca.

Felizmente, na atualidade esse emblema é *Aquarius,* o que não significa muito, a não ser que são bem diferentes os dias atuais, até porque muito mais água vem rolando debaixo da ponte; tanto assim que nenhum governante ou político convidaria seus adversários para tomar o veneno *'Cicuta'*, mesmo porque as *'Cicutas'* da modernidade são bem diversas!

Quando Deus criou o ser humano o adequou com dois ouvidos e uma boca, por isso, dizem os Hermeneutas – (especialistas na interpretação do sentido das *'Palavras e Textos Bíblicos'*) — que desde o *Paraíso* o *Criador* desejou que à Sua imagem e semelhança, o Homem *'ouvisse mais do que falasse'*, pelo menos o *'dobro'*; e tal como o próprio *Grande e Eterno Deus*, que *'muito mais ouve e age do que fala'!*

Mas os cronistas esquecem que a inefável *Divindade* concedeu a *Adão* dois olhos para, *Estereoscopicamente* — *(fenômeno natural da visão em que duas imagens são projetadas nos olhos em pontos diferentes, o cérebro as funde, e se obtém dados de: posição — profundidade — distância — e tamanho)*, poder enxergando em *'3D'* e assim: *Distinguir a profundidade — Testemunhar a banalidade — Ver a Terra em perspectiva — Esquadrinhar os semelhantes — e Compreender o ridículo do ser quando tenta sobressair ao Universo.*

Secretário: ─────────────────────

E chamando *Adão* em particular, para não despertar ciúmes nos outros animais, Deus confiou-lhe o grande objetivo da mais espetacular *'Iniciação'*, ou seja: *A verdade de que Adão e seus descendentes haveriam de morrer!*, o que viria a se realizar pela obra e graça da *'Palavra'*, pois os outros animais permaneceram incapazes de interpretar *'Aquela Voz Articulada'*.

Porém, se pensar bem, nada há de errado em se aperfeiçoar na *'Arte dos Argumentos'*, ou seja, no *'Bem Falar com muito Conteúdo'*, pois segundo o estudioso *Voltaire* nada é condenável ao se *'falar e escrever'* para as pessoas, desde que seja a respeito do melhor possível.

Já *'Convencer'* tem origem em *'Convincere = com + vincere de vinco, vici e victum, dos antigos romanos que usavam esse termo no sentido de: vencer — ter êxito — e sair bem'*; porém, que depende da *'intenção e modéstia, não de humildade'*, ao receber qualquer contestação, ciente que: *A verdade prevalece sobre a mentira para que todos possam sair bem!*

Cabendo entender que:

• *Quanto melhor o conjunto de motivos, melhor devem ser os argumentos,*

e mais, sem *'mutatis mutandis' (expressão latina = mudando o que tem de ser: mudado alterado — substituído — levado em conta — ou o que couber)*; expressão geralmente usada em sentença ou ideia antes compreendida e citada; indica que depois algo foi alterado, ou que pode ser feita analogia do fato, porém, tomando as devidas proporções e alterações necessárias; dando parâmetros a uma sentença com novo termo, ou aplicando mudanças já depreendidas e assimiladas; e mais, aplicada a qualquer caso que tenha como termos os significados explicados antes, então:

• *Os argumentos devem ser mesmo melhores, ainda quanto piores as finalidades propostas.*

Guarda (ou Cobridor): _____

Os renomados pensadores *Niccolò Maquiavel (1469-1527) e Baltasar Gracián y Morales (1601-1658)* escreveram muito sobre essas técnicas, que ainda são fartamente utilizadas; contudo, todo aquele que as ouve precisa estar muito atento, isto é: *sempre alerta!*

E esses tidos como: *santo aragonês e hipócrita florentino*, sabiam muito bem escolher as *'Palavras'*, absolutamente conscientes de que na *'Arte da Guerra'* comportaram-se como se detivessem origens orientais, e assim, ensinaram como *'destruir de modo muito eficaz'.*

Porém, causa problema o ser humano *'perseverar e insistir em continuar ouvindo de modo inconsciente'*, pois as *'Palavras'* com muitos significados forçam os *'Portais Sagrados da Alma'* com objetivo de legitimar a servidão do Homem.

Tanto que afirma a sabedoria popular: *Mais vale um pássaro na mão do que dois (2) voando*; mas ao contrário, se *'trocar'* o pássaro por um inseto, altera-se para: *Mais valem dois (2) marimbondos voando do que um na mão.*

Dizem os *'Textos Sagrados'* que no princípio a *Terra* estava deserta e vazia, e a *'Palavra disse que houvesse ou fosse feita a Luz'*, enquanto todas as coisas foram assim realizadas, isto é, por meio da *'Palavra'*; e sendo certo que:

- Nessa *'Palavra'* estaria toda vida dos seres, apesar de ainda não a ter totalmente compreendido!

VM: _____

E finalmente, por isso, o melhor a fazer os: cristãos – judeus – muçulmanos – taoístas – budistas – humanitistas – e todos os demais:

- É *'afiar'* bem os ouvidos e ler nas entrelinhas!

70

Abóbada Celeste Complementar Visão Sinóptiva

"Ao falar cuida que as palavras sejam melhores que o silêncio." (Provérbio Indiano)

VM:

Sendo *Sinóptiva de Sinopse, do Grego Sýn + óptico* = que permite ver de uma só vez uma visão geral, ou as diversas partes, de um conjunto; e sinônimo de: *abreviado – resumido – e sintético*, esse tema requer interesse, para não dizer até real necessidade; assim, é oportuno afirmar a não possibilidade de ser precisada com exatidão *'quando os Templos em geral passaram a ser construídos sob a inspiração da Imagem do Universo'*; todavia, é sabido que desde tempos antigos as muitas e variadas *'Decorações'* de seus interiores quase sempre demonstraram essa tendência.

Nos: Industão – Índia – Pérsia – Tibete – Grécia – e muitos outros locais, enfim, em quase todos os países e povos cuja história noticia a existência de Templos, em seus idealizadores prevaleceu a ideia de 'Decorar os Tetos' com uma reprodução semelhante ao 'Sistema Cósmico'; e ainda, foi com a intenção de perpetuar a 'Imagem dos Céus', que esses Tetos eram, e ainda são, compostos e decorados com a forma mais original de uma 'Abóbada Celeste'.

A decoração das 'Coberturas' dos Templos Maçônicos respeitava, invariavelmente, parte da 'Reprodução do Firmamento: Intercalado de Nuvens – e Coalhado de Estrelas e Astros Planetários', formando um 'Conjunto Harmonioso e Representativo do Cosmos'.

Na Antiguidade ao construírem as 'Abóbadas de Teto' procuravam fixar um ponto para contemplação, pretendendo deixar no Espírito do Iniciado uma verdadeira impressão indescritível e maravilhosa, acerca do misticismo presente na sua peculiar composição; 'Abóbada' essa que se fundamenta nos majestosos Corpos Celestes que rodeiam a Terra, em suas trajetórias e representações simbólicas, tudo concentrado naquele 'Ambiente Singular de Estudo e Aprendizado', como suntuoso 'Painel' representativo do espaço ocupado pelo ser humano.

1º Vigilante:

A Maçonaria, independente de seu intrínseco progresso, mas sem esquecer tanto sua tradição secular, quanto seu arraigado propósito de fidelidade às origens, se manteve com esse mesmo pensamento e construiu seus *Templos* com características similares.

A Ordem, movida pela intenção maior de convergir preocupações de seus Adeptos ao objetivo do *Verdadeiro Engrandecimento Espiritual*, determina que o *'Teto dos Templos'* sejam de cor azul, destacando: *Nuvens – Estrelas – e Planetas,* pois:

- *Abóbada Azúlea (Azul, Azulina, Azulada) representa universalidade da Ordem;*

e a Cor Azul predominante simboliza:

- *O ser magnânimo e leal, portador das Virtudes que enlevam a Alma, e*
- *Representação das emulações ao Bem e Amor Fraternal, Divinizados.*

Ressalte-se que nas *'Reuniões no Templo Maçônico'*, quanto à imponente representação da *'Abóbada Celeste ou o revestimento que encima o recinto'*, todos os Integrantes da Ordem devem sempre ter presente seu significativo simbolismo.

Então, poderão dar valor à *'Distribuição Harmônica das Estrelas'* que deverão estar entremeadas por *Nuvens*, que dependendo do Rito adotado pela Oficina, resumidamente, poderão obedecer a seguinte ordem:

Próximo ao Centro da Abóbada a 'Constelação de Orion' lembra um gigante se unindo às 'Estrelas das Plêiades'; que pela disposição formam os imagináveis 'Ombros do Touro', motivo porque deve ser estudada, e, sobretudo, entendida.

2º Vigilante:

A conhecida 'Estrela Aldebaran dessa Constelação de Touro', que é a única com coloração avermelhada, assinalando o 'Olho Direito' da figura:

- *'Híades' lembram 'Filhas de Atlas', que desde crianças foram as Ninfas que criaram Apolo, com rico significado místico, merecendo atenção do estudioso das coisas da Ordem, e convive com seus Mistérios Iniciáticos.*
- *A meio caminho da 'Constelação de Orion', mais a noroeste, vê-se a 'Estrela Regulus da Constelação de Leão'.*
- *Ao Norte estará o 'Grupo da Ursa Maior', a Constelação mais antiga constante dos 'Registros da Astronomia'; e, suas 'Sete (7) Estrelas' já foram chamadas de 'Sete (7) Bois da Lavoura', que estariam perdidos nas 'Vastas Pastagens dos Céus', vindo a dar origem à palavra 'Setentrião'.*
- *A nordeste a bela 'Estrela Arturus' amarelo-dourado, que assinala o 'Joelho do Boiadeiro' que guarda os 'Sete (7) Bois da Lavoura da Ursa Maior'.*
- *A leste a 'Estrela Spica da Constelação de Virgem', significando a 'espiga', estando sempre à sombra da 'Constelação de Leão'.*

Orador:

- *A oeste a soberba 'Estrela Antares' vermelha de brilho médio, da 'Constelação de Escorpião' assinalando o 'Lugar do Coração'.*
- *Ao sul a 'Estrela Formalhaut' disposta na 'Mão Direita' da figura da Virgem.*
- *A sudeste o 'Planeta Júpiter', o maior do Sistema Solar, e seus 'Sete (7) Satélites' que escoltam sua grandeza, pois é 'Sete (7) Vezes' mais largo que a Terra; os antepassados o qualificaram como o 'Soberano dos Deuses Mitológicos', devido a lentidão com que procura o Zodíaco.*
- *Ao ocidente o 'Planeta Vênus', localizado entre a Terra e o Planeta Mercúrio, sendo o mais próximo do Sol.*

- *Próximo a 'Constelação de Orion' está o 'Planeta Saturno com Nove (9) Satélites'; considerado como o 'Irmão da Terra' porque gira em seu entorno; e, em função de possuir seu Equador a pouca distância de seu solo, criou um vasto 'Anel Achatado e Delgado', formando um 'Imenso Círculo em Forma de Cinto denominado Cinturão', seguido de outro 'Anel' que é protegido por um terceiro, como um 'arco gigantesco' lançado por cima do Planeta.*

Secretária:

As 'Nuvens' estão dispostas de forma a não prejudicar a visibilidade das 'Estrelas', menos no Oriente onde 'não são admitidas', cessando na altura da Balaustrada; já no Ocidente devem se assemelhar a 'nimbos ou cúmulos', bem pardacentas, com nuanças mais carregadas para o Lado Sul; e, na proporção em que vão se aproximando do 'Meio-Dia – Centro da Oficina', onde está a 'Constelação de Orion', irão desaparecendo amenizadas como *'stratos e cirros'*.

Desse modo: *As 'Estrelas' até podem 'falar' do passado contando Lendas,* que são ilustradas por imagens de *'quadros mitológicos'*, que mesmo sendo de parco valor para a *Ciência*, ainda assim são por demais atraentes aos sonhadores; e mais, esses *'quadros'* enaltecem as lembranças dos heróis cantados pelos poetas: *Homero — Hesíodo — Ovídio — e depois por Egípcios e Hindus,* que eram contempladores do *Cosmos*.

Conforme as *'Nuvens'* vão se aproximando do Oriente, sua *'variação de tonalidade'* pode também significar a *'Progressão dos Conhecimentos'* adquiridos pelo Iniciado, e assim, todas as *'tempestades e nebulosidades'* que o possam afligir ou abafar seus *objetivos*, que devem ser sempre os mais nobres e melhores de sua Vida, e que passam a ir desaparecendo, também na medida em que caminham para frente.

Guarda (ou Cobridor):

Ademais, como dito, ainda quanto à *Simbologia*, no Oriente *'não'* deve haver nenhuma *'Nuvem'*, porque deve *'representar a mais perfeita tranquilidade'*, e o Maçom para merecer acesso ao Oriente, tanto deve ter completado seu *'Ciclo de Aprendizagem'*, quanto estar apto a exercer sua *'Plenitude Maçônica'*, ou seja, no mínimo ser um Mestre Maçom.

Nos *'Templos Maçônicos'* o Oriente deve ser entendido como sendo: *O Lugar onde está a Luz Eterna a ser irradiada em todas as direções;* e mais, local que no *Templo do Rei Salomão* correspondia ao denominado *'Sanctun Sanctorun — ou o Santo dos Santos'*.

Por esse motivo, os *Hebreus* o entendiam e aceitavam como sendo a *Área Santificada do Templo',* cujo acesso era proibido aos *Profanos*, e apenas permitido e admitido aos *Sacerdotes*, e assim mesmo, àqueles imbuídos pela nobre *'serenidade'* que os fizessem esquecer todas as suas inseguranças e imperfeições da vida comum.

Como *Chefe da Oficina* e também responsável pelo *'Enriquecimento Intelectual dos Adeptos'*, o *Venerável Mestre* (*Ven∴ Mest∴ ou VM*) deve ser instalado e sempre trabalhar nessa *Área*, protegido por essa parte da *'Abóbada'*, de onde oferecerá o devido *'Ensinamento Litúrgico que a Luz Perpetua'*, serena e inexoravelmente, de onde é cultivada a *'Inteligência e o Saber'*, para*: A Sublimação do Espírito sobre a Matéria.*

VM: ──────────────────────────────────────

Se por acaso o Maçom estudioso vier a fixar sua visão na *'Abóbada do Templo'*, e se encontrar desprendido de quaisquer tumultos e preocupações diárias, certamente sentir-se-á afastado de todo *'Sofrimento Moral e Físico'*; e ainda, se plenamente completo em estar ao largo das ilusões, estará convencido da verdade inquestionável que o*: Mestre-dos-Mestres — Sublime Criador — e G∴A∴D∴U∴,* somente reconhecerá os que saibam exemplarmente cumprir seus *Deveres*, como cidadão, e *Integrante da Arte Real*.

Finalmente, no referente ao *Simbolismo,* cumpre ressaltar que:

- *As 'Constelações Estrelares', disseminadas por todo o 'Teto Azulino do Templo Maçônico' dedicado à Virtude, simbolizam os importantes 'Laços' que justapõem as 'Obras da Criação', uma às outras, assim como, analogamente: A Criatura ao seu Criador!*

71 Grau de Aprendiz
Outros Aspectos

"A FÉ vê o invisível, acredita no inacreditável, e recebe o impossível, por isso, sempre que aprendo, ensino, e quando ensino também aprendo." (Paulo Freire)

VM:

O *'Grau de Aprendiz'* ensina a *Moral*, explica *Símbolos* e a passagem da barbárie à civilização; conduz o Neófito a admirar o G∴A∴D∴U∴, estudar a si e seus *Deveres* com os semelhantes; faz conhecer os *'Princípios Fundamentais da Ordem, suas Leis, Usos e Costumes'*, e o condiciona a ser: *filantropo — virtuoso — e estudioso*.

Já a *'Pedra Bruta'* é a imagem da *'Alma'* do Profano, antes de conhecer os *Mistérios*; e seus trabalhos são de revelações esotéricas e estudo gnóstico, e esse Grau detém *Símbolos e Emblemas* especiais, sendo a Iniciação uma tradição conservada pela *'Ciência Secreta'*.

1º Vigilante:

A palavra *'Iniciado'* deriva do *Grego 'Initiare'*, significando quem *'Começa uma Vida – Novam Vitam Initibar* ou *Ressurreição a uma Nova Vida'*; e há etimologistas afirmando também que a palavra *'Iniciado'* deriva de *'Mucin = Fechar* – derivada de *Museria = Silêncio* – e *Muses = Iniciado'*.

O termo *'Mistério'* vem do *Latim 'Musterion'*, da voz primitiva *'UM'* que é *'Silêncio'*, e em *Sânscrito* é *'Muka'* indicando *'Muda ou Mutus'*.

E o termo *'Iniciação'* deriva do *Latim 'Initiare'*, com mesma etimologia de *'Initium'*, que significa *'Início ou Começo'*; e os dois termos *'In-Ire'*, interpretado como *'Ir dentro ou Ingressar'*, encontra o duplo sentido de *'Ingresso em – e de – Começo ou Princípio de'*; e, a complementar, o *Mestre Aristóteles* dizia aos discípulos: *"Ser Iniciado é nascer de novo!"*

A *Iniciação* é o resultado de duas qualidades intangíveis: *Autoanálise – e – Aspiração*; e, pela necessidade experimentada pelo ser de: *Olhar a si - e - Analisar a personalidade e o ambiente*, resultando na sensação e desejo de aprender, em oposição às suas *'Paixões'*.

Na *'aspiração'* encontra felicidade em obter a meta ou o ideal dos *'Ensinamentos Secretos'*; e diz a *Lenda*: *"Os Homens nascerão de novo!"*; mas, a realidade é que os seres: *'de cabeça baixa por penas – constrangidos por problemas – cínicos – e amargos'*, sempre se tornaram *Candidatos* a cruzar o umbral dos *Templos* dos antigos *Místicos*.

2º Vigilante: _____

E cabe indagar: *O que foi transmitido aos Recém-Iniciados, que regressando ao exterior os fizeram estar: inspirados — confiantes — e seguros?*

Certo é que os antigos *Iniciados* transmitem as: *Doutrinas da Ordem — Crença na Imortalidade — Códigos Morais do Bem — Teorias Matemáticas — e Astronomia*; e o *Iniciado* detinha C*onhecimentos* voltados a iluminar as pessoas, e que ainda contribuiu para herança que atualmente há da antiga *Sabedoria*.

Ainda a perguntar: *Quais os métodos secretos para alcançar esse Conhecimento? É possível uma vida melhor na Terra?* As antigas Iniciações de: *Osíris no Egito — Elêusis na Grécia — Essênios — e Mitra na Síria*, ensinavam maneiras de alcançar essas coisas?

A *Arqueologia* e o tempo trouxeram à luz muitas *'Cerimônias e Ensinamentos'*, iluminadores das *'Escolas de Mistérios'*, ocultos e envoltos em outros *segredos*, resultando que os *Ensinamentos* recebidos eram muito importantes; e pela: *Arquitetura – Gramática – Astronomia – e Aritmética*, ensinava-se a: *Vencer a barbárie –Polir costumes – e Estabelecer Governos*, com base em *Princípios Morais* e práticas das *Virtudes*.

Os: *Aspirante – Candidato – Postulante – e Neófito* designam o *Recipiendário*; e os *Aspirante e Postulante* são que solicitam ser *Iniciados* na *Sociedade Maçônica*; e mais, desde que contasse com a anuência da *Loja*, durante sua admissão seria um *Candidato*.

Orador: _____

O *Romano Aspirante* a *'Cargo ou Dignidade'* vestia uma *Vestidura Branca 'Cândida'*, origem do termo *Candidato*; na Ordem denomina-se *Candidato* o *Aspirante* a: *Dignidade — Grau — ou Função*, e *Recipiendário* a quem vem para ser recebido numa *Corporação*; e ainda, ao ser recebido denomina-se: *Neófito — Recém-Iniciado — ou Iniciado no Grau*.

Além disso, pode-se identificar que a(o)s:

- *'Provas e Viagens' são emblemas de dificuldade e perigo, por: Ignorância da jovialidade — Fogosidade da tenra idade – e Turbulências, Inquietudes e Enfermidades da maturidade.*
- *'Purificação' nas Viagens é causa da Iniciação considerá-la um 'Sacramento'.*
- *'Amargor da bebida' significa dor, 'doce' pureza da vida, e lembra Sabedoria.*
- *Provar valor e lealdade ao Juramento, há o simulacro (aparência – semelhança) de marca inefável.*
- *'Câmara-de-Reflexão' conduz e retrata o Espiritual, a Caveira ao efêmero, e o Testamento ao real.*
- *'Pavimento' branco e preto indica opiniões e Bem-e-Mal; a Corda unidade, igualdade e confraternização.*

E ainda: *O que o Homem deve a Deus?* É difícil responder a pergunta, pois expressa a ideia que se tem do *Supremo – G∴A∴D∴U∴*; porque *Deus* é diferente ao imaginário de cada um.

Secretário: _____

E: *Que 'Deveres' deve haver para consigo mesmo?* Se o ser é a imagem do *Criador*, sua *Missão* é estudar suas obras, e seu *Dever* elevar-se até as excelsas alturas do *Infinito*.

Assim: *Que 'Deveres' se deve ter com os semelhantes?* Essa interrogação deve gerar grande interesse e profundo sentido social; tanto que disse *Jesus – O Cristo*: "*Não faças aos outros o que não queira que te façam*"; e a recíproca de *Direitos e Deveres* deveria ser o que uniria a Sociedade.

Mas, resolutos em iniciar uma nova vida, estando: *Vendado: Símbolo de escuridão, ignorância e perversão – Corda ao pescoço, indicação da escravidão das paixões, erros e prejuízos – Braço esquerdo, joelho direito e pé esquerdo desnudos, a nudez significa o despojar do convencionalismo que impede praticar Virtudes*, e o *Condutor* guia nas *'Viagens Simbólicas'*, aguça e estimula a *Percepção ou visão escura e indefinida – e – Passos incertos e vacilantes*, que conduzem ao *Ideal de Perfeição*; e ciente que o termo *'Condutor'* tem origem no verbo *'Docere= Ensinar'*, e que é análogo a *'Ducero= Conduzir'*.

Na *Oficina* tudo tem significado, então as *'Colunas'* simbolizam o *'aspecto dual – ou – dualidade'*, e também representam os dois princípios complementares de: *Ciência e Substância – Enxofre e Sal – Masculino e Feminino – Pai e Mãe – e outros*'; tanto que diz a *Bíblia*:

Assentou Colunas diante do Templo, uma à ... direita e outra à esquerda; da direita chamou Jakin e da esquerda Boo(a)z.

As Colunas medem dezoito (18) côvados de altura e doze (12) de circunferência ... . Os Capitéis cinco (5) côvados, totalizando quarenta e sete (47), igual das Constelações ...." (Cr. III:17)

Guarda ou (Cobridor): _____

A impressão das *'Viagens'* é de:

- *Primeira (1ª):* De *'vento e o desencadear de forte tempestade'*, Símbolo de falsas crenças e opiniões a enfrentar;
- *Segunda (2ª):* Transcorre em meio a *'choque de espadas'*, Emblema das lutas com as: *Paixões — Pensamentos — e Hábitos'*, para se livrar dos *Vícios* causadores do *Mal*, é o *'Batismo Cósmico'*; e
- *Terceira (3ª):* Ocorre em absoluto *'silêncio'*, sendo fadada à meditação; para depois sentir o *'toque da espada'*, que significa seu verdadeiro *'Batismo Simbólico de Honra'*.

No percurso de uma das *'Viagens'*, as *'Chamas'* os envolvem, quase queimando as vestes, e as nuvens de fumaça fazem pensar no *'temor e sofrimento'*; sendo a virtude de purificar as: *Paixões — Erros — e Defeitos*, qualidades da essência do *'Amor Infinito'*.

Completando a *'Alegoria da Iniciação'*, a imitar o *'Criador'* no *Gênesis Bíblico*, é pronunciado: "*Faça-se a Luz*"; e ao retirar a venda e receber a *Luz*, o *Candidato* se vê entre Adeptos antigos empunhando *Espadas* reluzentes com elegância, porque fazem na *'mão esquerda'*, representando a *'Força Moral empenhada na luta contra os: Vício — Ignorância — e Superstição', e também ainda representando o sentido de 'Defesa e Castigo'.*

Além de tudo passam a:

- *Ensinar o idioma da Inteligência, e recordar seu Segredo, e repassam a 'Palavra Sagrada';*
- *Seu Avental representa a vida laboriosa e a atividade útil;*
- **As** *Luvas Brancas simbolizam as: candura — inocência — e pureza;*
- *Espada Flamígera significa que as: insubordinação — vício — e crime devem ser desterrados; e*
- *Três (3) Degraus que significam: Sabedoria a inventar — Força a dirigir — e Beleza a ornamentar.*

VM: _____

E ainda acrescentam que significam os *Símbolos:*

- *Compasso = Retidão — Justiça — Harmonia — Lei — Superior — Verdade — Moderação de Desejos;*
- *Esquadro = Virtude, firmeza e estabilidade — Retidão de juízos — Honradez — e Não ser passional;*
- *Nível = Equidade nos prazeres — e Não aceitação de desigualdades sociais.*

Quanto à *'morte'*, que jamais se deve ter *'medo da vida ou da morte'*; e antigos pensadores diziam que a *'morte é renascer para uma nova vida'*, além de um ditado que diz: *"O Homem deve viver como se não fosse morrer, e morrer como se não tivesse vivido!"*

Finalmente, deve o Aprendiz lutar contra seus: *Inimigos — Paixões — Hipócritas — Falsos — Fanáticos — e Ambiciosos*, que especulam com a *'Ignorância e Obscurantismo';* e empreender combate vigoroso das: *Luz contra Trevas — Honra contra Perfídia — e Verdade contra Erro!*

Aprendiz Maçom
Demais Considerações

"Preocupe-se mais com sua consciência do que com sua reputação, porque sua consciência é o que você é, e sua reputação é o que os outros pensam de você, e o que os outros pensam é problema deles e não seu."

VM:

Em todos os *Sistemas e Ritos da Maçonaria Simbólica Universal*, denomina-se Aprendiz o *Iniciado* no seu primeiro estágio de *Aprendizado*, conhecimentos esses que se desenvolverão no mais intrínseco dos *Seculares Segredos da Sublime Instituição*.

O termo Aprendiz vem sendo aproveitado desde quando a Maçonaria esteve em sua *Fase Operativa*, ou seja, quando somente compunham a Ordem os *Integrantes de Ofício*, na qual todo aquele que ocupasse o posto mais inferior da *Escala Hierárquica Profissional*, entre todos os operários / empregados / colaboradores, denominava-se Aprendiz.

Já em sua *Fase Especulativa*, em que a Maçonaria passou a admitir em seus *Quadros*, *Integrantes 'não' afeitos ao Ofício*, e que sucedeu a *Fase Operativa*, quando além de todas as características dessa *Operativa*, também passou a se ocupar não mais apenas com a *Arte da Construção*, mas e principalmente, com as*: Moral – Simbolismo – e Rituais*, até porque como é muito bem sabido, também adotou inconteste os*: Regulamentos – Usos – Costumes – e Instrumentos*, da *Antiga Modalidade*.

Assim, pela adoção integral e intransigente de todos os elementos da *Maçonaria Operativa*, a nova *Ordem Especulativa* estabeleceu seu próprio *Sistema de Organização e de Moralidade*.

1º Vigilante:

Então, por todo o exposto caberia a indagação:
O que representa o Aprendiz?
Tendo como resposta que:

* *Representa o ser humano em seus primeiros passos, tanto no que se refere à sua postura frente a civilização, quanto em relação à sua infância cultural,*

mesmo porque deve sempre ser alertado para continuamente:

* *Tentar sair da Escuridão e da Ignorância, e*
* *Buscar incessantemente a Luz e a Cultura, que são os elementos básicos a compor o Conhecimento da 'Verdade'.*

por isso, é *Dever* precípuo do Aprendiz:
- *Lutar constantemente contra os inimigos naturais do ser humano, quais sejam, as: Paixões – Mentira – Fanatismo – Ambição – e Ignorância, a serem sempre combatidas;*

além do também *Dever* de lutar arduamente pela vitória, das:

2º Vigilante:

- *Luz sobre as Trevas,*
- *Honra sobre a Perfídia, e*
- *Verdade sobre a Hipocrisia.*

Estando em *Loja* o Aprendiz deve permanecer em*: Absoluto Silêncio – e – Em Atitude de Respeito e Meditação*, sempre procurando tirar o máximo de proveito de cada *Ensinamento*, que provém tanto do *Oriente* quanto do *Ocidente*.

O Aprendiz deve saber esperar a possível *'Concessão da Palavra'* que até possa ocorrer, e que em caso afirmativo, por obrigação necessita aproveitar, e principalmente, saber usá-la com toda *Sabedoria* que compete.

Quando e se for possível, ao *'falar'* em *Loja* deve sempre se postar com o respectivo *Sinal*, cuja necessidade remete à insistência em recordar ao Maçom que sempre precisa*: Exteriorizar com domínio e polidez todos seus Pensamentos.*

Caberia ainda lembrar que os *Trabalhos em Loja* sempre se iniciam ao *Meio-Dia*, no referente ao trabalho dirigido a seus semelhantes; ademais, esse *horário* alude ao *Período da Vida* em que o Homem estaria melhor capacitado ao trabalho voltado aos semelhantes; e ainda, nesse *horário o Sol* está a pino, não gerando sombras nem no ser humano, o que pode dificultar ou molestar o desempenho no trabalho a seu semelhante.

Antes do *Meio-Dia* o Homem vive a fase de *Aprendizado dos Mistérios da Existência*, e por isso, sempre ao *Meio-Dia* exatamente inicia seu trabalho.

E de acordo om o *Rito* adotado pela *Oficina*, por exemplo no *Adonhiramita*, por sua vez as*: Morte – Fim – e Encerramento dos Trabalhos*, ritualisticamente devem chegar com as *Doze (12) Badaladas da Meia-Noite*.

Orador:

Enquanto no estágio de Aprendiz, o *Integrante* recebe a *'revelação'* do que representa o *Trabalho da Maçonaria*, e aprende que para ser digno e capaz de desempenhar suas funções como legítimo Maçom, precisará:

- *Libertar e Purificar seu Coração,*
- *Apagar antigos Rancores,*
- *Anular possíveis Superstições,*
- *Eliminar qualquer espécie de Ódio, e*
- *Esclarecer todos os Equívocos históricos e filosóficos.*

Exatamente nessa fase diz-se que a *Pedra Bruta* principia a ser desbastada, ou seja, todos os *Maus Costumes* acabam por ser abandonados, juntamente com os *Preconceitos e Paixões* que inundam o *Mundo Profano*.

Assim, para o *Trabalho de Desbastar a Pedra Bruta*, o Aprendiz recebe uma variedade de *'ferramentas especiais'* destinadas a seu necessário *'exemplar desempenho'*, a saber:

- **CINZEL** = *Efetivamente retirará as asperezas da Pedra, equivalendo à faculdade de sempre 'Pensar com Retidão'.*
  É impulsionado pelo Maço que lhe aplica vigorosos golpes, e os transmite para a Pedra Bruta.
  É seguro portá-lo na 'mão esquerda', que corresponde a Receptividade Intelectual e Discernimento Especulativo.
- **MAÇO** = *Direciona a energia necessária para dar forma ao trabalho. É postado na 'mão direita', e sempre impulsiona vigorosamente o Cinzel contra as arestas da Pedra Bruta.*

Secretário: _____

Além disso, todo Aprendiz recebe ainda um *Avental*, que obrigatoriamente sempre deve ser incorporado ao seu *Traje Maçônico*, pois, mesmo em qualquer situação extrema, em que não seja possível contar com nenhuma peça que compõe tal *Traje*, o Adepto praticamente estará *'vestido ou composto'* se única e somente portar seu *Avental*.

Essa *'importante peça'* tem forma retangular, com uma *'superior abeta triangular'*, que enquanto Aprendiz sempre deverá estar voltada para *'cima'*, simbolizando sua até então *'Falta de Conhecimento do Ofício'* que deve ser assimilado, sendo de *'cor branca'* com o propósito de traduzir toda *'pureza da inocência'* desse *Iniciante*.

E, por todas essas características, uma vez trajando seu *Avental* o Aprendiz não é mais aquela pessoa de antes, a que foi quando chegou e adentrou a Ordem, porque detém agora *'gestual solene e postura serena'*, norteados por absoluta disciplina.

E novamente em concordância com o *Rito* adotado pela *Oficina,* por exemplo no *Adonhiramita*, estando em *Loja* o Aprendiz ocupa a *'Coluna da Região Norte – J – ou Setentrião'*, que é a *'Coluna ou Espaço'* destinado aos Integrantes que apenas*: Receberam Mui Fraca Luz, e ainda não compreendem o Simbolismo e as mensagens emanadas do Oriente.*

Nesse local o Aprendiz desenvolverá seu *Trabalho* e receberá*: Toques – Gestos – Palavras Secretas – e outros Ensinamentos Básicos*, para sua formação como Maçom, instruindo-se e bem desempenhando o *Ofício*, no aguardo da oportunidade em que poderá receber seu merecido *'Aumento de Salário'*, subindo então pela vez primeira, seu *Primeiro (1º) Degrau Ascendente* na árdua escalada da *Escada de Jacó*.

O absolutamente necessário *'Pagamento – Remuneração – ou Recompensa, a Todos que Trabalham'*, correspondente aos serviços prestados pelos Aprendizes e Companheiros, sempre é feito pelos *2º e 1º Vigilantes,* respectivamente, se por exemplo for adotado o *Rito Adonhiramita*, cientes de que *'pagar'* em linguagem maçônica significa*: Ensinar – Fazer Justiça – e Satisfazer a Ânsia por Conhecimento dos Terceiros.*

Guarda (ou Cobridor): _____

É por meio de *Aumento de Salário* que os Aprendizes e Companheiros são devidamente *'recompensados'* por seus próprios esforços, isto é, quando então são*: Promovidos ou Elevados a Graus – Fases – ou Etapas Superiores.*

São parte integrante da vasta *Simbologia Maçônica* os*: Cinzel – Maço ou Malho – Avental – Pagamento – e Aumento de Salário,* dentre outros tantos atos e/ ou instrumentos, e que foram eminentemente *'retirada e absorvida'* da *Maçonaria Operativa.*

O Aprendiz jamais deve permitir que tanta riqueza em *Simbolismo*, e tantas informações, representem um obstáculo para seu *Trabalho em Loja*; porque, com muita calma e sensatez, o Aprendiz compreenderá todos os elementos mostrados, assim como todos os demais que encontrar, ao que sempre poderá contar com a valiosa ajuda dos Companheiros e dos Mestres.

E ainda, o Aprendiz descobrirá que as *Reuniões* se realizam muitas vezes num clima de forte emoção, enquanto em outras nem tanto; porém, é muito importante que se conscientize que tudo virá em seu tempo certo, sempre obediente e como recompensa de seu próprio progresso no *Trabalho em Loja.*

Por exemplo, pertencendo a uma *Loja* que trabalha segundo o que preceitua o *Rito Adonhiramita*, caracterizado por ser*: Pleno em amabilidade – Detentor de especial beleza – e Rico em seu esoterismo,* o Aprendiz deverá se sentir exemplarmente cercado por *Amados Irmãos* sempre dispostos a auxiliá-lo com os devidos incentivo e assistência, necessários ao seu desenvolvimento.

VM: _____

E, no momento em que a *'venda'* é arrancada do *Candidato*, instante em que se encontra cercado por muitos *Amados Irmãos* conhecidos e desconhecidos, num ambiente absolutamente novo e intrigante, o Aprendiz Maçom para o resto de sua vida jamais será o mesmo, quando então, todas as suas naturais dúvidas deverão ser esclarecidas, assim que se dispuser a prover sua frequência assídua nos *Trabalhos em Loja.*

Finalmente, o Aprendiz Maçom poderá então:

- *'Perceber'*, mas não divulgar ao Mundo Profano, todas as maravilhas que serão apresentadas,

assim como,

- *Poderá imediatamente Aprender, mas não Ensinar por seu Solene Juramento, as Revelações Milenares que constituem o vasto Conhecimento Maçônico.*

73 Aprendiz Maçom Sua Caminhada

"Quem ama não vê defeitos, e quem odeia não vê qualidades, mas quem é amigo vê as duas coisas e ainda assim continua amigo."

VM: _____

À medida que o Maçom evolui em sua *Jornada de Progresso*, passa a concluir sobre os pontos comuns da *Identidade Maçônica*, como a real existência de um *Ser Supremo*, a quem a Ordem identifica como o *Grande Arquiteto do Universo — G∴A∴D∴U∴*.

Essa esplendorosa *Entidade* dotou os Homens de uma inteligência tão primorosa, que os permite discernir com segurança o *Bem-do-Mal,* embasada por uma *Moral Limpa e Sadia*; e, por tudo isso é que se é Maçom, que por hipótese deve sempre ser detentor de uma *Moral* baseada no inigualável *Amor ao Próximo,* a partir da utilização de um *Sistema de Mistérios e Alegorias.*

1º Vigilante: _____

Para melhor compreensão do que se refere à Maçonaria, e para que os Adeptos não se prendam a falsas e errôneas conclusões, a Ordem sempre exige que o *Candidato seja Homem Livre e de Bons-Costumes.*

Apesar de que, aos que creem, e assim concordam, basicamente deve ser entendido que*: Todo Homem deve ser sempre absolutamente Livre.*

E se esse se sujeita a *Entraves Sociais*, ou se torna um verdadeiro escravo das *Paixões*, deixa de ser comandante de sua individualidade, e então, jamais deve ou pode assumir qualquer compromisso mais sério.

E mais, essa inteira *Liberdade* oferece condições ao ser, se optar por assim decidir, em abdicar as *Vaidades Profanas*, e reconhecer a necessidade imprescindível de que a *Instrução* é o eficaz e fundamental alicerce da verdadeira *Moral Humana.*

2º Vigilante: _____

Da *Iniciação Maçônica*, com significado grandioso ao Aprendizado do Adepto, recorda sua *Passagem pelas Três (3) Viagens que pertencem ao Cerimonial*, que detém características distintas, e que o conduz às *Portas do: Sul — Ocidente e Oriente,* porque sabe que*: Ao bater foi recebido!*

Mas, acreditando-se que foi o 'caos' que precedeu a formação do *Mundo*, para depois em meio a muitas lutas, que obrigatoriamente se deve vencer, dirigiu-se para bem se colocar entre os próprios semelhantes, para finalmente atingir a idade da maturidade e da reflexão.

Ademais, simbolicamente o Candidato:

- *Bateu e Trespassou pelas 'Três Portas' — Foi purificado por meio da Água e Fogo — Ficou em condições de 'Receber a Luz' — e Utilizou: Sinceridade — Coragem — e Perseverança.*

Orador: _____

Então, imediatamente depois, simbolicamente a merecida *'Luz da Verdade'* deve chegar a esse Candidato, para que se acostume a essa *'Luz'*, por intermédio das muitas e sólidas *Instruções*, que serão transmitidas pelos encarregados Mestres Maçons mais antigos.

Como parte importante da *Cerimônia*, presta seu *Juramento ou Obrigação*, e recebe sua *Consagração*, e passa a se ligar e unir à Ordem, à *Guarda dos Segredos* confiados, e realizar a exemplar tarefa de*: Amar — Proteger — e Socorrer* seus pares que demonstrem justa necessidade.

Portanto, a cada nova *Instrução*, ao Neófito cabe compreender ser um *Novo Ensinamento* a absorver, e que ainda significa *Novo Passo* em sua árdua e extensa caminhada rumo à Mestria.

E enquanto caminha a se tornar Mestre Maçom, todo tempo vivido desde a *Iniciação* até aqui, deve recordar-lhe a grandiosidade de suas reflexões iniciais, porque quando isolado em seu próprio silêncio mais profundo, é provável que tenha meditado sobre certas considerações expostas, que se mostraram fortes e relativas a vários questionamentos, tais como (adaptado):

Secretário: _____

- *Se tem medo não vá adiante. E Se a curiosidade te trouxe, vá embora.*

Mas, o tempo e trabalho nas hostes da Ordem pode gerar no Adepto o pensamento de que:

- *Uma força íntima repleta de satisfação e alegria, possivelmente o fará entender, nesse estágio de sua caminhada, que foi iniciada como Aprendiz, que se tudo tivesse que ser repetido, é quase certo que o faria com a mesma dedicação e confiança.*

Ademais, repetindo que no tempo, cabe citar o que mais o apoia e dignifica nessa senda:

- *Os: Carinho — Exemplos — Dedicação — Confiança — e Amizade;*
- *Respeito tributado pelos VVMM que o guiaram — Homens de Sabedoria;*
- *Atenção dos 1º e 2º Vigilantes — Luzes que o engrandeceram;*
- *Equilíbrio — Humildade — e Simplicidade, dos demais Oficiais;*
- *Portanto, esse conjunto harmonioso de Homens-de-Bem o faz sentir-se gratificado, e regiamente recompensado pela decisão anterior de pertencer aos Quadros da Sublime Instituição.*

Guarda (ou Cobridor): _____

Entretanto, quando Aprendiz é muito provável que pensasse que o período ao qual pertence à Maçonaria ainda fosse curto demais para tanto entusiasmo e euforia.

Porém, o que sempre deve ficar muito claro a todos os Integrantes é que:

- *Não há nenhuma diferenciação, de qualquer espécie, entre quaisquer Adeptos, no referente a nenhum tema e/ou situação.*

- *O que realmente pode muito pouco, apenas marcar tal fato, é que os demais Integrantes têm um 'diminuto' tempo de Ordem anterior — SOMENTE ISSO!*

Mas, retomando ao tema inicial, vale lembrar que os sentimentos e a inteligência desse Aprendiz o farão ser conduzido a uma auspiciosa realidade, ou seja, que deve sempre deter a eterna esperança de que haja*: Paz — Amor — e Prosperidade,* para caracterizar e circundar todos os Integrantes da Maçonaria, enquanto existirem *Homens-Livres e de Bons-Costumes,* isto é, todos aqueles que colocam o *Ser Supremo ou Criação Única* como a *Razão* maior de toda sua própria *Vida,* e a *Humanidade* como o sentido mais amplo de suas preocupações constantes.

VM: _____

Finalmente, desse modo se estará cada vez mais próximo de serem encontradas e vivenciadas as*: Tranquilidade — Harmonia — e a Pacífica Felicidade,* consubstanciadas e suportadas pela alegria maior de efetivamente poder ter contribuído, nem que minimamente, para esses objetivos, com a plenitude da força de todos os *Princípios* individualizados, lastreados pela *Sublimidade do Amor* de cada um e a ferrenha vontade de sempre estar alerta para bem servir!

74 Como Auxiliar o Novo Integrante

"Para conhecer os amigos é necessário passar pelo sucesso e pela desgraça. No sucesso verifica-se a quantidade, e na desgraça a qualidade."

VM: _____

A Maçonaria tem a responsabilidade de fornecer aos *Novos Integrantes,* minimamente, a oportunidade de conhecer e interagir com seus pares, tanto para ajudá-los a realizar o trabalho que lhes cabe, quanto à árdua tarefa de fornecer o *Conhecimento* referente àSublime Fraternidade.

Mas, o sucesso da empreitada requer cuidadoso e elaborado *Programa de Orientação,* a ser traduzido como *'esforço de equipe',* que objetiva o desenvolvimento do Adepto, com base em seu pleno potencial demonstrado.

Entretanto, apesar disso, vale a indagação:

- *O que em geral ocorre na maioria das Lojas entre o 'Pedido' de alguém para ser Iniciado e sua respectiva Iniciação?*

E assim sendo, o cenário é algo parecido ao que segue:

- *Um Comitê da Loja recebe uma Petição em forma de 'Proposta de Iniciação', que é entregue a uma 'Comissão de Sindicâncias ou Visitas', que faz o trabalho e devolve seu Relatório.*

1º Vigilante: _____

A seguir, em plenário as Oficinas promovem a necessária e respectiva *'votação',* referente àquele *Pedido de Adesão*; e no caso da aceitação e/ou aprovação o Candidato é comunicado por intermédio de seu apresentador, nominado também como *'padrinho',* e sendo ainda, eventualmente, já informado da data de sua *Iniciação,* para que possa bem se preparar; ademais, é esperado que com todas essas cabíveis providências, não estejam faltando mais nada para o transcurso de uma *Cerimônia* exemplar, até porque todo Maçom deve sempre ter em conta que:

- *Nas Cerimônias Maçônicas, em especial de Iniciação, cabe 'sempre' aos Adeptos se preocupar com a realização do melhor e mais cuidadoso Cerimonial; principalmente porque, quando esses mesmos Maçons passaram situações idênticas, é provável que os que prepararam e executaram as Sessões, é certo, tiveram preocupação semelhante; e agora é a vez desses mesmos Integrantes, de modo igual, procurarem realizá-las!*

E, como parte das providências, ainda a incluir que o 'apresentador' do Candidato deve, necessariamente, desempenhar ainda o papel de 'apoiador e orientador', e assim, deve ser iniciado um eficaz Programa de Educação.

2º Vigilante: _____

Esse *'apoiador e orientador'* deve fornecer ao seu *'apadrinhado'* toda a metodologia que for precisa, para garantir que cada *Novo Adepto*, antes mesmo de ser *Iniciado*, possa ser devidamente instruído do modo mais adequado nos *Fundamentos Básicos* da Maçonaria.

Esse *'Programa de Tutoria — Acompanhamento — ou Orientação'* também consiste em apresentar a cada Candidato a *'aproximação'* de um *Amado Irmão Mais Experiente*, para atuar junto ao Iniciante como um *'verdadeiro: mentor — educador — e companheiro'*, e mostrar-lhe que sempre estará consigo ao longo de toda sua jornada inicial, assim como no transcurso de sua trajetória nos *Graus Simbólicos* da Sublime Ordem.

Ao Candidato também deverá ser providenciada sua inicial *'literatura específica e apropriada'*, assim como cabe essa mesma repetição em cada um dos demais *Graus* que compõem os *Três (3) Graus do Simbolismo;* *'literatura'* essa que poderá ser explicitada na medida do possível, e sempre em concordância com o Grau pertencente ao Integrante; e nesse caso em assunto, quando então passará a deixar de ser somente um Candidato, para se tornar um Adepto realmente ativo da Loja, muito motivado, educado e agora conhecedor.

Muitos *Novos Membros* da Ordem não permanecem ativos na Loja, como é esperado, logo depois de atingir o *Terceiro (3º) Grau de Mestre*, até porque deixam de ser estimulados o suficiente para manterem-se interessados; isso ocorre, geralmente, por conta de não entenderem bem os *'meandros e hostes'* da Verdadeira Fraternidade para qual acabam de adentrar, pois*: O Candidato é, em realidade, um estranho para a Maçonaria, e vice-versa!;* e ademais, não é meramente a uma Loja que os mesmos se uniram ou agruparam, mas sim a uma Grande Fraternidade com as mais belas histórias que remonta a muitos Séculos.

Orador: _____

E todo Candidato tem o direito de esperar que a Oficina proporcione as informações que necessite para conhecer suficientemente a Instituição, mas somente no que couber ser esclarecido, para que com isso possa bem se orientar e com plena consciência aceitar entrar para a Ordem; porém, muitos Adeptos nunca receberam tais informações, mas apesar disso, são autorizados a adentrar e até prosseguir, mesmo carentes e sem nenhuma direção ou instrução.

Durante muitos anos os líderes responsáveis pela Maçonaria têm estado por demais conscientes desses problemas, entretanto, foi somente em grande parte graças aos esforços de algumas regiões empreendedoras, que nos últimos anos as coisas começaram a mudar e acontecer; até porque, falhas incorrem em detrimento de enfraquecer a estrutura inteira, mesmo ao se tentar*: Construir muros duradouros utilizando 'pedras brutas'*, porém, se isso ocorrer com a indevida utilização de *'argamassa fraca'*, quase nada será produzido com sucesso!

Mas não é apenas questão de ensinar os *Novos* acerca das Cerimônias, mas buscar imbuir em todo o *'Espírito da Maçonaria'*, para que desse modo tenham a possibilidade de acreditar e compreender seus *'propósitos e ideais'*.

Assim, não apenas o Candidato vem a lucrar com a tutoria e/ou supervisão, quanto a própria Loja reforça seu *Quadro de Obreiros* por passar a deter *Novos Adeptos*, que desde o início podem tomar parte em suas atividades; por isso, é necessário responder as *'Quatro (4) Questões Fundamentais'* que seguem:

Secretário:

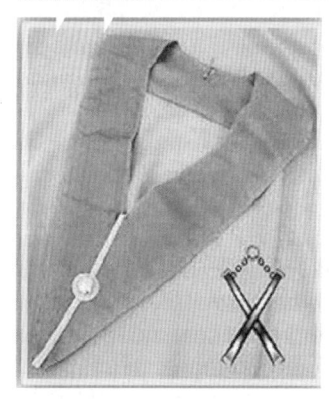

1) Poder-se-ia permitir que Novos Maçons passassem pelos 'Três (3) Graus do Simbolismo', e de quaisquer outros Graus, desinformados e sem Instrução?

2) Poder-se-ia deixar de incentivar itens especiais nas Sessões da Loja, com vistas a 'educar' os Obreiros que a frequentam regularmente?

3) Poderia a Loja permitir que Oficiais despreparados viessem a ocupar o Trono de VM?

4) Falha-se ao reconhecer que as 'qualificações de liderança' são inatingíveis, e se ignorada a necessidade vital de se tornar 'maçonicamente educado'?

Ora, se a todas as respostas couber um *'sim'*, então a Loja precisa urgentemente de um inédito e exemplar *'Programa de Tutoria — Acompanhamento — ou Orientação'*; assim, depois de recebido um *'Pedido ou Proposta de Ingresso'*, o VM deve de imediato nomear uma *'Comissão'* para análise e providências referentes ao *'Pedido'*, e um Integrante escolhido deverá ser o mentor.

Aos componentes dessa *'Comissão'* cabe a tarefa de se encontrar com o Candidato e sua família na própria casa, bem como responder quanto possível quaisquer perguntas esclarecedoras.

E, ao ser *'Proposto e Aprovado o Aspirante'*, o mentor escolhido pela Loja deveria apresentar um *termo consubstanciado*, para embasar a *Equipe de Educação* da Oficina, que poderá dar seguimento às providências, ou se convier, o mentor trabalharia só e aprovaria o *Programa*.

Guarda (ou Cobridor):

Em complemento, a seguir a Loja pode enviar ao Aspirante uma correspondência de congratulações por sua *'Aprovação'*, anexando inclusive *'literatura'* julgada relevante para que inicie a se ilustrar.

Ao mentor cabe contatar o Candidato e aconselhá-lo a se programar de acordo com o *Calendário* do seu *Grau*, e ainda o convidar, juntamente com sua companheira, para comparecer às: *Lojas — Sessões — ou Reuniões Abertas (Públicas ou Brancas)*, e ainda a participarem das *Funções Sociais* estabelecidas pela Oficina.

Esse mentor, como já dito, deve *'acompanhar'* o Adepto por toda sua jornada, e manter contato durante o progresso pelos muitos *Graus*, auxiliando-o a se preparar para cada fase, e ainda se vem contando com amigos ou associados Maçons que gostariam de participar dos *Cerimoniais*.

Em resumo, e acima de tudo, o mentor deverá fazer com que o *Novo Integrante* tenha a sensação e certeza que se tornou parte importante da *Grande Família Maçônica*.

VM: _____

Contudo, esse *Novo Adepto* precisa conhecer e compreender seus *'Deveres'* como Maçom, e do mesmo modo, quais são seus *'Direitos e Privilégios'*; além disso, precisa do maior número de informações possível sobre as *'Tradições'* da Ordem, que são muito ricas, além de todo exemplar trabalho realizado pela Maçonaria.

Finalmente, pode-se ter como certo que um *Novo Maçom* devidamente*: educado — orientado — e investido,* será um Integrante muito ativo para sua Loja; e para tanto, como dito, esse *'(A) Programa de Tutoria — Acompanhamento — ou Orientação'* pode se tornar o primeiro passo efetivo*:*

1) Para eficiente, necessária e cabível 'retenção e permanência' na Ordem; e
2) Para a 'expansão' do número de Adeptos de uma Oficina;

e ainda, se *'combinado'* com eficaz e cuidadosamente estruturado *'(B) Programa de Educação Maçônica'*, ambos *'Programas (A+B)'* somados poderão compor e fornecer um coerente e competente *'Sistema de Ensino Maçônico'*, adicionado, como dito, à necessária *'retenção'* de seus Integrantes.

Assiduidade Pontualidade – e Postura

"Os antigos egípcios tinham uma crença sobre a morte, quando suas Almas chegavam ao Céu os Deuses faziam duas perguntas, e as respostas determinavam se seriam aceitos ou não: 1) Você encontrou 'alegria' em sua vida? — 2) Sua vida trouxe 'alegria' a outras pessoas?"

VM: _____

1. INTRODUÇÃO

'Assiduidade – Pontualidade – e Postura', atributos importantíssimos que deve ter o Verdadeiro Maçom; sendo que a Assiduidade é de vital importância, pois é do Integrante que sempre depende a sobrevivência da Loja, senão:

• *Como entender o funcionamento da Loja, se os Adeptos não comparecem aos seus Trabalhos?*

e ainda:

1º) Quem abrirá o Templo?
2º) Quem o Adornará?
3º) Quem preparará suas Ferramentas?

e detendo-se com mais vagar nesse primeiro (1º) atributo, que é muito mais abrangente, os outros só existem em função desse mesmo.

2. ASSIDUIDADE

Apesar disso*: O que é Assiduidade?* Consultando o dicionário depara-se com a definição*: Assiduidade é a qualidade ou caráter de ser Assíduo;* e *Assíduo* é*: Quem comparece com regularidade e exatidão ao lugar onde tem que desempenhar seus Deveres ou Função.*

1º Vigilante: _____

São *'Deveres'* precípuos do Maçom, dentre outros*: Frequentar Assiduamente os Trabalhos da Loja e dos Corpos a que Pertencer.*

Aliás, todo Adepto*: Aprendiz — Companheiro — ou Mestre,* ao preencher a *'Solicitação e/ou Pedido de Ingresso'* na Sublime Instituição, comprometem-se a frequentá-la com muita *Assiduidade*, e à *'pergunta'* dos *Sindicantes* sobre esse mesmo assunto, afirma ter *'Disponibilidade de Tempo'* para, de modo geral, frequentar semanalmente os *Trabalhos*.

E reafirma esse mesmo propósito, quando são feitas *'perguntas'* pelo VM no transcurso da *'Solenidade de Iniciação'*, no episódio ritualístico do *'Recebimento da Luz'*.

Contudo, todo o exposto até aqui refere-se simplesmente aos aspectos legais respectivos, mas muito necessários e essenciais ao bom funcionamento de toda e qualquer: *Instituição – Organização – Sociedade – e também logicamente da Maçonaria*.

Entretanto, os aspectos a serem abordados, muito embora não se divorciem da legalidade, revestem-se dos puros *Sentimentos de: Amor – Solidariedade – Fraternidade – e Irmandade*.

E lembrando que ao ser aberto o *'Livro da Lei'* quando da *'Abertura dos Trabalhos'*, ocorre a exortação de todos em direção à sua efetiva *'União'*, e se tratando da Bíblia, ao serem declamados alguns de seus versos e/ou versículos, conforme o Rito adotado pela Oficina, mas deixando claro e certo que todos comunicam mensagens alentadoras e comprometedoras do *'bem servir'*; esse *'bom convívio'* entre os Adeptos é o que deve: *Animar – Confortar – Fortalecer – e Alegrar* a todos.

Diz-se a respeito desse *'bom viver'* que, até semanalmente, são experimentados e compartilhados por aqueles que estão em Loja, com quem se quer dividir as notáveis experiências que a Ordem proporciona.

2º Vigilante:

Ademais, a exemplificar o exposto, vale mencionar uma fábula, isto é:

Conta-se que numa pequena cidade no interior da Inglaterra, havia um pastor que conhecia quase todos os seus habitantes; por isso, no Culto dominical era comum que algumas pessoas se sentassem sistematicamente nos bancos da frente; e, entre essas havia um Senhor muito conhecido e respeitado na localidade, que se sentava sempre no mesmo banco.

Num determinado domingo o pastor observou que aquele banco estava vazio; mas não se preocupou pois era normal que alguns, por certo motivo tivessem faltado àquele domingo.

Porém, na semana seguinte o banco continuou vazio, o pastor começou a ficar preocupado, e os demais começaram a especular sobre o fato.

Na terceira semana repetiu-se o episódio, novamente o banco continuava vazio; então, terminado o trabalho religioso, o pastor resolveu ir à casa do Senhor faltante, e assim saber a respeito de suas seguidas ausências.

Em sua defesa o faltoso argumentou que já frequentava o Culto há anos, sabia de cor e salteado o que o pastor iria pregar, conhecia todos os Livros da Bíblia, desse modo o Culto já estava se tornando enfadonho, cansativo, repetitivo, enfim, não via mais atrativo para estar ali.

Então, o pastor nada dizendo foi até a lareira, retirou uma brasa e a colocou em cima do parapeito da janela, sentou e esperou; logo em seguida a brasa começou a se apagar.

Passados alguns instantes de profundo silêncio entre os dois, o ausente disse ao pastor: 'Compreendi sua mensagem', e seguindo voltou a frequentar o Culto como sempre fizera.

Moral da História: 'Uma brasa sozinha perde o calor rapidamente'.

Orador: _____

O que aconteceu com o faltoso dessa história é muito parecido com o que, de modo geral, ocorre atualmente com as Lojas.

Muitos Integrantes não comparecem às *Reuniões* alegando motivos vários, parecidos com os da história*: ora porque não tem tempo – ou que as Reuniões não têm motivação – ou que são demoradas – ou que tem compromissos mais importantes – ou que os temas abordados não são interessantes – ou que são enfadonhos, cansativos e repetitivos – ou que para ouvir apenas o bater do Malhete é melhor ficar em casa – e muitos outros.*

É fácil demais reconhecer um Maçom desinteressado, porque é aquele que*: Está sempre reclamando que a Sessão está demorando e precisa ir embora por um motivo ou outro – e Sempre encontra razões para não colaborar com os afazeres da Loja.*

Tais Adeptos jamais devem servir como*: lição – paradigma – ou exemplo;* não devendo nunca serem imitados; entretanto, pode-se até ser tolerantes com os mesmos, mas jamais coniventes; ainda assim podem ser *'incentivados e apoiados'*, e até se promover diálogos com esses como reais *'Amigos e Integrantes da Ordem'*, e buscando propiciar assim a formação de uma *'Corrente Positiva e Construtiva'* denominada *'Egrégora Maçônica'*, que é efetivamente *'primordial e necessária'* para obtenção dos bons resultados nos *Trabalhos* realizados.

A Maçonaria tem com uma de suas metas modificar o *Homem* em seu íntimo – no seu *Espírito*, para resultar na melhoria de sua *'Evolução Interna'*, contribuindo assim para que essa *'Evolução'* não só se restrinja aos Adeptos, mas que promova reflexos por toda a *Sociedade*.

Os Integrantes que desejarem verdadeiramente *'Evoluir em seu Interior'*, devem fazê-lo mudando inicialmente a própria maneira de pensar; assim, devendo de início perguntar-se, parafraseando o exemplo do *'Presidente Kennedy em seu Discurso de Posse nos EUA: Nunca pergunte o que a Maçonaria pode fazer por você, mas o que você pode fazer pela Maçonaria?'*

Secretário: _____

3. PONTUALIDADE

E desde que se tenha superado o atributo inicial, o da *Assiduidade,* passa a deparar-se com o segundo (2º), o da Pontualidade, também de suma importância para que os *Trabalhos* possam se desenrolar e ser considerados *'Justos e Perfeitos'*.

O que será essa Pontualidade? Consultando outra vez o dicionário constata-se que é*: A qualidade de ser Pontual – Exatidão no cumprimento dos Deveres ou Compromissos – e Rigor,* de onde então *Pontual* é*: O que chega, parte e/ou cumpre suas obrigações na hora marcada.*

Dessa maneira, sempre que possível, deve o Maçom estar presente cerca de 20 (vinte) minutos antes da hora determinada para adentrar ao Templo, e com isso criando a oportunidade de melhor congraçamento com todos os seus pares na *Sala dos Passos Perdidos,* sem estar sujeito ao rigor e solenidade ritualística que revestem as *Sessões,* mesmo porque*:*

• *O melhor é sempre estarem unidos todos os Integrantes da Maçonaria!*

Um segundo enfoque para essa *Pontualidade* está prescrito, precisamente, quando é dito serem *'Deveres'* do Adepto da Ordem, *'providenciar e cumprir'* com a devida *Pontualidade* todas as contribuições pecuniárias, ordinárias e extraordinárias que forem atribuídas.

Todo Integrante zeloso de seus *'Deveres e Obrigações'* não deve esperar que o Adepto incumbido da tarefa de *'administrar e/ou controlar os metais'* da Loja o procure alertando que cabe saldar suas contribuições; porém, antes de ser procurado deverá *'nivelar seus metais'* junto à *Tesouraria* da Oficina; esse é o correto comportamento do Verdadeiro Maçom.

Guarda (ou Cobridor): _____

4. POSTURA

Por fim, passa-se a tecer considerações sobre o terceiro (3º) atributo, o da *Postura*, que junto com os demais descritos formam uma das mais marcantes e principais *'características'* do Maçom; e ensina o *Mestre Aurélio* em seu dicionário que*: Postura é posição do corpo – o aspecto físico – e/ou a atitude.*

A esse respeito, os primeiros exemplos que o Aprendiz percebe, tendo já recebido a *Luz* é*: Ao ficar em pé deve estar perfeitamente ereto – aprumado*, e sendo nessa posição que lhe são passadas a(o)*: Comunicação – Conceitos – e Instruções;* e quando sentado deve manter o *'tronco ereto e mãos apoiadas nos joelhos'*, posição propícia a receber/absorver todos *'eflúvios'* emanados.

Noutro sentido, não físico, a *Postura* significa a(o)s*: Atitude e Conjunto de Conceitos principalmente de Cunho Moral,* de que deve estar revestido o Maçom.

A forma mais adequada de o Adepto demonstrar *'Postura Maçônica'* é por meio de seu exemplo, pois a(o)s*: Palavra – Discurso – ou Intenção,* nenhuma substitui o verdadeiro exemplo, que deve ser de um*: Homem Livre e de Bons Costumes;* porque importante é que se crie no viver diário o hábito da *'Prática do Bem',* não como mero cumprimento de *'Dever e Obrigação',* mas imbuído de *'Puros Propósitos Maçônicos'.*

VM: _____

Finalmente, tomara que todos os Homens, em principal os Integrantes da Ordem, possam 'absorver e adotar como prática nas Vidas Maçônica e Profana', as: Assiduidade – Pontualidade – e Postura; porque assim fazendo, é certo, se tornarão 'Verdadeiros Obreiros Úteis e Dedicados', e contribuintes em prol da 'Real Felicidade da Humanidade'.

76 Maçom e a Loja Conceitos Adicionais

"O que está embaixo é semelhante ao que está em cima – Lei da Analogia; e O que está em cima é semelhante ao que está em baixo – Lei da Correspondência."
(H. Trimegisto)

VM:

Sinceramente se auspicia que em nenhuma Loja seja inevitável e/ou necessário reprovar alguém, porque sempre cabe a essas mesmas pessoas decidir se progridem ou se enganam; lembrando que, de uma maneira ou de outra, todos *'pagam'* até um *'preço alto'* para estar ali.

Apesar disso, pode-se ter certeza que durante determinado tempo esses indivíduos possam se sentir melhor, desde que muito se *'dediquem e estudem'*, tornando-se *Homens* melhores; e ainda, por intermédio de seus próprios *'atos e pensamentos'*, poderão sentir o quanto estão *'progredindo e evoluindo'*, tanto material, como em especial espiritualmente.

Então, seria muito adequado alimentar a esperança de que todos pudessem se *'desenvolver'*, mas isso logicamente leva tempo; contudo, é devido sempre considerar que os mais velhos, em tempos passados, também não intencionavam agradar *'gregos e troianos'*.

Em verdade, em muitas dessas situações quase sempre cabe utilizar a *'Linguagem Simbólica'*, na tentativa de *'transportar'* os Novos Integrantes a outros universos, em busca de incutir-lhes *'Novos Valores'*!

1º Vigilante:

Sem dúvida essa 'Linguagem Simbólica' deve ser desenvolvida de modo a nunca ser preciso sequer pronunciar 'Palavra', até porque na 'Linguagem de Sinais' de fato pode ocorrer o mesmo.

E isso estando bem compreendido, é gerada reação em cadeia de 'Imagens e Entendimento', quando a 'Linguagem Falada' se enriquece, mas paradoxalmente se torna mais lenta; então:

• A *'Linguagem Simbólica'* estimula o indivíduo intelectualmente falando?

E seria das formas paupérrimas e apequenadas de descrever seus 'Benefícios'.

É certo que outros motivos são decorrências desse *'Aprendizado'*, além do *'Hermetismo'* conseguido a garantir a *'segurança e seriedade'* do grupo, acrescida da *'velocidade e simplicidade'* em obter *'entendimento'*, e assim conseguir uma *'Nova Concepção de Vida e os Norteadores de Procedimentos e Bons Hábitos'*; então: *Cabe se 'apegar' com vigor aos 'Novos Conhecimentos',* ou que seria: *A única e real 'meta' dos Maçons.*

Buscando o *'Saber'* se aprende ser importante o *'Saber + Saber'*, já que o *Conhecimento* de nada serve sem *'Sabedoria'*, e a coletânea de *'Bons-Hábitos'* é a chave para toda a *'Sabedoria'*.

Provar ao ser que *'pode tudo'*, e que todo acontecimento na vida e ao seu redor, está ligado diretamente a si próprio, seja por meio de seus*: Pensamentos – Atitudes – Ações – Sentimentos – Emoções – Desejos – Vontades – e todos os demais atos que o possam caracterizar!*

E mais, caso se consiga conhecer em verdade sua *'essência'*, no transcurso de sua inestimável *'missão'*, é certo que saberá o que realmente *'pode'*, e se isso vai o ajudar ou prejudicar.

2º Vigilante:

Os seres humanos possuem *'várias vantagens' sem precedentes* no *Reino Animal*, por exemplo, porque somente os humanos podem *'rir'*, nenhum outro animal *'ri'*; no entanto, existem pessoas que se recusam a achar qualquer tipo de *'graça'* ou mesmo *'sorrir'*; e outros exemplos, apenas os seres humanos podem *'querer'*, somente esses podem *'escolher uma coisa ou situação e resolverem tê-la'*, e porquanto, os animais só fazem pelo *'instinto de preservação'*; mas, infelizmente muitos humanos se deixam guiar e influenciar tão somente pelo *'instinto'*.

Portanto, o *'querer'* deve ser entendido, estudado e utilizado como um *'propósito ordenador – ou seja – de quem processa a ordem'*; e sendo a *'ordem'* o meio para ser conseguido o *'fim'*.

Ademais, todo grupo necessita de*: união – metas – e objetivos*, e para que os *'objetivos'* sejam alcançados é preciso essa *'união'* somada aos atributos da *'confiabilidade'*, e essa *'confiança'* precisa de *'pureza'*, ou caso contrário, sempre imperará a *'desconfiança'*.

Essa *'pureza'* é apresentada e verificada em seus *'Pilares e na Própria Iniciação'*, sendo que na *'pureza'* deve residir toda a *'essência'* da Irmandade, ou o *'laço'* que mantém unidos seus Adeptos, pois configura um *'Segredo'* impossível de ser revelado; e que assim se mantém até os dias atuais, por isso, torna-se relevante notar a diferença entre *'Desejo e Vontade'*.

Outro fator muito importante é *'Aprender a verificar suas Emoções — isto é — Aprender a dominar os próprios Pensamentos'*; mesmo porque, ninguém tem o direito de fazê-lo sentir-se*: bem ou mau – ou – triste ou alegre,* a não ser que seja seu próprio e imperativo *'Desejo'*.

Orador:

Como os *Homens* vivem em*: comunidades — grupos — e sociedades*, é imprescindível que se entendam *uns-aos-outros*, e principalmente a si mesmos.

A *Alquimia* diz:

- *O Interno deve ser 'idêntico' ao Externo, só que de outra forma; ou seja:*
- *O Micro-Universo é uma imagem empobrecida do Macro-Universo; portanto:*
- *O Homem é a imagem 'mais simplista' de Deus;*
- *Uma Família é uma imagem 'mais simples' da População;*
- *Uma Formiga do Formigueiro;*

- *Um Bairro de uma Nação;*
- *Uma Frase de uma Filosofia; assim como de muitos outros exemplos.*

Por todo o exposto, o que se deveria propor no estágio atual das coisas, é uma *'mudança'* imediata não só para as Lojas, mas principalmente para a Maçonaria em sua plenitude; cientes de que por mais complexa que qualquer *'mudança'* possa parecer, efetivamente não o é!

Entretanto, deixando certo que a *'mudança'* deve estar intimamente ligada a *'ação'* para que se torne eficaz, que é o grande chamamento diário no Mundo atual; gerando por consequência o alentador e motivador prenúncio do*: mova-se – faça acontecer – e triunfe!*; mesmo porque*: Tudo é possível para quem realmente Quer – ou seja – A real e eficiente demonstração de Vontade.*

Outro certo e importante *Preceito* é o de que, em realidade, a *'mudança'* já se faz presente desde o momento em que se é *Iniciado*.

Secretário: _____

Então *cedo ou tarde*, todo Integrante sente a necessidade de *'Evoluir'*, tanto em sua própria *Crença*, como no aprofundamento de seus *Conhecimentos*, até porque isso é*: Viver a Vida; e: Viver é Realizar - é Fazer;* tanto assim que*: Viver incorre em Ação – Em Amar – Em Ser – e muito mais.*

Cabendo ademais atestar que*: Viver é diferente de Existir – porque Viver é Ação,* e ainda que *'Viver'* somente se explica por intermédio de verbos correspondentes de *'Ação'*, pois enquanto houver *'Existência'* deve-se incentivar a *'Vida'*.

De outra parte, sempre deve haver *'Honra'* em *'retribuição e reconhecimento'* ao merecimento de cada Integrante da Ordem que carrega a mesma *'bandeira'*, como aos que aspiram também carregá-la.

Os bons Adeptos auspiciam *'Desenvolver seus Conhecimentos e a Investigação da Sabedoria'*, e nesse percurso se protegem dos*: traidores – preconceituosos ignorantes – maldosos – perversos – invejosos – e outros tantos piores,* que desejam evitar que os *Homens* adquiram *Conhecimento ou Evoluam: financeira intelectual – espiritual – e/ou moralmente.*

Os Adeptos devem, como que por obrigação, *'protegerem-se e se auxiliarem mutuamente'*, como faziam os antigos *Iniciados*, porque cada Integrante é o absoluto senhor de seus próprios *'avanços'*, apesar de sempre bem entenderem ser si próprio seu maior inimigo!

E devendo estar consciente de que o *Conhecimento* somente vem com *'perseverança e estudos'*, então a Loja deve ser composta por *'amigos que se ajudam'*, e que se *'distinguem e diferenciam'*, sem nenhum preconceito, os Adeptos dos demais *Homens*, apenas e tão somente por puras *'simplicidades'*.

A Oficina deve possuir *Filosofia e Harmonia Próprias* sempre*: motivadoras construtivistas – e altruístas,* quando*: Ajuda o Homem a ajudar a Humanidade;* portanto, a Loja deve ser formada por um *Grupo de: Amigos – Pesquisadores Estudiosos – Escritores – Leitores – Ouvintes – Entrevistadores – enfim, de Cavalheiros – e – Cavaleiros.*

Guarda (ou Cobridor):

Deve caber a pouquíssimos comentarem a respeito da Loja, e raríssimos a verem, até porque, para seus Integrantes somente os *'bem escolhidos'* a compõem, e, portanto, sua simplicidade se mescla com a grandeza dos seus Adeptos e de seus *'intuitos, metas e objetivos'*.

A nenhuma Oficina cabe oferecer qualquer *'Sistema de Salvação'* ou *'Garantir Passagem para o Céu ou Inferno'*, porque não constitui *'Anátema –* Grego antigo μ = *oferta votiva – de voto e/ou em seu cumprimento; depois* μ = *maldição, derivadas de* μ = *dedicar; e excomunhão, reprovação, abominação – por ser Conhecimento, nem 'Pecado' por ser natural do ser humano inteligente'*.

E como dito, reiterar que cada Loja deve ter sua própria *'Filosofia e Estudo'*, abrindo os *'horizontes e mentes'* dos Adeptos pela *'Cultura e Leitura'*, modificando suas vidas pela *'mudança de seu pensar'*, graças à *'educação por bons hábitos'*.

E assim, como resultado, mesmo à revelia de alguns discordantes, fato é que se estará *'criando'* verdadeiros *'Líderes e Sábios'*, pois a *'nobreza das ações e a sinceridade'* dão direito de qualquer um tornar-se um desses em Loja, até mesmo o que for único na própria *'Crença'*, assim: *'Se estiver errado, talvez a verdade o ilumine, mas o encaminhará para ela livremente.'*

Quanto a *Religião,* o principal dever é *'praticar Tolerância absoluta'* referida às *Crenças* alheias, com elevado intuito de, a despeito de possíveis antagonismos, aproximar os *'Homens de Boa Vontade'* à bandeira da *'investigação'*; porque toda: *ignorância – falha – ou defeito moral*, é assim considerado impossibilitar o sucesso; então, é *'banido e execrado'* de seu meio por *'estudo e autoanálise'* individuais, livre e conscientemente, e declara: *Cada um é réu – juiz – júri – e acusador, no tribunal pessoal*, portanto, em todo caminho deve-se buscar a *'isenção de culpas'*.

VM:

Já a *'Cultura'* é utilizada para exaltar e evidenciar os *'hábitos'* que precisam ser mudados, pois todo Adepto deve receber seus *'Conselheiros como Amigos e Ouvintes'*; porque não há hierarquia ou verdade absoluta, só *'Respeito e Amizade'*; então, se estiver cercado de *'Bons Hábitos e Assuntos'* será sempre bem querido, e até seus inimigos o respeitarão.

Finalmente, deve-se:

• *Aprender a bem 'Liderar' e a se 'Elevar' muito na própria Vida,*

pois todos merecem, por terem sido escolhidos para isso, inclusive por si próprio!

Como o Maçom Deve Comparecer à Loja

"O Sol é pai, a Lua mãe, o vento carregou-o no ventre, e a terra o nutri – 4 Elementos"
"Separarás a terra do fogo, o sutil do espesso, docemente como Grande Indústria. – Arcano da Salvação, separação da Matéria do Espírito." (H.Trimegisto)

VM: _____

Logo de início caberia perguntar: *Como se deve ir à Loja?;* e além dessa indagação, como resposta completar-se-ia com: *Deve-se preocupar com a roupa? – Deve-se preocupar com os sapatos? – Deve-se preocupar com os demais Integrantes? – Deve-se preocupar com o que vai haver no Ágape Fraternal? – Deve-se preocupar com mais o queê?;* sim, mas antes de mais nada, deve-se preocupar com a própria roupa, pois a *'indumentária maçônica'* claramente pressupõe que seja utilizado:

1º Vigilante: _____

• *Paletó e Calça pretos sem nenhum detalhe — Camisa inteiramente branca lisa e sem detalhe — Sapatos e Meias pretos — e Gravata branca / preta / ou vermelha, lisa também sem detalhe;*

Contudo, existem Ritos que, apesar de adotar ritualisticamente a *'indumentária'* descrita, de modo enganoso, toleram o uso de calça preta e camisa branca sob um Balandrau, quando não, calça e camisa de quaisquer cores sob esse mesmo Balandrau; contudo, ao menos, sapatos e meias deverão ser pretos em qualquer circunstância.

Além disso, todo Maçom sempre deve procurar *'Chegar à Oficina'* com possível *'bom-humor'*, porque dessa maneira estará aberto à sensibilidade com muito mais facilidade, e assim, para auxiliar seus pares se necessitarem, pois sempre podem precisar até mesmo de um simples *'ombro-amigo'*; e igualmente, também podem carecer dos préstimos de algum desses Integrantes.

E, com muito mais importância, todo Adepto deve sempre se preocupar primeiro em ser uma pessoa com *'postura diferente'*, como indivíduo Iniciado que, sem dúvida, vem às Sessões, apenas e tão somente, para: *Somar — Somar — e Somar no que couber e puder,* e contrariamente, deixar de ser apenas mais um, sem nenhuma ação pró-ativa ou voluntária, para com os destinos e objetivos desse *Colégio*, do qual cabe se orgulhar em pertencer, mas apenas isso!

2º Vigilante:

O *Verdadeiro Integrante da Maçonaria* deve *'deixar fora'* das Reuniões todos seus *Preconceitos*, até porque nesse estágio da *Iniciação* já não deveria ter, pois o competente Maçom, em seu renascimento nos *'Mistérios'* da Ordem, coube *'deixar tudo para trás'*, ou largado todos os *Vícios e Males*.

Isso porque naquele exato momento da *Iniciação: Morreu o Homem Profano – e – Renasceu o Ser Maçom*, cujo renascimento objetiva *Combater os: Despotismo – Ignorância – Preconceitos – e Erros,* para poder conscientemente*: Glorificar a Verdade e a Justiça – Promover o Bem-Estar da Pátria – e o Progresso da Humanidade,* ao se propor a*: Levantar Templos à Virtude – e – Cavar Masmorras ao Vício,* o que sem dúvida nenhuma é o *'Imenso Ideal do Homem-Maçom'*.

Então, é com esse(a)*: Nobre Espírito e Premissas* que todos os Adeptos devem comparecer às suas respectivas Lojas, pois só desse modo serão*: completos, plenos — e verdadeiros Maçons.*

Orador:

E ao se dirigir às Reuniões, todo Integrante da Ordem deixando sua residência, certamente passando a ficar distante de sua companheira, dos filhos e entes queridos, para finalmente seguir para a Sessão e se juntar aos demais seus pares; portanto, também por isso todos devem muito se *'aprimorar'* na realização do melhor de cada referente ao que puder:

• *Fazer para ajudar os semelhantes, principalmente àqueles que não conseguiram ter o mínimo para sua sobrevivência e de seus próximos;*
• *Fazer para ajudar pessoas que muitas vezes batem à Porta, e não são atendidas; e*
• *Fazer para ajudar os seus próprios Amados Irmãos que necessitem;*

pois, conseguindo fazer algo de bom, tanto melhor; porém, quando é praticamente impossível de ser realizado, se sente péssimo; mas, além disso o *Bom Maçom* se sente frustrado e decepcionado por não poder cumprir os *Preceitos Aprendidos e Jurados da Instituição Maçônica!*

Ademais, mesmo de forma descabida, esse Maçom até poderia pensar que*: Afinal, não tem nada com isso*; porém, cada um no recôndito de seu lar poderá meditar e se indagar*: Será possível dormir e descansar em paz?; Ter a grata sensação do 'dever cumprido'? e Por acaso ter se comportado, ou não, como um Bom Maçom?*

Secretário:

Contudo, se alguém pediu ajuda, pode-se fazer alguma coisa para diminuir ou eliminar sua dor, ou simplesmente, coube-lhe pensar que afinal era um simples mendigo e/ou pedinte que bateu à Porta, e não se teve o menor interesse em auxiliar.

Entretanto, sempre cabe lembrar que quando aceitou adentrar ao Templo Maçônico e fazer parte da Ordem, teve conhecimento que *'sempre deveria ajudar'*; e, logicamente, que em primeiro lugar deveriam ser seus pares ou Amados Irmãos; mas, e ao mesmo tempo, de preferência, os indivíduos mais necessitados da *Sociedade* em que se vive; e mais, tal posicionamento inclusive faz parte das *Premissas da Sublime Instituição*, ou seja, a de: *"Fazer o bem sem olhar a quem!"*

Entrementes, há Maçons que julgam que a Maçonaria não é nada, se seus Integrantes não realizarem a necessária, benfazeja e caridosa *Benemerência*.

E continuando, o Adepto em Sessão deve compreender que é uma pessoa de destaque, e estar feliz por ter sido pinçado na *Sociedade*, principalmente porque é diferente e se tornou alguém voltado à *Filosofia* que a Ordem prega; então, foi por isso que é em realidade um *Escolhido*.

Portanto, os Adeptos devem sempre lembrar que a Maçonaria os *'escolheu'* dentre toda a *Humanidade*, e por isso, os Integrantes devem permitir humildemente que a Ordem passe também a integrar seu *'coração'*, pois somente desse modo realmente saberá: *Como se deve ir à Loja?*

Guarda (ou Cobridor): _____

E como resposta poderia dizer que: *Se deve comparecer à Loja desprovido de quaisquer: Inveja — Raiva — Sentimentos e Características que possam atrapalhar a realização de uma Sessão 'Justa e Perfeita'*, pois a um Maçom não é permitido deter nem demonstrar *'falhas'*, apesar de ser humano, pois o Integrante é bem treinado para resistir às *'tentações profanas'*.

E assim, despojado de quaisquer *Vícios e Roupas (quando necessário)*, cabe estar sempre presente às Sessões de modo análogo daquele da sua Iniciação, ou seja: *Nem nu, nem vestido, e despojado de todos os metais,* porque: *É Livre e de Bons-Costumes,* e assim, humildemente, foi admitido nos *Augustos Mistérios Maçônicos*.

Em complemento, quanto à desmedida preocupação mundana do que deve ocorrer no *Ágape Fraternal*, essa deveria ser uma de suas *'últimas e menores preocupações'*, devendo sempre estar predisposto a aceitar, de bom grado e gratidão, tudo o que foi preparado, sem mazelas e/ou contestações, porque o fizeram pensando no melhor e também com a mais pura das intensões; essa sim seria a mais aceitável e ponderada *'postura maçônica'*!

Então, é assim que tudo em Maçonaria deveria sempre acontecer, quando principalmente seus Adeptos sentirem-se em realidade humildes, porém, vitoriosos, orgulhosos e plenos; e assim é que com esses *Espírito e Premissas* que: *Hoje, devem vir à Reunião!*

VM: _____

Finalmente, tudo na Maçonaria deve se passar assim, sempre, sempre assim, e jamais de qualquer outro modo!

78 Comportamento Fora e no Templo (Parte 1)

"O que preocupa não é o barulho dos violentos, é o silêncio dos justos."
(Martin L. King)

VM: _____

1) INTRODUÇÃO

'O Comportamento do Maçom dentro e fora da Loja' está relacionado intrinsecamente com os 'Princípios' da Ordem, que propaga ou prega, lavra, difunde e alastra, propugna ou advoga, patrocina, abriga e justifica também ser uma verdadeira 'Escola de Líderes'; e como é sabido, a 'liderança' implica em um ônus elevado, porque além da responsabilidade, o comportamento é fundamental, expresso pelo exemplo que sua imagem deve transparecer e passar aos demais.

Ao ingressar na Instituição jura-se respeito e acatamento aos: *Estatutos –Regulamentos – e Resoluções*, de acordo com os *'Princípios'*, assim como: *Amor à Pátria – Crença no G∴A∴D∴U∴ – Respeito aos Governos constituídos – e cumprimento às Leis do País*.

Assim, por tudo isso é esperado que o Adepto reitere seu *'Juramento'* estando presente nas Sessões, bem como dedicação plena às: *Moral – Igualdade – Solidariedade – e Justiça*; resumidamente, essas são essenciais à formação do seu *'Templo Interior'*

Então, a destacar os *Ensinamentos* recebidos pelos estudos desenvolvidos nos vários Graus.

2) SABEDORIA

Todo *Conhecimento* adquirido na vida, seja pela experiência ou *Ensinamentos* recebidos, deve orientar que antes de qualquer decisão, é necessário avaliar o quanto se conhece do fato, se é a verdade, e se trará benefício, ou seja, deve-se usar o *'Princípio das Peneiras (3) da Sabedoria'*.

1º Vigilante: _____

O *'saber'* é o único meio eficaz para combater as: *Ignorância – Preconceito – Superstição – e Vícios*, pela simples razão do próprio significado de cada um desses *Conceitos*, ou seja:

• *Ignorância = Desconhecimento ou falta de instrução – falta de saber;*
• *Preconceito = Conceito ou opinião anterior a conhecimento adequado;*
• *Superstição = Sentimento excessivo e/ou errôneo – gera atos indevidos;*
• *Vício = Defeito que torna atos e coisas impróprios – oposto à Virtude.*

De supor, que os Maçons dominem inteiramente o *'saber'* necessário de como se comportar com dignidade em todos os momentos profanos ou maçônicos, mas sempre lembrando que: *É mais fácil sucumbir ao Vício que aprimorar a Virtude*; além da *Bíblia* em *Números 30.2* dizer:

"Moisés disse aos Chefes das Tribos dos Israelitas: O que Deus Eterno ordenou é: Quando alguém prometer dar algo ao Eterno, ou jurar que fará, ou deixará de fazer qualquer coisa, deverá cumprir a palavra e fazer tudo o que tiver prometido."

3) TOLERÂNCIA

Como tendência, das *'virtudes maçônicas'* a mais enfatizada é a de *'admitir e aceitar'* sem restrição diferentes modos de: *pensar – agir – e sentir*, de grupos políticos e/ou religiosos.

E, por vezes confunde-se *'Tolerância com Conivência'*, mas certo que:

- **Tolerância** = *É a habilidade de conviver, com: respeito – liberdade – valores – conceitos – ou situações, que nem sempre se concorda. Portanto, deve haver 'convivência', sem haver, obrigatoriamente, 'concordância'.*

2º Vigilante: _____

- **Conivência** = *É a 'convivência' que, mesmo não concordante com: valores — conceitos — e situações, não dá parecer desfavorável e nem refuta ainda que em pensamento; sem reprovar tacitamente autoriza, aceita e é cúmplice.*

Ademais, Deus sempre é *'tolerante'* com o *'pecador'*, mas jamais com o *'pecado'*; porém, se Deus fosse *'tolerante'* com o *'pecado'* seria também *'pecador'*, o que é grande blasfêmia; e mais: *É possível viver com 'pecadores', ser 'tolerante', sem ser 'conivente'.*

Por exemplo, o pai deve ser *'tolerante'* com o filho quando erra, não *'omisso ou conivente'* com o erro, expressando descontentamento e corrigindo o desvio; essa é uma das mais importantes responsabilidades dos pais; assim, essa mesma conceituação pode bem ser bem aplicada na Maçonaria, entre Aprendizes - mais novos e Mestres - mais velhos.

Deve ser praticada a *'tolerância'* com a(o)s: *Família – Amigos – Trabalho – e Sociedade*, pois, dos *'Postulados* fundamentais da Ordem, a ser exigido até como um dos *Fundamentos*:

- *"Exigir a 'tolerância' como ... forma de manifestação de consciência – religião – ou filosofia, cujos objetivos sejam de conquistar a verdadeira moral – a paz – e o bem-estar social."*

A *'tolerância'* também se interliga com a democracia, pois *'tolerar'* é admitir que o *'voto'* estará vencido, e terminado os argumentos, quando concretizada a *'votação'*; assim, o resultado deve sempre ser *'respeitado'* para o bem da causa maior; isso será visto como *'atitude tolerante'*.

A esse respeito o brilhante *Maçom Mahatma Gandhi afirma* (adaptado):

• *Desconfie de quem venda ferramentas que nunca usa, é como pregar 'tolerância' se dela não faz uso; assim, a prática da 'tolerância' é indispensável a todos que a exige.*

Orador: _____

Por isso na Maçonaria não deve ser diferente, entende-se que a *'tolerância'* está ligada às concessões feitas pela preservação da própria Ordem, que admite e respeita *'opiniões contrárias'*; tanto assim que Shakespeare afirmou (adaptado):

• *Não importa quão boa é a pessoa, será ferida ... e precisa perdoá-la por isso.*

Quanto aos Adeptos, deve-se ser *'tolerante'* com: Atos destemperados e isolados – e – Desconforto causado por quem jurou proteger e defender, e sendo bondoso não tomar partido até que tudo se esclareça, pois não fazer juízo precipitado é uma das faces da *'tolerância'*; em síntese, precisa-se ser 'tolerante' com a *'intolerância'* do outro, para que esse reflita e siga seu exemplo.

A *'tolerância'* compõe a *Sabedoria*, é mostrada na *'Força e Beleza'* por meio dos *Ensinamentos*, como no respeito à individualidade e ao direito do outro.

4) ÉTICA

Por definição: *Ética é um conjunto de princípios e valores que guiam e orientam as relações humanas*; e o primeiro *'Código de Ética'* que se tem notícia, principalmente aos de formação Cristã, são os *'Dez (10) Mandamentos'*, onde *Regras* como: *Amar ao próximo como a si mesmo – Não matarás – e Não roubarás*, são como propostas fundamentais da civilização ocidental e Cristã.

A *'Ética é ampla – geral – e universal;* e como cimento na construção da Sociedade, de modo que se há um sentimento *'ético'* profundo, a Sociedade estará bem estruturada / organizada, mas se esse sentimento se rompe, essa mesma Sociedade começa a entrar em crise autodestrutiva.

Secretário: _____

A Maçonaria é uma instituição fundamentalmente *'Ética'*, onde a reflexão filosófica sobre: *Moralidade — Regras — e Códigos Morais*, e orientadores da conduta humana, compõem a *Filosofia* que objetiva criar um *'Sistema de Valores'*, e estabelecer *'Princípios Normativos'* de conduta; esses impõem *'comportamento ético'* do Adepto, exigem *'postura compatível'* de Homem: *de bem — livre — bons costumes — bom cidadão — e exemplar chefe de família*.

Então, sendo a Ordem, por definição, uma organização *'Ética'*, são rígidos os *'Códigos de Moral'* e elevado o *'Sistema de Valores'* a orientar a 'Conduta dos Maçons e Obediências' que os acolhem, referidas às mesmas propriamente ditas e seus dirigentes.

O forte sentimento de *'Fraternidade'* produz o magnífico reconhecimento entre os *Amados Irmãos*; bem como os: *Amor ao Próximo — Harmonia — Boa Amizade — e União ou Convivência entre esses pares*, de tal forma a prevalecer a *Harmonia e Reinar a Paz* entre todos os Integrantes.

Na atualidade no *Mundo Profano*, a maior necessidade é de *'verdadeiros Homens'*, no sentido amplo da palavra *('lato senso')*, *'seres'* que: *Não possam ser comprados ou vendidos – Honestos no íntimo dos corações – Não temam chamar o 'pecado' pelo nome – Com consciência fiel ao dever – e sempre do lado do Direito*; então o *'objetivo'* da Ordem é criar *Homens* dessa natureza.

5) CARIDADE

Define-se *'Caridade'* como: *Amor que move a vontade em busca efetiva do bem de outrem*.

Mas atualmente, vive-se numa época em que há uma falta aguda, ou um valor fundamental em todo o Mundo, isto é, falta a *'Caridade'*; tanto assim, que pensa-se demais no progresso da *Humanidade* pelas: *Ciência – Tecnologia – Educação – Inteligência – e Sistema Jurídico, Social, Político e Econômico*; entretanto, tudo isso para que no final, nada tenha valor algum caso não haja a determinação férrea de que tudo seja utilizado unicamente para o *'Bem'*!

Guarda (ou Cobridor):

Para os Cristãos a *'Caridade'* é uma das *'Três (3) Virtudes Teologais'*, e um dos misteriosos poderes que fazem a *Alma* alcançar o destino final que é *Deus*; sendo que as outras são: *Fé e Esperança*; então, se a *'Caridade'* é uma *'Virtude Cristã'*, em absoluto não se contempla apenas pela esmola, porque há *'Caridade'* em: *Pensamento – Palavras – e Atos*, e deve: *Ser indulgente às faltas do próximo – Nada dizer que prejudique o outro – e Atender aos necessitados como possível*.

O *Homem* praticante da *'Caridade'* no dia a dia sempre estará em *'Paz'*, e assim, assegurando sua *Felicidade*; por isso, esse *Homem 'jamais'* deve se:

• *Levar por: autocondescendência – vaidade – aparência – e superficialidade;*
• *À 'comodidade' que guia o: corpo – mente – e coração, até a pior 'futilidade';*
• *Tolerar: falsidade – hipocrisia – desonestidade – e ambiguidade;*
• *Que seu 'sim' seja sempre 'sim', e seu 'não' absolutamente sempre 'não';*
• *Ao ver uma 'injustiça', nunca se calar;*
• *Diante da 'traição', nunca ser covarde;*
• *Tornar 'cego', e ser guiado por 'cegos', em direção a um grande nada; e*
• *A espada estiver pesada, a vontade fraca, e o certo e justo não claro, mesmo assim e acima de tudo, sempre detenha a 'Caridade'.*

VM:

Consequentemente, a afirmar que ninguém precisa de nada, a não ser de seu próprio coração, para saber tudo que machuca, contunde e magoa – e/ou – macula, mancha e desonra, os outros.

Finalmente, *'jamais'* se deve subestimar o sofrimento alheio, porque o *'julgamento'* pode falhar, quanto os *'conhecimento – experiência – inteligência – e força'* poderão ser inúteis diante do *'Mal'*, e que distorcerão *'fatos – palavras – e aparências'*, até a *'Luz'* parecer *'Trevas'*; então o Adepto deve decidir com *'Caridade'*, e a farsa se dissipará pelo brilho da *'Íntegra Alma'*!; em resumo:

• *A 'Caridade é a entrega absoluta por Amor ao próximo.'*

79 Comportamento Fora e no Templo (Parte 2)

"O que preocupa não é o barulho dos violentos, é o silêncio dos justos." (Martin L. King)

VM: _____

6) JUSTIÇA

A escrever sobre 'Justiça', cabe o significado da palavra, definida como:

• *Justiça = Conformidade com o Direito – Virtude de dar a cada um o que é seu – e Faculdade de julgar segundo o Direito e a melhor Consciência.*

e, a definir *'Justiça'* na Maçonaria, cabe recorrer novamente ao dicionário, e logo acima da palavra *'Justiça'* há o termo *'Justeza'* com significação de:

• *Justeza = Qualidade do que é justo – exato – preciso – certo – propriedade da balança equilibrada quando pesos iguais são colocados nos pratos.*

1º Vigilante: _____

Contudo, para efetivamente ter sentido o que seria a definição de *'Justiça'* na Maçonaria, tem-se que entender como são organizados e se dividem os *Estados ou Nações*, para que cada cidadão possa ter seu *Direito* respeitado; e, por conseguinte: *A Justiça dar a cada um aquilo que é seu por Direito.*

Para dissertar a respeito da construção de um *Estado*, pode-se referir ao principal livro de *Montesquieu (1689/1755) – Espírito das Leis*, em que explicita as *Leis* que regem os costumes e as relações entre os Homens, partindo da análise dos fatos sociais, e excluídas quaisquer perspectivas religiosas ou morais.

Então, segundo esse autor, as *Leis* revelam a *'racionalidade'* que deve dispor um Governo, e mais, que ainda sempre deve estar submetido a essas mesmas *Leis*, onde se inclui a da *'Liberdade'*, porque entende o escritor que pode ser definida como:

• *Liberdade é o Direito de fazer tudo quanto as Leis permitem.*

Para serem evitados os 'despotismo *(poder ou mando absoluto e arbitrário)* – e arbítrio *(resolução que depende só da vontade)*', bem como ser mantida a 'liberdade política', é necessário 'separar as funções principais do Governo: legislar – executar – e julgar'.

Assim Montesquieu mostrava que na Inglaterra, a 'divisão dos poderes' impedia que o Rei se tornasse déspota, ou quem abusa de autoridade arbitrária e absoluta, um opressor, tirano; por isso disse (adaptado) que:

- *Tudo se perderia se os: Homem – Príncipes – ou Povo exercessem Três (3) Poderes: Fazer Leis – Executar Resoluções – e Julgar Crimes.*

2º Vigilante:

Assim, para poder viver em Sociedade ou mesmo sozinho, devem haver *Regras* a respeitar e *Leis* a cumprir; porque quem assim vive, é óbvio, deve ter maior compromisso com as *Leis*, pois envolve mais pessoas no processo de *'interação social'*; e caso viva isolado: *no mato – numa ilha – ou outro local isolado*, deve respeitar as *'Leis da Natureza e a dos Homens'*.

Atualmente, nas Sociedades há casos em que os benefícios crescem sob a premissa de que os mais realizadores merecem receber mais; é a chamada *'meritocracia'*; porém, esse *'Sistema de Justiça'* pode deixar a desejar, e até não ser aceito se ignorar que os que mais precisam também devem ter suas necessidades assistidas; portanto, esse seria um dos maiores *'Paradoxos da Justiça – Cega por definição e por princípio'*.

A Maçonaria é uma sociedade que pugna, batalha, luta e combate por: *Direito – Liberdade – e Justiça*, e assim, o Maçom deve ser um defensor incansável e implacável da *'Justiça'*; ademais, sendo um de seus *'Preceitos Elementares a Igualdade de Direitos'*, consagrada na *'Declaração Universal dos Direitos do Homem'*, tal *'Preceito'* possibilita que a *'Justiça'* fique diante de um *'paradoxo'*, raramente discutido, mas talvez não completamente entendido.

Todo Homem, principalmente o Maçom: *Deve ser senhor de seus hábitos – Autodominar seus ímpetos – e Ser imparcial quanto ao real e irreal*, desprezando as: *Doutrinas exóticas – Conceitos dúbios – e principalmente, Princípios não coadunados, juntados, reunidos, aliados ou unidos com Amor e Fraternidade*; e contraria especialmente caso os *'Vícios sejam tidos como Normas Sociais'*, considerar que: *corrompem – aviltam – e denigrem*; em resumo a Maçonaria é:

- *Não Traição – Bondade no Lar – Honestidade nos Negócios – Cortesia na Sociedade – Prazer no Trabalho – Piedade – Preocupação com Desvalidos – Socorro aos Fracos – Perdão ao Penitente – Amor ao Próximo – e, sobretudo, Reverência a Deus.*

Orador:

Então, à medida que as *Organizações Societárias*, onde se insere a Maçonaria, caminharem a ser verdadeiros locais de: *Trabalho – Serviço – e Aprendizagem*, abrir-se-ão imensas possibilidades de transformação na *'Cultura Universal'* e em seus *'Conceitos de Direito e Justiça'*.

7) LIDERANÇA

A *'Liderança'* pode ser conceituada como:

- *"Liderar é influenciar seres a atingir resultados que atendam necessidades, individuais/coletivas, implica responsabilidade de desenvolver novos líderes."*

Um dos componentes na formação do Maçom é o de aprimorar e desenvolver determinado potencial, caso não o tenha creditado, e bem forjá-lo para que se transforme num *'líder'*; assim, para descrever suas realizações usa o formato: *Problema – Ação – e por fim, Resultado.*

Os *'lideres'* quase sempre se envolvem em situações de conflito, no âmbito pessoal e profissional; e como reagem a tais situações, é determinante a obtenção de sucesso no resultado, pelas ditas *'Cinco (5) Posições: Evitar – Acomodar – Competir – Comprometer – e Colaborar'.*

Inserido no *'Conceito de Liderança'*, para ser firme como *'líder'*, devem ter consigo sempre, atuante e enraizada as: *Integridade – Honestidade – Credibilidade – e Coerência*, para que seus *'valores'* possam agir; e os *'líderes'* têm a *'responsabilidade indeclinável de estabelecer altos padrões éticos'*, para guiar o comportamento de seus seguidores.

Preocupado com o que julga ser falta de ímpeto na vida organizacional, o estudioso *John Gardner* assim fala sobre os *'Aspectos Morais da liderança'*:

Secretário: _____

- *'Líderes' se obrigam a fornecer o necessário para despertar o 'potencial individual', impelindo-o ao desempenho das ações de 'liderança';*
- *Destaca que as altas expectativas tendem a gerar altos desempenhos;*
- *A função do 'líder' é remover obstáculos ao funcionamento eficaz, ajudar indivíduos a ver e perseguir propósitos compartilhados;*
- *Termo 'liderança' descreve quem usa carisma e qualidades: gerar aspirações – mudar seres – e organizações para novos padrões de desempenho;*
- *'Liderança' inspiradora influencia seguidores para alcançar desempenho extraordinário em inovações e mudanças de larga escala;*
- *Qualidades especiais dos 'líderes' sempre devem incluir:*
- *Visão = ideias, direção e comunicação e criar a realização de sonhos comuns;*
- *Carisma = gera Fé – Lealdade – e Confiança por: Poder, Respeito e Emoção';*
- *Simbolismo = identificar heróis, recompensar e comemorar sua realização;*
- *Delegação = ajudar a desenvolver, retirar obstáculos e delegar responsabilidades;*
- *Estimulação Intelectual = engajar, conscientizar e criar soluções de qualidade; e*
- *Integridade = honesto, confiável e coerente; e realizar e concluir compromissos.*

8) PERSEVERANÇA

A maior empreitada do Homem é sua própria vida, sem nenhuma garantia que será bem-sucedido; mas, por acúmulo de *Conhecimentos*, até de experiências frustradas, sabe que sempre resta prosseguir lutando contra adversidades e incertezas, fazendo aliados, acreditando no *Supremo Arquiteto dos Mundos*, e persistindo em seu objetivo.

Guarda (ou Cobridor): _____

A *'Perseverança'* é uma qualidade, pois significa *'firmeza e constância'* com que se deve empenhar nas atividades; mas, sempre atentos e atualizados porque tudo muda, e por isso, cabe alterar/mudar as atitudes e comportamento para não *'persistir'* em erro.

Dessa maneira, precisa interagir com todos os indivíduos da Sociedade, para conseguir concretizar essas mudanças.

Deve-se criar a dúvida sobre as efetivas possibilidades de sucesso, porque há muitas informações e lembranças misturadas, até com preconceitos e frustrações.

Para haver interação com as pessoas, precisa demonstrar um relacionamento que proporcione confiança mútua.

E, assim, havendo tal ambiente de confiança, podem ambos chegar a obter o bem maior, e desfrutá-lo por intermédio de todas essas mudanças.

Desse modo, a *'força da empatia'* ajuda na percepção da satisfação individual e em equipe, contudo, sempre é preciso *'persistir'*.

A *'Perseverança'* exige mudanças, e a reavaliação de: Conceitos – Objetivos – e Ideais é como nasce um novo comportamento no *'pensar e agir'*, ciente que a edificação do *'Templo Interior'* exige, por vezes, árdua reconstrução.

É um processo permanente onde se está educando e sendo educados, entendidos como: Educare = do latim, sair *'de dentro'* da pessoa.

Lembrando que *'valores individuais'* têm origem nos grupos e na cultura, sem a certeza de quais sejam *'valores fundamentais'*, sendo até alvo de *'falsas verdades'*, mas com os próprios dons, sem constranger ou prejudicar ninguém, irá chegar à *'Verdade e Luz'*.

9) CONCLUSÃO

E o Maçom:

- *Livre – de Bons Costumes – Sensível ao Bem – e Engrandecido pelos Ensinamentos da Ordem como Atuante e Culto,*

deve combater a *'Ignorância'*; sendo certo que as *'Ignorância e Vício'* são o que mais aproxima o Homem do irracional.

Então, sendo Maçom deve conduzir-se com isenção e honestidade, coerente com os *'Princípios Maçônicos'*, para ser um obreiro útil a serviço da Ordem e da Humanidade; porque: *Não se aprende tudo de uma só e única vez!*

VM: _____

O *'Saber'* é o:

- *Acúmulo de Experiência e Conhecimentos que se tem Acesso;*

mas, a ação construtiva da Ordem deve ser sempre exercida, ou seja, permanentemente, em suas:

- *Celebrações – Trabalhos em Loja – e Convívio Social,*

por meio da difusão de *Conhecimentos* que podem conduzir o ser a uma existência melhor, pelos caminhos da *'Justiça e Tolerância'*.

O Maçom deve ter e manter *'Elevada Moral'* em sua vida particular e social, impondo-se pelos:

• *Respeito – Procedimento Impecável – e realizando sempre o Bem;*

é o *'valor moral'* que possibilita sempre cumprir os *Deveres* como membros da *Sociedade*, e particularmente, como *Integrantes da Sociedade Maçônica*.

Então, o Maçom, sem interrupções, deve buscar o *'Bem'* pelo cultivo das *'Virtudes'* e abandono dos *'Vícios'*.

Assim, indiscutivelmente, sempre consegue polir sua *Pedra Bruta*, reforçando a 'Virtuosidade' e reprimindo os 'Defeitos'.

E finalmente, pela autodisciplina que se impõe, torna-se exemplo a seus pares, colaborando para o progresso moral daqueles com quem interage!

80 Como Vai, Meu Amado Irmão?

"Cuidado com pensamentos, transformam-se em palavras; cuidado com palavras, transformam-se em ações; cuidado com ações, transformam-se em hábitos; cuidado com hábitos, moldam o caráter; e cuidado com o caráter, controla o destino."

VM:

Afirma o pensador e filósofo O.Zohar: *"Se você conseguiu salvar uma vida, você então salvou um Mundo".*

E a partir de uma determinada história, a saber:

> Um professor lecionava a um estudante que se suicidou havia dois anos. O professor ficou arrasado e inconsolado porque se culpava por sentir que falhou com aquele aluno, quando a sua situação era mais delicada.
> Então, isso o fez pensar:
> - Quantas pessoas se depara na vida que passam por situações terríveis?, e
> - Quantas se pode ajudar em certas situações, dedicando maior cuidado?

Pode-se então concluir ser necessário que todos se preocupem com as pessoas que estão ao redor; e assim, devem dispor de um '*esforço extra*', mas que pode fazer a diferença na vida de alguém.

1º Vigilante:

Quando encontrar uma pessoa amiga ou simples conhecida e perguntar: *Como vai você?*, deve-se ficar atento para muito bem ouvir a resposta que será dada, para assim poder perceber se a mesma necessita de ajuda, ou se realmente está tudo bem!

Portanto, há diversos aspectos possíveis a comentar a esse respeito, desse modo, é importante saber que é possível:

• *Agir robótica ou automaticamente:* Quantas vezes diz-se coisas às pessoas, por educação ou hábito?, do tipo: Como vai você? – Tudo bem? – Tudo bom? – E a família? – e tantas outras.

Porém, ao serem ditas esse tipo de frases ou perguntas, de maneira robótica, automática e/ou habitual, certamente perde-se a oportunidade primordial de ser-lhe injetada e ganha grande quantidade de *Energia / Luz*, aproveitando aquele momento.

Contudo, deve-se sempre estar plenamente '*conscientes*' do que se quer dar, bem como ganhar sendo '*educados*' ao proferir esse tipo de frases ou palavras.

2° Vigilante:

E caso todos tenham como missão *'esclarecer'*, e então estar definitiva e plenamente convencido de que: *Nada existe por coincidência,* é muito provável que:

- *Todos os problemas que as pessoas relatam significam que também existe, em algum nível, condições de ajudá-las com tais dificuldades, porque se assim não fosse, esses indivíduos não iriam se aproximar para contar sobre o que lhes é difícil de resolver, solucionar ou lidar.*

Entretanto, essa pessoa muito provavelmente não julgará, até mesmo por inibição ou achar que incomoda os outros, ser necessário dizer: *Me ajude!*

Porém, se alguém sentir que poderia ajudá-la, com efeito, é porque em realidade sente ser possível prover a ajuda que o outro precisa.

Desse modo, vale relembrar uma *'passagem bíblica'* em que:

> *Uma mulher pede a Jesus para que a cure de uma enfermidade grave. Então Jesus lhe pergunta: Você crê que posso te curar?*
> *E a mulher responde com firmeza: Sim, eu creio.*
> *Então Jesus replica convicto: Vá em paz que tua Fé te curou!*
> *Em resumo: A mulher estava curada.*

Então, também deve ser lembrado que todo ser humano é constituído, composto ou formado: *À imagem e semelhança do Criador.*

E, portanto, torna-se claro e lógico ser possível que qualquer ser auxilie as pessoas necessitadas.

Consequentemente, todos têm obrigação de fazer o possível, e quem sabe até algo improvável, na tentativa de ajudar as pessoas que solicitem ser ajudadas.

Em concordância com o também pensador *Rav Berg*, as gerações atuais têm quase como uma verdadeira *'missão'* procurar prover dignidade a quem precise, ou seja, a tantos quantos indivíduos seja possível providenciar, pois se pode até mesmo sentir algo relativo àquelas aflições!

Orador:

Ademais, um dos magníficos *Ensinamentos* transmitidos e aprendidos da *Cabala Hebraica* é o dever de:

- *Procurar sentir a dor do outro!*

Quando alguém relata o problema pelo qual vem se afligindo, seria muito bom e importante que, nesse instante, procurasse consolo por intermédio de alguém que confie muito.

Contudo, nem que isso de modo extremado se realize por meio de um simples *'pensamento'*, para então poder ser criada a possibilidade que o ouvinte possa se colocar no lugar do aflito, e por consequência sentir sua dor; desse modo, poderá se ter realmente quase as melhores condições de ajudar.

E para bem exemplificar, vale citar um acontecimento real que envolveu a figura magnífica do incomparável pensador e atuante *Ghandi*:

> *Deparou-se com um menino que o procurou, e soube que sofria de diabetes.*
> *Então, preveniu-se a poder aconselhar o garoto parar de comer açúcar.*
> *Passou 30 dias sem comer açúcar.*
> *E ressentiu-se de algo doce que o contivesse.*
> *Reuniu todas as condições necessárias para aconselhar o jovem a se cuidar.*

Mas com isso, não se está propondo nenhuma sugestão de procurar passar por situação análoga, e então poder ter condições de ajudar qualquer pessoa.

Contudo, até pela *Graça Divina* o ser humano tem o poder gratuito e ilimitado da *imaginação*; todavia, por conta de tal condição, o Homem sempre pode *'imaginar'*, sem a necessidade de passar fisicamente pelo problema aflitivo que atormenta aquela pessoa.

E pelo fato marcante de estar *'fora'* da situação complicada, portanto menos preocupado e aflito, tem reais condições e equilíbrio para bem refletir, e então poder adequadamente *'ver o solicitante'*, e assim *'vislumbrar'* onde estará a solução para aquele caos aflitivo.

Secretário: _____

É por isso que os *Cabalistas* ensinam que nos casos aflitivos deva sempre ser solicitada mais uma opinião de outra pessoa, que pode ser um seu:

• *Parente — Amigo — ou Mestre,*

mas que esteja à parte e fora da situação.

Isso quando desejar um parecer *'isento'*, que realmente o auxilie na tomada de alguma decisão; tanto assim que deve ser também lembrado que:

• *Tudo é 'Luz',*

e esse tudo aqui mencionado é tudo mesmo!

Além de todo o exposto, e se ainda assim valer ater-se ao *'Princípio da Reciprocidade'*, sempre cabe o *'dever maior'* de entabular esforços reais e relevantes quando se tratar de ajudar pessoas necessitadas, mesmo porque um dia alguém poderá também ajudá-lo caso precise.

Apesar disso, ainda assim é muito pouco conhecido o *Ensinamento Cabalístico*, que deveria ser tão mais difundido e considerado, referente a que:

• *A melhor forma de receber bênçãos é abençoar os outros!*

E mais, onde quer que esteja, e em que fase da vida, todos desejam *'bênçãos'* – ou serem *'abençoados'*; então, quem sabe seja possível serem *'bênçãos'* com respeito a: *Ter comida à mesa – Ter filhos – Encontrar a Alma Gêmea – ou Ter a graça de poder ser feliz e satisfeito.*

Assim, todos devem, muitas vezes ao longo da vida, se ocupar em minimamente *'abençoar'* três (3) pessoas; porém: *Como se 'abençoa' as pessoas?*

Isso deve e pode ser feito por: *Ótimos pensamentos – e – Magníficas palavras adequadas,* mesmo consciente que o fato de *'sentir'* possa até ser mais apropriado;

portanto, todos que o quiserem devem abrir as próprias *'Câmaras da Empatia'*, e permitir que seu instinto bem os guie.

Guarda (ou Cobridor):

Sobre isso, o Prof. *Yonatan Shani* a respeito de *'Almas Gêmeas'* afirmou:

> *Quer sua 'Alma Gêmea'?*
> *Então prove que vai cuidar dela quando aparecer.*
> *Demonstrará muito amor quando essa estiver consigo.*
> *Que irá respeitá-la, e*
> *Que lhe oferecerá dignidade quando precise.*

Contudo, a partir desse instante permitiu a seguinte pergunta:
- *E considerando o exposto, como 'provar' ser possível fazer tudo que é requerido, se ainda não se tem ou nem se conhece a 'Alma Gêmea'?,*

quando o professor respondeu:

- *Logicamente, é para isso que servem as outras pessoas que possam auxiliar.*

Então, resumidamente, pelo visto sempre se deve oferecer às pessoas*: Amizade – Amor – Respeito – e Dignidade,* o que é cabível aos seus*: familiares – amigos – estranhos – e em caso extremo, se concordar, até aos 'inimigos',* e dessa maneira é certo que estará *'provando'* que em realidade torna-se merecedor em conhecer e receber sua própria *'Alma Gêmea'*.

Consequentemente, é por isso que os *Cabalistas* ensinam e repetem incansavelmente*:*

- *"Se você 'quer' algo, você tem que 'dar' algo."*

VM:

Ademais, caso sinta que não está recebendo ou ganhando *'bênçãos'* na própria vida, é um *'claro sinal'* de que não esteja *'abençoando'* outras pessoas, ou ao menos, não as tem *'abençoado'* como é possível e/ou é seu dever!; todavia, de qualquer forma, tudo isso se trata de sua única e inerente *'responsabilidade'*.

Finalmente, valeria reprisar que:

> *Se o ser é rico ou pobre, é porque tem feito algo, e por isso atraiu algo;*
> *Se o ser tem carência ou abundância, é porque fez por merecer e atraiu; e*
> *Tendo comportamento que atrai 'Luz', ao invés de escuridão, deve rejubilar-se.*

Mas, definitivamente, a todos cabe sempre procurar*:*
- *'Abençoar' as pessoas com tudo aquilo que mais necessitem!*

Usos e Costumes: Visão Diferente

"Todos 'pensam' em deixar um Planeta melhor para os filhos, mas, quando 'pensarão' em deixar filhos melhores para o Planeta?"

VM: _____

> ***NOTA:*** *Antes de discorrer essa Instrução, convém alertar que o texto fornece uma 'Nova Crítica e até Atrevida Visão' sobre os decantados 'Usos e Costumes' tão empregados na Maçonaria; e assim, até provocativamente, 'concordante ou não' com tal 'Visão', é certo que julgou valer a pena tanto conhecer quanto respeitar, ao menos somente como contraponto, essa 'conceituação contrária' do que normalmente sempre foi explicitado a esse respeito.*

A expressão *'Usos e Costumes'* é extremamente utilizada na Maçonaria para descrever os *'Elementos da Tradição'*, contudo, trata-se de uma providência que pode chegar até ser considerada errada (errônea), dependendo dos fatos e/ ou ações em que seja aplicada.

Geralmente, essa expressão descreve um *'conjunto de práticas'* que sempre foram usadas ao longo dos tempos, mas que, entretanto, têm significado quase desconhecido, ou mesmo que são, com efeito, até desprovidas de significado; e mais, tais *'práticas'* ou são:

- *'Deformações de algo'* que no formato original possuía significado, ou
- *'Verdadeiros e absolutos' erros incorporados por meio de sua constante prática.*

1º Vigilante: _____

Por essa razão, ao passar dos anos os erros tendem a se perpetuar, e por isso permaneceu também a ideia mesmo não muito bem formada dos *'Usos e Costumes'*, mas que está apta e pronta para proteger os Integrantes que dessa expressão mais se utilizam, praticamente sempre no sentido imperativo e nem muito benéfico do: *Não se discute – e/ou – Cale-se*, para evitar o quanto puderem o proveitoso poder retificador da *'regeneração'*.

Como alguns afirmam, a possível deformidade *'fobisófica (de fobus = inimiga & sophia = sabedoria)'*, sempre objetiva o propósito de *'justificar algo'*, cuja característica e/ou argumentação sejam desconhecidos, figurando como uma espécie de *'guarda-chuvas'*; e então, que torna quase indissolúvel *'aquilo que permanece sem causa'*.

Na Maçonaria, tudo sempre deve ser tratado segundo os *'Princípios e Égide das Moral e Razão'*, e dessa maneira, a Ordem jamais poderia comportar o que quer que seja de imoral, e por analogia de irracional.

E com base nos Preceitos enunciados, tudo o que não estiver revestido do 'Vigor Moral e Clareza da Razão', deveria pronta e definitivamente ser extirpado dos Templos Maçônicos, sob pena de todos sofrerem as consequências de muitos erros, que por repetição, de modo resultante acabaria se tornando Vício.

2º Vigilante:

De outra parte, é importante relembrar a respeito da *'prática – ou seja nesse caso – a antiguidade de qualquer prática'*, assim:

- *'Antiguidade' de qualquer prática não outorga 'legitimidade' à mesma;*
- *Mas obter 'legitimidade' se a essência estiver próxima das Leis do Universo;*

e de modo análogo, ao Maçom sua *'sabedoria'* jamais é certificada pelo colorido de seu *Avental*, mas sim pelo dever de sua necessária humildade, e seu esforço e predisposição para aprender e evoluir, procurando sempre valorizar a *'Alvura do Avental de Aprendiz'*, mesmo a quem também já foi; *'Avental'* que deve sempre lembrar, tanto quanto ainda retornar à condição de Aprendiz.

Ademais, complementando também conviria lembrar que as *'Tradições Maçônicas'* nem sempre são compostas por intocáveis *'Usos e Costumes'*, mas sim por *'Profundo Conteúdo Moral e Filosófico'*, cujos *'Princípios'* devem permanecer intactos ao longo dos *Séculos*, mesmo que estejam sendo apresentados e mostrados das mais diversas formas e/ou roupagens.

Contudo, essas formas e/ou roupagens devem sofrer constantes e ininterruptas renovações, de maneira a nem sempre preservar antigas velhas roupagens dos *'Usos e Costumes'*, mas sim os intocáveis e indestrutíveis *'Princípios'* responsáveis por conceder à Maçonaria o indiscutível título de *'Arte-Real'*, lastreada nas auspiciosas *'Pura Moral e Límpida Razão'*; assim, qualquer outra ideia contrária não permitiria sua adequada adaptação ao contexto da atualidade, ou seja, as ideias que aspiram ser presenteadas pela *'Prática dos Princípios'*, mas que, inadequadamente, estejam recobertas pela inconveniente condicionante da ignorância.

Orador:

O Maçom como verdadeiro *'Amigo da Sabedoria'*, expressão a também ser interpretada como sendo *'filósofo'*, atributo que deve sempre ter no templo, e principalmente, precisando buscar compreender a *'razão de ser'* das coisas.

Mas apesar disso, a *Tolerância* jamais obrigará o Adepto a aceitar o que quer que seja, que venha a ser apresentado sem propósito algum; e nessa condição, aguarda e adia brevemente seu entendimento, posição que leva a uma nova busca correlata, que possa trazer esclarecimento e luz ao que seria, potencialmente, aceitável.

Por conta de fatos assim mostrados, é que a Maçonaria não traz consigo intrinsecamente nenhum *'dogma'*, quanto mais *'inquestionável'*, mas sim, em contrapartida, a geração de *'Profundos Conhecimentos'*, que devem ser desvendados ou desvelados por todos os Integrantes da Ordem, que muito trabalham e estudam procurando, ao alcançar o auge, ser considerados verdadeiros *'Amigos da Sabedoria'*.

E como instrumentos da viabilidade dessa *'Preceituação'*, os *'Silêncio e Mistério'* são duas das mais importantes ferramentas práticas da incomparável *'Virtude da Tolerância'*, que deve sempre estar disposta a serviço da *'Preservação da Verdade'*, e jamais como meio da eventual *'Sepultura do Conhecimento'*.

Secretário: _____

Referente à *Ritualística*, caso fosse encenada a *'Morte Iniciática sem o Respectivo Renascimento'*, infelizmente, todo *Cerimonial* se tornaria tão inútil quanto um livro não lido, assim como, de modo análogo o vulgo *(Latim vulgu – ao povo, plebe ou maioria)* com significado de *'Sacrifício'*, absolutamente nada teria de semelhante com o *'Ofício Sagrado – ou – Sacro Ofício'*.

Entretanto, o necessário renovar da *'forma ou roupagem'* como são mostrados todos os *'Princípios Maçônicos'*, alguns julgam tratar-se também do igualmente conhecido, que de modo extremo possa chegar mesmo até ser tido como desprezado, *'Aperfeiçoamento dos Costumes'*.

Esses *'Costumes'* ainda podem ser considerados como *'atributos'*, que a grande maioria dos *'Rituais da Maçonaria'* sempre dispõem inúmeras referências.

Mas, o *'Aperfeiçoar tais Costumes'* pode então também ser traduzido por *'mantê-los em movimento'*; e assim, *'descristalizar ou descongelar os Comportamentos'*, o que se processaria de maneira semelhante tal como:

• *Os Elétrons – que orbitam para criar a 'Matéria';*
• *A Vontade Ativa – que transforma o 'Ignorante em Sábio';*
• *O Preconceito – que transmutado dá lugar ao 'Conceito';*
• *O Erro – que dá lugar à 'Verdade'; e*
• *O Vício – que é substituído pela 'Virtude'.*

Guarda (ou Cobridor):

Por outro lado, a renomada, conhecida e inteligente *'expressão maçônica'*, tradutora de um de seus mais nobres *'Princípios'* afirma que é cabível e devido: *"Levantar Templos à Virtude – e – Cavar Masmorras ao Vício"*; significando também a dissolução dos *'automatismos inconscientes'* que certamente escraviza os seres, e os mantêm presos à *'ilusão da matéria'*; e para tanto, utiliza as *'formas e atitudes'* seguintes:

• *Criar sempre 'Hábitos Conscientes';*
• *Conceber e decidir por meio da 'Pura Sabedoria';*
• *Sem duvidar, ser bem impulsionado pela 'Força de Vontade'; e*
• *Conscientizar-se em ser iluminado pela 'Beleza da Razão'.*

E ainda, no que tange à *'Humildade – Chave dos Sentimentos e Ações Nobres'*, tanto os práticos quanto os filósofos afirmam ser dever sempre exercitá-la, até com os próprios inimigos, apesar de saber que pode ser muito mais praticada no avançar da própria idade, ao tempo em que são afastados os *'Orgulho e Egoísmo'*; todavia, ainda assim seria válido elucidar com vários exemplos, a saber:

- *É sempre na prática efetiva da 'Humildade' que:*
- *Todo ser humano encontra o eco da 'Fé';*
- *O próprio Espírito acha espaço e condições para mais se elevar Espiritualmente;*
- *Ao reconhecer indicações, entenderá o valor do 'Amor de Deus' pela Humanidade;*
- *Eliminará 'Orgulho e Egoísmo', e fará junção de Pensamento – Sentimento – e Ação;*
- *E se preferir, iniciará sua caminhada pelo Evangelho;*

VM:

- *Terá o caminho seguro para as 'Aspirações mais Elevadas Espiritualmente';*
- *Passará a reconhecer verdadeiramente os Adeptos como seus 'AAm∴IIrm∴';*
- *Irá perceber que suas 'Limitações' foram – são – e serão – Idênticas';*
- *Procurará vencer as 'Limitações'; também as que recorrer na 'Tristeza e Dor';*
- *Enfrentará a 'Tempestade de Atribulações – Aflições' que a vida submete;*
- *Esconderá suas 'Fragilidades e Fé Frágil';*
- *Atrairá as mais 'Belas Conjecturas da Virtude';*
- *Acenderá a mais segura vela para não caminhar na escuridão da 'Ignorância';*
- *Proporcionará o perfeito desenvolvimento da 'Caridade';*
- *Proverá o aflorar de 'Bons Sentimentos' para ultrapassar as piores situações;*
- *Será extremamente fiel a Deus nos momentos de 'Dúvidas e Escolhas';*
- *Proporcionará melhores condições a exercer as 'Virtudes' mais necessárias; e*
- *Será quem irá desobstruir a visão pela 'Verdade';*

e, finalmente, em resumo complementar:

- *Será o primeiro a desenvolver a 'Virtude' com propósito de alcançar a maior e plena pureza do Espírito;*

assim, como se sabe muito bem, trata-se da: primazia – excelência – prioridade – e superioridade, da 'Esperança' – que é devotada irmã do 'Amor' – além de ser consanguínea da 'Caridade'!

82 Um 'Espaço' no Extremo da Coluna do Norte

"O segredo do sucesso eu não sei qual é, mas, sem dúvida, o caminho para o fracasso é querer agradar a todo mundo." (J.F.Kenedy)

VM: ───

Em certa ocasião, somente recordava da forte dor no peito, contudo indagava: Como viera parar aqui? O ambiente era familiar, e com certeza já estivera aqui, mas quando? Então, passou a caminhar sem rumo.

Enquanto isso, muitas pessoas desconhecidas passavam, porém não tinha coragem de abordá-las; e ainda queria resposta à pergunta*: Que grupo seria aquele, unido e de terno preto?*

Logicamente, não estariam apenas indo e vindo de alguma cerimônia fúnebre, mesmo porque na atualidade é comum pessoas não mais irem a esse tipo de eventos trajadas de preto; então, a concluir que são mui caros Amados Irmãos Maçons!

Por isso, logo em seguida resolveu se acercar daquele grupo, que ao perceber essa aproximação interromperam sua animada e calorosa conversa, fato esse comum e simplista; assim sendo, com discrição e cuidado executou seu conhecido *Sinal de Aprendiz*, quando então, em ato contínuo e imediato, obteve a reconhecedora e respectiva resposta.

Com a devida rapidez se identificou, e ansiosamente perguntou o que estava acontecendo consigo; quando então, responderam-lhe com extremo cuidado e fraternidade, que feliz ou infelizmente, dependendo das condições e do ponto de vista, havia *'desencarnado'*.

1º Vigilante: ───

Ficou tão assustado com a notícia, que gerou a consequente pergunta*: Como estariam então sua família e seus amigos?* Quando responderam*: Todos estão muito bem, não devia se preocupar, mesmo porque no devido tempo os poderá ver.*

Mas, ainda assustado, indagou quais motivos de estar usando vestes pretas, e responderam firme: *Estamos a caminho do nosso Templo Maçônico.*

Entretanto, por não estar satisfeito, ainda continuou a perguntar*: Um Templo Maçônico? Vocês o têm?* E responderam*: Sim, claro, por que não teríamos?*

Desse modo, já se sentindo um pouco mais calmo e à vontade, afinal de contas, tinha alcançado a condição de *Grande Inspetor Geral da Ordem*, e por isso achou que, certamente, receberia todas as honras devidas correspondentes a esse tão elevado *Grau*, e portanto, solicitou se permitiriam que os acompanhasse, no que foi de pronto atendido.

Então, ao término de pequena caminhada divisou o Templo, e depois confessou ter ficado tanto abismado quanto deslumbrado, pela sua imponência.

As frontais *Colunas do Pórtico* erguiam-se majestosas, como nunca tinha visto nada igual; então, como qualquer reação comum, começou a imaginar como deveria ser seu interior, e de que modo iria se sentir caso fosse tomar parte nos *Augustos Trabalhos*.

Todos caminharam silenciosamente, e chegando ao salão de entrada, pôde verificar outro grupo numeroso de Integrantes que se entretinham também com uma animada e calorosa conversa, porém sempre em tom muito respeitoso.

2º Vigilante:

E os observando detalhadamente, pôde notar que aquele que se mostrava como sendo o líder do grupo que acompanhava, e que o conduzira até o Templo, fez um sinal chamando um daqueles Adeptos que estava adiante, e gentilmente determinou: *Amado Irmão Experto, acompanhai esse Obreiro recém-chegado e aguarde determinações ao seu lado.*

Todavia, não entendeu bem o por que daquela determinação, afinal, tendo apresentado sua identificação e documentos maçônicos, esperava minimamente uma recepção pouco mais calorosa, harmoniosa e fraterna.

Contudo, ainda pensou que talvez estivessem preparando uma espécie de surpresa ao ingresso, até porque, para um *Maçom de Grau Máximo e/ou Maior = 33*, com efeito, quase nada mais se poderia esperar de tão diferente.

Prosseguindo, verificou que todos os Membros formaram um grande, importante e imponente 'cortejo' para o devido ingresso solene ao *Templo*; mas estando distante não pôde distinguir o que diziam, quando então, para sua surpresa e espanto, uma enorme luminosidade esplendorosa cercou a todos.

A partir disso, então o 'préstito' solene e silenciosamente adentrou ao *Templo*, enquanto, como recomendado, o dedicado Amado Irmão Experto continuava ao seu lado, se mostrando tão emocionado que não pronunciava palavra; e assim passava o tempo, e apesar de não conseguir determinar quanto, permanecia aguar- dando sem saber bem o que, por que, e nada acontecia.

Posteriormente, quando já tinham iniciado a *Sessão (Reunião)* e o competente *Cerimonial*, a *Porta do Templo* devagar se entreabriu, e surgindo o Amado Irmão Mestre de Cerimônias que se encaminhou aproximando-se, e comunicou que seria recebido aos *Augustos Trabalhos*.

Então, ajeitando seu paletó e gravata, tentando aparentar o mais elegante e respeitador possível, ficou ereto, aprumado e estufou o peito, verificou se suas comendas e medalhas estavam bem dispostas, visíveis, e não desleixadas, para então caminhar acompanhando-o.

Orador:

E enquanto se mostrava um pouco trêmulo pensou: *Quem não estaria se sentindo assim em tal circunstância?* Mas respirou muito fundo, expirou e adentrou ritualisticamente ao *Templo*.

Porém, ao adentrar achou tudo estranho, porque esperava encontrar um luxo esplendoroso, com demonstração de muita riqueza, contudo, verificou rapidamente que todo o disposto era de uma simplicidade ímpar e incomum.

Porém, ainda assim uma curiosidade lhe causava admiração e estranheza, ou seja, uma *'luz extremamente brilhante',* vindo não sabia de onde, iluminava enormemente todo o ambiente.

Então, se postou, cumprimentou e reverenciou com toda pompa, como preceituado ritualisticamente pelos *'Costumes e Regras',* os Amados Irmãos Venerável Mestre e seus Vigilantes, na melhor e exemplar forma maçônica.

Mas, mesmo executando todos os atos prescritos pela Ordem nesse caso, ninguém se levantou à sua entrada, mantendo-se calados e respeitosos; assim não soube o que fazer, e então aguardou ordens, que lhe chegaram pela voz firme do Amado Irmão Venerável Mesttre que indagou: *Sois Maçom?*

Então, de imediato reconheceu a premente necessidade de realizarem o respectivo e necessário *'Telhamento',* e aceitando sem nenhuma ressalva respondeu: M∴A∴I∴C∴T∴M∴R∴, ou dependente do Rito adotado naqueles trabalhos: M∴I∴C∴T∴M∴R∴.

E seguro aguardou a pergunta seguinte, quando o Amado Irmão Venerável Mestre de seu lugar dirigiu-se a todos os presentes indagando: *Meus Amados Irmãos presentes, o reconhecem como um verdadeiro Maçom?*

Enquanto isso, aquele Visitante novamente muito assustado se perguntava: *O que seria aquilo? Por que aquela pergunta?* E como resposta, um *'provocador silêncio'* foi total; e então, voltando a se dirigir, o Amado Irmão Venerável Mestre emendou: *Caro Amado Irmão Visitante, os Amados Irmãos presentes não o reconheceram como um verdadeiro Maçom!*

Secretário: _____

Atônito e surpreso o Aspirante em voz alta perguntou: *Como não? Não veem todas essas insígnias? Não verificaram meus documentos e comendas?*

Quando retrucou o Amado Irmão Venerável Mestre em nome de todos:

- *Sim Am∴ Ir∴, contudo, nunca bastou ter ingressado na Ordem, deter diplomas, insígnias e comendas, porque para se tonar um Maçom verdadeiro e exemplar é necessário, antes de tudo, ter muito bem edificado seu esplendoroso 'Templo Interior', mas verifica-se que nada disso ocorreu consigo;*

e continuou:

- *Ademais, observa-se ainda que, apesar de ter todas oportunidades de estudo, e deter o maior dos Graus da Ordem, infelizmente, não absorveu seus Ensinamentos; e ainda, a passagem pela Arte Real foi realmente efêmera.*

Contudo, o *Visitante* também reafirmou: *Como assim efêmera? Todos vocês que tudo sabem não observaram minhas atitudes fraternas?*

E o *Am∴ Ir∴ Venerável Mestre* o interrompeu dizendo: *Então meus Amados Irmãos dever-se-iam ouvir atentamente sua defesa.*

Como num passo de mágica, automaticamente surgiu na parede algo parecido com uma tela imensa, e na imagem projetada o Aspirante se reconheceu junto a um grupo de Maçons, *'tecendo comentários desrespeitosos'* contra a Administração da própria Loja; e sendo tudo verdadeiro, o Aspirante, consequentemente, demonstrou ter muito se envergonhado.

Guarda (ou Cobridor): _____

Enquanto o Candidato tentava se justificar, mas não encontrava argumentos sólidos e indiscutíveis, mas lembrando de suas ações e atitudes de benemerência praticadas, indagou ao plenário sobre tais fatos.

Mas, ao mesmo tempo, aquela imagem inicial se alterou, e infelizmente passou a mostrá-lo muitas vezes colocando sua *'mão vazia'* no *Tronco de Solidariedade ou Beneficência*; fato esse que, costumeiramente, realizava por julgar que as contribuições nunca seriam bem utilizadas.

E não tendo mais como argumentar, prostou-se calado, com lágrimas de remorso, e assim decidiu retirar-se cabisbaixo; todavia, no trajeto de saída estancou ao ser interrompido por aquela voz autoritária, determinante, mas fraterna, do Amado Irmão Venerável Mestre que afirmou:

- *O Nosso Amado Irmão se reconhece em suas falhas apresentadas, tanto no orbe terrestre quanto na Maçonaria; contudo, deve-se reconhecer também que o mesmo foi Iniciado nos Augustos Mistérios da Ordem, instantes em que todos os seus pares prometeram que o protegeriam nas suas Cerimônias de Elevação de Graus, e assim, é exatamente isso o que se fará!*

Assim, esse Amado Irmão poderá consertar seus erros, afinal todos os presentes já os cometeram um dia; por isso, deve descansar *'Nesse Plano'* o tempo necessário, e quando *'Retornar à Matéria'* a outras experiências, será novamente encaminhado à *Ordem Maçônica*, e se espera que sua nova caminhada, certamente, será muito mais promissora e útil que essa anterior.

Então, ainda decepcionado continuou saindo, mas estranhamente aliviado, pois aquelas importantes palavras pareceram ter-lhe retirado um grande peso que carregava, pois certamente foi ali que desbastara um pouco mais sua *Pedra Bruta*.

VM: _____

Nesse momento despertou sobressaltado, suando e com o coração disparado, e levantou-se assustado mas com alegria, porque havia apenas tido um sonho; então, dirigindo-se ao guarda-roupas atestando ali estar seu terno preto, e instintivamente retirou do paletó todas as suas medalhas, insígnias e comendas.

Finalmente, ainda emocionado, com olhos lacrimosos e mãos trêmulas, mas pleno de alegria, foi apanhar seu antigo *Ritual de Aprendiz*; e assim, ao dirigir-se a sua Oficina apenas levou o *Avental de Aprendiz*, e humildemente sentou-se no *'Fundo'* da Coluna do Norte, porque precisava verdadeiramente recomeçar seu trabalho, e lapidar bem e com competência sua *Pedra Bruta!*

83 'Limites' Maçônicos (Parte 1)

"Os maldizentes, como os mentirosos, não merecem crédito, mesmo dizendo verdades. A maledicência é ocupação e lenitivo aos descontentes." (Marquês de Maricá)

VM: _____

I – INTRODUÇÃO

Tudo que é *Perfeito* tem *Limites* impostos pelo *ser*, ou pelo dito *Estado de Perfeição*, tanto que: *Um Ser que manifeste Qualidades, não o pode fazer em todos os Aspectos;* já o *Imperfeito* não manifesta sua potencialidade, e quando o faz pode não cumprir suas características.

Desde que o *Homem* é um *Ser Social* que possui sua individualidade, mas por não ser *Perfeito*, torna-se *Limitado* sob diversos aspectos; todavia, precisa viver intrinsecamente consigo mesmo e com os outros, apesar de que as *Leis Pessoais* são muito diferentes das *Leis Sociais*.

Por um dos importantes valores humanos que é sua *Individualidade*, alguns *Homens* mostram-se melhores em certos aspectos, enquanto outros em outros aspectos, e assim a *Sociedade* se torna completa, e então a *Vida Social* se apresenta perfeitamente possível.

Porém, tal qual as moedas têm outra face, é fato que as pessoas diferem em tantos aspectos que podem gerar significativos *atritos* referidos a *Valores*, e sendo também diferentes os *Limites* dos indivíduos, nesse ponto ocorre o princípio ou início do *Limite entre o Pessoal e o Social*.

Contudo, há diversas situações que podem ser *ignoradas*, assim como passíveis de serem *aceitas*, tudo em prol da *Sociedade* — do *Bem-Comum*.

Entretanto, esse *Limite* não é fixo, podendo variar muito, pois ao se *Tolerar* algo pela manhã, pode até ser que o mesmo tema se mostrado à noite, seja visto como passando do *Limite*.

Mas, há o desejo que o *Limite* seja mais elástico, e de certo modo o é, pois a *Tolerância* tem por *Limite* a imposição de manter a *Individualidade*, e incluir o *Individual no Social*; porém, se não ocorrer, alguns perdem a *Individualidade*, e outros são excluídos e se isolam do *Convívio Social*; e assim convivendo, o *ser* percebe que seus sonhos nem sempre se tornam realidades.

O ser se incomoda com a certeza da morte, pois deseja sua realização pessoal, em contribuir para a *Sociedade*, ou pode aderir ao *Niilismo (Latim 'Nihil' = nada; filosofia do pessimismo e ceticismo, na negação de princípios religiosos, políticos e sociais, que nada existe de absoluto, que não há verdade moral; é atitude crítica quanto às convenções sociais; Turgeniev em 'Pais e Filhos': O niilista não se curva ante autoridades, nem aceita princípios sem exame, qualquer que seja o respeito que esse princípio envolva; Nietzsche descreve como falta de convicção do ser depois da desvalorização de qualquer crença; tal desvalorização culmina na consciência do absurdo e nada), pois diz Rodríguez-Rosado: 'Liberdade é o Preço da Existência'.*

1º Vigilante: _____

Os *Homens* existem como *Seres Humanos Livres*, que se não tiverem *Liberdade*, sua existência não seria da mesma forma, e se tornariam outros seres, mas incapazes de optar, pois o protocolo seria rígido.

Por exemplo, optando entre estudar ou descansar, mostrará ser *Livre e Responsável*, e pagará o ônus da *Livre Decisão*; todos podem optar, mas ao escolher exclui algo, pois suas ações são vistas por terceiros, que rotulam em função dessas mesmas atitudes.

Assim: *'Se existe – e – se é'*, mas não agrada ser rotulado pelos próprios defeitos, modos e outros; contudo, alguns possuem defeitos mais evidentes, e que se manifestam no *Convívio Social*; porém, é como se apresentam os defeitos, mas que muitas vezes são evidentes e outras não.

Por vezes a mente caricatura os outros pelos traços ou atitudes negativas, mas seria bom valorizar seus aspectos positivos: *É mais fácil ensinar algo, do que fazer esquecer algo*; por isso, afirmar se que a primeira impressão é a mais forte; mas os seres mudam por conta própria ou com ajuda de terceiros, e no *Processo de Mudança* estão *Limite Pessoal* e *Tolerância Social*; e ao final dessas inter-relações, ambas as partes exibem um *Estado Superior ao Anterior*.

II – TOLERÂNCIA

A palavra *Tolerância* se origina do *Latim Tolerantia*, que procede de *Tolero*, significando *Suportar um Peso* ou a *Constância em Suportar Algo*; no passado com sentido negativo, designava as *Atitudes Permissivas* das autoridades, diante de *Atitudes Sociais* impróprias ou erradas.

Porém, na atualidade é considerada uma *Virtude*, e se apresenta como *Algo Positivo*, sendo essa uma *Atitude Social ou Individual*, que resulta não só a reconhecer o direito a opiniões diferentes, mas de as difundir, e se manifestar de modo público ou privado.

2º Vigilante: _____

O pensador e filósofo *Tomás de Aquino* diz: *Tolerância é o mesmo que Paciência;* e que: *Paciência é justamente o Bom-Humor, ou Amor que faz suportar coisas ruins ou desagradáveis*; e, ao tratar de *'Justiça'*, o *Aquinate (conjunto de obras de Aquino)*, também indica (adaptado):

- *Paciência ou Tolerância são perfeitas em suas obras, quanto ao sofrimento dos males, aos quais não só exclui a 'justa vingança', que a Justiça também exclui; nem só o Ódio como a Caridade; nem só a Ira como a Mansidão, mas também a tristeza desordenada, raiz de todos os males elencados. Por isso, é mais perfeita e maior, porque ... extirpa a raiz. Mas não é mais perfeita que outras Virtudes, pois a fortaleza não suporta sofrimentos sem se perturbar, que também faz a Paciência, e os afronta se preciso. Por isso, quem é forte é paciente, mas não, vice-versa. ... '*

Há diferença de abordagem na História e nas Ciências, observado que na Humanidade a *Tolerância* refere-se ao Homem ou Sociedade, e nas Ciências às Leis Físico-Químicas e Biológicas.

Alguns exemplos ilustram o uso da *Palavra 'Tolerância'* ao longo dos Séculos, e assim, no fim do Século XVI, muito se disse de *Tolerância Religiosa — Eclesiástica — ou Teológica*; e na atualidade também se *Tolera*, pacientemente, pontos não essenciais de certa *Doutrina*, mesmo que seja em seu próprio detrimento, mas para melhor *Convivência Social*.

Desde o Século XIX a expressão *'Maison de Tolérance'* designava *Casa de Prostituição*, e muitos *Toleram* esses locais para evitar a disseminação desses costumes por toda *Sociedade*.

Em Medicina o termo *Tolerância* significa a *Aptidão do Organismo* em suportar a *Ação de Medicamentos (Agentes Químico ou Físico)*; as diferentes espécies *Toleram* microrganismos, pois alguns adoecem e outros não; e como nem todos suportam Medicamentos, algo fora às vezes é *Tolerado*.

Orador: ───────────────────────────

Os *Níveis de Tolerância* à *Radiação* têm limites, assim a *Tolerância* é o limite do desvio admitido entre as características exatas e as previstas, de algo fabricado ou um produto; então, é possível falar em suportar física ou mentalmente algo pesado, ou *Tolerar* erros gramaticais.

Percebe-se conhecimento em nível mais baixo, o que é *Tolerável*; e algo simples será: *Tolerável — Indiferente — Aceitável: Jantar Tolerável ou Aceitável.*

Mesmo em *Ecologia*, conforme *Odum* em *'Fundamentos de Ecologia'*, exemplifica *Limites de Tolerância na própria Natureza*; ademais, pelas *Leis Físicas* o *Universo* tende a *'desorganizar-se'*, e ao contrário tudo que está vivo tende a *'organizar-se'*; contudo, o Homem sendo *Livre* pode ajudar a *'desorganizar'* o Mundo; por isso, como num *Processo de Tentativa e Erro*, as pessoas buscam *Soluções* para *Viver* consigo mesmas e com as demais.

Exemplificando, tem-se bolas para arremessar num buraco distante, e de modo simplista, diz-se poder acertar ou não, mas na prática as coisas não são bem assim, pois o acerto aparece como grande vitória, porque foram muitos arremessos e único acerto; e por analogia, pode-se afirmar que: *Tolerar é aceitar os Limites, é realmente ser Paciente*; cientes de que: *Paciência é justamente aceitar o desagradável com bom-humor.*, difícil mas possível!

Na literatura também há alguns *Provérbios* que recordam a *Tolerância*, como por exemplo: *'Tolérance n'est pas quittance'*, que em tradução livre: *'Tolerância não é Liberdade total.'*; e podendo ainda caber o *Provérbio*: *'Não seja Intolerante, a menos que se confronte com a Intolerância'*; como exemplo disso poderia ser mostrada uma pequena história:

Secretário: _____

> *O deficiente sem pernas perambulava com as mãos no chão apoiado num tronco. Um Homem sempre o debochava, até que um dia perdeu a Paciência e o matou. Na Justiça o aleijado foi atacado como assassino cruel. Seu advogado de defesa falou por 10 minutos elogiando as qualidades de cada membro do júri, mas o juiz interrompeu: Se não iniciar a defesa não permitirei que prossiga. Sabiamente disse: Meritíssimo, se o senhor não aguentou 10 minutos de elogios, imagine a situação do réu que suportou anos de insultos.*

Quanto à *Tolerância*, é costume haver atuação como o *Provérbio: Com dois (2) pesos e duas (2) medidas*, pois tem-se complacência com os desvios de conduta, mas implacáveis com os outros, não lhes dando tempo de mudar.

Abandonar um mau costume e atuar de modo oposto, é tarefa que exige esforço por meses; e aos outros exige-se que ocorra num instante, esquecendo que tudo caminha em seu ritmo natural.

De modo semelhante deve ser lembrada a máxima: *Para viver é preciso deixar viver*; porém, o que leva pessoas a discordar são: *Invasão do Direito — Ultrapassar o Limite de Tolerância — Incapacidade de compreensão mútua — Falta de empatia — e o próprio Temperamento.*

Deve-se buscar sempre ser *Limitados*, que se manifesta também como se relacionam os seres, pois a distância entre pessoas é criada individualmente, e percebe-se que com alguns, já num primeiro momento, se consegue aproximar e falar abertamente, mas nem sempre é assim, pois é preciso usar *inteligência* e encontrar o caminho da comunicação entre pessoas.

Guarda (ou Cobridor): _____

III – LIMITES

São patentes as Limitações das pessoas, pois os indivíduos: Não são o que querem – Não fazem o que sonham – e Nem estão onde desejam; e é nesses Limites que os Homens se movem; assim, uma das tarefas que duram toda a vida é conhecer os Limites pessoais e os dos outros, porque os seres não se repetem; e a considerar que o Limite não é estático, e seres mudam; logo, o Sistema de Comunicação entre pessoas é dinâmico e obediente a Leis próprias.

E se reclamar pela não existência de *Comunicação*, poderia verificar como estabelecer essa relação; e é certo que ao se aproximarem as pessoas, uma e outra detém determinada expectativa; e ainda, na prática há também o *pré-conceito*, a deixar de lado, mas refletir sobre aquela expectativa.

IV – EXPECTATIVA

As atividades humanas se inserem no contexto da *Expectativa*, pois em *Latim 'Spes'* = a Esperança e a Expectativa de algo feliz: *Novo emprego — Novo trabalho — ou Nova amizade,* que geram muitas *Expectativas*.

Alguns dizem não haver *Expectativa* em nada, e tudo que ocorrer de bom trará felicidade.

Tem-se esperança de que se agir de determinado modo, se poderá ser feliz, e caso se relacione com alguém é porque é preciso ou se gosta; por exemplo, quando um aluno se aproxima do professor ambos têm *Expectativas*; e explicitar essas *Expectativas* evita decepção, pois pelo ditado popular: *O combinado não é caro*; assim, seria evitada união de pessoas quando seus interesses têm a possibilidade de serem supridos por certas habilidades alheias.

VM: _____

Aquele aluno pode somente querer*: Uma bolsa — Aprender uma técnica — Publicar um trabalho — Decidir a vida profissional — ou Estagiar por uma semana / mês / ou ano*; como saber se não perguntar, pois o professor também espera algo do aluno, por vezes de modo possessivo, e outras de forma diferente; finalmente, a *Expectativa* é individual e/ou diz respeito a outrem, e é lógico e razoável que exista um diálogo entre ambos, pois:

• *Em qualquer situação do tipo, sempre haverá muita Expectativa um do outro!*

84 'Limites' Maçônicos (Parte 2)

"Os maldizentes, como os mentirosos, não merecem crédito, mesmo dizendo verdades. A maledicência é ocupação e lenitivo aos descontentes." (Marquês de Maricá)

VM:

V – COMPREENSÃO

Compreender cada um como é acaba sendo o melhor modo de interagir e compreender; e por vezes alguns precisam de peixe, enquanto outros de trabalho educativo sobre pesca, mas sempre todos necessitam da atenção externa de outras tantas pessoas.

Portanto, todos precisam de cúmplices em suas atividades, mesmo porque, a *Tríade: Compreender – Querer – e Perdoar* resume bem o relacionamento humano ideal.

Da cultura popular a lembrar que: *Deus perdoa sempre – Homens às vezes — e Natureza nunca –* ou – *Errar é humano, e perdoar é Divino, assim como é Divino o perdão absoluto*; portanto, todos deveriam perseguir o supremo *Ideal de Perdoar*, mas nem sempre se consegue, tal qual a fórmula não muito adequada de que: *Perdoar se perdoa, mas esquecer não se esquece.*

Por vezes, o erro das pessoas leva a sérias consequências para o perdão imediato, pois a reação pessoal ou social contra quem errou pode ser*: Irascível, Vingativa — e Punitiva*; mas se quer que quem errou reconheça e mude, ou que sofra as consequências do ato para merecer perdão.

E não reconhecer o próprio erro, ou de certa forma encobri-lo, já consiste uma certa parte da pena, por não se adequar com a *Verdade*.

1º Vigilante:

Perdoar, mas antes abrir uma porta honrosa ao agressor, que não perderá tempo se justificando; aqui vale outra definição de Homem: Quem é capaz de se desculpar e justificar seus atos, mas que se envergonha em manifestar desculpas ou justificativas em voz alta a outros. Não convence desculpar-se a si próprio, mesmos por coisas erradas; por isso: Castigo piora o ruim e melhora o bom; e como o bom deve melhorar, não se deve evitar o castigo.

Mas*: Ruim não merece castigo?*, ou*: Além do castigo precisa de algo para melhorar?*; então, talvez precise de *Compreensão*; mesmo porque as pessoas aprendem também pelos erros, próprios ou alheios, históricos ou presenciais.

Quanto maior o erro, pior as consequências e menor a chance de novamente errar, contudo, a evidência do erro para a Sociedade mexe com os brios de quem errou.

Portanto, a *Compreensão* não deve se confundir com a cumplicidade no erro, pois a cumplicidade se associa ao desejo de ser solidário com o ser que errou, e à disposição de ajuda para reverter essa situação.

E o *Compreender* implica num sério compromisso; tanto que o amigo é aquele que, apesar de ser conhecido perfeitamente como é, continua sendo amigo ou: *O amigo é o amigo do amigo.*

O *Perdão* pode ser imediato ou não, com consequências ou sem; mas o tempo é apenas uma convenção, e nem por isso deixa de existir; assim as pessoas, como o bom vinho, melhoram com o tempo, ou para continuar a citar *Provérbios* tem-se: *O tempo é o melhor remédio.*

Como dito, os seres buscam justificativa aos seus atos, e a *perdoar*; mas é difícil ter a medida, pois a *'pena'* deve ser proporcional à ofensa, e perdoando o ofendido mostra ser grande.

2º Vigilante:

Nesse sentido as *Leis Positivas* são a segurança da *Sociedade*, quanto a estabelecer uma medida, ou seja, um verdadeiro *Protocolo Social* a ser atingido.

VI – SINTONIA

Uma rádio adequadamente sintonizada pode ser ouvida sem interferências ou ruídos; e por analogia pode-se afirmar que: *Escutar é um ato humano que reflete uma disposição interior*; tanto que o autor e economista *Peter Drucker* dizia que: *O verdadeiro comunicador é o receptor*; desde que: *Ouvir é permitir o diálogo*; além de merecer ser lembrada que a *Prática Medieval de Dialogar* era transformada num *Debate.*

Essa *Prática* era composta: *Enquanto um falava, o outro era 'obrigado' a ouvir*; pois antes de expor seu ponto de vista, era *'obrigado a repetir'* a ideia do primeiro, com sua expressa aprovação, antes de dispor sua resposta; e alguns têm o grave defeito, quase físico, de não ouvir, ficando certo que, a partir disso, são geradas as discórdias.

VII – ESSENCIAL – IMPORTANTE – E ACIDENTAL

Uma *Classificação das Realidades* pode incluir *Três (3) Divisões*, a saber: *Essencial — Importante — e Acidental*; e talvez exista desacordo no que incluir em cada item, porém, pensar antes de discutir se algo é *Essencial, Importante ou Acidental*, em muito reduziria as discussões.

Bem utilizar a *Inteligência* para identificar exatamente onde se pretende chegar, também é uma forma de diminuir os problemas, seja por via direta, isto é, não *'criando'* problemas, ou seja por via indireta, pela *Compreensão* das realidades limitadas.

Existe uma máxima popular que auxilia em mostrar a dificuldade que todos têm em enxergar o *Mundo Real*, a saber: *Humildade não faz mal — não dói — nem pesa!*

Orador: ⎯⎯⎯⎯⎯⎯⎯⎯⎯⎯⎯⎯⎯⎯⎯⎯⎯⎯⎯⎯⎯⎯⎯⎯⎯⎯⎯⎯⎯⎯⎯⎯⎯⎯⎯⎯⎯

Se por um lado quase todos têm essa deficiência, por outro há a teimosia em justificar os atos errados; e caso um *'diálogo amigo'* faz ver o erro, nada melhor que reconhecer: *A Humildade também é a Verdade, e como visto, a Humildade não faz mal nem prejudica!*

VIII – IGNORÂNCIA E PRECONCEITO

Por vezes as pessoas não realizam atos ou ações de modo errado por *Dolo ou Má-Fé*, mas infelizmente por pura *Ignorância*; mas é certo que fariam diferente se soubessem como fazer; todavia, essa tarefa não tem fim, e questionar acerca do *Empenho Pessoal em Diminuir o Nível de Ignorância*, no mínimo, tornaria que reconhecessem a *Dívida Social* que os seres carregam.

E por se aprender tanto ao longo da vida, essa é a razão de se tornar capaz de questionar as deficiências, mesmo porque ninguém pode dar o que não tem; assim, sempre se deve ter algo para dar aos outros e então estar contribuindo verdadeiramente para a diminuição da *Ignorância*.

O *Preconceito* é, sem dúvida, outro ponto importante que necessariamente deve sempre ser considerado, até porque todo e qualquer *Preconceito* é também um imenso gerador de prejuízo; dessa maneira, mesmo uma boa *Ideia Preconcebida*, ainda que pertinente, gera a criação de barreiras coletivas quanto à compreensão da realidade.

Uma pessoa que não queira nem ver ou ouvir, muitas vezes assimila e detém o impróprio *Preconceito* de não aceitar que os outros possam pensar de modo diferente.

IX — CONSIDERAÇÕES FINAIS

A *Incapacidade Pessoal*, quando provada, traz consequência de ressaltar os possíveis *Limites* dos outros, ao invés do reconhecimento dos seus próprios.

No *Convívio Social*, a *Tolerância* com os demais clama por uma severa interação, ou seja: *Ou se ajuda, ou atrapalha, mesmo porque a indiferença pode explicar, mas jamais resolver.*

Entretanto resta indagar: *Mas a quem ajudar? – e – Como fazer?*, sendo que ainda sempre prevalece a dúvida sobre: *Castigar o Bom e esse passa a Melhorar! – ou – Castigar o Ruim que passará a Piorar*; ou talvez considerar que a mais adequada solução esteja baseada de acordo com o que propala o dito popular: *Sempre é melhor ensinar a pescar, do que fornecer os peixes.*

Secretário: ⎯⎯⎯⎯⎯⎯⎯⎯⎯⎯⎯⎯⎯⎯⎯⎯⎯⎯⎯⎯⎯⎯⎯⎯⎯⎯⎯⎯⎯⎯⎯⎯⎯⎯

Porém, ainda restariam as indagações de: Como resolver situações pontuais, sem levar em conta o *Princípio da Subsidiariedade*? *(Compartilhar; o Princípio visa decisões mais próximas do ser, justificadas por possibilidades oferecidas;*

Princípio pelo qual só se deve agir quando a ação é mais eficaz que a do Estado); ou se ajuda quem precisa, até que seja independente quanto àquele tipo de auxílio; então seria resumidamente: Respeitar Autonomia – Exercer Autoridade – e Compreender o Verdadeiro Valor da Humildade.

Outro exemplo, toda pessoa quando muito *mimada e/ou adulada* pode representar um tipo de problema para a *Sociedade*, mesmo porque, ainda que todos os indivíduos necessitem de afetividade, mimá-los e/ou adulá-los significa dar muito mais do que realmente necessitam.

Assim, é absolutamente certo que a *Tolerância*, e sua respectiva *Medida*, requerem um salutar exercício de *Análise e Síntese*, sendo então essa a *Postura* de quem quer simplificar as coisas para ganhar tempo livre – ou um pouco do ócio, tão necessário nesses conturbados dias atuais.

Contudo, em complemento ainda deve ser considerada a dita *Tolerância Zero*, que se traduz como um tipo de *Lei Social*, que não permite erro sem punição, ainda levando em conta que, em princípio, todas as pessoas são Boas, ou seja: *Castigar o Bom, que irá Melhorar.*

Ademais, o Homem *'não é Bom'* pela sua própria natureza; contudo, o Homem pode se fazer Bom, caso se disponha a ser assim, porque o Homem é um ser voltado à *Axiologia (Grego = Valor + = Estudo – Tratado; estudo da hierarquia de Valores, uma teoria do Valor geral no sentido Moral; o ramo da Filosofia que objetiva Estudo de Valores, ou o padrão dominante de Valores na Sociedade; há o termo antagônico 'Axionomia' expressando os Valores autênticos compatíveis com a natureza humana)*; em resumo, *Estudo ou Teoria de Valores*, particularmente, de *Valores Morais.*

Não ser *Tolerante* com qualquer erro, de certa forma ajuda a resgatar o que é próprio da personalidade humana, ou seja*: Participação – Unicidade – Autonomia – Protagonismo – Liberdade – Responsabilidade – Consciência – Silêncio – Provisoriedade – e Religião*; então, conforme o pensador e autor *Höffner: Cada uma das características do Homem, poderia ser explorada nesse estudo, mas o Protagonismo talvez seja o que mais atenção mereça.*

O ser se sujeita ao seu próprio*: Pensar – Agir – e Omitir*, e seus *atos* assumem caráter irrevogável do mesmo *Eu*, e assim: *Pode-se arrepender, mas nunca desfazer os próprios Atos.*

Guarda (ou Cobridor):

E numa Sociedade onde tudo é *'socialmente aceito'*, tudo pode acabar sendo até *Tolerado*, e então, as pessoas podem perder a noção do que é *'certo ou errado'*; e como agravante, a *Inteligência* deixa de *discernir – julgar – ou distinguir*, e a *'vontade'* fica fraca a agir, além de que, as pessoas prezam muito o que lhes é caro, e assim, o dinheiro é caro para todos; portanto, multar se torna um meio de obrigar as pessoas a refletirem sobre si mesmas e a *Sociedade*.

Isso *'não'* é um *Direito,* mas uma *Tolerância*, sabendo então isso ilustrar por intermédio de mais um dito popular: *Todo aquele que não vive como pensa, acaba pensando como vive.*

Aprender observar a realidade do Homem, tanto Pessoal quanto Social, é a melhor forma de *Compreender o Limite* existente nas coisas e pessoas; caso contrário, se gastaria demasiado tempo *'enxugando gelo'*, ou procurando encontrar defeitos onde em realidade somente existem características; assim, certamente todos serão mais *Tolerantes* com os outros e consigo mesmo.

VM:

Finalmente, cabe recordar os *Ensinamentos de Sócrates*, recolhidos e selecionados por *Reale & Antiseri* em 1990: *A Felicidade não pode vir das Coisas Exteriores, do Corpo, mas só da Alma, pois essa, e só essa, é a sua Essência*; então:

- *A Alma é Feliz quando é Ordenada – Virtuosa; até quando diz Sócrates: Para mim quem é Virtuoso (Homem ou Mulher) é Feliz, ao passo que o Injusto e Malvado sempre é Infeliz.*
- *Como doença e dor são Desordens do Corpo, saúde da Alma é a Ordem da Alma; e Ordem Espiritual ou Harmônica Interior se traduz como Felicidade.*

85 Maçonaria – Melhor e Completa 'Escola de Vida'

'Não se pode viver feliz, não sendo justo - sensato - e bom.' (Epícuro — Filósofo Grego)

VM:

É certo que a vida é uma *Escola;* tanto assim que desde a concepção no útero materno, já se está aprendendo; contudo, depois do nascimento, então o aprendizado se intensifica rapidamente.

Aprende-se a andar, falar, se é efetivamente alfabetizado, educado e se vive em *Sociedade*.

E as *Leis dos Homens* regulam todas as *'Condutas Sociais'*; enquanto isso, os: *Usos e Costumes — Moral — e Leis* traçam o comportamento.

E mais, dentro dessa *'Escola da Vida'*, alguns Homens têm o privilégio de ingressar em uma *Faculdade* denominada Maçonaria.

Consequentemente, alguns terminarão o curso e receberão o respectivo certificado/diploma; enquanto outros desistem, desde o início, no meio ou no fim; e outros ainda, são reprovados e perdem aquela que pode ter sido uma das maiores e melhores oportunidades de sua vida.

São ministrados nessa *Faculdade* os: *Livre Arbítrio – e – Regras do Curso*. Os cursos dessa Faculdade iniciam na Iniciação, e terminam na *Diplomação*, traduzido pela *'Comunhão Total e Final'*, cuja banca examinadora é o *Tribunal* da própria *Consciência e a Misericórdia* do *G∴A∴D∴U∴ – Grande Arquiteto do Universo*.

1º Vigilante:

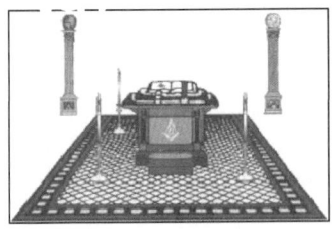

A Maçonaria é uma verdadeira 'Faculdade da Vida', que incentiva a pesquisa da Verdade e o exercício do Amor e da Tolerância; e ainda recomenda respeito: Às Leis – aos Costumes – às Autoridades e sobretudo à Opção Religiosa de todos e de cada um dos seres.

Além disso, a Maçonaria não se preocupa em retribuir, rebater ou responder as ofensas injustas recebidas pelos que não a conhecem, mas se defende ao mostrar aos algozes o que realmente é a Ordem Maçônica.

A Maçonaria é: *Filosófica – Moral – e Espiritualista*, a saber:

- *Filosófica* = Leva o ser a se ajudar a: Buscar a Verdade que Procura – Vencer suas Paixões – e Submeter sua Vontade à verdadeira Razão.
- *Moral* = Aceita Homens de Bons-Costumes; ganham pão com suor do rosto; e
- *Espiritualista* = Por não admitir ateus em suas fileiras.

Aliás, a Sublime Ordem é a única organização que transforma em Amados Irmãos pessoas de crenças e cultos religiosos diferentes, pois ali convivem harmoniosamente*: Católicos — Judeus — Espíritas — Protestantes — Evangélicos Budistas — Maometanos — e outros.*

2º Vigilante:

Todavia, alguns apressados poderiam pensar que isso significa que os Maçons tenham sido transformados em seres absolutamente passivos - submissos, sem o menor interesse pelo que se passa na Sociedade em que vivem, em seu País e no Mundo; porém trata-se de outra inverdade, pois os Adeptos da Ordem se preocupam com tudo que acontece, pois a Maçonaria é Universal.

Se os Maçons têm como dos maiores compromissos a *'Busca Incessante da Verdade'*, é claro que precisam exercitar continuadamente seu indiscutível direito de pensar em soluções que possam eliminar o Mal, sem destruir o Homem.

Assim, a Maçonaria tem seus métodos próprios de ação, que são bem conhecidos por seus verdadeiros Integrantes, que são agentes da Paz, e por isso combatem todos os*: conflitos armados — guerras — guerrilhas — terrorismo — radicalismo — e principalmente a ignorância.*

A Maçonaria sempre se colocou a favor da *Liberdade*, contrária a qualquer tipo de opressão ou tirania que sonegue aos Homens o direito de pensar; além disso, e em complemento, jamais pode ser radical, pois a Virtude está no meio - centro, no bom senso, na equidade e na isonomia.

Mas, como a Maçonaria exige de seus Adeptos uma vida de constante atitude de*: Cavar Masmorras aos Vícios – e – Erguer Templos às Virtudes*, a Ordem sabe que o maior *Ensinamento* que os Maçons possam oferecer é o exemplo externado por cada *Pedreiro-Livre*, que não esquece o trabalho de *'Polir a Pedra Bruta'* que sempre é, e que percisa bem erigir seu *'Templo Interior'*.

Orador:

Nessa condição deve-se valorizar o entendimento de Cícero: *Sou livre porque sou escravo da Lei!*; e*: Andar na Lei é muito difícil, fácil é andar fora.*

O verdadeiro Maçom sabe que a *'Vida Digna'* equivale a um *'Templo Erguido à Virtude'*, e que só terá *'Vencido as Paixões'* quando respeitar e amar cada um seu par, não se acovardando em exigir desses o cumprimento da *Lei*.

E principalmente diante da covardia das maiorias que procuram *'humilhar e esmagar'* impiedosamente as minorias, ou fanáticos que usam métodos covardes para validar suas condutas.

Dentre outros, a Maçonaria combate a(o)s: *Hipocrisia – Fanatismo – e Intolerância*; e ataca esses males procurando conduzir os Homens ao necessário e precioso *'entendimento'*, única forma de ser conseguida a *Paz* permanente, sempre pregando a *'Misericórdia'* para com os vencidos; certo de que para a Ordem, o vencedor deve ser sempre a Humanidade.

Portanto, o Maçom é concitado, instigado, compelido, aconselhado e/ou provocado a deter uma *'conduta de vida'* capaz de *Levar: Consolo a quem sofre –*

Comida a quem tem fome — Agasalho a quem tem frio — Lenço para as lágrimas dos pares — e Conhecimento a quem deseja.

A Instituição conceitua e prega com constância*: Quanto mais é propagada a benéfica Luz, menor e quase nulo será o espaço a ser ocupado pelas trevas.*

Secretário:

Com isso, todos os Integrantes da Ordem, como austeros e competentes *Iniciados*, podem guiar-se mais seguramente na magnífica direção do *G∴A∴D∴U∴. — Grande Arquiteto do Universo*, ou seja, exemplar *Luz Irradiante* que será o caminho do(a)s*: Amor – Fraternidade – e Tolerância – 'Per Omnia Saecula Saeculorum!' (Para Sempre – Eternamente - Até o Fim dos Tempos).*

Os Maçons não são, e estão longe de ser, uma *'Confraria de Anjos - Arcanjos - ou Querubins'*; são simples seres humanos iguais em busca da real*: Prática do Bem sem olhar a quem – Sem alarde – e Sem soar trombetas!*

A Ordem é efetivamente uma das inúmeras *'Faculdades'* que compõem e integram a *'Universidade da Vida – e/ou – a Escola da Vida'*, onde se detém o privilégio de poder conhecer as*: Fé – Esperança – e Caridade*, sem absolutamente nenhuma necessidade de se desapegar de qualquer Religião ou Seita que aceite e pratique.

A Ordem Maçônica consegue o que muitas outras, e seus seguidores, julgam impossível, isto é, a efetiva reunião harmoniosa de Homens de todas as crenças, unidos pelo *Laço da Irmandade*, pelo *Pensamento Único e Uníssono* de que é por meio de muitas *Boas Obras*, que se conhece o *Bom Pedreiro*.

E mais, enquanto algumas Religiões se dizem e julgam *'donas da verdade'*, certos Adeptos da Ordem estão a busca de sua apropriada Religião, mas sem jamais pretender ser seu dono; tanto assim que não interessa a esses Integrantes a *'transmutação dos metais'*, bem como também não interessa a nenhum Maçom procurar exercer a menor interferência na Fé alheia.

Tudo o que em realidade deve interessar a esses Membros é o salutar e necessário exercício da *Caridade*, porque é sabido que sem a mesma não há salvação ao caridoso, nem ao auxiliado; mesmo porque não existe *'Fé sem Caridade – sem Esperança – e sem Amor'*.

A *Fé* coloca o Homem, como receptor, em contato direto com o *Criador – como Emissor!*

Guarda (ou Cobridor):

Somente palavras ou pensamentos não põem o Homem em sintonia com o Absoluto, pois se não fosse assim, os *Fariseus* que praticavam com esmerada pontualidade os *Ritos* prescritos e que davam grande importância aos *Estudos das Escrituras*, não teriam sido convidados a *'deixarem o Templo'*, conforme são mencionados nos *Evangelhos* como hipócritas e orgulhosos.

Então, é possível concluir, sem receio de errar, que somente as *Maldade e Desinformação* são capazes de rotular a Maçonaria como absurda e infelizmente *'contrária à Fé'*.

O *'comportamento digno'* caracterizado pela Maçonaria impõe aos Adeptos o dever de honrar, certamente, qualquer *'profissão de Fé religiosa'*, pois cada um dos Adeptos da Ordem tem o direito professar e praticar sua Religião.

Garante a *Constituição do Brasil*: *Inviolável a Liberdade de Consciência e Crença*, sendo assegurado o *'Livre Exercício dos Cultos Religiosos'*, e garantida (na forma da Lei) *'A Proteção aos Locais de Cultos e as suas Liturgias'*.

Num *Templo Maçônico* devem ser deixadas do lado de fora as *'diferenças religiosas'*, e passar à pratica comum das: *Igualdade — Liberdade — e Fraternidade*.

VM: _____

Todavia: Os rótulos nem sempre garantem o conteúdo; por isso, o Templo Interior do Maçom deve permanecer sempre limpo, límpido, livre da sujeira que as Iniquidades provocam, iluminado pelo verdadeiro Amor, sempre permitindo lembrar que o Conhecimento é apenas uma simples e ínfima gota diante do mar de coisas que se ignora.

Ensina a Maçonaria que o *G∴A∴D∴U∴* — *Grande Arquiteto do Universo* é a mais pura fonte perene de *Amor*, sempre pronto a permitir o soerguimento, evasão, de todos aqueles que desejam e queiram se levantar.

Finalmente, compreender que conforme bem saberá o Supremo, a qualquer tempo, *'separar o joio do trigo'*, os Integrantes da Maçonaria serão sempre recomendados a produzir mais, mais, mais e mais trigo!

86 Calendário Maçônico Suas Características

"Todo homem é culpado por todo o bem que não fez." (Voltaire)

VM: _____

Como a vida do Homem é relativamente curta, ainda mais se comparada com outros animais mamíferos da Terra, o ser humano quando se refere a seus: *Planejamentos – Planos – Perspectivas - História - ou Pensamentos,* o faz pelo período de aproximadamente *dez (10) ou vinte (20) anos*; por isso, um Século costuma ser usado como referência aceita de um *'longo período de tempo'.*

Contudo, deve-se sempre lembrar que tanto a *História do Planeta,* quanto a da *raça humana,* se estendem muito mais além do que os livros contemplam; e disso também cabe ainda recordar que há *'períodos de tempo maiores',* podendo-se pensar em milhões e bilhões de anos.

Nesse sentido, o tempo é sempre medido por mudanças e/ou alterações, todas da ordem que modifique as condições de vida na Terra, por isso, é dessa forma que se percebe o tempo.

1º Vigilante: _____

Todavia, antevendo o tempo sob as condições de *maior amplitude*, existem muitas variadas formas de demarcá-lo, como por exemplo, utilizando os instrumentos: *Pêndulo – Relógio de Areia – Marcador por Estaca – Movimento da Lua relativa à Terra – e Movimento da Terra referido ao Sol.*

Todos os instrumentos elencados são *Fenômenos Físicos,* caracterizados por serem *cíclicos ou periódicos,* ou seja, que sempre se repetem em períodos absolutamente determinados, e por consequência, iguais.

A civilização ocidental de início imaginava que a Terra fosse tão velha quanto os Homens, e assim, teria aproximadamente a idade de *seis mil (6.000) anos,* quando havia a crença de que nesse período tudo teria sido criado, inclusive o tempo.

Considerada até a atualidade em *Calendários* de alguns *Ritos,* uma tentativa séria de quantificação importante ocorreu no ano de *1654,* quando um Arcebispo irlandês calculou, com base em dados bíblicos, que a Terra teria sido criada *4.000 anos a.C.*; além disso, outro cálculo feito na Inglaterra por um Pastor Anglicano concluiu que a Terra teria sido criada *4.000 anos a.C..*

2º Vigilante:

Mas atualmente, além dos *Calendários*, foi criada *'metodologia de datação absoluta'*, desenvolvida pelos *'Métodos Carbono (C)14'*, de grande aceitação.

Assim, foi estabelecido que a Terra se formou há *5 bilhões (5.000.000.000) de anos*, pois as rochas mais antigas se formaram há *4,5 bilhões (4.500.000.000) de anos*; e a vida humana surgira há *2 milhões (2.000.000) de anos*.

Portanto, os *Calendários* são sempre tentativas de elaboração de algum *Sistema* embasado em *Fenômenos Astronômicos;* que por sua vez, *'envolvem a posição e movimento do Sol e da Lua'*.

Assim, pelas *Estações Climáticas* durante o ano, com suas temperaturas: *amena — calorífica — e invernal*, os primeiros *Calendários* tentavam demarcar os*: Início e Término do Inverno e Verão*.

Mesmo porque, desde sempre o Homem se apercebeu que em certas épocas do ano, o *Sol* estaria mais próximo ou mais afastado da Terra, por conta de sentir maior ou menor calor ou frio.

Orador:

Assim passou-se a bem definir os denominados:

* **Equinócios**: *21 de março e 23 de setembro, datas em que o dia e a noite, em duração, são* <u>exatamente iguais</u>, *e*
* **Solstícios**: *21 de junho e 21 de dezembro, datas em que o dia e a noite, em duração, são* <u>absolutamente desiguais</u>.

Com passar dos anos, o *Sistema* de *'contagem de tempo'* foi ficando cada vez mais sofisticado, e foi dessa forma que passaram a ser elaborados os *Calendários*, e que de modo similar, foram também sendo aperfeiçoados ao longo da História.

Depois dessa visão pouco mais ampla do tempo e o meio de contagem ao longo da História, passa-se a objetivar a definição dos *Calendários* que compõem e formam o *Calendário Maçônico*.

Assim, o *Calendário Juliano* foi implantado pelo *Imperador Júlio Cesar* em <u>46 a.C.</u>, como uma alteração do Calendário Romano anterior; depois, foi modificado em <u>8 d.C.</u> *pelo Imperador Augusto*; e sofreu sua última modificação em <u>1582</u> pelo <u>Papa Gregório XIII</u>, dando origem ao *Calendário Gregoriano*, adotado progressivamente por diversos países, e atualmente utilizado pela maioria dos países ocidentais.

Secretário:

E *Calendário Juliano* com as modificações feitas por *Augusto*, os <u>anos bissextos</u> ocorrem sempre a cada *quatro (4) anos*, enquanto no Calendário Gregoriano *'não'* são bissextos os anos seculares, exceto os múltiplos de *400 (quatrocentos);* quando o ano conta com mais *um (1) dia (29 de fevereiro)*, somando então aquele ano *366 dias* ao invés dos comuns *365 dias*; determinação essa que está sendo utilizada até a atualidade.

Então, com objetivo de acertar e facilitar a implantação desse *Calendário Gregoriano*, à época, ficou estabelecido que o dia *04 de outubro de 1562* passaria a ser o dia *15 de outubro* do mesmo ano *(1562)*, portanto, com antecipação de *11 (onze)* dias, que na atualidade já são *13(treze)*.

Já o *Calendário Hebraico* é *Lunar e Solar* ao mesmo tempo, e se completa por considerar o *ano: agrícola – religioso – e civil*; e, nesse *Calendário* caso se considere o *'ano agrícola e o religioso'*, o *Ano Hebraico* se inicia no mês de *Nissam* - equivale a *março*; e se considerado o *'ano civil'* do mesmo *Calendário*, o *Ano Hebraico* se inicia no mês de *Tishiri* – equivale a *setembro*.

Para calcular o *Ano* do *Calendário Hebraico* basta somar ao *Ano da E∴V∴ (Era Vulgar)* do *Calendário Gregoriano* o *Número 3.760 (três mil setecentos e sessenta)*.

Guarda (ou Cobridor):

Já pelo *Calendário Maçônico Gregoriano* o *Ano* se inicia no dia *21 de março*, sendo esse *Ano* dividido em *doze (12) meses*, detendo cada um *trinta (30) ou trinta e um (31) dias*; e registrando que o *décimo segundo (12°) mês – fevereiro*, possui apenas *vinte e oito (28) dias*.

Outras características desse *Calendário Maçônico* são de que tanto os *meses* como os *dias 'não'* recebem denominações especiais, além de tratar-se, verdadeiramente, de um misto entre os *Calendários Gregoriano e o Hebraico*.

E mais, para saber se o *Ano* por tal *Calendário*, deve ser acrescentado o *'Número 4.000 (quatro mil)'* ao *Ano da E∴V∴*; então, por exemplo, o *Ano 2014 (dois mil e catorze)* corresponde ao *Ano 2014 + 4.000 = 6.014 (seis mil e catorze)*.

Dentre todos os *Ritos*, anteriores e atuais, que foram e ainda são praticados pela Maçonaria no Mundo, o *Rito Escocês Antigo e Aceito — REAA* utiliza na prática de seus *Graus Superiores* o *Calendário Hebraico*, devido ao fato desse *Rito* ter sido fundado por Integrantes de origem judaica.

No Brasil o mesmo *REAA* utiliza o *Calendário* também baseado no *Hebraico*, com início em *21 de março*, que conta o *Ano* somando ao *Ano da E∴V∴* o mesmo *'Número 4.000'*, como acima.

VM:

E o *Calendário* praticado pelo *Rito Moderno*, que atualmente é o *Rito Oficial do Grande Oriente do Brasil - GOB*, se caracteriza por atribuir a todos os meses *'igual número de dias'* em obediência ao *Calendário Gregoriano*, e acrescentando o *'Número 4.000'* ao ano da *E∴V∴*, como anterior, compondo o *Ano da V∴L∴ (Verdadeira Luz)*, quando teria sido criado o *Planeta Terra*.

Finalmente, à pura reflexão, recordar o contido na *Bíblia em Gênesis*:
- *"Faça-se a Luz"* — e com muito esplendor — *"A Luz foi feita!"*

Visitação
Aspectos Diversos

"Só é necessário um minuto para simpatizar com alguém, uma hora para gostar de alguém, um dia para querer bem alguém, mas é preciso uma vida para esquecê-la."

VM: _____

I – ENTRE ADEPTOS

De início, conforme propala a Maçonaria: *A Habilidade sem Razão é de pouca valia*, por isso torna-se necessário que o(a)s: *Coração conceba – Cérebro projete – e Mão esteja apta e pronta para executar o 'Trabalho'*.

Assim, predispõe a *Tradição* que *Visitantes* de mesma *Obediência Maçônica* podem até ser alvo de diferentes *Prerrogativas Protocolares*, embora haja um tipo de *'acordo tácito'* entre os *Integrantes* que se visitam, mesmo pertencentes a *Potências* díspares, por meio do qual, em nenhuma situação deve ser diferenciada quaisquer partes do *Cerimonial Protocolar*.

Contudo, infelizmente esses fatos ainda não foram suficientes para a devida conscientização das *Autoridades Dirigentes* dos destinos da Ordem, cientes que seus *Integrantes* auspiciam que tais *Procedimentos* possam ser uma espécie de *Norma* destinada a orientar os comportamentos durante a *Visitação*, e dirigindo todos os seus *Atos Cerimoniosos* sempre na direção da: *Tolerância – Simplicidade – Humildade – e Não Constrangimento*.

1º Vigilante: _____

Certo é que o *Direito de Visitação* integra um *Landmark da Classificação de Mackey*; contudo, com a devida anuência de qualquer *Visitante*, sempre estará sujeito ao *Exame de Identificação* preceituado pelo *Cobridor ou Guarda Internos – ou Guarda Externo - ou 1º Experto (Am:.Ir:.Terrível)*, caso não reconhecido por nenhum Maçom presente do *Quadro de Obreiros da Oficina* visitada.

Daí decorre que a *'condição limitante'* ao *Adepto Visitante* conseguir desempenhar-se condizentemente no *Exame*, é que tenha as *Questões e Respostas* perfeitamente memorizadas, além de certo seu ordenamento; e, por causa desse adequado preparo terá certeza de não permitir a ocorrência de nenhum constrangimento, a si ou quaisquer *Integrantes da Loja*.

Porém, muito a contragosto, cabe informar que infelizmente não é exigida igualdade de procedimento nos *Exames*, pois podem até diferir, em maior ou menor escala, dependendo do *Rito* adotado pela Oficina, e a qual *Potência* esteja filiada.

Isso se deve porque ocorrem diferenças na feitura dos *Exames* em função da *Ritualística* imposta, como também pelo acolhimento de certas variações conforme a *Obediência Maçônica* a que se filie a *Loja*.

Se o *Visitante* pertencer a uma *Loja* agregada à mesma *Potência* da que pretenda visitar, e ainda se ocupar *Cargo* ao qual se designam *Prerrogativas Protocolares Especiais*, antes do início trabalhos da *Oficina Visitada*, deve informar e predispor com o VM, da conveniência ou não, de serem providenciadas e adotadas tais *Prerrogativas* para sua *Recepção*, ou se, de comum acordo, aceitem e possam prescindir das *Formalidades Previstas*.

2º Vigilante:

Mas se a *Loja do Visitante* for filiada ou federada a *Potência* diferente da *Oficina* a ser visitada, e não sendo conhecido de nenhum *Maçom* de seu *Quadro*, deverá ser *Examinado* por meio do competente *Telhamento*; porém, sempre em conformidade com as *Normas da Obediência* a qual pertença o *Visitante*, e não utilizadas as próprias da *Potência* daquela *Oficina*, com o que o *Pretendente à Visita* pode não estar familiarizado e/ou desconhecer, evitando assim uma situação constrangedora para ambas as partes.

Nesse último caso, é óbvio, não cabe ser solicitada ao *Visitante* a *Palavra Semestral*, porque são diferentes, pois dependem de determinação específica de cada uma das *Potências Regulares*; todavia, isso nunca deve ser impeditivo do *Visitante* demonstrar sua viabilidade, ao apresentar sua regular documentação, civil e maçônica, mesmo porque, infelizmente, ainda existem restrições desse gênero vigentes entre os *Integrantes da Ordem*.

No que concerne à *Palavra Semestral*, cumpre esclarecer que sua existência absolutamente 'não' é consensada na *Maçonaria Universal*, porque não é utilizada no âmbito internacional, e que somente foi introduzida na França em 1777.

II – ENTRE LOJAS

O *Direito e Dever de Visitação*, tanto dos *Adeptos* quanto das *Lojas — Quadros de Obreiros*, sempre devem se constituir em salutar e importante *Costume Tradicional Maçônico*; por esse motivo, deveria ser muito mais intensificado, podendo até chegar ao extremo da '*obrigatoriedade*', mormente, por ser uma forma simplista de maior entrelaçamento entre *Integrantes da Maçonaria*, principalmente quanto aos: *Estudos — Conhecimentos — Entendimentos — Afinidades — Enriquecimento Espiritual — e tantos outros*; e mais, *Maçons* que, não raras vezes, até do mesmo *Oriente* nunca tiveram oportunidade de se conhecer!

Orador:

Contudo, a *Loja* optar por manter em si e seu *Quadro de Obreiros* somente entre suas determinantes quatro (4) paredes do *Templo*, fatalmente, terá poucas oportunidades de '*expandir*' seus tão necessários *Conhecimentos*, tanto quanto, pode ter estagnada sua capacidade em *Praticar a Verdadeira Maçonaria*, aquela a que se destina e tem por objetivo a *Instituição*.

A *Prática Ritualística* é responsável por: *Moldar – Aculturar – e Ensinar* seus *Adeptos*; entretanto, se trata, apenas e tão somente, de uma atividade considerada *'meio'*, ao passo que como uma importante e verdadeira atividade considerada como *'final'*, corresponde ao *Cumprimento e Ensinamento*, porque:

• Todos os *Maçons* componentes do *Quadro de Obreiros da Loja* têm a nobre *'obrigatoriedade'* do repasse de tudo aquilo que realmente aprenderam;

mas, apesar de ser uma boa tese, ao mesmo tempo não deve servir como *'desculpa e/ou motivação'* para que nenhum *Integrante* jamais se torne: *partidário – simpatizante – ou proponente*, de que os *Maçons* também devam se obrigar em sair as ruas portando: *Bandeiras – Estandartes – Aventais – ou qualquer identificação da Maçonaria*, assim como, muito menos *'alardear desmedida e irresponsavelmente'* sua privilegiada condição de *Integrante da Instituição!*

Mas apesar disso, todos *Maçons* devem sempre participar da *'comunidade'* a que pertencem, e principalmente em que vivem, tanto de outras *Lojas* como da própria *Sociedade* em si, entendendo ser essa uma das importantes *'premissas indiscutíveis'* que devem sempre ser cumpridas, e a qualquer tempo.

Secretário: _____

E quando o *Corpo ou Grupo de Obreiros* de uma *Oficina* resolve *Visitar* outra *Loja*, é recomendável que porte o *Estandarte de sua Loja*, pois é entendido como um real *Símbolo Representativo* da *'verdadeira unidade'* entre *Maçons*; atitude que pode ainda ser entendida como simelhante à de uma *Nação*, em sentido estrito, como se essa também ali estivesse inserida.

Nessa situação, da *Visita* de uma *Loja* a outra, sempre será: *pertinente — conveniente — e importante* que a maioria dos *Integrantes do Quadro de Obreiros da Oficina Visitante* se faça presente; logicamente, sempre com um pré-aviso de tal intenção, porque assim, com tempo hábil, concorrerá para a devida preparação da *Reunião* por parte da *Oficina* anfitriã que os receberá.

E pelas *Prática e/ou Tradição* essa *Reunião* será nominada *Conjunta*, quando estiverem duas ou mais *Lojas* reunidas; e seguindo os *Dispositivos Regulamentares das Potências Regulares*, deve ocorrer a *Abertura dos Trabalhos* a cargo da *Oficina* anfitriã, enquanto a(s) *Loja(s) Visitante(s)* aguardará(ão) autorização de ingresso no *Templo*, providenciando o préstito na S∴ PP∴ PP∴, tendo: *À frente os Aprendizes – Seguidos pelos Companheiros – Mestres – Oficiais – Ex-VM's – e finalizando pelas Dignidades*; devendo no tempo certo, ser anunciada pelo *Guarda ou Cobridor* visitado.

Tomadas todas as providências pelo VM visitado, esse comanda a *Abertura da Porta e o Ingresso Ritualístico aos Visitantes*, quando sua *Loja* deverá recebê-los *'De p∴ e à Ord∴'*; tendo o Am∴Ir∴ Mestre de Cerimônias à frente, os *Integrantes da(s) Loja(s) Visitante(s)* em fila dupla ingressam no *Templo*, obedecida a correspondente *'hierarquia'*, quando então, sendo o último a adentrar, o(s) V(V)∴ M(M)∴ *Visitante(s)* para(m) na *Linha Imaginária do Equador*, posta(m)-se *Entre-Colunas*, e saúda(m) as *Luzes da Oficina Visitada*.

Guarda (ou Cobridor): _____

Ademais, conforme a orientação das *Normas da Potência Maçônica* a que pertença a *Loja Visitada*, em algumas dessas existe a determinação de que, no instante em que concluir(em) a *'aludida saudação'*, o(s) *V(V)∴ M(M)∴ Visitante(s)* passe(m) pelo *Exame de Reconhecimento* em nome de todos os *Integrantes de sua(s) Oficina(s)*.

Esse mencionado *Exame* é a mesma *'prova'* tradicional referenciada em quase todas as *Obediências*; por isso não é cabível, de modo nenhum, ser gerado qualquer *constrangimento*, o que seria no mínimo *deselegante e/ou mal educado*, mesmo como possam pretender alguns *Maçons*.

Portanto, vale recomendar que o *Conteúdo Simbólico e o Texto do Exame* por si só, devam ser apresentados apenas como mera e simples *justificativa*, mas que devem gerar outros importantes *estudos aprofundados* a esse respeito, principalmente, no tocante às suas: *origens — significados — e cabedal intrínseco*.

Depois disso, de modo análogo, com o M∴ C∴ à frente, é conduzido o *VM Visitante ao Oriente sob Bateria Incessante*, e chegando ao *Altar do VM Oficiante (Visitado)*, é por esse saudado por meio do *Tríplice e Fraternal Abraço*, e então, é convidado a ocupar o lugar à direita do *VM Visitado*, caso não esteja presente *Autoridade* detentora de mais elevado *Cargo Hierárquico*, maior *Nível ou Faixa*.

E, concluindo esse ato inicial da *Recepção*, o *VM Visitado* solicita ao *Am∴Ir∴ Mestre de Cerimônias* que estenda o convide aos *Ex-VM's* e demais *Autoridades*, para que também passem a ocupar lugar no *Oriente*.

VM: _____

Finalmente, a relembrar o quanto seria válido e necessário serem buscadas mais informações sobre o tema, também rico e importante ao *Polimento da Sapiência* dos assuntos que envolvem a Maçonaria, cientificados de que os Maçons: *Tornar-se-ão Sábios se possuírem a Força*, porque a *Sabedoria* exige sacrifícios que só podem ser bem suportados por essa *Força*; porém, *Ser Sábio* com a *Força*, mas sem ter a *Beleza*, seria triste e inconveniente, pois a *Beleza* abre o *Mundo* à sensibilidade de cada ser!

"Todos que, definitivamente, aprenderem a perder, a cair e a errar, e se recuperarem de tudo isso, é certo que ninguém jamais o controlará!"

INSTRUÇÕES COM TEOR INSTITUCIONAL

A Maçonaria
Aspectos Históricos

"Quando falar cuida que as palavras sejam melhores que o silêncio – Proverbio Indiano."

VM: _____

Nos Séculos VI e VIII os *artesãos*, então livres e protegidos, não resistiram à influência do Clero que detinha os *Segredos e Tradições*, enquanto apenas construíam Conventos e Igrejas.

E os Bispos: Leço e Gregório de Tours – Ferréol de Limoges – Dalmácio de Rodez – Agrícola de Chalonsur-Saône – Frutuoso – Santo Elói – e outros, eram *Detentores da Arte de Construir* e a usavam, evidentemente, para a Igreja, erguendo Templos por toda Europa.

Ademais, o Clero não se desviando do Culto Religioso, passou a revelar aqueles Segredos a leigos que formavam Confrarias (título clérigo) – Antigas Comunidades de Ofício e Associações Leigo-Monástica; assim, já nos Séculos XI e XII as Confrarias objetivavam: Culto Religioso e Bispos (Mestres) mantenedores dos Segredos.

Então, com surgimento de outros *'estilos'* de construção requintados como o *Gótico*, esses Segredos tiveram que ser repassados aos *operários (pedreiros)*, que em autodefesa e pacificamente, readquiriram muito valor, se multiplicaram, e sentindo-se fortes sobrepujaram os Clérigos.

Assim, tais forças os reanimaram, e decorridos alguns Séculos conseguiram retomar sua antiga e destacada posição; e ainda, se reagruparam em Associações e foi quando surgiram as *Guildas*, de início com Cunho Religioso, para depois se alterarem em Sociais; e, surgiram *Guildas de: Mercadores – Artesãos – e muitas outras*.

1º Vigilante: _____

E coesos e amparados passaram a reivindicar alguns *Direitos*, e na época de (São) Luiz – Rei de França, estando reforçados os *Novos Ofícios*, seus *Direitos* passaram aos *Livros-de-Ofícios*.

Então, a Maçonaria retomando seu brilhante caminho, ressurge com os *'artesãos'* componentes dos *Ofícios-Francos*, opositores dos *Juramentados*.

Enquanto os *Francos* eram 'isentados de impostos' pela Igreja, viajando livremente, os demais pagavam impostos e eram policiados.

Na França em: Band – Audenarde – e Alost, os *Ofícios* detinham plena franquia, e sendo o País a *Pátria dos Ofícios-Francos*, a Língua Oficial era 'Francês'; por isso, a *Maçonaria* foi designada *Franco-Maçonaria,* com Pedreiros-Livres (Frànc); a Ordem congregava várias profissões, especialmente *Pedreiros,* e sob influência da Igreja elegiam *'Padroeiros'* àquelas Profissões, e a *Maçonaria* escolheu São João.

A Maçonaria nos Três (3) Graus Simbólicos exigia: *Palavra Secreta — Toques — e Sinais*, reverenciando Símbolos, e nessa fase era Cristã.

Todavia, a que foi ao Oriente ficou isolada e desconhecida, por isso, cabe somente buscar suas origens na Europa.

A referência inicial à denominação *Franco-Maçonaria* em Atas das Associações Inglesas, idênticas às Francesas, é do ano de 856 na Inglaterra, quando reunidos pelo Rei, congregaram-se os profissionais habilidosos da Europa, ávidos por construir na França e Itália.

2º Vigilante: _____

Esses Agrupamentos eram compostos por Pedreiros e todos os demais profissionais, assim, surgiram as Lojas, e até que no ano 926 instala-se a Grande Loja de York, dirigida por seu Grão-Mestre, o Príncipe Inglês Edwin, surgindo então:

• *O Primeiro Poder e a Primeira Hierarquia Maçônica.*

Nessa Loja foram iniciados muitos Príncipes e a nata da Sociedade Inglesa, e seria a Primeira Loja Maçônica cercada de privilégios, quase idênticos aos da Família Real, pois o Rei Atheistan – Pai de Edwin, e os Papas, não ocultavam seu interesse protetor; por isso essa Loja organizou seus Códigos e a Constituição, cedendo às demais Lojas Inglesas e outras pela Europa.

A *Franco-Maçonaria* começa a admitir *'não artesãos'*, mas intelectuais e iluminados, pois era o início do 'Processo de Valorização do Homem' e da luta contra as Opressão e Tirania.

Na época o Clero armado seguia suas conquistas, por Guerras e submissão dos Povos, o que trouxe como reflexo imediato a destruição da Fé da Maçonaria na Religião do Clero, e então, a Ordem se afasta do Cristianismo, pois apesar de perfeitamente inteirada com Cristo e o Evangelho, passa a não mais aceitar a Religião.

Nas muitas lutas pela Inglaterra, como as travadas pelos Papas, muito pouco é conhecido sobre a Maçonaria até subir ao trono o Rei Eduardo, que se declara 'Protetor da Instituição'; mas, na invasão sofrida por Guilherme – O Conquistador, a Ordem não se manifesta a não ser pelas construções realizadas:

• *Torre de Londres – Ponte de Madeira – e Antigo Palácio de Westminster;*

na atualidade apenas resta a *Torre* para atestar a genial técnica dos *Pedreiros*.

Orador: _____

Então surgem as Cruzadas – Guerras contra o Oriente para 'Libertação da Terra Santa' – quando a Maçonaria observa boas condições para construir: estradas – pontes – e fortalezas, com objetivo de amenizar o sofrimento de todos; porém, cessada a luta, na Escócia as Lojas se multiplicaram e voltaram à Inglaterra protegidas pelos Reis Jaime II (1439) e Jaime V (1542), que pedem vir da Itália grupos de Maçons que se unem aos escoceses e ingleses; assim, a Ordem passa à Fase Especulativa deixando a Operativa, inclusive aceitando proximidade a outras

Associações, como dos Rosa-Cruzes; e todos esses recém-advindos formam os denominados 'Maçons Aceitos'.

O Rei Guilherme III em 1694 é iniciado numa Ordem Católica, cujos Estatutos obrigavam a:

• *Ser Fiel a Deus e a Santa Igreja;*

mas, foram alterados e a obrigação passou a:

• *... primeiro Dever é ser Fiel a Deus e evitar heresias que não O reconhece;*

é o reinício e a Maçonaria se torna forte, e em 1703 a Loja de S. Paulo decide:

• *'Privilégios ... não serão só reservados aos operários construtores, mas ... estender-se-ão às pessoas ... que quiserem participar.'*

Em 24/jun/1717 - Dia de S.João, a Inglaterra se torna Protetora e Incentivadora da Ordem, mas obtendo vantagens a seus interesses; e unindo Quatro (4) Lojas: The Goose and Gridiron – The Crown – The Apple Tree – e The Rummer and Grapes, constituem a Grande Loja de Londres e elegem Grão-Mestre Anthony Sayer, e um ano depois George Payne, que em 1721 agrupa toda documentação da Ordem compondo o Primeiro (1º) Regulamento; e tornando-se premente uma Constituição, sua redação coube ao Pastor Escocês James Anderson, que a essa agregou a História Lendária e Obrigações da Maçonaria.

Secretário: _____

Então, em 1723 publicam o Livro das Constituições, mas que provoca reação das Lojas fiéis às Antigas Obrigações, gerando cisma entre Modernos e Antigos; e, os Antigos fundam a Grande Loja dos Maçons Francos e Aceitos – ou – Grande Loja dos Antigos Maçons (1753), concorde com as Velhas Constituições, que perdurou até 1813, quando ocorre a reconciliação porque ambas se fundem, e surge a Grande Loja Unida dos Antigos Franco-Maçons da Inglaterra.

Em 1738 é fundada a Grande Loja da França por uma Assembleia Geral, e eleito Louis Gondrin – Duque d'Antin como seu Grão-Mestre; essa Grande Loja atuou por 33 anos tumultuosos, sendo fechada pela polícia; e, em 1772 surge o Grande Oriente da França com Duque de Chartres como Grão-Mestre; mas, essa Nova Organização fracassaria suscitando perseguições, sendo proibida em 1773; contudo, surgiram Novas Lojas, as Escocesas obedientes às Antigas Confrarias, mas que inovavam com Altos Graus e Novos Ritos, pois além dos Três (3) Graus Simbólicos criaram os Graus: Escocês – Noviço – e Cavaleiro do Templo.

Em 1754 é criado em Paris o Capítulo de Clermont, e depois surgem os: Conselho dos Imperadores do Oriente e do Ocidente com um Rito de 25 Graus – Rito de Perfeição ou de Heredon – e Grande e Soberana Loja Escocesa de S.João de Jerusalém; então, o Rito de Perfeição ou de Heredon segue para o Novo Mundo sendo adotado nos EUA, que elevam o número de Graus para 33; em 1801 surge o Supremo Conselho dos Grandes Inspetores Gerais do 33º e último Grau do Rito Escocês Antigo e Aceito – REAA; em 1804 é fundado em Paris um Conselho idêntico, e na Alemanha, França e Suíça surge em 1782 o Rito Escocês Retificado derivado da Estrita Observância.

Guarda (ou Cobridor):

Ao tempo da Revolução Francesa a Maçonaria decaía, mas trabalhou para salvar seus Adeptos; mesmo assim muitos, até nomes ilustres, foram guilhotinados; e em 22/jun/1799, depois da fase inicial da Revolução, reconstitui-se a Ordem fundando o Grande Oriente de França, unificado e dirigido por Roetters de Montaleau.

Mas a unificação não vinga, e em 1804 ressurge a Grande Loja Geral Escocesa do Rito Antigo e Aceito, e ato contínuo, cada uma das facções cria seu próprio Supremo Conselho.

Em 1805 surge a Grande Loja Geral Escocesa, e em 1877 seu criado Grande Oriente decide 'não' serem mais obrigadas as Lojas trabalharem 'Pela Glória do *G∴A∴D∴U∴*', que valeu o rompimento com a Grande Loja Unida da Inglaterra de então, mas o movimento se alastra e surgem nas Grandes Lojas novas cisões, sendo criada em 1880 a Grande Loja Simbólica Escocesa; então, em 1894 ocorre a almejada pacificação, quando surge a Grande Loja da França continuando a operar à 'Glória do *G∴A∴D∴U∴*', em harmonia com o Supremo Conselho; porém, em 1913 via nova cisão fundam outra Potência - Grande Loja Nacional Independente e Regular para a França e Colônias, que em 1915 passa a se denominar Grande Loja Nacional Francesa, Potência reconhecida pela Grande Loja Unida da Inglaterra.

Durante a II Guerra Mundial a Ordem sofre outra 'restrição', pois o francês Marechal Pétain (1940): Proíbe as Associações Secretas – Sequestra os Patrimônios – Publica os nomes de Maçons – Veda participarem em funções públicas – e os Persegue; mas, por vínculos com a 'Resistência' alguns da Ordem foram fuzilados, mas postou-se sempre ativa mesmo sob dura perseguição, e até com a própria vida os Maçons contribuíram para a Libertação da França; tanto que o Grão-Mestre da Grande Loja da França – Michel Gramont, comandava o movimento Libertação–Sul sediado em Argel; e, em 1943 o General De Gaulle adentra vitorioso em Paris, e por Decreto ' libera' também a Maçonaria.

VM:

Com o fim da Guerra a Ordem retoma as atividades embora mutilada pelas agressões; porém, ficou na: Rússia inerte total – Espanha e Portugal restringida ao Oriente – banida na China comunista – mas no Japão muito se desenvolveu; atualmente, a Maçonaria floresce na América, em especial no Brasil.

Finalmente, merece a citação de que nos últimos trinta (30) anos, os avanços das Ciências conduziram o Homem a buscar lenitivo naquelas Organizações / Instituições ditas 'Ocultas - ou - Herméticas'; assim os:

- *Espiritismo – Seitas Africanistas – Espiritualismo (Teosofia, Hinduísmo, Rosa-Cruz) – Protestantes – Evangélicos – e outros, e*

- *Clubes de Serviço: Rotary – Lions – Gedeões – e outros,*

retiraram da Ordem grande parcela de Integrantes, enfraquecendo-a, e portanto, podendo-se concluir que:

- *Infelizmente, os elos da grande Cadeia de União Maçônica, em certos casos, até possam estar se desunindo, e somente depois da necessária 'religação e reatamento' a Maçonaria poderá bem vislumbrar seu futuro, e iluminar o Caminho do Próximo, ou a quem: Jurou sempre Amar!*

89 Maçonaria Moderna Sua Origem (Parte 1)

"O plantio é livre, mas a colheita é obrigatória, pois quando Deus não muda o coração, muda as circunstâncias!"

VM: _____

Os <u>Grandes Movimentos</u> das: Renascença – Séculos XV e XVI – Reforma Religiosa de Martinho Lutero – Século XVI – e Iluminismo – Século XVII, que inclui os Rosa-Cruzes, exerceram uma benéfica influência na Evolução da Maçonaria de Operativa em Especulativa em 1717, já que indiretamente lhe criou um clima de maior Liberdade e lhe abriu mais amplas e luminosas Perspectivas; porém, infelizmente só foram em parte aproveitadas pelos Reformadores Maçônicos.

Sendo certo que as *origens* da Maçonaria se perdem nas *Brumas da Antiguidade*, mas escreve o autor maçônico Am:. Ir:. *Leadbeater (33º)* que os escritores sobre a Ordem do *Século XVIII* especularam sua *História* sem nenhum *'senso crítico'*, quando basearam seus conceitos em: *Uma sólida crença literal na História — Na cronologia do Antigo Testamento — e Nas curiosas Lendas do Artesanato herdadas das épocas operativas das Antigas Ordenações.*

Assim, em seu primeiro *Livro de Constituições* é que o *Anderson* chegou a aventar: *entusismada — empolgada e até quase absurdamente*, que *(adaptado):* '*Adão - o Primeiro Pai, foi criado à Imagem de Deus — G:.A:.D:.U:., devia ter possuído as Ciências Liberais, particularmente a Geometria, escritas em seu coração*'; ao passo que outros escritores, menos: *fantasistas — utopistas — ou visionários*, mas ainda *sonhadores* atribuíram a origem da Maçonaria aos: *Patriarca Abraão — Líder, Pensador e Direcionador Moisés — e/ou Rei Salomão.*

Mas o autor *Dr. Oliver* escrevendo no Século XIX, portanto bem posteriormente, sustentou que a Maçonaria como é conhecida atualmente, é a *Única e Verdadeira Relíquia da Fé dos Patriarcas Antediluvianos*; e que os *Antigos Mistérios do Egito* e de outros *Países*, que muito se assemelham à Ordem, *'não passam'* de corrupções encadeadas, concatenadas e/ou concretizadas pelos *Homens* de uma magnífica *Tradição Primitivamente Pura*.

1º Vigilante: _____

Mas, desde então, os conhecimentos científicos e históricos progrediram noutros campos de pesquisa, especialmente na *'análise crítica das Escrituras'*, e os *métodos científicos* também foram sendo aplicados gradativamente no estudo da Ordem, pois atualmente estão ao alcance de pesquisadores maçônicos ou não, grande quantidade de informações mais exatas e interessantes da *Verdadeira História da Maçonaria*.

Como resultado dessas e outras linhas de investigação, já há *Quatro (4) Principais Escolas ou Correntes de Pensamento Maçônico*, mas ainda não bem definidas ou organizadas como *Escolas*, porém, agrupadas quanto às suas relações em distintos *Quatro (4) Departamentos*, primitivamente não incluídos no campo maçônico.

Cada um desses *Grupos* detém características próprias afins com a *Maçonaria*; e ainda cada um tem seus próprios cânones, regras, preceito e/ou costume quanto à *Interpretação dos Símbolos e Cerimônias Maçônicos*, mas esclarecido ainda que autores maçônicos modernos são muito influenciados por mais de uma *Escola*.

Essas *'Quatro (4) Escolas'* são:

I — ESCOLA AUTÊNTICA:
Como é vulgarmente denominada, tende fazer a Maçonaria derivar das Lojas e Guildas ou Corporações Operativas da Idade Média, supondo que os Elementos Especulativos foram 'enxertados' no Tronco Operativo. Essa hipótese não é contraditada pelos arquivos existentes, cujas Atas mais primitivas e raras datam de 1598, segundo D. Murray-Lion (History of the Lodge of Edinburgh pg.9). Ademais, afirma o grande historiador maçônico R.F.Gould que caso possa admitir que o Simbolismo ou Cerimonial da Ordem é de origem anterior a 1717, não haverá, praticamente, limites na computação de sua idade, conforme 'Concise History of Freemansory' pg.55. Porém, muitos outros escritores não vão além dos Construtores Medievais, na procura da origem dos Mistérios Maçônicos, como se a concepção de sua origem e de seu complexo significado estivesse ao alcance de 'qualquer artífice construtor'.

2º Vigilante: _____

II — ESCOLA ANTROPOLÓGICA:
Ainda em processo de desenvolvimento, aplica descobertas da Antropologia nos Estudos da História Maçônica, com bons resultados. Os antropologistas reuniram vasto cabedal de informações sobre os Costumes Religiosos e Iniciatórios de muitos Povos antigos e modernos. E os Maçons estudiosos têm encontrado muitos dos Símbolos do Simbolismo e do Filosofismo em pinturas, murais, gravuras, esculturas e edifícios das principais praças do Mundo; portanto, essa Escola Antropológica computa à Maçonaria uma antiguidade muito maior do que a defendida pela Autêntica, e assinala surpreendentes analogias com os Antigos Mistérios de muitas Nações, que possuíram claramente os Símbolos e Sinais Maçônicos, sendo provavelmente ligados a Cerimônias análogas às executadas na atualidade nas Lojas. E entre os pioneiros no tema vale mencionar os AAm∴ IIrm∴ Chuchward, Ward e Springett.

III — ESCOLA MÍSTICA:
Encara os Mistérios da Ordem sob outro ângulo, isto é, como Plano para Despertar Espiritual do Homem e seu Desenvolvimento Interno.
Seus Adeptos declaram que os Graus da Ordem são Simbólicos de determinado Estado de Consciência, que deve ser despertado no Iniciado

caso aspire obter os Superiores Tesouros do Espírito. Essa meta do Maçom Místico é a 'União com Deus', quando a Ordem representa a Senda para essa meta e oferece, por assim dizer, um Guia Simbólico capaz de orientar os passos do 'Buscador de Deus'. Seus estudiosos estão mais interessados em 'interpretações' do que em 'pesquisas históricas', e sustentam que a Maçonaria tem pelo menos parentesco com os Antigos Mistérios, que visavam precisamente a mesma finalidade.

Orador: _____

Também deploram o fato de que a maioria dos AAm:. IIrm:. Modernos tenha de tal modo se esquecido da 'glória de sua herança maçônica', que deixou que os Antigos Ritos se tornassem pouco mais do que formas vazias. Um conhecido representante dessa Escola é o Am:. Ir:.White, dos mais requintados e cultos Maçons da atualidade e uma autoridade sobre a História dos Graus Superiores. Outro também é o Am:. Ir:.Wilmshurst, que tem produzido algumas belas e profundas 'Interpretações Espirituais do Simbolismo Maçônico'. Muito tem feito essa Escola para 'Espiritualizar a Maçonaria', e sem dúvida uma de suas 'marcas' é a mais profunda e cada vez mais destacada 'Reverência' por seus Mistérios.

IV — ESCOLA OCULTA:
É o objetivo do Ocultista, não menos que o 'Doméstico – Que é a União Consciente com Deus', porém diferem seus 'métodos de busca'. O 'método oculto' se desenvolve por meio de uma série de etapas definidas numa Senda de Iniciações, conferindo sucessivamente Expansões de Consciência e Graus de Poder Sacramental. Para o Ocultista é importante a exata observância de uma forma, e pelo emprego da 'Magia Cerimonial' cria um veículo pelo qual se pode 'Atrair a Luz Divina' e espalhá-la em benefício do Mundo, invocando em sua ajuda a assistência dos: Anjos – Espíritos da Natureza – e outros Habitantes dos Mundos Invisíveis. Ao passo o 'Método do Místico' é pela Prece e Oração, e ambos caminhos conduzem a Deus. A Escola Oculta de Pensamentos está representada por uma Corporação sempre crescente de Estudiosos da Ordem Maçônica Mista Internacional – 'Le Droit Humain', com sede em Paris e dirigida por um Supremo Conselho de âmbito mundial.

> OBS: Não há nenhuma pretensão em criar qualquer tipo de polêmica a respeito da adoção, ou não, de 'mulheres' na Maçonaria; mas da tentativa simples em apurar e melhorar os conhecimentos sobre o tema, a partir da citação de condições e fatos históricos esclarecedores.

Distingue-se do resto do mundo maçônico pela 'admissão de mulheres' por Iniciação, no mesmo nível de igualdade com os homens, e gozando ambos as mesmas prerrogativas, segundo seu mérito pessoal. Nesse grupo se pode incluir as: Antiga Escola de Pitágoras – Filosofia Secreta de Cornélio Agrippa – Filosofia de Paracelso – Ordem Rosa-Cruz de Rosenkreutz – e Maçonaria Egípcia de Cagliostro.

Secretário:

E pelo 'critério místico-filosófico' como os Antigos Mistérios, alguns julgam que a Maçonaria igualmente se destina aos homem e mulher, complementos que são um do outro, pois ambos visam atingir a mesma 'meta evolutiva' e constituir a família como base celular da Sociedade bem organizada.

E segundo os 'mandamentos da Ordem', um dos Antigos Landmarks é que todos os seres humanos são fundamentalmente iguais, assim suas diferenças externas são só circunstanciais.

Sobre esse ponto não há nenhuma dúvida nas Tradições Maçônicas baseadas nas legítimas *Escolas Antropológicas — Místicas — e Ocultas*.

Mesmo nas Escolas que atribuem sua origem às Corporações Operativas da Idade Média, os investigadores não encontraram em seus Registros e Instruções nada de discriminatório contra a inclusão do elemento feminino, mas bem o contrário. Ademais, alguns julgam esdrúxula essa proibição, postada ao arrepio da 'Tradição – Normas – e Ideais', das demais Sociedades Secretas passadas e contemporâneas, como das anteriores Constituições e Regulamentos da Maçonaria Operativa, tendo sido introduzida pelo Pastor Presbítero James Anderson no Art. 18º de sua Constituição de 1723, após a Transformação da Maçonaria Operativa em Especulativa em 1717.

Guarda (ou Cobridor):

Contudo, é justo ressaltar que essa transformação já havia sido empreendida nos anos 1648/9 pelo célebre *Alquimista e Rosa-Cruz Emílio Ashmole (1617/92)*, e que há na *Universidade de Oxford* um museu de raridades com seu nome, bem como é perfeitamente sabido que os verdadeiros *Rosa-Cruzes* não nutrem preconceitos sobre sexo, e por princípio, não o aprovam.

E, comenta o famoso *Am:. Ir:. Miguel André Ramsey (1686/1743)* sobre a *'Reforma de 1717'* que: *"Muitos Ritos e costumes contrários aos preconceitos dos reformadores foram mudados, ... e suprimidos, e assim muitos IIrm:. esqueceram o espírito e retiveram apenas a casca externa, porém no futuro a Maçonaria será restaurada em sua prístina (original, primeira, antiga, primitiva) glória"*. (C. W. Leadbeater, Glimpses of Masonic History, pg. 309).

O erudito *Maçom e Rosa-Cruz Charles Sotheran (32º)* diz em 11/01/1877:

- *"As Constituições de 1723 e 1738 do falso Maçom Anderson foram adaptadas para a recém-emplumada primeira Grande Loja de Livres e Aceitos Maçons da Inglaterra, da qual derivaram todas as demais do Mundo atual; e Anderson compilou essas adulteradas Constituições, e a fim de contestar a sua chamada 'história de lixo' da Ordem, teve a audácia de declarar que quase todos os documentos relativos à Maçonaria na Inglaterra haviam sido destruídos pelos reformadores de 1717; mas, felizmente no Museu Britânico, na Biblioteca Boleiana e em outras instituições públicas, Rebold, Hughan e outros descobriram provas suficientes ao molde das antigas Observâncias Maçônicas Operativas para refutar a assertiva."*

VM: _____

Finalmente:

- *A autora reconhecida H. P. Blavatsky à sua época salientou que foi graças à Maçonaria Especulativa que os EUA lograram obter sua 'independência política', pois foram os Maçons: Washington – Lafayette – Franklin Jefferson – e Hamilton, dentre outros tantos, os protagonistas daquela conquista;*

- *A Itália obteve sua 'unificação' pelo executor Maçom (33º) G.Garibaldi, ainda comentando que: "A Maçonaria Especulativa tem muitas tarefas a executar, e uma é a de admitir a mulher como colaboradora do homem nas atuações da vida, segundo o fizeram recentemente os Maçons Húngaros ao Iniciarem a Condessa Haideck. E outra importante tarefa é o reconhecimento prático da Fraternidade Humana, de modo que a 'Nacionalidade — Cor — Crença — e Posição social não obstêm o Ingresso na Maçonaria. O negro não há de ser irmão do branco apenas teoricamente, pois Maçons da raça negra não são admitidos nas Lojas Norte-americanas, e é preciso persuadir a América do Sul a participar dos Deveres com a Humanidade. E se a Maçonaria há de ser, como se pretende, uma Escola de Ciência e Religião progressistas, deve ir na vanguarda e não na retaguarda da civilização." (Ísis Unveiled, Vol. II, pg.389, ed.1931).*

Maçonaria Moderna
Sua Origem (Parte 2)

"O plantio é livre, mas a colheita é obrigatória, pois quando Deus não muda o coração, muda as circunstâncias!"

VM: ─────────────────────────────

Retomando conforme a Observação constante da Parte 1, desta tem-se:

> <u>OBS</u>: Não há nenhuma pretensão em criar qualquer tipo de polêmica a respeito da adoção, ou não, de 'mulheres' na Maçonaria; mas da tentativa simples em apurar e melhorar os conhecimentos sobre o tema, a partir da citação de condições e fatos históricos esclarecedores.

Distingue-se do resto do mundo maçônico pela 'admissão de mulheres', assim, pelas investigações empreendidas o *'Primeiro Escrito'* em que aparece o termo *'Freemason'* é um *Ato do Parlamento da Inglaterra de 1530*, no 25º ano do reinado do *Rei Eduardo I*, o qual *'Regulamenta a Profissão de Pedreiro'*; tal Ato é muito minucioso em suas Normas, todavia é omisso em relação à mulher.

Posteriormente, há o denominado *'Manuscrito Régio(us) – ou – de Halliwell'*, escrito em 1390 e publicado no *Magazine Freemason* de jun/1815, que foi descoberto por um antiquário *não Maçom* no *Museu Britânico de Dnodez*, mas que segundo alguns autores, era cópia de um escrito mais antigo; trata-se de um *'pequeno livro em papel de vitela'*, com *794 Versos* em inglês arcaico, e sua primeira parte trata da *'Tradição da Corporação'*, e a segunda dos *'Versos 97 a 794'* de estrito *'Teor Legal Maçônico'*, mas nada é consignado em ser a Maçonaria privativa apenas a *Homens*.

Nesse *'Manuscrito Régio(us)'*, ao contrário, constam minimamente 'provas' da presença e da colaboração femininas; e com efeito, *em seu Artigo 10º – Versos 203/4* consta que: *'Nenhum Mestre suplante outro, senão que procedam todos entre si como Irmão e Irmã'*; e no *'Ponto 9º – Versos 351/2'* diz que: *'... amavelmente, servindo-nos a todos, como ... Irmão e Irmã.'*

1º Vigilante: ─────────────────────────────

Nesse histórico documento, que foi base para a autêntica enumeração dos *'Antigos Limites – ou – Landmarks'*, consta a *'Proibição de Admissão (Aceitação, Acolhida, Adoção) como Aprendiz de Servos (Verso 129) e Inválidos (Verso 154)'*; e na Constituição de York de 1926, em seu Artigo 11º assinala a condição obrigatória do Candidato à Iniciação 'não' ser: *Servo – Inválido – ou de Maus-Costumes*.

Contudo, nada menciona contra a mulher; e o mesmo ocorre em outros 'documentos antigos' como o 'Manuscrito de Watson' de 1440, em muito coincidente com o 'Manuscrito Régio(us)', que mantém o nome de seu descobridor na Biblioteca Boldeiana de Oxford.

Afinal, no *'Regulamento'* elaborado em *Londres* em 27/dez/1663, numa *Assembleia Geral* em que para *Grão-Mestre* foi eleito o *Conde de S.Albano*, consta no *Artigo 2°* que ninguém seria admitido na *Confraria* que *'não fosse': São de Corpo — Nascimento Honrado — Boa Reputação — e Submisso às Leis do País;* e ainda uma vez nenhuma referência discriminatória à mulher.

E, segundo o *Dr. C. Grawley (A. Q. C. XVI, 69)*, existia em *Deneraible, Irlanda*, uma *Loja Especulativa do tipo inglês*, na qual foi iniciada *Elizabeth St. Leger — famosa Dama Maçônica*.

Mais recentes ainda são as *Constituições* da *Grande Loja de Hamburgo e os Estatutos da Grande Loja Alemã*, em que foram aceitas e aprovadas mulheres em 10/mar/1782, quando era *Grão-Mestre e Protetor da Ordem – Frederico Guilherme II da Prússia*.

Tais *Instituições* reproduzem com exatidão os *'Antigos Limites'*, sob a denominação mais moderna de *'Charges Landmarks'*, em que não consta nenhuma alusão à mulher, nem contra sua admissão na *Maçonaria*.

2° Vigilante:

Na *Inglaterra* a *Revista Hiram,* em seu número mai-jun/1908, publicou na íntegra uma cópia de um *'Old Charge'* destinado à *Grande Loja de York*, cujo original estaria de posse da *Loja York n° 236*; e no *Bulletin International du Droit Humain* de mai-1914 (pgs. 390/4) uma *Grande Inspetora da Federação Britânica* atestou tratar-se de um texto datado de 1643, isto é, a época em que existia, sem dúvida, e já há muito tempo, uma *Loja Maçônica* em *York* que admitia mulheres.

E de um parágrafo do *'Manuscrito'* particularmente sugestivo, cita o texto inglês original*: "Before the special charges are delivered, the one of the elders taking the book and that hee or she to be made a Mason shall lay their hands the reon and the charges shall be given";* e por tradução livre significa: *"Antes que as Instruções Especiais sejam dadas (a Irmã prefere traduzir a palavra 'Ordenações' por 'Instruções'), um dos mais antigos toma o livro e aquele (a) que deve ser constituído Maçom lhe coloca as mãos em cima, e as Instruções são dadas".*

Mas essa erudita *Irmã* não se restringe a esse documento, pois utilizou também outros: *"Examinando os Registros das Antigas Corporações — declara encontram-se apenas cinco (5) de cada quinhentos (500) existentes (1%), que não estavam igualmente constituídas de homens e mulheres";* e acrescenta que há dificuldade de escolha entre a *'Profusão de Manuscritos'* que pode compulsar, consultar, confrontar, comparar e examinar; porém, limita-se a apresentar três (3) outros conservando o arcaico texto inglês que serão respeitados.

Orador:

Primeiro corresponde a citação da *'Corporação de Sta. Catarina de Chartres'* de 1494 que inicia: *"Admissão de Irmãos e Irmãs na Corporação de Sta. Catarina. ... depois ... se aproximem todos aqueles que deverão ser admitidos como*

Irmãos e Irmãs na Corporação, e o Alderman (dignatário depois 'Mestre ou Vigilante') os interrogará: Senhor ou Senhora, que desejais tornar-vos Irmãos ... nessa Corporação?"; e que por vontade própria responderão: *Sim – ou – Não.*

Uma segunda citação sai das *'Ordenações da Corpus Christi'* de 1408, cujo *'Manuscrito'* mostra de maneira insofismável que é *Maçônico*: *"Ordenação V: Nenhum leigo será admitido na Corporação exceto só aqueles que exercem uma profissão honesta, mas todos, seja clérigos ou leigos, e de ambos os sexos, serão recebidos se forem de boa reputação e bons costumes."*; e no mesmo *'Manuscrito'* é indicado que *Irmãos e Irmãs* deverão *'Jurar sobre um Livro'*, e várias vezes há alusão à *'Dama'*, particularmente no *'Juramento'* do Aprendiz, onde *'promete (jura)'* obedecer aos: *Mestre – Dama – ou a todo outro Franco-Maçom.*

Enfim, um último documento é apresentado, no qual consta que na Idade Média já havia desenhos especiais e características inscritas na campa sepulcral dos *Franco-Maçons*, como ainda se encontram nos velhos cemitérios, o que permite aos Adeptos reconhecer onde jazem seus pares.

De outra parte, um testamento de 04/fev/1482 mostra uma conexão perturbadora com esse costume, referido à falecida *Margaret* esposa de *J.Paston — Escudeiro*, e filha herdeira de *J.Mauteboy, também Escudeiro*; o documento prescreve a feitura de uma *Inscrição* coincidente com a motivação dos *Franco-Maçons*, a ser gravada na tumba conforme *Prescrições Maçônicas*; a placa de mármore terá escudos nos cantos, e no meio um só com as armas paternas, e a inscrição: *"Em Deus está minha confiança!"*.

Secretário:

Dentre os consultados, há aquele que conclui o trabalho de investigação com uma indagação mais judiciosa: *"Se 'Antigos Mistérios' nunca excluíram as mulheres, e se mesmo as 'Corporações Operativas', as mais Maçônicas, as recebiam de muito bom grado, por que a Maçonaria Especulativa masculina de nossa época persiste tanto na discriminação contra elas?"*

Então, na longa história da Maçonaria, a primeira vez que surge a *'proibição discriminatória contra a mulher'* está o *'Livro das Constituições'*, compilado e publicado em 1723 pelo presbítero anglicano *James Anderson*, o *Gr∴ Vig∴ da Grande Loja de Londres*, que fez constar no Artigo 3º: *'As pessoas admitidas a fazer parte de uma Loja devem ser boas, sinceras, livres e de idade madura, não são admitidos escravos, mulheres, pessoas imorais e escandalosas, mas exclusivamente as que são de boa reputação."*; e, tal proibição foi repetida depois no *'18º Landmark'* de *Mackey* em sua *Enciclopédia*, que muitos outros copiaram.

Contudo, não tardou a reação, pois a Maçonaria jamais se conformou com tão estranha discriminação contra a mulher; e, como por ironia da sorte, o marco reacionário foi desferido no momento em que era promovida a ampliação de horizontes à *Maçonaria Operativa*, para os brilhantes da *Especulativa*; e, consequentemente, em 1730 foi esboçada na *França* a *'Maçonaria de Adoção'* destinada às mulheres com *'Quatro (4) Graus'*.

Outras *Ordens* surgiram depois, como a de *Moisés (1738)* fundada por alemães, e a dos *Lenhadores (1747)* derivada dos *Carbonários da Itália*; e ainda, mais associações similares vieram depois, como a *Ordem do Machado na França*, onde o *Grande Oriente* criou um novo *Rito (1774)* chamado de *'Adoção'*, com *Regulamentos* próprios, sob o patrocínio de uma *Loja* regular.

Guarda (ou Cobridor): _____

Em 27/jul/1786 o *Conde Cagliostro* – iniciado em 1770 na *Maçonaria Egípcia* pelo *Conde de Saint Germain*, funda em *Lyon* – *França* a *Loja-Mater Sabedoria Triunfante*, do *Rito da Maçonaria Egípcia* adaptado a homens e mulheres, declarando: Desde que as mulheres haviam sido admitidas nos *'Antigos Mistérios'*, não haveria motivo para excluí-las das *Ordens Modernas*;

Assim, a *Princesa Lamballe* aceitou com honra a láurea de *Mestra Honorária* de sua *Sociedade Secreta*, até porque quando da sua *Iniciação*, a *Cerimônia* foi assistida por integrantes dos mais importantes da corte francesa.

As *'Lojas de Adoção'* acabaram por se espalhar por toda *Europa*, posteriormente pela *América do Norte*, e esse movimento culminou na fundação em 04/ abr/1893 em *Paris*, pelo *Dr. George Martin* e esposa, da *'Ordem Maçônica Mista Internacional Le Droit Humain (O Direito Humano)'*, também denominada *'Co-Maçonaria Internacional'*; essa *Ordem*, e outras do gênero, outorgam iguais direitos a homens e mulheres, e os *Iniciava* em condições de igualdade; mas atualmente, essa *'Ordem (O Direito Humano)'* e outras, estão fixadas nos *Cinco Continentes*.

Torna-se importante ressaltar que por toda parte, sempre houve *'Preconceitos e Discriminações'* contra as mulheres, outras classes e raças, mas ao *Maçom*, bem como a toda pessoa bem formada, cumpre os combater – desfazer – e não os apoiar.

Já há 5.000 *anos* o *Divino Avatar Shri Krishna* repudiava esses *'Preconceitos e Discriminações'* nas *Castas* da *Índia* assim: *"Aqueles que em Mim se refugiam, ó Arjuna! Ainda que concebidos em pecado, sejam mulheres, comerciantes ou artífices, também vão para o Eterno." (Bhagavad Gita, IX, 32).*

Há *2.500 anos Buda* contestava o regime de *Castas* na *Índia*, e aceitava igualmente homens e mulheres como seus discípulos em sua *Sangha (Confraria)*.

E há *2.000 anos Cristo* sempre prestigiou as mulheres: *Criou diálogo com as mesmas — escolhendo-as para anunciar sua chegada e partida — defendendo-as das injustiças dos homens — e escolhendo a maior dessas para ser sua Mãe.*

VM: _____

Finalmente, para concluir, se tem as palavras de *S.Paulo*, um *Iniciado* nos *'Antigos Mistérios'*, que aconselha sobre o trato com as mulheres e os servos:

• *Porque todos os que fostes batizados em Cristo, já vos revestistes de Cristo.*

Nisso não há judeu nem grego, ... servo nem livre, ... macho nem fêmea, porque vós sois um em Cristo." (Gal.III, 27, 28);

e, parodiando esse *Grande Apóstolo* poder-se-ia até dizer:

• *Quem honra suas insígnias maçônicas sempre perde todo Preconceito de: Nacionalidade – Classe Social – e Sexo.*

91 Maçonaria Moderna Mais Histórica (Parte 1)

"Embora ninguém possa voltar atrás e fazer um novo começo, qualquer um pode começar agora e fazer um novo fim!"

VM: _____

1. INTRODUÇÃO

Por um excepcional trabalho da *Loja de Pesquisas Maçônicas Brasil,* de Londrina no Paraná de ago/2001, por meio de adaptações e comentários, decidiu-se utilizar como base uma *Instrução de Grau de Aprendiz;* assim, segue dividido em duas (2) partes principais, contendo algo da *História da Ordem* e da *Sociologia da Humanidade.*

Porém, caso se proponha a abordar a *História da Maçonaria Contemporânea,* não se detendo em avaliar sua difícil e intrincada *'origem',* pelo menos quanto à parte do todo muito diversificado, e já mencionado à exaustão, possivelmente não se chegará a uma análise razoável, menos ainda de consenso, e nem colaborar com os exigentes estudiosos desse tema.

2. ANTIGUIDADE

Na Época das Cavernas, os Homens mesmo antes de dominarem o fogo, é quase certo que de início eram solitários e agressivos, talvez por necessidade e sobrevivência, mas tornaram-se gregários – instinto de juntar / grupo sociável, pois querendo ou não, independente de vontade, todos sempre dependeram da cooperação de outros integrantes de tribos ou clãs.

Entendendo que *'Nômade e Sendentário'* são adjetivos *'opostos'* que descrevem um *'estado de movimento',* e que são geralmente usados para descrever as sociedades passadas enquanto se explica as características culturais que são geradas pelo estilo de vida; e com *'nômade'* referido a um *'estado de movimento constante', 'sedentário'* ao *'de falta de movimento/mudança';* ao deixar o *Tempo das Cavernas,* os Homens se tornaram *'nômades – Latim nomas – nomadis, sem habitação/casa, não se fixam, vagueiam, errantes',* para depois se alterarem em *'sedentários – fixos, quase sempre numa casa, inativos, parados',* e assim se agrupando em pequenos *Vilarejos, que evoluíram para Vilas – Cidades - Metrópoles – Megalópoles – Províncias – Estados – e/ou Países.*

1º Vigilante: _____

Para construir locais onde morar, ao longo do tempo, surgiram quem se dedicasse às edificações, aparecendo então os primeiros profissionais desse ramo, mesmo rudimentares, mas dedicados à construção.

Quanto às raízes do *'complexo e intrincado surgir da Ordem',* a destacar a importância das *'Associações de Construtores',* e analisar fatos sociais que a originaram, depois ao *Cooperativismo*, e mais recente os atuais *Sindicatos*, entidades que, ao menos no seu início, tiveram muito em comum, isto é: *Necessidade de trabalho — Auxílio mútuo — e Cooperação*, advindo as relações:

- *Empregado/Patrão — Rei/Súdito — e Escravo/Senhor,*

e depois em seu contexto histórico cada um desses segmentos seguiu o próprio caminho; ademais, esses fenômenos sociais se aplicaram a toda Humanidade ao logo da *História*, pois são inerentes ao ser humano!

No início havia cooperação a sintetizar um sentimento de grupo, para depois esses passarem a se organizar em *Associações de Defesa e Autoproteção*, com interesses mútuos, especialmente referidos às profissões, mas também a outras atividades.

Contudo, mencionar que na *'História do Império Romano'*, podem ser conhecidos muito mais indícios da *'pré-história' da Maçonaria Operativa*.

Numa Pompilio (714-671 a.C.) – *Rei de Roma*, é citado na literatura maçônica por ter construído *Templos*, mesmo o dedicado ao seu *Deus Janus*, como criado os *'Collegia Fabrorum'*, origem dos *'Coleggia Constructorum'*.

De acordo com alguns autores maçônicos, permite-se até deduzir, mas *'sem nenhuma prova incontestável'*, que: Tais Colégios possam ser embriões de futuras *Lojas Maçônicas Operativas*, mas, sendo certo que não da *Maçonaria* como é conhecida atualmente, pois essa teoria se refere aos primórdios, ou seja, início ou origem das ideias primeiras dos *Grupos de Profissionais da Construção*.

Numa Pompilio teria regulamentado a profissão de *Construtor*, e a *Organização dos Cultos*, porque os *'Colégios'* detinham muita religiosidade, mesmo em época politeísta, e é confirmado que também sob seu reinado, *Roma* fora bem urbanizada, e as construções muito se desenvolveram.

2º Vigilante: ───────────────────────────────

Porém, os *'Collegiati – Colegiado, Guilda, Agrupamento, Fraternidade e/ou Sociedade, de Construtores'*, em 65 a.C. teriam sido dissolvidos por determinação do *Senado Romano*, motivado por representar ameaça ao *Patriciado Romano*, como também pelo trabalho quantitativo ter decaído, pois o trabalho escravo se desenvolvia muito, por conta das conquistas romanas, e ainda da quase não onerosa importação à época de extensa gama de produtos do *Império Romano*.

E, os *'Collegiati'* se integravam às *Legiões Romanas*, que em suas conquistas destruíam tudo, e então cabia a esses *Construtores* a reconstrução do destruído.

Todavia, há literatura *'contestando'* tanto ter existido os *'Collegia Fabrorum'*, quanto que *Numa Pompilio* foi *Rei de Roma*, pois sobre isso não existem fontes primárias ou documentais que comprovem os fatos.

Mas, por citações de outros autores maçônicos existiram os *'Collegiati'*, espalhados por todos territórios romanos conquistados; porém, desapareceram muitos desses *'Collegiati'*, sendo possível que tenham participado *'da trajetória histórica na Arte da Construção em direção à Maçonaria Medieval.'*

3. IDADE MÉDIA

Posteriormente surgem os *'Mestres Comacinos'* na Itália – Lombardia – Como, que eram *'Mestres na construção e operários reconhecidos por Édito (Anúncio e/ou Edital de Lei, Ordem de autoridade superior) Real'*, constituídos de arquitetos e escultores, que tanto detinham reconhecimento, quanto eram regulamentados profissionalmente, por exemplo, pelos *Reis Lombardos ou Liutprando* em 634 e 731 d.C. por *Éditos de Rotari*; e ainda, esses Mestres foram responsáveis pela criação da *Arte Romântica*, precursora da *Arte Gótica*.

Em plena *Idade Média*, antes do aparecimento da *'Maçonaria Operativa ou de Ofício'*, período de evidência da *Arte Gótica*, executaram muitas obras de: *Palácios — Catedrais — Conventos — e Igrejas*, nesse estilo de arquitetura.

Na época foram importantes as *'Associações Monásticas'*, particularmente compostas pelos *Clérigos Beneditinos e Cistercences*, projetistas, geômetras e excelentes oficiais na *Arte de Construir*, que por longo tempo dominaram e guardaram os *'Segredos da Construção'*, mantendo-os restrito aos *Conventos*.

Orador:

As expressões *'Venerável Mestre – e – Venerável Irmão'*, denominações usadas nas *Lojas* atuais designando o *'Mestre da Oficina (Venerável Mestre)'*, e o tratamento aos *Integrantes* em situações especiais *(Venerável Irmão)*, ambas citações já eram usuais entre os *Abades* do Século VI, e que os *Maçons Modernos* as emprestaram, como praticamente tudo na *Maçonaria Contemporânea* trazido de fora, por inigualável inspiração, mas competente e exemplarmente copiado.

Os *'Monásticos'*, com vastos *Conhecimentos*, monopolizaram por muito tempo a *Arte de Construir*, bem guardando para sua *'Agremiação'* os *'Segredos'*.

Contudo, para as edificações se obrigavam a contratar *'profissionais leigos'*, pois a demanda cada vez maior por construções e serviços secundários de apoio o exigia, e tais *'novos profissionais'* aprendiam com os *Clérigos*, e sem alternativa tiveram que demonstrar seus *'Segredos da Construção'*, e que no tempo, decadente a fase *'Monástica'*, constituíram suas *'Confrarias Leigas'*.

A influência dos *Clérigos* foi determinante, infundindo *Ensinamentos* na *Arte de Construir* e *Princípios Religiosos nas Escolas e Oficinas de Arquitetura*.

Cada *'Corporação de Construtores'* adotava seu *'Santo Padroeiro'*, e a *Maçonaria* adotou *'São João'*, como ainda hoje é conhecido; e determinado na *'Maçonaria Operativa'* por ser católica, recebeu forte influência do *Clero*.

Os *Beneditinos* da *'Ordem de São Bento'*, fundada por *São Bento* em *529 d.C.*, e os *Cistercences*, monges de *Císter na França*, fundada em *1098* pelo *Abade De Molesme*, são considerados por diversos autores como *'Ancestrais da Maçonaria Operativa'*, como o autor *Theobaldo Varolli Filho* também considera.

Todavia, e seguindo o rumo da *História*, depois, juntamente com as *'Ordens Militares e Religiosas'* surgiram as *'Guildas'*, que influíram sobremaneira as *'Tradições Maçônicas'*.

As *'Guildas'* eram associações surgidas no *Norte da Europa*, estabelecidas principalmente na: *Inglaterra – Alemanha – Dinamarca – e outros Países*, caracterizadas inicialmente como *'religiosas'*, mas a partir do Século XII, constituíram-se em *'Associações Profissionais Fraternas'*, tornando-se verdadeiras *Confrarias* de defesa e autoproteção de seus *Integrantes*.

Secretário: _____

E como uma das *'obrigações'* de cada *Novo Adepto* dessas *Confrarias*, de início prestaria um *'Juramento'* como parte da *Ritualística Maçônica Contemporânea*, além de pagar algo como uma *'joia'*, que o *Novo Adepto* deve saldar ao ser admitido em *Loja*, que destinava o recurso ao *'auxílio mútuo'* e/ou *'amparo às viúvas'*, podendo se referir a *'Tronco das Viúvas'* para os Ritos que o adotam, que também pode ser conhecido como *'Tronco de Solidariedade (Ajuda, Amparo, Apoio; Sentimento de identificação das misérias e sofrimentos alheios) e/ou Beneficência (Bem-fazer, Benfeitoria, Caridade; Ação ou comportamento que denota o Bem ao próximo)'*, e se for o caso, destinado às *'viúvas'* e *'despesas funerárias'*.

Importante destacar que o termo *'Loja'* deriva do *Germânico 'Leubja'* e *Francês 'Lodge'*, o *'Local onde se reúnem os Amados Irmãos'*, mencionada pela primeira vez num documento de 1292 por uma dessas *'Corporações'*, sendo assim designado o *'Local de Trabalho'*, e mesmo como *'sinônimo'* de *'Guilda'*.

Os membros das *'Guildas'* não se dedicavam apenas às tarefas do *Ofício das Construções*, e dentre outras atividades se reuniam numa espécie de *'banquete'*, onde propugnavam, pleiteavam, advogavam ou defendiam reformas políticas e sociais, como a Ordem atual se reúne também em *Jantares (Ágapes) Ritulísticos* para cumprir um *Cerimonial* específico denominado *'Banquete Maçônico ou Ritualístico'*, que se trata de um *'instituto próprio e inédito'* importante.

E por toda sua *Tradição, Costumes e Cerimônias*, as *'Corporações'* não eram bem-vistas, conceituadas ou apreciadas pela Igreja e os Reis, por isso, resolveram, como um dos *Costumes*, se tornarem conhecidas pela adoção de nomes de *Monarcas ou Santos*, e considerá-los seu *Patrono ou Padroeiro*, objetivando principalmente escapar da perseguição do *Clero e Governantes*.

No Século XII na *Alemanha* surgiu a *'Corporação dos Steinmetzer'*, com seus componentes conhecidos como *'Canteiros – exímios escultores e entalhadores de pedras'*, e não se dedicando somente a *Arte Gótica*.

Contudo, ainda trabalharam em muitas *Catedrais* construídas nesse estilo de arquitetura; e, os integrantes – os *'Steinmetzer'* – muito se desenvolveram em todas suas atividades, pela proximidade desenvolvida com o famoso arquiteto *Erwin*, que era natural de *Steinbach*.

Guarda (ou Cobridor): _____

A *'Convenção de Estrasburgo'* aos *'Canteiros'* foi convocada em 1275, para concluírem com arenito rosa uma importante *Catedral* inacabada sendo edificada naquela cidade; e sua fachada foi ornamentada, que permanece até a atualidade, com belas estátuas representando *'Virtudes e Vícios'* por figuras de *'virgens prudentes ou loucas'*, sendo que na *'Convenção'* estiveram os *'principais arquitetos'* ingleses, alemães, italianos e de outros *Países*, quando, por registros oficiais e pela vez primeira, os *'Steinmetzer'* criaram: *Sinais – Palavras – e Toques*, utilizados para *'identificação secreta'* dos membros da *'Confraria'*.

Apesar dos *'Steinmtzer'* terem criado: *Sinais – Palavras – e Toques*, para *'identificação secreta'* dos componentes da *'Confraria'*, há informações que a *'Corporação'* ainda contava com *'uma maneira peculiar de reconhecimento'*; e é provável que outras usassem suas próprias *'senhas'*.

E ainda no Século XII surgia a *'Franco-Maçonaria ou Ofícios-Francos'*, a própria Maçonaria Operativa que embasou a Maçonaria Contemporânea, constituída por *'Pedreiros-Livres ou Franco-Maçons'*, que deixaram marcada sua influência de modo indelével na atualidade.

Os *'Franco-Maçons'* dedicaram-se somente a sua Arte, sendo trabalhadores privilegiados, porque eram *'isentos de impostos'* e *'construtores categorizados'*; por isso, tinham *'livre trânsito'*, isto é, não ficavam presos numa mesma região à disposição de seu nobre senhor, além de muito respeitados, até porque o termo *'Franco'* já significava *'Liberdade Total – Livre de qualquer tipo de Servidão ou Compromisso'*, a não ser o de criar e construir.

Desde o Século XV nasce na França uma *'Agremiação de Operários Cristãos Itinerantes – Corporação dos Companheiros ou Compagnonnage'*, que teria sido fundada pelos Cavaleiros Templários, com seus membros indo às várias cidades solicitar trabalho e prestando assistência mútua; mas, era proibido ingresso na *'Organização'* a não ser depois de um tempo de Aprendizado, para então serem aceitos por intermédio de um *'Cerimonial'*; assim como, as demais *'Corporações'* também realizavam uma Cerimônia própria para a recepção de algum Novo Adepto; e acrescente-se que a Maçonaria atual enriqueceu esse Cerimonial com procedimentos de caráter: *Simbólico – Espirituais – e Culturais*, induzindo o Novo Integrante a redescobrir seu Eu Interior – Íntimo.

VM: _____

No Oriente Médio durante as 'Cruzadas', foram construídas: fortificações cidadelas – especialmente pontes e obras de defesa militar, e ao retornarem às suas Pátrias edificaram: Igrejas – Catedrais – e Obras Civis Genéricas; porém, essas 'Organizações' duraram muito tempo, vindo a desaparecer no Século XIX, com o nascimento da indústria e do sindicalismo.

Pela Arte Gótica nascida na França e notabilizada na Alemanha e outros Países, as *'Corporações de Ofício'* se tornaram importantes, Arte essa que perdurou cerca de *300 anos*.

Mas a Renascença surgia com consequências na Arte Gótica e *'Corporações'* de construções das *'Fraternidades Maçônicas'*, dominantes dessa arquitetura, cujas obras mais importantes, as Catedrais, estavam quase todas construídas; assim, não havia mais o que construir no estilo.

Finalmente, tal fato ocasionou a decadência das *'Corporações'*, e já no Século XVII nota-se que o povo europeu já preferia o *Estilo Clássico Romano*, mais alegre que o austero *Estilo Gótico*, e por isso, a Arte da Construção saiu dos Franco--Maçons e se tornou um apanágio, propriedade, característica ou atributo de outros operários construtores que não compunham *'Confraria'*.

Maçonaria Moderna Mais Histórica (Parte 2)

"Embora ninguém possa voltar atrás e fazer um novo começo, qualquer um pode começar agora e fazer um novo fim!"

VM: _____

Continuando, cumpre esclarecer que as *Corporações* sempre foram perseguidas por vários governos, e nessa época também o eram até pela *Inquisição*, e os ditos *Régulos (Reis de pequenos territórios)* e os *Clérigos Jesuítas* simplesmente não admitiam os *'Segredos das Confrarias e Agremiações Corporativas'*, que por isso com o tempo seriam dissolvidas.

Foi nessa fase da *História* que as *Fraternidades Maçônicas Operativas* foram praticamente *'obrigadas a aceitar outras pessoas não ligadas ao Ofício da Construção'*, muito embora já há muito tempo as estivessem aceitando; assim, o primeiro *'Maçom Aceito'* comprovadamente foi *John Boswel*, um *Lorde* que ingressou na *Confraria* em 08/jun/1600, na *Loja da Capela de Santa Maria*, em *Edimburgo* na *Escócia*.

As *'Aceitações'* tornaram-se comuns por conta da *'decadência'* das *Corporações*, quando então passaram a admitir: *sábios – filósofos – naturalistas – artistas antiquários – nobres – militares – comerciantes – escritores – e pensadores*, e desse modo gerando grande transformação na *Maçonaria*; todavia, os *'Aceitos'* trouxeram novas ideias e concepções, que mudaram radicalmente as *Agremiações*, inclusive, segundo alguns autores, os *Rosacruzes* foram os que mais contribuíram para a *Filosofia Maçônica*, pois muitos foram os primeiros desses *'Aceitos'*.

1º Vigilante: _____

4. MODERNIDADE

No Século XX, precisamente em 1909, o autor *Charles Bernadrin*, do *Grande Oriente da França*, consultou 206 obras e selecionou 39 *'opiniões'* diferentes sobre as *'origens'* da Maçonaria; sendo ainda muito provável que atualmente o número dessas *'opiniões'* tenha aumentado.

Além disso, há alguns escritores que enfatizam haver uma possível *'origem'* da *Maçonaria* provida pelos *Templários*; entretanto, há autores que afirmam estar provado que essa *'teoria'* não passou de mais uma *'tentativa'*, tendo sido seu idealizador o *Cavaleiro de Ramsay*, que talvez tenha tentado propor uma *'procedência nobre'* à Ordem, e assim, ao contrário *'encobrir'* sua possível origem humilde pelos *operários/ trabalhadores da construção'*, tanto que tais fatos, reais ou não, sobre sua procedência, nobre ou humilde, não impediram que até a atualidade ainda existam na *Europa* algumas *Lojas Maçônicas Operativas*.

À época a *Maçonaria Operativa* fazia alusões às *'Old Charges'*, por intermédio de cerca de *'140 a 150 Antigos Manuscritos'*, mas mesmo assim *'não fazem quaisquer referências'*:

- *Aos Templos, aos Hermetistas, aos Templários e/ou aos Rosacruzes;*
- *Ao 'Sentido Simbólico' das Ferramentas destinadas a Construção;*
- *A Bíblia 'não' é citada de nenhum modo;*
- *Sem referência: Ocultismo – Esoterismo – Alquimia – Cabala – nem outros;* e

apesar de naquele tempo a *Ordem* ser francamente *Católica*, procurou contar em suas *Oficinas* com os denominados *'Maçons Livres em Lojas Livres'*.

Esses *documentos (Antigos Manuscritos)* também não citam os *'Landmarks'* como conhecidos atualmente, e das diversas *'Classificações de Landmarks'* existentes, estimadas em mais de *60 (sessenta)*, é possível detectar e observar que são simples cópias dos *'Estatutos das Corporações de Construtores, ou das Guildas'*, cujos *'Artigos'* foram adaptados à *Maçonaria* a partir de 1717, e que na opinião de alguns especialistas muito pouco têm a ver com a *Ordem* atual.

E, caso sejam consultadas cópias dos *'Manuscritos das Old Charges'*, sendo o mais conhecido o *'Poema Regius'*, sempre é possível encontrar alguma pista ou indício de uma *'provável origem da Maçonaria'*, por meio até de uma simplista *'interpretação ou adivinhação'* do sentido de qualquer*: Palavra – Sinal – Costume – Cerimônia – Objeto – e/ou Ferramenta,* que os *Maçons* antigos usaram, e que os atuais emprestaram e imputaram *'Simbolismo Próprio'*.

2º Vigilante: _____

Porém, em verdade, se tudo for analisado com a devida cautela sem nenhuma predisposição, a *Maçonaria Operativa* teria muito menor semelhança com a *Moderna ou Especulativa*, do que propalam diversas *'teorias'*, pois a *Operativa* anterior se sobrepôs à *Especulativa* posterior e sucessora, que adotou seus*: Nome – Costumes – Lendas – Alegorias – Sinais – Palavras – e Estrutura,* já prontos, modificando-os quase totalmente e revestindo com *Simbolismos* alterados.

Naquele tempo os *Maçons* se reuniam em*: Tabernas – Cervejarias – Hospedarias – e Adros (Áreas Externas) de Igrejas,* pois não contavam com *Templos*, e esses locais de encontro tinham mais uma *' função social e de comemoração'*, do que de *'discussão de temas coletivos ou de exoterismo'*.

Já o primeiro *Templo Maçônico – Freemason's Hall*, somente foi construído em 1776 em *Londres*, sendo uma edificação ornamentada com as *'Cinco (5) Ordens de Arquitetura'* conhecidas na *Antiguidade*, por única inspiração do inglês *Willian Preston*, excelente autor e precursor como *'Professor de Maçonaria'*, considerado como o primeiro *Maçom* a oferecer um *'Sentido Simbólico às Ferramentas de Pedreiro ligadas a Construção'*, do mesmo modo como proposto atualmente.

Na *Inglaterra*, conhecida como *'berço'* da *Maçonaria Moderna*, havia a famosa *Cervejaria* chamada de *'O Ganso e a Grelha'*, na qual se reuniam os *'Franco-Maçons da Corporação'*, constituída no início apenas por *'Profissionais de Ofício'*, mas que desde 1703 passou a receber *'Aceitos'*, indistintamente de classes sociais, e gerando profunda reforma na *Organização*.

Um dos líderes desses *'Aceitos'*, o pastor protestante *Desagulliers*, proveu a reunião de *4 (quatro) Lojas*, cujas denominações podem soar estranhas modernamente como as*: Macieira – Coroa – já mencionada O Ganso e a Grelha — e Copázio e as Uvas*;.

E essa última tinha originalmente o nome *'Rummer and Grappes'*, cuja tradução para *'Copázio'* e não *'Taça'* parece ser mais adequada, se se raciocinar a partir de*: Copo Grande – Coparrão – Copaço – e/ou Copão*, pois o termo *'Taça'* é muito usado na *Ordem* em seus *Cerimoniais Esotéricos*; ademais, é difícil imaginar os rudes *Franco-Maçons Ingleses*, à tarde em *Tabernas*, depois do árduo trabalho diário, bebendo em *'Taças'* ao invés de *'Grandes Copos'!*

No dia 24/jun/1717 – *Consagrado a S.João - O Batista*, essas *4 (quatro) Lojas* se reuniram e fundaram a *Grande Loja de Londres*, surgindo então o *'Sistema de Submissão a um Grão-Mestre'*, como atualmente, criando a primeira *'Potência ou Obediência Maçônica'* no *Mundo*.

Orador: _____

Essas *Lojas* trabalhavam já em *2 (dois) Graus*, quando em *1725* foi criado o *Grau de Mestre Maçom*, mas que somente foi incorporado em definitivo 13 anos depois em 1738, e à época, a *'recém-criada' Lenda* desse *Grau* levaria anos a se consolidar e ter a versão atual que é definitiva.

Inicialmente a *Grande Loja de Londres 'não'* foi bem aceita na *Inglaterra*, e a *Maçonaria* concordante e seguindo a *'libertação'* que o *'Século das Luzes'* trouxe ao *Mundo*, transformou-se num verdadeiro laboratório de *'Experiências Culturais e Ritualísticas'*.

Então, a *Inglaterra* rígida em suas *Tradições*, como até a atualidade, manteve apenas os *3 (três) Graus Simbólicos* como *'Estrutura Única da Instituição'* no *País*, enquanto a *França* latina e ousada gerou inúmeros *Graus para a Ordem*, criando vários *Graus Superiores;* e ainda, além dos *Ritos* tradicionais e comuns, também uma série de outros *Ritos*.

Por sua vez, *Alemanha* e outros *Países* que a acompanharam, de início seguiram a *França* nesse acréscimo de *Graus e Ritos*, mas depois, a própria *Alemanha* houve por bem *'enxugar'* tudo aquilo que considerava exagerado.

De qualquer forma, naquele Século foram definitivamente criadas as bases da *Maçonaria Moderna ou Especulativa*, como é conhecida atualmente sempre a partir da *Maçonaria Operativa*.

Abordar os vários temas de uma *Organização* como a *Maçonaria* nunca é tarefa fácil, pois a *Ordem* é plena de *contradições e paradoxos*, como por exemplo, ao afirmar categoricamente *'Não ser Religião'*, muito embora erradamente muitos *Integrantes e Profanos* admitam que seja; e para confundir ainda mais, reúne-se em *Templos* que sugerem *Igrejas*, em definitivo ensina a crença num único *'Ente Superior'*, na *'Imortalidade da Alma'*, provê *'Orações'*, e propaga não ser *'Dogmática'*.

Por isso, valeria sempre lembrar a diferença intrínseca de significação entre *'Conceito e Dogma'*, primeiramente estando cientes que:

• *A Instituição se posiciona como 'Conceitual', e*
• *Poucos que por erro confundem sua 'Conceituação'como 'Dogmática',*

assim, de acordo com o *Dicionário Brasileiro da Língua Portuguesa da Enciclopédia Mirador*, tem-se :

Secretário: _____

• **CONCEITO** = *O concebe ou entende o 'Espírito', Ideia, Noção, Expressão sintética, Símbolo, Síntese, Entendimento, Mente, Juízo e Ideia enquanto abstrata e geral, ...*
• **DOGMA** = *Ponto ou Princípio de Fé definido pela Igreja, Conjunto das Doutrinas Fundamentais do Cristianismo, Cada um dos Pontos Fundamentais de qualquer Crença Religiosa, Fundamentos de quaisquer Sistema ou Doutrina, ...*

A *Maçonaria* adotou em sua estrutura o *'Modelo Republicano'*, que ajudou a criar e pelo que lutou, integrando internamente os *'Três (3) Poderes: Executivo — Legislativo — e Judiciário*, funcionando como um *País* dentro de outro mas sem território; porém, onde sempre deveria reinar a democracia plena, com obediência às *'Constituições das Potências'*, com muita frequência e raras exceções, são manipuladas por uma cúpula que exerce um *'Poder monárquico e tirânico'*.

5. CONCLUSÕES

Pelo *Mundo* a *Ordem* tem inúmeros *Templos* ociosos em *Cidades* onde há mais de *4 (quatro) ou 5 (cinco) Lojas*, porque cada uma quer ter o próprio *Templo seu edifício*; e logicamente onerando os *Adeptos*, quando poderiam as várias *Lojas* reunirem-se num mesmo espaço, e usar seus potenciais para execução de novas obras, destinando-as a entidades assistenciais ou escolas.

Modernamente, a *Instituição* não detém representação política nos *Poderes Constituídos das Nações*, como antes exercia com competência, sempre direcionada ao *Bem-Comum;* isso também ocasiona que na atualidade as *Sessões* possam transcorrer anacrônicas, retrógradas e desatualizadas.

Nessa moderna época competitiva, onde as instrução e informação têm imenso valor na sobrevivência das *Instituições*, uma *Sessão Maçônica* que dura em média *duas (2) horas*, com a quase totalidade do tempo gasta, geralmente, com problemas de ordem administrativa de pouca importância, tende a relegar a segundo plano as *'Instrução e Informação referentes a Maçonaria'*, quando sobre isso deveria tomar todo tempo disponível, a verdade é que esse tempo é perdido ao invés de ser bem utilizado, até com outros assuntos de interesse do colegiado, como: *Filosofia – História – Ritualística – Liturgia – Legislação – Política – Bem Social – Ciências – e outros*.

Guarda (ou Cobridor): _____

A *Maçonaria Contemporânea* foi muito sub-dividida e/ou fragmentada ao surgirem as muitas *'Potências ou Obediências'*, cada qual se autoproclamando*: autônoma — legítima — verdadeira — regular — e legal*, ficando o relacionamento entre as mesmas complexo e até estranho.

Haja vista, o valor desmedido dado à *'regularidade'*, principalmente ao coagir os que buscam visitar ou frequentar *Oficinas* de outras *'Potências'*, sendo proibido fazê-lo, sujeitando-os a sanções caso façam; porém, para muitos essa posição foge à análise lógica e coerente do *Maçom*, servindo tal malfazeja regra como complicador ao entendimento fraterno das *'Potências'* entre si.

Por felicidade algumas *Lojas-Base* isoladamente entenderam e alteraram essa rota e adotaram outra; assim, os Adeptos *'se recebem e abraçam como verdadeiros Amados Irmãos'*, por vezes até *'ignorando determinações superiores'*, e ainda, para gáudio, e talvez por obra e graça do G∴A∴D∴U∴, as *'Essência da Iniciação — Mensagem Iniciática'* que envolve o *Maçom*, permaneça intacta, e que os dirigentes das *'Potências'* praticamente desistam dessa descabida *'orientação'*.

Em realidade, muito da *Maçonaria* parece ter dado certo, como seu *'Ecletismo — Doutrina ou tendência da liberdade de escolher e conciliar vários estilos diferentes ou outras teorias que pareçam apropriadas'*, e o respeito que os Adeptos têm entre si, fraterno e/ou por ideias, atendendo assim os princípios da dialética ou arte do diálogo, e em que, mesmo discordando de alguma dessas ideias, as aceitam ouvir e analisar, porém, desde que fiquem tão somente em ideias, pois a exceção é quando se tratar da disputa de *Poder Maçônico*, situação em que mudam completamente o paradigma ou padrões psicológicos e modelos usados na vida, chegando até alguns Integrantes aos baixios de provocações mútuas, em especial quando esse *'Poder atinge a vaidade individual'*.

Caracterizam a *Maçonaria* dois tipos básicos – *Místicos e Documentais* –, sendo que ambos se respeitam, mas divergem com relação ao fato dos *Maçons Documentais* se basearem em *'documentos antigos e autênticos – e fontes primárias de pesquisas'*, enquanto *Místicos* têm diferente pensamento, baseado no *Esoterismo*, uns até exagerando e se tornando mistificadores.

A *Maçonaria no Brasil* é relativamente inábil, com obreiros quase amadores quando tratam de *Filantropia*, enquanto nos *EUA* os membros administram muito bem essa tarefa, sendo a *Ordem* mantenedora de inúmeras*: Entidades Filantrópicas — Hospitais — Orfanatos — Asilos — Provimento de ações e providências de ajuda — e que também proporcionem maior Felicidade à Humanidade*.

VM: _____

Finalmente, citar que no *Mundo* até a atualidade, houver cerca de *300 Ritos*, sendo que modernamente ainda *54 estão vigentes*, sendo *7 no Brasil*; por isso, poder-se-ia supor que a *Maçonaria* tenha necessidade de se adaptar a um *Novo Modelo*, pois poderia correr o risco de não sobreviver aos próximos Séculos; porém, o que em realidade não se acredita venha a ocorrer, pois já ultrapassou crises mais significativas e importantes, mas felizmente sempre foi salva por *Maçons Notáveis*, com mentes claras, transparentes e inteligentes, que acudiram a tempo; então, por fim, nesse momento cabe afirmar conceitualmente que:

- *Com muita ansiedade é aguardada, novamente, a atuação competente desses nobres guardiões, mas com o desejo inconteste de que venham logo!*

93 Maçonaria Moderna Seu Nobre Princípio

"Na natureza não existem recompensas nem castigos; existem consequências!"

VM:
Para compreender o que seja a Maçonaria, sempre é preciso contemplar todas suas: *Raízes históricas - e - Princípios Fundadores*; e talvez o primeiro passo seria necessário diferenciar as abordagens fantasiosas e as críticas mencionadas nas fontes históricas verídicas.

Assim, resolveu-se dissertar por intermédio de publicações numa Revista específica, sobre as *'Duas (2) Origens Lendárias da Maçonaria'*, a saber:

1- Segredos Templo de Salomão — Primórdios da Maçonaria Lendária (Ed. nº12); e
2- Segredos Capela Rosslyn — Cavaleiros Templários e Maçonaria (Ed. nº13).

1º Vigilante:
Trata-se de duas versões *'Lendárias'*, ou seja, *'sem'* qualquer prova documental que as sustente enquanto verdade absoluta; contudo, talvez, o melhor *'conhecimento histórico'* a esse respeito possa ser adquirido quando se dirigir aos primeiros *Integrantes da Sublime Ordem*.

Como já é sabido, a *Maçonaria* pode ter origem nas *'Corporações de Ofício Medievais'*, compostas por *'trabalhadores especializados'* na *Arte da Construção*.

E esses 'trabalhadores', devido à benéfica e privilegiada *'natureza itinerante'* de sua atividade, nunca se estabeleciam ou se prendiam a nenhuma *Região ou Feudo* onde trabalhavam, porque detinham o inédito direito da *'livre circulação'*, contrariamente aos demais moradores e operários daqueles locais.

A partir desse ineditismo, e dessa condição incomum à época, surge para caracterizar esses *'trabalhadores'* a expressão *'Pedreiros-Livres'*.

Mas, foi somente a partir do Século XVI, que a *Maçonaria* passa a admitir entre seus *Adeptos*, além de nobres, membros de outras *'classes de trabalhadores'* tais como*: ferreiros — tecelões — carpinteiros — agricultores — costureiros — músicos — e muitos outros.*

Então, é nesse diminuto espaço fronteiriço entre a *Maçonaria Operativa e a Especulativa*, que se tem as *'Primeiras Provas Documentais'* da *Sublime Instituição*.

2º Vigilante:

A primeira atividade da Maçonaria Especulativa de que se tem notícia aconteceu na Inglaterra em meados do Século XVII.

Foram encontrados *Registros da Iniciação* de dois (2) *Maçons Especulativos, que são: Sir Robert Moray e Elias Ashmole,* em 1641 e 1646, respectivamente, e que depois viriam a se tornar dois verdadeiros baluartes da *Ordem.*

Ademais, em realidade a aproximação intelectual desses dois *Integrantes: Ashmole e Moray,* com o marcante movimento da época*: O Iluminismo* proporcionou a todos os seus pares, assim como aos leigos, muitas informações interessantes sobre a *'natureza primordial'* da *Maçonaria.*

E ainda, esses destacados *Robert Moray e Elias Ashmole* foram fundadores da *Organização* que no futuro se tornaria como um dos mais afamados e renomados *'agrupamento de inteligências'* em todo o Mundo*: A Royal Society de Londres, Instituição* fundada em 28/nov/1660 por um grupo de *doze (12) estudiosos* que incluía, além dos *Maçons* citados, dentre outros, os*: Arquiteto Christopher Wren – Cientista Robert Boyle – e Inventor do Sistema Métrico John Wilkins.*

Orador:

Também se encontram nos arquivos daquela *Sociedade*:

- *Estudos do Maçom Benjamin Franklin, quando de sua estada na Inglaterra - Londres, a respeito das tempestades elétricas que datam de 1752,* e

- *Notas de Edward Stone de 1763, sobre o uso da 'casca do salgueiro' para o tratamento da febre, que documentam o começo do descobrimento do 'Ácido Acetil-Salicílico' e a produção da 'Aspirina', atualmente um dos medicamentos mais usados no Mundo.*

Então, como é possível perceber, àquele tempo a *Maçonaria Operativa* sofria um verdadeiro e grande *'Processo de Transformação',* que era lento e gradual, mas que atraía para suas hostes não apenas *'Mestres do Ofício da Construção',* como também*: Membros da Nobreza – Cientistas – Estudiosos – Profissionais Liberais – dentre muitos outros.*

E ainda, a citar que o mútuo e íntimo relacionamento existente entre as*: Mais Antiga Academia Científica do Mundo & Maçonaria,* só enobrece a *Sublime Ordem!*

Se anteriormente a esse período, as *Evidências e/ou Documentos* conhecidos e coletados, ainda não foram suficientes para permitir serem explicitadas muitas considerações, o ano de 1717 foi pródigo nesse aspecto, e conseguiu vislumbrar e desmistificar muitas e diversificadas certezas aos pesquisadores das coisas da *Instituição Maçônica.*

Secretário:

Foi naquele ano de 1717, no transcurso das festividades comemorativas de 24/jun, data consagrada a *S. João Batista,* que *'Quatro (4) Lojas Maçônicas'* resolveram se reunir na *'Tavern Goose and Gridiron — Taverna o Ganso e a Grelha',* na *Praça da Igreja de S. Paulo em Londres,* para formarem a *'Primeira Grande Loja Maçônica'.*

Infelizmente, o edifício que abrigava aquela *'Taverna'* foi demolido no final do Século XIX, muito embora apenas seu emblema tenha sobrevivido.

Então, foi nesse ano 1717 que surgiu a *'Primeira Organização Maçônica Pública'*, que seria formalmente reconhecida como dito a: *Grande Loja de Londres*.

Seis (6) anos depois em 1723, o *Ministro Presbiteriano Escocês – Dr. James Anderson*, viria a publicar a primeira versão das *'Constituições'* da *Ordem Maçônica*; e mais, é nesse importante documento que se estabeleceram dois dos importantes *Preceitos Maçônicos*, a saber:

- *A proibição, inequívoca e incontestável, de apresentação e/ou discussão de Temas Políticos (Partidários) e Sectário-Religiosos, no interior das Lojas;* e
- *A exigência dos Candidatos e/ou Integrantes deterem e respeitarem a 'Crença em um Ser ou Entidade Suprema'.*

Guarda (ou Cobridor): _____

Em pouco mais de trinta (30) anos a *Ordem Maçônica* já se fazia presente em quase todos os *Países da Europa Ocidental*, assim como em suas *Principais Colônias Americanas e Asiáticas*.

E sem sombra de dúvida, é possível afirmar que já no princípio do Século XIX, a *Maçonaria* tornou-se uma *Instituição Globalizada*, e por isso, com participação ativa nos mais importantes *Acontecimentos: Políticos – Intelectuais – e Sociais,* dessas *Nações*.

Apesar de sucinto, com esse texto se espera evidenciar que a *Origem Histórica da Maçonaria* é tão fascinante, quanto sua suposta e até improvável *Origem Lendária*; tal como definem os estudiosos das coisas da *Ordem*.

VM: _____

Finalmente, apesar de *'não'* existir qualquer documento que ligue a gênese, origem, criação e/ou formação da *Maçonaria Moderna* da atualidade, diretamente à *'Construção do Templo de Salomão'* ou aos *'Templários'*, poder-se-ia ter como muito provável, e consequentemente efetivo, que possa a *Instituição* ter se *'sedimentado'* com eficácia e agrupamento nas *'Corporações de Ofício Medievais'*, assim como na *'Incorporação de Intelectuais ligados a Royal Society'*; por isso, esse até poderia ser considerado seu possível, nobre, moderno e, agora sim organizado, surgimento!

94 A Maçonaria na Atualidade

"Nunca tente transformar sua opinião em uma verdade, mas procure permitir que a verdade seja a sua opinião, mesmo que por vezes não lhe favoreça."

VM: _____

Ao longo do tempo, os Adeptos da Instituição têm: estudado – ouvido – e refletido sobre alguns Conceitos do Contexto Maçônico; assim: falam – filosofam – teorizam – e imaginam a Maçonaria das mais diversas formas, como: *oficial ou profana – teísta ou deísta – masculina, feminina ou mista — suas origens, Ritos e influências – e sob muitos outros ângulos,* proposições que não geram nenhum consenso definitivo, até porque nunca poderiam e nem caberia.

Mas, afinal: O que é Maçonaria? Podendo ser sintetizado conceitualmente como em um 'único ponto elementar', isto é: Maçonaria é também e principalmente um 'Estado de Espírito'; portanto, seria como: Beber de uma fonte pura – Respirar ar puro – Dia, jamais noite – Luz que controla Paixões – e outras figuras de retórica que poderiam demonstrar sua real capacidade!

Há uma definição que pode ser considerada como sendo uma 'condição histórica', ou seja, aquela que a Ordem teria sua Origem Moderna na Grande Loja de Londres de 1717, e ainda que fora regulamentada em 1723 pelos Rev. J. Anderson – Payne – e Desaguilliers.

E em 1813 ocorreu a fusão das Grandes Lojas de Londres e de York, surgindo a Grande Loja Unida da Inglaterra; e depois, infelizmente, aconteceu o 'cisma' entre Antigos e Modernos.

1º Vigilante: _____

A seguir, na *Europa* a Ordem se instalou, dentre diversos outros países, nas: *Alemanha – França – Bélgica e Suécia*; contudo, na *França* ocorreu fato gerador de posteriores conflitos, isto é, foi realizada uma *Releitura Maçônica de Seus Preceitos e Posições* pelo *Grande Oriente da França*, e por consequência, isso transformou o entendimento da *Maçonaria* e sua *Nova Proposta*.

Então, o total do *contingente maçônico* dividiu-se entre *Potências Regulares e Irregulares*, mas todas sob a égide da *Potência Oficial – da Grande Loja Inglesa;* por exemplo, as *Grandes Lojas* e os *Grandes Orientes* passaram a discutir *Regimes Políticos de Governo* entre *Monarquia e República*.

Então, com isso o *Espírito Universal Maçônico* se perdeu em: *discrepâncias — desacordos – desentendimentos – inimizades – hostilidade – malquerença – e ininteligência*, ou seja, a rezinga ou o resmungar mal resolvido e perpetuado até a atualidade; ademais, poder-se-ia ainda intuir e indagar: *Que entidade reconheceria qual?* O que se tornou um *'verdadeiro dilema fraternal'*.

Portanto, pode-se chegar a concluir que *Maçonaria*: *'Não se mede nem se regula'*; pois se deve autorregular por: *bom senso — lógica — e razão* dos Adeptos despidos de outras intenções.

A *Ordem* foi composta desde a *Sociedade de Pedreiros-Livres*, para seguir absorvendo as mais diversas culturas, e depois as espalhar pelo *Mundo*, arregimentando em suas fileiras *Homens* de todas as naturezas; por isso, essa pode ser considerada sua principal e grande *'magia'*, que perdura até esses dias, rompendo a barreira do tempo e sobrevivendo a duras provas de resistência; o que é devido porque absolutamente a *Maçonaria*:

- *Não detém Royalties, isto é, relativo ao seu 'negócio (se pode assim ser chamado)' não realiza despesas para seu desenvolvimento com objetivo de gerar renda e lucro; e*
- *Muito menos se submete à arrogância daqueles Integrantes que imaginam serem seus 'donos'.*

2º Vigilante:

Além disso, modernamente a *Instituição* faz com que seus *Adeptos*, inconscientemente, vislumbrem com o que seria a *Verdadeira Maçonaria* já descrita antes, aquela que está muito à frente da atual: *'A Real Arte da Arte Real'*; contudo, é fato que na atualidade essa *Maçonaria* praticada e seus *Princípios de: Liberdade – Fraternidade – Igualdade – Racionalidade – Harmonia – Domínio das Paixões – Confiança – Sabedoria – Cultura – Dedicação – Disciplina – Respeito – e demais*, está um tanto distante da tão buscada e propagada *Perfeição!*

Por isso, uma espécie de pura e simples *'idolatria'* da *Ordem*, por razão histórica e social, é descabida nesse contexto, sendo mesmo passível de desprezo, pois como afirma o filósofo grego *Sófocles*: *'Tenho o hábito de não falar daquilo que ignoro, pois tudo o que se ignora se despreza';* então, os *Maçons* devem sempre estar vivos e conscientes que há uma grande obra por terminar.

Ao *Adepto* coube assimilar as *Filosofia e Liturgia*, que ao longo do tempo compôs sua *Preceituação* absorvida de outras: *Culturas – Crenças – e Lendas*, para consistir sua forma atual no âmbito particular; mas, ao contrário do *Mundo Profano*, afora interpretações de seus *Conceitos e Características Ritualísticas* que são *Únicas*, pouco há de novo ou mesmo diferente na atualidade que seja passível de *'segredo'*, e/ou apenas *'privativo'* dos *Maçons*.

Orador:

Tal prática resultou em diversas *Estruturas Administrativas* destinadas à *Ordem*, visando traduzir todo o *'trabalho'* dos *Adeptos*, como compensação ou resposta por, simplesmente, ser *Maçom*; e ainda, passou-se a estar segregado do *Mundo Profano*, o que, infelizmente, ficou sendo um *'rótulo'*, como se o *Integrante* fosse diferente de qualquer outra pessoa; mas, apesar de efetivamente sempre tentar ser melhor, nos últimos tempos, não tem demonstrado tão bem ou talvez até por não realizar, razões suficientes para a *Sociedade* acreditar em seu exaustivo trabalho pela melhoria qualitativa da *Humanidade*; entretanto, podendo isso até se refletir nos *Profanos* como simples retórica e hipocrisia que se valida pela *Moral Maçônica*.

Porém, em realidade, os *Maçons* utilizam-se desse *Espírito* ou parte do mesmo, para compor a *Ordem Maçônica* sob a égide e diretriz do *'Esquadro e Compasso'*; assim, além de todo o necessário e cabível, ainda são produzidas: *Leis — Regimentos — Regulamentos — e outras Normas*, caracterizadas por exigência extremada, que objetivam nortear a conduta dos *Adeptos*.

Mas mesmo assim a *Ordem*, corajosa e competentemente, sobrevive à enormes vilipêndios, suportada por sua *Força Energética Vibrante e Crescente*, sempre presente ao longo do tempo, apesar do cenário lamentável provocado por *Falsos ou Pseudos Maçons*.

Por isso, podendo até parecer descabido, há quem pretenda separar e distinguir *Maçonaria* da *Ordem Maçônica*, argumentando por definir ser:

- **MAÇONARIA** = <u>Força Energética</u> *que fortalece o Homem-Livre e de Bons Costumes;* e
- **ORDEM MAÇÔNICA** = <u>Organização Institucional</u> *administrada por Maçons, que sob a orientação do Espírito Maçônico procura realizar suas obras;*

porém, se embasada em *Razão e Lógica*, sempre haverá só um *'único caminho'*.

Secretário: _____

Desde a *Antiguidade*, é certo que o *Homem* evoluiu, mas pouco, por isso é tão difícil dominar o que o leva ao pior das *Emoções e Sentimentos*, e até mesmo a tecnologia já tendo evoluído sobremaneira, a *Consciência Humana*, por suas *'fraquezas e primitivas emoções'*, ainda *'não'* conseguiu atingir esse patamar; assim, um dos principais objetivos da *Ordem* é eliminar o que desgraça o *Homem*, pois: *O Maçom não deve ser um fraco, mas um forte, e um eterno lutador.*

Todo o restante é simples política do *'ego'* e do uso indevido da *'marca'* Maçonaria, mesmo porque a *Instituição Material — ou Ordem Maçônica*, ainda principia sua trajetória em direção à pretendida *Verdade*, mas que por vezes se perde em somente *fértil vontade e imaginação!*

Infelizmente, os *Maçons* atuais parecem recear suas: *Verdades — Responsabilidades — e Entendimento do que seja a Maçonaria*; até porque os mais velhos os têm bloqueado, em grande parte pela *Liturgia e Ágape Fraternal*, e por isso não se desenvolvem nem obtém bons resultados; e então se reconfortam e recolhem a uma posição cômoda e inerte, que, infelizmente, parece perene.

Entretanto, se: *A Maçonaria não ensina nada, somente mostra o caminho*; pois é: *Uma Escola que necessita, incessantemente, buscar o saber*, cabe ao *Adepto* trilhar sua própria senda com as melhores informações de sua vida e de seu *Mundo* conhecido, portanto: *O Maçom que não está em constante investigação é absolutamente vazio*; e mais, no mínimo é exigido que detenha: *Conhecimento além do Material (Físico) – Sensibilidade – Dedicação – e Estudo.*

Guarda (ou Cobridor): _____

Já quanto à *Maçonaria*, sua *Compreensão Divina* não é *'repassada nem pega'*, mas *'absorvida'* pela *Alma e Espírito*, estando no éter do capaz de captar o *'elixir'* emanado pelo *G∴A∴D∴U∴*; e o início se encontra em *'si próprio'*, como o: *Conheça-te a ti mesmo. (Sócrates)*

Então, a crer que a *Instituição Oficial da Maçonaria* gerida por *Maçons* pode até precisar rever os *Conceitos*, refletindo sobre sua fundamental e basilar *Doutrina*, não a *'regulamentada'* desde 1717 até 1723, mas a *'original'* referida ao *Instinto Natural do Amor e Solidariedade*, que prevalece sobre a *'matéria'*.

Mas, modernamente, à *Humanidade* impõem novos paradigmas e relações exigidos pela *Sociedade*, que clama sempre o máximo, pois o mínimo justifica apenas incompetência, referente a atitudes coerentes e dignas de uma *Instituição Progressista* e consciente de seus *Deveres*.

E, sendo certo que uma *Consciência: Comprometida – Responsável – Sensata – Clara e Lúcida*, com os *Ideais* mais puros, conduzirá o *ser* pela *Nobre Trajetória* de: *Paz – Retidão – Equilíbrio – e Harmonia*, que traduz o anseio e a glória manifestos e desejados pelo *Adepto*; pois a acomodação, que é estéril, gera preguiça mental e física e nenhuma conquista.

O *Pensamento Questionador* produz a energia para aclarar os temas maçônicos, e todo ser que acha já ter conquistado tudo mostra a subjetividade de sua mente estática e inativa, e incorre em ledo engano mesmo amparado por *Integrantes* zelosos pelos *Ideais* antigos e novos.

VM: _____

Portanto, é possível acreditar numa *Maçonaria* forte e unida em: *Pensamentos — Atitudes — e Debates*, referentes a necessidades da *Sociedade* em ações efetivas para equacionamento e melhoria de suas diferenças, pois: *O bom exemplo deve ser seguido e praticado a exaustão.*

Finalmente, deve-se buscar a *Consciência Maçônica: Plena — Madura — e de Objetivos Claros*, e aquela que deve se somar às *Iniciativas Organizacionais* que a própria *Sociedade* oferece; para isso, caso haja, cabe romper a absurda barreira da *'segregação'* no âmbito da *Ordem!*

95
A Maçonaria
Sempre Há Algo a Mais

"Algumas pessoas sentem a chuva, enquanto outras apenas ficam molhadas."

VM: _____

A *Maçonaria* também é considerada como: *Um Milenar Movimento Espiritual e Iniciático, que assume Características Rituais e Simbólicas de Caráter Sagrado;* sendo essas *Características* expressas em *'Landmarks'*, que foram modernamente fixados desde o início do Século XVIII.

Assim, a *Maçonaria* ainda também pode ser entendida como sendo:

I) REGULAR – OU TRADICIONAL, quando exprime:

- *Sua 'Crença Espiritual no Grande Arquiteto do Universo — G∴A∴D∴U∴';*
- *Sua condicionante de ser 'Masculina'; e*
- *Seu exercício de Jurisdição sobre as Lojas em determinado território, com exclusividade, e por isso, é reconhecida Internacionalmente.*

1º Vigilante: _____

II) NÃO REGULAR – IRREGULAR – OU LIBERAL, quando:

- *Não adota a 'Crença no Criador';*
- *Não sendo, portanto, reconhecida Internacionalmente pela Maçonaria Universal, devido principalmente ao seu 'Caráter Não Espiritualista e de Rejeição do Sagrado'.*

Além disso, atualmente chegam a utilizar o termo *Maçonaria* em linguagem corrente, em coberturas jornalísticas, e até sendo mostrada como publicidade enganosa, quando em determinadas ocasiões aparece associada a sentidos pejorativos, justificados por seu uso indevido e abusivo.

E em especial afora o citado, por quem a pretende instrumentalizar para efeitos: *Políticos – Comerciais – Clubistas – e de Projeção Pessoal ou de Grupo.*

Para tanto, recorrem às Técnicas de Marketing e Tecnologia da Internet, objetivando só *'captar curiosos, incautos e crédulos'*, até mesmo de ambos os sexos, ao arrepio da *'Tradição Milenar da Espiritualidade Iniciática'* da Ordem.

2º Vigilante:

Tudo isso se deve até porque prima a *Maçonaria* por:

- *Ser uma 'Fraternidade Iniciática', com fundamento na tradição da 'Fé em Deus', ao qual denomina G∴A∴D∴U∴ — Grande Arquiteto do Universo;*
- *Se reportar aos 'Antigos Deveres e Landmarks da Fraternidade', ao respeito às suas 'Tradições Específicas', essenciais à regularidade da Jurisdição;*
- *Ser uma Ordem à qual somente podem pertencer 'Homens Livres e de Bons Costumes', e comprometidos com a prática de um 'Ideal de Paz';*
- *Visar e preservar o 'Aperfeiçoamento Moral' de seus Adeptos, e da Humanidade; e*
- *Ser um 'Centro Permanente de União Fraterna', onde reina a tolerante e necessária 'Harmonia entre Homens', senão todos se tornariam verdadeiros estranhos entre si.*

Orador:

E complementarmente, a *Instituição Maçônica* ainda genericamente impõe:
- *A Prática exata e escrupulosa dos Ritos e Simbolismo, que são os reais meios de acesso a seus Ensinamentos e Conhecimentos, por vias 'Espirituais e Iniciáticas' que lhe são próprias;*

e a todos os seus Integrantes também impõem:
- *O 'Devido — Salutar — e Necessário Respeito' às opiniões e crenças individualizadas;*
- *'Proíbe' internamente qualquer 'Discussão e/ou Controvérsia Político-Partidária ou Religiosa';*
- *Só admitir Homem maior de idade, de ilibada reputação, honrado, leal, discreto, digno a ser bom Irmão, e que instintivamente reconheça os limites do ser e o infinito Poder do Eterno.*

Secretário:

Para tanto, a todos os *Adeptos da Ordem* cabe:
- *Tomar suas 'Obrigações e Juramentos' sobre a Lei Sagrada, dando ao prestado 'Juramento' um caráter 'Solene e Sagrado', indispensável à própria 'perenidade';*
- *Reunir-se em Lojas, que devem ter sempre à vista as 'Três (3) Grandes Luzes da Ordem, as: Lei Sagrada – Esquadro – e Compasso, para aí trabalhar segundo um Rito, com zelo e assiduidade, e concorde com os 'Princípios e Regras da Constituição e Regulamentos Gerais da Obediência'.*
- *Cultivar nas Lojas: Amor à Pátria – Submissão às Leis – e Respeito às Autoridades Constituídas; e ainda considerar o Trabalho como 'Dever Primordial' do ser, o honrando de toda forma;*

- *Serem exemplos de conduta pelo comportamento a ser: Saudável – Viril – e – Digno, contribuindo para irradiar o respeito do 'Segredo Maçônico'; e*

- *Deverem-se mutuamente 'Ajuda e Proteção Fraternal' até o fim da vida; além de 'conservarem', em quaisquer circunstâncias, a calma e o equilíbrio indispensáveis ao controle de si próprios.*

Guarda (ou Cobridor):

Finalmente, é importante mostrar os *'Oito (8) Pontos de Reconhecimento'* estabelecidos pela *Grande Loja Unida da Inglaterra* em 1929, e aceitos pelas *Obediências Regulares* oficialmente reconhecidas pela mesma; no *Brasil* só foram aceitos pelo *Grande Oriente do Brasil – G∴O∴B∴:*

> 1. *'Regularidade de Origem', ou seja, cada Obediência será estabelecida legalmente por outra Obediência reconhecida, ou por três (3) ou mais Lojas regularmente constituídas.*
> 2. *A 'Crença no G∴A∴D∴U∴' e Sua vontade revelada deverá ser uma qualificação essencial de seus Integrantes.*
> 3. *Todos Iniciados deverão 'Tomar Seu Juramento' sobre, ou à vista, de um Volume da Lei Sagrada aberto, pelo qual seja 'Pleno o Reconhecimento' sobre os 'Valores de Consciência' dos indivíduos particulares, que estejam sendo Iniciados.*
> 4. *Os 'Quadros de Obreiros' das Obediências e Lojas sejam compostos exclusivamente por Homens; e que cada Obediência 'não' tenha nenhum intercurso maçônico, de qualquer tipo, com Lojas mistas ou Corpos que admitam mulheres como membros.*

VM:

> 1. *A Obediência terá 'Soberana Jurisdição sobre as Lojas de seu Controle', ou seja, que será responsável – independente – autogovernável, com só uma e indisputável Autoridade sobre a Loja ou Graus Simbólicos (Aprendiz – Companheiro – e Mestre Maçom), em sua Jurisdição; e 'não' poderá dividir, sob quaisquer meios, tal Autoridade com o Supremo Conselho ou outro Poder que clame controle ou supervisão sobre os Graus.*
> 2. *As 'Três (3) Grandes Luzes da Franco-Maçonaria (Livro da Lei - Esquadro – e Compasso) deverão sempre serem exibidas quando a Obediência, ou suas Lojas subordinadas, estiverem em Trabalho, sendo o chefe desses o Volume da Lei Sagrada.*
> 3. *Que 'Discussão sobre Religião e Política (Partidária)' nas Lojas seja 'Estritamente Proibida'.*
> 4. *Os Princípios dos 'Antigos Landmarks – Costumes – e Usos' sejam 'estritamente observados'.*

96 Maçonaria
Algo Mais a Entender

"A Perfeição Espiritual do Homem consiste em se tornar um ser inteligente, que conheça, sobretudo, sua capacidade de aprender!" (Maimônides)

VM: _____

O *Conhecimento* é o instrumento e arma fundamental para o *Maçom* conseguir realizar o *'Desbastar de sua Pedra Bruta'* a partir de reais objetivos equilibrados; assim, a composição da *Loja* por intermédio de suas *Luzes* exerce papel muito importante no processo inicial de todo *Integrante*, mesmo porque devem ser observados como verdadeiros *'espelhos'* da Ordem.

Desse modo, um dos primeiros *Aprendizados* é sua adequação às *'Vestes Maçônicas'*, que verdadeiramente também demonstra a submissão de uma de suas vontades, por isso:

1) **AVENTAL DE APRENDIZ** — *Com a abeta levantada, serve para que o Aprendiz busque o equilíbrio necessário e cabível a um Iniciado na Ordem, e se na História tem a função prática de proteger o trabalhador, na Instituição tem por objetivo primordial: vestir — cobrir — e proteger o tipo de nudez profana.*

2) **ANDAR EM LOJA** — *Deslocar-se em Loja tem sua Regra, e nesse sentido é a de: Fazer Novos Progressos — Sepultar Seus Vícios — e Trilhar Outros Caminhos, e conforme o caso, empunhando a 'espada' da: Liberdade — Igualdade — e Fraternidade.*

1º Vigilante: _____

Ademais, o respeito do *Adepto* àquelas *Luzes da Oficina* como exemplo gera importante *Conhecimento ao Aprendiz*, contudo é perceptível que atualmente alguns materiais didáticos têm flexibilizado as coisas da Ordem, podendo isso até ser benéfico, mas certamente cabe a todos tornarem cautelosos a esse respeito, pois, como, por exemplo, nos *Rituais* dos:

- *RITO BRASILEIRO (ed.2009, pg.312 item 2)* = *consta que ao 'cruzar' de uma Coluna para a outra,* **'não'** *deve ser prestado qualquer Sinal próximo a essas Colunas, ao passo que no;*

- *RITO ADONHIRAMITA (ed.2009, pg.39/40 Circulação)* = *consta que ao 'cruzar a linha imaginária central divisória do Templo' (Entre as Colunas), o circulante portando 'material litúrgico, documentos, livros e certificados', deve sempre prestar 'simples vênia', e* **'não'** *estando portando nenhum dos itens mencionados, circulará com o Sin:. do Gr:., a ser 'desfeito e reimposto'*

toda vez que 'cruzar aquela linha imaginária', que delimita o S∴ do N∴ e na linha da Balaustrada;
então, em caso de 'nada ser executado', é possível até perder parcialmente o significativo do 'modelo de submissão' que tanto dignifica a Maçonaria.

Qualquer pessoa pode aprender por intermédio de diferentes tempos, formas e estímulos, pois a habilidade racional se desenvolve de modo mais intenso quando se sabe o porquê de se memorizar, ato de decorar ou de trabalhar numa matéria, caso o indivíduo não encontre finalidade para o que está aprendendo; portanto, é cruel aprender o que seja, e no fim não saber para que esse aprendizado irá servir, que relação tem o aprendizado com sua própria vida; e assim, consequentemente, deve-se ter *Paciência*, a *Virtude* voltada ao reconhecimento dos propósitos dos seres humanos.

Então, para reflexão caberia afirmar por exemplo aos Mestres Maçons responsáveis pelo encaminhamento dos Aprendizes, que tenham a certeza de que em qualquer pescaria, por mais cuidadosa sempre foge um peixe, por vezes o mais aguerrido, mas nem sempre o mais fraco!

De outra parte, uma *'Peça de Arquitetura'* deve ser definida e orientada por um *'Dicionário de Termos Maçônicos'* como sendo um *'Trabalho de Pesquisa Maçônica'*; assim, em todo *'Trabalho'* elaborado pelo *Maçom* com objetivo de: *análise — pesquisa — ou desenvolvimento*, de qualquer tema relacionado com a *Instituição*, se enquadre na definição de *'Peça de Arquitetura'*.

2º Vigilante:

Desse modo, não há como negar que as *'Peças de Arquitetura'* sejam reais *'instrumentos de desenvolvimento'* dos *Maçons*, ressaltando não apenas seus elaboradores, mas também todos aqueles que presenciam sua apresentação em *Loja*; e com essa consideração, pode-se concluir que o primeiro, mas não único objetivo da *'Peça'*, seria o de saciar os anseios por *'conhecimentos'* sobre a *Maçonaria* de seus relizadores, e tal panorama gera a consequência da *'Lapidação da Pedra Bruta'*.

Contudo, não deve ser esquecido o segundo objetivo, não menos importante que o primeiro, ou seja, a *'contribuição para o conhecimento'* dos *Adeptos* que presenciem a explanação da *'Peça'*, e que ao apreciarem ainda são agraciados por informações que a *'Peça'* contribui em si própria.

Para elaboração de uma *'Peça de Arquitetura'* poder-se-ia recomendar a observação de:

1. *Definição do tema;*
2. *Pesquisar informações sobre o assunto objeto;*
3. *Leitura e seleção de informações que contribuirão para a 'Peça';*
4. *Redação primorosa da 'Peça de Arquitetura'; e*
5. *Treinamento da leitura e apresentação.*

Orador: ───────────────────────────────────────

Então:

1) **DEFINIÇÃO DO TEMA** = *Nem sempre a 'Definição do Tema' é de livre escolha e/ou atribuída ao Aprendiz, podendo ser determinada pelos Mestres que devem acompanhar seu desenvolvimento nas hostes da Ordem, ou até mesmo a necessidade de elaboração de trabalho sobre determinado assunto.*
   Porém, quando é atribuída ao Mestre essa função, deve considerar tanto a importância, quanto a exata contribuição que a 'Peça de Arquitetura' proporcionará ao conhecimento do próprio Aprendiz que a elaborará, assim como daqueles que irão presenciar sua apresentação.

2) **PESQUISA** = *Na atualidade os Maçons têm, além de vasta lista de 'obras literárias', a 'Internet' como outra importante ferramenta na elaboração da 'Peça de Arquitetura', mesmo porque não há como negar que contribui àqueles que mergulham na busca de material para a 'Peça', afinal, atualmente há diversas ferramentas que facilitam e dinamizam as pesquisas; porém, deve-se sempre estar muito atento com as informações dispostas na Internet, principalmente sobre Maçonaria, afinal, nem sempre é possível ser certificada a confiabilidade da fonte de informação lançada na rede.*

3) **LEITURA E SELEÇÃO** = *Nessa etapa deve-se, por meio de atenta leitura, verificar quais dos textos encontrados (Livros, Internet, etc) realmente agregariam as melhores informações para a 'Peça' a ser desenvolvida, bem como, o dever de averiguar a procedência e confiabilidade das fontes dessas informações.*

Secretário: ───────────────────────────────────

4) **REDAÇÃO** = *A redação deve ser feita com base em informações selecionadas, e principalmente, expressando o entendimento e/ou posicionamento do autor que elabora a 'Peça'; e não há motivo para se elaborar uma 'Peça de Arquitetura' baseada tão somente em cópias de textos ou outras 'Peças' encontradas durante a pesquisa, mas deve o Aprendiz elaborar a própria, inserindo sua interpretação, posicionamento e sentimentos relativos ao tema.*

5) **TREINAMENTO E APRESENTAÇÃO** = *Para apresentação em Loja, cabe 'treinar' a leitura da 'Peça', objetivando apresentar de forma clara, sucinta, evitando percalços na leitura, e jamais mostrá-la por trechos; uma informação extraída de um dos 'Dicionários de Termos Maçônicos' é que a apresentação em Loja de uma 'Peça de Arquitetura' deve ser realizada 'Entre Colunas'; e quando apresentada Extraoficina, ou com os trabalhos da Loja suspensos, os Adeptos podem adornar as 'Peças' com a tecnologia existente, por exemplo: Retro Projetores — Data Show — Efeitos de Softwares — e outros.*

Assim, a 'Peça de Arquitetura' não deve ser elaborada como 'simples trabalho ou como simples pesquisa', mas cumpre 'expressar e refletir: conclusões pensamentos – e sentimentos' do autor que a produziu, de modo a contribuir com o 'conhecimento' de toda Maçonaria.

Por outro lado, desde que a *'Maçonaria não é uma Religião'* mas uma *'Organização Iniciática'*, para o *'ingresso'* de *Candidatos* exige determinada *Ritualística*, que lhes ofereça o conteúdo de sua *Mística*.

Guarda (ou Cobridor): _____

Mas, não exercida como qualquer tipo de *Associação,* em que a pessoa pode se inscrever e fazer parte, a *Ordem* funciona como uma*: Sociedade e Instituição Livre,* que prega antes de tudo *'Respeito ao Próximo'*, tendo como finalidade as*: Liberdade – Igualdade – e Fraternidade.*

Assim, tem-se que ser *'convidado e aceito'* para a partir disso poder enveredar por seu conteúdo*: Místico – Filosófico – e Progressista*; e, quando *'aceito'* passa-se por transformações e se aprende diversos Ensinamentos.

Contudo, passa-se a conviver de modo fraternal com diferentes pessoas, todas *'Livres e de Bons Costumes'*; além disso, o *Iniciado* é quase *'bombardeado'* nesse convívio com a *'Exaltação à Prática dos: Amor – Verdade – Respeito ao Próximo – Igualdade entre seus pares (Maçons ou Profanos) – e novamente a Liberdade.*

Ademais, se é amplamente *'questionado e orientado'*, e como resultado passa-se à aceitação livre de uma *'Força Maior'*, apenas e tão somente, denominada G∴A∴D∴U∴..

E, nos *'Estudos Maçônicos'* como Aprendiz, descobre e convive com uma quantidade imensa de *Símbolos*, e um *Ritual* que beira a *Perfeição*, tudo por conta do envolvido misticismo e comportamento respeitoso entre todos os *Integrantes*; e ainda, também se passa a entender e indagar*: Por que foi convidado?*

Uma das condicionantes para se tornar um *Maçom*, é a de ser *'Livre e de Bons Costumes',* porém, todos são seres humanos, e por isso, falíveis; então, por mais criteriosa que seja a *Seleção*, sempre podem ocorrer contradições entre os envolvidos no grupo, além de geradas discordâncias, quando então todos estarão incorrendo em erro, apesar de humanos; assim, há na *Maçonaria*, em seus *'Preceitos e Pilares'*, condições de busca para contornar situações como essas.

VM: _____

Finalmente, ao se tornar *Iniciado*, é questionado quanto a aceitar determinadas condições, quando então já participa, é convidado a trabalhar na busca do próprio *'Aprimoramento: Ético — Moral — Intelectual — e Humanitário',* para poder efetivamente ser *'Livre'*; sempre *'Livre'* quanto à escolha do que fazer, e apoiado nos *'Ensinamentos Maçônicos'* procurar fazer sempre o *Bem* e condenar os *Vícios*, principalmente aqueles que acometem como seres humanos, ou seja, passa a ser convidado para aceitação da *Verdade*; portanto, deve sempre fazer com que prevaleça a *Verdade*, lapidando constantemente a própria essência, para sua real aceitação!

97 Maçonaria: Ainda é Relevante?

"Quem pratica o Bem e a Caridade
deve sempre ter capacidade e inteligência para suportar a Ingratidão."

VM:

A Maçonaria ainda é 'relevante' na Sociedade? Essa questão está em constante mutação, é tema por vezes requentado em Fóruns Maçônicos e por Profanos; mas é importante a muitos, e em especial aos *Am:. IIrm:..*

Ademais, a questão sempre volta quando se discute em que condições estão as Lojas atualmente; talvez até de modo desesperador ante o futuro da Ordem; tanto que para muitos esse é aspecto limitado em sua 'relevância', ou seja, em contribuir para solução de problemas ou entraves enfrentados pela Ordem e os *AAm:. IIrm:.,* nas vidas diárias.

O *Dicionário Webster* define 'relevante' como sendo:

- *Etimologia: Latim medieval Relevant, particípio presente de Revelare – Alçar. ... Suprir evidências a provar ou desprovar qualquer tema em debate ou discussão. Ter Relevância Social. ...*

assim, importa enfatizar as últimas duas definições; pois há o desejo de se certificar que*: O QUE SE FAZ, DEVE SEMPRE VALER O PRÓPRIO ESFORÇO!*

Por isso, é importante avaliar sob 'Aspectos Morais'; mas, impossível tentar mostrar um *'Tratado Completo'* sobre o tema apenas numa Instrução.

A discussão completa se baseia e necessita de provas das alegações ou opiniões, o que está além de simples apreciação; fica o esforço em apontar com brevidade algo sobre 'relevância' e deixar o restante ao *Am:.Ir:..*

1º Vigilante:

À 'relevância' de ser Maçom analisa-se 'Quatro (4) Aspectos Principais':

1. Maçonaria é 'relevante' para a vida de cada Maçom?
2. Ser Maçom afeta atitudes e ações que provam sua 'relevância' ao Adepto?
3. Maçonaria, como Organização, tem 'relevância' nas Sociedades atuais?
4. A Sociedade vê a Ordem 'relevante' a resolver problemas da Humanidade?

Contudo, no texto se tentará abordar somente o primeiro desses aspectos.

Parece que o que os outros pensam dos Maçons ou da Instituição não cria dúvida sobre sua 'relevância' entre *AAm:. IIrm:.*; assim, se há de convencer que pertencer à Ordem é de muito valor aos Maçons como indivíduos.

A maioria se defronta com dúvidas, até ridículas ante a Maçonaria; e por vezes, duvida da 'relevância' do Ofício Antigo frente à célere Sociedade.

Ao usar a frase: *'Maçonaria é um peculiar Sistema de Moralidade',* se mostra os 'Ensinamentos Morais' do Sistema como 'relevantes' para a vida dos Adeptos, e para os 'Julgamentos Morais' a fazer, ou é tudo *passe - é passado?*

Para responder as questões, recorre-se aos ancestrais da Ordem, que se reuniam/encontravam para *'Espiritualizar* - ou - *Moralizar',* como chamavam seu *'Filosofar';* e, parece que se deve responder a 'Quatro (4) Perguntas':

1. Mudou a necessidade dos Homens se Socializarem?
2. Necessidade de Sentimentos Fraternais deu lugar às conquistas pessoais?
3. Necessidade de discutir/ponderar 'Questões Morais' deixou de existir?
4. Mudanças precisam de alteração dos 'Maçônicos Princípios Morais'?

Então, cabe tentar examinar essas 'Quatro (4) Questões':

2º Vigilante: _____

1. A NECESSIDADE DO HOMEM SE SOCIALIZAR

Espera-se concordância em que a 'Necessidade do Homem se Socializar' não desapareceu; os motivos e propósitos mudaram, servindo também para diversos fins, mas a necessidade real do indivíduo ainda persiste.

O Homem continua um 'Animal Social', e a despeito da comunicação moderna, precisa de 'contato humano direto'; ao mesmo tempo, a entender que há implicações de enfatizar a Fraternidade, ou seja, Relações Fraternais.

Sem discussão sobre significados sociológicos, pode-se dizer que tal 'relacionamento' é baseado num 'laço *emocional',* isto é, *reside* nas 'Inter-relações Familiares', e apenas pode existir quando há 'envolvimento pessoal'.

Quando se encontra um estranho pela primeira vez, todos sabem o que se *'sente',* tanto mais quando esse estranho é um Am∴ Ir∴; e a pensar quanto logo se devem abrir um ao outro, trocando experiências.

Em visão particularizada, é a comprovação da importância em pertencer à 'Fraternidade Maçônica Antiga' e ao seu 'Sistema de Princípios Morais'.

2. COMPETITIVIDADE X FRATERNIDADE

Nas democracias modernas ocidentais vive-se em uma Sociedade competitiva, uma Sociedade orientada à 'conquista'; e há concordância em que tais aspectos da vida moderna não anulam a necessidade de Socializar.

A Sociedade Moderna fez os seres mais competitivos e com necessidade clara de provar a si o que deve fazer; porém, deve-se perguntar se 'conquistas pessoais' se tornaram mais importantes que o 'contato (emocional) pessoal'.

E: *Tornou-se predominante nas atividades diárias sobrepassando o resto?* Em visão particular: *NÃO;* ainda é preciso lugar próprio a cada um!

Ao mesmo tempo, entender que ao usar o termo 'Amado Irmão', se diz uma 'ligação emocional', típica de 'grupos pequenos' como a célula familiar.

Não investigando muito as 'Teorias Sociológicas' acerca de 'grupos pequenos', espera-se ser entendido que por suas experiências pessoais, em tais 'grupos sociais pequenos', forças aumentando a coesão são tidas legítimas, e a ser reforçadas, enquanto a competição interna ao tal 'grupo pequeno' é tida como ilegítima; e sendo ilegítima origina antagonismos emocionais muito fortes.

Orador: _____

E logo que houver competições entre *AAm∴ IIrm∴* na Loja, originarão reações emocionais fortes; e ainda, podem reduzir uma Loja a migalhas.

A característica típica de 'grupos pequenos' é ser monolíticos, e não permitir 'diversidade'; mas, a Sociedade Moderna se baseia em 'diversidade'.

Então: *Por que motivo prega-se Tolerância e Moderação?* A esperar que os Maçons deixem os antagonismos fora da Loja, para conservar a Harmonia.

Daí a perceber que existe uma tensão inerente entre: ***Competitividade e comportamento orientado para conquista fora da Loja X Envolvimento fraterno entre os Adeptos como AAm∴ IIrm∴ na Loja;*** contudo, indicando o porquê das 'competições' na Lojas geram tensões fortes, oposto das 'Relações Fraternas'.

3. NECESSIDADE DE DISCUTIR ASSUNTOS GERAIS

Não discutir nas Lojas 'Política (Partidária) – e – Religião (Fé)', parece que a troca de visões das 'Questões Morais' é necessidade do Homem Moderno; ademais, *'Moralizar' é uma* atração da Maçonaria, como os ancestrais fizeram.

É extremamente importante adentrar a Loja e a Ordem para satisfazer *'outras'* necessidades; pois um Neófito Iniciado geralmente sente que tem oportunidades suficientes para competir fora da Maçonaria e da Loja.

E depois de cuidar das Necessidades Materiais, garantir as Pessoais e Familiares, ainda cabe satisfazer as Sociais e Espirituais; é esse objetivo tornando-se *AAm∴ IIrm∴* via esse laço místico, ou seja, tornar-se Maçom!

Por outra visão particular, dos fatores atuais que influenciam a força ou fraqueza da Ordem, é a percepção que deve satisfazer tal necessidade, ou prover o desinteresse de jovens *AAm∴ IIrm∴*; e o que busca 'Relações Intelectuais', pelo menos como fator adicional, se desapontará e deixará a Ordem; é por isso que satisfazer as 'Necessidades Intelectuais' é importante para as Lojas.

Secretário: _____

4. DEVEM MUDAR OS MAÇÔNICOS PRINCÍPIOS DE MORALIDADE?

Voltando aos 'Princípios Morais', que mudam rapidamente como a Sociedade Moderna; então, concordar que não só a Sociedade muda no tempo, mas que o grau de mudança aumentou e cria novas condições e problemas.

A chamada 'Vila Global', com meios modernos de comunicação, mudou aspectos da vida; e concordar que os 'Princípios Básicos de Moralidade' ficam inalterados, mesmo com as *'utilizações'* mudando no tempo.

E a considerar dois exemplos – 'Questão da Igualdade': Primeiro Princípio a entender, porque desde o Século XVIII considera-se que: *Todos os Homens Nascem Iguais*, que só significava para a Nobreza; por isso, é excluída a Burguesia, mas, no final todos os Homens foram incluídos, apesar das Mulheres não serem consideradas 'iguais', sendo as últimas a ser incluídas.

Provavelmente os Maçons originaram o 'Direito à Autodeterminação', que se tornou aplicável aos 'Direitos Nacionais' no Século XIX, e o 'Direito das Nações' que influenciou as minorias e Direitos; e o 'Princípio' começou aplicável só a parte da Sociedade, mas se ampliou a englobar todos os Seres.

Esses são apenas dois exemplos, pois o 'Princípio da Igualdade' foi discutido nas Lojas Maçônicas e adotado por 'Reformistas Sociais'; isso porque iniciou com a 'Igualdade de Direitos Políticos e Judiciais', mas agora é aplicado como 'Igualdade de Oportunidades a Todos', sem considerar: *Raça — Religião — e Sexo.*

Já a ideia do 'Estado de Bem-Estar Social' é descendente dos 'Princípios Morais' adotados primeiro pelos Maçons; contudo, agora como Maçons que se 'Estão no Nível', acredita-se que se aplica só aos *AAm∴ IIrm∴*, ou: *Se aceita a aplicabilidade mais abrangente do 'Princípio da Igualdade?*

Pois, como Maçons: *Há algo a dizer sobre a 'Desigualdade na Sociedade' fora da Loja? — Tem-se o que dizer sobre abusos dos 'Direitos' da minoria?* — e — *Isso não é 'relevante' para os Maçons como cidadãos?*

Guarda (ou Cobridor):

Espera-se a concordância que o que se acaba de dizer significa que a necessidade de discutir 'Questões Morais' com os outros fica inalterada; e mais além, diga-se haver necessidade de avaliar os 'Princípios' de si mesmo, os ajustando se necessário a novas situações; noutras palavras: *Quando se fala do 'Princípio do Governo da Maioria',* também predominante na Maçonaria, se está discutindo 'Princípios Morais Maçônicos' a tipificar qualquer Sistema Democrático de Vida.

É a necessidade de a Democracia conferir os limites de sua Liberdade, contra os do Próximo; seus 'Direitos' contra os dos outros; Limites que devem ser colocados sob o 'Governo da Maioria'.

E: Então, concluir que os 'Princípios' do peculiar 'Sistema de Moralidade' são válidos como há décadas; e o 'Sistema Maçônico' é peculiar por ser Ensinado por 'Símbolos e Alegorias', única peculiaridade do 'Sistema'.

5. CONCLUSÃO

Então: *A Maçonaria ainda é 'relevante'? — e — O que o escrito acima tem com a Maçonaria? Tudo!*

A *'Maçonaria é um Sistema de Moralidade'* que reforma conforme os 'Princípios Morais Ideais'; é fazer o que o Filósofo e Pensador Grego Sócrates chamou de **'VIVER A BOA VIDA'**, significando: *A única vida que vale ser vivida — uma vida de acordo com os 'Princípios Morais' de si mesmo!*

Assim: *Todos os Maçons têm Sucesso? Certamente não!* Sendo Seres Humanos normais, e se espera que sejam, por isso, detêm fraquezas humanas; porém, nem sempre se consegue o esperado, mas ao menos tentar chegar o mais próximo do objetivo; então: *Não é melhor assim, mesmo se só um pouco?*

Interessante que a Ordem floresce em Sociedades em que Homens têm crenças arraigadas e senso de compromisso; atmosfera na qual se tem como dever lutar por causas em que se acredita; e contrariamente, a Maçonaria jamais pode florescer numa Sociedade em que haja atmosfera de apatia, em que nada pode ser feito a alterar 'Injustiças', nem onde o Ser sinta-se alienado.

VM: _____

A perceber que novos Movimentos de extremistas políticos e religiosos, e de fundamentalismo, têm crescido pelo Mundo, tentando obter supremacia; por isso: *O que os Maçons têm a dizer com base nos 'Princípios Morais'?*

E na Sociedade Moderna a Ordem contribui para a melhor 'Atmosfera Social', e maior sensibilidade nas necessidades dos Membros da Sociedade, em especial fracos e necessitados – *E como Maçons devem se orgulhar disso!*

Como Organização o Maçom se abstém do envolvimento em 'Assuntos Políticos e Religiosos', mas como 'pessoas físicas' são parte da: *Fraternidade Internacional de Seres que detêm seu Compromisso com os Princípios Morais, conservando-os, e Homens que influenciam a Sociedade por Bons Exemplos!*

O Maçom não prega ou dá publicidade de suas realizações; e se empenha em se certificar e recertificar, buscando a dignidade de ser o *'Homo Sapience'*.

Finalmente caberia indagar:

- *Está pronto para ser atencioso com os outros e crítico consigo mesmo? – e*

- *Sua vida se tornará mais rica por ser Maçom em 'Ações e Pensamentos'?*

98 Maçonaria Seu Progresso

"Que o G∴A∴D∴U∴ nos livre dos Homens Perfeitos, porque nunca erram, pois jamais acertam, ou nada fazem além de críticas destrutivas, e nunca odeiam, pois não amam."

VM: ⎯⎯⎯⎯⎯⎯⎯⎯⎯⎯⎯⎯⎯⎯⎯⎯⎯⎯⎯⎯⎯⎯⎯⎯⎯⎯⎯⎯⎯⎯⎯⎯

1. SOBRE A 'INSTRUÇÃO'

Quando alguém se predispõe a relatar o *'progresso'* da *Maçonaria*, é certo que a encontrará intimamente ligada às *'Histórias das: Filosofia — Religião — e Artes'*, em todas as épocas e/ou eras componentes do *Mundo*, e então, desse modo passa também a ficar muito evidente que, como dispõe determinado comentarista maçônico:

- *Nenhum Maçom pode esperar compreender profundamente a natureza da Sublime Instituição, ou apreciar de perto seu caráter, a menos que "estude cuidadosamente" seus anais e se torne conhecedor dos fatos históricos sobre os quais exerceu e dos quais recebeu influência mútua.*

Além disso, qualquer Integrante que venha a supor, de forma equivocada, serem como únicos requisitos de um *Maçom* habilidoso:

- *'Repetir com fluência as leituras ordinárias – Abrir e fechar corretamente a Loja – ou fazer com bastante exatidão os Sinais de Reconhecimento'; dificilmente dará crédito à afirmação, assertiva ou certeza que tal conhecimento da 'Arte Real' não se estende muito além dessas preliminares, que sempre avançaram sobre os rudimentos das Ciências nas diversas épocas, mas que estão ininterruptamente em eterno desenvolvimento.*

1º Vigilante: ⎯⎯⎯⎯⎯⎯⎯⎯⎯⎯⎯⎯⎯⎯⎯⎯⎯

E mais, também é certo que existe uma série muito mais nobre de *Doutrinas* com as quais a *Maçonaria* mantém ligações, e por isso, qualquer *Maçom*, estudante ou pesquisador que tenha começado a investigá-la, provavelmente se sentirá seduzido pela mesma, e a cada passo de suas pesquisas, o amor e admiração pela *Ordem* passam proporcionalmente a aumentar por meio do conhecimento do seu intrínseco caráter.

Assim, é o que constitui a *Ciência e Filosofia da Maçonaria*, porém, é somente isso que fornecerá ao estudioso que se dedica àquela tarefa, ou seja, uma digna e inusitada recompensa por seu trabalho realizado com afinco.

Ademais, a partir desse ponto de vista, deve o estudioso se propor a realizar uma análise complementar da sua *Ciência e Filosofia*, conforme desenvolvidas pelo *'Sistema do Simbolismo'* tão propalado, a que devem suas origens, existência e peculiar organização; mas, sem esse completo conhecimento como retratado nessa investigação, as próprias *Ciências* jamais serão compreendidas.

2. SISTEMA DA INSTITUIÇÃO SIMBÓLICA

Sendo consideradas as Lojas Inglesas mais *'filosóficas'* que as Norte-Americanas, muito embora seja possível crer que o próprio *'Sistema'*, que é tão *'filosoficamente estudado'* pelos *Adeptos Ingleses* quanto pelos *Americanos*, definiu muito bem a *Maçonaria* como:

- *"A Ciência de Moralidade, Velada em Alegoria e Ilustrada por Símbolos."*

2º Vigilante: _____

Porém, a própria *Alegoria* não passa de um *'Simbolismo Verbal'*, por ser a representação de uma *Ideia* ou de uma série de *Ideias*, não apresentadas à mente em forma objetiva e visível, mas revestidas pela linguagem e exibidas em forma de uma narrativa.

Assim, em verdade a definição inglesa pode se resumir a:

- *"É uma Ciência de Moralidade, Desenvolvida por Método de Simbolismo."*

E a *Maçonaria*, como *Instituição Simbólica*, detém seu caráter peculiar e sua completa adoção do *Método de Instrução pelo Simbolismo*, que é responsável pela total identidade da *Ordem* e tem feito com que se diferencie de qualquer outra *Associação* concebida pelos *Homens*; então, é isso que confere à mesma uma *'forma atrativa'* de assegurar sempre a dedicação de seus *Discípulos*, assim como de sua própria *'perpetuidade'*.

Contudo, é certo não haver *Ciência* tão antiga como a do *Simbolismo*, tanto quanto nenhum modo de *Instrução* é tão geralizado quanto foi o *Simbólico* em épocas anteriores; tanto assim que afirma o estudioso e antiquário *Dr. Stukely (adaptado)*:

- *"O 'Simbólico' é o primeiro aprendizado no Mundo, consistindo principalmente de Símbolos.*

    É a 'Sabedoria' dos Caldeus – Fenícios – Egípcios – e Judeus, seguidores de Zoroastro – Ciro – Pitágoras – e Sócrates, e todos os outros antigos que chegaram até aqui."

Orador: _____

E em complemento, outro erudito *Faber* observa que *(adaptado)*:

- *A 'Alegoria e a Personificação' eram adaptadas ao gênio da antiguidade, e a simplicidade da 'Verdade' foi continuamente sacrificada no Santuário da Decoração Poética.*

E realmente, as primeiras 'Instruções dos Homens' foram por meio de 'Símbolos'.

E ainda, o *'Caráter Objetivo do Símbolo'* também é bem calculado para ser captado pela *mente infantil*, desde que a infantilidade dessa mente seja considerada como racional ou individual.

Portanto, na antiguidade durante a infância todas as proposições: *Teológicas – Políticas – ou Científicas*, sempre foram expressas na forma de *'Símbolos'*.

Tanto assim que o estudioso e historiador filosófico *Grote* observou *(adaptado):*

- *Num tempo onde a linguagem ainda estava na infância, 'Símbolos' visíveis foram os meios mais vívidos de agir nas mentes dos ouvintes ignorantes.*

E ainda, afirma um dos escritores especialistas sobre esse assunto (adaptado):

- *Nos estágios mais simples da Sociedade, a Humanidade pode ser instruída no conhecimento abstrato das Verdades apenas por 'Símbolos e Parábolas'.*

Secretário: _____

3. CARACTERÍSTICAS DO 'RITO DE ACEITAÇÃO'

Evidentemente, o *'Rito de Aceitação'* se divide em diversas partes e/ou períodos, pois as *'coisas secretas'* da *Maçonaria* não são efetivamente transmitidas de imediato, mas de acordo com uma pensada e programada progressão gradual.

No entanto, tudo tem início com a comunicação da *Luz*, e que, muito embora fazendo parte da preparação ao desenvolvimento dos *Mistérios* a serem seguidos, cabe ser considerada e entendida como sendo o *'Símbolo'* mais importante na *'Ciência do Simbolismo Maçônico'.*

E em concordância com as antigas religiosidades, a *Luz* sempre foi o grande objetivo a ser admirado e alcançado em todos os *'Antigos Mistérios Religiosos'.*

Contudo, efetivamente foi por intermédio da *Maçonaria*, tal como é nesses dias, que foi criado o *'Símbolo da Verdade e do Conhecimento'.*

Então, sempre embasado nesse antigo *'Simbolismo'*, o Integrante jamais deve perder de vista seu *'significado emblemático'*, considerando a natureza e a significação da *'Luz Maçônica'.*

Na *Cerimônia de Iniciação*, quando o *Candidato* faz o pedido requerendo a *'Luz'*, com efeito, não é meramente a *Luz Material* removedora da *'escuridão física'*, porque é apenas a forma externa que esconde o *'Simbolismo Interno'.*

Porém, em verdade todo *Candidato* anseia por uma *'Iluminação Intelectual'* que dissipará a *'escuridão da ignorância mental e moral'*, e que ainda encaminhará sua visão ao foco das *'Verdades Sublimes das Filosofia e Ciência — O Grande Propósito que a Maçonaria Ensina'.*

Contudo, da *'escuridão'* surge a *Luz* voltada ao *Comando Divino*, além da frase sublime:

- *"Que se faça a Luz!"*,

que é repetida de forma idêntica, substancialmente, nas *'Histórias Antigas da Criação'*; ademais, também da *'escuridão misteriosa'* da Maçonaria surge a *'Chama Plena da Luz Maçônica'*; e ainda, cada um desses estágios deve preceder o outro como a noite precede a manhã.

Guarda (ou Cobridor): _____

Portanto, a *Luz* é um *'Símbolo Fundamental na Maçonaria'*, e que em verdade, é o primeiro *'Símbolo'* importante apresentado ao *Neófito*, que contém em si mesma a *'Verdadeira Essência da Maçonaria Especulativa'*, ou seja, nada mais que a *'Contemplação da Luz ou Verdade Intelectual'*.

A *Maçonaria* recebeu a denominação de *'Lux ou Luz'*, e assim seus Discípulos/Adeptos foram apropriadamente chamados os *'Filhos da Luz'*.

4. REMISSIVA SINÓPSE

- **FILHOS DA LUZ** = *Os Maçons são assim denominados porque 'LUX ou LUZ' é um dos nomes da Maçonaria Especulativa.*
- **FILOSOFIA DA MAÇONARIA** = *Os Conceitos ensinados no 'Sistema Maçônico' compõem sua Filosofia; consiste na 'Contemplação de Deus como Único e Eterno', e do Homem como imortal; noutras palavras, a 'Filosofia da Maçonaria' aponta, demonstra ou indica as 'Unidade de Deus e Imortalidade da Alma'.*
- **LUX (Luz)** = *Uma das denominações conferidas à Maçonaria indicando que é a 'Sublime Doutrina da Verdade', por meio da qual o caminho do que a alcançou será iluminado na peregrinação da vida.*
- **LUX E TENEBRIS (Luz originada da escuridão)** = *Um 'Lema' da Maçonaria equivalente à 'Verdade Originada da Iniciação'; e mais, Luz como 'Símbolo da Verdade', e escuridão como 'Símbolo da Iniciação' já comentada.*

VM: _____

- **LUZ** = *Denota 'Verdade e Conhecimento' sendo explicada nos antigos 'Sistemas'; na Iniciação não é a 'Luz Material' mas a almejada 'Intelectual'; foi o predominante 'Símbolo' das antigas 'Iniciações', e muito reverenciada por ser a verdadeira 'Emanação do Sol'.*
- **MAÇONARIA ESPECULATIVA** = *Podendo ser considerada como Ciência, que especula sobre o 'Caráter de Deus e do Homem', e comprometida com investigações filosóficas acerca de existência futura, usando termos de 'Arte Operativa', e engajada simbolicamente na construção de um 'Templo Espiritual'.*
- **MAÇONARIA OPERATIVA** = *Podendo ser considerada como 'Arte Útil', para conveniência e proteção do Homem na construção de edifícios suprindo suas necessidades intelectuais, religiosas e físicas; em contraponto à Maçonaria Especulativa, portanto, participava da construção de um 'Templo Material'.*

99 Maçonaria
Sua Transcendência

"Só há dois dias em que nada pode ser feito: ontem e amanhã; 'hoje' é o dia certo para amar – perdoar – acreditar – sorrir – e fazer o necessário; hoje é dia de viver."
(D. Lama)

VM: _____

1. INTRODUÇÃO – TRANSCENDÊNCIA

A Maçonaria utiliza um *'complexo universo simbólico'* para transmitir seus *Mistérios*, e esses elementos, como um sistema de *'chaves e códigos'*, quando bem elaborado, permite fugir do trivial, da vida efêmera ou profana, rumo à grandeza do sagrado.

Esse *'processo psíquico'* tido como *'transcendência maçônica'* é a justificativa para que os *Rituais* persistam quase incólumes pelo tempo.

'Transcender' significa **elevar-se acima do vulgar, superar-se, ir além ou ultrapassar;** pela *Psicologia* se relaciona com *'pensamentos e emoções'*, é a capacidade de transpor barreiras, tornando-se superior às circunstâncias; e mais, pode ser o ato de se diferenciar de outros seres de modo positivo, atingindo patamar superior num trabalho ou contexto; assim, na *Filosofia* é superar os limites do conhecimento.

O *'Conceito de Transcendência'* remete à atividade de *'transição do princípio do conhecimento'* para conclusão exterior; a *Metafísica* pressupõe a existência de realidade diferente e independente do *Mundo* natural e da consciência humana.

Pela *Filosofia Existencial e Fenomenologia*, cabe definir a estrutura da consciência, como intencionalidade e abertura em relação ao *Mundo* exterior.

E é certo que *'Transcendência'* é percorrer para o mais além do eu humano, viajar pelo saber das outras realidades nunca passadas pela mente do próprio sujeito, mas para seu objeto, isto é, a realidade do que está a ser estudado, é descobrir o que era desconhecido, abandonar o egocêntrismo para poder conviver com outros, dar a vida a outro, em resumo: *amar alguém — salvar alguém — dar vida a alguém — conhecer novas realidades — fazer novas amizades — etc;* astúcia, perspicácia, sagacidade e/ou relevância.

A *'transcendência'* é um termo que em <u>*Filosofia*</u> pode conduzir a três (3) diferentes significados, mas relacionados, todos da origem *Latina Ascender ou Ir Além*, com significado originado na *Filosofia Antiga*, outra na *Medieval*, e a última na *Moderna*.

O primeiro significado foi usado de início para se referir a *'Relação de Deus com o Mundo'*, com importância na *Teologia*; no caso *'transcendente'* significa que Deus está completamente além dos limites cosmológicos, em contraste com a noção de que Deus é uma manifestação do *Mundo*.

Esse significado se origina na *Visão Aristotélica de Deus* como *'Princípio Criador'*, uma autoconsciência que está externa ao *Mundo*, e no conceito *Judeu e Cristão de Deus* como um ser externo ao *Mundo* que criou o *'Mundo da Imanifesto (creatio ex nihilo)'*.

Em oposição às *'Filosofias de Imanência'* como: *Estoicismo — Espinosa — Deleuze ou Panteísmo,* defende que Deus é a manifestação presente total no *Mundo* e nas coisas que o cercam.

Assim, nesse texto simplista é possível sugerir, pela análise do que é básico num *Templo Maçônico,* como interpretar a excepcional e poderosa jornada mágica que se repete a cada *Sessão.*

Como feito numa *'Prancheta de Arquiteto'*, pode-se traçar a *'linha mestra'* que encadeia o fenômeno que trespassa os *'Quatro (4) Planos da Realidade'*, indo do macro ao microcosmo, que se dará do todo ao individual, do justificado final à origem do *Universo*, bastando apenas entender o real sentido de alguns reparos estruturais das *Oficinas*.

E, uma singela reflexão permeada pelo *Simbolismo da Loja* mostra a *'transcendência justa e perfeita'* que conduz, com força e vigor, pelos mais profundos *Mistérios da Alma*.

1º Vigilante: _____

2. TRANSCENDÊNCIAS

A interpretação mais antiga dada a esse *Conceito* deriva da relação dos *Homens* com a ideia de *Divindade*, em '*Sentido Teológico*'; e o *Divino* ao ser tido como inacessível às coisas terrenas, distintas e manifestam relação dialética, que é a arte do diálogo, onde é possível demonstrar uma tese via forte argumentação, e distinguir com clareza os conceitos da discussão, ou seja, é contrapor ideias e das mesmas tirar novas ideias que comprovem o dito; assim, seria compartilhar, confrontar, movimento contrário de ideias, incorporar, ter nova definição, e enviar nova imagem.

E outra definição seria a dos Conceitos Aristotélicos difundidos por S. Tomás de Aquino (1225/74) na Idade Média, definindo como transcendente todo o enquadrado na: Unidade – Verdade – e Bondade.

Para os pensadores *Hume* (1711/76) e *Kant* (1724-1804), *transcendental* é o que a mente constitui *'a priori'*, antes de qualquer experimento, e há interconexão entre a capacidade de estar consciente de certo *Conceito* e a habilidade de experimentar as coisas; portanto, o *transcendente* fica fora, acessível ao intelecto captando a essência.

E outro pensador, *Hegel* (1770-1831), combateu o *Conceito Kantiano*, argumentando a necessidade de passar o *conceitual e experimental*, para saber onde está o limite; então, já é *transcendência* deter conhecimento, independente de qualquer ação posterior.

Especificamente, no caso dos *'trabalhos maçônicos'*, por vezes fala-se em *transcendência* quando se refere às experiências vividas, as que representam ir além do *'Plano da Existência'*.

E esse fenômeno é motivado pela estimulação psíquica determinada por certos fatores, que permite sentir que o ser humano trafega por diferentes estruturas da realidade.

Tais estímulos são de muitas naturezas, manifestando-se no cotidiano e em situações de meditação; assim, desde a simples contemplação de uma simples obra de arte, até os mais profundos momentos de reflexão advindos de práticas ritualísticas elaboradas, quando se é submetido constantemente a essas possibilidades.

2º Vigilante: _____

3. QUATRO (4) PLANOS DA VIDA

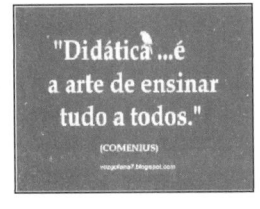

"Didática...é a arte de ensinar tudo a todos."
(COMENIUS)

Os *'Planos'* que delimitam o *Homem* foram classificados por muitos pensadores, ao longo do tempo, de maneira didática; então, para conciliar esses *'estratos da psique com a jornada mitológica do Maçom'*, que é executada no transcurso dos trabalhos da *Loja Simbólica*, por meio de *'quatro (4) agrupamentos'* contínuos e interdependentes, a saber:

3.1. PLANO DO MACROCOSMO – OU DO UNIVERSAL (ÁTRIO)

Quanto às *Sessões*, quando o *Adepto* aguarda no *Átrio* o início dos trabalhos, experimenta os extertores e últimos lampejos de sua experiência no *'Plano Exterior'*; e ali deixa suas *'preocupações, tensões e pensamentos'* das relações com outras pessoas e coisas, ou seja, o *'Total do Exterior'* que interage ininterruptamente.

Esse *'Primeiro (1º) Plano — Macrocosmo'* representa a elementar perspectiva da realidade; e circunscreve o que é percebido exterior ao ser, em relação ao seu corpo e sua consciência.

Muito se tem falado a respeito do *'Mundo Natural ou das Coisas'*, que abrange *'desde os entes físicos até a própria organização social, política e econômica'*; essa é uma área conflituosa que esotericamente se denomina *'do profano em suas múltiplas manifestações'*.

3.2. PLANO DO MICROCOSMO – OU DE SI MESMO (OCIDENTE)

Devido à chegada da noite ou das estações da escassez (outono e inverno), com as trevas surgia um novo modo de entender a realidade, porque agora um *'novo universo'* se impõe, com a perda da tridimensionalidade; ademais, nesses instantes a mente se volta a si, pela relativa inacessibilidade do *'Mundo Externo ou Macrocosmo'*.

Orador: _____

Ultrapassando o universo das coisas, dos elementos extrínsecos, sua percepção passa a se focar em si próprio, o que é reflexão, e os pensamentos se voltam para o mais profundo da Alma.

A seguir adentra o sagrado da percepção de si mesmo, enquanto os *Gregos* chamavam esse assimilar da sua existência como domínio das: *Psique — Alma — ou Personalidade.*

E mesmo com a mente ativa e consciente, os sentidos físicos já não operam plenamente, são as percepções interagindo que dominam as ações.

Por isso, não interessam as relações com o *Mundo* fora de si, mas sim as reverberações internas que se elabora, enquanto seres humanos que possuem essa capacidade de abstração.

Em *Loja* adentra-se nesse campo do *microcosmo* quando se alcança o *Ocidente*, e conforme o *Rito* paticado pela *Oficina*, com as *'Doze (12) Colunas'* como as *Constelações* do firmamento, ou a *Abóboda Celeste*, e a perspectiva de seguir em frente na jornada já no campo do *Sagrado*.

3.3. PLANO DO MUNDO DOS MISTÉRIOS (ORIENTE)

Há ocasiões em que os seres são vencidos pelo sono e chegam a sonhar, ou ao experimentar transes xamânicos *(Xamanismo é um conjunto de crenças de práticas de magia e evocações para estabelecer contato com o Espiritual; é uma percepção religiosa que confere ao xamã entrar em transe e se conectar com o Espiritual; e essa conexão o capacita também a afastar o mal; ademais essas manifestações são características dos povos siberianos da Ásia, mas em todas as tribos indígenas essas manifestações são semelhantes; é a mais antiga prática espiritual, médica e filosófica da humanidade, assim, sua prática estabelece contato com outros planos da consciência para a obtenção de conhecimento, poder, equilíbrio, saúde)* sendo certo que mais um *Portal* se abre, e o inconsciente se impõe; então, ocorre uma viagem a um universo estranho, a uma realidade paralela, e um plano mágico tem início.

Nessa condição se atinge uma *realidade: pictórica (linguagem oral para escrita, como a escrita é representada por elementos pictóricos) — delirante — e intrigante*, onde estranhamente se depara com os antepassados que habitam o *Oriente Eterno*.

Então a indagar: *Que se passa nas mentes nesses instantes?* Os animais imaginários, além de bizarras figuras, interagem com os seres humanos em relações ora amistosas ora de combate; quando os idosos adquirem a higidez dos jovens, e os doentes se curam; e ademais os fortes, na nova realidade, manifestam poderes extraordinários: *voando — mergulhando — e outros*, enfrentando feras com as mãos nuas.

Secretário: _____

Logicamente, se está numa área mística, onde as dimensões se contorcem, o tempo não existe, e ali tudo é possível; assim cabe perguntar: *Como seria possível ter os amigos e parentes falecidos de volta à vida, seria o mundo dos mortos?* A essa questão os magos ancestrais respondiam *'sim'*; contudo, sem entender racionalmente esse fenômeno, complexo e inexplicável, chamaram-no de *Mundo dos: Mistérios – Enigmas – e Mortos.*

Tal estágio da personalidade é representado nos *Templos* pelo *'Plano do Oriente'*, em que *Mistérios da Gnose e Sabedoria* se revelam ao real *Iniciado*.

3.1. PLANO DO ABSOLUTO (ALÉM-DO-ORIENTE)

No passado, um sábio certamente dotado de *'carisma'*, apesar de difícil definição *(qualidade que destaca seres a exercer espontaneamente atitudes de líderes, contagiando seus próximos, quem tem 'carisma' é estimado, ouvido, desperta interesse, simpático e contagiante, capaz de se destacar e atrair muita atenção e causar boa impressão apenas estando presente, por isso se torna muito querida, ou até odiada por causa da inveja, assim, se destaca sempre, e de um jeito bom)*, mas traduzida por poder de influência, propondo nova interpretação às experiências transcendentais vividas em *Loja* ou vida profana.

A justificativa é que deve haver um *projeto* além dessas realidades, um elemento gerador, uma *origem-causa-sentido*; e alguém ou algo deve ter arquitetado tal realidade multidimensional, e para os seres comuns não é possível definir exatamente o que isso é ou representa.

Apenas tem-se contato com a entidade ou ser originário nos sonhos, tanto de *transes* como *post-mortem*; e nessa condição se tateia esse eterno, universalidade ou absoluto, pelos diversos modos com que a estrutura se revela aos escolhidos (profetas); e mais*: Teriam esotericamente atingido a Luz ou conquistado a Sabedoria Gnóstica?*

E se estabelece assim o *'Quarto (4º) Plano'* da jornada; e então, se tenta ir além do *Oriente*, buscar um ponto virtual, uno e indefinível, que pode ser no: *Centro do Olho – Delta – Sol – ou Lua*, ou outra figura simbólica posicionada.

Guarda (ou Cobridor): _____

4. CONCLUSÃO

Antes de chegar à *Oficina*, se está vivendo no: *Universo do Macrocosmo — Realidade Física/Natural — e Elementos da Vida Profana*; então, esse *'plano'* deve obrigatoriamente ser exercido e vivenciado desse modo, ou seja, fora das *Colunas do Templo*, barrado de maneira absoluta no limiar do *Átrio*.

E ao se paramentar, e quando a hora de início dos trabalhos se aproxima, os *Espíritos* devem se preparar para *transformação*, porque se passará à *'hora da noite'*, em que as consciências vão se voltar para os labirintos da mente.

Exatamente ao *'Meio-Dia'* o *Sol* principia seu longo e derradeiro declínio, e então tem início a noite; e ao se abrir o *Pórtico*, abandona-se o *Mundo Profano* e segue-se ao *Sagrado*, saindo do Universo da tridimensionalidade chegando ao Mundo da: *Reflexão – Meditação – Sensibilidade – do Intangível – e da Espiritualidade.*

Esse campo é do Ocidente simbolicamente, e a janela da *Alma* se volta aos desígnios do autoconhecimento; mas, se está consciente e já preparado aos *Grandes Mistérios* que se apresentarão; e mais, a *Luz* é fraca como a dos: *Astros – Lua – e Fogueiras Ancestrais*, e se está envolto pelas trevas, concentrado e reflexivo, unido na Fraternidade e com os sentidos operando no limite.

Já a *'Balaustrada'* entre *Ocidente e Oriente*, divide a *Loja* e a mente dos *Adeptos* em dois compartimentos; mas, ao transpor esse adereço se deixa a si próprio, e conquista os sonhos dos: *Inconsciente – Espiritualidade – Mistérios – e Magia*; condição só atingida depois de galgar os *'Quatro (4) Degraus'*, significando o *'Domínio das Quatro (4) Ciências Elementares'*, que por *Pitágoras* são: *Aritmética – Geometria – Astrologia – e Harmonia.*

VM:

O *Oriente* simboliza o Subconsciente, onde imperam os *Mistérios* ocultos; e só depois de vencer as *três (3) etapas*, o *Iniciado* acessa a verdadeira *Sabedoria*.

Finalmente, ao se apresentar o último *Portal*, se nota sutil contato com a: *Universalidade — Eterno e Absoluto — Algo Superior — ou Princípio Gerador*, dito também *Geometria Elementar*, que projetou e governa tudo e todos, o *Adepto*, desbravador dos limiares da vida, tem o ciclo místico fechado; assim, sem dúvida, essa é considerada simplista síntese da *'jornada simbólica'*, mais justa e perfeita, jamais empreendida por qualquer ser humano em busca da verdade!

100 Maçonaria Ordem Hermética

*"Homens de mérito não precisam cuidar da sua fama;
a inveja dos tolos e petulantes se encarrega de propagá-la."*

VM: _____

Diz o autor Helvécio R. Urbano Jr. em seu 'Maçonaria – Simbologia e Kabbala', que há 'Quatro (4) Escolas de Pensamentos Maçônicos, a saber: **1) DOCUMENTAL OU LITERAL — 2) ANTROPOLÓGICA OU HISTÓRICA — 3) ESOTÉRICA OU MÍSTICA — E 4) MÁGICA OU OCULTISTA**, representando:

1 – DOCUMENTAL OU LITERAL:

- *Congrega quem entende que a Ordem é tudo que esteja documentado e constante de Rituais ou Manuais legais.*
- *Situa outras Escolas como fora da realidade, tanto que citam como exemplo os 'Documentos Tradicionais: Antigos Costumes ou Leis Não Escritas — Landmarks — Poema Regio — Manuscrito Cooke — e Constituição de Anderson (1723).*
- *Originam a Maçonaria das Corporações do Ofício de Construtores.*
- *Zombam da Escola Antropológica ao criarem o sofisma de mencionar como Maçons desde Cristo até Noé e seus filhos, o que não deve ser verdade.*
- *Repudiam as duas outras restantes Escolas por seu Ocultismo.*
- *Ainda abomina a ideia que o G∴A∴D∴U∴ seja Deus pela 'Verdade Revelada'; e O entendem somente como Princípio Criador independente da religiosidade individual, tendendo ao Deísmo.(Deísmo [de(i)+isma] = Sistema ou atitude de quem rejeita todo tipo de revelação divina e, assim, a autoridade de qualquer Igreja, mas aceitam a existência de um Deus destituído de atributos morais e intelectuais, que pode ou não ter influído na criação do Universo.)*

1º Vigilante: _____

2 – ANTROPOLÓGICA OU HISTÓRICA:

• *Caracterizada primeiramente pela separação entre Maçons Operativos e Especulativos.*
• *Denomina 'Aceitação' aos Operativos na entrada na Instituição, e 'Iniciação' aos Especulativos.*
• *Investiga e compara a Prática Mística e Religiosa de Povos do passado.*
• *Veem na Ordem vinculação aos 'Antigos Mistérios', e também pelos 'Estudos Antropológicos' estreita analogia aos 'Costumes*

Ancestrais' que ocorrem com o ser, desde que o Homem é Homem.
- *Não afirmam que Jesus foi Maçom, mas creem ser Iniciado, assim como outros vultos da Humanidade como: Platão — Sócrates — Pitágoras — e outros.*

3 – ESOTÉRICA OU MÍSTICA:

- *Alegoricamente, seus Adeptos, pelos: Pavimento Mosaico — ou Painel do Grau — ou até mesmo andamento de um Ritual, sentem certo 'estado alterado de consciência'.*
- *Baseiam seus estudos nos Mistérios Gregos: Conheça-te a ti mesmo.*
- *Quem quiser se conhecer tem que se voltar para o próprio interior.*
- *Eis ai um 'Plano de Consciência', qual seja, uma 'análise psicológica subjetiva', quando 'O ser analisa o próprio ser'.*
- *E, maçonicamente, essa Escola é Mística, visto sua imposição da Crença no Metafísico Deus pela 'Verdade Revelada', por isso, buscam-No por um estado de profundo êxtase.*

2º Vigilante: _____

4 – MÁGICA OU OCULTISTA:

É certa a existência de uma estreita ligação entre o *'Simbolismo da Ciência ou Arte de Hermes e o Simbolismo Maçônico'*; tanto que cabe indagar: *Em que consiste a Iniciação?*

Iniciar-se é *'aprender a morrer'*, pois para haver renascimento é preciso que algo morra, como: *A Semente Morre e Origina a Planta*; e, portanto, a Iniciação é a *'aprendizagem da morte'* que conduz a um *'novo nascimento simbolizado'* pela fênix *(grego clássico, pássaro da mitologia grega que ao morrer entrava em autocombustão, e depois renascia das próprias cinzas; detém a força que a faz voar com cargas pesadas, e podendo se transformar numa ave-de-fogo; penas douradas e arroxeadas, maior ou do tamanho da águia; segundo escritores gregos vivia 500 anos, e outros que seu ciclo de vida era de 97.200 anos, e no final de cada ciclo queimava-se numa pira funerária; enfim, vida longa e renascimento das próprias cinzas a transformaram em 'Símbolo de Imortalidade e Renascimento Espiritual, e suas lágrimas podiam curar qualquer doença ou ferida.)*

Orador: _____

O *Profano* experimenta isso na *Iniciação*, principalmente enquanto estiver na *'Câmara-de-Reflexão'*, quando então deve elaborar seu *'Testamento'* e se defronta com *'Símbolos da Morte e Ressurreição'*, que são tão evidentes como:

- **CAVEIRA**: *inicial e mais importante Símbolo dos Alquimistas — e*
- **GALO**: *Ave anunciadora da Luz representando a matéria em evolução, desde a mercurial (Latim Mercurialis, que contém mercúrio, inclusive*

medicamentos, que fácil se excita ou enfurece, é explosivo, impulsivo; e advertência ríspida, severa, repreensão.) até a sulfúrea (em cuja composição entra o enxofre, detém partículas ou cheiro de enxofre.)

O *Neófito*, nessa fase tão importante da vida iniciática, encontra outros *Símbolos* ainda mais profundos, alquímicos e maçônicos, destacando-se a inscrição hermética V∴I∴T∴R∴I∴O∴L∴ – relativa à alquímica *'Vitriolum'* e iniciais de: *'Visita Interiora Terrae Rectificando que Invenies Occultum Lapidem',* ou *'Visita o Interior da Terra e Retificando Encontrarás a Pedra Oculta';* à qual se pode acrescentar *'Veram Medicinam — Verdadeira Medicina'.*

A *'Visita ao Interior da Terra'* corresponde a uma *'reflexão maçônica'* que pode ser simbolizada por um *'espelho':* e muito mais que uma autoanálise ou narcisismo trata-se de*: Introspecção – Olhar Atento – Escuta – Atenção – Verdadeiro: Conheci-te a ti mesmo!*

Para ocorrer a *Iniciação* o Candidato deve estar *'aberto',* tanto que para o estudioso *Rilke* a *'designação mais apropriada'* para Deus seria *'O Aberto';* e o *'estado de abertura'* é essencial ao progresso iniciático; assim, a transformação é um pleno *'processo de abertura'* nos aspectos*: Físico – Psíquico – e Espiritual.*

Na *Alquimia* a matéria é trabalhada de modo *'abrir-se'* para receber, o que recorda e remonta às *Colunas do Templo de Salomão,* que eram de cobre-bronze, metal regido pelo *Planeta Vênus,* ou o *Espírito Universal* que conduzirá à plenitude e maior *'perfeição';* e ao mesmo tempo, o operador sofre no íntimo um processo homólogo, semelhante, similar, correspondente, mesma função, com afinidades, ou de mesma proporção relativa ao que está desenvolvendo na matéria.

Secretário: _____

Na *Iniciação* essa *'abertura'* permite alcançar o estado em que reinará o *'Espírito'* – (Hebraico 'Ruah' ou Grego 'Pneuma'), e o *'Evangelho Ggnóstico de Tomé'* que a *Igreja Católica* considera apócrifo, anônimo, rejeitado, escondido, não autêntico, falso, duvidoso, e que insiste nesse estado de *'nudez',* ou quando os *'ricos não poderiam entrar no reino dos Céus',* assim, o *Profano* só pode ser *Iniciado como Aprendiz* se estiver *'despojado de seus metais',* ou seja, em estado de*: Desbloqueio – Transparência – Humildade – e Disponibilidade.*

Ou ainda, um estado de*: Ausência de Preconceitos – Pseudo-Certezas – Cristalizações Mentais – Hipocrisia – Autossatisfação – Inflação do Ego – Ilusão – Distração - e Alienação;* que permite atingir à *'Não Dualidade ou Dupla Espiritualidade',* isto é, as*: União – 'Animus e Anima' (Na Psicologia de C.G.Jung são aspectos inconscientes, ou consciente da Personalidade; o inconsciente do ser é como a personalidade interior feminina: a Anima; e, no inconsciente da Mulher, esse aspecto é a personalidade interna masculina: o Animus) - Inteligência e Coração – Conhecimento e Intuição – Luz e Amor - Rigor e Misericórdia – Gnose (Grego Gnosis = Conhecimento, do saber espiritual dos gnósticos, cristãos primitivos, saber que compõe a essência, Conhecimento intuitivo, diferente do Conhecimento científico/racional; caminho que guia à Iluminação Mística pelo Conhecimento pessoal que leva à salvação.) e Ágape (Grego 'π' e Latim 'agape',* das palavras gregas para Amor, usada por autores da Bíblia; pensaram representar Amor Divino, e esse Amor Ágape também é praticado por humanos com esse sentimento.) — e Enxofre e Mercúrio Alquímicos'.

O objetivo da *Iniciação* é deter boas *'Pedras'*, ou seres idôneos para *Construção do Templo*; e como reflexo da *Iniciação*, se expressa na sociedade: *Solidariedade — Fraternidade — e Liberdade.*

Guarda (ou Cobridor): _____

A *'Construção do Edifício'* em que imperam: *Sabedoria — Força — e Beleza*, inicia pela busca da *'Pedra'* para alicerce ou fundação, pois o ser, *'Pedra ou Homem'*, inicia sendo submetido a *'preparação'* em local obscuro, na *'Câmara de Reflexão'*, onde vai ser despojado dos acidentes específicos, que diz o autor *Oswald Wirth* em *'O Simbolismo Hermético'*, são suas relações com a *Maçonaria*; e o *Profano* ali encontra: *O túmulo tenebroso onde voluntariamente deve morrer para sua existência passada*, tornando-se assim um autêntico *'Filho da Viúva'*.

Os *Maçons e Hermetistas J. Boucher e O. Wirth* pertenceram ao grupo do qual faziam parte os alquimistas: *Fulcanelli – P.Dujols – e Canseliet*, esse disse na peça *'retificação vitriótica'*: *O silêncio é na meditação um convite à busca do Ego profundo*; e mais, que o *'Eu Superior – ou – Verdadeiro Eu'* se opõe ao *Ego Inferior*; para Boucher no célebre *'A Simbólica Maçônica'*, o *'Eu Profundo'* seria a própria *'Alma Humana'*, a ser entendida na tradição hermética como o *'Plano intermédio entre Matéria e Espírito'*; e permitindo escapar ao *'Dualismo Maniqueísta, ou o Bem oposto ao Mal'*, base da *Alquimia: Corporificação do Espírito e Espiritualização do Corpo.*

A *Maçonaria* nos *Graus Iniciais e Altos* sempre participou da *'corrente tradicionalista'* das *Iniciações*; e ainda, o *Hermetismo* com origem nas tradições do Mediterrâneo teve seu esplendor em *Alexandria*, onde se constituiu a tradição alquímica: *Corpus Hermeticum (Conjunto de textos escrito de 100 a 300 d.C. no Egito, de sincretismo religioso com influências inclusive egípcias.)*

A *Alexandria* se defrontou com *Roma* ao opor seu *'Humanismo Alexandrino'*: *O verdadeiro Deus é o Deus interior*, ao *'Antihumanismo'* Romano da: *Divinização do Estado*; e esse *'Humanismo'* assumiu *aspectos libertadores* e se constituiu no primeiro *'Sistema de Autoiniciação'*, quando então o sócio-político defendeu o ser frente ao Estado todo-poderoso.

VM: _____

Finalmente, na Idade Média e no Renascimento a Ordem asilou muitos Alquimistas, e, é provável, absorveu das 'Sociedades Herméticas' fórmulas simbólicas; assim, a Maçonaria e Hermetismo se: ajudaram – protegeram – e defenderam; além de não ser inverossímil atribuir à influência das 'Lendas das Guildas e Hermetismo Contemporâneo' o segredo da conservação do 'Sistema de Iniciação' em seu Ensino, e de sua existência por tantos Séculos.

Maçonaria
Algo da História Simbólica

A mente que se abre a nova ideia jamais voltará ao seu tamanho original. (A.Einstein)

VM: _____

A *Idade Média* foi a época crucial da *História da Europa,* em que estavam os *'Grêmios ou Agrupamentos de Construtores'* ditos *'Freemasons ou Franco-Maçons'*, que sendo *'Isentos do Imposto de Franquia'* podiam viajar e se mudar quando conviesse, por todos os *Países da Cristandade.*

Dessa *'liberdade'* veio *'em parte'* o nome *'Franco--Maçons = Pedreiros ou Construtores Livres'*; explicitado *'em parte'* porque certo como diz *Christian Jacq (adaptado)*:

- *'O Franco-Maçom é escultor da Pedra Franca, a Pedra que pode ser talhada e esculpida; e o 'Maçom Franco' é o artesão mais hábil e competente, o Homem que é livre de Espírito e que se liberta da matéria pela arte. Em numerosos textos medievais, o Franco-Maçom é oposto ao simples Pedreiro que não conhecia o uso prático e esotérico do Compasso, Esquadro e Régua.'*

Assim, os 'Maçons Francos' detinham 'Mistérios Iniciáticos e Técnicas de Ofício' afeitos à Construção, e se empenhavam em realizá-los.

Os *Maçons Operativos* herdaram essas 'Técnicas' dos *Collegia Fabrorum Romanos – Agrupamentos de Construtores e Artesãos,* cujas origens remontam ao legendário *Rei Numa Pompílio – Escolhido como Segundo (2º) Rei de Roma; sábio – pacífico – e religioso,* elaborou as *Primeiras Leis de Roma.*

1º Vigilante: _____

Como a *Maçonaria*, os *Collegia Fabrorum* colheram a *'Herança Simbólica de Tradições Desaparecidas'*, e a mais notável era a *'Tradição Etrusca'*, passada ao *Império Romano* desde os *Colégios à Cosmologia – ramo da Astronomia que estuda a Estrutura e Evolução do Universo.*

Os *Collegia Fabrorum* veneravam o *'Deus Janus Bifronte – Deus Romano das Mudanças (começos / inícios) e Tradições; assim chamado porque tinha 'dois rostos (faces) contrapostas'*, um olhando à esquerda ao Ocidente, lado da obscuridade, e outro à direita ao Oriente, lado da luz; essa *'face dupla'* ainda simboliza *'passado e futuro'*; e seu *Simbolismo* é relacionado com *Mistérios Iniciáticos.*

Na *Maçonaria Operativa Medieval* os mesmos atributos formaram parte dos *'Dois São João'*, nome idêntico a *Janus*; e dos *Collegia* a *Ordem* recebeu, entre outras, a *Cosmologia dos Pitagóricos* baseada nos *Simbolismos dos Números*, e a *Geometria*, ambas *Ciências e Artes Sagradas* que têm na *Arquitetura* suas aplicações mais perfeitas.

Dentre os que facilitaram a *'transmissão'* da *Cosmologia Pitagórica* e também *Platônica* no *Período Medieval*, cabe citar no *Século VII*: *Boécio*, chamado *'Último dos Romanos'*, e autor da *Consolação da Filosofia*; porque os estudos sobre: *Astronomia – Geometria – Aritmética – e Música*, foram decisivos ao enriquecimento das *'Sete (7) Artes Liberais'*, que se dividiu em *'Trivium (Gramática, Retórica, Dialética) e Quadrivium (Aritmética, Geometria, Música, Astronomia)'*, termos cunhados por *Boécio*, que são *'Disciplinas Básicas do Ensino Medieval'*, arcabouço das *Universidades nos Séculos XII e XIII;* e importante aos *Ensinamentos da Maçonaria Operativa*.

2º Vigilante:

A *Filosofia de Boécio* influi na *Literatura e Pensamento Esotérico da Maçonaria Tradicional dos Séculos XVIII e XIX*, por exemplo, em autores como *Louis Saint Martin e Joe de Maistre*; e seguindo essas ideias, há uma *Lenda* difundida entre os de língua inglesa, que *Peter Grower* da *Grécia* trouxe aos *Países Anglo-Saxões* conhecimentos da *Arte-da-Construção*; e autores como *René Guenon* dizem que *Grower* era personagem do mesmo *Pitágoras*, ou que a *Ciência dos Números e Geometria*, que pelos *Pitagóricos* foram para as *Ilhas Britânicas* e todo *Continente*.

Pela *Tradição* os nomes de *pessoas*, mais que personagens, designam os *Conhecimentos* transmitidos pelas *Escolas ou Confrarias* que fundaram; é o que ocorreu com o matemático grego *Euclides*, citado nos *'Antigos Deveres – Old Charges'*, que tem *Escritos da Maçonaria Operativa* relatando eventos da *História da Ordem*; e no *Documento 'Manuscrito Regius'* há alusão a *Euclides* como *'Pai da Geometria'*, mas que certamente não designa *Maçonaria*.

E sendo uma *História Sagrada* e não *Profana*, o que se quer significar com essa *Lenda* é que *Euclides* foi o discípulo que recebeu o *Saber* que o *Patriarca* encarnava, o *'Monoteísmo Hebraico'* expresso por *'cosmogonia e metafísica'*; e o *'Monoteísmo Hebraico'* foi gerado da confluência da *'Tradição Abrâmica'* da *Caldeia*, pois *Abrão* era oriundo de *Ur* e a corrente da *'Tradição Primordial'*; na *Bíblia* essa conjunção é simbolizada pelo encontro de *Abrão e Melquisedek - Sacerdote do Altíssimo e Rei de Salem*, representante da *'Corrente Primordial'*.

Em resumo, alude à transmissão de caráter sagrado da *'Tradição Judaica' à Ordem*, equivalente a *'Paternidade Espiritual'*; e o legado da *'Cosmologia Greco-Romana'* unido à *'Espiritualidade Cristã'* resultou na criação da *'Catedral Gótica'*, edificada pelos *'Grêmios de Construtores'*; e uma *Catedral ou um Monastério* representavam um *Compêndio de Sabedoria;* essa *Sabedoria* era gravada na *Pedra* mostrando as *Ciências e Artes*, como *'episódios bíblicos'* que moldam a *História da Tradição Judaico-Cristã*.

Orador: _____

Tudo converte a *Catedral* num *'livro de imagens e símbolos'* reveladores do *Espiritual*; suas *Colunas* elevadas ao espaço unem a parte inferior (Terra) à superior (Céu), e os *'arcos e abóbadas'* semelhantes aos movimentos dos *Astros* são a *Luz Solar* que ao penetrar pela colorida policromia dos vitrais o inunda; isso permite reconhecer um espaço e tempo sagrados.

Tal conjunto de equilíbrios, módulos e formas harmoniosas reflete o *'Belo da Inteligência Divina e Resplendor do Verdadeiro'* como diria *Platão;* e, de um ponto central é gerado o *'traço'* de um eixo vertical invisível, onipresente em todo *Templo;* o ponto é o *'nó vital'* que torna coeso o edifício pela confluência e expansão de toda estrutura; o *'nó vital'* conhecido pelos *Mestres de Obra,* o relacionavam ao *'umbigo'*, sede simbólica do *'centro vital'* do *Templo-Corpo Humano.*

Por conta dessa estrutura, sua intuição intelectual e formas visíveis do *Céu e Terra* simbolizadas pela *'abóboda e base quadrangular'*, disso a *Ordem* concebe o *Cosmos* como obra arquitetônica, e a *Divindade* como o *Grande Arquiteto do Universo – G∴A∴D∴U∴...*

Ao lado das obras das *Catedrais* ficavam as *Oficinas ou Lojas*, onde traçavam planos, repartiam cargos, detalhavam a obra e celebravam Ritos e Cerimônias de Iniciação; essas *Oficinas* eram Centros de Ensinamento, que além de *'técnicas do ofício'* ensinavam *'Conhecimentos Cosmogônicos'*; nas *Lojas* conjugavam *Arte e Ciência*, via o adágio: *Ciência sem Arte não é nada.*

A *Loja* se subordinava à autoridade de um *Mestre-Arquiteto*, que detinha sob suas ordens os *Oficiais Companheiros*, que dirigiam o *Trabalho dos Aprendizes;* essa *'Estrutura Ternária e Hierárquica de: Aprendiz – Companheiro – e Mestre'*, com essas ou outras denominações em todas *'organizações iniciáticas e esotéricas'*, pois tal hierarquia expressa um modelo do *'Processo Iniciático'*, que produz o desenvolvimento cosmogônico de *'Trevas à Luz – e – Caos à Ordem'.*

Um dos poucos conservados desenhos de *Maçons Operativos* é o álbum do arquiteto francês *Villard de Honnecourt,* que ainda projetou um labirinto, com forma idêntica a labirintos iniciáticos, sendo muitos recortes concêntricos que vão, depois de longo caminho começado na periferia, ao centro do labirinto, ou ponto de contato com o eixo vertical, que produz comunicação com estados superiores, a *'saída'* do *Cosmos* ou limites determinados por tempo, o porvir cíclico e espaço.

Secretário: _____

Junto aos *Maçons Operativos* estavam os *'Sábios Alquimistas e Astrólogos'*, conhecedores das *Ciências da Natureza* aplicadas como *'Símbolos do Processo Iniciático'*; esses adotaram da *Catedral* muitos *Símbolos* baseados em analogias de*: Macro e Microcosmos – Céu e Terra – Divindade e Homem*, considerando-os herdeiros da *Ciência Sagrada de Hermes Trimegisto.*

E como dito, a *'Pedra Bruta'* que o *Maçom* talhava e polia representava o mesmo que a *'matéria caótica'* dos *Alquimistas*, isto é, substância indiferenciada que contém, não desenvolvidas, as possibilidades de manifestação do *Mundo ou de um Ser;* a *'Pedra'* era viva, não simples matéria inerte, e sua dureza e estabilidade simbolizavam o imutável e a firmeza do *Espírito.*

Os *Alquimistas* tinham *Santiago – O Maior,* como *Santo Patrono,* que junto a *São João Evangelista dos Maçons, e São Pedro – Fundador da Igreja,* assistiram aos *Mistérios da Transfiguração de Cristo no Monte Tabor;* desde então um *'laço'* baseado num *'Segredo'* uniria os sob proteção desses *Santos Cristãos,* exemplo das *'Relações Fraternais'* nas *Edificações das Catedrais;* a *'Fraternidade'* entre *Alquimistas e Maçons* durou até o *Século XVIII.*

A *'Liberdade de Movimento'* gozada pelos *Maçons* facilitou a *'troca de conhecimentos'* com outros *'Grêmios Artesanais',* especialmente de *Compagnonnage,* que agrupava *Ofícios* como *Talhadores de Pedra – Escultores – e ouros,* e como a *Ordem* detinha seus *Graus e Segredos,* ainda realizaram intercâmbios com *Ordens Monásticas e Cavalheirescas,* portanto, sem esforço de imaginação é possível ter ideia do *'Clima Espiritual'* que imperava à época fecunda e luminosa, porque o *'saber'* não tinha fronteiras; ademais, a cordial convivência entre *Organizações Iniciáticas e Esotéricas, e de Caráter Religioso e Exotérico,* confirmava o vigor e saúde da *Tradição.*

Guarda (ou Cobridor):

Os *Cavaleiros Templários – Monges Guerreiros e também Construtores com regras inspiradas por S.Bernardo,* protegiam muitas *Lojas Maçônicas,* ressaltando que ao desaparecer em circunstâncias sangrentas essa *Organização do Esoterismo Cristão* devido à confabulação dos*: Rei Francês Felipe – O Belo e Papa Clemente V,* essas *Lojas,* sobretudo da *Inglaterra e Escócia,* acolheram *Templários* sobreviventes, detentores de certos *'Conhecimentos Iniciáticos' de sua Ordem,* que integrariam a *'Estrutura Simbólica e Ritual da Maçonaria'.*

Dessas *Lojas* destacou-se a *Grande Loja Real de Edimburgo* fundada pelo *Rei Robert Bruce,* que se opôs àquela verdadeira *'abolição desastrosa';* e resulta, significativamente, que seja 1314 a data de constituição da *Ordem Real de Escócia,* ano em que se aboliu a *'Temple' – Templo,* que teve como *Loja-Mãe* a *Ordem de Heredom de Kilwinning,* com *Rituais* de inspiração *Templária;* e se o termo *Heredom* significava *Herança,* teria sido a recebida dos *Templários.*

Sendo que as *'Transferências Sagradas'* influenciam os *'Planos Espiritual e Metafísico',* e se concretizam no *'Âmbito Humano'* por individualidades; e, um *'fio sutil e luminoso'* une o *Mundo Superior ao Inferior – e Inferior ao Superior,* e manter tais comunicações é importante função das *Organizações Iniciáticas;* bastando recordar que a palavra *'Tradição'* se origina no *Latim Tradere = Transmitir,* assim, *'Herança – e Transmissão'* de uma verdade valem como as que remontam às origens da *Humanidade* e as que as civilizações consideram como *'Fonte de Saber e Cultura'.*

Essencialmente, os *Templários 'transmitiram'* à *Maçonaria* a ideia da *'Edificação do Templo Espiritual'* segundo os *Evangelhos;* e essa ideia se plasmou, formou ou constituiu pela criação de *Altos Graus* com procedência *Templária,* sendo um dos mais notáveis pela *'riqueza simbólica',* o *Royal Arch – Real Arco do Rito de Emulação.*

VM: _____

A *Ordem de Temple (Templo)* de essência *'Johânica'*, mesma da Maçonaria, inspiradas nos *Mistérios do Evangelho e no Apocalipse de S. João;* e os *'Cavaleiros de Cristo'* tinham a missão da *'Proteção do Santo Sepulcro e Manutenção das Relações com a Terra Santa'*, referidas ao *'Centro Supremo ou Centro do Mundo'*; mas ao desaparecer a *'Temple'*, a Maçonaria e a *'Ordem Hermética da Rosacruz'* seguiram mantendo vínculos com a *'Terra Santa'*.

No *Renascimento* também não há *Documentos* atestando relações que o *'Hermetismo Cristão e Alquímico'* manteve com a *Maçonaria*; contudo, na *Itália*, graças à recuperação da *'Filosofia Platônica'* motivada por *Marsilio Ficino e Pico de la Mirandola*, ocorre o ressurgimento da *'Tradição e Saber Hermético'*, incluídas as *'Magia Natural e Cabala Cristã'*.

Finalmente, as obras: *De Harmonia Mundi (F.Giorgi) – La Cabala Denudata (J.Reuchlm) - La Monada Hieroglífica (J.Dee) – e Filosofia Oculta (C.Agripa) - dentre outras*, influenciaram os *'círculos herméticos'* da *Europa*; e ressaltando que devido à *'Fraternidade'* havida na *Era Medieval* entre *'Agrupamentos Herméticos e Grêmios de Construtores'*, seria normal que em época como a do *Renascimento*, em que a base de uma *'civilização tradicional'* estava já muito debilitada, esses vínculos se fortalecessem com a finalidade de salvaguardar os *'Valores da Tradição e da Doutrina'*.

BIBLIOGRAFIA

Bibliografia

ADOUN, J. – Catecismo Maçônico;
_____ – Grau do Aprendiz e Seus Mistérios;
_____ – Maçonaria Oculta;
_____ – Ortodoxia Maçônica;
_____ – Reflexões do Aprendiz;
ALENCAR, R. – Enciclopédia Histórica da Maçonaria;
ALLE, H.M. – The Roots of Freemasonry;
AMBELAIN, R. – La Maçonnerie Oubliée;
ARNAUT, A. – Introdução à Maçonaria;
AROLA, R. – La Mitologia como Filosofia Secreta;
ASLAN, N. – Comentário ao Grau de Aprendiz Maçom;
_____ – Estudos sobre Simbolismo;
ASSIS, C. – Símbolos Maçônicos e suas origens;
BARB, K. e YOUNG, J.K. – O Ofício do Maçom;
BAYARD, J.P. – A Franco-Maçonaria;
BARON, E. – Rasgando El Velo Del Misterio;
BATHAM, C.N. – The Compagnognage and the Craft;
BATISTA, A.A.Q. – O Desbastar da Pedra Bruta;
BAUER, A. – O Nascimento da Franco-Maçonaria;
BENEDETTI, D.L.R.De – Temática Maçônica;
BÍBLIA, Sagrada – Citações;
BLAVATSKY, H.P. – Ísis sem Véu – Doutrina Secreta;
BOOKLETS – After the First Degree;
BOUCHER, J. – A Simbólica Maçônica (trad. L.Besouchet);
BUARQUE, A.H.F. – Dicionário da Língua Portuguesa;
CAMAYSAR, R. – O Caibalion - Três Iniciados;
CAMINO, R. da – Aprendizado Maçônico;
_____ – Catecismo Maçônico;
_____ – Introdução à Maçonaria;
_____ – Os Painéis da Loja de Aprendiz;
_____ – Reflexões do Aprendiz;
CAMPARA, M.S. – Pedra Bruta II;
CARAMASCHI, L. – O Malho e o Cinzel;
CARR, H. – Speculative Masonry;
CARVALHO, A. – Cargos em Loja;
CASTELLANI, J. – Cartilha de Aprendiz;
_____ – Curso Básico de Liturgia e Ritualística;
_____ – Liturgia e Ritualística de Aprendiz Maçom;
CASTELLET, A.V. – Apr:. Maç:.- Mistérios e Símbolos;

CHEERBRAN, C. – Dicionário de Símbolos;
CHURTON, T. – O Mago da Franco-Maçonaria;
COIL, H.W. – Coil's Masonic Encyclopedia;
CONCEIÇÃO, E.N. – Maç. – Raízes Históricas e Filosóficas;
CONSTITUIÇÕES, dos – GOB, GOSP e GOP;
CONTE, C.B. – A Doutrina Maçônica;
COOPER, R.L.D. – Revelando o Código da Maçonaria;
CORTEZ, J.R.P. – Fundamentos da Maçonaria;
COSTA, F.G. – Maçonaria Concreta;
CRUZ, A.S. – Simbologia Maçônica dos Painéis;
DAFOE, S. – O Compasso e a Cruz;
DALSON, L.R. – Temática Maçônica;
DANIEL, J.O. – Desbastando a Pedra Bruta;
DOURVIL, H. – El Libro de los Muertos;
DUGOS, C. – Simbolismo da Pedra;
DYER, C. – Simbolismo na Maçonaria;
FAGUNDES, M.C. – História da Literatura Maç. Brasileira;
FARIA, F. – Rito Brasileiro de ... Antigos, Livres e Aceitos;
FERNANDES, A.C. – A Simbologia da Velas;
FERRE, P.S. – Arte da Geom. nas 'Old Charges';
FERREIRA, A.B.H. – Dicionário da Língua Portuguesa;
FIGUEIREDO, J.G. – Dicionário de Maçonaria;
FULCANELLI – O Mistério das Catedrais;
GEST, K.L. – Os Segredos do Templo de Salomão;
GIAIMO, A.D.N. – 100 Pílulas Maçônicas;
GILBERT, R.A. – Magia e Maçonaria;
GLICÉRIO, F. – Diversos Textos Maçônicos;
GREGÓRIO, F.C., Intuição e Maçonaria;
GARIBALDI, M.I. — Dossiê da Maçonaria;
GUIMARÃES, J.F. — Apr:. — Conhec. Básicos da Maç.;
GUIMARÃES, J.N. — A Maç. e Liturgia: Polianteia Maç.;
_____ — Maç., A Filosofia do Conhecimento;
GUENON, R. — A Ciência dos Símbolos Sagrados;
_____ — Os Símbolos da Ciência Sagrada;
HALL, M.P. — Chaves Perdidas da Maç.;
HORNE, A. – Templo do Rei Salomão na Trad. Maç.;
HORRIL, J.S. – Maçonaria e Fé Cristã;
HUNTLEY, H.E. – A Divina Proporção;
HUNTER, C.B. – Masques of Salomon;
INTERNET: Operative Freem. – A History of Mark Mass. – The Operative Mass. – A Concise History of Freem. – Mason's Marks Chart – Maç. Operativa – Navegador Light – No Esquadro – Gabinete de Reflexoes – Filhos de Hiran – Spectrum Gotiuc – Livres Pensadores – Filhos do Arquiteto – Tres Janelas – Imagem Ultra Downloads – Comunidade Maçônica;
JONES, B.E. – Freemasons Guide and Compendium;
JOHNSTONE, M. – Os Franco-Maçons,
JOSEFO, F. – História dos Hebreus;

JURADO, J.M. – Apontamentos Adonhiramita;
KHAN, A.A. – Maçonaria - Simbologia e Kabbala,
KARG, B. e YOUNG, J.K. – O Livro Completo do Maçom;
KNIGHT e LOMAS — O Livro de Hiram;
_____ — The Hiram Key;
LAPERROUSSAZ, E.M. – Pergaminhos do Mar Morto;
LAROUSSE – Dicionário da Língua Portuguesa;
LAVAGNINI, A. – El Secreto Masonico;
_____ – Manual del Aprendiz;
LEADBEATER, C.W. – A Vida Oculta na Maçonaria;
LEMES, C.C. – Instruções do Simbolismo Maçônico,
LEVY, E. – El Gran Arcano Develado;
LIMA, W.C. – Ensaios Filosofia e Cultura Maçônicas;
LINHARES, M. – História da Maçonaria;
LUCAS, A.A.L. – Deveres de um Aprendiz Maçom;
MACNULTY, W.K. – A Maç.: Símb., Segr., Signif.;
MACKEY, A.G. – An Encyclopaedia of Freemasonry;
_____ – História da Maçonaria;
_____ – O Simbolismo da Maçonaria;
MACKENZIE, K. – The Royal Masonic Encyclopaedia;
MACOY, R. – A Dictionary of Freemasonry;
MADEIRA, M.S. – Instrumentos de Trabalho do Aprendiz;
MAGISTER – Manual del Aprendiz;
MASIL, C. – O Que É Maçonaria;
MELLOR, A. – Dicionário da Franco-Maç. e Franco-Maçons;
MEZZABOTA, E. – O Papa Negro;
MINGARDI, C.A. – Sois Maçom?;
MOREIRA, F.T. – Ser Aprendiz;
MORGAN, W. – Os Mistérios da Maçonaria;
MUSQUERA, X. – Chaves e Simb. na Maç.;
NALLY, L.J.M. – MC, Iniciação;
NAUDON, P. – A Maçonaria;
_____ – Orig. Relig. Corpor. de La Maç.;
NOGUEIRA, R.J. – A Pedra Bruta;
NULTY, W.K.M. – Maç. – Símb., Segr. e Signif.;
OLIVEIRA, R. – Origens da Maç.,
OLIVEIRA, W.B. de – Conceito de Maç.,
OLIVEIRA, W.L. – Aprendiz ou P.Bruta;
PACHECO, W. – Entre Esq. e Comp.;
PALOU, J.A. – Maçonaria Simbólica e Iniciática;
PENNICK, N. – Geometria Sagrada;
PIGEARD, ALAIN e Outros – Os Franco-Maçons;
PIKE, A. – A Second Lecture on Symbolism;
_____ – A Symbolism of the Blue Degree;
_____ – Moral e Dogma do REAA da Maç.;
PRADO, L. – Ao Pé das Colunas;
PUIG, M.S. – Instruções: Curios. Maç. – Hom. Simb.;
PUSCH, J. – ABC do Aprendiz;

QUEIROZ, A. – A Geometria Maçônica;
_____ – Os Símbolos Maçônicos;
RAGON, J.M. – Iniciação Maçônica;
_____ – Maçonaria Oculta;
_____ – Ortodoxia Maçônica;
RAPOSO, C. – O Bem, Mal e Lição P.Bruta;
REGHINI, A. – Consider. ritual dell Aprendista n°1;
REVISTAS – 'Adonhiram - O Mensageiro da Luz', N°2 - 92 – 'A Verdade', N°236/41 – 'Kether', 98 – 'A Trolha', Jun/99 – O-N/02; 'Minerva Maçônica', N°3/98 – 'Veja' p.93, 28/09/94 – 'O SEMEADOR', N°8/ 90 – 'Egrégora', N°1, 2, 3, 4 – 93/44 – 'A Bigorna' N°14;
RIDLEY, J. – The Freemasons;
RIGHETTO, A. – Maçonaria: O Caminho das Pedras;
RITUAIS – 1°, 2° e 3°Graus: Ritos Adonh. e EAA, GOB;
ROBINSON, J.J. – A Senda de um Peregrino;
RODRIGUES, R. – Busca de Novos Cam. Doutr. Maç.;
ROTTENBURG, H.S. – Pre-emin. Great Arch. Freemas.;
SANTIAGO, M. – Maçonaria: História e Atualidade;
SCARTEZZINI — Filos. Maçônica do Apr:. ao 33°;
SILVA, R. — Maçonaria Simbólica;
SITES: www.filosofiaesoterica.com / www.teosofiaoriginal.com / lutbr@terra.com.br / www. theosophyonline. com / www.esoteric-philosophy.com / **www.triumpho.tripod.com.br / Jose@castellani.com.br / http:///frases. netsaber.com.br/cat 192/frases de Ódio** — Amor de Deus / **http://oamor-dedeus.blogspot.com** / **http://www. portaldeyoga.com.br/egregora.php. virtualbooks.terra** / www.geocities.com/athens/2341/livros/lmafm10.html;
STEINMETZ, G. — Freemasonry;
STEVENSON, D. — The Origins of Freemasonry;
TRABALHOS — **AAm:.IIrm:.: A.Abrantes Jr.**, A.C.Celente; A.Feitosa, A.Mantovani, A.O.Muniz, A.Oliynik, A.Onias, A.R.Araújo, A.R.Fadista, A.Valle, C.A.Silva, C.A.Marinho, C.C.Aveline, **C.Capozzi**, C.E.Boller, D.S.Negreiros, F.C.Gregório, F.Cyrino, F.Maciel, **F.Okumura,** G.Martins, H.L.Zocoly, H.Spolador, J.A.Neto, J.C.Lopes, J.F.Oliveira, J.F.Teixeira, **J.M.Guimarães,** J.M.Jurado, J.O.Pinto, J.Roberto, J.V.S.Martins, L.A.Matos, **M.A.Homem,** M.Bazaga, M.J.Barbosa, M.Juchem, M.Mayerle, **M.Palma,** M.Rossettini, M.S.Amaral, N.A.Santos, N.C.Mello, P.B.Andrade, P.C.Miranda, P.Juchem, P.R.Robles, **P.Silva,** R.Bandeira, R.Donato, R.M.Etchebehere, R.M.Sousa, S.Ferreira, S.Miguel, S.Neves, V.I.Neto, W.B.Araújo, Y.Berg;
e **AARRLLSS:** B.Gonçalves, Cav.S.Caetano, Col.Tatuapé, C.Cidadania, T.I.Galera, 28 Julho, Fraternidade Estrela do Sul, Cidade S. Paulo, Estrela da Paz, Estrêla Caldense, Il:. Cons:. Kadosch N° 22;
URBANO, H.R.Jr. – Templo Maçônico;
VAROLLI, T.F° – Curso de Maç.Simb.(1°,2°e3°);
VIEIRA, J.D. – Maçonaria - Estudo completo;
WESTCOTT, W.W. – Maçonaria e Magia;
WIRTH, O. – O Simbolismo Oculto da Maçonaria;
YATES, F.A. – Transf. from Oper. to Specul.;
ZOCCOLI – A Iniciação Maçônica;